本书为国家社会科学基金重大项目"大数据背景下中小微企业征信体系的理论与方法"（批准号:17ZDA088）阶段性成果，浙江省新型重点专业智库——浙江工业大学中国中小企业研究院、浙江省中小微企业转型升级协同创新中心重点资助项目科研成果

中国中小企业高质量发展与景气动态研究

池仁勇 刘道学 林汉川 等◎著

RESEARCH ON
HIGH-QUALITY DEVELOPMENT
AND BUSINESS CLIMATE DYNAMICS OF CHINESE SMEs

中国社会科学出版社

主要作者简介

池仁勇 管理学博士、教授、博士生导师，享受国务院政府津贴专家。现任浙江工业大学中国中小企业研究院院长、浙江省中小微企业转型升级协同创新中心执行主任。研究领域为中小企业管理、创新网络。主持国家级研究课题10余项，公开发表论文100余篇，出版著作、教材20余部。

刘道学 经济学博士，浙江工业大学中国中小企业研究院专职研究员，日本大阪市立大学客座研究员，中国中小企业景气动态监测研究所副所长。研究领域为中小企业创业管理与创新成长、国际经济经营。主持各级各类课题10余项，公开发表学术论著60余篇（部）。

林汉川 经济学博士、教授、博士生导师，享受国务院政府津贴专家。现任对外经济贸易大学校特聘教授、中小企业研究中心主任、浙江工业大学特聘教授等职。研究领域为中小企业管理。先后主持国家级研究课题10余项，公开发表论文200多篇，出版著作、教材20多部。

前 言

本书是国家社会科学基金重大项目（17ZDA088）的阶段性研究成果，也是浙江省新型重点专业智库、浙江省中小微企业转型升级协同创新中心——浙江工业大学中国中小企业研究院重点资助项目的重要研究成果。

本书课题研究的背景及研究意义主要体现在以下三个方面。

第一，研究中小企业高质量发展是服务国家经济战略转型的重大需求。"十三五"时期是中国经济转型、产业升级的重要关键时期。转型期中小企业的发展关系到中国国民经济和社会发展的总体状况。根据中国国家市场监督管理总局发布的资料，中国改革开放40余年来，市场主体数量从1978年49万户，增长到2019年年底的1.23亿户，增长了250倍以上。其中，实有企业达到3858万户，日均新设企业近2万户，中小微企业占99%。中国私营企业在允许登记后的1989年，全国总数只有9.05万户，到2019年年底近3210万户，近30年增长了350多倍；个体工商户从1978年的14万户，增加到2019年年底的8261万户，40年间增长了近600倍。目前，中国各类中小企业在国民经济发展中的贡献格局已基本形成"56789"，即中小企业占50%以上的税收，占60%以上的GDP和技术创新，占70%以上的产品创新，占80%以上的城镇就业，占90%以上的企业数量。由此可见，中小企业已成为中国市场经济最活跃的企业群体，是中国实体经济发展的根基，是吸纳社会就业的主渠道，是推进创新驱动发展的主力军，在中国经济高质量发展中具有高度战略地位。

但近几年来，受国际贸易摩擦加剧和国内经济增速减缓等复杂因素的影响，中小企业所面临的国内外不确定性与经营风险日趋增加，转型升级难度加大。特别是小微企业，总体面临"用工贵、用料贵、融资贵、费用贵"与"订单难、转型难、生存难"这"四贵三难"的发展困境。从沿海到内地，因担保链、资金链断裂引发的"连环倒闭"有多发趋势。可以说，当前这些问题是中小企业发展过程中出现的难题，这对中国中小企业高质量发展既是挑战，也是倒逼中小企业提升创新能力、提高管理水平、加快结构调整、努力开拓国内外市场的战略机遇。破解中小企业发展难题、壮大中小企业竞争实力已成为新时代中国企业转型升级与创新发展的一大重要任务。本书深入研究中小企业高质量发展，这是对接当前中国国家经济高质量发展战略需求的重要现实课题。

第二，研究中小企业景气动态为科学评价中小企业高质量发展提供系统数据支持。在经济发达国家，客观地判断企业发展的景气动态主要是通过企业景气指数分析来实现的。在企业景气指数编制方面，世界上自1949年德国先行实施以来已有60多年的研究与应用历史，而中国起步较晚，自1998年起才正式将企业景气调查纳入国家统计调查制度。近几年来，中国政府部门、科研机构、金融机构等虽然在经济景气预警方面的研究比较多，但政府和学术界对企业景气指数研究和应用，受长期以来"抓大放小"的影响，迄今主要以特定行业为对象，而对企业特别是中小企业的景气波动过程少有系统研究，特别是对小微企业发展景气预警进行全面系统的研究基本上还是空白。

在中小企业管理上，中国长期以来实行"五龙治水"，即工信部负责中小企业政策制定与落实，商务部负责企业国际化，农业部乡镇企业局负责乡镇企业发展，工商管理部门负责企业工商登记，统计局主要负责统计规模以上企业，而占企业总数97%以上的小微企业总体被排除在政府统计跟踪范围之外。这样，各部门数据统计指标不统一，数据不共享，统计方法各异，经常存在数据不全及数据交叉的混乱状况，缺乏统一的数据口径。这使现行数据既不能客观地反映中小企业景气现状，也难以用来做科学预测预警，这影响制定政策的前瞻性和针对性以及政策实施效果评价，也会影响小微企业高质量发展。中国中小企业信息不对称、缺乏科学的监测预警和决策支持系统是当前政产学研共同关注和亟待解决的理论与现实课题。本书及时跟踪研究中小企业景气动态，可以为及时客观判断企业发展现状及趋势提供系统的数据支撑和决策支持系统。

第三，组织撰写高质量研究报告，为新时代的政府和企业科学决策提供新思路。进入新时代，以习近平总书记为代表的党中央和国务院领导人多次召开座谈会强调，高校要聚焦重大问题，服务国家战略，多出具有前瞻性、战略性、有针对性及可操作性的研究成果，为党和政府科学决策提供高质量的智力支持，努力做改革发展决策方案的建言者、政策效果的评估者和社会舆论的引导者。

本书承载的国家社会科学基金重大项目及浙江省重点专业智库研究项目，都是聚焦中国中小企业高质量发展与景气动态研究中的重大问题而开展的现实针对性很强的研究。课题组服务国家及地方重大战略需求，通过深入实际，求真务实地开展调查研究，撰写了一系列具有前瞻性、战略性、有针对性及可操作性的调查研究报告和实证研究论文，旨在为中国中小企业高质量发展和提升动态景气战略决策提供高端智力支持。颇感欣慰的是，本书中的绝大部分调研咨询报告已经得到国家领导人和浙江省领导人的批示及相关政府部门采用，为政府决策和中小企业发展提供了新思路。

本书内容由前言和四篇五十四章组成，凝结了课题组近几年来关于中国中小企业高质量发展与景气动态研究的最新科研成果。

第一篇是中国中小企业高质量发展若干综合问题研究，内容包括：人工智能与中小企业高质量发展研究报告；数字经济与中小企业高质量发展研究报告；夯实质量基础设施 打造"质量强国"的研究报告；长三角民营企业高质量发展比较研究报告；完善征信体系 振兴中小实体经济研究报告；中小企业移动电子商务发展研究报告；农村电子商务发展对策研究报告；中小企业减负对策研究报告；加大小微企业税收优惠研究报告；推进创建高质量国际海岛旅游免税试验区的研究报告。

第二篇是中国高质量发展若干专题问题研究，内容包括：德国制造业高质量发展经验研究报告；借鉴日本化解两链风险经验 振兴中小实体经济研究报告；对标东京湾区，将杭州湾大湾区建成现代化先行区的研究报告；浙江支持科创企业上市 促进高质量发展研究报告；"创新走廊"带动科技型中小企业高质量发展案例研究报告；中小企业"十三五"发展规划研究：浙江报告；破解中小企业连环倒闭案例研究报告；浙江省振兴中小实体经济政策研究报告；浙江民营企业高质量发展困境与对策研究报告；浙江完善涉侨企业服务"最多跑一次"案例研究报告；创建浙江离岸创新创业基地的政策建议。

第三篇是中国中小企业高质量发展景气动态测评研究，内容包括：中小企业动态景气指数研究前沿理论与方法；2018年中国中小企业景气指数评价研究；2019年中国中小企业景气指数评价研究；2020年中国中小企业景气指数评价研究。

第四篇是中小企业高质量发展相关基础前沿理论研究，内容包括：国内外中小企业创新政策前沿研究；中小企业渐进式创新影响因素实证分析；中小企业发展对城乡收入差距影响研究；浙台中小企业发展与创业环境比较研究；中国民营企业对外直接投资模式比较研究；创新要素集聚模式与绩效的实证研究；高科技产业创新阻碍及其对创新绩效影响研究；浙江省战略性新兴产业技术创新效率研究；创新资源空间协同与区域经济增长实证研究；智能制造与中小企业组织变革匹配的实证研究；智能制造创新生态系统功能评价体系及治理机制研究；人工智能与企业劳动报酬的实证研究；制造业集聚模式与成长性的实证分析；产业协同集聚对制造业效率的影响研究；淘宝村微生态系统与中小电子商务发展研究；技术获取模式与创新绩效实证研究；技术引进与全要素生产率增长关系研究；知识产权能力构成与企业成长的实证研究；企业知识产权能力演化路径研究；科技中介功能与产业集群绩效的实证研究；区域品牌对企业绩效影响的实证研究；企业内外部社会资本与技术创新关系实证研究；企业家社会资本与创业绩效的实证研究；银行业结构影响中小企业信贷能力实证研究；小微企业融资议价能力实证研究；征信要素赋能中小微企业信用实证研究；软硬信息对中小企业信用影响的实证研究；企业商业信用融资对研发投入影响的实证研究；担保与小微企业融资关系的实证研究。

在中国，有关中小企业发展研究的著述很多，但以中小企业高质量发展与提升动态景气度对策研究为重点，基于中小企业动态景气数据的采集与评价，通过一系列调研咨询报告及实证研究报告展开全面系统深入分析，同时提供全方位参考价值的论著并不多见。本书景气指数研究部分内容，正式发布以后被国内外40多家著名媒体广泛报道，实证研究部分内容被国内外著名一级期刊采用，这也是本书独特创新之处、研究参考价值所在。

全书由池仁勇、刘道学负责总体研究设计并具体组织统撰。具体参加课题研究的成员有（以姓氏笔画为序）：王黎萤、乐乐、卢瑶、吕海萍、朱张帆、刘娟芳、刘道学、池仁勇、汤临佳、严焰、李瑜娟、吴宝、何九、何明明、张飘飘、陈佐昊、陈洁、陈盈、陈衍泰、林汉川、金陈飞、项靖轩、赵依雯、段姗、郭元源、黄学礼（澳大利亚）、梅小苗、曹丹、董碧晨、程聪、程宣梅、傅钰、谢安世、潘李鹏。池仁勇、刘道学对全书初稿进行了编纂。

本书在研究和撰写过程中，有幸得到全国哲学社会科学规划办公室基金处、国家自然科学基金委员会管理科学部、教育部社科司、国家工业与信息化部中小企业司、国家商务部投资促进事务局、中国中小企业协会、中共浙江省委办公厅、浙江省政府办公厅、浙江省哲学社会科学规划办公室、浙江省经济与信息化委员会（浙江省中小企业局）、浙江省中小企业协会、浙江省工业经济研究所、浙江省中小企业发展研究所、杭州市经济与信息化委员会、经济合作与发展组织（OECD）、世界工业与技术研究组织协会（WAITRO）、对外经济贸易大学、浙江工业大学等国内外有关组织机构、部门与领导的指导与支持，使本书内容充实，数据准确，资料丰富，在此一并表示诚挚的感谢。

同时，还要由衷感谢中国社会科学出版社经济与管理出版中心责任编辑刘晓红、编审卢小生的专业团队为本书出版所付出的大量心血和努力，他们精心、细致、高效的工作保证了本书的顺利出版。

尽管参加本书撰写的专家、学者以及实际部门的工作者都对自己撰写的内容进行了专门的调查研究，但由于面临众多新问题，加之时间紧迫，水平有限，难免存在不足。本书中若有不妥之处，敬请各位读者批评指正。

池仁勇
2020年9月

目 录

第一篇 中国中小企业高质量发展若干综合问题研究

第一章 人工智能与中小企业高质量发展研究报告 ········· 3
第一节 人工智能产业的发展现状前沿分析 ··············· 3
第二节 中小企业人工智能应用案例研究 ··············· 6
第三节 问题分析与政策建议 ··············· 26

第二章 数字经济与中小企业高质量发展研究报告 ········· 30
第一节 数字经济对中小企业高质量发展的重要意义 ······· 30
第二节 数字经济背景下中小企业高质量发展的
现状与存在的问题分析 ··············· 32
第三节 数字经济持续助推中小企业高质量发展对策建议 ····· 39

第三章 夯实质量基础设施 打造"质量强国"的研究报告 ········ 43
第一节 国家质量基础设施的概念与内涵 ··············· 43
第二节 中国经济高质量发展急需质量基础设施支撑 ········· 45
第三节 强化中国质量基础设施建设的政策建议 ············· 46

第四章 长三角民营企业高质量发展比较研究报告 …………… 48

第一节 长三角民营企业高质量发展的机遇与挑战 ………… 48
第二节 长三角民营企业高质量发展比较分析 ……………… 50
第三节 长三角民营企业高质量发展的政策建议 …………… 55

第五章 完善征信体系 振兴中小实体经济研究报告 ………… 61

第一节 中小企业高质量发展急需征信体系支撑 …………… 61
第二节 中小企业征信体系建设的浙江经验 ………………… 63
第三节 完善中小企业征信体系的政策建议 ………………… 65

第六章 中小企业移动电子商务发展研究报告 ………………… 68

第一节 中国中小企业移动电子商务发展现状 ……………… 68
第二节 中国中小企业移动电子商务监管面临的问题 ……… 70
第三节 对策与建议 …………………………………………… 71

第七章 农村电子商务发展对策研究报告 ……………………… 73

第一节 中国农村电子商务发展的新鲜经验 ………………… 73
第二节 中国农村电子商务存在的主要问题 ………………… 74
第三节 加快普及中国农村电子商务的政策建议 …………… 75

第八章 中小企业减负对策研究报告 …………………………… 77

第一节 中小企业负担沉重现状 ……………………………… 77
第二节 中小企业负担沉重原因探析 ………………………… 78
第三节 对策与建议 …………………………………………… 79

第九章 加大小微企业税收优惠研究报告 ……………………… 81

第一节 小微企业面临"四贵三难"发展困境 ……………… 81
第二节 加大税收优惠是小微企业当前最佳政策选择 ……… 82
第三节 实现国家对中小微企业战略思路转型 ……………… 84
第四节 对策与建议 …………………………………………… 86

第十章 推进创建高质量国际海岛旅游免税试验区的研究报告 …… 88
第一节 建设高质量国际海岛旅游免税试验区的意义 …… 88
第二节 高质量国际海岛旅游免税试验区的最佳选址 …… 89
第三节 建设高质量国际海岛旅游免税试验区的建议 …… 90

第二篇 中国高质量发展若干专题问题研究

第十一章 德国制造业高质量发展经验研究报告 …… 95
第一节 德国制造业简要发展历程 …… 95
第二节 德国发展先进制造业的经验启示 …… 96
第三节 基于全球制造业比较的浙江制造业现状 …… 99
第四节 对策与建议 …… 100

第十二章 借鉴日本化解两链风险经验 振兴中小实体经济研究报告 …… 104
第一节 当前中小企业"两链"风险成因和主要问题 …… 104
第二节 日本防范化解中小企业"两链"风险的经验 …… 106
第三节 对策与建议 …… 108

第十三章 对标东京湾区，将杭州湾大湾区建成现代化先行区的研究报告 …… 111
第一节 东京湾区演进发展的历史经验 …… 112
第二节 东京湾区建设历程中的主要教训 …… 114
第三节 杭州湾大湾区建设现代化先行区的对策建议 …… 115

第十四章 浙江支持科创企业上市 促进高质量发展研究报告 …… 119
第一节 支持科创企业上市是促进高质量发展的途径 …… 119
第二节 五省市科创板上市企业受理情况比较分析 …… 120
第三节 相关对策与建议 …… 122

第十五章 "创新走廊"带动科技型中小企业高质量发展案例研究报告 124

第一节 发达国家和地区典型"创新走廊"发展经验 124
第二节 推进杭州市"创新走廊"建设的总体思路 130
第三节 推进杭州市"创新走廊"建设的政策建议 132

第十六章 中小企业"十三五"发展规划研究：浙江报告 135

第一节 浙江省中小企业发展现状 135
第二节 "十三五"规划总体思路、基本原则与目标 139
第三节 "十三五"规划发展方向设计 141
第四节 "十三五"规划重点任务与工程 143
第五节 "十三五"规划保障措施 157

第十七章 破解中小企业连环倒闭案例研究报告 159

第一节 中小微企业连环倒闭的原因分析 159
第二节 杭州市中小企业转贷基金运行模式及效果 161
第三节 对策与建议 163

第十八章 浙江省振兴中小实体经济政策研究报告 166

第一节 当前浙江省中小实体经济发展面临五大困境 166
第二节 全面振兴浙江省中小实体经济的三大原则 167
第三节 全面振兴浙江省中小实体经济的五条建议 168

第十九章 浙江民营企业高质量发展困境与对策研究报告 171

第一节 当前浙江民营企业面临"四难"困境 171
第二节 广东和江苏推动民营企业发展的经验借鉴 173
第三节 推进浙江民营企业高质量发展的对策建议 175

第二十章 浙江完善涉侨企业服务"最多跑一次"案例研究报告 178

第一节 侨商侨智是浙商创新创业的重要力量 178

第二节　服务侨商侨胞回浙投资存在的问题……………………179
第三节　推进高质量服务引侨引智的政策建议…………………180

第二十一章　创建浙江离岸创新创业基地的政策建议……………182
第一节　现状与问题分析…………………………………………182
第二节　相关政策建议……………………………………………183

第三篇　中国中小企业高质量发展景气动态测评研究

第二十二章　中小企业动态景气指数研究前沿理论与方法………189
第一节　国外景气动态指数研究前沿……………………………190
第二节　国内景气动态指数研究前沿……………………………194
第三节　中国中小企业景气指数研究的意义……………………200
第四节　中小企业景气指数编制流程及评价方法………………202

第二十三章　2018年中国中小企业景气指数评价研究………………207
第一节　2018年中国工业中小企业景气指数测评………………207
第二节　2018年中国上市中小企业景气指数测评………………215
第三节　2018年中国中小企业比较景气指数测评………………222
第四节　2018年中国中小企业综合景气指数测评………………225
第五节　2018年中国中小企业景气动态综合分析………………230

第二十四章　2019年中国中小企业景气指数评价研究………………235
第一节　2019年中国工业中小企业景气指数测评………………235
第二节　2019年中国上市中小企业景气指数测评………………242
第三节　2019年中国中小企业比较景气指数测评………………249
第四节　2019年中国中小企业综合景气指数测评………………253

第二十五章　2020年中国中小企业景气指数评价研究 …………… 259

第一节　2020年中国工业中小企业景气指数测评 ………… 259
第二节　2020年中国上市中小企业景气指数测评 ………… 265
第三节　2020年中国中小企业比较景气指数测评 ………… 272
第四节　2020年中国中小企业综合景气指数测评 ………… 276
第五节　2020年中国中小企业景气动态综合分析 ………… 282

第四篇　中小企业高质量发展相关基础前沿理论研究

第二十六章　国内外中小企业创新政策前沿研究 ……………… 289

第一节　中小企业创新与政策工具 ………………………… 289
第二节　中国中小企业发展政策与扶持体系 ……………… 290
第三节　国外中小企业创新政策前沿 ……………………… 295
第四节　政策借鉴与启示 …………………………………… 301

第二十七章　中小企业渐进式创新影响因素实证分析 ………… 304

第一节　中小企业渐进式创新与成长 ……………………… 304
第二节　中小企业渐进式创新的影响因素分析 …………… 305
第三节　浙江省中小企业的实证研究 ……………………… 310
第四节　主要影响因素的结构分析 ………………………… 311
第五节　结论与政策启示 …………………………………… 315

第二十八章　中小企业发展对城乡收入差距影响研究 ………… 317

第一节　城乡收入差距的理论背景 ………………………… 317
第二节　中小企业发展对居民收入差距的影响机制 ……… 319
第三节　计量检验及分析结果 ……………………………… 322
第四节　结论与政策启示 …………………………………… 327

第二十九章　浙台中小企业发展与创业环境比较研究 ……………… 329

第一节　台湾省与浙江省中小企业发展现状比较 ……………… 329
第二节　台湾省与浙江省中小企业创业环境比较 ……………… 332
第三节　借鉴与政策启示 ……………………………………… 337

第三十章　中国民营企业对外直接投资模式比较研究 …………… 339

第一节　引言 …………………………………………………… 339
第二节　外商直接投资相关前沿理论 ………………………… 341
第三节　中国制度的影响分析与研究方法 …………………… 342
第四节　中国民营企业 OFDI 模式比较分析 ………………… 346
第五节　研究结论与启示 ……………………………………… 351

第三十一章　创新要素集聚模式与绩效的实证研究 ……………… 356

第一节　引言 …………………………………………………… 356
第二节　创新要素集聚模式理论研究 ………………………… 358
第三节　创新要素集聚模式与绩效实证研究 ………………… 361
第四节　研究结果 ……………………………………………… 370

第三十二章　高科技产业创新阻碍及其对创新绩效影响研究 …… 371

第一节　引言 …………………………………………………… 371
第二节　创新阻碍现有文献梳理 ……………………………… 372
第三节　中国高科技产业与创新政策环境 …………………… 374
第四节　研究方法 ……………………………………………… 376
第五节　结果与讨论 …………………………………………… 377

第三十三章　浙江省战略性新兴产业技术创新效率研究 ………… 389

第一节　技术创新效率评价指标体系和研究方法 …………… 390
第二节　战略性新兴产业统计分类界定与数据来源 ………… 393
第三节　实证研究 ……………………………………………… 396
第四节　结论与启示 …………………………………………… 403

第三十四章　创新资源空间协同与区域经济增长实证研究……… 405

第一节　引言……… 405
第二节　研究设计与数据来源……… 407
第三节　中国创新资源空间协同格局特征……… 410
第四节　实证分析……… 414
第五节　结论与政策启示……… 418

第三十五章　智能制造与中小企业组织变革匹配的实证研究……… 420

第一节　理论与假设……… 420
第二节　研究方法……… 423
第三节　实证结果……… 425
第四节　结论与启示……… 430

第三十六章　智能制造创新生态系统功能评价体系及治理机制研究……… 433

第一节　研究背景……… 433
第二节　国内外研究回顾……… 435
第三节　智能制造创新生态系统功能评价体系构建……… 437
第四节　智能制造创新生态系统的治理机制……… 441

第三十七章　人工智能与企业劳动报酬的实证研究……… 443

第一节　文献综述与机制讨论……… 444
第二节　研究设计……… 446
第三节　模型建构与实证分析……… 449
第四节　结论与启示……… 456

第三十八章　制造业集聚模式与成长性的实证分析……… 458

第一节　研究背景……… 458
第二节　集聚模式与行业成长性的关联机理……… 460
第三节　浙江制造业的实证分析……… 463

第四节　结论与政策启示…………………………………………… 473

第三十九章　产业协同集聚对制造业效率的影响研究………… 475

第一节　文献综述…………………………………………………… 475
第二节　模型设定与变量描述……………………………………… 478
第三节　倒"U"形作用实证分析…………………………………… 480
第四节　门限回归模型及检验……………………………………… 481
第五节　结论………………………………………………………… 484

第四十章　淘宝村微生态系统与中小电子商务发展研究………… 485

第一节　相关研究文献回顾………………………………………… 485
第二节　淘宝村电子商务生态的构成与演进特征………………… 487
第三节　白牛村中小电商发展案例分析…………………………… 488
第四节　研究结论…………………………………………………… 490

第四十一章　技术获取模式与创新绩效实证研究………………… 492

第一节　研究背景…………………………………………………… 492
第二节　技术获取模式对企业创新绩效的影响机制……………… 493
第三节　浙江省高新技术企业实证考察…………………………… 496
第四节　对浙江高新技术企业实证结果的分析…………………… 498
第五节　结论与政策启示…………………………………………… 502

第四十二章　技术引进与全要素生产率增长关系研究…………… 504

第一节　引言………………………………………………………… 504
第二节　相关理论推演……………………………………………… 505
第三节　产业全要素生产率的测算与分析………………………… 506
第四节　实证研究方案……………………………………………… 509
第五节　结论与建议………………………………………………… 513

第四十三章　知识产权能力构成与企业成长的实证研究………… 515

第一节　引言………………………………………………………… 515

第二节 理论基础与研究假设 ………………………………… 516
第三节 实证分析 ……………………………………………… 521
第四节 研究结论与政策启示 …………………………………… 531

第四十四章 企业知识产权能力演化路径研究 …………………… 533
第一节 引言 …………………………………………………… 533
第二节 理论基础与研究假设 …………………………………… 534
第三节 实证分析 ……………………………………………… 536
第四节 演化路径分析 …………………………………………… 541
第五节 研究结论与启示 ………………………………………… 544

第四十五章 科技中介功能与产业集群绩效的实证研究 …………… 546
第一节 研究背景 ……………………………………………… 546
第二节 科技中介与产业集群绩效的关联机制 ………………… 547
第三节 浙江产业集群实证分析 ………………………………… 553
第四节 实证结果的讨论 ………………………………………… 561
第五节 结论与政策启示 ………………………………………… 564

第四十六章 区域品牌对企业绩效影响的实证研究 ……………… 566
第一节 引言 …………………………………………………… 566
第二节 理论梳理 ……………………………………………… 566
第三节 研究方法与研究假设 …………………………………… 569
第四节 实证分析 ……………………………………………… 573
第五节 结论与建议 …………………………………………… 578

第四十七章 企业内外部社会资本与技术创新关系实证研究 ……… 580
第一节 研究背景 ……………………………………………… 580
第二节 社会资本对技术创新的影响机理 ……………………… 581
第三节 实证研究方案 …………………………………………… 585
第四节 珠三角地区企业实证分析 ……………………………… 587
第五节 结论与政策启示 ………………………………………… 590

第四十八章　企业家社会资本与创业绩效的实证研究 …………… 592

- 第一节　理论概念界定 ………………………………………… 592
- 第二节　研究假设 ……………………………………………… 594
- 第三节　研究设计 ……………………………………………… 598
- 第四节　数据分析与结果 ……………………………………… 599
- 第五节　研究结论与展望 ……………………………………… 603

第四十九章　银行业结构影响中小企业信贷能力实证研究 …… 605

- 第一节　文献回顾与研究假设 ………………………………… 606
- 第二节　数据和方法 …………………………………………… 608
- 第三节　实证结果与分析 ……………………………………… 610
- 第四节　结论与建议 …………………………………………… 617

第五十章　小微企业融资议价能力实证研究 …………………… 619

- 第一节　引言 …………………………………………………… 619
- 第二节　小微企业融资议价能力测度模型 …………………… 621
- 第三节　数据与指标 …………………………………………… 623
- 第四节　实证结果分析 ………………………………………… 625
- 第五节　结论与政策建议 ……………………………………… 630

第五十一章　征信要素赋能中小微企业信用实证研究 ………… 632

- 第一节　引言 …………………………………………………… 632
- 第二节　文献综述与研究假设 ………………………………… 633
- 第三节　研究设计 ……………………………………………… 635
- 第四节　实证检验分析 ………………………………………… 637
- 第五节　研究结论与启示 ……………………………………… 642

第五十二章　软硬信息对中小企业信用影响的实证研究 ……… 644

- 第一节　引言 …………………………………………………… 644
- 第二节　文献综述 ……………………………………………… 644

第三节　样本及变量选择 ································ 646
  第四节　实证分析 ···································· 648
  第五节　结论与讨论 ·································· 657

第五十三章　企业商业信用融资对研发投入影响的实证研究········ 659

  第一节　引言 ·· 659
  第二节　理论分析与研究假设 ·························· 660
  第三节　研究设计 ···································· 663
  第四节　实证分析 ···································· 665
  第五节　研究结论与政策建议 ·························· 669

第五十四章　担保与小微企业融资关系的实证研究················ 671

  第一节　文献回顾 ···································· 672
  第二节　研究设计 ···································· 674
  第三节　担保关系与企业信贷可获性实证研究 ············ 677
  第四节　担保对不同企业的融资影响研究 ················ 678
  第五节　结论与建议 ·································· 681

参考文献 ··· 682

第一篇

中国中小企业高质量发展若干综合问题研究

第一章

人工智能与中小企业高质量发展研究报告

2019年7月至8月，课题组对上海、广州、深圳、杭州等地人工智能（AI）产业发展情况开展密集调研，走访了云从科技、小蚁科技、亮风台科技、中仿智能、科大智能、优必选科技、柔宇科技、平安科技、大疆科技、华大基因等人工智能相关的中小科技型企业，召开了多场座谈会，并以上海为典型区域案例，分析研究了当前人工智能产业发展现状前沿与突出问题，对人工智能与中小企业高质量发展的趋势给出了研判，最后提出了人工智能促进中小企业高质量发展的相关政策建议。

第一节 人工智能产业的发展现状前沿分析

一 现状前沿

人类社会两次工业革命，实现了机械化、电气化和自动化带来的人力解放和批量生产，极大地推动了产品丰裕度的提升。第三次工业革命在信息和远程通信技术发展的基础上，迎来了智能工业时代。

据赛迪顾问报告，近几年来全球人工智能产业发展迅猛，到2020年全球人工智能市场规模将超过4200亿元。另据前瞻产业研究院的数据显示，中国人工智能市场规模近三年年均复合增长率达40%以上，至2022年将突破300亿元，2023年接近400亿元。随着人工智能产业与传统产业的融合，将提升劳动生产率、带动更多技术创新、改造传统生产方式,终将颠覆现有的商业模式、全球产业链和价值链,建立全新的全球产业分工体系,带动传统产业进入新一轮高速增长期。经测算,到 2035 年,人工智能将推动全球经济增速提高到目前的 2 倍,生产率提高 40%;在人工智能帮助下,美国 GDP 增速将从现阶段的 2.6% 提升到 4.6%。随着机器人、人机交互、智能辅助等技术应用,将不断创造全新的产业和市场,推动服务机器人、智能无人设备、智能制造、无人车间、无人驾驶、智慧医疗等新兴领域的发展,创造千千万万个就业岗位,将带来前所未有的产业发展机遇,成为新旧动能转换的重要杠杆。近几年来,大数据、区块链、云计算等信息技术极大地支撑了人工智能的发展与应用。中国人工智能已经从实验室走向初步多样化场景应用阶段(见表 1-1)。

表 1-1　　　　　　　人工智能主要应用领域一览

应用领域	代表性企业	应用操作	应用优势
智能助理	国外:Amazon Echo、Google Home 等 国内:微软小娜和小冰、百度度秘、科大讯飞等	智能手机语音助理、语音输入、陪护机器人	个人助理接受语音信息后,通过识别、搜索、分析进行回馈,返回用户所需要的信息
智能安防	商汤科技、格灵深瞳、神州云海、旷视科技、360、尚云在线等	智能监控、安保机器人	依靠视频智能分析技术,通过对监控画面的智能分析采取安防行动
自驾领域	Google、Uber、特斯拉、亚马逊、奔驰、京东等	智能汽车、公共交通、快递用车	利用人工智能及数据分析感应技术,对智能汽车进行人工智能操作
医疗健康	国外:Enlitic、Intuitive Sirgical 等 国内:华大基因等	医疗健康监测诊断、智能医疗设备、医疗机器人	通过大数据分析,完成对部分病症的诊断。在诊断、手术、治疗和康复领域都得到了应用
电商领域	阿里巴巴、京东、亚马逊、梅西百货等	仓储物流、智能导购和客服	利用大数据分析,智能管理仓储与物流、导购等,节省仓储物流成本、提高购物效率、简化购物程序

续表

应用领域	代表性企业	应用操作	应用优势
金融领域	国外：Welthfront、Kensol、Promontory 等	智能投顾、智能客服、安防监控、金融监管	通过机器学习、语音识别、视觉识别等方式来分析、预测、辨别交易数据、价格走势等信息，为客户提供理财服务，规避金融风险
	国内：蚂蚁金服、因果数、交通银行、大华股份、平安集团等		
教育领域	学吧课堂、科大讯飞、云知声等	智能评测、个性化辅导、儿童陪伴	为使用者匹配高效的教育模式

资料来源：根据前瞻产业研究院研究报告整理。

未来10—15年，物联网与5G、人工智能、机器人三项技术将产生重大的经济效益。其中"物联网+5G"增强感知能力，"AI"辅助决策判断，"机器人"提高操控能力；三者互动形成一个大的智能系统，也是未来各种自主无人系统的基础，这是一次新的以数据、信息、算法为核心驱动的工业革命，重构现在的产业结构、制造模式和生活方式。技术突破和新经济的爆发在同一个周期，新经济将助力经济增长再上新台阶，新经济的增量和规模将决定中国经济下一个10年发展质量，核心技术研发前所未有地成为中国科技创新的主命题，而先进技术向产业的快速导入和应用也将成为政府规划的重点。同时，以城市为单位的科技创新、产业迭代，可有效集中资源取得新经济发展的突破；以"城市带"为合集的发展协同和市场交换，也将产生"1+1＞2"的效应。

二 机遇与挑战

中小企业，特别是科技型中小企业是人工智能产业技术开发、应用落地、营销推广、商业变现的"双创"载体和实战主力军。近年来，中小企业对"智能+"数字化转型的需求日益旺盛，特别是人工智能产业的发展，为中小企业高质量发展带来了重大新机遇。"人工智能+制造"助力中小企业提升智能制造水平，帮助中小企业科学预测和决策，促进生产流程柔性高效；同时，"人工智能+商业"助力中小企业重构营销模式，为中小企业精确获取客户需求和及时优化产品服务提供有效支撑。总体上看，人工智能产业的迅猛发展，有助于中小企业激发更高的创新创业热忱、获取更精准的信息资源、拓展更宽的服务网络、催生更多的新兴业态，通过数字化转型升级实现高质量发展。

与此同时，人工智能的发展，也为中小企业带来了技术成本、应用风险以及人才不足等一些潜在的挑战。首先，技术成本风险方面，当前中小企业普遍不具备大规模、系统性使用智能设备的资本和能力，内部流程改造也需要精准诊断和资金支持。如何评判引进还是研发智能设备和工艺，对投入产出有准确的预判是广大中小企业智能化变革首先要考虑的因素。其次，智能应用风险方面，如果智能机器对数据进行了错误计算，或者人工学习建模存在偏差，分析结果将会产生不可估量的损失。最后，人工智能时代需要更多复合型人才来不断创新应用新技术，企业要完成数字转型和高质量发展，还亟待解决匹适性人才供给不足的问题。

第二节　中小企业人工智能应用案例研究

一　"AI+视觉"行业与企业应用案例

计算机视觉是人工智能核心技术之一，其应用领域非常广泛。按产业链划分，其上游基础层主要以芯片、数据集、算法为主，中游基础支持主要有生物特征识别技术、物体与场景识别技术、光学字符识别技术、视频对象提取与分析技术等，下游应用主要集中于互联网、系统开发、终端开发等领域。

从"AI+视觉"行业发展的前沿趋势来看，有三个特征：一是"AI+视觉"从感知到认知关键技术的突破，深入推动计算机视觉在各行业领域的应用。5G商用带来的低延时、超高速、超大带宽等将会推动自动驾驶、远程医疗等新业态新模式的不断衍生。二是"AI+视觉"将带来大量的动态或静态的影像数据，数据的监管和隐私保护将成为计算机视觉进一步快速发展的必备条件。在技术发展的同时，数据保护和版权等问题也将逐步得到解决。三是"AI+视觉"技术将以各种形式进入人们的日常生活中。人脸识别技术、智能家居安防等日渐成熟。特别是智慧安防，将从"看到、看清"，智能升级为"看懂"，形成全链条的智慧安防体系。

当前中国的计算机视觉技术处于国际先进水平，应用市场主要集中在智慧安防、广告营销、人脸身份验证、互联网娱乐等场景领域，以感知应用为主，预计2020年市场规模达到600亿—800亿元。其中，智慧安防行业最为发达，医疗影像、工业制造、批发零售等创新领域的市场也逐步扩张。"AI+视觉"行业代表性企业有海康威视、大华股份、佳都科技、云从科技、商汤科技等（见表1-2），课题组重点调研了该行业国家队领军企业之一的云从科技集团股份有限公司。

表1-2　　　　　　　"AI+视觉"行业典型企业

典型企业	主要服务及产品
海康威视	海康威视以监控设备切入市场，持续升级前端智能化服务程度，2017年全球市场占有率突破21.6%。智能公共安防产业链生态较为开放，上下游关系并非泾渭分明，产业链参与企业均可通过集成商渠道或直客模式向客户提供产品与服务
大华股份	大华股份着眼于智能安防全产业链整合，逐步向安防服务领域延伸，2017年全球市场占有率高达8.5%。在架构理念上，大华与海康思路相近，根据实际的业务场景去分配计算功能，设计智能化的方案
佳都科技	具备安防业务集成资质，项目资源强，解决方案以云端为主，技术能力的建设方面，采取投资参股AI公司与自研双轨路线
云从科技	提出AI定义设备和场景的理念，即通过软件和算法使设备和解决方案适应实际需求，同时致力于基于人员抓拍的大数据分析和计算处理，使人工智能与大数据共同助力公共安全精确防控、立体化防控、智慧防控，以响应智能安防从AI识别升级为AI认知的需求
商汤科技	商汤安防的目标是开放、全链条、城市级。注重发挥算法优势，开放技术输出；以方舟平台为支撑，提供"感知—认知—应用—演进"的全链条能力；强调算法能够适应城市级超大规模计算场景，同时为应对未来城市级场景，算法可覆盖碎片化场景的长尾需求

资料来源：课题组根据各企业官方网站资料整理。

【企业案例1】云从科技

云从科技集团股份有限公司（以下简称云从科技）2015年孵化于中国科学院，是同时承建三大国家平台并参与国家及行业标准制定的人工智能领军企业，也是国家新基建发展的中坚代表。依托全球专业的人机协同平台，将感知、认知、决策的核心技术闭环运用于跨场景、跨行业的智慧解决方案，提升生产效率和品质，让 AI 真正造福于人，助推国家从数字化到智慧化转型升级。多年深耕行业，先后布局智慧金融、智慧治理、智慧交通及智慧商业四大业务领域，每天为全球 3 亿人次用户带来智慧、便捷和人性化 AI 生活体验。

公司创始团队曾获 2011 年 FERA 国际表情识别分析挑战赛、2010 年 IMAGENET 大规模视觉识别挑战赛、2010 年 PASCALVOC 国际人体动作识别挑战赛和 2009 年 PASCALVOC 世界图像物体识别挑战赛等比赛冠军，并获得图像处理国际会议、模式识别国际会议（ICPR2008）和多媒体国际会议（ACM Multimedia 2013）"最佳论文"奖。

2019 年 3 月 28 日，云从科技与国美零售签署战略合作协议，双方共同开启人工智能技术在零售领域的深度应用，加速线上线下全面融合。投资方除了中国互联网投资基金、上海国企改革发展股权投资基金、广州南沙金控、长三角产业创新基金等政府基金外，还包括工商银行、海尔资本等产业战略投资者。

人工智能领域：位于 AI 第一梯队，主要攻坚 AI 识别技术领域，在人机协同战略指引下，云从科技全力投资全线 AI 技术，着重发力航空、金融及商业领域 AI 创新。

核心技术：人机协同。通过行业领先的人工智能、认知计算与大数据技术形成的整合解决方案，已服务 400 家银行 14.7 万网点、31 个省级行政区公安、60 余家机场，实现银行日均比对 2.16 亿次、公安战果超 3 万起、机场日均服务旅客 200 万人次。

发展"瓶颈"：面对庞大的市场，云从科技不能快速识别市场需求，其以重庆银行为突破口，推广标准化产品，打开市场；安防市场竞争激烈，云从科技面临转型，做标准化产品。云从科技在 2016 年下半年进入安防市场，截至 2018 年 3 月，云从科技的产品已在 24 个省级行政区上线实战，协助各地警方抓获 2605 名犯罪嫌疑人，获得公安部高度认可。2018 年 1 月，国家发改委再次确定云从科技和公安部一所旗下的"北京中盾"承担国家"人工智能"重大工程——"高准确度人脸识别系统产业化及应用项目"建设任务。

未来前景：随着支付手段的变更，安全意识的提高，安检需求的加强，人脸识别设备的消费明显增加并且潜在需求也在被逐渐挖掘。2017年，全球人脸识别设备市场价值为10.7亿美元，到2025年年底将达到71.7亿美元，在2018年至2025年将以26.8%的速度增长。未来云从科技主要发力领域是银行和安防行业，特别是安防，云从科技正在协助公安部研发人脸识别权威测评系统，系统一旦建成，将成为全球首个人脸识别系统权威测评平台，针对安防等实际应用场景进行系统测评，这也让中国有了自己的测评标准。

二 "AI+医疗"行业与企业应用案例

"AI+医疗"指人工智能技术在医疗行业的应用及赋能。从技术层面来讲，人工智能改变了医疗领域的供给端，对传统医疗机构运作方式带来变革；从市场层面来看，人工智能为现有医疗工作带来流程改进与效率提升，催生巨大增量市场。

纵观"AI+医疗"行业发展趋势，有四个特征：一是智能机器人与"AI+医疗"相结合，会对整个医疗行业产生深远影响；二是人工智能技术能够提供多种脏器医学影像数据的智能化识别和分析，为医院影像诊断提供快速精准的医疗辅助诊断，提高临床诊疗的精准性与效率，减低医生工作强度，有效缓解医疗资源紧张的问题；三是人工智能技术帮助解决神经工程研究中遇到的诸多难题，脑机接口技术成为新一代人机交互和人机混合智能的关键核心技术；四是利用机器学习、机器视觉、图像分析和自然语言处理等人工智能技术，对研究结果进行分类，使医疗过程更加高效。

人工智能技术广泛应用于中国各个医疗细分领域，主要有医学影像、辅助诊断、药物研发、健康管理、疾病风险预测、医院管理、虚拟助理、医疗机器人和医学研究平台等。目前，中国"AI+医疗"融资项目近200个，其中大部分处于天使轮和A轮阶段，B轮及以后项目较少。从细分领域来看，主要集中在医疗影像、辅助诊断和疾病风险预测领域。"AI+医疗"行业的典型企业有联影医疗、腾讯医疗健康、百度灵医、阿里健康、数坤科技、华大基因等（见表1-3），其中，课题组重点调研梳理了深圳华大基因股份有限公司的应用案例。

表1-3　　　　　　　　　"AI+医疗"行业典型企业

典型企业	主要服务及产品
联影医疗	专注提供面向医疗设备、影像和临床相关的AI解决方案，2018年发布人工智能平台uAL、10款智能诊断应用、3款智能化医学影像设备
腾讯医疗健康	2017年发布医疗影像产品腾讯觅影，2018年发布AI导诊引擎"腾讯睿知"、多个"AI+医疗"应用的"腾讯医疗超级大脑"
百度灵医	具有临床辅助决策系统、眼底影像分析系统、大数据解决方案等AI医疗产品
阿里健康	2017年发布医疗A Doctor You，2018年启动面向医疗AI行业的人工智能开放平台，聚合图玛深维等12家生态合作伙伴，ET医疗大脑2.0上线
数坤科技	聚焦心脑血管领域，推出心血管AI影像平台
华大基因	通过基因检测等手段提供基因组学类的检测和研究服务

资料来源：课题组根据各企业官方网站资料整理。

【企业案例2】华大基因

深圳华大基因股份有限公司（以下简称华大基因）既是华大集团旗下企业，也是全球领先的基因组学类检测和研究服务商，通过基因检测等手段，为医疗机构、科研机构、企事业单位等提供基因组学类的检测和研究服务。华大成立于1999年，是全球领先的生命科学前沿机构。秉承"基因科技造福人类"的使命，怀抱"健康美丽，做生命时代的引领者"的愿景，以"产学研"一体化发展模式引领基因组学的创新发展。公司下设华大基因、华大智造、华大司法三大产业机构，以及生命科学研究院、GigaScience、国家基因库、华大学院四大科研机构。华大基因于2017年7月在深圳证券交易所挂牌上市，其以推动生物研究进展和提高全球医疗健康水平为出发点，基于基因领域研究成果及生物技术在民生健康方面的应用，进行科研和产业布局，致力于助力和加速科学创新，减少出生缺陷，加强肿瘤防控，抑制重大疾病对人类的危害，实现精准治愈感染，助力精准医学。依托世界领先的生物信息研发、转化和应用平台，上百台高性能测序仪、质谱仪和大型计算机，为数据的输出、存储、分析提供有力保障。凭借先进的技术平台、丰富的临床经验以及庞大基因数据库等多项优势，华大基因成为实至名归的基因测序龙头企业，也是具有全球品牌影响力的中国生命科学企业代表。

课题组调研了解到，华大基因的人工智能项目应用场景广泛，涉及大众的生老病死，以及辅助诊断等领域，与人类生活息息相关，人工智能项目转化速度快，整体产业链完整，人才储备量充足，战略目标明确，这几大因素都是助推华大基因发展人工智能的优势所在。课题组调研同时了解到，华大基因在发展人工智能的过程中也受到资金的较大制约。华大基因表示，在每一个人工智能项目雏形期，华大会申请国家项目获得资金支持，然而国家科研经费并不覆盖人工费用部分，尽管深圳市政府也对华大基因进行补贴，也仍旧不足以覆盖科研的巨额成本，因此，华大基因提出希望在此领域上能够获得更多政府以及其他渠道的资金支持，对资金的弥补将是对人工智能产业的有力帮助。

人工智能领域：华大基因主要从事智慧医疗智能领域，通过华为云 GCS—SGE 容器方案，将基因测序和容器技术完美结合，同时为基因乃至泛医疗行业发展带来更大空间。

核心技术：基因科技。未来将依托先进的测序和检测技术、高效的信息分析能力、丰富的生物资源，以多学科结合的新型生物科研体系为基础，为全球的科研工作者提供创新型生物研究的科技服务，推动基因组学研究在相关领域的发展。

华大基因发展人工智能的相对优势在于人才储备较充足，其科研成果转化速度快。华大基因专门的研究院是可以吸纳人才，甚至成为未来深圳市人工智能产业集群的核心力量，强化人才储备将成为华大基因的未来重点建设目标。在此背景下，人才引进政策是现阶段需着手解决的棘手问题，如何为专业人才提供更加良好的生活环境，给予他们更加优厚的待遇，加大财政帮扶力度应成为必要的选项。

发展"瓶颈"：已经形成了较为成熟的业务，公司主要的领域集中在产业的中下游，即测序业务。但在上游测序设备上则几乎处于空白地带。基因测序服务业务正在大幅上升，但受制于测序平台能力有限，华大不得不需要购入大量的测序仪，重新"武装"测序平台。2010 年，华大营收突破十亿。2009 年，这一数字还只是 3.43 亿元。利用这 128 台测序仪，华大基因一跃成为全球最大的基因组学研究机构。但是，华大业务集中在测序代工,技术壁垒太低,面对这一"瓶颈"华大试图向上游转型,并利用CG技术打开市场。2016年,华大基因成立子公司华大智造,主营业务为医疗仪器、医疗器械等,其中就包括基因测序仪及配套设备、测序试剂等技术研发推广。

未来前景:近年来,消费级基因检测的人口渗透率快速增长。以美国为例,数据显示,2017年全美参与消费级基因检测并拥有自身数据的个人用户总量突破了1200万。而中国2017年参与消费级基因检测并拥有自身数据的个人用户总量约为30万人。目前,中国消费级基因检测服务的人口渗透率仅为0.03%。而未来5年这一数字将达到3.5%,也就是说,2022年中国将有5000万人拥有自己的基因组数据。未来华大基因在测序市场将面临更大冲击,因此华大基因将加大研发与市场推广的投入,预计未来两三年也会有较高的研发投入。随着"5.0时代"的来临,基因实现存、读、写,人类应用基因检测加上病理、影像、免疫、代谢监测和运动、营养方案,实现疾病预防,华大基因也将在基因领域实现更大突破以造福人类。

三 "AI+金融"行业与企业应用案例

"AI+金融"指通过将人工智能技术作为主要驱动力,为金融行业的各参与主体、各业务环节赋能,突出AI技术对金融的产品创新、流程再造、服务升级的重要作用。从最新发展趋势来看,"AI+金融"进一步推动普惠金融,使更优惠的金融服务覆盖到小微企业以及更多长尾客户,进一步降低金融机构的运营成本,最终实现全社会福利的提升。同时,"AI+金融"将为金融监管与风险控制提供更多可行路径与方案。随着人工智能技术不断成熟,"AI+金融"行业将面临洗牌,真正具有人才、技术、数据优势以及场景优势的企业将得以长期持续发展。

中国的"AI+金融"行业发展仍处于早期阶段,有待技术的不断发展与金融场景的深度融合。人工智能与大数据、云计算以及区块链共同为金融行业转型升级提供技术支撑,大数据提供基础资源,云计算作为基础设施,区块链建立基础机制,为金融业实现智能化提供核心驱动力。近年来,人工智能技术主要在金融行业的风险控制、投资分析、移动支付等领域实现应用落地。从各场景发展程度来看,智能风控应用最多且较为成熟,智能支付的发展速度相对较快,智能营销与智能客服拥有广阔发展空间。中国"AI+金融"行业的典型企业主要有平安科技、招商银行、京东金融、蚂蚁金服、旷视科技等(见表1-4),其中,课题组重点调研梳理了平安科技的应用案例。

表1-4 "AI+金融"行业典型企业

典型企业	主要服务及产品
平安科技	全覆盖智能风控十大场景,在系统支持下,银行决策更科学,风险识别与处置能力大幅提升,客户体验得到改善
招商银行	"天秤系统"可以抓取交易时间、交易金额、收款方等多维度数据。风控模型会基于实时、准实时数据进行高速运算,实时判断用户的风险等级。利用图算法和图分析技术,挖掘欺诈关联账户
京东金融	运用高维模型,利用生物探针、图计算、涉黑群体挖掘技术等从各个维度去筛选和甄别用户的好坏,实现对用户更完善的描述
蚂蚁金服	"蚁盾"具有强大的算法和计算的能力,实现了0.1秒的时间完成判断和决策,并支持12万/秒的并发。构建一个跨国家地域、多行业的风险维度,可把黑产和欺诈者识别出来
旷视科技	针对泛金融领域推出全球首个在线的人脸识别身份验证平台Face ID,降低了泛金融企业面临的欺诈风险,提高了产品和服务的安全性

资料来源:课题组根据各企业官方网站资料整理。

【企业案例3】平安科技

平安科技是中国平安保险(集团)股份有限公司旗下全资子公司,其前身为平安集团的信息管理中心,注册资本3000万美元,是中国平安集团的高科技内核。随着集团保险、银行、资产管理三大业务板块的均衡发展,平安科技在平安综合金融大家庭中将扮演更为重要的角色,逐步向国际领先的金融IT团队迈进。公司主要向集团公司和集团下属子公司提供IT规划、开发和运营等IT服务。2018年11月7日,平安科技(深圳)有限公司位居工信部发布的2018年(第17届)中国软件业务收入前百家企业第54位。

自2008成立以来,专注于为机构、企业、政府提供端对端智能科技服务，基于人工智能、云计算解决方案，服务5亿多用户，覆盖金融、医疗、汽车、房产、智慧城市五大生态圈。其在深圳和上海建立了两大互为备份的电脑中心。共有180多台小型机和多台世界最先进的大型存储设备，2000多台PC SERVER和大量磁带库、光纤数据交换机、负载均衡等设备。采用统一的Oracle数据库平台和Weblogic J2EE中间平台。主要应用技术包括：Java/J2EE、Oracle等业界领先的技术平台。拥有UNIX（Linux）、Oracle、J2EE、工作流、影像、EAI、规则引擎、Corba、WebLogic等多种平台上的技术专家。

平安打造的"智能+金融"应用非常成功，场景应用全面，平安利用自身全牌照的综合金融公司性质，凭借30年行业经验，将人工智能应用到400多个场景中去，同时平安自有的八大数据中心、深度学习的集群云平台以及每秒百万级并发数据处理量构成了一个高效的平台，在先进算法的助推下最终成就平安"智能+金融"的成功。

在应用场景方面，人脸识别无异于是平安的重点，其识别准确度被公安三所认证为99.84%，并且已经用于深圳机场、小区等公共设施中。智慧城市这一应用场景并未拔得头筹，主要是由于海康威视进入该领域较早，因此基本垄断政府端产品。但平安在此领域也有所成就。2017年平安逐渐部署"智慧城市"，部署"平安脑"智能引擎，将"平安脑"作为中枢层，串联感官层、索引层与执行层，完成产品模块的功能实现。其他应用场景还包括声纹识别、智能双录、智能客服、智能语音合成、音乐创作、智能风控平台、产险510智能查勘提高效率、闪赔、医学读片、传染性病预测、中小企业贷款等。

人工智能领域：平安科技致力于运用人工智能、云计算等前沿科技打造更多好用、高效、便捷的智能产品，立志成为国际领先的"AI+云"公司。平安科技对于深圳市人工智能产业发展的助推力量，主要源自于基础层的深入研究与相关场景的广泛应用，平安科技通过自有力量和同各界联合，广泛吸纳专业型人才从事基础研究，在基础层研究方面已经初具规模，并且自有的人才库形成了良好的支持。平安也借助自身已有的产业链为人工智能的研发技术提供了广泛的应用场景，比如语音识别、客户筛选、健康诊断等，自有资金支持较其他企业更为充足。然而，由于公司本身庞大的规模以及长远的战略部署，平安科技也需要更多的人才与资金支持,才足够将平安科技建设成为人工智能领域的龙头企业,并将其推向人工智能全产业链的国际优势地位。

核心技术:人工智能、云计算是平安科技的核心技术,目前人工智能已经形成包括预测 AI、认知 AI、解决 AI 在内的系列解决方案;云计算以金融为起点,深度服务于金融、医疗、汽车、房产、智慧城市五大生态圈。

发展"瓶颈":平安金融面临着联邦学习和联邦智能相结合困境,目前首要解决"数据孤岛"问题以及在保障数据隐私和安全的前提下实现人工智能,为此平安科技开发"蜂巢"平台,"蜂巢"平台是由平安科技自主研发的联邦学习平台,据介绍,这也是业内首个面向金融行业的商用联邦学习平台。未来,"蜂巢"平台还计划实现更多功能,包括提供基于联邦学习的医疗影像数据平台、扩接融合用户特征与个性推荐系统和动态车险定价模型系统等。

未来前景:平安科技也提出在未来与院校合作的期许,并将自身定位为应用场景合作企业,或也可以借助平安内部人才,与高校通力合作,共同研究。同时,平安科技也表明希望国家能够给予更多资金和资源的支持,比如机器人的原创性算法及应用、芯片研发及产业落地,以保证其发展过程中不被卡住咽喉。在未来云计算与大数据的紧密结合,将会对传统公安信息化的建设、方法、技术等方面带来变革,通过对警务云的建设,使中国各级公安机关可以真正地围绕以应用驱动为根本导向、以基础设施建设为支撑、以大数据综合应用为发展龙头、以自主创新为重要途径、以信息安全为主要保障的业务目标,深化开展公安信息化的建设工作,这是云计算对我们人民的保障。在未来几年,平安科技将始终坚持"科技引领金融"之路,继续往"移动互联""云""大数据"三大方向发展,打造先进的 IT 组织、强化基础支持核心业务,携手平安各业务公司开拓创新,牵头探索互联网新业务模式。

四 人工智能制造与开发领域应用案例

(一)智慧机器人领域

机器人是衡量现代科技和高端制造业水平的重要标志。智慧机器人技术是多学科交叉与融合的结晶。大数据、人工智能和传感器技术日渐成熟，推动机器人技术从"可编程机器人"向智能机器人发展。全球新冠肺炎疫情影响着各行各业的生存与发展，人工智能企业"危"中见"机"，智慧机器人市场应用迎来爆发期。疫情之后，机器人在配送物流、餐饮零售、安防巡逻、医疗康复等领域应用呈现增长态势，智慧机器人将迎来市场应用新的爆发期。

近年来，全球智慧机器人市场规模持续扩大，工业、特种智慧机器人市场增速稳定，智慧服务机器人增速突出。围绕语音识别、计算机视觉、自然语言文字处理等主要人工智能技术创新不断深入，产品在医疗、安防、教育、自动驾驶、金融、智能家居、物流等领域的应用持续拓展，企业前瞻布局和投资并购异常活跃，全球智慧机器人产业正迎来新一轮增长。预计2020年，全球智慧机器人市场规模将达到400亿美元。

从全球智慧机器人行业最新发展趋势来看，机器人密度（每万名制造业员工所拥有的机器人数量）逐渐成为衡量国家制造业自动化发展程度的重要标准之一；同时，随着人工智能技术的推进，以及工业4.0时代、高龄化社会的到来，具有感知、分析、学习和决策能力的智慧机器人在工业制造、医疗、农业、交通、教育、航天和军事等行业领域将发挥越来越重要的作用。未来，智慧机器人必将朝着共融机器人的方向发展，能与人合作的机器人将是理想的作业装备，而与人共融的程度，将是机器人发展的一个重要坐标。

中国作为全球最大的机器人市场之一，在政策、技术、市场需求等多重刺激下快速发展，智慧机器人市场规模快速扩大。中国智慧机器人产业已基本形成从上游核心零部件制造，到中游本体制造，再到下游系统集成服务的完整产业链条。从区域角度看，长三角地区和珠三角地区工业智慧机器人产业链最为完备、工业智慧机器人相对发达，京津冀地区智慧机器人产业链相对成熟，智慧服务机器人和特种智慧机器人最为领先。当前，中国机器人密度有着巨大增长空间，前景十分广阔。据国际机器人联合会预计，中国机器人密度将在2021年突破150台，达到发达国家平均水平。当前，中国智慧机器人行业的典型企业有新松、珞石科技、科沃斯、优必选科技、上海微创等（见表1-5），课题组重点调研了优必选科技有限公司的应用案例。

表1-5　　　　　　　　智慧机器人行业典型企业

典型企业	主要服务及产品
新松	具有自主知识产权的工业机器人、协作机器人、移动机器人、特种机器人、服务机器人五大系列百余种产品，面向智能工厂、智能装备、智能物流、半导体装备、智能交通，形成十大产业方向，致力于打造数字化物联新模式
珞石科技	从事轻量型工业机器人产品研发与技术创新工作，提供协作型工业机器人控制系统、工业机器人产品及智能制造解决方案
科沃斯	家庭服务机器人专业制造者，创造了地面清洁机器人地宝、自动擦窗机器人窗宝、空气净化机器人沁宝、机器人管家亲宝，专业从事家庭服务机器人的研发、设计、制造和销售
优必选科技	优必选从人形机器人的核心源动力伺服舵机研发起步，逐步推出消费级人形机器人Alpha系列、STEM教育智能编程机器人Jimu Robot、智能云平台商用服务机器人Cruzr等
上海微创	高端医疗器械集团，主要覆盖心血管介入产品、骨科医疗器械、糖尿病及内分泌医疗器械、电生理医疗器械、大动脉及外周血管介入产品、神经介入产品、外科手术等十大领域

资料来源：课题组根据各企业官方网站资料整理。

【企业案例4】优必选科技

优必选科技有限公司（以下简称优必选）成立于2012年3月，是一家集人工智能和服务机器人研发、平台软件开发运用及产品销售于一体的全球性高科技企业。优必选目前是全球AI人工智能机器人领域商业化落地最为成功的企业之一，也是国内唯一涵盖多个行业细分市场的人工智能机器人公司，在中国AI人形服务机器人行业市场排名第一。其核心技术以及实现方法处于国际顶尖技术水平。

2008年，优必选从人形机器人的核心源动力伺服舵机研发起步，逐步推出了消费级人形机器人Alpha系列、STEM教育智能编程机器人Jimu Robot、智能云平台商用服务机器人Cruzr（克鲁泽）、智能巡检机器ATRIS和与迪士尼合作的第一军团冲锋队员机器人等多款产品，主要技术均为自主研发。优必选主要客户与合作对象涵盖了政府、企业、高校以及个人消费者等。例如，2016年2月优必选机器人亮相狗年央视春晚等各大舞台，此后与央视春晚合作紧密；优必选是英国曼城足球俱乐部全球机器人合作伙伴；优必选 Jimu 机器人与中国少年儿童发展服务中心达成战略合作；优必选就"中国机器人设计大赛"与 IEEE 达成战略合作；优必选受邀参加博鳌亚洲论坛；优必选联合广州白云机场打造智慧机场；优必选成为 Swift Playgrounds 首家中国合作方；优必选与腾讯合作推出 Qrobot Alpha；其他合作如华中科技大学、悉尼大学、科大讯飞、广州口岸、居然之家等。2016 年 12 月召开 AI 战略发布会，奠定以产品销售养活研发的基调。2019 年 Walker 机器人被美国知名的机器人行业媒体 The Robot Report 评选为值得关注的 5 大人形机器人，同时入选榜单的其他 4 款人形机器人分别是美国波士顿动力的 Atlas、Agility Robotics 的 Cassie、日本丰田的 T-HR3s、本田的 E2-DR，优必选科技成为榜单中唯一一家中国企业。

公司致力于人工智能及人形机器人核心关键技术攻关及应用研究，提升自主研发及科技创新能力，积极承担了多项市专项资金科研项目，已获批 1 亿元以上资金扶持，作为国家高新技术企业，按有关规定申请享受减至 15% 的税率征收企业所得税税收优惠政策。公司目前积极打造"硬件+软件+服务"机器人生态圈，力争在人工智能领域实现较大突破，成为人工智能和服务机器人的前沿科技企业，当前人员规模已逾千人，公司处于发展上升期且人员规模不断扩大，现有南山智园有限的办公场地难以满足 AI 技术研发及产业。

人工智能领域：优必选从事人形机器人智能领域，其以智能机器人为载体，人工智能技术为核心，打造"硬件+软件+服务+内容"的智能服务生态圈。

核心技术：优必选科技以智能机器人为主攻方向，致力于研发高性能伺服驱动器及控制算法、运动控制算法、面向服务机器人的计算机视觉算法、智能机器人自主导航定位算法、ROSA 机器人操作系统应用框架、语音等核心技术。

发展"瓶颈"：优必选面临芯片供应困境，为此企业开始研发伺服舵机，解决芯片产业链困境。同时机器人行业仍然处于高研发投入、难以商业化和规模化量产的阶段，因此高度依赖资本输血。高估值可能抬高未来的融资门槛，在资金流方面埋下隐患，近来停止运营的 AI 机器人公司 Anki 可以算是前车之鉴。服务机器人产品还没有找到一个刚需化的应用场景，这也是优必选目前的挑战。另外，AI 行业人才认定标准还未能下放到企业，针对 AI 产业甚至企业出台针对性政策，细化人才认定标准；政府对企业的资金扶持力度还不够大，对于覆盖科技研发费用仍能力有限。

未来前景：预计到 2025 年，机器人工业产值预期可以达到 4.5 万亿美元，其中 2.6 万亿美元来自提高并延长人类寿命，1.4 万亿美元可能来自工业自动化和商业服务任务；在工业和服务领域使用先进机器人承担的工作量相当于 7500 万全职职工。最终，节约时间的家用服务机器人创造效益可达 5000 亿美元。未来机器人将朝向人类复杂意识般的意识化机器人。从长期来看，在新基建战略不断推进的背景下，优必选科技对中国机器人行业发展前景坚定乐观，有恒心、办恒业，以智能机器人为载体，人工智能技术为核心，赋能产业智能化升级。同时，优必选将继续朝向类人形机器人方向发展，同时人工智能也会有很大提升，基于特定场景人工智能，可以做到全方位的包括语音、视觉、触觉和情感等的人机交互，成为信息和数据的入口。

（二）智能硬件领域

智能硬件指通过将硬件和软件相结合，对传统设备进行智能化改造。具备信息采集、处理和连接能力，可实现智能感知、交互、大数据服务等功能的新兴互联网终端产品，是"互联网＋"人工智能的重要载体。智能硬件行业主要包括智能家居、可穿戴设备、工业智能设备及控制器、智能无人设备等。

目前市场上智能硬件普及程度快速提升，且产品种类更趋多样化，加上消费升级趋势下，智能硬件作为优质产品更受青睐，市场稳步提升。芯片升级、移动互联网、大数据、云计算、物联网、5G 等技术发展，为传统硬件智能化，智能硬件升级提供成熟的技术环境。智能硬件行业发展趋势有以下几个特征：一是借助智能硬件服务平台的优势，智能硬件行业在终端、内容服务和大数据服务方面将长足发展；二是智能硬件将趋向多元化、透明化、专业化和垂直化；三是智能硬件服务平台为创新型企业提供整条演进路线的解决方案，在整个硬件生产的链条中起重要作用。

中国智能硬件市场发展较快，2020年市场规模将达到10000亿元以上。以服务人的维度来衡量智能硬件的市场规模，智能硬件已融入衣、食、住、行、教育、医疗、娱乐和劳动八大领域，已出现了不少成熟的各领域智能机器人或智能终端。另外，中国智能硬件行业生态日益完善，智能硬件行业整体投融资热情高涨，但真正能获得B轮以上融资的企业凤毛麟角，初创企业面临扩大再生产等问题，从供应链到营销推广再到融资等一系列产业链问题亟待解决。中国智能硬件行业典型企业有硬蛋科技、河东智能、大疆科技、华米科技、柔宇科技等（见表1-6），课题组重点调研分析了大疆科技有限公司的应用案例。

表1-6　　　　　　　　　智能硬件行业典型企业

典型企业	主要服务及产品
硬蛋科技	中国最大的智能硬件创新创业平台，已经汇聚了24000个智能硬件项目。硬蛋引入共享经济模式，以供应链数据为基础，向创新创业企业提供软件、云、供应链金融、营销等一站式企业服务，建立完整的闭环生态系统
河东智能	2004年进入智能家居领域，研发制造智能家居和智能建筑系统产品，市场拓展到海外。致力于智能家居、智能建筑、智能酒店领域，为市场提供综合性的智能控制系统和一体化的解决方案
大疆科技	大疆科技是全球较为顶尖的无人机飞行平台和影像系统自主研发和制造商。从最早的商用飞行控制系统起步，逐步研发推出ACE系列直升机飞控系统、多旋翼飞控系统、筋斗云系列专业级飞行平台S1000和S900、多旋翼一体机Phantom、Ronin三轴手持云台系统等产品
华米科技	小米生态链企业，主要产品包括小米品牌的智能手环及智能秤、自主品牌AMAZFIT米动系列的智能手环及智能手表，共9次获得德国iF、德国Red Dot、中国设计红星奖金奖等全球工业设计奖
柔宇科技	柔宇科技自主生产全柔性显示屏和全柔性传感器，以及柔性屏折叠手机和其他智能设备

资料来源：课题组根据各企业官方网站资料整理。

【企业案例5】大疆科技

深圳市大疆科技有限公司（以下简称大疆）成立于2006年，是全球领先的无人机系统与影像解决方案供应商，大疆致力于用技术与创新力为世界带来全新视角。公司员工超过12000人，遍布全球7个国家的17间办公室，销售网络遍布全球一百多个国家，成立十二年间，大疆不断革新技术和产品，开启了全球"天地一体"影像新时代。

大疆从商用自主飞行控制系统起步，填补国内外多项技术空白，并陆续推出了飞行控制系统、云台系统、多旋翼飞行器、小型多旋翼一体机等产品系列。公司以"The Future of Possible"（未来无所不能）为主旨理念，在无人机、手持影像系统、机器人教育领域成为全球领先的品牌，以一流的技术产品重新定义了"中国制造"的创新内涵。大疆坚守"激极尽志，求真品诚"的企业精神。始终践行全新的文化和价值观，将卓尔不群的产品之道贯穿于每一个细节中，展现科技的无限可能，并得到全球市场的肯定和尊重。

自公司建立开始，大疆发展极其迅速。2007年推出直升机飞控XP2.0，大疆飞控第一次达成超视距飞行。2008年XP3.1地面站诞生，重磅产品Ace One诞生，销售额大幅度增长，远销海外。2011年Wookong-M多旋翼飞控腾空出世，风火轮正式发布，大疆迈入消费级模型市场，多旋翼王子"Naza-M"诞生。2012年世界首款航拍一体机面世，世界首款专业一体化多旋翼飞行器筋斗云S800诞生，为拓展消费级模型市场，美国及德国分公司成立。2013年推出全球首款会飞的照相机，引领全球航拍热潮。2014年诞生推出世界首款自带4K相机的可变形航拍器，推出全高清数字图像传输系统Lightbridge。2015年精灵系列问世，推动全球消费级无人机市场变革，发布农业植保机，正式步入农业无人机领域，并为无人机软硬件应用创新拓宽空间。2016年重磅推出精灵Phantom4，开启机器视觉的时代，推出A3飞控，全面满足行业应用需求，各系列产品更新迭代。2017年大疆发布首款具备工业防护等级的飞行平台，可广泛用于航拍数据收集、巡检等行业应用，推出首款支持手势操控、可进行人脸识别的掌上无人机，并推出七款农业植保新品。2018年新品随行无人机完美平衡了性能与便携性。足见大疆产品更新换代快，基本可达到1年换1—1.5代的频率。目前，大疆拥有超过3000名工程师，PCT年申请量名列前茅，除位于中国深圳的总部之外，在北京、上海、美国硅谷等重要科技人才聚集地也建立了研发中心。在美国、德国、荷兰、日本等国家的重要城市设有分支机构，客户遍布全球百余个国家和地区。产品以外销为主，且国外市场远超国内市场（80%销往海外）。

人才是大疆发展过程中的中枢力量。在同行业中独占鳌头，背后离不开浓郁的科技创新氛围和强大的研发团队。大疆正在通过创新手段，推动形成适应科技创新的全新人才生态圈。大疆试图最大限度整合珠三角（含港澳地区）地区的产业集群优势和学术资源优势，吸引全球最优秀的科技人才汇聚此地。同时，大疆正全力打造一项全球最具观赏性的大学生机器人比赛——RoboMaster，旨在挖掘、培养工程技术精英，掀起全民科技热潮，助力深圳打造"中国硅谷"。大疆目前发展顺利，但是在人才与资金方面仍有缺口。在人才培养方面，大疆初步通过"机甲大师"这一比赛与高校取得密切联系，但在人才吸纳的渠道层面上仍有待开拓。在资金方面，大疆目前已取得共青团中央、深圳市人民政府的较大支持，但面对已投入在寻找更佳融合科技、文化与竞技途径上的数亿元资金，如若能够获得政府在政策及资金上的有力支撑，大疆在人工智能领域的前景则大有可期。

人工智能领域：大疆从事无人机智能领域，其无人机的核心研发人员为800—1000人，并且无人机市场占据了全球80%的份额。

核心技术：飞控系统和影像传输等技术，从研发、设计，到原材料采购、组装，关键零部件生产，以及最后的质检和试飞，每一个环节，都有一套严格标准。从商用自主飞行控制系统起步，大疆逐步推出了飞行控制系统、云台系统、多旋翼飞行器、小型多旋翼一体机等产品系列，填补了国内多项技术空白。

发展"瓶颈"：大疆在全球消费级无人机市场已占有约七成的市场份额，它继续在该市场拓展市场份额推动销售额的增长无疑面临很大的困难；在中国市场，近几年中国持续不断地加强对无人机的管理，这也对大疆的中国业务发展造成了压力，甚至一度导致其中国业务营收下滑。特别是大疆面临企业级市场，如安防、教育、警用等领域中市场开拓困境，为此大疆与微软达成战略合作，对推动企业级无人机的发展至关重要。微软所拥有的这些能力恰恰是大疆拓展行业市场所需要的，对于企业用户来说它们使用无人机服务会产生大量的图片等数据资料，这些庞大的数据自然需要微软强大的云服务，而微软所提供的人工智能服务可以帮助大疆对这些庞大数据进行分析处理以便获得更有价值的数据，双方可谓互利合作。

未来前景：大疆作为深圳市无人机行业的领头者，十分注重专业人才对于人工智能产业的作用，并且已在政府层面上获得优于其他企业的支持，在拓展国际市场份额上也取得了优势，如果企业能够获得更多的资金支持，包括政府税收减免、拓宽融资渠道、政府直接补贴等方式，大疆在人工智能领域，尤其是无人机行业的前景将大有可期，也将成为深圳市人工智能产业走向国际化的一个主要驱动力。行业应用无人机一直是大疆深耕的方向，大疆与微软刚刚达成战略合作，通过开放SDK，将商用无人机技术拓展到全球最大的企业开发者社区，也因此拥有了世界上最大的商用无人机开发者生态。后期，大疆还会在其他细分市场拓展，例如安防和巡检行业所用的侦察机、载人无人机和无人机物流等。

（三）智慧软件领域

智慧软件行业是从事智能软件相关性质的生产、服务的单位或个体的组织结构体系的总称。主要包括智能操作系统、虚拟仿真、语音识别与交互、数据挖掘与分析、机器学习平台等。

智慧软件行业最新发展趋势特征体现在：①当前智慧软件产业生态将逐渐形成。互联网、物联网、大数据、人工智能、区块链等新一代信息技术将加速创新和应用步伐，相应的软件技术的创新和应用层出不穷，将构建起一个完整的智慧软件生态体系。②智慧软件产业将成为经济发达地区的核心产业。新一代智慧软件产业具有知识密集、数据密集、资本密集、平台经济和应用集群五大特点。平台企业是新一代智慧软件产业的龙头企业，培养出一个平台企业，将带来一个产业生态。③从软件定义世界到软件驱动世界。随着人工智能技术的不断创新，智慧软件新应用对传统产业进行全方位改造，不断释放人工智能对经济发展的放大、叠加和倍增作用。

近年来，中国基于《智能软件行业发展"十三五"规划》等支持和指导智慧软件行业发展。互联网公司、传统软件公司、通信公司和科技公司等都加入到智能软件的浪潮中，推动智慧软件行业专业化和多样化。中国智慧软件产业得到了扩大与升级，智慧软件行业渗透率得到提高。2020年智能软件行业市场规模将达到6000多亿元。技术方面，芯片升级、移动互联网、大数据、云计算、人工智能、物联网为传统软件的智能化，智慧软件的升级提供了成熟的技术环境。传统企业和互联网平台竞争激烈，企业通过提高用户体验、提升效率等方式提高市场竞争率，为智能软件行业提供新的增长空间。平台企业带来知识型劳动者、智能机器劳动者、应用APP服务商、资本向区域的集聚，汇聚形成大数据，引发更多数据价值增值服务商向区域积聚。阿里巴巴之于杭州、腾讯华为之于深圳、百度京东之于北京都充分体现了软件平台对区域经济发展的重要作用。同时，智慧软件产业正在培育着新动能，也正在推进新旧动能转换，软件定义世界所积蓄的势能正在转变为软件驱动世界的动能。政府治理和民生服务信息化的不断深入，使智慧软件正渗透到政府治理和民生服务流程的各个环节，从而有利于提升政府治理和民生服务的现代化水平和能力。当前中国的智慧软件行业典型企业有中国软件、科大智能、中仿智能、久其软件等（见表1-7），课题组重点调研分析了科大智能科技股份有限公司的应用案例。

表1-7　　　　　　　　智慧软件行业典型企业

典型企业	主要服务及产品
中国软件	中国软件是为用户提供系统软件、安全软件、平台软件、政府信息化软件、企业信息化软件和全方位服务的综合性软件公司。主营业务包括自主软件产品、行业解决方案及服务、软件外包服务
科大智能	基于讯飞开放平台提供的客服解决方案，在语音识别、智能语音交互方面优势明显，科大讯飞智能客服主要用于呼叫中心场景，核心功能包括电话机器人、智能催收系统、智能外呼营销等
中仿智能	着力仿真智能领域，是上海市"双软"认证企业，拓展飞行及训练安全大数据分析、智能软件技术研究，在动力学与控制、智能软件及算法等方面形成具有自主知识产权的核心技术

续表

典型企业	主要服务及产品
久其软件	专业的管理软件供应商和聚焦B2B、B2C的大数据综合服务提供商，提供电子政务、集团管控、数字传播领域的产品，致力于以行业解决方案和全产业链的服务为客户赋能

资料来源：课题组根据各企业官方网站资料整理。

【企业案例6】 科大智能

科大智能科技股份有限公司（以下简称科大智能）是由安徽东财投资管理有限公司、中国科学技术大学及部分自然人股东于2002年共同发起成立，专业从事配电自动化系统、用电自动化系统软硬件产品研发、生产与销售以及配电自动化工程与技术服务的企业，长期致力于中压电力线载波通信技术的研究、开发和市场应用，既是中国中压电力载波通信领域的领军企业，也是国内既熟悉中国配电网运行状况又掌握核心技术的配用电自动化系统主要供应商和技术服务商，能够为电力行业用户提供完整的配用电自动化系统解决方案，是中国配用电自动化领域业务链较为完整的企业之一。

科大智能始终坚持"工业+智能"的核心理念，专注将智能技术与工业紧密相结合。围绕智能电气、智能机器人、智能装备、工业互联网四大业务板块，持续加强核心技术与产品的研发投入，着力发展人工智能、5G及边缘计算、智能终端一体化技术架构。提供智能电网终端、AGV移动机器人、非标定制化装备、智能工厂整体解决方案等产品以及涵盖产品全生命周期的服务体系。公司产品广泛应用于航空航天、轨道交通、高端装备制造、综合能源、基础工业等行业，拥有中国商飞、南京地铁、三一重工、国家电网、中荣印刷等高端客户。在现有业务稳步发展的同时，公司大力发展工业生产和电商领域的智能物流系统，并全面布局人工智能、大数据产业服务机器人技术研发和产业化推广。努力将科大智能打造成为《中国制造2025》制造强国战略的行业引领者。目前科大智能控股公司28家，集团员工3200人，营业收入23.8亿元。

人工智能领域：科大智能始终坚持"工业+智能"的核心理念，

致力于探索工业领域智能化技术的应用创新。

核心技术：将5G、物联网、AI等先进技术深度应用于智能工厂规划建设、物流机器人大规模集群控制、"5G+AI"物联网智能终端数据处理与分析、工业制造过程智能控制、制造工艺大数据优化等核心应用场景，为高端装备制造业、轨道交通、综合能源、基础工业、航空航天、消费品制造业等行业客户打造创新的智能化产品及解决方案。

发展"瓶颈"：科大智能目前面临盲目扩张导致商誉贬值困境。国内汽车市场自2018年中首度遭遇下挫后，2019年继续以产销量双双速降收尾。为此科大智能深耕"工业+智能"核心领域，夯实产业基础。

未来前景：在移动互联网时代，"互联网+"给经济发展带来了重大影响，随着专用人工智能的发展，作为一个庞大的高新技术合集，"人工智能+"作为一种新经济业态已经开始萌芽，越来越多的行业开始拥抱人工智能，用"人工智能+"助力技术和产业的进一步发展。科大智能未来将始终秉承智能工业引领者、智慧生活创造者的愿景，坚持以终端感知设备为基础，边缘计算为依托，通过将5G、物联网、AI等先进技术深度应用于智能工厂整体规划建设、物流机器人大规模集群控制、"5G+AI"物联网智能终端数据处理与分析、工业制造过程智能控制、制造工艺大数据优化等核心应用场景，为电力、汽车、轨道交通、航空、快消品等行业客户打造创新的智能化产品及解决方案，助力传统生产模式、传统行业转型升级，实现智慧生活。

第三节　问题分析与政策建议

一　当前存在的突出问题

课题组调研发现，当前中国人工智能产业发展方面还存在一些具有共性的突出问题，一是高端AI技术与中低端产业之间存在脱节现象；二是AI跨行业高水平复合型人才稀缺；三是AI关键硬件与开源软件等储备不足，基础研发能力有待进一步提升；四是AI创新成果转化率不高，产学研合作、国际合作有待进一步拓展；五是数据使用不够规范，数据安全标准亟须确立。这些突出问题都不同程度地影响中小企业的智能制造与高质量发展水平。

课题组重点对上海市人工智能产业的发展开展深入调研发现,《上海市推动新一代人工智能发展实施意见》政策实施以来,人工智能产业发展取得了可喜成绩,目前上海已有人工智能企业200多家,行业门类齐全,是中国人工智能产业的重要集聚地。在智能芯片、类脑计算、机器人等领域,不仅集聚了大量国内外重量级企业,还持续涌现了语音识别、计算机视觉、智能驾驶、金融、教育、医疗等细分领域的初创企业。但是,对标国际人工智能发展前沿,同时与北京、深圳等国内人工智能产业发达地区相比,上海人工智能产业发展除了存在前述共性问题之外,还明显反映出了一些特有的"短板"与不足。

(一)核心共性技术发展滞后,关键零部件自主能力不够

从人工智能领域整体来看,当前核心算法领域的创新处于高度活跃状态,新一代布局也已经开始,这些核心算法的基础研究大量掌握在国外高校和企业中,如卡内基梅隆、麻省理工、加州伯克利仍然领跑全球。同时,新一代人工智能类脑核心技术、人工智能芯片、GPU、FPGA的研发设计方面,国外企业仍占据领先地位,制约了上海人工智能引领发展的能力。从中长期来看,上海必须集中力量突破这些核心技术瓶颈问题。

(二)缺乏细分领域专项政策,难以形成产业发展合力

人工智能领域产业链较长,涉及典型应用场景、智能应用技术、核心共性技术、根技术等,每一块都有自身从零部件到设计研发的完整产业链。目前,上海大力支持生物医药、集成电路和人工智能产业发展,并给予大量优惠政策,2018年世界人工智能大会上发布的《关于加快推进人工智能高质量发展的实施办法》更是举全市之力支撑人工智能发展。但是,大量政策聚焦人工智能产品生产等中后端,对于关键的前端领域,缺乏专项支撑,产业发展后劲堪忧。

(三)制度交易成本高昂,不利于形成中小企业创新生态

近年来,上海程序化制度管理日趋复杂,创新创业门槛逐渐抬高,中小企业难以获得融资,制约了人工智能领域的中小企业发展和壮大,不利于形成人工智能领域创新生态。上海数字经济产业创新创业活跃度不够,明显低于北京和深圳。

（四）各类要素成本高企，人工智能领域人才资源难以汇聚

人工智能产业正处于起步阶段，与传统产业的融合发展及改造才刚刚开始，基础研究、技术开发、产业化、产业融合均需要大量各类人工智能人才作为支撑，然而上海生活成本和住房成本均为全国前列，不利于人才长期稳定发展。目前，上海对顶尖的科研人才、企业家拥有一定支持政策，但缺乏对人工智能领域各层级人才普惠性政策，同时，一些顶层设计的政策文件有待尽快落地。

（五）缺少本土标杆性企业，人工智能产业"显示度"不足

当前上海人工智能产业缺乏标杆性龙头企业，产业"显示度"欠缺，招商引资遇到诸如广州、深圳、杭州、苏州、南京等城市强有力竞争，导致对国内外高水平团队和中小企业的吸引力不够，难以形成大中小企业生态体系。虽然近年来，ABB、库卡、科大智能等知名企业相继被引进到上海，但是，外部企业扎根性不强，知识本地化溢出有限，核心技术回流等问题较为突出，在属地贡献和责任担当方面与本土成长企业相差甚远。

（六）受户籍条件制约，中小型人工智能企业人才入户难

调研中，上海科技型中小企业普遍反映人工智能人才入户难，因为，人工智能企业是技术人才密集型企业，高层次人才比重明显高于一般制造业和服务业企业，在现有户籍政策条件下，并没有考虑人工智能企业的特殊性，因此，造成科技型中小企业技术人才因为户口问题留不住、引不进等现实问题，这也影响中小企业持续健康发展。

二 未来发展的对策建议

课题组基于调研分析认为，在进一步推动人工智能产业发展过程中，政府部门要"有所为、有所不为"，紧抓面向世界科技前沿、面向国家重大战略需求、面向国民经济主战场的关键环节进行布局和大力支持，推动人工智能产业引领经济结构转变和发展动能转换。

（一）设立 AI 科技专项，推动基础应用研究向纵深推进

目前，上海等很多地区已有多只人工智能专项基金，但基本都偏重于创投和产业发展，缺乏支持人工智能基础研究和共性技术、关键技术攻关的科技专项基金。建议在上海等有条件的地区，从财政科技支出中专门设立人工智能科技专项基金，支持高校、企业等各类创新主体协同

开展共性技术和关键性核心技术攻关。同时，争取国家战略科技力量支撑，深度参与2030新一代人工智能重大项目。

（二）进一步降低税负，为 AI 产业助推高质量发展争取空间

人工智能产业发展一是烧钱，二是具有不确定性。为了扶持处于创业和成长期企业发展，建议依托国家新一代人工智能创新发展试验区等重要空间载体，进一步落实企业税负减免，除减按 15% 的税率征收企业所得税外，加快探索对境外引进人工智能创新主体中的领军人才减免个人所得税。同时，加大研发加计扣除力度，全力支撑人工智能产业研发创新。进一步落实"放管服"政策措施，实施负面清单和网上审批制度，降低成长性企业落户上海的制度交易成本，为科技型中小企业高质量发展营造更便利的优良环境。

（三）依托新基建园区，加快基础设施和新型应用场景建设

围绕 AI 产业发展现实需求及发展趋势，加快在临港新片区及新基建产业园区打造人工智能基础数据信息共享平台、多领域人工智能应用场景，推进人工智能技术在社会治理、征信体系建设、数据共享、交通、智慧医疗、未来社区和特色小镇等领域应用试点。用好"自贸区新片区＋人工智能试验区"等政策的叠加效应，做好人工智能应用场景的政策接口和协调工作。

（四）借力高质量一体化，聚力攻关"卡脖子"关键性核心技术

以粤港澳大湾区、长三角高质量一体化发展等国家战略为契机，以人工智能产业联盟为载体，加强粤港澳和长三角创新资源集聚，瞄准"卡脖子"关键性核心技术，开展协同攻关。同时，积极探索基础科学研究财政跨区域经费投入机制，产业发展 GDP、税收跨区域分享机制，全力保障跨区域人工智能协同攻关项目落地实施。

（五）加快落实 AI 人才生活安置，提升人才属地黏性

考虑到人工智能产业重要性和人才特殊性，加快落实《关于加快推进人工智能高质量发展的实施办法》关于鼓励各地因地制宜、自主探索人工智能人才生活、就业等保障措施，制定人工智能专业技术人才的落户优惠政策，提升人才获得感和幸福感，强化人才黏性，避免专业人才外流。

第二章

数字经济与中小企业高质量发展研究报告

第一节 数字经济对中小企业高质量发展的重要意义

数字经济是基于数字技术的经济，它的发展往往与互联网技术的发展紧密相连，2016年G20杭州峰会发布的《二十国集团数字经济发展与合作倡议》指出，数字经济是指以使用数字化的知识和信息作为关键生产要素、以现代信息网络作为重要载体、以信息通信技术的有效使用作为效率提升和经济结构优化的重要推动力的一系列经济活动。在"创新、共享、绿色、开放、协调"五大发展理念引导下，传统产业通过创新驱动实现转型升级，互联网与电子商务加速制造业和服务业的融合，中小企业将在创新链的各个环节发挥积极作用，尤其在创意前端和商业化后端催生新型业态，在生产性服务业和消费性服务业领域成为提供公共产品、公共服务的新力量和经济发展的新源泉，并极大丰富市场供给、缩短创新周期、激发市场竞争活力。数字经济为中小企业高质量发展提供新动力和基础涵养源。

一 数字信息成为中小企业高质量发展的关键生产要素

历史经验表明，每一次经济形态的重大变革，必然催生也必须依赖新的生产要素。如同农业经济时代以劳动力和土地、工业经济时代以资本和技术为新的生产要素一样，新经济时代，数字信息成为中小企业高质量发展的新的关键生产要素。数字经济与实体经济的交会融合，特别是互联网和物联网的发展，引发数据爆发式增长。以每年增长50%的速度，数据每两年翻一番。迅猛增长的数据已成为社会基础性战略资源，蕴藏着巨大潜力和能量。数据存储和计算处理能力飞速进步，数据的价值创造潜能大幅提升。20世纪90年代以来，数字化技术飞速发展，如今人类95%以上的信息都以数字格式存储、传输和使用，同时数据计算处理能力也提升了上万倍。数据开始渗透进入人类社会生产生活的方方面面，推动人类价值创造能力发生新的飞跃。由网络所承载的数据、由数据所萃取的信息、由信息所升华的知识，正在成为中小企业经营决策的新驱动、商品服务贸易的新内容、社会全面治理的新手段，带来了新的价值增值。更重要的是，相比其他生产要素，数据资源具有的可复制、可共享、无限增长和供给的禀赋，打破了传统要素有限供给对增长的制约，为持续增长和永续发展提供了基础与可能，成为数字经济发展新的关键生产要素。

二 数字技术为中小企业创新创业提供源源不断的动力

数字技术创新活跃，不断拓展人类认知和增长空间，成为数字经济发展的核心驱动力。人类经济社会发展从来不是渐进的平稳过程，少数重大事件决定了历史新阶段的到来。区别于以往的通用目的技术，数字技术进步超越了线性约束，呈现出指数级增长态势。数字技术能力提升遵循摩尔定律，每18个月综合计算能力提高1倍，存储价格下降一半、宽带价格下降一半等产业现象持续印证摩尔定律效果。入网用户和设备的价值遵循梅特卡夫定律，数字经济价值呈现指数型增长，这进一步推动了数字经济快速成长。近年来，大数据、物联网、移动互联网、云计算等数字技术的突破和融合发展推动数字经济快速发展。人工智能、虚拟现实、区块链等前沿技术正加速进步，产业应用生态持续完善，不断强化未来发展动力。此外，数字技术加速与制造、生物、能源等技术融合，带动群体性突破，全面拓展人类认知和增长空间。

三 数字经济推动中小企业数字化转型与高质量发展

线上线下融合发展聚合虚拟与实体两种优势，升级价值创造和市场竞争维度。工业经济时代，价值创造和市场竞争都在实体空间中完成，易受到物理空间和地理环境的约束。数字技术对人类社会带来的重大变革创造了赛博空间（Cyberspace）的新世界。它为价值创造和市场竞争开辟了一个新的维度。在制造领域，虚拟实体融合重塑制造流程，提升制造效率。依托日益成熟的网络物理系统技术，越来越多的企业在赛博空间构建起虚拟生产线、虚拟车间和虚拟工厂，实现产品设计、仿真、试验、工艺、制造等活动全部在数字空间完成，重建制造新体系，持续提升制造效率。制造业数字化、网络化、智能化转型就是虚拟实体融合制造的典型应用。在流通领域，线上、线下融合丰富市场竞争手段，重塑零售模式，提高零售效率。线上交易消除时空界限，释放长尾需求，线下交易丰富用户感知，提升体验，线上、线下融合的新零售聚合两种优势，满足用户多样化、多层次需求。根据阿里研究院测算，云计算的使用可以使中小企业使用 IT 的成本降低 70%，创新效率提升 3 倍。

第二节 数字经济背景下中小企业高质量发展的现状与存在的问题分析

一 数字经济背景下中小企业高质量发展的成就

近几年来，在"互联网+""智能+"背景下，中国数字经济规模不断扩张，不断激发中小企业创新创业活力，中小企业高质量发展效率显著提高。特别是 2020 年以来的新冠肺炎疫情为中国数字经济带来了新一轮发展契机，数字化赋能中小企业复工复产和转型发展取得显著成效。

（一）"互联网+"推动中小企业创新成果转化效率快速提高

中国信通院发布的《中国数字经济发展白皮书（2020年）》显示，2019 年，中国数字经济增加值规模达到 35.8 万亿元，占 GDP 比重达到 36.2%，占比同比提升 1.4 个百分点，按照可比口径计算，2019 年中国数字经济名义增长 15.6%，高于同期 GDP 名义增速约 7.85 个百分点，数字经济在中国国民经济中的地位进一步凸显。

近年来，工信部实施"中小企业两化融合能力提升行动"及"互联网+小微企业行动计划"，推动信息化服务商运用互联网、移动互联网、云计算、大数据等信息技术，搭建支持中小企业研发设计、经营管理、市场营销等核心业务发展的信息化服务平台。目前已在全国建立了

5900多个分支服务机构，配备了近10万名专业服务人员，通过信息化服务平台，凝聚了超过60万家软件开发商和专业合作伙伴。当前，中国65%的国内发明专利由中小企业获得，80%的新产品由中小企业创造。特别是科技型中小企业、互联网企业及中小电商企业的快速成长，促使中国中小企业承载技术和信息资源的主体作用快步提升。

（二）数字经济推动中小企业创新创业热情持续升温

2015年国务院印发的《关于发展众创空间推进大众创新创业的指导意见》及《关于大力推进大众创业万众创新若干政策措施的意见》等，工信部通过支持30个省份和5个计划单列市搭建互联互通、资源共享的平台网络，正在打造一批高质量工业云服务平台，积极推动云计算、大数据、物联网与现代制造业结合，促进电子商务、文化创意、互联网金融等产业融合发展，加速发展智能装备和智能产品，支持"草根"创新和小微企业发展。以浙江为例，春风动力作为浙江省"两化融合"示范单位，较早地就确定了"数字化工厂建设"发展方向，分阶段开展了信息互联改造升级，走出了一条管理自主提升型的发展道路。在这一新业态、新模式下，生产和交付将变得更加灵活，制造资源得到有效配置，保证了制造过程中的透明化及实时监控，制造数据实时集成以分析利用，实现以单台为基础的终端定制及生产组织。企业智能化改造可以实现，1年即收回成本，人均效率提升30%，设备利用率提升25%，库存周转率提升50%，产品生产周期缩短30%。此外，数字经济还将广大中小企业纳入了数字化大平台，并共同创造更大的价值，根据阿里研究院的统计，大淘宝平台、4亿消费者、约1000万在线商家，共同构成了全球最活跃的零售生态系统。

（三）智能制造推动中小企业高质量发展跨界协同

通过实施《中国制造2025》，以工业互联网和自主可控的软硬件产品为支撑，发展智能装备，推动智能制造，引导支持中小企业参与产业链，打造创新链，推动生产制造过程的智能化和网络化，提高产品质量和协作配套能力。传统产业中小企业面对劳动力成本和环境成本的压力，向智能制造、绿色制造转型。中小企业用"互联网+传统制造业"开展个性化定制和柔性化生产，取得了良好的经济效益。"智能工厂"使客户的个性化定制需求得以满足，同时发掘出创造价值的新方法和商业模式，给初创公司和小型微型企业带来发展机会，并带动提升下游服务收益。此外，新兴产业的智能生产更注重工人的设计管理能力和数字化专业技能，通过采取优化组织流程、以终身学习延长技能工人职业生命、最佳实践示范项目等措施，增强企业的创新能力。调研浙江中小企业后发现，采用智能制造缓解了部分中小企业用工紧张状况，优化了用工结构，显著提升了劳动效率，扩大了企业获利能力。此外，也有助于节能降耗，淘汰落后产能，促进了现代装备制造企业转型升级与高质量发展。

（四）数字化赋能中小企业转型升级与创新发展

新经济时代，数字经济不断从网络空间向实体空间扩展边界，传统行业加快数字化、网络化转型。一方面，互联网巨头积极开拓线下新领地。面对科技革命和产业变革大趋势，全球信息网络巨头正在加快战略布局，大规模向中小实体经济扩展。2016年以来，阿里巴巴先后入股三江购物，与百联、日日顺合作，成为联华二股东，与现代物流和实体零售企业结合在一起，共同打造线上线下一体化新零售。另一方面，传统行业加快从线下向线上延伸，获得发展新生机。制造业领域的巨头企业，正在基于网络再造公司，通过建立平台生态系统，加快数字化、网络化转型，拓展新时期的生存和发展空间。海尔利用数字技术改造企业全系统全流程，实施互联工厂，大幅提升整体效率，产品开发周期缩短20%以上，交货周期缩短一半以上。

2020年初暴发的新冠肺炎疫情为中国数字经济带来了新一轮发展契机，数字化赋能中小企业复工复产和转型发展取得显著成效。中小企业利用数字信息技术加强疫情防控，促使尽快复工复产；通过采用在线办公、在线教育等新模式，从而培育壮大共享制造、个性化定制等服务型的制造新业态；通过搭建供应链、产融对接等数字化平台，帮助中小企业提升精益生产、敏捷制造、精细管理和智能决策，有力地促进了中小企业高质量发展。

二 数字经济背景下中小企业高质量发展面临的主要问题

近几年来，数字经济为中小企业带来了高质量发展的良好机遇，但从应急响应和长远发展来看，中国数字经济仍然面临产业数字化基础薄弱、与中小实体经济融合不深、数据开放共享水平不够、智慧社会建设与社会治理需求不匹配等诸多共性难题。这些问题是多方因素综合作用的结果，这与中国长期以来形成的消费互联网发展路径、传统产业结构、人才基础有关，也与各方面对数字化认识不到位、转型动力不足、制度不健全等原因有关。课题组重点对浙江省中小企业利用大数据的情况进行了深入调研，发现具体存在以下几个问题。

（一）数据源量大但质量偏低

浙江省信息基础设施和数据技术条件一直全国领先，大数据积累已经达到了空前水平，例如，阿里巴巴集团下属的淘宝、天猫等平台汇集了海量的用户消费信息数据，支付宝则囊获了中国近4亿用户的资产、交易和信用数据，这些规模宏大的数据源是浙江省数字经济高质量发展的潜在动力源。然而，广泛分布在不同产业、行业、企业之间的数据由于标准化、匹配性问题，数据开放与共享仍然十分闭塞，海量数据之间切割造成的"数字鸿沟"和"信息孤岛"现象还比较突出。当前浙江省大部分制造业企业的"工业大脑""工厂大脑"计划，囿于数据非标准化、割裂化，在数据化控制、工艺改良和产品升级方面仍然效益不高。

（二）数据产权归属问题突出

围绕着大数据产权归属问题的争论是当前大数据高效利用的重要制约因素之一。当前国内外主要采取两种保护途径：第一，成立行业数据保护联盟。例如，美国大豆协会、玉米协会等农会与企业之间签署了《农场数据的隐私和保护原则》。第二，成立大数据交易中心，通过对"底层数据"的"清洗""脱敏"，生成不涉及个人、机构隐私的加密数据，进行公开、透明的挂牌交易。例如，2015年挂牌运营的贵州大数据交易所。然而，浙江省在大数据产权归属保护上仍然存在显著短板，缺乏成熟可靠的大数据交易平台，大部分具有地方特色的产业协会也没有成立大数据保护联盟。

（三）数据交易流通机制缺失

据IDC数据显示，2017年以大数据交易为基础的工业物联网带动美国物联网产业实现了16.1%的增长速度，美国工业物联网产值达到400亿美元。浙江省在大数据交易流通、大数据资源及衍生品开发等方面差距明显，大数据交易流通方式仍然以原始数据"粗加工"交易为主，数据流通机制转化率低，主要体现在以下两个方面：一方面，数据流通仍然以企业—消费者之间的"B2C"消费模式为主，附加值低。另一方面，大数据运用与制造业的深度融合效果一般。当前浙江省大部分制造业企业大数据交易仍然停留在制造环节数据可获得性、可通用性和精准性破解层面。

（四）数据安全保护制度空白

当前，浙江省关于数据安全防范与发展同步的数据开放和管理体系、数据安全保护制度十分不成熟。在浙江省大力发展数字经济的背景下，数据遭泄露、盗取乃至恶意篡改的现象频频发生。据新闻报道，仅2017年，浙江省有72.8%的网民有个人信息遭泄露的经历，数据侵权事件屡见不鲜。个人信息安全问题不仅成为公众关注的焦点，也成为困扰数据大规模交流的巨大隐患。

（五）数据使用服务效率低下

近年来，浙江省在推进作为"一号工程"的数字经济建设过程中，高度关注信用浙江建设问题，但是作为浙江省经济发展"金名片"的很多中小企业，特别是小微企业仍然难以实质性进入信用浙江的建设体系之中，面临信用画像不完整、信用服务不完备、底层技术不完善等问题，这影响有效实施小微企业信贷增氧计划和金融服务滴灌工程，使破解"融资难、融资贵"问题依然存在困难，海量数据的有效利用和高效服务是期待改善的重要课题。

三 当前中小企业数字创新面临诸多挑战

（一）中国的数字创新仍落后于主要发达国家

当前，全球数字经济蓬勃发展，主要国家依靠数字经济抢占全球竞争制高点的态势更加明显。经初步测算，2016年中国数字经济规模达到22.4万亿元人民币（当年价，折合约3.8万亿美元），超过日本（约2.3万亿美元）、英国（约1.43万亿美元），与位居第一位的美国差距仍较为明显，仅达到美国数字经济总量（11万亿美元）的34.5%。中国数字经济占GDP比重迅速提升，但与世界主要国家相比仍有较大差距，从中美日英四国数字经济规模占GDP比重情况看，2016年，中国数字经济占GDP的比重仅为30.1%，显著低于全球其他主要国家，分别比美国（59.2%）、日本（45.9%）和英国（54.5%）

低29.1%、15.8%、24.4%,中国数字经济发展的巨大潜力尚未得到充分挖掘。

从全球来看,目前中国的数字技术发展水平和普及率在全球仅仅居于中游。2016年世界银行"数字技术普及应用指数"将中国列为131个国家中的第50位;而在世界经济论坛"网络就绪指数"中,中国在139个国家里排名第59位。这一类排名往往以全国平均发展水平作为衡量依据,虽然无法全面体现行业动态与消费者行为的作用,但这些因素恰恰是中国数字经济在中国市场占有率高但全球占有率低的原因。麦肯锡全球研究院认为,这些排名表明中国拥有巨大的潜力,中国的数字化发展前景远比许多关注者认为的更加宽广,对于加速中国数字经济由区域影响力向全球控制力升级有着重要影响。

中国与发达国家之间存在数字鸿沟导致中国数字经济技术进步快但全球扩散力弱。数字经济鸿沟反映了国家之间社会、经济背景上的巨大差距,存在显著的中心边缘秩序。一方面,由于缺乏技术、资金和基础设施,欠发达国家久久不能融入全球的数字经济网络,据世界银行报告:七大人口大国之中,美国、日本、俄罗斯的互联网普及率最高,分别为87.4%、90.6%和70.5%,中国仅49.3%;另一方面,基于技术资本和市场垄断的先天优势,先进国家不断巩固数字经济核心地位,创造更高、更多的市场壁垒。

(二)中小企业的数字创新能力相对较弱

中小企业数字创新能力相对较弱。数字经济的主体产业一是资源型数字经济,主要包括数据采集、数据存储、数据分析挖掘、数据交换交易等领域,大致对应大数据核心业态;二是技术型数字经济,主要包括智能终端产品、软件开发、信息系统集成、网络通信服务、虚拟现实、可穿戴设备、人工智能等领域。2016年中国数字经济的规模为22.6万亿元人民币,同比增长19%,占GDP的比重为30.3%,对GDP增长的贡献率达到了近70%。

在数字经济背景下,中小企业的数字创新能力相对较弱。当代市场经济最显著的特征就是企业要迎合市场需求的变化,就要不断进行创新,创新是企业生存下去的唯一手段。大企业资金力量雄厚,人才济济,其数字创新能力在整体水平上要比中小企业强。中小企业技术基础薄弱，势单力薄，技术水平低下，投入能力有限，大多没有设立技术开发机构。中小企业的人力资源普遍知识结构不合理，为了节约人力成本，人员少且素质低，技术人员通常身兼多职，致使技术人员在研发的专业程度和精力投入上难以达到大企业技术人员的水平。管理层创新意识差，存在某种封闭性，对于特定的技术和产品有一定的依赖性，缺乏必需的科研设施和急需的科技人才。此外，中小企业还缺乏足够的收集、整理、分析信息的能力。信息的匮乏制约中小企业创新发展。与大企业相比，中小企业创新资金不足，阻碍其数字创新能力发展。

（三）中小企业数字创新转化能力和价值链控制力有待增强

由于社会经济、技术和语言等因素的差异，造成以数字产品与互联网为代表的数字经济技术在全球不均衡扩散。由于电子与通信产业发展的政策法规、设施水平和覆盖程度的差距，引起后发地区的区域性障碍，导致以知识为基础的数字社会和数字经济鸿沟横亘全球。

要推动大数据技术产业创新发展。中国网络购物、移动支付、共享经济等数字经济新业态、新模式蓬勃发展，走在了世界前列。我们要瞄准世界科技前沿，集中优势资源突破大数据核心技术，加快构建自主可控的大数据产业链、价值链和生态系统。要加快构建高速、移动、安全、泛在的新一代信息基础设施，统筹规划政务数据资源和社会数据资源，完善基础信息资源和重要领域信息资源建设，形成万物互联、人机交互、天地一体的网络空间。要发挥中国制度优势和市场优势，面向国家重大需求，面向国民经济发展主战场，全面实施促进大数据发展行动，完善大数据发展政策环境。要坚持数据开放、市场主导，创新商业模式，提升全要素生产力，以数据为纽带促进产学研深度融合，形成数据驱动型创新体系和发展模式，培育造就一批大数据领军企业，打造多层次、多类型的大数据人才队伍，通过源生核心技术、掌控市场渠道等方式掌握价值链中高价值部分，担当行业规则制定者，而不仅仅是国际竞争的运动员，将技术创新能力、区域市场规模转换为全球价值链控制力。

（四）中小企业融入数字创新的生态环境尚未完善

数字经济之所以能够引领新一轮产业革命，关键在于它深刻改变了产品的生产方式、组织方式、流通方式和销售方式，重塑了产业的价值链、生态链。数字经济时代，制造企业既要对产品、生产技术以及业务模式进行创新，也要优化企业的业务经营和生产管理水平，提高生产效率，以应对日新月异的市场变革。无论是大规模、小批量、个性化还是定制化的生产需求，构建起健康、高效的制造生态环境圈是实现智能制造的一条必由之路。

数字经济时代的到来，新技术、新产品、新业态、新模式不断涌现，这给创新型中小企业极大的发展空间。但是，在数字创新生态系统中，创新型中小企业必须要努力破解研发成本高、创新周期长、市场风险大的难题，不让领先优势变成阻碍发展的陷阱。

"两化融合"背景下数字创新实施的深度推进，绝不只是企业单方面的事，需要形成一个有平台支撑、有人才供给、有政策扶持的良性生态圈。构建数字创新生态体系为核心的新旧动能转换思路，融入大企业主导的智能制造生态系统，对中小企业而言既是机遇，更是挑战。

第三节 数字经济持续助推中小企业高质量发展对策建议

借力数字化与中小实体经济融合打造和提升竞争力，中小企业将在数字时代迸发出更大的活力。结合对浙江省的重点跟踪调研，课题组建议认为，数字经济时代，中小企业应基于共享平台强化创新能力，基于数字化转型推动跨界协同，基于数字创新生态系统助推高质量发展。其中，培育全面挖掘大数据价值和延伸数字经济产业链是进一步提升数字经济效益的重要抓手，应该重视大数据价值挖掘、明晰大数据产权归属、健全大数据流通制度和完善大数据安全机制，通过数字立根、生态赋能，持续促进中小企业高质量发展。

一　基于共享平台强化中小企业创新能力培育

在"工业4.0时代"，共享已经成为时代的大趋势。随着一个个共享交易平台的搭建和完善，中小企业可以利用这些平台，向共享化转型。

（1）资源共享。中小企业可利用共享交易平台的网络优势，在此过程中获取企业经营过程中的信息、技术、资金、人力、品牌等资源，既缓解了中小企业自身的资源供给"瓶颈",也实现了在平台之上的高效资源供应,从而促进中小企业的整体发展。

(2)能力共享。中小企业可在共享交易平台上更快速获取相关能力的补充,包括研究开发、生产制造、营销、内部管理,各方面能力得以补充,从而形成具有领先和卓越优势的生产工艺、生产技术、产品质量。

(3)市场共享。在共享交易平台上,中小企业可以共同分享互联网的长尾市场,通过品牌合作、上下游合作、海外合作等方式,实现在更广阔的全球和互联网市场中的共同发展,发掘冗余价值。

二 基于数字化转型推动中小企业跨界协同发展

数字经济发展背景下的中小企业,要以开放的心态,积极寻找机会参与前沿的技术创新联盟,通过整合或者借力各种优良科技资源,提高自身创新能力和整体创新实力,从而逐步在协同创新体系和产业生态链中占据更有利的位置,实现收益最大化。网络化转型,就是获取协同优势的良好发展方向之一。

中小企业网络化转型,可以通过区域内的横向产业集群网络和跨区域的纵向供应链网络两条路径来实现。一方面,中小企业需要积极在产业链中寻求自身的准确定位,发挥自身优势,获取嵌入产业链之中的独特地位;另一方面,中小企业需要主动融入集群网络中,发挥集群的规模经济和范围经济优势。

加强中小企业众创孵化平台和机制供给。一方面,孵化器发展需要各级政府的支持。在科技企业孵化器的发展史中,无论在发达国家还是发展中国家,各级政府都扮演了一个积极的角色,与政府的直接和间接支持分不开。但解决企业孵化器外部性问题的政府干预必须要适度,尤其不能动摇市场机制对资源配置的决定性作用。另一方面,必须按照市场化原则运作孵化器。虽然世界各国政府都采取不同形式支持本国孵化器的发展,但政府不直接参与孵化器的运营是一个通则。

三 基于数字创新生态系统助力中小企业高质量发展

利用"互联网+"的信息经济优势,融合数字化网络化制造技术,搭建开放式、跨空间的协同智造平台。这些在线平台将会打通企业与外部的联系通道,使企业可以源源不断地从外部获取各种资源,从而不断产生新的竞争力。

利用物联网和大数据技术，推动全产业链的互联网化及制造服务化，围绕拓展产品功能和满足用户需求，增加研发设计、物流、营销、售后服务、企业管理、供应链管理、品牌管理等服务环节投入，提升服务价值在产值中的比重。

推动中小企业利用产业整合、资本运作等方面的资源，向高效定制的智能制造新业态转型。面对新一轮全球产业变革和国内经济新常态，中小企业只有主动调整才能在未来发展中抢得先机，获得更多发展空间。提高标准化水平，在智能制造生态链中，标准无处不在，中小企业要积极探索设立专门负责标准化管理的组织机构。一方面，收集与自身领域紧密相关的国内外标准，及时掌握行业标准信息的最新进展，以标准指导企业数字化转型；另一方面，要加强与标准组织、行业龙头企业、上下游企业的联系沟通，积极参与新标准制定，保证标准的实用性和先进性。

四 基于大数据利用和服务效率提升，助推中小企业高质量发展

（1）重视大数据价值挖掘。建议由经信、大数据管理等部门牵头，联合阿里巴巴、京东、腾讯等数字经济核心企业，积极探索大数据资源挖掘的分类、规范、整理和储存原则。积极鼓励企业、机构间打破数据壁垒，通过共建数据行业协会，来引导企业之间数据采集、流通的标准化，尽可能释放数据价值。而针对分布在政府部门、医疗、交通和金融等公共领域的数据资源，由政府出台数据格式标准，加快建立政府统一的数据开放发布平台，不断推进智慧医疗、互联网金融等领域的改革，让大数据的公共效益发挥到最大。

（2）明晰大数据产权归属。从区域数字经济发展实际出发，探索不同行业产业数据交易及其要素市场的独特性，充分考量数据的财产性权利和人身性权利双重属性，对拥有海量数据沉淀的企业或机构施加必要的约束，维护个体权益。不断创新大数据产权归属动态机制，确保数据交易的透明性，探索数据产权有偿让渡、匿名使用、授权使用等机制。

（3）健全大数据流通制度。不断优化大数据流通交易基础制度体系。从高度统筹谋划数字经济发展下大数据流通交易基础设施建设规划,深入总结城市大脑、大数据交易中心等运行经验的基础上,探寻大数据的流通特征、交易特性,建立行业数据分类赋权机制。引导和培育区域协同的大数据交易市场,促进持有数据商品的企业合作、共享和销售数据,化解信息化与制造业数据转移、共享矛盾,探索成立全国性大数据交易中心。

(4)完善大数据安全机制。借鉴美国、欧盟等在一般数据保护方面的经验,推动完善适用于大数据环境下的信息安全保护制度,建立由省大数据发展管理局等部门牵头的数据安全管理机构,强化对网络空间信息安全预警、研判和处理能力,不断加强数据安全评测、安全防范、应急处置等相关机制建设,加强对敏感政务数据、企业商业秘密和个人隐私数据的保护。

(5)建立中小微企业信用生态系统。建议在商业生态、制度创新、底层技术等方面推出政策组合拳。借鉴我国台湾地区会员制和商业化应用的企业信用服务发展经验,提升市场主体多样性,强化信用产品市场化,通过多种手段完善和丰富信用服务的商业生态,为中小微企业信用需求提供更多选择和更科学的服务;探索信用特区建设和轮值联席制度,推动中小微信用制度创新;通过加强信用管理人才培养教育,推动信用发展科学研究,强化中小微信用底层技术;加快导入区域内各行政部门及跨区域相关数据,动态评价、适时更新中小微企业信用状况,确保中小微企业信用状况不是锚定的。在此基础上,进一步推广信用禁锚的工作经验,强化信用的惩戒和筛选作用,为中小微企业高质量发展提供信用保障。

第三章

夯实质量基础设施
打造"质量强国"的研究报告

习近平总书记在党的十九大报告中 16 处提到"质量",强调中国新时代经济发展必须"质量第一",供给侧结构改革必须"提高供给体系质量"等观点,充分说明了"质量基础设施"在产业经济转型中的基础作用。要实现"中国制造向中国智造转变""中国速度向中国质量转变""中国产品向中国品牌转变"的"三个转变",关键工作和基础条件就是建设好"质量技术基础",它是"质量社会"的"基础设施"。课题组基于对国家质量基础设施的概念与内涵、当前中国质量基础设施建设现状及存在的突出问题等进行系统研究,提出进一步加强质量基础设施建设、促进新时代中国"质量强国"的相关政策建议。

第一节 国家质量基础设施的概念与内涵

一 国家质量基础设施的概念与框架

2005 年,联合国贸易发展组织(UNCTAD)和世界贸易组织(WTO)在共同发布的《出口战略创新》报告中首次正式提出"国家质量基础设施"(National Quality Infrastructure,NQI)这一概念。2006 年,联合国工业发展组织(UNIDO)和国际标准化组织(ISO)进一步补充了该概念,并提出国家质量技术基础涵盖了计量、标准化、合格评定三个构成要素,其中,合格评定包括了认证认可和检验检测两个部分。2012 年,国际标准化组织(ISO)发布的《合格评定建立信任》

(Confidence building for conformity assessment)强调"计量、标准和合格评定是一个国家的质量基础",并且得到了世界各国的普遍认可。因国家质量基础具有强烈的技术特性,学界统称为国家质量技术基础设施(NQI)。2013 年,世界银行提出了建设国家质量基础设施的公共干预理论,认为国家质量基础适用于所有产品和服务,其框架构成如图 3-1 所示。

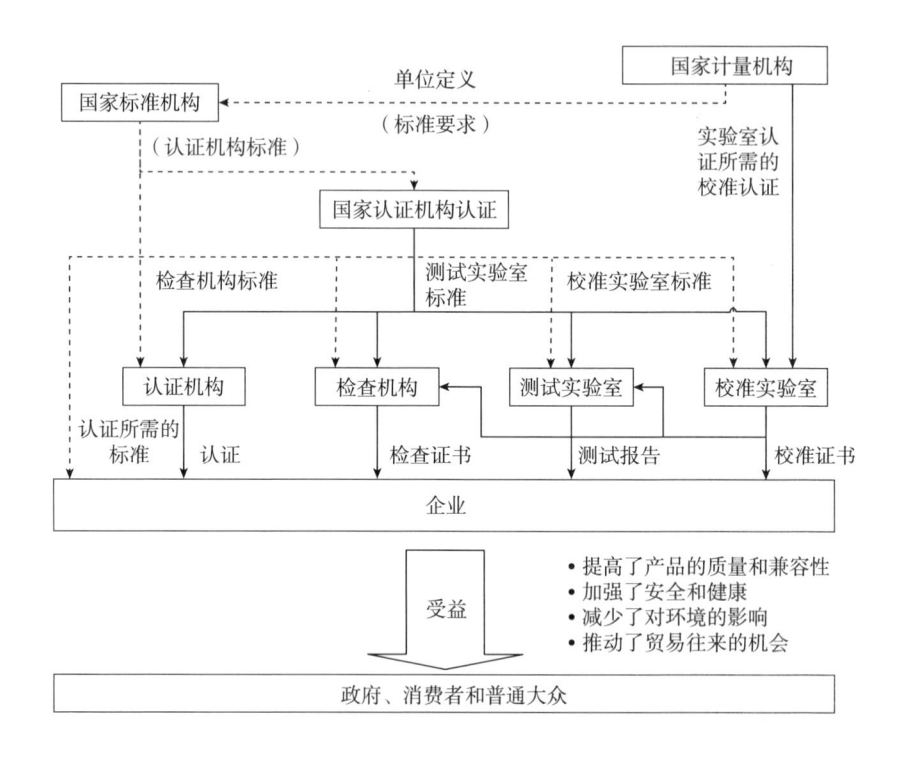

图 3-1 国家质量基础实施框架

资料来源:Cristina Tippmann, The National Quality Infrastructure, World Bank, 2013。

二 国家质量基础设施的内涵与意义

国家质量技术基础具有技术、生产和贸易三重属性。技术属性是指任何质量问题背后都需要技术支撑,技术水平对产品质量具有决定性作用;任何产品质量都具有生产属性,产品质量是通过一定形式生产实现的,质量基础是推动科学生产,提高专业化程度,提升产品和服务质量的基础工程。计量、标准和合格评定是市场公平交易的判断准则,高水平的质量基础设施是推动贸易便利化、维护贸易秩序的重要工具,因此,联合国贸易发展组织和世界贸易组织发布和推动国家质量基础建设,旨在推动国际贸易发展。

第二节 中国经济高质量发展急需质量基础设施支撑

一 国家高度重视质量基础设施建设

改革开放以来,中国经济发展取得举世瞩目的成就,市场竞争力显著提高。但是,仍然存在产品档次低,标准化水平和可靠性不够高,缺乏国际知名品牌等问题。为此,国家高度重视质量基础设施建设。

2012年1月11日,国务院常务会议强调将标准、计量、认证认可和检验检测作为质量工作的基础,要求重视并将计划切实落实到行动中。进入"十三五"发展规划后,相关部门陆续出台了一系列文件并加强质量技术基础建设。其中《国家中长期科技发展规划纲要》强调"研究制定高精确度和高稳定性的计量基标准和标准物质体系,以及重点领域的技术标准,完善监测实验室体系、认证认可体系及技术性贸易措施体系";《中国制造2025》在工业"三基"(基础原材料、基础零部件、基础工艺)的基础上,加入产业技术基础作为"第四基",强调质量为先和夯实质量发展基础的重要性。2016年5月19日,中共中央、国务院印发《国家创新驱动发展战略纲要》,进一步要求实施知识产权、标准、质量和品牌战略,提升中国标准水平,推动质量强国和中国品牌建设。随着中国质量时代的开启,随着"一带一路""京津冀协同发展""长江经济带"等国家和地区战略的实施,质量技术基础的重要作用将更加凸显。

二 中国"质量基础设施"建设亟待完善

近几年来,中国深化实施"国家标准化综合改革试点""高质量发展战略体系实施",有关质量、标准、计量等法律体系和机构建设取得初步成效。中国已经建成了标准化研究院、计量科学研究院、中国物品编码中心、特种设备检测研究院、中国检验检疫科学研究院、中国合格评定国家认可中心、中国质量认证中心等质量技术研究机构,初步形成了标准、计量、检测检验、认证认可的机构保障和制度及政策支撑。

但是，对照发达国家与地区质量基础建设，对照新时代中国产业迫切需求和现实挑战，对照中国高质量发展的战略需求，中国现有质量基础设施建设仍显薄弱，还不能完全满足经济社会发展的现实需要，主要体现在：①社会认知度不高。标准、计量、认证认可、检验检测是基础性工作，且技术性、专业性较强，受益而不觉、失之则难存。现实生活中，人们对它不够了解，特别是对它的战略性作用认识不够。②整体水平差距较大。受到发达国家的技术封锁，缺乏核心技术；计量校准测量能力不高，缺乏前沿领域计量基准、计量标准以及相关的测量方法和技术。③体制机制有待健全，市场作用还未充分发挥，保障力度仍需加大，法律法规有待完善。

当前，中国正处于经济转型和高质量发展的重要时期，制造业"大而不强"的现状对质量基础设施建设提出了紧迫需求，质量技术基础设施在工业领域的应用，贯穿产业发展全过程，是支撑工业提质增效的重要制度和技术基础。新时代中国经济产业高质量发展需要从"质量基础设施"建设着手，全面构建支撑"高效优质"的制度和技术保障，以适应高质量的"中国制造"和"中国品牌"的重大需求。

第三节 强化中国质量基础设施建设的政策建议

一 高水平建设世界一流质量基础设施

国家质量技术基础涵盖了计量、标准化、合格评定三个构成要素，不管哪个要素建设都离不开一流的质量基础设施，例如，国家计量研究院、国家标准研究院、国家检测检验机构等。中国现阶段上述机构数量比较齐全，但是，技术实力跟不上产业经济发展的需要。国家标准、计量和检测检验机构具有公益、市场基础性质，既有共性技术研究性质，又有技术服务和市场服务性质。一个国家的标准化程度与标准水平，计量追溯准确性，检测检验水平以及认证认可的市场知名度等，对整个社会产品质量技术水平起到基础性决定作用。高水平建设国家质量基础设施是经济高质量发展的重要保障，新时代产业转型升级的重要政策措施。

二　探索新时代中国特色质量技术基础服务示范机构

结合中国转型升级、创新型国家建设重大战略部署和地区发展规划，探索开展质量技术基础服务示范工程，推动建设一批标准、计量、认证认可、检验检测等质量技术基础"一站式"服务示范站，进一步推进"中国制造""国家品牌""中国标准""长城认证"等工程实施，建设一批新时代中国特色的质量技术基础服务机构，为中国提质增效保驾护航。

三　完善中国质量基础设施保障体系

质量基础设施建设是一项系统工程，需要在法律、机构、队伍和经费等方面加强保障。一是推动国家、地方质量和标准立法，强化质量基础设施建设的法律法规保障。二是加强财税政策支持，将质量基础设施建设列入创新型国家财政重点支持专项，建立持续稳定的财政投入机制。三是加强专业队伍建设。加强标准、计量、认证认可、检验检测领域的学科建设，设置中小企业质量培训资金专项，培养质量专业高层次人才。

四　深化质量基础设施建设领域体制机制改革

科学界定质量基础设施的性质、功能定位等，正确处理好政府与市场的关系，合理划分公益性和经营性质量基础设施，建设公益性和经营性相互配套、相互协调、相互作用的质量基础设施体系。引入市场机制，吸引民营资本进入质量基础设施建设，开展混合所有制试点，探讨新时代中国特色质量技术基础设施建设新路子、新机制和新政策。

五　促进质量基础设施建设的国际技术交流合作

进一步加强质量基础设施建设的国际交流合作，学习国外先进技术和经验做法，鼓励社会组织和产业技术联盟、企业积极加强国际交流活动，扩大认证认可国际联盟和互认范围，促进中国企业高质量产品走进国际高端市场。

第四章

长三角民营企业高质量发展比较研究报告

习近平总书记在2018年11月召开的民营企业座谈会上讲话强调，民营经济是推进供给侧结构性改革、推动高质量发展、建设现代化经济体系的重要主体，而中小企业是民营经济的主体，抓好民营企业发展，对于促进中小企业高质量发展，进而推进国民经济高质量发展尤为重要。本章深入分析长三角民营企业高质量发展面临的机遇与挑战，具体比较长三角地区上海市、江苏省、浙江省和安徽省（以下简称三省一市）民营企业高质量发展存在的不足及体制机制障碍，最后提出全面促进长三角民营企业高质量发展的对策建议。

第一节 长三角民营企业高质量发展的机遇与挑战

一 长三角一体化为民营企业高质量发展带来重大机遇

（一）国家重大战略落地长三角，为民营企业带来更多政策红利

长三角一体化国家战略是中国落实"创新、协调、绿色、开放、共享"的新发展理念，构建现代化经济体系，推进更高起点的深化改革和更高层次的对外开放的重要举措。在长三角高质量一体化战略从构想至落地过程中，长三角三省一市在国家整体框架下进行机制体制设计和资源重构整合，推进制度改革，实现政策协同，使民营企业可以充分利用政策红利抓住产业机遇实现跨越式发展。

(二) 长三角搭建开放产业平台,为民营企业带来产业融通机遇

长三角高质量一体化战略的实施,通过良好的区域开放产业平台将零散资源整合集聚,为民营企业与其他地区合作提供了良好的产业转型升级机遇。当前G60科创大走廊、杭州湾大湾区等一大批高起点、高标准、高定位的平台建设项目的强势推进,通过发展行业联盟共性技术研发中心、产业核心资源池等各类基础平台,为长三角民营企业提供更为广泛的对接渠道和合作机遇,一方面为民营企业进入新兴尖端产业降低技术门槛,另一方面为传统产业民营企业优化制造流程、更迭生产模式消除技术壁垒。同时,在一体化框架下企业在三省一市不同区域内所面临的政策、环境差异将逐步消减,对于部分从事成本敏感性产业的民营企业而言,也将便利产业转移合作,从而带来新的产业融通机遇。

(三) 长三角聚合产学研用资源,为民营企业带来创新协同机遇

长三角拥有8所"双一流"大学,占全国的20%;大科学装置有15项,国家重点实验室有74个;长三角科研经费投入体量相当于全国的1/3左右,而且每年同比增长约13%。在此基础下,通过技术创新体制机制的改革试行,为民营企业创造更多的科技合作机遇。开放型创新网络、跨区域技术转移联盟、创新资源共享平台等新型科技资源配置方式将得到迅速普及,"面向中小企业的一站式投融资信息服务""编制周转池制度""贷款、保险、财政风险补偿捆绑的专利权质押融资服务"等措施将广泛推广,从而从根本上破解因地域、行政等因素造成的隔离割裂,促成创新资源在长三角整体区域的最佳配置。

二 长三角民营企业高质量发展面临新的严峻挑战

(一) 后疫情时代经济不确定性进一步加大

"十三五"时期国际经济形势更趋复杂,国际贸易保护主义抬头,TPP等贸易协议的实施将对民营企业进入国际市场带来新挑战。国内正值经济发展的"三期叠加"阶段,经济下行压力增大,民营企业面临严峻挑战。国际竞争加剧,美、英、德、日等发达国家纷纷推行"再工业化"战略,俄罗斯、印度、越南、马来西亚、印度尼西亚、菲律宾等新兴市场国家加快确立制造业比较优势,经济长周期下行与新科技革命的酝酿,贸易的技术、绿色和蓝色壁垒的频发,在多重挤压下长三角民营企业的出口市场面临巨大挑战。特别是2020年新冠肺炎疫情发生后,世界百年未有之大变局加速变化，中国经济发展逆风逆水的外部环境日益增多，民营企业面临的国际国内环境更加严峻，随着国际贸易摩擦加剧，国内经济结构优化调整加快，经济的不稳定性和不确定性将进一步加大。

（二）"十四五"时期转型发展进入攻坚阶段

"十三五"时期长三角民营企业的先发优势逐渐弱化，民营企业发展的素质性和结构性矛盾依然突出，创新能力不足、高端人才缺乏、工匠精神缺失等问题逐渐凸显，"去产能"、"去库存"、去杠杆、降成本、"补短板"等供给侧结构性改革的难度加大。"十四五"时期是经济高质量发展的关键期，随着各种要素和资源价格的进一步上涨，依靠低成本的要素规模扩张、全要素生产率提高来推动经济增长模式已难以为继，让位于更多依靠人力资本和技术进步的质量效率型集约增长方式，资源要素密集型、劳动密集型工业向知识密集型、技术密集型和资本密集型工业经济转变，为民营企业转型升级与高质量发展带来更大挑战。

（三）国内大循环发展主体格局下生态环境压力持续增大

后疫情时代，面对国际大循环动能明显减弱，国内大循环活力日益强劲，中国提出推动形成以国内大循环为主体、国内国际双循环相互促进的新发展格局。随着生态建设、环境保护、节能减排等政策措施更趋严格，淘汰高污染、高耗能、高排放的传统工业民营企业进度加快，在国内大循环发展为主体的新格局下，"低、小、散"的民营企业面临的生态环境压力将会进一步增大，传统产业民营企业将面临新一轮产业布局与调整。

第二节　长三角民营企业高质量发展比较分析

一　三省一市民营经济总体比较

长三角三省一市民营经济总体发展基础良好，呈平稳增长，民营经济增加值占区域 GDP 比重均高于 50%，民营经济增加值同比增速均跑赢同期 GDP 增速，三省一市民营经济向好发展趋势明显。同时，三省一市民营经济发展定位呈现差异化，其中浙江中小企业数量占企业总数的 90% 以上，连续 20 年民营企业 500 强上榜企业数居全国第一，且目前数字信息等新兴行业发展势头良好。江苏在民营经济增加值、私营企业户数、个体工商户数等规模总量上均领跑长三角，在装备制造和生产资料生产等产业具有领先优势，民营经济逐渐由中小企业向集团化模式发展。上海市近年来中小民营企业增速显著，借助国际资源汇聚和总部经济模式积极打造优化营商环境的2.0版。安徽省民营经济增速抢眼，2018年私营企业同比增长23.2%，个体工商户同比增长14.73%（见表4-1）。

表4-1　　　　长三角三省一市民营企业总体状况

（2014—2018年）

地区	年份	民营经济增加值（万亿元）	民营经济增加值增速（%）	民营经济增加值占GDP比重（%）	民营经济固定资产投资占全省投资比重（%）	中国民营企业500强（户）	私营企业户数（万户）	个体工商户（万户）
上海	2014	1.3	—	55.1	51.8	15	106.6	39.0
	2015	1.4	6.6	55.1	50.6	14	133.8	40.6
	2016	1.6	9.9	55.1	55.6	14	142.1	42.6
	2017	1.7	8.2	54.9	55.8	13	169.4	43.3
	2018	—	—	—	38.7	18	189.36	47.21
江苏	2014	3.5	9.1	54.5	67.6	96	157.4	371.1
	2015	3.9	8.9	55	69.7	91	182.2	387.2
	2016	4.2	8.1	55.2	69.3	94	222.9	438.8
	2017	4.8	7.6	55.4	70.7	82	258.6	510.4
	2018	5.1	7.1	55.6	71	86	286.79	590.01
浙江	2014	2.75	8	68	69.4	138	94.3	286.94
	2015	3	9	70	41.3	138	104.65	319.27
	2016	3.1	6.2	65	61.4	134	119.55	352.9
	2017	3.4	9.7	65.2	62.9	120	148.27	389.65
	2018	3.68	8.1	65.5	63.1	93	206.81	422.63
安徽	2014	1.1	9.2	57.3	69.1	2	45.2	
	2015	1.3	10.4	57.5	—	3	57.1	
	2016	1.4	10	57.7	60.8	4	73.3	
	2017	1.6	9.3	57.8	72	5	91.6	271.5
	2018	1.7	8.6	57.8	63.8	4	112.8	311.54

资料来源：课题组根据相关统计资料整理。

二 三省一市民营企业的产业特征比较

长三角三省一市民营经济发展的主导产业呈现特征差异。总体上来看上海市、江苏省与浙江省的优势行业主要集中于中高端制造业，而安徽省则仍然集中于中低端制造业。其中，浙江在医药、纺织服装、化纤等传统制造业基础上，正逐步推进数字经济引领区域经济高质量发展模式，且中小企业活力强，但民企平均规模以及综合实力仍有欠缺；上海主要涉足高端制造业、金融服务业、总部经济等，且战略新兴产业发展势头良好；江苏主要以高端制造业、医药、化工、电子等产业为核心，由传统制造模式向高端制造业发展迈进，但在互联网、分享经济等新兴产业规模和水平方面还相对比较滞后；安徽则以食品饮料、专业设备、机械制造等为主导产业，还需加速提升产业发展水平，着力构建新产业、新制造、新技术、新供给的新型产业结构。

三 三省一市区域科技创新能力和平台比较

长三角三省一市民营企业综合创新能力位居全国前列，梯次联动创新格局初具雏形。三省一市综合创新能力位居全国前列，《中国区域创新能力评价报告（2019）》数据显示，江苏、上海、浙江、安徽综合创新能力排名分别为第3位、第4位、第5位和第10位，其他多项创新能力指标均名列全国前列（见表4-2）。

表4-2 长三角三省一市主要创新指标比较（2017年）

指标	上海	江苏	浙江	安徽
R&D经费（亿元）	1205.2	2260.1	1266.3	564.9
近3年R&D经费平均增长率（%）	11.86	10.73	10.64	12.51
占地区生产总值的比重（%）	3.93	2.63	2.45	2.09
地方财政科技拨款（亿元）	389.9	428.0	303.5	260.4
近3年财政拨款平均增长率（%）	16.40	6.68	9.07	21.67
占地方财政支出的比重（%）	5.17	4.03	4.03	4.20
专利申请受理量（件）	131740	514402	377115	175872
近3年专利申请平均增长率（%）	12.79	8.40	8.80	13.94
发明专利占比（%）	41	36	26	53
中国驰名商标数量（个）	128	418	368	114
2016年马德里商标申请量（件）	172	343	422	61
2017年马德里商标申请量（件）	121	195	314	34

资料来源：根据《2018年中国统计年鉴》计算整理。

通过对三省一市的与科技创新直接相关的基础设施建设进行对比，发现国家级的资源分布存在不均衡状况：江苏省有明显的资源优势，不论是国家级科技企业孵化器还是国家级研发平台的数量，都高于其他两省一市，浙江省在平台资源上处于劣势地位，可能与长三角的"985"、"211"高校主要集中在江苏和上海有关，研发平台的建设主要依托于重点高校（见表4-3）。

表4-3　　　长三角三省一市主要科技平台数量（2017年）

指标	上海	江苏	浙江	安徽
国家级科技企业孵化器（个）	49	190	68	25
国家级技术转移示范机构（个）	26	45	21	13
国家级研发平台（个）	62	202	29	168

资料来源：根据《2018年安徽省科技统计公报》数据整理。

四　三省一市民营企业人才优势比较

长三角三省一市民营企业人才结构的区位优势各具特色，亟待解决民营企业人才短缺问题。从人才需求和供给层面来看，民营企业和政府部门都在积极发挥自身主导优势，配合出好"组合拳"，从各种渠道吸引国内外优秀人才的留住。就目前各省市吸引人才的方式策略来看，其人才结构呈现各自特色。除上海外，其他省份内部存在县域民营企业人才留不住的突出问题（见表4-4）。

表4-4　　　长三角三省一市人才引进及人才结构优化情况

省/市	上海	江苏	浙江	安徽
人才引进措施	通过设置国家级海外高层次人才创新创业基地吸引目标人才	推出"双创"计划用于高端人才的引入，包括双创人才、"双创"团队和双创博士三个项目	围绕人才生态最优省份这一目标，聚力形成一流机制，打造一流平台，提供一流服务	通过各类人才引进优惠政策（涉及住房补贴、项目扶持等）吸引目标人才
重点目标人才特征	高层次人才、国际人才总量优势显著	形成了"近悦远来"的人才生态供给结构	立足民营企业人才的开发工作，同时面向三类人才，即国际顶尖人才、产业支撑人才和优秀青年人才	重点扶植"带技术、带项目"的高层次技术人才

资料来源：根据各省市政府网站相关政策文件及网络资料整理。

五 三省一市民营企业国际竞争力与影响力比较

通过2016—2018年三省一市民营经济进出口规模比较，总体呈现以下两个特点：①上海市、浙江省民营经济外贸总额领先，安徽省差距较大；②浙江省民营经济外贸占比优势显著。各省（市）民营经济外贸占比均呈现增长态势，其中浙江省近三年占比均高于70%，成为优势显著的民营经济外贸大省。

三省一市民营经济进出口地域呈现差异分布。其中，上海市、江苏省进出口地域主要分布于亚洲、欧洲、北美洲，且亚洲体量最大；浙江省进出口地域主要分布于亚洲、非洲、拉丁美洲、大洋洲；安徽省进出口地域主要分布于亚洲、北美洲。得益于"一带一路"建设，上海市、江苏省、浙江省在国家"一带一路"建设中发挥桥头堡作用（见表4-5）。

表4-5 长三角三省一市进出口地域分布状况（2018年）

地区	上海 进出口合计 金额（亿元）	上海 进出口合计 同比（%）	江苏 主要进出口合计 金额（亿元）	浙江 进出口合计 金额（亿元）	浙江 进出口合计 同比（%）	安徽 主要进出口合计 金额（亿元）
合计	64064.29	7.33	43802.37	44898.12	—	3444.60
亚洲	29150.49	6.70	20487.29	28519.23	11.40	1423.70
非洲	1509.15	12.67	259.65	11007.58	11.00	32.2
欧洲	15680.10	7.51	7011.96	1985.46	13.80	490.2
拉丁美洲	3589.42	13.79	640.39	6640.19	10.00	476.8
北美洲	11999.83	4.91	7754.69	2624.21	17.60	819.00
大洋洲	2128.82	15.33	1248.78	5118.02	10.20	202.70
其他	6.48	24.13	6399.6（含未统计国别）	—	—	—

资料来源：中华人民共和国上海海关、中华人民共和国南京海关、中华人民共和国杭州海关、中华人民共和国合肥海关；表中数据为全省（市）进出口数据，其中江苏省、安徽省仅对主要进出口国别进行统计。

六 三省一市区域资源和环境优势比较

长三角地区传统的粗放式发展方式尚未根本转变，复合型污染突出，资源利用水平和环境质量与发达国家相比差距较大。目前长三角地区生态环境的相关规划分属不同地区、不同部门，相互之间各自为政，规划之间存在诸多重叠、冲突和矛盾，直接制约了长三角生态环境协同治理和区域生态安全。另外，更需要从整个长三角两省一市、各城市、各区域（环太湖、杭州湾、长江口等）之间进行顶层设计、统筹布局、合理安排污染治理设施，这也是对长三角不同地区间合作的诚意、智慧和成效的巨大考验。

七 三省一市制度和成本比较

第一，三省一市商事领域改革新突破，亟须撬动推进长三角更高质量一体化发展改革裂变效应。第二，三省一市推出多项系列普惠金融政策，民营小微企业"融资难、融资贵"痛点未消除，需逐步探索"数据＋精准＋自动＋智能"金融新服务。第三，三省一市为民营经济深挖减税降费潜力，支持相应政策平稳落地亟待加码。第四，三省一市为民营经济不断强化执法维序，缺乏跨区域、综合性、高质量法律政策与服务。第五，三省一市为民营经济加速打通省际共通平台，省市间互联互通一体化升级空间大。第六，三省一市努力打造亲清新型政商关系，以"亲""清"促发展，大力弘扬民营企业家精神。

第三节 长三角民营企业高质量发展的政策建议

长三角三省一市的民营企业遵循"创新、协调、绿色、开放、共享"的五大发展新理念，在发展规模、创新动能、创业生态、国际竞争、绿色发展、制度环境等方面具有鲜明特色和区域优势。同时，长三角三省一市民营企业在产业结构优化、创业活力与创新动能提升、跨区域合作体制机制的完善、高端资源平台的建设与利用、区域均衡发展及国际化程度与开放水平等方面都还有很大提升空间，三省一市高质量一体化发展共同面临着更清晰的产业发展定位以及一体化融合发展的机制路径诉求。课题组基于前述比较分析，提出全面促进长三角民营企业高质量发展的十条对策建议。

一 打造数字化高端平台

面对国家建设网络强国、数字中国和智慧城市的重大机遇，推动长三角区域新一代信息基础设施建设、工业互联网协同发展和智慧应用融合创新,是长三角一体化建设的强大引擎。抓住数字经济发展的机会,大力促进民营数字经济发展,在5G网络建设布局、综合应用示范、数据中心建设、计算资源部署等新一代信息基础设施建设中,积极引入社会资本,在市场准入、审批许可、招投标、投融资、经营运行等方面给予民营企业同等待遇。构建工业互联网工作体系、打造长三角工业互联网平台、合作组建产业联盟、推动各领域智慧应用等方面,尊重经济规律,坚持市场导向,同时为相关企业提供所需的政策宣传、需求调研、跟踪反馈和服务对接等服务,在投资融资、人才培训、管理咨询、市场开拓、技术创新等方面给予协助。依托阿里巴巴、海康威视、网易等,发展区域数字智慧产业经济带,打造数字化高端平台,引导民营企业融入长三角信息网络数字经济发展,进而辐射全国。

二 推动"双创""飞地"建设

推动落实国家发改委等部门《关于支持"飞地经济"发展的指导意见》,创新"飞地经济"合作机制,发挥浙江民营企业的比较优势,优化市场资源配置,强化资源集约利用,提升市场化运作水平。在继续做好省内飞入型"飞地"建设的同时,鼓励民营企业到长江中上游地区进行飞出型双创"飞地"建设,共同拓展市场和发展空间。由政府或行业协会牵头与合作方按照市场化原则和方式开展"飞地经济"合作,共同研究商定创新合作模式,建立常态化的议事协调机制。由政府或行业协会或相关企业出面与合作方共同研究商定规划建设、运营管理、利益分配等事项,签订规范、详细、可操作性的合作协议,做到分工明确、权责对等、共建共享。

三 培育新型产业集群

实施创新驱动发展战略,发挥长三角区域科创资源密集优势,结合长三角区域产业基础和资源禀赋,引导民企融入长三角区域产业链与创新网络。加强战略协同、产业链协同、创新协同、主体协同,促进区域创新要素自由流动与高效配置,健全协同创新机制,构建协同创新共同体,培育壮大新动能,加快发展创新经济,培育世界级产业集群,努力将长三角建成具有全球影响力的科创高地和产业高地,是长三角一体化建设的内生动力和源头活水。制定相关政策措施支持民营企业聚焦汽车、集成电路、装备制造、纺织服装等优势产业提升发展，积极投资民用航空、智能制造、生物医药、新一代信息技术、新材料等战略性领域，大力发展人工智能、"互联网＋"等新技术、新业态、新模式，积极融入长三角区域重点产业的优化布局和全产业链发展。制定相关政策措施鼓励民营企业在参与国家重大科学工程、重大科技项目等重大科技基础设施方面的积极性，在新型技术研发与转化平台、产业创新体系、技术转移与合作网络的建设上，对民营企业在招投标、投融资、资金补助、人才培养等方面实行与国企同等待遇，激发民营企业创新动力和活力。

四 搭建创新资源集聚平台

实现民营企业高质量发展，聚焦交通、能源、产品增加值、创新、开放、绿色、数字经济、品牌、平台九大领域，搭建民营企业高新发展区、科创平台、公共服务平台、创新示范园区等，为长三角更高质量一体化发展提供必要支撑和基础保障。谋划高端平台创新资源集聚效应，加快国家实验室、科创平台、民营企业高新发展区建设，利用高等院所、高端研究院、海外高层次技术人才优势，大力支持高端平台建设，抢占全球数字经济和互联网、物联网、区块链及人工智能等前沿技术研究及应用高地，加强数字经济、人工智能、生物医药、芯片、航空航天领域合作，打造集约高效、产城融合、绿色智慧长三角数字经济带。加快区域联动，打造长三角战略合作都市圈。加快长三角区域一小时智慧交通建设，深化杭州、宁波与上海三大都市圈的战略，实现上海、杭州、安徽等产业错位发展，加快城市群、产业群、港口群、机场铁路群等综合功能，规划建设一批战略合作平台，共同致力打造具有国际影响力的世界级城市经济群。合力建设一体化公共服务平台，深入推进长三角区域"最多跑一次"服务。

五 加大市场准入力度

选择一批涉及三省一市互联互通的铁路、公路、港航、机场、油气、煤炭、电力等领域项目，建立科学合理的投资与回报机制，鼓励民营资本参与重大基础设施和战略性新兴产业项目建设。在前期混合所有制改革试点基础上，通过 PPP、特许经营、资产证券化、TOT 多种方式，推动相关领域的国有企业和社会资本深度融合。统筹推进铁路、公路、港航、机场等基础交通设施，以及油气、煤炭、电力等基础设施建设，推进区域资源优化配置和区域新能源合作，构建设施互联互通、管理协同合作、服务共享共赢、区域绿色低碳的现代化综合交通体系与区域新能源合作体系，是长三角一体化建设的基本要义和重要措施。全面落实市场准入负面清单制度，推动"非禁即入"普遍落实。深化垄断行业、基础设施和社会事业等领域投融资体制改革，打破行业垄断和市场壁垒，推动上述行业领域加快向社会资本开放，严禁设置排斥性条款或通过设定附加条件变相设置门槛。支持民营资本参股或组建相关产业投资基金、基础设施投资基金，参与长三角区域内战略性新兴产业项目和重大基础设施项目建设。

六 推行减税降费"2.0 行动"

建议推行减税降费"2.0 行动"，释放出减税降负的政策红利，贯彻供给侧结构性改革，真正激发中小实体经济的强劲动能。建议全面推行营改增政策，将所有营业税行业改为缴纳增值税，打通连接第二、第三产业的增值税抵扣链条，真正让民营实体经济受益。在落实高新技术企业所得税优惠等各项税费减免政策的同时，取消各类经营服务性收费项目。对相关企业历史欠费分步清缴，取缔违规收费项目，实现省定涉民营企业行政事业性零收费。保障重点项目的用地，降低土地出让底价标准，分门别类解决企业土地使用权和房屋所有权"两证"不全的历史遗留问题。采用租赁、租让结合等多种方式供应工业用地，支持工业用地转租、转让或抵押，支持各类工业厂房重建、改建、扩建，适当提高容积率和建筑密度。推进高速公路差异化收费，对相关车辆开辟绿色运输通道，直接取消政府还贷的国道与省道收费站。对于邮政普通服务车辆等相关车辆的检测费用、口岸过磅费、设施维护费进行减免。扩大市场交易电量规模，降低一般工商业用电价格，探索民营企业天然气"直供"模式，降低用气成本。

七 建立跨区域企业审批服务机制

深化涉及民营企业跨区域审批服务"最多跑一次"改革，组织开展好优化营商环境相关专项行动。推进开办企业便利化，简化工商登记、刻章、申领发票等办理手续，尽量压缩企业开办时间。推进投资审批便利化，落实工程建设项目审批制度改革要求，压减工程建设项目平均审批时限。加快各部门各行业间数字信息互通共享进度，着力解决电子档案、电子签名、身份认证等关键问题，推进"互联网+政务服务"建设，用信息化手段强化对窗口人员的考核，做到"一套材料、一窗受理、一表登记、一网通办"。推行容缺审批、多评合一等模式，开展企业投资项目审批承诺制试点。加快"多证合一""证照分离"改革，对审批频次高、审批周期长、企业意见较为集中的许可事项，依法依规予以取消审批、改为备案、实行告知承诺制或者加强准营管理。全面推行工业产品生产许可证"一企一证"改革，对部分产品实施"先证后核""承诺许可"审批模式并取消工业产品生产许可证发证检验，对符合条件的申请生产许可证延续的企业免于实地核查及产品检验。各级政务服务中心设立审批服务代办窗口，健全代办机制，对企业办理相关审批手续提供全程代办、无偿代办。定期开展全省营商环境综合评价。全面推行"双随机、一公开"监管，创新适合"四新"的包容审慎监管方式。加强基层综合执法队伍建设，开展市场监管领域跨部门随机抽查联合执法，实现对同一商事主体的多部门执法检查事项一次性完成，做到"一次检查、全面体检"。

八 健全"一站式"企业公共服务体系

加强企业诚信制度建设，完善守信联合激励和失信联合惩戒机制，建立各行业领域的信用"红黑名单"制度，让严重失信企业无处遁身，为守信企业创造良好发展环境。发挥商会、行业协会诚信自律作用，引导民营企业合规经营、诚信经营，承担好社会责任，履行好对员工的义务。加强并改进对市场主体、市场活动的监督管理，开展市场秩序整顿规范专项行动，建立收集假冒产品来源地信息工作机制，依法打击假冒伪劣、不正当竞争等破坏市场秩序的行为。建立涉企政策发布平台，依托省政府门户网站，建立省级跨部门涉企政策"一站式"网上发布平台，为民营企业提供找得到、看得懂、用得上的政策信息服务。支持各地建立本地区涉企政策"一站式"综合服务平台。认定一批省级中小企业公共服务示范平台，支持优秀大中型公共服务平台做大做强。组建一批有影响力的产业联盟，推进行业关键共性技术研发、上下游产业链资源整合和协同发展。

九　引导民营企业绿色低碳高效发展

坚持生态优先、绿色发展，强化长三角区域生态系统和重要生态空间保护，打好长三角区域污染防治攻坚战，健全生态环境协同保护机制，实现绿色低碳发展，是长三角一体化建设的必然要求。落实煤炭消费总量控制方案，制定煤耗指标的收储管理办法，建立煤耗指标的调配机制，将退出市场的污染企业腾退出的煤炭消耗指标，用于支持符合新旧动能转换的相关企业与项目。开展相关企业能耗产出效益评价，依据企业的评价结果，综合利用差别化的措施，在价格、用地、用能、信贷、环境权益方面，倒逼落后污染企业退出市场，为环保达标型高效企业腾出环境容量。构建现代绿色金融综合体系，使用市场化手段鼓励民营企业开展合同能源管理等节能服务业务，搭建用能权交易系统，培育第三方认证评估机构，开展用能权有偿使用和交易试点项目，化解相关企业的环保责任风险，发挥浙江民营企业在长三角一体化绿色生态治理中的作用和影响力。

十　打造国家"一带一路"综合试验区

加强"一带一路"产能合作，长三角民营企业应抓住时代机遇，积极迈出对外开放的步伐，参与多边贸易合作，加大出口市场占比，开放、包容、普惠、平衡、共赢，努力实现产业经济全球化，进而促进民营企业更高质量发展。充分发挥长三角民营企业在国际化竞争中的影响力，加强与美国、欧洲、日本等发达国家战略合作，打破西方国家贸易壁垒，积极开拓非洲、拉美等市场，推动行业国际化纵深发展。发挥上海、宁波、舟山等地港口优势，推动港口间深度合作，宁波、乍浦与上海三港能够在保持相对独立的同时实现优势互补，加快上海自由贸易区的实施力度，推进宁波、舟山港口免税区的建设可能，进一步加大对外开放力度和程度。通过港口联动增强对长三角地区的辐射作用，进而提升民营企业的服务发展水平。强化"全球电子商务之都"，上海、杭州、宁波自贸区及"义甬舟开放大通道"等平台要素的扩散功能，发挥杭州湾连接陆海丝绸之路的区位优势，无缝对接上海都市经济圈，对内辐射带动长江流域和中西部地区开放创新发展，对外加强与"一带一路"沿线经济体的经贸合作，打造国家"一带一路"综合试验区，为浙江民营企业高质量成长提供动力源和打造具有国际竞争力的创新极。

第五章

完善征信体系
振兴中小实体经济研究报告

2020年5月,中共中央、国务院印发的《关于新时代加快完善社会主义市场经济体制的意见》强调,要创新政府管理和服务方式,完善宏观经济治理体制,构建适应高质量发展要求的社会信用体系和新型监管机制。但中国量大面广的中小微企业仍未全面纳入中国现行征信体系,导致中小微企业在信贷业务中沦为"信息孤岛",特别是小微企业缺失完整的信用画像,小微企业信用服务尚不健全,小微企业信用发展底层技术发展不完善,造成"融资难、融资贵、融资繁"等信用问题,从而制约了中小微实体经济高质量发展。课题组基于"信用浙江"建设实践的跟踪调研,提出"以长三角高质量一体化和信用示范区建设为契机,以征信体系建设为突破口,通过数字立根,生态赋能,构建普惠性融资体系,促进中小实体经济高质量发展"的政策建议。

第一节 中小企业高质量发展急需征信体系支撑

信用是市场经济的基石。中国经济正从要素驱动、投资驱动转向创新驱动的高质量发展阶段,中小企业新业态、新模式、新经济迅速发展,市场对中小企业建立良好信用关系的要求更为迫切,各类市场主体对风险管理和控制能力的需求也显著增加。建立以信用为核心的新型市场监管与服务机制,已逐渐成为构建中小企业创新创业新生态、培育高质量发展新动能的基础支撑。但根据课题组近年来对浙江省小微企业进入新行业障碍的跟踪调查显示,中小微企业资金满足率一直处于较低水平。其主要原因就是中小微企业征信体系建设显著落后于中小实体经济高质量发展的现实需求,中小微企业与银行等信贷机构之间未能有效打破信息藩篱,具体存在以下问题。

一 信用服务不健全,中小微企业成为征信"信息孤岛"

现行征信评价框架仍未摆脱传统金融机构"重实物轻无形"的风控理念,对中小微企业重视不足,中小微信用服务业态不够丰富,导致绝大多数中小微企业因规模、资产等限制游离于征信体系之外,使中小微企业沦为征信"信息孤岛"。

首先,信用服务企业数量不足。据统计,2018年浙江省共有73家信用服务公司(均为内资,占全国比重3.87%),年销售收入为2.6992亿元(净利润0.0452亿元)。而上海共有35家信用服务公司(32家内资、1家港澳台资、2家外资,占全国比重1.86%),年收入为3.4670亿元(净利润0.6108亿元),广东共有118家信用服务公司(113家内资、3家港澳台资、2家外资,占全国比重6.26%),年收入为6.0750亿元(净利润2.0529亿元)。可以看出,浙江省信用服务能力显然相对不足、信用市场空缺仍然很大,无法满足浙江省量大面广的中小微企业的金融发展需求。其次,信用产品的商业应用少。目前,浙江省信用信息的应用主要集中在行政领域和融资领域,而在小微企业信用评价、信用担保、征信、信用惩戒和获益等方面尚存相当大的空缺。特别是目前征信领域市场化程度低,可开发应用的产品和服务少。

二 数据采集不全面,中小微企业缺乏完整的信用画像

目前,依靠以人民银行征信部门为主体的单一行业体系无法实现对浙江省中小微企业信用数据及信息进行有效归集和整理。除去财务等日常运营数据,即使工商、税务、司法等公共政务相关信息因发布周期、发布格式等差异也需要较高的采集成本,数据质量和可持续性维护无法得到保证。

尽管浙江省已建有政务服务网,为金融机构提供小微企业公共信用信息。但根据浙江省《五类主体公共信用评价指引》(2017年版),基于基本情况(登记注册信息、投资项目信息、主要人员信息、年度报告信息)、金融财税(财务真实性信息、纳税遵从信息、金融信息、公

用事业信息）、管治能力（产品质量信息、安全生产信息、环境保护信息）、遵纪守法（行政管理信息、司法处理信息）、社会责任（节能减排信息、社保缴纳信息、慈善捐赠信息、荣誉记录信息）五大"硬"信息刻画企业的信用形象，而小微企业在这些"硬"信息上恰恰处于弱势，缺失"软"信息，无法完整刻画其信用画像，违约预测精度从62.69%下降至42.89%，导致现有征信体系不能完全反映中小微企业特征，中小微企业缺乏完整的"信用画像"。

此外，浙江省的信用平台尚未联通长三角地区。目前，浙江省正大力打通32个省级部门的52个系统、11个设区市及所辖县（市、区）的159个系统建设大数据信用信息平台，但缺乏省际联通数据，无法有效支撑长三角高质量一体化和信用示范区建设，良好信用的获利面尚未能有效突破省域。

三　底层技术发展不完善，中小微企业大数据征信任重道远

首先，缺乏信用服务人才。目前浙江省、上海市、广东省就职于信用服务企业的员工分别有800余人、1000余人和1500余人。此外，浙江省仅浙江财经大学、浙江金融职业技术学院、浙江经贸职业技术学院三所学校开设了信用管理专业（方向），近四年约有近600名潜在专业人才进入信用管理服务市场。但是与未来5年中国至少需要50万名信用管理经理、200万名信用管理人员（平均每个省、自治区、直辖市需1.47万名信用管理经理和5.88万名信用管理人员）的商务部估计数值存在相当大的差距。

其次，现行信用评价模型不适合小微企业。从现有研究和实践操作的实际来看，信用服务机构、金融机构依然重"硬"轻"软"，使小微企业由于其规模、资产等限制长期游离于金融行业主体业务之外。同时，由于尚未开发出最为有效、科学的算法以及以此为基础的信用评价模型，故而信用信息大数据分析技术尚不能广泛应用在高质量的中小微企业信用监管与信用服务中。

第二节　中小企业征信体系建设的浙江经验

浙江省历来具有"敢为人先"的优良传统，作为中小微企业大省，

部分地区及企业依托自身地域特征及技术优势对推进征信体系建设、破解小微企业融资困境做出了诸多尝试，部分做法及经验对全国推进中小微企业征信体系建设工作具有重要参考价值。

一 台州小微企业金融服务改革

2012年年底，浙江省委省政府决定在台州设立小微企业金融服务改革创新试验区，经过多年探索与建设，"台州小微金融品牌"在全国已有广泛影响，并于2015年年底升格为国家级小微金改试验区。其主要经验有以下三点。

（一）以打通数据为基础

由市政府牵头成立信息平台，实行"政府建设、财政出资、人行代管、免费查询"的运作模式，对分散在公安、财税、法院、国土、市场监管等部门的公共信息进行整合，有效提升小微企业"透明度"，金融机构贷前调查、贷中审批、贷后管理等各环节效率均大幅提高。

（二）以专营机构为主体

积极发展各类小微企业金融服务机构，依托产业集群和商圈设立电商特色银行、科技银行、文化产业银行，重点为电子商务、科技创业、文化创意等专业化小微企业提供个性化服务，目前全市设立小微企业金融服务专营机构200多家，约占新设网点的80%，有效地满足了小微企业的多样化需求。

（三）以差异服务为核心

针对小微企业轻资产、薄积累的发展特征，将信用评价标准从抵押、利润等硬指标向发展潜力等软指标倾斜，产生了如泰隆银行的"三品三表"、台州银行的"三看三不看"、民泰银行的"九字诀"等行之有效的实操模式，大幅提升了小微企业融资成功率。

二 蚂蚁金服的互联网征信实践

互联网技术为信息的归集和处理提供了新的方式和手段，蚂蚁金服依托母公司阿里巴巴所掌握的海量数据，结合大数据和数据挖掘技术对基于互联网的信用描画进行了探索及尝试，为客观反映企业和个人信用状况提供新渠道。其主要做法有以下三点。

（一）有效利用信息渠道

蚂蚁金服将自身支付、融资、理财、保险四大平台在开展业务过程中的用户信息收录数据库,并依托阿里巴巴业务网络进一步归集诚信通及淘宝中的个人与企业交易数据,从而通过互联网进行实时、高频的数据采集。

(二) 深入挖掘数据价值

通过应用 Deep Learning 等顶尖的大数据技术对所掌握数据进行分析,实现对个人及小微企业的具体形象进行描画。如通过历史交易数据和现金流判断企业实际经营状态,利用沉淀消费数据分析顾客消费习惯和未来行为等。

(三) 营造多元应用生态

基于大数据获得的信用情况被广泛应用于贷款、出行、医疗、租赁等多种场景,为服务机构提供重要参考,缩短业务流程,提升服务效率。而信用主体所产生的交易和行为数据又将被再次收集,用于丰富数据库,以便未来做出更全面、真实、可靠、有效的信用评估。

第三节 完善中小企业征信体系的政策建议

中小微企业是中国经济高质量发展的活力所在,在数字经济浪潮下信用对于中小微企业成长的筛选和惩戒作用愈加凸显。建议以长三角一体化和信用示范区建设为契机,以征信体系建设为突破口,通过数字立根,生态赋能,构建普惠性融资体系,促进中小实体经济高质量发展。

一 以征信体系建设为突破口,破解中小微企业融资困境

中小微企业"融资难、融资贵、融资繁"问题表面上看是缺钱,实质是缺信息、缺信用。国际上无论是发达国家(如美国、英国)还是新兴经济体(如印度、马来西亚)或通过商业盈利驱动,或通过公共部门推动都将发展小微企业征信服务作为扶持中小微实体经济的主流选择。建议结合中小企业高质量发展的各类提升工程,借鉴"信用浙江"建设的经验做法,以中小微企业征信体系建设为突破口,助力破解中小微企业融资困境。

二 丰富信用生态系统,为中小微企业提供高质量信用服务

借鉴中国台湾地区等会员制和商业化应用的企业信用服务发展经验,通过多种手段完善和丰富信用服务的商业生态,为小微企业信用需求提供更多选择和更科学的服务。①提升市场主体多样性。相关职能部门应进一步研究和制定信用服务公司进入资质标准，根据现实需求放宽市场准入，允许更多符合资质条件的企业进入信用市场，提供多方位的小微信用服务。同时，开展以"信用服务"为主题的社会专项创业大赛和高校A类学科竞赛，鼓励和吸引更多创业者关注企业信用服务特别是小微企业信用服务市场。②强化信用产品市场化。搭建政务服务网与互联网大数据公司的合作渠道，引入市场力量激发对小微信用市场的关注。关注信用产品商品化应用，利用信用服务平台探索信用服务的会员制应用，准许一定范围内信用产品进行商业化使用。

三 借鉴国际成功模式，优化中小企业信用评价体系

大力推动信用发展科学研究，结合中小微企业特征研究建立中小企业信用评价模型。建议借鉴美国小企业信用评分系统（Small Business Scoring Service，SBSS）、日本八千代银行SOHO模型等国外较为成功的中小企业信用评价方法，在兼顾体现当前经营状况的同时，重点突出企业主个人特质、质量安全、守法经营、社会责任等非财务数据（软信息），更为精准反映中小微企业潜在风险和盈利能力，为授信机构及信用监管服务部门提供科学参考。建议以招标课题形式推动中小微信用风险模型、大数据技术基础算法等方向的基础性和应用型研究，培育一批标志性、可落地的成果。特别是可以借鉴德国商业征信机构CreditReform人工收集和评价商业"软"信息的经验，设计符合中国国情的中小微企业软信息征信机制。

四 完善公共服务平台，构建大数据信息归集机制

国内外实践表明，由政府主导的公共部门往往在征信体系中发挥核心作用。建议进一步强化省级信用中心与人民银行征信中心业务联系，以统一社会信用代码为唯一标识，指导制定中小微企业信用信息采集标准，全面构建公共部门间横向到边、纵向到底的信用信息共建共享、协同推进机制。建议探索信用特区建设。基于小微企业受限于现行信用评价体系的现状，在特色小镇、高新科技园区等小微企业集聚地探索信用特区制度，为信用特区内小微企业提供担保增信、整体授信、信用修复、信用共享、透明征信等信用服务手段，增强小微企业的信用竞争力。此外，建议探索轮值联席制度。小微企业信用建设涉及多个职能部

门，工作协调难度大，在原有领导小组制度下进一步探索相关职能部门轮值联席制度，从各个职能工作角度全局性思考小微信用建设，避免成功的惰性与思维的惯性。当前，长三角高质量一体化和信用示范区建设为跨区域中小微企业信用体系建设提供了良好实践与应用环境，建议全面归集并适时更新长三角中小微企业信用大数据，动态评价跨区域中小微企业信用状况，确保中小微企业信用状况不是锚定的。在此基础上，进一步推广信用禁锚工作经验，强化信用的惩戒和筛选作用。

五 强化底层技术研究，构建中小企业信用体系长效机制

建议利用阿里巴巴技术优势加速打造标准化企业云平台，推进小微企业和征信机构共同上云，在降低企业信息系统构建成本的同时，为打通征信机构和小微企业的信息传递渠道奠定硬件基础。建议推广"蚂蚁金服"征信服务模式，引导征信机构利用大数据技术弥补小微企业财务信息缺失、资产抵押不足等先天缺陷；鼓励征信机构在通过互联网提供在线服务的同时，向移动端拓展，营造便捷、友好的征信服务环境。为此，首先需要强化夯实底层技术基础。加强信用管理人才的产教融合培养，加强国家信用管理师职业资格培训，加强社会信用服务能力以及小微企业信用管理能力提升，更好地支撑中小实体经济高质量发展。

第六章

中小企业移动电子商务发展研究报告

第一节 中国中小企业移动电子商务发展现状

欧美国家的移动电子商务从1997年开始起步,而中国的移动电子商务起步较晚,2006年当当网首先开始进入,2008年淘宝网发布手机购物网站,2009年智能手机和3G网络的迅速普及,为移动电子商务发展提供了条件。

一 中国中小企业移动电子商务发展过程

从广义上讲,在手机等移动终端上进行的消费都属于移动电子商务范畴,如2000年12月中国移动正式推出的移动梦网和2004年3G门户上线后提供的移动服务都有移动电子商务的影子。但从狭义上讲,移动电子商务在中国发展较晚,主要从2006年手机当当网开通,独立移动电商网站买卖宝上线,中国移动电子商务开始起步。总体来看,中国移动电子商务的发展经历了三个阶段:第一阶段(2009年以前)。为用户提供信息服务,如天气和路况预测、股市行情、新闻等。这些服务的特点是用户在消费前必须和商家签订合同,属于预付费服务,支付预付费在线上进行,资金的流动形式比较简单,交易规模几乎可以忽略不计。第二阶段(2009—2012年上半年)。为用户提供具有在线支付能力的移动商务服务,比如,移动电子银行、移动贸易、移动购物、移动证券、移动缴费等。这个阶段,中国电子商务进入3G时代,智能终端开始普及,以手机网购为代表的移动电子商务开始得到消费者的认可,但由于受安全性和支付便捷性影响,移动电子商务消费习惯和信任度尚未建立。第三个阶段(2012年下半年以后)。移动电子商务发展进入爆发期,这一时期,随着价格下降,千元以内智能手机开始普及,同时3G网络资费下调。加上各大传统电商积极推动移动端建设和培育用户移动终端消费习惯,消费者开始更加主动地尝试移动电子商务。

二 中国中小企业移动电子商务主要提供的服务类型

中国目前的移动电子商务市场主要分为两个部分:一是虚拟商品。主要是依附于各运营商旗下的SP所提供的,收费图铃、游戏下载或其他资讯类业务。工商银行等多家银行和支付宝也开通了通过手机交水电费、话费等业务。二是实体商品。国内主要有淘宝、立即购、"掌店"移动商城、买卖宝等电商均涉足这一领域。

三 中国中小企业移动电子商务发展的市场潜力巨大

2012年下半年开始,中国移动电子商务发展进入爆发期,这与政策支持、移动互联网用户规模、3G用户规模、智能手机普及等各方面的发展密切相关。一是政策支持移动电子商务的发展。近年来,国家连续出台有利政策,加大对移动电子商务实施的支持力度。2012年3月,工信部发布《电子商务"十二五"发展规划》,决定推进移动电子商务发展,要求推动移动支付标准制定。各地纷纷开展移动电子商务试点工程,推进区域移动电子商务建设,为移动电子商务的发展创造了良好的条件。二是移动互联网用户规模巨大。根据相关机构统计,2011年,中国移动互联网用户规模达到3.56亿,2012年达到4.5亿,2013年达到6.48亿,移动网民数量或首次超过互联网用户。移动互联网用户规模的迅速扩大,为移动电子商务的快速发展奠定了庞大的用户基础,将推动移动电子商务的快速增长。

四 中国中小企业移动电子商务将成为电商监管的主要内容

当前,移动电子商务面临终端设备、支付环境等方面的限制,但仍显示出增长的强大爆发力。可以预见,不久的将来,移动电子商务将成为电子商务的主流形式,工商系统发展电子商务监管,必然要将移动电子商务监管作为主要内容。另据中国电子商务研究中心监测数据,2013年上半年,网络购物投诉占45.40%,网络团购占13.15%,移动电子商务占 9.50%，物流快递占 6.64%，B2B 网络贸易占 5.83%，其他为 15.16%。其中，移动电子商务领域投诉较前一年同期占比增加明显，随着市场的不断扩大，如果不能实行有效监管，必然成为违法行为、消费纠纷高发的热点区域。

第二节　中国中小企业移动电子商务监管面临的问题

一　法律法规不健全

作为一种崭新的商务交易模式，中国移动电子商务产业才刚刚起步，还没有国家标准和统一的管理机构，而且市场机制还不够规范和完善，不可避免地出现一些经济纠纷和法律问题。截至目前，国内还没有一部针对移动应用市场的相关法规，这也是恶意广告、暗扣、病毒、虚假信息、色情信息等现象难以禁绝的原因之一。而与普通 APP 不同的是，电商类 APP 涉及商品交易、支付等环节，并且正在暴露出一系列问题，对于用户来说，这有可能造成更大的损失。

二　准入门槛低认证体系缺失

在 PC 端，一般网站通常需要具备通信管理局发放的 ICP 证，并由当地公安局备案后才能合法运营，以经营为目的的电商网站还需要具备《经营性网站备案信息》，特殊类目的电商还需要具备相应的许可证，如出版物经营许可证、音像制品经营许可证、互联网药品信息服务资格证等。而在移动端，目前只有 Wap 网站有 ICP 备案，但对于上述经营性网站、特殊类目商品经营方面并没有相应的资质认证体系。对于购物类移动应用来说，更是不受监管部门的直接监管，而是主要依靠移动应用市场进行审核准入。快速发展带来的巨大收益吸引了诸多企业进入，其中难免鱼龙混杂，由于缺少主体审核和诚信体系，造成移动电子商务乱象频发。

三　运营环节管理真空，相应的监管体制更加匮乏

即便有审核权力的移动应用市场也容易成为甩手掌柜，一旦电商应用进入用户移动终端，假货、虚假宣传、恶性插件、隐私泄露等情况就难以监控和阻止。当前，PC 端电商生态和规则已经相对成熟，工信部、工商部、质检部、海关、食品安全部门都在开始倾注精力。而移动电商

方面，目前主要涉及的监管部门只有工信部和工商部门，由于移动电子商务整体交易规模还有限，商业生态还处于初级探索中，可变性很强，很多规则需要在摸索中形成和完善，所以，未纳入监管视线，监管机制、监管手段、监管技术都未形成体系，对违法行为通常是靠消费者申诉来监管。

四 企业自我监管缺失

企业自我监管的缺失也是目前移动电商市场极不规范的一个重要原因。目前，国内多数纯移动电商企业均处于初创阶段，商品质量并没有安排独立的部门负责，导致自我审查和约束的缺失。相比之下，发展时间更长的传统电商则已经具备了较为成熟的自我监控系统。

第三节 对策与建议

一 加强基础理论研究

近年来，随着移动电子商务的高速增长，人们开始把关注点从传统电子商务向移动电子商务转移，相关理论文章数量呈现增长趋势，但研究内容大多是"移动安全"和"无线移动通信系统"方面的文章，对于其发展和监管的研究远远不够。移动电子商务源自传统电子商务，对其监管的重点虽然也离不开主体、客体和行为三个环节，但由于移动电商的特点带来的新变化，使在实际监管中主体更加难以确定、行为模式更加复杂，必须要加强对移动电子商务行为、模式、安全和跨文化等方面的理论研究，为实现有效监管及早奠定理论基础。

二 完善法律体系

中国周边的日本和韩国，移动电子商务发展迅速，得益于政府的支持和配套的法律法规的健全。但电子商务在中国属于新兴产业，监管面临法律法规不健全问题，移动电子商务作为电子商务的自然延伸，支持配套的法律法规和行业规范更是少之又少，很多问题例如电子代理人效力问题、合同的生效地点问题以及电子传输发生错误的责任问题等均没有明确界定。因此，应结合电子商务的法律完善，将移动电子商务一并考虑，推动相关部门完善法律法规和技术标准。

三 推动可信交易保障环境建设

移动电子商务是基于网络载体的变化,在传统电子商务的基础上发展而来,由于其自身特点产生了多种多样的消费模式,电子商务可信交易环境建设对移动电子商务同样具有重要的意义。建议国家工商总局在推进电子商务可信环境建设中,针对移动电子商务的形势和特点,将移动电商主体、客体、合同等环节要素一并考虑,纳入电子商务可信环境建设,统一部署。

第七章

农村电子商务发展对策研究报告

本研究报告在总结中国当前农村电子商务发展的新鲜经验的基础上,分析了其存在问题,并就进一步加快发展中国农村电子商务促进农村中小企业高质量发展提出对策建议。

第一节 中国农村电子商务发展的新鲜经验

最近,我们通过对浙江遂昌、义乌、海宁、临安,福建安溪,河北清河,山东博兴,江苏沙集等地发展农村电子商务的调查发现,发展农村电子商务对于带动当地农业实现现代化具有重要的战略促进作用:一是有利于扭转当前农业经营和农产品流通发展滞后的难题;二是有利于促进农民生产生活的就地城镇化;三是有利于提高农民市场经营能力,保持农民收入持续较快增长。其新鲜经验有以下特征。

一 主要发展模式:依托当地特色资源,发展多样性电子商务

一是依托农村特色产品资源的发展模式,如浙江遂昌依托土猪肉等生鲜土特产、福建安溪依托铁观音茶叶、浙江临安依托山核桃等农村特色产品的网上销售,发展农村电子商务。

二是依托特色产业资源的发展模式,如河北清河东高庄依托羊绒产业、山东博兴湾头村依托手工草编业发展"淘宝村"。

三是依托特色渠道资源的发展模式,如浙江义乌依托小商品批发专业市场、浙江海宁依托皮革专业市场发展农村电子商务。

四是依托特色要素资源的发展模式,如河北高碑店地处京津石三城地理中心,地理要素资源对其发展推动显著;江苏沙集临近中国最大的胶合板生产基地,原材料资源对其发展组装家具提供了重要支撑。

二 主要动力机制:市场牵引和政策催化取代政府主导

一是农民网商抱团集聚推动。如江苏沙集、湾头农民网商抱团,新产业基于电商从无到有形成集群,并进一步推动当地电子商务经济蓬勃发展。

二是标杆龙头网商示范带动。如以福建"世纪之村"为代表的龙头企业,以及四川青川的赵海伶、山东博兴的贾培晓等带头网商,通过示范和引领作用带动了区域农村电子商务的发展。

三是政策联合市场共同催化。如浙江义乌江东以电子商务协会通过网商培训、信息和技术分享,完善相关产业链;浙江遂昌以本地化综合服务商为核心,协同政府(金融、土地、政策等支持)、供应商、支撑服务商(物流、银行、电信运营商等),加速区域电商发展。

三 主要实现形式:区域营销+网络预售+订单农业

一是区域品牌的整体营销形式成热点。如淘宝网通过特色中国项目,进行区域农村电子商务品牌的整体营销,如特色中国山西馆上线运营仅四天,网上销售的老陈醋相当于2012年省外销售的1/10,截至2014年2月,已有各类特色地方馆25个。

二是农产品预售形式逐渐升温。阿里巴巴推出以抢鲜购为代表的"预售+订单农业"的销售模式,通过网络预售定制模式,减少农产品中间环节,降低农业生产经营风险和损耗。以天猫预售平台为例,2013年完成的预售农产品销售达2.6亿元。

第二节 中国农村电子商务存在的主要问题

一 电商发展城乡差距大

中国农业农村信息服务基础薄弱,农民信息获取能力差,信息需求难以得到有效满足。据农业部统计,城乡数字鸿沟达到45%,农村和城市的电子商务发展严重失衡。

二 东中西部地区农村电子商务发展差异大

据中国社会科学院与阿里巴巴合作的涉农电子商务研究报告显示,无论按地区农民网商、网店数量还是交易商品数量分析,浙江、江苏、广东、福建、上海、北京、山东等东部地区明显领先，而西北等偏远地区则发展滞后。

三　农村电子商务的后发地区发展基础薄弱

产业基础、交通物流、农民信息素质及农村电商带头人等因素的制约，都会影响农村电子商务的发展。

四　农村电子商务的先发地区面临可持续发展的诸多挑战

发达地区在发展过程中遇到农民网商简单复制、同质化恶性竞争、农村人才引留难、知识产权纠纷等问题，面临电商生态化、集群化、规模化协同成长的诸多挑战。

第三节　加快普及中国农村电子商务的政策建议

一　政府投入，市场发力，合力加大农村电子商务优先扶持

一是现阶段农村电子商务即信息化基础设施建设需要依靠政府投入。鉴于城乡二元结构的国情，城乡电子商务的发展机会明显是不公平的。据农业部统计，仅1.6%的涉农企业开展面向农民的信息服务，政府必须加大对农村电子商务的政策扶持。

二是要通过政策，吸引更多的优秀企业共同培育开发农村电商9亿人的巨大市场。例如，引导阿里巴巴、京东、一号店等各类电子商务平台，有针对性激励草根农民网商创业、促进其成长，为缩小城乡差距做出贡献。

二　因地制宜，上下联动，大力发展后发地区农村电子商务

一是中西北部地区在农村电子商务发展模式上要因地制宜。鉴于中西北部等后发地区普遍不具备产业资源基础，农村电子商务发展模式的选择，必须立足于挖掘产品资源、渠道资源和要素资源优势。

二是中西北部等后发地区农村电子商务动力机制要加强市场和政府的联动。既要注重市场牵引、社会投入，鼓励农民网商利用市场化平台发展，也要注重政策环境的催化和助推，加强对电子商务的交通、宽带、产业园区的基础设施投入和金融、财政、人才等各方面的政策支持。在具体策略上，地方政府可引入成熟的公司化运作电子商务综合服务商，培育特色产品和农民网商，带动特色农业发展；政策环境加强引

导服务商、农民网商、政府有效互动,催生当地特色农业产业,构建电子商务生态。

三　优化机制,改善监管,前瞻性政策服务先发地区电子商务

一是对先发地区农村电子商务提供前瞻性政策服务。对于农村电子商务的先发地区,农民网商在公司化、组织优化、品牌建设、规模经济和范围经济以及电商生态、系统开放合作等方面的发展要求日趋强烈。为此,需要政府在政策环境上做出有针对性的改进,在尊重市场规律的基础上,提供前瞻性的公共服务。

二是政策重点放在创新机制、改善监管与提供保障上。为此,需加强农产品质量安全监管、经营主体与商品的信息认证,建设完善农村电子商务经营者诚信记录的数据库,强化网商企业的知识产权规范与管理,推动农民网商和电子商务协会开展信息交流及知识分享,为先发地区农村电子商务可持续发展提供保障。

四　创新形式,整合资源,更大程度推动农业现代化发展

一是发展农业预售和个性化定制等新型农村电子商务模式,革新传统农业流通方式。农村电子商务要不断加强"农业预售"和"个性定制"等新型流通方式在农村电子商务销售中的比重。新型农村电商模式采用互联网和社交网络,革新原来的农业生产流程,在农业生产之前,就通过生产者与消费者进行双向互动,为用户提供个性化的农业定制产品,促进双方信息对称,革新传统农业流通方式。

二是发展农业众筹等农村电商新形式,有效整合资源,突破传统农业发展瓶颈。传统农业生产格局难以突破农业升级发展要求中的资金、技术及市场等多方面的发展"瓶颈"。众筹等新型电子商务模式可以有效地进行跨资源整合,社交性聚拢,全方位分享,通过将众筹等创新性和现代化的思维方式与农业相结合,整合社会资源,参与农业育种、农产品流通、生态农场、农业机械、生物肥料、农业科技、农业金融等各环节,通过农业众筹,整合农业生产经营链所需资源,突破传统农业发展"瓶颈",革新农业发展模式。

第八章

中小企业减负对策研究报告

第一节 中小企业负担沉重现状

中国改革开放40多年来，中小企业抓住经济发展机遇期，如雨后春笋般大量涌现。截至2012年年末，中国企业总量5425.87万户，其中，在全国工商登记企业1366.6万户，小微企业（含个体工商户）4059.27万户。中小企业在繁荣经济、吸纳就业、改善民生、推动创新等方面起着不可替代的作用，已经成为市县经济的支柱和中国城镇化的重要支撑；中小企业还在推动市场体制机制建设上发挥了主导作用。2014年2月，张德江副总理在天津调研时指出："发展中小企业不是权宜之计，而是长期的战略任务。"这既是对中小企业发展政策的全新概括，也指明了政府下一个阶段的工作方向。

自2008年经济危机以来，尽管中国中小企业在数量和产值上不断增长，但是，在出口增速上逐年回落；受通货膨胀和人民币升值、工资支出上涨、税费上涨等因素影响，中小企业的生产要素价格全面上涨；加上中国金融结构和中小企业融资结构不匹配等因素所造成的融资难、融资贵等问题，使陷入困境的中小企业数量不断增多。为此，减轻中小企业负担已经由企业呼声变成了社会各界的共识。2012年，国务院将中小企业减负列入了《政府工作报告》。2009—2012年，财政部、国家发改委两次大规模清理收费项目，工信部也下发了《企业减负专项行动方案》。尽管如此，中小企业的负担依然沉重，财政收入增长速度依然远高于经济增长速度和居民收入增长速度。如2009—2010年，全国行政性事业收费总额由 2317 亿元上升到 2996 亿元,增长了 29.3%,远远超过了 GDP 增速。而收费增量负担的很大部分是中小企业。

第二节　中小企业负担沉重原因探析

中国之所以出现一边减负、一边增收的奇怪现象,主要原因如下。

一　财政体制上的原因

目前,减负政策主要由相关部委推动,而中小企业税费是地方收入,在减负问题上存在责权利不对称问题。地方政府若找不到替代财源,或者不能切实降低政府支出,就缺乏减负动力,即使名义上"减"了,也会用其他方式将损失"补"回来。

二　税制设计上的原因

中国的主体税种是增值税、营业税和所得税,其他税费往往与其挂钩。比如,增值税的税基由劳动者工资和利润构成,由于通货膨胀所导致的企业工资支出增加而带动增值税支出增长。又如,"五险一金"大约占工资总额的 42%,企业工资总额增长就会带动"五险一金"费用上涨。

三　存在大量的行政性收费

目前,地方的行政性收费大致可以分为显性收费和隐性收费两类,后者往往搭车于企业商业性支出,如水电煤费支出中。此外,有些还被包装成市场经济的正常收费,比如事业单位的检验、检测项目收费,金融、电力、港口等大型国有企业的各种超过市场正常价格的收费,学会、协会乘年检之机搭车收取的会费等。

四　统计上的原因

例如,政府提高土地拍卖价格,导致中小企业多支付的土地费用是不统计到通货膨胀指数的。再如,执法部门的工作人员以执法之名,向企业"吃拿卡要",对企业也是一项沉重的负担。由于这些支出无法统计为企业负担,因而企业主对负担的感受,远高于统计上的负担。

在中国,中小企业产品是面对市场的,它们很难通过涨价来转嫁相应负担,只能自我消化。一旦消化不了,中小企业就只有停工破产。

第三节 对策与建议

既然支持中小企业发展是中国的一项长期战略，减轻中小企业负担就不能够"避重就轻"，搞形象工程，而是应该采取"釜底抽薪"式的果断措施，切实减轻中小企业负担。我们的建议有以下几点。

一 变结构性减税为普惠性减税

当前，减负政策的重点，从行业看，主要是对科技型、创新型、创业型、劳动密集型中小企业减税；从规模上看，主要是对小微型企业减税。从效果上看，2012年，我们通过对东部某省的企业负担调研，发现享受中央规定的小微企业所得税减半征收的企业还不到同类型企业的4%。可见，这个省"减税政策"的宣传效果远远大于实际效果。如果对某类中小企业减税，而其他不减税，这就会造成市场不公，并且会给地方政府留有很大的操作空间和管理"黑洞"，容易形成新的政企不分，滋生腐败。为此，我们应采取普惠制减税政策，给所有中小企业以喘息之机。

二 积极推动事业单位和垄断性企业的改革

在中国，事业单位是政府政策制定和执行的重要一环，政府把部分提供公共服务的职能和收费权放给了部分事业单位，它们就能依托行政权力收取垄断高价，其结果是政府得的不多，却担了"敛财"之名，这其实是得不偿失。为此，各级政府应按照党的十八大要求，严格实行政企分开，政事分开，积极推动事业单位和垄断性企业改革。此外，我们还应建立国家监察机制，支持媒体曝光那些不执行政企分开、政事分开的地方政府。

三 继续推动费改税

中国目前涉企收费仍高达183项，其中，属于行政事业性收费的131项，基金性的29项、罚款23项。此外，还有一些地方性收费项目。减轻中小企业负担，既要继续减少收费项目，同时也要把那些必需的收费项目以税收的形式确定下来，使其明确化、显性化。同时，在推进费改税过程中，还应该理顺不同层级政府之间的财权和事权的关系，使地方政府有相应的财权来提供有效的公共服务。

四　建立减负跟踪调查机制

通过建立对中小企业的长期跟踪调查机制，了解当前各地区、各类中小企业负担的真实情况，并及时公布结果。通过这种方式，给那些"明减暗增"的地区以相应的压力，促进其将减负政策落到实处。

第九章

加大小微企业税收优惠研究报告

近期中国小微企业生产经营出现"用工贵、用料贵、融资贵、费用贵"与"订单难、转型难、生存难"的"四贵三难"严峻困境，各部门与各地方都在探讨原因与寻求解困路径。本报告提出，加大税收优惠是中国小微企业当前解困的最佳政策选择；实施国家"抓大放小"向"抓大扶小"战略思路转型与体制机制创新是解困的长效之道；只有内外兼治、加速立法、多措并举、综合治理，才有可能破解困境。

第一节 小微企业面临"四贵三难"发展困境

近年来，在复杂严峻的国内外经济形势下，中国广大小微企业生产经营出现了前所未有的困难。根据对6省16市10多个行业113家企业的调查，2012年1—5月，销售持平的占32.7%，减少10%—30%的占26.7%，减少30%以上的占40.6%。其中，销售收入减少的企业，广东占七成，山东占五成，浙江占四成；微利、不盈利、亏损的企业超过30%；半数企业信心不足，61.4%的企业持悲观态度。又据国家统计局对全国3.9万户规模以下工业企业的抽样调查，2012年第一季度，全国小型微型企业经营状况好或者很好的比重只占21.1%，其中微型企业经营状况好或者很好的比重只占18.3%。企业再度出现订单荒，广东、浙江、重庆等地的制造业出口企业订单普遍减少了20%—30%。

我们调查发现，当前小微企业严峻困境的主要特征为"四贵三难"。其中"四贵"是"用工贵、用料贵、融资贵、间接费用贵"；"三难"则是"订单难、转型难、生存难"。"四贵"形成原因一是小微企业劳动力成本持续推高；二是小微企业使用土地、厂房、商铺、原材料、能源、物流价格不断上涨；三是小微企业一般很难从银行贷款，大多数都是从各种微型金融机构和私人贷款，利率高达15%—30%以上。很多小企业主都说，"别说不好贷，就是好贷也不敢贷，贷了款就成了为金融机构白打工"；四是小微企业被强迫缴纳征收各种名目繁多的费用，如第三方专业机构或事业单位前置评估、认证、咨询的费用与各种间接用地、用电等费用等。基于上述"四贵"原因，已使大多数小微企业陷入外需疲软、内需不振，订单锐减；整体利润率不足3%，大多数只能在"零利润或亏损"中维持；小微企业生存备感困难。

我们跟踪调查发现，虽然国家从去年至今已出台了一系列政策减轻小微企业的负担，但其的生产经营困境仍在加剧，这些举措对提振小微企业信心、缓解其暂时困难有一定作用，而要破解小微企业"四贵三难"困境，靠老路子已难以见效，只有通过全局性、战略性创新与深层次体制机制改革，才能寻求解困与持续长效发展之道。

第二节 加大税收优惠是小微企业当前最佳政策选择

一 加大税收优惠是小微企业当前解困政策的"牛鼻子"

从目前来看，中国小微企业税费过重问题较为突出。据世界银行统计，中国小微企业税负过重问题排列全球第97名，大大高于美国、日本、新加坡等发达国家。而2006—2011年中国税收年均增长率高达21.17%（远高于2011年的GDP增长率9.2%和"十一五"期间年均增长率的11.2%），税负过重挤压了小微企业的利润，抑制了小微企业扩大再生产能力和技术研发能力，也导致大量小微企业很难发展起来；然而，原材料、能源、人工、"五金一险"、土地、电力和房屋等价格不断上涨，给小微企业带来的成本压力又具有刚性特点，加之小微企业自身抗风险能力较弱，消化成本空间有限，面临的困难更大。可见，破解中国小微企业当前困境的首要问题是"先保生存，再促发展"、防止多种因素叠加致使其大量"死亡"。这样，我们只有抓住加大对小微企业实施以减免税费为重点的优惠政策，减轻"四贵"带来的冲击，才有可能缓解小微企业当前的生存危机，进而调动社会与民间资本创办与投资小微企业的积极性，促进其转型升级。基于此，我们认为，加大税收优惠是中国小微企业当前解困与促进其未来发展的政策"牛鼻子"。

二 对所有小微企业实施"免三减二"的税收优惠政策

中国大多数创新、创业、劳动密集与所有微利型小微企业，由于资源少、市场力量弱，技术创新、产品研发等往往心有余而力不足，特别是在当前企业经营成本显著上升，国内外需求相对疲软，两头挤压导致企业利润显著下降的严峻经济形势下，它们更易受到冲击，生产经营更加困难。为此，建议学习与借鉴20世纪80年代中国发展个体经济与乡镇企业、90年代发展中外合资企业与外商独资企业、21世纪初叶通过加入WTO引入跨国公司的相关税收优惠，以及近期对农业实施的税收优惠政策经验，对中国这些小微企业五年期间全部实施"免三减二"的税收优惠政策，即现在1—3年免去一切税负，第4—5年实施税负减半的税收优惠政策。鼓励社会和民间资本与各种人才大胆创业，回归实体经济。

三 对小微企业实施综合减税的优惠政策

据世界银行统计报告，国际上小微企业税负平均为20%，而中国小微企业所得税高达25%，增值税17%（需抵扣已交的进项增值税）、营业税5%、城市建设税7%、国家教育费附加3%、地方教育费附加2%，加之其他各种费用，高达40%—50%以上的综合税费。在如此沉重的税费下，小微企业难以伸展发展的张力，更加难以抵御全球经济衰退带来的冲击。近年来，中国实施的小微企业营业税改增值税的结构性减税，确实能使小微企业有所收益，但力度太小，还不能使小微企业因此解困；由于小微企业利润率普遍低于3%，更不能使社会和民间资本与各种人才愿意回归实业。为此，我们建议对全国小微企业实施综合性减税：一是所得税降到10%以下；二是对于小微企业其他所有税负相加的综合税率不能高于5%；三是像农业免除一切税费一样，免除小微企业一切费用，切实减轻小微企业的税费负担，真正实施"放水救鱼"与"放水养鱼"的综合减税的优惠政策。

四 构建适应中国小微企业特点的税收制度

一是应研究针对小微企业实际特点的税收体系，构建税基统一、少税种（简单税）、低税率的税收制度，从制度创新上确保中国小微企业当前解困与促进其未来长效发展；二是建议对小微企业只设所得税与综合税两项税种，并实施两税种税率之和不能超过15%的限额；三是税务部门对小微企业尽量实施低税率的"包税制"，不搞弹性大易于高收税的"核税制"；四是避免企业所得税与个人所得税的重复收税。由于小微企业往往是个人或家族所有，个人所得和企业所得很难厘清，目前的所得税体制还不容易完全避免对以私营为主的小企业重复征税问题。另外，以所得税为主的扶持中小企业税收优惠政策落实过程中也容易产生障碍，因为一些初创性小微企业在开始的2—3年中往往没有所得，还无法享受所得税优惠。同时，由于大部分中小企业受收入规模限制，不具备一般纳税人资格，不能开具增值税专用发票，增加了税收负担。

第三节 实现国家对中小微企业战略思路转型

一 实现由"抓大放小"向"抓大扶小"的根本性转变

长期以来，国家发展企业的战略思路是"抓大放小"，对中小企业政策是不出问题放任自流、出现问题后就各项政策应急化处理；而对大型国有企业从改制上市、减人增效，到资本、能源、主要原材料供应等方面都是给足了政策支持，国家应对国际金融危机的4万亿"一揽子"投资计划，全是投入到大型国有企业，几乎没有惠及中小企业。显然，对中小企业实施"放小"的战略思路是过去为什么对中小企业采取放任不管与时紧时松政策的根本原因。其实，世界主要发达国家对中小企业都是实施"扶小"的战略。特别是从中国社会经济长期持续健康发展的角度看，如果没有中小企业的复苏、稳定与创新，整个中国的社会经济实现复苏、稳定与持续发展是不可能的。因此，国家必须在发展企业的战略思路上实现由"抓大放小"向"抓大扶小"的根本性转变，把小微企业发展纳入国家和地方总体战略，制订科学规划，才能避免再度陷入中小企业不出问题放任自流、出现问题后就各项政策应急化、碎片化与行政化处理的窠臼。

二 成立国家中小企业管理机构，以体制创新落实扶小战略

当前，中国小微企业出现的"四贵三难"问题是在国内外急剧变化的市场环境中产生的新问题和新矛盾。这种状况迫切要求国家在政策

环境、法律制度、市场秩序、财税金融扶持体系等方面做出调整，这必然对于国家政府的管理体制提出更高的变革要求。然而，目前国家中小企业的管理体制却难以完成这一历史使命。现有国家中小企业的管理职能机构分布在多个不同部委：其中农业部乡镇企业局管理乡镇企业、商务部中小企业办公室管理出口型中小企业、科技部管理科技型中小企业，国家工商总局管理个体与私营企业、工信部的中小企业司负责中小企业发展的宏观指导和总体促进工作。这种管理体制格局使工信部及其中小企业司在中小企业宏观管理中处境尴尬：作为一个司局级单位，中小企业司向上无法充分协调比它级别高的发改委、商务部、科技部、财政部、人民银行、税务总局、银监会、证监会等与中小企业发展密切相关的中央部委；向下缺乏有执行力的地方隶属部门。进而加大了政府部门之间的协调成本。尽管国家成立了中小企业领导小组（办公室设在工信部），其领导和成员由各部委领导兼职，起到的是临时性、协调性作用。显然，中小企业的政府管理体制还不能适应小微企业快速发展对于公共服务的巨大需求，更不能担当落实国家"扶小"战略的重要职责。

为此，我们建议尽快成立直属国务院和各级地方政府的中小企业管理委员会（或中小企业局），通过体制创新加强对小微企业的统筹规划、组织领导和政策协调，落实"扶小"战略与政策支持体系。与此同时，各部委也应成立相应专管中小企业的司局，纵向落实该部委"扶小"职能，横向则落实与协调国家（各级）中小企业管理委员会的"扶小"战略与政策；并加快建立小微企业政策评价体系，为指导小微企业政策制定提供科学决策依据。

三 改革地方政府绩效考核指标，提升地方小微企业积极性

如何调动地方政府发展小微企业的积极性，这是落实"扶小"战略的关键因素。基于过去GDP考核中对此问题关注的明显不足，为此，建议改革地方政府绩效考核指标，淡化GDP指标，考核就业率、创新率、环保率三项指标，并与地方政府官员升迁直接挂钩，进而达到推动地方政府发展小微企业的积极性：一是考核地区就业率指标。这项指标必然促使地方政府积极发展小微企业。二是考核地区创新率指标。它包括地方的企业专利数、地方的R&D投入占地方GDP的比重、地方的

R&D 增长占地方 GDP 增长的比重等指标。考核这些指标必然使地方政府积极营造有利于小微企业创业和创新的环境，加大对创新型中小企业的财税金融支持等。三是考核环保率指标。它可以监督和限制地方政府因 GDP 增长而盲目发展污染环境的企业，引导地方政府发展战略性新兴产业，特别是节能环保型相关的小微企业，并积极促进小微企业的优胜劣汰和优化产业分布结构。

第四节　对策与建议

一　内外兼治，推动政府行政职能转型

中国小微企业经营困境是一个系统工程，既要看到近期直接导致小微企业生存困境的短期因素，也要深入分析影响小微企业长远发展的经营环境因素；既需要包括小微企业自身拼搏努力，又需要政府主管部门、行业协会、媒体、大学和研究机构等多方面"协同创新"形成合力：从市场准入、法律、金融、税收、技术创新、知识产权保护、人才培养引进、政府采购、提供公共物品、市场环境培育、规范信用担保机构等关键领域加大改革、营造良好环境、相互配合，采取更为有力的措施。目前政府公共服务平台建设取得了部分成绩，还需要在公共服务提供模式上实现转型。政策措施重点需要从公共服务直接供给方，转向更多依靠需求方面引导措施。例如，借鉴苏州、杭州、深圳、成都等地模式，从发放培训券的直接方式来引导企业培训需求的供给转向更适合小微企业实际需求的服务内容。

二　加快促进中小微企业发展的立法和相关政策的依法行政

首先，加快改进和完善小微企业发展的法律环境。世界发达国家美国、日本以及中国台湾地区等都建立了《中小企业基本法》，而中国至今还没有建立充分确认中小企业在国家经济社会中的基础性和民生性地位的法规，扶持中小企业的法律制度建设有待加强，应该尽快建立中国的《中小企业基本法》。其次，加大依法行政的力度，依据有关促进中小微企业发展的相关法律法规，针对已经出台的政策，组织全面检查，确保落实。另外，国务院、各部委和地方省区市以不同名义出台新的法律法规时，检查与原有"扶小"政策法规的兼容性，避免新增加中小

微企业的成本。

三 核心问题在于加快小微企业转型升级

小微企业发展困难，与其传统的、粗放的增长方式跟不上市场发展紧密相关。破解小微企业经营困难，核心问题在于加快其转型升级：一是小微企业应抓住当前有利时机，加大技术创新、人才培训和市场开拓的力度，通过实施"专精特新"战略，进行产业链整合，提高其资源优化配置能力和市场竞争能力；二是加快培育与转型发展战略性新兴产业相关的小微企业。鉴于目前中国在发展新兴产业方面还存在许多困难，需要有关部门和各级政府围绕市场准入、财税、投融资扶持、技术创新、知识产权保护、人才培养引进、政府采购以及市场环境培育、重点和关键领域改革等方面抓紧制定配套措施和办法的若干实施细则；三是近期也可通过引导小微企业改变商务模式，先降低亏损，保存下来，再寻机会发展。

四 多措并举，综合治理

一是实施"放水救鱼"的政策，减免小微企业的税费负担，确保小微企业在求生存基础上谋发展。二是针对小微企业融资需求特点，大力发展多层次融资服务体系，强化小微企业金融服务，建立健全与小微企业发展相适应的体制机制，通过商业性金融与政策性金融工具相结合，努力缓解小微企业融资难与融资贵问题。三是健全小微企业社会化服务体系，按照市场化、专业化发展方向，大力发展为小微企业服务的各类中介机构，部分公共服务由政府公共财政支出提供。通过创新服务模式，形成多层次的服务体系和"政府扶持中介、中介服务企业"的运行机制，为小微企业提供高质量的管理咨询、技术创新、人才培训和市场开拓等服务。四是针对近几年大量社会资金与人才从实体经济快速流向金融、房地产等平均利润率高的行业，不再搞实业，致使经济泡沫化、虚拟化，产业空心化日趋严重的问题，必须对这些高收益的企业和行业进行税收调节，提高税率，引导资金和人才回归实业。五是应大力放宽对小企业和民营资本的市场准入和政策落实，需要进一步推进市场准入、行政审批等"瓶颈"领域的改革，进一步简化对小企业注册、登记等程序，切实放宽对小企业的市场准入和相关政策的实施。

第十章

推进创建高质量国际海岛旅游免税试验区的研究报告

创建高质量国际海岛旅游免税试验区具有重要意义,特别利用部分先行先试的政策举措加快推进国际海岛免税区的落地和建设,可为中国区域经济成长增加新的增长点。本章内容提出选择浙江普陀岛和海南全岛作为全国试点,并结合实际调研情况提出政策建议。

第一节　建设高质量国际海岛旅游免税试验区的意义

一　有利于促进境外消费回流,启动消费"新引擎"

消费"外流"是中国内需不足特别是消费不足的重要原因之一。2015年中国居民境外消费达1.5万亿元,其中7000亿—8000亿元用于购物,在世界各地免税店购物金额占全球免税店购物总金额的27%,位居全球首位。与此形成对比的是,中国社会消费品零售总额增速逐年回落,从2010年的18.4%降低到2015年的10.7%。中国经济增长动力正从传统的投资拉动、出口拉动向消费拉动转变,建设国际海岛旅游免税试验区,促进海岛旅游、度假旅游与购物旅游结合,有助于吸引中外游客上岛消费,让流失海外的巨大购买力回流。

二　有利于推动"海岛旅游热",扩大沿海开放

中国旅游服务贸易发展的最大问题是"出境旅游热、入境旅游冷"。近年来,中国居民出境游呈爆发式增长,从2005年的5087万人次增加到2015年的1.2亿人次,连续两年居世界首位,其中以海岛为

目的地的旅游约占全部出境游市场的1/4。相对而言，中国入境游增速缓慢。根据国家旅游业统计数据，2005—2015年，中国入境游一直维持在1.2亿—1.3亿人次，入境游人次没有发生显著变化，与增长迅猛的出境游形成了强烈反差。从旅游服务贸易看，自2009年以来，中国旅游服务贸易一直逆差，2013年逆差769亿美元，2014年逆差1079亿美元，2015年逆差上升到1781亿美元。借鉴国际知名海岛开发经验，建设国际海岛旅游免税试验区，打造有国际影响力的海岛旅游带，有利于促进海岛旅游业发展，提高中国海岛的国际知名度，推动中国沿海扩大开放。

三 有利于解决进口商品"价格倒挂"难题，减缓出境"购物游"

《2015年中国旅游统计报告》显示，中国2015年出境旅游购物消费6841亿元，在日本、韩国以及欧美发达国家，人均境外旅游购物超过7000元。近年来，中国80%以上的出境游客将购物作为最主要的目的，主要原因是国内外进口品存在较大价差，加上日本、韩国和欧洲多国实行购物退税政策，致使中国游客"出境游"变成了"购物游"。目前，中国进口消费品特别是奢侈品关税仍在平均30%的高水平，酒类等则高达50%，加上奢侈品进店的流转税，价格比原产地高出许多。创建国际海岛旅游免税试验区，实行"离岛免税"政策，取消部分消费品进口关税及流转税，有利于缩减进口品的国内外价差，减缓出境"购物游"。

第二节 高质量国际海岛旅游免税试验区的最佳选址

建议选择浙江舟山普陀岛和海南全岛建设高质量国际海岛旅游免税试验区，主要有以下几个方面原因。

一 普陀岛和海南岛区位优势明显

普陀岛所属的舟山群岛地处中国东部黄金海岸线与长江黄金水道交汇处，背靠"长三角"广阔经济腹地，是中国东部沿海和长江流域走向世界的主要海上门户，与东北亚及西太平洋一线主力港口釜山、长崎、高雄、我国香港、新加坡等构成一个500海里等距离的扇形海运网络。海南岛地处南海国际要冲，是大西南出海前沿，位于东亚和东南亚的中心位置，内靠珠江三角洲，外邻东南亚国家，靠近东亚与东南亚之间的国际深水航道，既是国际海运必经通道，也是21世纪"海上丝绸之路"规划发展的重要枢纽，拥有沿海、沿边、岛屿等地缘优势。

二 普陀岛和海南岛旅游资源优势明显

在全国12个海岛县中，普陀岛是国家首批5A级旅游景区，拥有两个风景名胜区岱山岛和桃花岛，初步形成朱家尖、桃花、东极、东港等海岛特色休闲度假项目集聚区，是中国海岛旅游的聚焦点、"长三角"海岛旅游目的地、佛教朝拜圣地，名副其实的海上花园城市、海岛宜居城市。海南岛是中国唯一的热带岛屿省份，素有"东方夏威夷"之称，资源丰富多样且组合度好，在较小范围内集中了滨海沙滩、热带雨林、珍稀动植物、火山与溶洞、地热温泉、宜人气候、洁净空气、民族风情等丰富的自然资源和人文资源，是海岛休闲度假旅游胜地。

三 普陀岛和海南岛开放政策优势明显

2013年国务院将舟山群岛新区确定为以海洋经济为主题的国家战略性规划区，标志着舟山群岛新区上升为国家战略。目前，普陀岛正在制定"全景普陀"休闲度假旅游目的地建设行动计划，深度拓宽"全景普陀"目的地发展空间，努力创建国家全域旅游示范区、国家旅游度假区。海南岛是中国最大的经济特区，实行省直管县（市）的行政管理体制，中央赋予了特区立法权，在国际旅游岛建设发展方面给予了一系列先行先试的政策支持，在建设国际海岛旅游免税试验区方面优势明显。

第三节 建设高质量国际海岛旅游免税试验区的建议

建设国际海岛旅游免税试验区的关键在于突破政策障碍，加大政策扶持，放大离岛免税效应，提高海岛国际知名度，打造与巴厘岛、济州岛、马尔代夫等一样的中外游客心仪的世界著名海岛。因此，建议对普陀岛和海南全岛创建国际海岛旅游免税试验区给予政策支持。

一 实施离岛购物免税政策

韩国济州岛、日本冲绳岛等实施离岛购物免税政策后，入岛游客人数快速上升。济州岛离岛免税商品品种共15大类，每人每次免税购物限额 40 万韩元，一年可免税 6 次；冲绳岛每次限购 20 万日元，没有购物次数限制。海南岛尽管在离岛免税方面作了探索，但在免税额度、免税品种等方面仍有不少限制，限购额度低、免税品种少、价格比国外高，难以吸引消费回流。建议借鉴韩国济州岛、日本冲绳岛等开发经验，在免税购物的限次、限值、限量、限品种等方面制定更有吸引力的政策。合理设置离岛免税商品范围和数量，将人均每次消费上限额度定为 3 万元人民币，不设购物次数限制，释放非岛内游客在海岛免税店的购买力。

二 对国外游客购物免（退）税

国外游客在免税店购买国产商品实质上是间接出口，对所购商品实行免税本质上是对国内产品实行出口退税。为吸引更多国外游客购买国产商品，提高国外游客对中国制造的知晓度，进一步开拓海外市场，建议针对国外游客海岛购物设置合理的免（退）税率和免（退）税范围。制定国外游客海岛购物免（退）税商品目录，探索直接在商品价格中扣掉流转税的办法，对国外游客海岛购物实行免（退）税。免税店退税模式可选择大多数国家推行的专业代理公司退税模式，海关及税务部门可委托专业代理公司在机场、港口、车站等出境口岸设立退税点，为国外游客办理退税业务。

三 认证和推广一批"中国精品"

建议由国家质检总局、工信部、商务部等有关部门联合认证，推出一批中国制造精品，向社会公布精品目录。进入普陀岛和海南岛免税店的商品，应严格监管这些商品的原材料来源、制造工艺、质量标准及服务体系。制定中国精品进入免税店的税收支持政策，建设一批"中国精品馆""中国高端消费品展示交易中心""中国制造采购中心"，吸引本土知名品牌入驻海岛免税店，扩大本土品牌产品的消费和出口，打造"中国制造"金字招牌，进一步推动"中国制造""走出去"。

四 加强免税店政策扶持

积极支持免税店网络建设，统筹海岛景点与免税店一体化布局，在景点周边 2 千米半径内设立免税店。与境内外免税大公司合作，发展类型多样、品种丰富的免税店，包括岛内免税店、机场免税店和港口免税店，把海岛旅游与免税购物结合起来，扩大离岛免税效应。在机场、车站、港口建立与免税店相衔接配套的服务系统，大力推进"互联网+免税店"，开设网上销售和服务窗口，实现购买与提货、景点与机场（港站）、岛内与岛外服务的无缝衔接，使离岛购物和免（退）税办理方便快捷。

第二篇

中国高质量发展若干专题问题研究

第十一章

德国制造业高质量发展经验研究报告

制造业尤其是装备制造业是浙江省国民经济发展的重要支柱产业。浙江省的资源禀赋、产业结构、发展模式等与德国极为相似。学习借鉴德国制造业高质量发展的成功经验，探索适合浙江产业结构和特点的制造业发展道路，对于实现浙江省制造业的成功转型升级，整体提升浙江工业的能力和水平，将浙江省打造成为中国制造业强省、世界重要制造业基地，实现高端产业引领和经济可持续发展，具有非常重要的战略意义。

第一节 德国制造业简要发展历程

从西方历史发展角度看，德国属追赶型工业化国家，国家政权强有力地干预经济，主导现代化进程。在西方各国中，德国制造业的发展可谓后来居上，经历了"落后—赶超—再落后—再赶超"的发展历程。

第一次工业革命时，德国以铁路建设为龙头，带动煤炭、钢铁、机械等重工业的高速发展，快速实现了工业化。第二次工业革命期间，德国自然科学的发展和工业生产紧密结合，取得了许多重大成就，推动了生产力的巨大发展，西门子、戴姆勒、奔驰等企业由此成为德国制造业的象征。1895年，德国取代英国，成为世界制造中心。

第二次世界大战后至今，德国制造业经历了三个发展阶段：1945—1966年的恢复发展和重新崛起时期，1966—1990年德国统一前的提升发展和转型升级时期及 1990 年至今的制造业信息化和新一轮发展时期。20 世纪 90 年代初，德国信息技术落后于美国和日本，1991 年开始实施快速赶超战略，制定一系列相关政策，国家通过推动制造业部门部署全球领先的现代制造业发展战略，实施多技术融合发展，综合运用信息管理技术，提高"德国制造"产品的科技含量，降低管理成本。进入 21 世纪以来，德国的制造业技术水平重新领先世界。

第二节 德国发展先进制造业的经验启示

一 以发展先进制造业作为发展国家和地方经济的核心战略

第二次世界大战以来，德国实施"社会市场经济"体制，发挥"有为政府"的作用，开展科学超前规划与政策支持，重点发展实体经济特别是制造业。德国联邦政府站在全球科技发展和产业链高端的角度，选择具有未来潜力的产业、科技和产品，制定赶超战略，通过自主创新，逐步超越竞争者。在制造业的不同发展阶段，根据全球科技和经济发展趋势，适时制定出台不同的发展策略，如 1999 年出台的德国 21 世纪的信息社会行动计划、2010 年出台的德国 2020 高技术战略等，既体现了国家的发展意志，又为制造业的良好发展提供了政策保障。此外，政府特别重视为制造业发展提供公平、开放和竞争的市场环境。

二 以抢占价值链高端作为制造业结构调整和升级的重要导向

一是大力发展高端装备制造业。在机械制造的 31 个部门中，模具制造、数控机床、机械搬运、电力传输设备和印刷技术等 17 个领域都保持世界领先水平。行业始终坚持创新导向，每年用于 R&D 的费用占销售收入的 5% 以上，保证了产品质量性能高、解决问题的专有技术。

二是密切关注全球产业科技发展、把握全球需求动态，适时制定新的发展战略以维持全球高端价值链。针对高端制造业服务化的发展趋势，实施高端制造业相关的知识密集型服务战略。比如终身保修、系统整合和更新服务等策略。德国大型成套设备制造业已经由以制造为中心转向以定向设计制造和全方位营销服务为中心。随着装备工业服务化趋势的发展，许多企业的销售额中全球服务的比重在不断提高，服务对行业毛利润率、营业利润率提高的作用不断增强。

三是着力突破制约产业发展的关键领域，占据全球价值链高端。德国制造业企业在发展构成中，重点关注核心技术、关键零部件、基础材料等工业基础，保持制造业的工业整体质量，获取全球核心竞争力。

三　培育行业内"隐形冠军"，提升制造业全球竞争力

德国制造业的支柱是具有创新活力的中小企业，特别是一大批极具全球竞争力的细分行业内"隐形冠军"。这些企业在几十年到上百年的发展过程中，专注于生产单一的专业化产品，不断提高技术质量，灵活应对市场需求变化，并向全球范围内扩展市场。无论是机械制造、汽车零部件、精细化工、电子电气等制造行业的中小企业，以及新兴的风机制造、生物工程、环境工程等领域，均在本行业内处于全球细分市场的领导地位。以机械制造为例，在印刷机械、卷烟机机械、机场行李托运车、家具五金、自动车顶天窗以及滤水器、气压弹簧、螺丝和螺母等连接件等领域，均是该领域内的"全球冠军"。根据一项研究统计，德国机械制造领域的"隐形冠军"高达1200个以上。

四　依托于国内需求基础之上，促进向全球出口

德国政府始终重视在培育国内需求基础上，实施对外出口战略。以汽车产业为例，拥有8200万人口的德国汽车存有总量高达约5000万辆；德国高端机床首先在本国使用，在不降低本国竞争力的前提下才对外出口。在其他细分的制造业领域，德国制造也多数首先满足国内需求，在此基础上，不断改进质量并出口到全球各地；德国内需占GDP的比重达到56%。德国始终重视通过降低税率，增加个人与企业收入，来提振国内消费需求。在此基础上，德国积极推行开放型经济，将高质量产品向全球出口。尽管德国GDP总量长期以来位居全球第3—5位，但其一直保持全球"出口冠军"的荣誉。出口历来占德国GDP的25%以上，出口拉动了德国经济增长，为德国赚来了巨额外汇。特别是近年来抓住新兴经济体工业快速发展的时机，德国在精密机床、深加工产品和配套技术服务等方面对"金砖国家"的出口比重持续上升。

五　确保有效的人才培养和充足的R&D投入，促进可持续发展

德国制造业保持长盛不衰的全球竞争力，除了得益于德国文化中认真、执着和勤奋的精神之外，也源于德国有效的产业技术人才队伍培养模式、充足的产业R&D资金投入。

德国产业技术人才培养模式和培训体系为其制造业发展奠定了坚实的基础。一方面，在长期发展过程中，德国建立起一套完善的工业技术教育体系，提供了从小学到职业学校、从工艺学院到工程技术大学的人才培养体系，为产业发展提供了大量实用性和高技能人才。另一方面，德国高度重视职业培训，制定了《职工技术培训法》，规定企业有义务为青年技术工人提供技术培训岗位，实施"双轨制"或"双元制"技术培训制度，强制要求从事某种专业技术工作的人员需要同时学习理论知识和以学徒身份参加实践；由联邦政府出资在各州设立跨行业培训中心。

长期以来，德国高度重视"创新立国"，发展制造业也以科技和工艺为本，德国在制造业领域的 R&D 投入高居全球前列。在 2001 年以来十多年中，德国用于 R&D 的费用占销售额比例达到 5.6%。这些研发费用推动德国制造业不断地融合产业发展的最新技术，促使德国企业引领全球市场需求的发展模式，按照用户的订单研发、生产专有性的技术密集型产品，并提供高质量的产品售后服务。持续的 R&D 投入还得益于德国的宏观金融治理体系。德国通过制定相关法律，鼓励德国复兴信贷银行和德国平衡银行两大政策性银行向中小企业放贷，政府设立专项资金资助中小企业参加全球展览会，并针对中小企业实施减免税政策以确保企业有充足的自有资金用于研发。

六　多层次的行业中介服务体系和全球视野的运行规则

一方面，德国的商会和行业协会在推动制造业发展中发挥关键作用；另一方面，中介服务体系遵循全球视野的运行规则。在制造业的标准化战略中，德国有严格的质量认证和监督体系。德国标准化协会（DIN）每年发布上千个行业标准，其中，约 90% 被欧洲及世界各国采用。这些标准从根本上保证了产品质量，也确保了"德国制造"的优势。在推行"国际化"战略中，充分发挥商会和行业协会的重要作用。

七　良好的社会保障体系推动创新收入分配和敬业求精的文化

早在"铁血宰相"俾斯麦时期，德国就建立了良好的社会保障体系，长期以来，不断完善科研、教育和社会发展的公共治理机制，稳健的金融治理体系、稳定的社会体系和立法体系，形成推动创新的收入分配的政策体系，激发全社会从事创新活动。这些社会公共机制的建立，不仅为德国社会独特的敬业精神、精益求精提供了良好的保障基础，而且也鼓励企业、政府和全社会上下重视并形成了以创新为导向的社会文化。

第三节 基于全球制造业比较的浙江制造业现状

一 浙江制造业的发展简史和现状

浙江制造业的发展经历了三个阶段，即起步阶段（1960—1990年）、快速发展阶段（1990—2005年）和整合发展阶段（2005年至今）。目前，浙江已成为全国重要的制造业基地。到2010年年底，浙江省形成了具有显著区域特征的56个县域"板块经济"，规模以上企业数量居全国第一；在中国制造业500强中，浙江省占67家，居全国第一；在532种主要工业产品中，浙江有56种产量居全国第一。装备制造业方面，浙江在装备制造业七大类中有四大类总产值占全国的比重超过10%；泵、阀、风机、轴承、环保设备、仪器仪表制造的产量比重居全国第一。

二 全球视角下浙江制造业与德国的比较分析

浙江制造业GDP占比和德国相当，发展战略均立足发展中小实体经济。但是，浙江制造业大而不强，2011年，行业人均劳动生产率仅相当于德国的1/20。归纳而言，浙江制造业具有以下特征。

（一）从产业结构看，浙江制造业具有"轻、小、散"特征

第一，相对于德国重工业优势明显，而浙江省以轻、小工业体系为主体，制造业结构仍然以偏轻工为主，表现为装备制造在制造业中的比重不到30%，德国为46.4%。

第二，浙江制造业企业以小微企业为主，全球影响力较小；德国各制造业细分领域的企业拥有数以千计的"全球隐形冠军"。

第三，相对于德国制造业集群而言，浙江制造业"板块经济"之间协作较散，产学研协同创新效应、地理空间集聚效应不够明显。

（二）从全球价值链看，浙江制造业具有同质性、粗犷化特征

相对于普遍采取"专、精、特、新"战略的德国制造业企业而言，浙江制造业，一是中小企业产业层次较低，多从事劳动力密集产业，缺

乏将多种新兴技术融合和整合创新的发展战略,如现代装备制造业、新兴的生物、纳米新材料等制造技术发展相对滞后;二是同质性竞争严重,普遍采取低成本和模仿创新战略;三是粗放型经营,缺少全球行业内知名品牌。从全球制造业价值链角度看,浙江制造业处于"微笑曲线"中的下游,产业附加值较低。尤其缺乏具有全球市场定价权的优势中小企业。

(三)从区域创新系统角度看,浙江制造业创新要素集聚不明显

首先,创新主体的研发投入有待提高,企业素质总体不高,缺乏核心竞争力。技术积累较少,相较于德国制造业 100 多年的技术积累,浙江制造业的技术积累仅 30 年左右;R&D 投入低,2011 年,浙江 R&D 经费相当于 GDP 的比例为 1.92%,远远低于德国的 3.0%。浙江省制造业目前仍主要以模仿为主,技术研发力量较薄弱,创新体系有待加强与完善。

其次,高端生产要素聚集程度不明显,浙江高端制造业人才积累缺乏,高端技术人才和技工队伍尤其缺乏;相对于房地产、金融等高利润行业,投资于高端制造业的资本相对有限。相比之下,德国具有雄厚的制造技术人才优势,可以说是一个"工程师的国度",德国稳健的金融体系为制造业创新和发展提供了良好的资金支持。

最后,浙江促进高端制造业发展的商会、行业协会和其他中介机构贡献有限,有待进一步理顺相关关系,充分发挥不同层次中介体系的功能。

第四节 对策与建议

(1)瞄准全球产业科技发展高端前沿和社会重大需求,前瞻性地制定浙江省高端制造业中长期发展战略和实施路径。在全球制造业演化发展过程中,先后经历了制造和电气化融合的"机电一体化"和"自动化"、制造技术和信息技术融合的"信息化"、制造业"服务化"和"绿色化"等发展过程。进入 21 世纪以来,特别是 2008 年国际金融危机爆发以来,世界各国纷纷出台了振兴实体经济的举措,并超前制定了面向未来产业制高点的"战略性新兴产业"各种政策和扶持措施。同

时，当前和未来全球社会需求显现出一些新的特征，如人口老龄化、应对气候变化、全球性问题等对未来全球制造业发展都提出了新的要求。浙江省制造业发展在近十年来取得了长足发展，在新时期，应该立足于全球产业科技发展高端前沿和全球重大需求，建议尽快制定出台《面向2020年的浙江省高端制造业中期发展规划》和《面向2030年的浙江省高端制造业长期发展规划》，前瞻性地制定浙江省高端制造业中长期发展战略和实施路径，为浙江省制造业长期可持续发展和抢占全球制高点提供战略指导。

（2）发挥"有为政府"在"协同创新"中的引导作用，实施重点攻关战略，着力突破浙江省高端制造产业的关键领域。积极发挥政府在推动产业发展中的关键引导作用，有所作为、有所不为。一方面，由省委、省政府出台浙江省先进制造业发展战略，确定高端制造业和战略性新兴产业在浙江省经济发展中的战略性地位和作用，建立促进制造业发展的长效机制；健全完善产业发展扶持政策。另一方面，积极发挥政府在"协同创新"战略中的引领作用，依托国家和浙江省重大科技专项、重点工程、重点项目和国际交流合作，重点针对高端制造业发展的核心技术、关键部件、基础材料和系统集成能力等进行攻关突破，解决阻碍浙江省高端制造业发展的"瓶颈"问题；切实构建以企业为主导的产业技术研发体系，解决官产学研等创新主体的协同创新，提高浙江省高端制造业的原始创新能力。

（3）根据产业现有基础，分门别类地出台细分领域产业扶持发展政策，培育少数具有全球竞争力的大企业和一批潜在的"隐形冠军"。在进一步摸底调查浙江省现有制造业体系基础上，确定不同产业在全球和全国的地位，分析其与全球领先水平的差距及其原因。在此基础上，根据细分产业发展基础，有针对性地出台细分行业领域的扶持政策。

针对传统制造业转型升级，结合国家十大产业振兴计划，重点在支撑产业发展关键领域的精密机床、深加工产品和配套技术支持服务领域进行突破。通过组织上下游企业和科研院所联合攻关、"走出去"海外并购发达国家的相关企业等方式，提高产业的全球竞争力。重点促进浙江省具有相对优势的空分设备、工业汽轮机、余热锅炉、除尘脱硫等成套设备的设计、制造及集成能力；积极发展新型纺织机械、轻工塑料机械、汽车关键零部件、船舶制造、数控机床、仪器仪表、电气机械等产品，积极发展量大面广和市场急需的专用生产设备。鼓励通过市场并购等方式，在相对成熟的传统制造业领域培育几个具有全球竞争力的现代制造企业。

对接国家培育战略性新兴产业的总体战略，结合浙江省战略性新兴产业基础，积极拓展技术新兴的、具有良好市场前景的产业领域，结合《战略性新兴产业"十二五"发展规划》，重点发展高效节能、新能源关键设备、环保设备、核电、轨道交通等领域的设备及关键部件，努力培育装备制造业发展的新优势。推动浙江省形成新的"板块经济"，培育一大批具有"专、精、特、新"的战略性新兴产业领域潜在"隐形冠军"。

（4）鼓励支持企业"走出去"获取全球市场和先进技术，结合"引进来"政策，推进浙江省制造业在国际化过程中培育全球竞争优势。一要鼓励和支持浙江省制造业企业充分探索全球合作新模式，融入全球制造业产业链，并通过海外并购、全球联合研发等模式，支持企业培育全球创新能力和国际化品牌，提升在全球价值链中的位置。二要深入分析制造业"走出去"市场和信息服务，支撑浙江省制造业产品在海外拓展市场。三要实施"引进来"战略，鼓励全球著名制造企业和科研机构在浙江省设立研发机构，开展重大技术联合研发和创新。

（5）营造良好的产业发展环境，推行综合扶持政策，发挥中介机构的重要作用。制定和完善浙江省发展高端装备制造业法律法规体系，制定相关的扶持政策，营造良好的产业发展环境。调整重大技术装备的进口关税结构来促进国外先进技术的转让和重大装备的国产化进程，制定鼓励企业优先订购和使用国产重大技术装备的政策，省财政在年度投资安排中设立高端装备制造业专项资金，对重大技术装备研发、技术改造项目和重点企业给予扶持。积极推动银企合作，促进金融机构对装备制造业企业的信贷支持。鼓励和支持有条件的高端装备制造业企业通过发行股票、债券等直接融资方式筹集资金。落实税收优惠政策，引导企业加大研发投入。规范行业协会、商会和相关中介机构的发展模式，由政府和企业联合出资引导中介机构，探讨中介结构服务高端制造业国际化发展的新模式，发挥其在行业发展的重要作用。

（6）推动人才培育和培训模式创新，为浙江省制造业可持续发展提供高端生产要素基础。推动浙江省高端制造业可持续发展的要素投入环境建设。一是推动浙江省高端制造业人才培育模式，依托"协同创新"指导思想和国家"2011计划"推动人才培育模式，重视创新和实践型人才培育；由政府在各地市建立培训中心，发放免费培训券，鼓励企业新员工接受专业培训以提高专业技能。二是通过税费减免、引导基金等政策，引导社会资本投向高端制造业，并向不合理高利润的非实体经济征收较高税收，引导资本回归实体经济。三是加强营造鼓励创新创业、敬业敬岗、精益求精的社会文化，形成推动创新的收入分配政策体系，激发全社会从事创新活动的热情。

第十二章

借鉴日本化解两链风险经验振兴中小实体经济研究报告

近年来,浙江省部分企业资金链、担保链"两链"风险交叉传染,企业连环倒闭,这严重影响到区域中小实体经济振兴与社会和谐发展。这是中国经济发展现阶段伴随结构调整和转型升级出现的"阵痛现象"。这种现象在发达国家大都经历过。特别是在产业构造调整方面与中国有诸多类似性的日本,其采取的一些有效化解企业风险的应对措施,值得我们借鉴。本报告通过国内外大量调研和深入分析,针对当前捆绑浙江区域中小实体经济发展的"两链"隐患,提出了"以防为主、疏堵结合、分类化解、精准管控"的对策建议。

第一节 当前中小企业"两链"风险成因和主要问题

受宏观经济下行、市场需求不足、企业内生增长乏力等多重因素叠加影响,当前浙江省中小企业"两链"风险居高不下。出险主因体现在以下三个方面。

一 企业成本压力持续加大,长期盈利能力走低

调研显示,2016年浙江省规模以下工业企业面临的突出问题中,用工成本上升快和原材料成本高居前两位。目前结构性技术用工短缺,劳动力成本上涨呈常态化趋势。原材料价格大幅回升进一步挤压了企业利润。2016年全省规模以下工业企业亏损面近20%,长期盈利能力低下。大部分中小企业利用高杠杆扩大投资,长期盈利能力持续走低,资

金链日趋脆弱。部分企业仍通过互保联保多元扩张，因负债率过高而导致资金链出险。一些担保企业为抱团互助决策随意，因隐形负债过高而承担代偿风险。

二 金融"脱实向虚"，企业融资负担加重

调研显示，银行表外业务增加，向中小实体企业提供融资的意愿下降，新增贷款主要流向房地产等行业，民营企业"融资难、融资贵"现象更加严重。银行业金融机构过于强调抵押担保，对一些目标客户降低门槛过度授信，助长了部分企业向房地产项目等过度投资。当事企业资金链出险后，往往多家银行相继抽贷，从而使风险向担保链传递扩散。近两年来，央行多次降息降准使融资成本有所降低，但因资金供需传导渠道不畅，"融资难、融资贵"问题仍未得到根本缓解，金融信用风险压力仍持续增大。

三 政策方面缺乏预防"两链"风险的长效机制

近几年来，浙江省委、省政府高度重视"两链"风险问题，各地各部门采取诸多积极应对措施，有效遏制了区域性风险传染蔓延，但总体上还未确立彻底防范和化解"两链"风险的长效机制。目前，浙江中小企业仍主要集中在制造业和批发零售业，产能过剩问题突出。受土地、劳动力、环境等要素制约，浙江企业正加速外迁，"去浙江化""去制造业化""去实体化"的趋势开始显现。如果不采取更为有效的风险管控对策，就会加重浙江产业"空心化"，进而带来更大的"两链"风险隐患，这种潜在风险对区域中小实体经济的影响需要密切关注。

当前浙江"两链"问题对中小实体经济的影响主要有三方面：一是"一损俱损"。"两链"风险暴露后，涉险企业往往无法签约接单，无法正常安排生产。特别是进入司法处置后，涉险企业疲于应对各种纠纷，无力谋划再生发展，容易导致"一损俱损"。二是"二次死亡"。陷入"两链"问题的企业难以申请贷款。特别是破产重整的企业，旧有企业不良记录"拖累"新生企业的信用等级，最终因企业信用难以修复而造成企业"二次死亡"。三是"三差两错"。当前浙江"两链"问题企业既涉及因"两链"断裂而明显存在很大融资风险的企业，也涉及因银行抽贷断贷等导致流动性缺乏的企业，还包括部分主营业务良

好但受互保联保牵连的龙头企业。随着"两链"风险逐渐向规上、限上企业及优质企业扩散，有的地方将被银行抽贷的企业都视为"僵尸企业"来处置，这样"三差两错"造成"该倒的没倒，不该倒的倒了"的乱象。针对上述突出问题，如何有效"解圈断链"，需要进一步借鉴国外相关经验，并探索浙江"两链"风险防控新机制。

第二节 日本防范化解中小企业"两链"风险的经验

日本在20世纪80年代后期至21世纪初期，随着产业结构高度化的进展，同样出现过"两链"问题频发、大量中小企业连环倒闭现象。但近十年企业倒闭破产件数连续下降。课题组调研分析认为，这得益于日本长期以来建立的企业经营风险防范、化解和管控的长效机制。

一 有效预防风险

（一）实施中小企业诊断制度，识别管控风险源

具体通过全国商工会议所和各地商工联合会设置"经营安定特别相谈室"，主要聘请中小企业诊断师向中小企业主提供生产经营及投融资管理等全方位的诊断咨询指导。目前，日本全国设有企业诊断咨询室300多所，共有中小企业诊断师近1万名，每年接受企业诊断咨询数十万件。企业诊断过程中，不仅是财务指标评价，同时更重视企业的事业性评价与创新价值评价。对于"两链"风险，具体通过金融调解、订单合同调解、经营事业转换、债权人支援及改进管理、改进理财等诊断指导，使许多风险源企业强化了资金链和担保链，有效规避了企业连环倒闭风险。

（二）推进中小企业信息化建设，解决信息不对称问题

日本从20世纪80年代开始将计算机信息技术广泛应用于中小企业经营管理。2000年以后实施《中小企业IT推进计划》，普及自动化管理和电子商务。中小企业信息化管理所需的设备资金及流动资金，通过政策金融公库按特惠利率融资。中小企业IT应用和管理人才主要通过国家设立的"中小机构"和"中小企业大学校"组织专业培训。中小企业通过IT平台及时获得政策信息、融资担保信息及行业信息等，政府和金融机构也通过IT平台把握相关企业、行业及区域的大数据，一

旦发现企业"两链"风险，即可及早应对，防患于未然。

（三）强化中小企业与大企业的协同关系，抱团防范风险

日本中小企业和大企业之间多存在垂直分工关系，通过"下包制度"和相互持股机制形成了以大企业为主导的长期协作网络。在这种机制下，当下包的中小企业资金链出险时，大企业通常都能及时提供资金援助或信用担保。同样，当大企业资金链或担保链出现问题时，处于同一系列的中小企业也会及时提供协助，抱团防范风险的传递扩散。

二 分类化解风险

据调研分析，日本中小企业倒闭的原因，有连环倒闭、销售不振、盲目经营、管理不善等多方面原因，但共通主因仍多为"两链"断裂所致。日本在应对处置风险的过程中，针对不同风险类别采取了不同对策。

（一）针对企业连环倒闭风险，实施防倒共济基金制度

20世纪70年代前半期，受产业结构调整和石油危机影响，日本出现大量中小企业连锁倒闭。以此为契机，1977年日本建立了防止中小企业倒闭共济基金制度。该制度规定开业1年以上都可自愿申请加入，只要连续6个月以上认缴5000至20万日元的共济保险金，在"两链"出险时，就可申请获得累计最高8000万日元、最长可7年偿还的无担保无息贷款。该制度明确规定恶意逃债"跑路"的企业主无资格申请共济金。

（二）针对小微企业的经营困境，实施停业保险金制度

为应对小微企业倒闭、个体经营者年老停业问题，日本从1965年起即实施了专门适用于小企业的共济保险制度。根据该制度，小规模企业经营者及高级职员每月可自愿交纳共济保险费500—7000日元，免征所得税，企业主在停业退休后按每月交纳的保险费计算发放退休金，帮助小企业平稳关闭。目前，日本约有150万小企业主加入该项制度。

（三）针对突发灾害事故等，实施中小企业特别贷款制度

为了防范地震、台风等突发性自然灾害和重大事故、全国性行业恶化及银行倒闭等引起的中小企业"两链"风险，政府实施"经营安全网贷款制度"和"景气对策紧急担保制度"，具体通过政策金融公库设立特别预算发放低息贷款，通过全国信用保证协会扩充企业信用，促进民间金融机构及时放贷。

（四）针对行业龙头企业，实施重点专项贷款制度

通过政策金融公库等实施重点专项贷款强化行业龙头企业资金链，帮助龙头企业缓解因经营暂时恶化、金融环境恶化带来的资金周转困难；设立龙头企业再创业专项贷款，防范发生因龙头企业倒闭而引起的连环倒闭。

三　立法管控风险

日本每设立一个中小企业管理或服务机构、每实施一项制度都有立法保驾护航。20世纪60年代以来，日本先后颁布了《中小企业基本法》《小规模企业共济法》《中小企业倒产防止共济法》《中小企业现代化资金助成法》《中小企业振兴事业团法》《中小企业金融公库法》《中小企业信用保险公库法》《信用保证协会法》《中小企业金融支援金融延期偿付法》等30多部为中小企业提供贷款或信用担保的专门法律。基于这些法律，日本政府100%出资先后建立了中小企业金融公库、国民金融金库、商工组合金融公库等中小企业政策性金融机构，并在2008年整合组建了日本政策金融公库，为中小企业提供低于市场2—3个百分点的较长期低息贷款。同时，还设立全国中小企业信用保证协会和中小企业信用公库，为中小企业从民间银行贷款提供信用担保。这些长效机制有效防范和化解了大规模企业连环倒闭风险。

第三节　对策与建议

当前浙江企业"两链"风险成为捆绑浙江中小实体经济发展的制约瓶颈。借鉴上述日本的相关经验，建议浙江按照"以防为主、疏堵结合、分类化解、精准管控"的方针，加大防治介入力度，排查"两链"风险源，阻断风险传导节点，分类处置管控风险，确保浙江中小企业健康持续发展。为此，具体提出以下三点对策建议。

一　以防为主，创新机制有效防控风险

一是建立防止中小企业连环倒闭互助基金制度。建议在总结温州金改试点、杭州转贷基金等经验的基础上，灵活有效运用国家中小企业发展专项资金，建立由政府和企业共同出资的防止中小企业连环倒闭互助

基金制度，本着"自愿加入、有偿应急、专款专用"的原则，帮助企业无缝转贷，为企业贷款风险兜底。二是充实政策性担保机构。完善现行担保制度，规范连带责任担保方式，明确代偿责任及条件，从源头防止过度互保联保。加大对政策性担保机构和再担保机构的支持力度，帮助企业增信转贷还贷。三是建立中小企业诊断制度。借鉴日本"中小企业诊断士"的做法，建议在浙江率先试点建立中国中小企业诊断师培养制度。在企业出现"两链"问题时，通过中小企业诊断士事前、事中与事后的持续援助，能够精准管控风险。四是建立中小企业景气动态监测和风险预警机制。重点监测涉险企业的用地、用电、用工、产值、信贷等动态情况。跟踪排查涉及快速多元扩张、高负债运行、高息融资、跨国转移资金的企业及产能过剩行业等风险源。建立涉险企业名单制度，高度关注欠薪、欠税、欠息、欠费企业、"僵尸企业"、逃废债企业及"跑路"失信企业。特别重视涉贷欠息金额高的企业、地区及相关机构，防范发生区域性、系统性金融风险。

二 疏堵结合，创新思维阻断风险传导路径

一是因势利导，以疏代堵。支持资产管理公司打包处置不良资产。加快去担保化，及时处置闲置资产，推动土地、厂房等分割流转，扩大抵押质押范围，鼓励对效益好、信用好的企业减少担保贷款，直接授信。引导涉险企业回归主业，防止"脱实向虚"。二是以"堵"治险，支持发展非银金融。积极发挥基金小镇和民间金融的作用，促进股权融资，支持金融机构去杠杆化。在信贷管理上，探索跨行授信总额联合管理，防止贷款限期错配、多头及过多授信。三是疏堵结合，支持盘活资产。通过用地分割方式处置"两链"风险，鼓励推进债转股。支持优质企业对涉险企业的兼并重组。加强对银行业金融机构贷款的分类指导和检查，减少风险认定及传导过程中不合理的人为因素。

三 分类处置，创新模式妥善化解风险

当前，浙江"两链"问题企业涉及部分行业龙头企业（A类），更多是涉及因银行抽贷、压贷或互保联保牵连而导致流动性缺乏的企业（B类）及产能过剩、存在较大融资风险的企业（C类）。建议在化解风险的过程中采取"重点扶持、重组整合、依法破产"的分类处置原则，妥善化解风险。一是对于"不该倒的企业"加大扶持救治力度。

A、B 类涉险企业中，对于暂时资金链紧张，但主业经营尚好、产品有销路、有发展潜力的龙头企业，政府应基于事业性评价机制加大重点扶持力度；银行应延缓起诉和查封，允许企业分期付款。而对于过度融资、杠杆率高引发风险的企业，政府应及早介入，加大救助力度，支持重组整合。二是对于"该倒的企业"依法破产倒闭。对于 C 类涉险企业，交由市场优胜劣汰。特别是"僵尸企业"，加快依法破产重整的进度；对于恶意逃废债等"假倒闭"企业，建议加强涉事企业产权登记、变更、抵押等事项的监管，强化依法打击的力度，切实保护银行机构、担保企业及关联企业的合法权益。三是对于非理性抽贷的银行，强化自律管理。调整完善银行考核机制，建立主办银行牵头的会商帮扶机制，对企业授信额度进行有效管理。银行对担保企业、参与重组企业不抽贷不压贷，在新增信贷规模、存贷比例、不良贷款核销等方面给予支持，从而为振兴浙江区域中小实体经济构建良好的金融生态环境。

第十三章

对标东京湾区，将杭州湾大湾区建成现代化先行区的研究报告

杭州湾大湾区建设是牵引"长三角更高质量一体化"发展的"牛鼻子"。2018年5月初，习近平总书记在《关于推动长三角地区一体化发展有关情况的报告》上做出重要指示，"上海要进一步发挥龙头带动作用，苏浙皖各扬所长"，为杭州湾大湾区建设和新时代长三角更高质量一体化发展指明了方向。5月28日，浙江省政府公布《浙江省大湾区建设行动计划》，提出环杭州湾大湾区建设的总体布局是"一环、一带、一通道"，重点是构筑"一港、两极、三廊、四新区"的空间格局，并从微观层面制定了产业发展及大平台建设计划。进而，6月1日，长三角地区沪苏浙皖主要领导座谈会讨论并同意《长三角一体化发展三年行动计划》(2018—2020)，提出到2020年，基本形成经济充满活力、创新能力跃升、空间利用高效、高端人才汇聚、资源流动畅通、安全美丽共享的世界级城市群框架，力争在促进区域协调发展、构筑现代化经济体系方面走在全国前列。

根据现有诸多研究，杭州湾大湾区兼具战略交汇、天下浙商、第一大港、货畅四海、电子商务、平台集成、体制先发、文化底蕴八大优势，完全能够建设成为中国大湾区和世界级湾区。但也面临产业层次低、区域一体化程度低、交通与基础设施不完备、生态环境压力大等短板弱项。如何客观认识现有基础与条件，如何精准定位、合理布局、有序建设，对标发展环境、可比性强的日本东京湾大湾区，深刻分析其创新聚集与辐射引领的发展经验，同时吸取相关教训，当前对于实施杭州

湾大湾区建设总体规划及行动计划，具有重要参考借鉴意义。

第一节　东京湾区演进发展的历史经验

东京湾大湾区从19世纪60年代明治维新大力建设开始至今已有150余年的历史，大致经历了"港口经济—工业经济—服务经济—创新经济"四个发展阶段。分析其驱动力，既有日本政府的引导推动，也有工业化、城市一体化进程的拉动。现在聚集了日本近1/3的人口、2/3的经济总量、3/4的工业产值，成为国际金融中心、交通中心、商贸中心和消费中心，是"纽约+华盛顿+硅谷+底特律"型的集多种功能于一身的世界大都会。从区位特征、产业结构演进趋势及规模体量上来看，东京湾区与杭州湾大湾区具有较强的可比性。其在经济发展和创新演进方面的先行经验，可供杭州湾大湾区建设参考借鉴。

一　循序渐进的"工业分散"战略

东京湾区是典型的"工业大都会"，其优势在于庞大的产业集群。1950年以前是港口经济阶段，湾区主要依托横滨港、东京港、千叶港等自身船运商贸和临港城市的货物加工、物流等小微企业而存在，逐渐形成京滨、京叶两大工业区并实现初级工业化。20世纪60年代到70年代中期日本经济高速发展时期，京滨、京叶两大工业区进入钢铁、石油化工、装备制造等重化工业及向外扩散阶段，机械、电器等一般制造业逐渐从东京中心城区迁移至横滨市、川崎市等外围地区；20世纪80年代以后，东京中心城区重点布局高附加值、高成长性的服务行业、奢侈品生产行业及出版印刷业等；到20世纪90年代，东京湾区进入知识技术密集型的创新经济阶段，中心城区进一步重点布局对外贸易、金融服务、精密机械、游戏动漫和高新技术等高端产业及现代服务业，并以人口与产业为中心，从河岸港口核心城市扩散到全湾区乃至日本整个本岛。这种错位发展，既解决了东京大都市的过度膨胀问题，又促进了湾区"多心多核"的均衡发展。

二　港城协调的区域一体化机制

环东京湾六大港口首尾相连形成马蹄形港口城市群，为国土交通省等政府职能部门制定实施东京大湾区港城协调与区域一体化政策措施奠定了良好的自然地理条件。在这种环境下长期形成的开放、包容、合作的海洋文化为区域一体化奠定了共通的心理基础与良好的营商环境。面对分属不同行政区划的城市竞争，日本主要通过制定区域规划，成立城市群协调机构，最终通过立法确保国家利益和地方自主权。为了切实有效发挥宏观调控作用，日本政府先后制定实施了《港湾法》（1950年）、《首都圈整备法》（1956年）、《首都圈市街地开发区域整备法》（1958年）及《多极分散型国土形成促进法》（1986年）等，以建成东京大湾区内互联互通的陆海空立体交通网为先导，以同城化带动区域一体化，再充分发挥市场作用，结合培育互利共赢的区域产业价值链，将对内竞争转向抱团对外竞争，最终使东京湾区发展成为港城协调的世界级大湾区。

三　聚集开放的创新生态体系

聚集在东京湾区的创新企业及服务机构、高校院所构建了强大的创新生态体系。2016年东京湾区有东芝、三菱、丰田、索尼等全球创新企业（机构）19家。2017年东京位居全球区域创新水平第一位，东京湾区世界500强企业38家，占世界五大湾区（东京湾区、旧金山湾区、纽约湾区、粤港澳大湾区及杭州湾区）世界500强企业总数的39%。仅东京都就聚集了全日本120所大学的1/5以上和大学教员的30%，聚集了全日本近500所民间研究机构的1/4和600多家顶级技术型企业的一半，聚集了日本几乎所有的大型跨国银行、保险、证券、期货等金融机构总部。各类高端平台资源聚集东京湾区，共同构成了开放的创新生态体系，并使创新绩效外溢全日本乃至全球。

四　有法可依的生态保护机制

拥海、抱湾、连河的东京湾自然资源禀赋优越。多摩川、鹤见川、江户川及荒川等丰富的淡水资源及国际一流的海湾生态圈，为东京湾大湾区提供了宜居、宜业、宜游的优质环境条件。在此基础上，日本政府通过制定实施《公共水域水质保护法》（1958年）、《工厂排水控制法》（1958年）、《首都圈建成区限制工业等相关法律》（1959年）、《首都圈近郊绿地保护法》（1966年）、《防止公害基本对策法》（1967年）、《水污染防治法》（1970年）、《自然环境保护基本法》（1972年）、《环境基本法》（1993年）等多部法律法规，不断优化湾区空间布局，完善科学发展规划，重点控制工业排污，减轻了工业过度集中带来的诸多环境问题。

第二节 东京湾区建设历程中的主要教训

除了上述经验之外，东京湾区在建设发展过程中出现过的"一极集中"、产业公害及大规模的填海造地等带来的"负面遗产"和教训也值得我们深思汲取。

一 "大城市病"及区域产业"空心化"

第二次世界大战后，日本的工业化、城市化快速发展，大批资本、人口、企业涌向东京湾区。特别是政治、经济、文化、社会资源和生产活动等过度集中于东京都，引起大城市生活环境恶化、基础设施不足、生活品质下降、防灾机能脆弱，同时也带来迁出地区的高龄化、少子化及区域产业"空心化"。多年来，尽管日本政府持续实施工业分散、行政机构外迁、"返乡纳税""地方创生补助"等举措，但因人口及产业的东京一极集中度太高，东京湾区与日本其他区域的经济社会发展差距仍有增无减，特别是北海道、东北地区等人口主要流出地的产业振兴任重道远。

二 临港城市产业公害污染"后遗症"

东京湾区港口及临港工业区钢铁、化工、装备制造及船舶工业等工厂排放的废水、废气和固体废弃物，长期污染当地环境，使湾区大气遭受污染，海水水质超标变坏，赤潮频繁发生，海洋生物资源退化，传统海洋水产业面临危机。同时，城市型集中降雨、风暴潮等时有发生。为此，2000年日本政府相关职能部门连同东京都和湾区各县市及相关研究机构组织了"东京湾再生推进会议"，旨在通过"官产学研"协同应对工业污染及公害问题。但"先污染、后治理"成本巨大，收效甚微。

三 大规模填海造田造地带来的环境破坏

第二次世界大战后日本经济高速发展，东京一带地价飞涨，填海造陆造地工程以前所未有的规模进行，环东京湾各港口、城市临海工业区、大工厂、东京羽田国际机场、迪士尼乐园等都在填海土地上建设。东京湾区迄今大规模的填海造地，对湾区自然生态环境的破坏带来多方面的不利影响，特别是海水纳潮量减少，海水自净能力减弱，临海生物生存环境恶化，这些都难以在短期内得到恢复和改善。时至今日，东京湾区的开发与保护每天还在路上。

第三节 杭州湾大湾区建设现代化先行区的对策建议

杭州湾大湾区位于长三角金南翼，连接陆上丝绸之路和海上丝绸之路，腹地为中国中部宽广的长江经济带。浙江省积极谋划实施杭州湾大湾区战略，有利于主动呼应国家战略，接轨"一带一路"；有利于主动应对全球竞争新格局，抢抓创新发展制高点；有利于促进区域经济转型升级与企业发展，强力打造中国经济新的增长极与动力源。借鉴东京湾区经济发展的经验教训，本章对谋划杭州湾大湾区建设现代化先行区提出以下五点建议。

一 引导产业有序迁移跃升，建设世界级现代化产业先行区

首先，港城产业错位发展，实现优势特色互补。建议结合长三角经济带产业发展趋势，统筹规划大湾区内的海陆、港城产业布局和功能分工。建议浙江省积极参与上海市重点发展现代金融服务业和总部经济；杭州、义乌重点建设以电子商务和智慧物流为特色的全球新零售商贸中心和互联网创新中心；宁波重点打造以智能制造为特色的先进制造产业生态圈和大宗商品贸易中心；台州、温州重点促进港城互动发展，建设以健康医药、高端装备、清洁能源、交通设备、现代物流为主导产业的现代化临港工业区；象山港、三门湾、乐清湾重点处理好生态保护与开发的关系，促进"旅游+"、新能源、新材料、游艇制造等产业协调发展。

其次，合理有序引导低层次产业迁移跃升与提质增效。未来3—5年内，建议杭州湾大湾区重点打造以数字产业、科技金融为核心的"新经济引擎"。为此，建议对重大产业平台内的园区进行基础设施集约化、循环化、生态化改造；加快传统产业园区转型升级，引导产业发展平台和园区依次向全球产业价值链高端迈进，争取在5—10年内把杭州湾大湾区建成世界级现代化产业先行区。

二 强化创新集聚与辐射扩散，打造具有国际竞争力的创新极

首先，强化高端平台创新资源集聚的规模效应。杭州湾大湾区拥有创新人才、科创中心及国家实验室等高端平台的创新资源聚集优势。为此，建议加快整合大湾区人才政策，推进国家级人才特区、海外高层次人才技术移民等制度试点，扶持西湖大学等创新型民营科研院所的发展，引进培养国际一流科学家、科技领军人才和高层次创新团队，抢占引领全球数字经济和新经济的互联网、物联网、大数据、区块链及人工智能等前沿技术研究及应用高地。

其次，发挥开放式创新平台辐射扩散的外溢效应。通过强化杭州城西科创大走廊、上海科创中心、沪嘉杭G60科创走廊等协同创新溢出功能，推动新技术、新产业、新金融和新商业模式的创新跨界融合；同时，通过强化"全球电子商务之都""义甬舟开放大通道"及上海、杭州、宁波自贸区等平台要素的扩散功能，发挥杭州大湾区连接陆海丝绸之路的区位优势，加快无缝对接上海都市经济圈，对内辐射带动长江流域和中西部地区开放创新发展，对外加强与"一带一路"沿线经济体的经贸合作，打造国家"一带一路"综合试验区，使"买全球、卖全球"的杭州大湾区成为中国经济高质量成长的动力源和具有国际竞争力的创新极。

最后，建议设立杭州湾大湾区创新发展投资基金。为支撑长三角更高质量一体化发展，建议政府出资设立杭州湾大湾区创新发展基金，重点投向杭州湾大湾区创新体系建设、创新平台建设等领域，加大对湾区内创新示范企业的支持。

三 完善政策协同机制，推进要素自由流动的大湾区一体化

首先，放眼长三角制定总体发展规划。破除大湾区城市间行政藩篱和"一亩三分地"意识，放眼长三角制定完善浙江省大湾区建设路线图，加快编制《杭州湾大湾区港城协调发展规划》。为此，建议在规划编制及实施过程中，尽可能弱化行政区划概念，减少各种"玻璃门"带来的隐性壁垒阻碍；同时强化城市群、经济圈概念，发挥市场在资源配置中的主导作用，促使大湾区要素资源自由流动。

其次，基于国家战略加快湾区相关立法。建议将杭州湾大湾区建设提升到国家战略层面，对大湾区范围进行界定，对产业配置、交通建

设、港湾开发等进行配套立法，确立国土资源集约开发、整合利用、区域协调发展及公平竞争机制，避免重复建设、同质竞争或恶性竞争，防止大湾区人口过疏地区的产业"空心化"，基于立法形成有利于海陆协同、港城协同、产业协同的区域一体化政策体制。

再次，需要培育大湾区一体化的价值链。从国际经验来看，半紧密型的价值链是最常见的形态，就是大买家的总部和研发在上海或者杭州、宁波，供应商的分工扩散到其他地方。杭州湾大湾区主要依托沪杭甬，引领带动长三角，服务于"一带一路"和长江经济带的经济发展，并从中部腹地辐射全国。建议基于这种区位认识，促进大湾区内主要城市共同培育互利共赢的产业价值链，加强港城产业强链、延链和补链建设，形成有利于区域一体化发展的产业组织形态，营造最优创新创业生态环境。具体基于互联互通的交通与信息网络，分类引导各类港城成为特色功能节点，深度融入大湾区一体化发展。

最后，建立湾区城市扁平化协作机制。建议尽快创设跨行政区域的杭州湾大湾区统筹协作机构，定期召开联席会议，商讨湾区合作事项，并形成常态化机制，确保总体规划及相关法令落地实施，高效稳妥推进大湾区一体化发展。

四　急补基础设施互联互通短板，实现一小时交通圈加速同城化

首先，加快建设湾区立体综合交通大通道。浙江省政府要与上海市紧密协作，以沪杭甬为枢纽，以嘉绍舟为支点，以其他港城为节点，尽快打通杭州大湾区内的"断头路"，建成公路、铁路、航空相配套的复合型立体交通网络体系，打造世界级港口群和机场群，促进"海港、陆港、空港、信息港"四港联动，全面提升湾区交通现代化水平，支撑引领大湾区大平台实现跨越式发展。

其次，基于基础设施互联互通加速同城化。借鉴东京湾的经验，建议特别重视地铁及城际高铁网建设，打造大湾区一小时交通圈，通过基础设施的互联互通，争取在3—5年内完全实现杭州大湾区城市圈的同城化。

五　兼顾保护优先与有序开发，创建世界级生态文明先行示范区

首先，加强陆海统筹、区域统筹和要素统筹。东京湾区的历史经验证明，良好生态环境是湾区建设与持续发展的前提条件。为此必须树立

"保护优先、有序开发"的理念，处理好陆上、湾岸与海上、河流上中下游、相邻城市之间、港城之间的生态保护与监管关系，通过加强对区域一体化规划实施的监督、确立湾区自然资源与生态环境保护评价机制、建立湾区生态保护追责问责制度等途径，合理开发"港、岛、涂、渔、景、油"等海洋资源，探索陆海、区域、资源统筹新方式，建立以流域为重点的跨区域保护与协同治理机制。

其次，建设环杭州湾绿色大长廊和世界级生态文明示范区。具体建议浙江省利用湾区各具特色的山海资源优势，汲取"海绵城市""绿色城市""智慧城市"等新理念，结合"五水共治"的阶段性成果，进一步推进湾区流域水质污染治理和海洋生态系统修复，构筑生产空间集约高效、生活空间宜居适度、生态空间山清水秀的空间格局，打造优美宜居、特色各异的滨海城市环境，谋划建设国家级海湾公园、推动"旅游+"深度开发、引入国际会议和滨海休闲运动项目，最终将杭州湾大湾区建设成绿色、宜居、宜业、宜游的世界级生态文明先行示范区。

第十四章

浙江支持科创企业上市促进高质量发展研究报告

在上海证券交易所设立科创板并实施注册制试点，是党中央、国务院推进资本市场改革的一项重要举措。习近平总书记强调，科创板要坚守定位，落实好以信息披露为核心的注册制，提高上市公司质量。2019年7月22日，科创板正式步入"交易时间"。但要看到，上交所披露的全国149家科创板受理名单中，浙江企业只有14家，而北京31家、广东25家、江苏24家、上海21家，差距较大，折射出浙江省科创企业不强不多，必须引起高度重视，否则将影响"凤凰行动"实施效果。基于此，课题组通过对标沪、京、苏、粤等地科创板受理企业，剖析浙江省企业科创板"掉队"的表现及内在原因，提出进一步支持浙江省科创企业上市、促进科技型中小企业高质量发展的对策建议。

第一节 支持科创企业上市是促进高质量发展的途径

一 全球科技型资本市场已成为推动科创产业腾飞的助推器

纵观世界科技产业史，以美国纳斯达克、英国伦交所techMARK、日本东交所MOTHERS、韩国交易所KOSDAQ等为代表的资本市场，已成为推动本国科创产业和新经济的催化剂，并且形成相对稳定成熟的操作模式。以纳斯达克为例：一是形成多层次的市场结构，小型市场、全国市场和全球精选市场的三级分层制度，既增加了市场包容性，也降低了投资者风险。二是建立多元化的退市机制，纳斯达克年均退市率为

8%，其中主动退市占 2/3，保证了交易对象的基础活力和动态性。三是建立竞争性的做市商制度，每家纳斯达克挂牌企业的平均做市商已达到 10 家以上，高度的竞争性使做市商切实履行职务，从而完善市场定价机制、增进市场稳定性。

二 设立科创板是中国深化资本市场改革开放的基础制度安排

设立科创板并试点注册制是 2019 年资本市场最大的改革举措，是推进金融供给侧结构性改革、促进科技与资本深度融合、引领经济发展向创新驱动转型的关键部署。2019 年 1 月证监会发布的《关于在上海证券交易所设立科创板并试点注册制的实施意见》指出，科创板精准定位于"面向世界科技前沿、面向经济主战场、面向国家重大需求"，主要服务于符合国家战略、突破关键核心技术、市场认可度高的科技创新企业，重点支持新一代信息技术、高端装备、新材料、新能源、节能环保以及生物医药等高新技术产业和战略性新兴产业。在科创板这片"试验田"里形成的可复制可推广经验，能以增量带动存量的方式，引领中国资本市场走上全面深化改革的新征程。

三 支持科创企业上市是浙江打造两大科创高地的重要发力点

2019 年浙江省政府工作报告指出，深入实施"凤凰行动"，提升上市公司质量，制订支持科创企业上市行动方案。科创企业代表着行业领先水平，其成功上市能迅速产生示范效应、带动效应和品牌效应，促成产业梯队形成和产业生态完善，加速风险资金、高端人才等资源集聚，形成滚雪球态势。当前，浙江省正处于全面实施科技新政、加快打造"互联网+"和生命健康两大科创高地的关键时期，迫切需要找准科创企业爆发式增长的撬动点。支持科创企业上市，无疑是促进科技型中小企业健康发展的重要途径。

第二节 五省市科创板上市企业受理情况比较分析

一 五省市科创板企业受理情况比较

梳理浙江省与北京、上海、广东、江苏五省市科创板受理企业招股材料（见表 14-1），浙江省企业主要呈现以下特征。

（一）企业整体规模偏小

浙江省企业无论是平均营业收入还是平均募集金额都居于五省市最后，其中营业收入不到排名第一北京的30%，募集金额为北京的63%。

（二）新创企业占多数

北京、上海、广东、江苏受理企业中，持续经营10年以上的企业占70%以上，大部分企业均为专精于某一领域持续投入的"深耕型"企业和"隐形冠军"，在行业中具有较强的领先性。而浙江省成立10年以上的企业仅占46.2%，而且多为近几年抓住技术变革机遇在短期发展的先锋企业。

（三）高端制造业不多

浙江企业集中于互联网和电子信息等相关行业（占61%），高端制造业等需要较大资产投入的企业占比不到30%，与北京43.8%、江苏47.8%、上海47.6%、广东64%的装备制造企业占比存在较大差异。

（四）研发投入产出效率不高

浙江企业平均研发投入占比为8.87%，排名第二，但平均拥有境内发明专利数量排名第四，不到上海的一半。

表14-1　　五省市科创板受理企业主要情况（排名）

省份	数量	2018年平均营业收入（万元）	研发投入占比（%）	平均拥有境内发明专利数量（件）	平均募集金额（万元）	平均资产利润率（%）	成立10年以上企业占比（%）
浙江	14	5	66096	5	8.87	2	37.9	4	70005	5	13.43	1	46.20	5
北京	31	1	222717	1	4.98	3	65.4	2	111477	1	6.62	4	74.19	3
上海	21	4	73151	4	12.58	1	76.8	1	103481	2	11.63	2	80.96	1
江苏	24	3	171116	2	4.71	5	61.8	3	88022	3	0.12	5	70.83	4
广东	25	2	156965	3	4.80	4	35.3	5	78056	4	9.39	3	80.00	2

资料来源：课题组根据科创板企业资料整理。

二　浙江省科创板受理企业偏少的原因分析

管中窥豹，浙江省科创板受理企业偏少也折射出下列问题。

（一）科创板上市易成为"凤凰行动"的短板

目前，浙江省共有境内外上市企业555家，其中境内市场上市440家，总量位居全国第二，走在全国前列。但科创板目前受理浙江企业上市申请只有14家，位居京、沪、粤、苏、浙五省市末尾，数量不及排位第一北京的50%，必须引起高度重视。

（二）科创企业综合实力不够强

从数量上看，浙江省高新技术企业1.19万家，而广东有4.53万家、江苏有1.82万家，分别比浙江省多3.34万家和6300家。从质量上看，据科技部火炬中心根据科技型企业规模、研发、产出等因素综合评价，浙江入库企业2018年平均得分为82.2分，而江苏为84.3分，上海、北京、广东均在86分以上。从梯队上看，浙江省80%以上的高新技术企业无法达到科创板5套上市标准中的营收1亿元的最低门槛，加上预计市值、累计利润、研发投入等筛选指标，符合要求的未上市企业更是寥寥。

（三）缺乏关键核心技术有效支撑

研发经费投入方面，广东、江苏分别为2.65%和2.64%，浙江省是2.52%。大科学装置方面，北京7个、上海及广东各5个、江苏2个、浙江1个。国家重点实验室方面，浙江省9个，北京79个、上海32个、江苏20个、广东11个。这些"卡脖子"关键核心技术不解决，科创企业发展或将变为"无源之水"。

第三节　相关对策与建议

一　建议把支持科创企业上市作为高质量发展的重要路径

首先，在凝练发展战略上，把科创企业培育和上市作为提升浙江省企业科技创新能力、加速高新技术成果转化和推动上市公司高质量发展的重要举措，纳入"凤凰行动"整体工作中加以统筹和谋划，按照坚持"三个面向"、主要服务"三大领域"、重点支持"六大行业"等要求，做好科创企业培育工作。尽快落实制定支持科创企业上市行动方案，有条件的地方可对科创板上市制定出台新的激励政策，将科创板上市工作纳入"凤凰行动"考核体系，争取在3年内推动浙江企业在科创板上市50家以上。

二　建议动态更新科创板上市企业培育辅导重点清单

在强化主体培育上，建议浙江省地方金融监管局会同经信、科技、人才等部门挖掘"科技+人才+资本"各类资源，对照科创板定位和上市标准，对符合上海证交所条件和港交所《新兴创新产业公司上市制度细则》的企业进行排查，以浙江"六大行业"骨干企业为基础，与科技企业"双倍增"计划联动，按照"上市一批、辅导一批、培育一批"的要求，依据企业发展阶段及竞争力分类分层，逐步建立覆盖三年以上的滚动清单，实施动态监测、递进培育。好中选优，选择符合科创板定位、科技创新能力突出、经营成长性好且已改制或已辅导企业作为浙江省重点培育企业，制定"一企一策"，重点加以培育。

三 建议聚焦浙江两大科创高地加快实施"双倍增"计划

在夯实发展基础方面，一是培育创新产业集群，深入实施科技企业"双倍增"计划，新增高新技术企业2000家、科技型小微企业6000家，提升产业创新服务综合体建设实效，加快培育一批"独角兽"企业、细分行业龙头企业和创新型领军企业，大力发展数字安防、新能源汽车、绿色石化、生物医药、集成电路等世界级先进制造业集群。二是打造高能级创新载体，做强做优一批"高、尖、精、特"创新载体，全面提升国家自主创新示范区、国家级高新区、科创走廊、特色小镇等创新区块能级。三是攻克关键核心技术，建立"卡脖子"技术清单，挂图作战、全力攻关，实施好重大科技专项，力争尽快取得一批标志性、突破性科研成果。

四 建议加快构建支持科创企业上市服务保障体系

在强化制度供给上，建议签订《长三角科创企业金融服务一体化合作协议》，主动对接上交所，建立常态化工作联络机制。推动企业改制，帮助建立健全现代企业制度。邀请证监部门、上交所专家以及财通、浙商等本土头部券商，组建由券商、会计、法律、投资等机构专业人员构成的上市辅导咨询团队，就政策制度、规范要求、上市规则及标准、规范管理等为入库企业展开系统性、针对性业务培训和答疑解惑。发挥总规模50亿元的"凤凰行动"投资基金的引导作用，引导社会资金加大对科创型企业支持力度，鼓励具备条件的企业尽快申报上市。深化省股权交易中心特色板块建设，发挥区域股权市场在多层次资本市场的塔基作用，打造浙江科创助力板。

第十五章

"创新走廊"带动科技型中小企业高质量发展案例研究报告

通过建设"创新走廊"推动区域产业创新发展已成为发达国家和地区的普遍做法。"创新走廊"区别于传统的工业园区、科技产业园、产业集群等形式,是科技与产业融合发展的一种有效方式。课题组系统研究整理了美国"硅谷"、韩国京畿道、以色列特拉维夫、德国法兰克福、日本筑波和中国台湾新竹等发达国家和地区有关"创新走廊"的建设经验,对浙江省"创新走廊"建设工作提供部分政策建议。

第一节 发达国家和地区典型"创新走廊"发展经验

"创新走廊"的雏形可以追溯到文艺复兴时期的意大利佛罗伦萨—威尼斯地带,这也是工业革命萌芽之地。但最早形成的成熟"创新走廊"的是美国"圣塔克拉拉谷"(后因半导体行业集聚俗称"硅谷")。"创新走廊"形态多样,有"谷"有"带",有"城"有"区",其共性特征是科研机构和产业在一个地域集聚所形成的高密度创新活动。当前,"创新走廊"的发展也衍生出一些新的时代特征,可以概括为"三创三融合",即"创新、创业、创造"和"板块融合、资源融合、产居融合"。"创新走廊"有助于在最大限度上集聚创新人才,整合创新资源,营造良好的创业创新氛围,实现区域创新驱动发展。

主要发达国家和地区"创新走廊"的形成可分为两大类,即产业推动型和政府引导型。已有研究认为美国硅谷、德国法兰克福等"创新走廊"是随产业发展而形成的,而韩国京畿道、日本筑波等则是政府引导建设的突出代表。以下分别介绍典型的"创新走廊"发展情况。

一 美国圣塔克拉拉创新谷

美国圣塔克拉拉创新谷(以下简称"硅谷")是20世纪初美国淘金热的产物,当时由于铁路运输业和港口业的兴旺带动了电力工程技术和无线通信技术的大发展,而后经历从半导体→微型处理器→软件开发→信息技术→二代互联网等多代际的产业演化逐步形成。目前"硅谷"赖以成名的高科技产业主要集中在圣何塞到红木城的狭长地带,向北连接到旧金山和伯克利,可以称得上名副其实的"创新谷"。"硅谷"发展演进主要呈现以下五个阶段(见表15-1)。

表15-1　　　　　　　　美国硅谷发展演进阶段及政策举措

阶段	主要内容	政策举措	主要成效
第一阶段:首轮技术播种	政府成为"硅谷"最大的技术投资者	√1941年美国成立"科研发展办公室",主要职能为协调高校为政府开发军事技术,布什政府直接向斯坦福大学拨款干预其科研方向 √引导高端军用技术转化为民用,成为"硅谷"科技创业的基石	美国宇航局(NASA)研发的集成电路、国防先进研究项目署(DARPA)研发的互联网等都最早在硅谷生根
第二阶段:科研成果产业化	培育当地高校教育形成鲜明的创业导向	√建立全球最好的区域大学网络,包括斯坦福大学、加州大学伯克利分校和旧金山分校、圣何塞州立大学等构成 √鼓励教员创办自己的公司,推动新型的产学合作	如今斯坦福校园已创办了包括谷歌、雅虎、硅图等著名公司,而伯克利分校则培育了苹果、英特尔、闪迪等"全球百强"
	建立工业园孵化产学研项目	√争取联邦政府资金建设斯坦福工业园 √一流的现代化设施和宜人的景观设计 √园区内设有1800公顷技术研发机构 √园区孵化项目只针对高技术企业 √鼓励工程师二次创业	园区直接孵化了瓦里安、惠普、通用电气、柯达等知名企业明星企业在发展过程中不断衍生出新的创业企业

续表

阶段	主要内容	政策举措	主要成效
第三阶段：风投推动创业活动	引入丰富的创业投资参与区域创新活动	√1958年《小企业投资法案》大幅推动金融机构对"硅谷"创业公司的投资力度 √通过设立创业基金和引入大量风险资本，稀释了个人企业创业风险 √推行"孵化创业者"计划，风险基金管理者通过培训创业者提升创业成功率，同时获得优先股投资权	构建了一套完整的创新风险分摊机制，对创业失败保持宽容态度
第四阶段：区域创业文化形成	实现突破性创新成果的不断涌现	√政策主要以产业引导和市场竞争规则塑造为主，建构区域创新生态系统 √宽松的移民政策鼓励多样化的全球智力支持（国外科学工程师的比例超过1/3） √鼓励科技公司更多尝试在前沿技术领域进行创业，在政策上给予一定补偿 √鼓励硅谷公司在管理创新上更具开创精神	"硅谷"创业文化成功从淘金冒险意识演化为制度支持下的群体创业文化 "卓越计划""走动式管理""制造外包""政产学研合作"等管理创新
第五阶段：政府参与下的创新系统	政策扶持转向提供公共性服务产品	√政策重点转向公共性服务产品的供给，如由政府与中介机构共同组建第三方"科技孵化器"，为创业者提供必需的基础素材（工作室、水电、网络、3D打印等）和天使资金（5万美元创业启动金），并通过股权方式获取回报	降低创业门槛，给予草根创业者更多的创业机会，成为全球科技创业者的"梦想摇篮"

资料来源：课题组根据相关资料整理。

第一阶段以1941年美国成立"科研发展办公室"为标志，主要通过技术军转民工作对"硅谷"进行了首轮技术播种。

第二阶段以斯坦福工业园的设立为里程碑事件，主要是"硅谷"本地科研院校的科研成果进行产业化，孵化了大批巨人级公司。

第三阶段是在1958年《小企业投资法案》颁布后出现的风险投资热潮，硅谷出现大量技术创业公司。

第四阶段是"硅谷"创业文化形成时期，主要受当地政府宽松移民政策的鼓励，大量海外人才集聚"硅谷"进行创业活动。

第五阶段是成熟区域创新系统形成阶段，政府转向提供公共性创业资源。

二 韩国京畿道创新带

韩国经济长期依赖少数集团企业的创新活动，韩国未来创造科技部[①]提出建设京畿道创新带来打通大小企业与高校、公共性研究机构等的创新边界。京畿道的核心区块约120平方千米，目标旨在培育金融科技、物联网产业等领域的创新主体。京畿道创新带在发展众创空间以及企业协作方面有以下成功经验可供参考。

第一，政府与大企业合作孵化优质创业项目。2015年3月成立"京畿道创造经济革新中心"，由中央政府、地方政府与龙头企业KT集团共同出资成立创业投资基金，提供6—12个月的支援服务，包括创业点子、商业化机会和创业支援（2000万韩元，折合约11万元人民币）、商业化开发、融资分销到国际化，充分发挥孵化器和加速器的作用，培育区域内新生企业成长。

第二，实行大企业、中小企业同伴成长计划。京畿道正在构建大企业和小工商人、中小企业互赢（win-win）的协作模式。京畿道有全国21%的中小企业，许多与三星电子、LG、现代起亚、SK、KT等韩国龙头企业关系密切。韩国政府已制定《同伴成长的相生合作支援条例案》，京畿道正在推行《条例》细则，包括大中小企业的相生合作支援及政策开发、实况调查，设置相生合作委员会等推进同伴成长政策时所需的道知事责任和义务等。

第三，开放式创新和国际化发展特征明显。京畿道创新带主要以大型集团企业群为创新主力，所以从建设伊始就非常重视整合外部创新资源，特别是与邻邦的国际化合作。京畿道已与中国、日本、美国等10个国家的15个城市建立了友城关系，京畿道中小企业中心目前已设立了6个海外办事机构，为京畿道中小企业开展国际贸易、跨国技术合作等项目进行服务。

---

① 韩国未来创造科学部是2013年朴槿惠执政时提出的"创造经济"政策背景下所设的新部门，是兼管科学技术、信息通信以及邮政事业本部的大型综合政府机构。

三 以色列特拉维夫创新区

以色列特拉维夫—雅法创新区人口不到全国的5%，但却集聚了全国67%的创新种子公司，被誉为"欧洲创新领导者"和"创业圣地"，产业布局在通信、现代农业、水处理等国家急需领域。特拉维夫创新区在品牌塑造和整合创新资源方面值得借鉴。

第一，经过国际比较和自身定位形成明确的发展方向。特拉维夫原本以巴塞罗那为模板发展"艺术之都"，但被证明难以实现。当地政府专门成立"全球城市行动计划办公室"，经多方调研并结合城市特性，最终以"永不停息的创新创业区"为发展方向。

第二，政府层面积极开展品牌推广和营销。特拉维夫在世界各国重点城市进行宣传和招商，历任市长都亲自营销"全球创新中心"概念，定期举办"DLD 特拉维夫创新节"。特拉维夫通过设立高额的奖学金制度和创业签证制度吸引全球人才集聚。政府为国际记者提供短期城市考察，借此向全球传播当地创新文化。

第三，鼓励科技型创业项目，聚焦优势环节。特拉维夫充满科创氛围，政府为广大创业企业定期举办创业竞赛，获胜者可以得到政府资助的办公场所等。以色列的科创企业大量从事创新研发，几乎不涉足制造和分销链条，仅2013年就有多达45个创业项目被美国、欧洲的跨国公司收购，总金融超64亿美元。

第四，打造资源开放共享式的创新环境。政府提供廉价的公共办公空间（Co-working Hub），对创业企业实行税收减半的政策。地处核心商业区的香浓塔公共图书馆被改造成为政府创新创业服务中心，提供免费的创业咨询服务，开放政府数据库，通过全城免费Wifi推送各类创业政策和资讯。政府还要求所辖区内谷歌、微软、通用等跨国企业要给予当地创业者参观学习的机会。

四 德国法兰克福创新区块

德国法兰克福创新区块在地理界线上比较松散，向南一直延伸到慕尼黑，核心区块主要聚集在法兰克福周边。该创新区所体现的典型制造业牵引、公共研发带动的德国式创新理念值得借鉴。

首先，公共科研机构为核心的产学合作模式。德国法兰克福创新走廊中拥有弗朗霍夫工业研究院（Fraunhofer）、马克斯·普朗克研究所

(Max Planck），它们都是欧洲最大的应用型工业技术研究机构，特别在信息技术、生物技术、环保技术等领域具有极强的国际话语权。它们已成为创新区块内的技术知识核心机构，通过大量技术委托开发项目对中小型企业进行技术服务。

其次，世界级制造业公司为技术创新提供产业化空间。法兰克福—慕尼黑创新区块沿线有西门子、梅赛德斯—奔驰、宝马等制造业巨头直接助推德国先进制造业的领先以及"工业4.0"的实施。同时，这些大企业不断吸收周围大量创新性中小企业的技术创新成果，并实现科技研究突破的产业化进程。明星企业对于法兰克福创新区块带来的是整条创新链上的优化配置。

最后，优秀商学院实现知识生产和创业教育功能。当前主流创新走廊都配备有若干所世界级大学，更为特别的是，这些高校都拥有国际一流的商学院或创业学院。法兰克福的法兰克福歌德大学就拥有世界排名前五的商学院，对区域创业创新提供支撑。

五　日本筑波创新城

日本筑波创新城对基础设施的空间布局有一些可借鉴之处。由于是政府主导建设的全新创新区块，在选址、人力筹措、机构引进等工作完全由政府规划：①创新城专门规划56%的占地面积为科研、文教机构专属用地；②建有特色的"梯子型"道路网络，有效提升交通运输效率；③构建各类智库的集聚效应，日本筑波科学城内汇集了43家国家研究所，以及大量企业研究所，每年能够向政府和企业提供数百项咨询报告和研究方案。

六　中国台湾地区新竹创新区

中国台湾新竹创新区是加工工艺创新的示范地带。该创新区是由台湾工业技术研究院（ITRI）的设立开始发端，主要研发应用型出口技术，孵化了联华电子、台积电等大企业，目前围绕新竹科学工业园开展区域创新活动。新竹创新区设立了"科学同业公会"，政府不直接参与行业管理，具体指导行业协会开展企业日常性服务工作。政府通过政策行为对创新活动正向激励，设置大量科技奖项和科技基金激励企业加大产品研发和创新力度。

综合以上创新走廊建设经验，还有一点共性特征：自然环境和配套建设成为创业创新的重要因素,这也许正是"剑桥—牛津区块"一直没有出现成熟"创新走廊"的原因。区域文化和人文关怀对引智留才也起到重要作用,特别像硅谷和特拉维夫等地的开放式文化为地区输送了大量创新人才。

第二节 推进杭州市"创新走廊"建设的总体思路

一 "两创"政策背景下推进"创新走廊"建设总体思路

发达国家和地区的先行经验表明,各类创新要素在"创新走廊"内需要各司其职:政府扮演创新环境的"益生菌群"角色;智力机构扮演技术知识"生产者"角色;企业扮演创新资源"加工者"角色,处于系统的核心位置(见图15-1)。

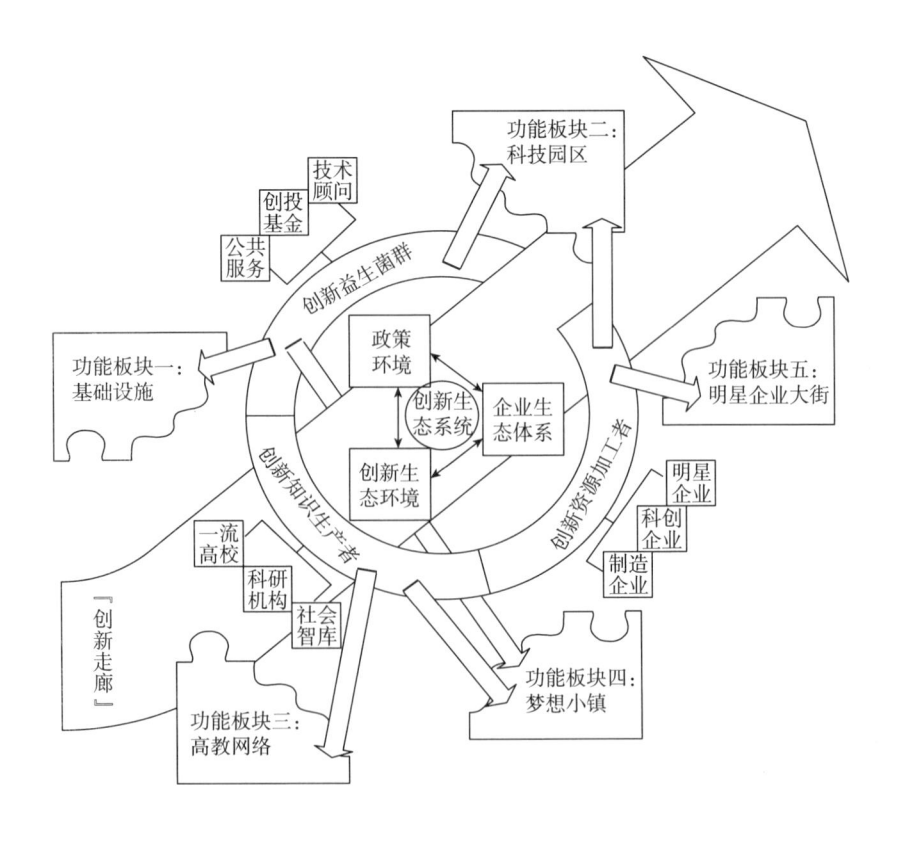

图15-1 杭州市"创新走廊"建设思路

当前在"大众创业、万众创新"的政策背景下,杭州市"创新走廊"建设应明确"政府搭台、企业唱戏、板块协同、社会参与"的总体建设思路。谋划基础设施、科技园区、高教网络、梦想小镇、明星企业大街五大板块的无缝对接,提升"创新走廊"范围内创新资源的有效流动和协同发展。

(一)目标定位

发挥"创新+人才+产业+服务"优势,加快未来科技城、青山湖科技城"双城"一体化发展,增强辐射能力,力争到2020年引进100家以上科研院所,聚焦1000家创新型企业,吸引10万名高端人才,成为科技创新引领浙江产业转型和创新发展的示范带,引领全省、辐射长三角地区创新发展。

(二)空间格局

以杭州城西科创产业集聚区为中心向周边辐射,打造"两横两纵、横主纵辅"的创新发展廊道。

"两横"即以文一西路——科技大道和地铁5号线——市域铁路杭临线合围为骨干,302平方千米规划范围为核心(包括未来科技城113平方千米、青山湖科技城115平方千米、生态保护区74平方千米),向东延伸至西湖区的蒋村街道、文新街道、留下街道,向西延伸至临安市的高虹镇、锦北街道和锦南街道。

"两纵"即以一绕西线和二绕合围为骨干,向南拓展至余杭区中泰街道和闲林街道、富阳区银湖街道、西湖区转塘街道和双浦镇,向北拓展至余杭区径山镇、瓶窑镇、良渚镇。

(三)产业布局

重点是以市场化手段和机制,搭建"三平台、四小镇、两港一谷一街区"发展载体,吸引创新人才、团队和企业的入驻,在短时间内形成效应,产生影响力和号召力。

"三大创新平台"包括海创园创新创业平台,规划面积113平方千米,重点建设区域39平方千米,定位为科技资源充分集聚、体制机制充满活力、公共服务便利优质、创业创新高度活跃的人才特区和科技新城。梦想小镇大学生互联网创业平台,建设高端人才集聚和现代服务业发达的智慧城市核心区,打造众创空间新榜样、特色小镇新示范。生物医药创新平台，整合全省医药科技和人才资源，加快新技术、新品种开发，促进浙江省医药产业转型升级。

"四个特色小镇"包括临安市云制造小镇，打造中国云制造技术的创新源、浙江智能制造产业的新引擎。临安市云安小镇，打造以网络和信息安全产业为特色的创业创新基地。西湖区紫金众创小镇，以浙大紫金港校区为核心，集聚文化创意、信息软件、电子商务、医疗保健等行业企业发展。富阳区硅谷小镇，以信息产业和创意设计产业为主，打造浙江信息经济发展示范区、杭州服务外包试点核心区。

"两港一谷一街区"包括临安跨境电子商务港，打造杭州西部跨境电子商务的核心枢纽；临安市天目药港，以基本医疗为基础、医疗保健康复为支撑、养生生态旅游为核心；西湖区云谷，集数字示范城、智能产业城和生态田园城为一体；西湖区文三路电子信息街区，重点发展信息软件、电子商务、数字娱乐等信息产业。

第三节　推进杭州市"创新走廊"建设的政策建议

借鉴发达国家和地区的成功经验，课题组提出推进杭州市"创新走廊"建设的以下五点政策建议。

一　基础建设做到规划超前、布局系统、接轨国际

"创新走廊"的发展遵循缓慢起步期、快速增长期和稳定发展期的规律，所以建设规划必须考虑到快速增长阶段对各类基础要素的爆发式增长。其中，道路管网体系规划要能够容纳未来10年道路需求，轨道交通半小时可到达航空、高铁等交通枢纽，打通重点企业物流通道。工业基础设施要系统安排从创业孵化到产业孵化，强化梦想小镇等创业孵化器功能，并有计划安排青山湖科技园等园区的产业化空间。生活配套设施要接轨国际主流生活方式，重点关注国际学校、健康医疗、综合商贸等公共设施。

特别是交通保障方面，具体建议近期实施"畅通西部"三年行动计划。推进快速路网建设，提升次支路的集散支撑能力。加快"二绕"建设，加密南北向路网，强化对东西向通道的支撑；中期加快推进轨道交通建设。以地铁5号线和城际铁路临安线为主，构建"创新走廊"

的轨道交通主干网。该轨道交通主干网全长38千米，连接西湖区、余杭区和临安市，穿越未来科技城和青山湖科技城，运行时间约50分钟；远期规划建设高铁站点和商务机场。争取在杭州绕城高速以西设置高铁站，同时建设综合客运枢纽站。加强与民航总局和南京军区沟通，在临安市布局通用航空机场。

二　要素配置做到科学合理，提供高质量的公共性服务产品

推进共享服务平台建设。政府牵头推动科技公共服务平台建设，提供科技转化中介服务，构建科技孵化器等多种形式的创业创新服务综合体。

提升公共服务配套能力。强化基本公共服务设施配套，因地制宜选址建设休闲、娱乐、购物中心。统一谋划地下市政管网、地下空间开发利用和电力、污水处理设施的建设。

强化土地要素保障。调整土地利用规划，明确采取较低强度和密度的开发方式，加强永久基本农田保护，提高工业用地比例，确保产业发展空间。对重点项目出台"一揽子"优惠政策，单独切块解决用地指标问题。

深化生态环境保护。研究制定有效的生态环境保护政策措施，重点解决城市内涝治理，保护好"山林谷地，大山大湖、水网密布，农田阡陌"的生产生活空间。

总体结合供给侧改革方案，对创业创新的各类试点政策要在"创新走廊"提供先行先试的"直通车"，积极采用新型科技媒介对公共性服务产品的内容和形式进行创新。如创业孵化政策可借鉴硅谷进行模式创新，尝试由政府联合第三方创投公司实施"创业基础资源换取股权投资"的做法，或设立战略性新兴产业风险投资资金池，为入"镇"创业企业降低创业风险。

三　最大范围吸引内外部创新资源参与创新走廊建设

首先，积极调动区域内现存创新资源的有效利用，包括原有居民、企业、高校、特色小镇、工业园区等资源的协同效应，特别要鼓励"创新走廊"内高校建设一流水平的商学院和创业教育基地。其次，强化对外部创新资源的"磁石效应"，通过"区域品牌营销→创新项目示范→政策激励落户"增强对外部高端创新资源的吸引力。

加快与高校战略合作和科研院所引入。发挥浙江大学、浙江工业大学、中国美院、浙江农林大学、杭州师范大学等部省属高校的作用，吸引国际名校中国分校、知名科研院所落户"创新走廊"。

引导创新企业、人才和资本集聚。重点关注大型企业带动型创新、科研院校引领型创新、引进人才型创新以及民间技术创新。吸引各类基金、风投、融资机构等进入。

打造和培育国际化风险投资公司支持创业创新。高质量的风险投资不仅是科技创新的资金源，更重要的是提供管理咨询、资源渠道和国际视野。政府要着力培育具有较强服务能力和国际化水平的创投公司，重点服务"创新走廊"内科创项目。

四 建立和完善开放、包容的国际招贤引智机制

智力引进政策要秉承"高端视野、国际标准、实效落地"的原则。一引人气，明确国际发展定位后，参考以色列特拉维夫"市长营销"和"全球媒体合作推广"等品牌塑造工程。二引机构，特别瞄准能够服务制造业升级的国际高端工业技术研究机构，如德国弗朗霍夫工研院、我国台湾地区ITRI、丹麦DTI等，落实最优惠的引进政策。三引人才，实施"无国界人才"引进计划，打通杭州"大城西"区域的落户政策，鼓励企业引进国内外拔尖人才。

五 完善体制机制，提升现代化技术治理能力和水平

杭州"创新走廊"建设要取得重大进展，必须在管理体制机制上率先有新突破。具体可以考虑两种方案：一是市场化方式。参照北京中关村、上海张江科技园的做法，由省政府牵头组建省、市、区三级出资的股份公司，实行责任共担，利益共享，统筹考虑杭州"创新走廊"的规划、建设、管理和发展。二是政府主导方式。吸取钱江新城和滨江区建设发展的成功经验，由省市领导直接挂帅，相关区县抽调人员，组建杭州"创新走廊"建设指挥部（杭州创新走廊管委会），形成强有力的协调和推进机制。通过完善"创新走廊"运营管理的机制体制，提升现代化技术治理能力和水平，最终促进科创企业及区域经济的高质量发展。

第十六章

中小企业"十三五"发展规划研究：浙江报告

本书课题组主要成员参与了浙江省中小企业"十三五"发展规划的起草编制工作。根据中华人民共和国工业和信息化部《"十三五"促进中小企业发展规划》和《浙江省国民经济和社会发展第十三个五年（2016—2020年）规划纲要》，结合浙江省中小企业发展的现状，本章内容就浙江省中小企业在"十三五"期间的发展规划做出的总体部署，对指导全省中小企业创新、协调、绿色、开放和共享发展，促进中小企业转型升级，打造全国中小企业创业创新示范区的纲领性文件进行解读。

第一节　浙江省中小企业发展现状

一　发展回顾

"十二五"时期，在"八八战略"和"创业富民、创新强省"战略的指引下，浙江省以小微企业上规升级为着力点，强化政策扶持引导，积极推进结构调整，努力提升创新能力，不断完善服务体系，持续优化发展环境，大力推进中小企业提升发展、创新发展、集约发展，全面促进中小企业素质提升，中小企业由"数量大省向素质强省转变"取得显著成效。

（一）规模效益稳步提升

"十二五"时期，全省中小企业数量以年均12.7%的速度快速增长,至2015年年末全省中小企业总数达到103.81万家。其中,工业中小企业41.85万家,比2010年的28.38万家增长了47.5%。2015年年末,全省规上工业中小企业4.10万家,工业总产值51003亿元、主营业务收入48200亿元和实现利税4560亿元,分别比"十一五"期末(同口径)增长28.1%、33.9%、28.9%和23.2%;吸纳就业人数576万人,占全部规上工业的81.7%。

(二)创业创新更趋活跃

"十二五"时期,浙江省着力实施"四张清单一张网",深化商事制度改革,极大地激发市场活力和创业热情。截至2015年年末,全省在册各类市场主体471万户,比"十一五"期末增长60.8%;注册资本总额9.6万亿元,比"十一五"期末增长220%。市场主体总量居全国第四位,人均市场主体拥有量居全国第一位。2015年新培育科技型中小企业8536家,全省科技型中小企业数累计达到23930家。

(三)结构调整持续深入

"十二五"时期,浙江省坚持沿着"个转企、小升规、规改股、股上市"的主线推进市场主体升级,取得显著效果。截至2015年年末,全省实现"个转企"18.12万家,"小升规"12694家,"规改股"4700家,拥有境内外上市企业377家,新三板挂牌企业345家。"十二五"时期,全省大力淘汰低端落后产能和化解过剩产能,共淘汰涉及20余个行业13581家企业,八大高耗能产业产值比重持续下降。"专、精、特、新"企业不断增加,中小企业信息化与工业化融合不断加快,电子商务成为小微企业发展的新亮点,涌现出"淘宝村""公司+农户""订单农业""居家创业"等新型业态和模式,三次产业中小企业的融合发展步伐加快。

(四)服务体系不断完善

全省基本建成以"96871"为统一标识的,省市县三级互联互通、资源共享的中小企业公共服务平台网络。目前平台网络注册企业23.4万家,注册服务机构6303家,年均服务企业数量96万余次。截至2015年年末,全省累计创建小企业创业基地205家,其中,国家级小微企业创业创新基地2家;入驻企业22176家,基地内企业产值1063.30亿元,吸纳各类创业创新人才53万余人。全省拥有各类科技企业孵化器

140余家，其中，省级87家、国家级52家、国家级大学科技园6家，数量居全国前列；孵化面积累积达500余万平方米，在孵企业8500家，累积毕业4600家；建有各类众创空间141家，其中21家被纳入国家级企业孵化器管理。全省确定100名创业指导师，50家创业辅导中心，76家省级中小企业公共服务示范平台。

（五）发展环境进一步优化

"十二五"时期，中小企业创业创新政策体系进一步完善，财税支持中小企业的力度不断加大。随着国家"营改增"、提高小微企业增值税和营业税起征点、扩大减半征收所得税范围等政策的实施，为小微企业减免税费负担199.66亿元。通过推广使用"创新券""服务券"，扶持中小企业的方式和手段更加多元化。中小企业融资环境不断改善，银行业金融机构不断加大对中小企业信贷支持力度，小微企业贷款余额保持全国第一，小微企业贷款增速、户数、申贷获得率连续实现"三个不低于"目标。中小企业直接融资渠道不断拓展，全省政策性融资担保体系不断完善。

总之，"十二五"时期是浙江省中小企业快速发展、素质持续提高、产业结构不断优化、发展环境明显改善的5年。在取得成绩的同时，浙江省中小企业仍然存在创新能力和创新投入不足，低端产品产能过剩，高端产品供给不足；新兴产业发展动能不足，可持续发展能力不强；公共服务体系尚不健全，公共服务能力和服务水平亟待提升；企业家素质参差不齐，适应新常态发展能力有待进一步提高等问题和矛盾。

二　面临形势

"十三五"时期正值"供给侧结构性改革""中国制造2025""一带一路""长江经济带建设"等战略与举措全面推进，"互联网+"行动计划发布实施，"大众创业，万众创新"方兴未艾，以及多项国家级改革试验在浙江省落地实施，浙江中小企业迎来重要的发展机遇。同时，宏观经济不确定性加大和生态环境压力持续增加，中小企业发展也面临着严峻挑战。

（一）发展机遇

新型业态不断涌现。"十三五"时期，传统产业加速转型，新兴产业快速发展。互联网、云计算、大数据、物联网等信息技术与传统制造业加速融合，智能制造、跨境电商、现代农业、生产性服务业等新技术、新产业、新业态、新模式不断涌现，将催生适合中小企业多品种、小批量的个性化定制和柔性化生产。

两创生态加速形成。随着"众创空间""小微企业创业创新园（基地）""特色小镇"等新型创业创新平台加快建设，与各类孵化器、创业园、经济开发区等构成完善的中小企业创业创新生态链，创业创新服务体系逐渐完善。

国际合作加快推进。"一带一路"倡议有效地推进全球产业链的分工合作，加速了浙江中小企业走出去的步伐，进一步拓展了中小企业海外投资的空间与领域。同时，随着跨境电子商务的蓬勃发展，进一步提高了国际合作的效率，降低了交易成本，催生了更深层次的合作机遇。

政策环境更加普惠。党中央、国务院高度重视中小企业发展，制定出台了一系列促进中小企业发展的政策措施，形成比较完善的财税、金融、社保、公共服务、创业创新等政策体系。同时，随着浙江省审批制度改革和"四张清单一张网"建设的深化推进，将为中小企业发展营造更加宽松公平的政策环境，有利于激发中小企业创业创新的激情。

（二）面临挑战

宏观经济不确定性加大。"十三五"时期国际经济形势将更趋复杂，全球经济贸易增长乏力，国际贸易保护主义抬头，TPP等贸易协议的实施将对中小企业进入国际市场带来新挑战。国内正值经济发展的"三期叠加"阶段，多种矛盾聚合，经济下行压力依然较大，中小企业面临严峻挑战。

转型升级进入攻坚阶段。"十三五"时期浙江省体制机制的先发优势逐渐弱化，中小企业发展的素质性和结构性矛盾依然突出，创新能力不足、高端人才缺乏、工匠精神缺失等问题逐渐凸显，"去产能"、去库存、"去杠杆"、降成本、"补短板"等供给侧结构性改革的难度加大。

生态环境压力持续增大。随着"两美浙江"建设的深入推进，"十三五"期间环境保护、节能减排等政策措施将更趋严格，"五水共治""三改一拆""低小散整治"力度加大，进一步考验浙江省中小企业生存与发展能力。

第二节 "十三五"规划总体思路、基本原则与目标

一 总体思路

贯彻落实习近平总书记系列重要讲话精神，坚持创新、协调、绿色、开放、共享发展理念，大力推进"大众创业、万众创新"，以"八八战略"为总纲，进一步凸显中小企业在保障民生、扩大就业、技术创新等方面的主力军地位。以创新为动力、成长为主线，持续打好转型升级组合拳，深入推进供给侧结构性改革，培育创新文化，实现浙江省中小企业结构持续优化、活力持续增强、质量持续提高、效益持续提升、贡献持续加大，为高水平全面建成小康社会和"两富浙江""两美浙江"建设做出更大的贡献。

二 基本原则

（一）坚持创新驱动，秉持开放发展

把创新摆在发展全局的核心位置，突出中小企业的创新主体地位。坚持科技创新、管理创新、体制创新齐头并进，引导鼓励中小企业依靠创新升级获取竞争优势，全面提升中小企业综合竞争力。推进开放合作，引导中小企业通过开放式创新整合创新资源，推动企业国际化成长。

（二）坚持市场主导，加强政府引导

正确处理政府和市场的关系，进一步发挥市场在资源配置中的决定性作用，维护公平竞争的市场环境。同时，发挥政府在制定规划政策、营造制度环境和提供公共服务等方面的重要作用，不断营造有利于中小企业发展的公开、公平、公正市场环境，让改革红利为中小企业发展提供持续动力。

（三）强化分类指导，推进融合发展

突出重点，精准施策，扶优促新，加强对不同类型中小企业的分类指导。深化供给侧结构性改革，夯实中小企业发展基础，重点培养一批主营业务突出、竞争力强、成长性高、创新能力强的"专精特新"中小企业，重点推进新经济、新业态、新模式的创业创新，促进产业生态

发展，形成融合发展合力。

（四）坚持绿色生态，实现持续发展

按照"绿水青山就是金山银山"的思路，落实生态文明建设要求，遵循"高效、低碳、循环"的原则，构建中小企业绿色制造体系、低碳发展模式，加快资源节约型、环境友好型企业的建设步伐，鼓励中小企业从事生态经济相关产业。

三 主要目标

总体目标："大众创业、万众创新"深入推进，创业氛围持续高涨，全省中小企业总量不断扩大；创新驱动战略成果显现，转型升级取得明显成效，发展质量全面提升；形成一批创新能力强、特色突出、可持续发展的创新型中小企业；努力将浙江省打造成为全国中小企业创业创新示范区。具体目标主要设定如下。

（一）创业活力目标

全省中小企业创业活力继续增强，创业水平不断提高，创业的成功率和成活率得到明显改善。"十三五"期间，全省中小企业数量年均增长5%以上，实现"小升规"企业1万家以上。全省"新三板"挂牌企业数量继续位居全国前列，上市公司数量规模不断扩大，多层次股权市场逐步完善。继续保持小微企业贷款增速不低于各项贷款平均增速、贷款户数不低于上年同期户数、申请获贷率不低于上年同期水平，全省政策性融资担保体系基本建成并发挥作用。

（二）创新驱动目标

全省中小企业自主创新能力和品牌建设能力不断增强，研发投入和科研人员数量较快增加，新产品研发能力和产出水平逐渐提升。"十三五"期末，科技型中小企业数量累计达到5万家，研发投入占主营业务收入比例不低于1.5%，新产品产值率达35%以上，规上中小企业全员劳动生产率年均增速达到7%左右。

（三）绿色发展目标

全省中小企业普遍树立绿色发展理念，绿色发展能力逐步增强，清洁生产方式逐渐推广，环境效益进一步提升。"十三五"期末，全省中小企业"三废"排放量明显下降，节能、节水新技术、新工艺、新产品的应用不断推广，淘汰落后产能涉及企业不少于5000家，淘汰整治

50000家"脏乱差"和"低小散"企业（作坊），加快"僵尸企业"处置。

（四）融合发展目标

全省中小企业信息化水平不断提高，智能制造、网络化生产经营方式基本形成，企业协同能力明显增强。全省中小企业生产的智能化率和电子商务交易率较快上升，生产性服务业快速发展。中小企业的"两化"融合水平继续保持全国前列，电子商务销售年均增长不低于15%。

（五）共享发展目标

中小企业在国民经济中的地位与作用稳步上升，在增加城乡居民收入、吸纳社会就业中发挥更加重要的作用，凸显中小企业在建设高质量小康社会中的地位，中小企业在减贫和扶贫过程中能更好地发挥其社会功能。

第三节 "十三五"规划发展方向设计

全面深化落实"创新、协调、绿色、开放、共享"五大发展理念，着力推动中小企业向业态新型化、生产智能化、产品品质化、管理现代化、创新常态化方向发展，坚持专业化、国际化的发展方向，实现经营效益持续提升，社会贡献持续增强。

一 着力推进业态新型化

以实施浙江"互联网+"行动计划为契机，鼓励中小企业积极发展电子商务、物联网、云计算、大数据、智慧物流、数字内容等新技术和新业态。推广新型孵化模式，大力发展众创空间，支撑中小企业新型业态创新。着力推进产业融合发展，培育新业态，努力推动制造业由生产型向生产服务型转变、生产性服务业向专业化和价值链高端延伸。着力促进制造业与生产性服务业协同发展，加强产城互动融合，以产兴城、以城促产，为中小企业新业态发展提供广阔的创业创新空间。初步建立数字化、网络化、智能化、服务化、协同化的"互联网+"产业生态体系，积极催生和发展新技术、新产业、新业态、新模式。

二 着力推进生产智能化

全面实施"《中国制造2025》浙江行动纲要"，深入推进"四换三名"工程,加大"机器换人"力度,引导中小企业智能化、柔性化、信息化发展,推进企业装备智能化和生产过程自动化。在重点行业开展中小企业智能制造试点示范工程,围绕企业关键环节、主要生产线进行智能化改造。实施"互联网+"协同制造专项计划,重点发展基于互联网的个性化定制、众包设计、网络化制造等新型制造模式,推动形成基于消费需求动态感知的研发、制造和产业组织方式。坚持创新链、产业链、资金链、人才链"四链"深度融合,打造一批创新型中小企业,加快"浙江制造"向"浙江智造"转型。

三 着力推进产品品质化

充分发挥标准提档、质量提升、品牌培育对供给升级的组合引导效应,培育发展一批专业化水平高、配套能力强、品质优势明显的成长型中小企业。全面推进中小企业专业化制造能力,开展基于个性化产品的服务模式和商业模式创新。引导中小企业更加重视技术标准制定、特色品牌建设、生产工艺升级、产品功能创新、质量品质提升等环节,全面推动中小企业产品和服务向品质化、品牌化、品位化发展。加强知识产权保护,加快形成以渠道、品牌、技术、质量、服务为核心的竞争优势。充分利用国内和国际两个市场引领中小企业品质提升,打响浙江制造品牌。

四 着力推进管理现代化

引导企业树立现代企业经营管理理念,实现治理结构现代化和管理方法科学化,支持中小企业建立现代企业制度,加强财务、质量、安全、用工、风险等基础管理,提升中小企业管理水平。加快提升企业家素质,大力培育新生代企业家和职业经理人队伍,鼓励和支持中小企业开展员工培训。促进中小企业依法经营、诚信经营、规范经营,加强信用建设。鼓励中小企业履行必要的社会责任,充分发挥中小企业在吸纳就业、科技创新、创造税收等方面的重要作用。

五 着力推进创新常态化

坚持创新驱动发展战略,引导中小企业更加注重创新,增加创新投入,充分发挥中小企业在创新中的重要作用,实现创新发展常态化,推动市场主体递进发展、持续升级,不断强化创新对中小企业成长的持续推动作用。积极发展"众创""众包""众扶""众筹"等新模式,搭建协同创新平台。鼓励与扶持企业开展技术创新、管理创新、制度创新、商业模式创新、供应链创新、物流链创新等，逐渐形成持续创新的体制机制。完善中小企业创业创新的服务体系，打造一批小微企业公共创新平台和高端科创平台，建立助推企业转型升级的科技金融体系，全面增强全省中小企业科技创新能力。

第四节 "十三五"规划重点任务与工程

一 促进中小企业创业兴业

围绕中小企业创业主体培育、创业载体建设、企业梯度培育等关键环节，努力提高全省中小企业创业活力与成长能力。

积极培育创业队伍。努力营造大众创业的良好氛围，着力培育一批新生代企业家和创客。通过引导基金、融资担保、贷款贴息等方式支持创业项目，降低创业门槛，完善创业股权激励政策。加大对海外高层次创业人才的引进力度，鼓励高校、科研院所科研人员和企业高管创业，引导支持大学生和农民工创业。

推进创业载体建设。充分利用国家自主创新示范区、产业集聚区、开发区（高新园区）、小微企业创业创新园（基地）、科技企业孵化器、大学科技园、电子商务创业园、众创空间等现有条件，为创业者提供低成本、便利化、全要素的工作空间、网络空间、社交空间和资源共享空间。加快发展创业网络体系，打造线上线下结合为各类创业者提供技术、成果转化、推广等服务功能的新型创业服务平台。鼓励和支持各市县、省级高新园区以"专业化、企业化、产业化、国际化"为发展方向，建设一批科技企业孵化器（大学科技园），力争做到省级以上开发区科技企业孵化器（大学科技园）全覆盖。

加强企业梯度培育。遵循"个转企、小升规、规改股、股上市"的发展路径，构建重点企业培育库，形成结构合理的中小企业发展梯队。进一步促进浙江省规模以下小微企业转型升级为规模以上企业，科技型小微企业发展成为高新技术企业。推动中小企业在浙江股权交易中心挂牌和融资，促进中小企业在沪深交易所、新三板、区域股权交易市场、港交所等境内外资本市场挂牌上市。

> **【专栏 1】 小微企业上规升级工程**
>
> 1. 小微企业万家上规。以科学发展观为指导，以提升小微企业发展质量和效益为中心，以七大万亿产业和战略性新兴产业中的年主营业务收入 500 万—2000 万元规模的小微企业为重点，建立"小升规"重点企业培育库。尊重市场主体意愿，加强分类指导和服务，重点引导、支持和培育规模以下小微企业转型升级为规模以上企业。通过培育扶持一批、改造提升一批、引导促进一批，力争"十三五"期间实现新"上规"企业 10000 家以上。
>
> 2. 小微企业上规升级专项行动。按照试点示范、分步推进的原则，实施小微企业机器换人、电商换市、创新培育、智能制造、绿色制造、协同创新和协同制造、管理提升、中国智造：浙江好产品、融资服务、法律服务等专项行动，聚焦政策资源和要素资源，促进中小企业转型升级。
>
> 3. 推进中小企业股改上市。依托浙江股权交易中心平台，加大中小企业股改培育力度，重点推进科技型中小企业、创新型中小企业、"小升规"企业股改。创新企业产权机制和治理结构，鼓励符合条件的优质中小企业股权融资，支持中小企业在新三板、创业板、沪深交易所及港交所等境内外资本市场挂牌上市，推动中小企业在浙江股权交易中心挂牌和融资。
>
> "十三五"期间，全省培育 1000 家"小升规"创业之星、5000 家成长型中小企业、5000 家高成长科技型中小企业，形成中小企业创业创新成长梯队。

二 深化中小企业创新发展

深入贯彻创新驱动发展战略，培育中小企业创新主体，鼓励大、中、小企业协同创新发展，建设协同创新平台，加快中小企业知识产权保护和科技成果转化，进一步整合中小企业内外部创新资源和要素，深化中小企业创新发展。

培育壮大创新主体。强化中小企业创新主体地位，鼓励大、中、小企业协同创新，支持中小企业建立实验室、技术中心、工程技术研究中心等研发机构。增强中小企业科技创新活力与核心竞争力，在核心基础零部件（元器件）、先进基础工艺、关键基础材料和产业技术基础等领域重点培育中坚企业，实施"千企攀高"计划和"万企升级"计划，加快发展高新技术企业和科技型中小企业。加快推进基于互联网的商业模式、服务模式、管理模式及供应链、物流链等各类创新，提升中小企业的整体创新水平。

建设协同创新平台。推进中小企业协同创新，鼓励企业、高校、科研院所产需对接，建立官产学研用联盟。积极引导中小企业与装备工业设计企业、工程总承包企业、装备集成制造企业、品牌装备制造企业等省内重点龙头企业展开协同创新，推动建立一批具有代表性的中小企业协同创新平台。扶持有实力的科技型中小企业与国际著名科研机构开展合作，吸引行业高端前沿技术在浙江孵化。

加强知识产权保护和科技成果转化。加强知识产权保护，全面提升企业知识产权创造、运用、保护和管理水平，鼓励中小企业开展知识产权管理贯标。积极促进国内外大学、科研院所等科技成果向浙江省中小企业转移转化，强化产学研合作过程中的技术成果中试和熟化服务。深入开展科技人员服务中小企业行动，深化企业科技特派员制度。引导与扶持创业投资、私募股权等社会资本，以市场需求推动科技成果产业化项目落地。

【专栏2】"互联网+中小企业"工程

1. 构建中小企业互联网"双创"平台。支持中小企业建设基于互联网的"双创"平台，深化工业云、大数据等技术的集成应用，汇聚众智，加快构建新型研发、生产、管理和服务模式，促进技术产品创新、服务创新、商业模式创新和经营管理优化。支持中小企业联合科研院所、高等院校以及各类创新平台，加快构建支持协同研发和技术扩散的"双创"体系。实施新兴产业"双创"行动，建立一批新兴产业"双创"示范基地。

2. 完善中小企业互联网"双创"服务体系。利用各种社会资源，进一步推动中小企业公共服务网络化和信息化，为中小企业提供线上和线下相结合、找得着、用得起、有保障的信息与服务。打造面向中小企业的"一站式"信息和服务在线网络平台，提供政策扶持、技术服务、科技金融、科技中介等的24小时在线整合服务。建立企业创新创业动态数据库，形成监测和评估创新创业服务体系服务中小企业发展的统计方法和工作机制。

3. 推进中小企业制造与互联网融合。面向中小企业的生产制造全过程、全产业链、产品生命周期，实施智能制造等重大工程。大力发展网络化协同制造等新生产模式，推动中小企业制造资源与互联网平台全面对接，实现制造能力的在线发布、协同和交易，打破企业界限，共享技术、设备和服务。积极培育网络营销等新业态，整合线上线下交易资源，拓展销售渠道，打造制造、营销、物流等高效协同的生产流通一体化新生态。

到"十三五"期末，全省建成一批全国知名的"互联网+"创新示范平台、一批"众创空间"和专业孵化器，打造一批"互联网+制造"示范企业。

三　推进中小企业提质增效

落实《〈中国制造2025〉浙江行动纲要》，培育一批适应细分市场需求、与产业链协作配套、具有创新优势的"专精特新"中小企业。

培育创新型中小企业。加强分类指导，完善激励机制，培育一批创新型示范中小企业，发挥示范引领作用。实施"专精特新"中小企业培育工程，构建省、市、县三级创新型中小企业培育梯队，制定"专精特新"评价体系，推动中小企业向"专精特新"方向发展。重点培育七大万亿产业、战略性新兴产业、高新技术产业等领域的中小企业，推进中小企业提质增效。

推进质量品牌提升。全面提升中小企业产品质量，创建中小企业品牌。组织开展国际对标行动，加快先进品牌管理模式推广，引导企业开发有效的品牌管理机制和品牌塑造方法，支持企业建立品牌战略、实施品牌经营、培育品牌文化,培育一批产品质量达到国际先进水平的"浙江制造精品"和"浙江好产品"。以"标准强省"建设为契机,鼓励和支持中小企业参与国际标准、国家标准、行业标准、地方标准和团体标准制修订工作。引导中小企业通过技术改造采用国际先进标准。支持中小企业建立健全标准体系。加强标准宣贯,提高中小企业标准化能力。

提升经营管理水平。引导中小企业加快建立现代企业制度,引入先进管理理念、方法和模式。全面推行以企业资源计划管理、供应链管理、客户关系管理等为重点的信息化管理,加快推行以柔性制造、准时制生产、仓储智能化等为重点的精细化管理,积极推行卓越绩效管理,开展商业模式创新和服务创新。

【专栏3】"专精特新"中小企业培育工程

1. 促进中小企业"专业化"成长。引导中小企业专注核心业务,做强传统产业、做大战略性新兴产业、做优科技型服务业。支持中小企业发展大规模个性化定制服务与制造,利用互联网采集并对接用户个性化需求,推进设计研发、生产制造和供应链管理等关键环节的柔性化改造,开展基于个性化产品的服务模式和商业模式创新,提高中小企业专业化生产、服务和协作配套能力。

2. 提升中小企业"精益化"水平。推广精益生产管理,加强企业精益管理培训和建设,提高绿色精益制造能力,通过降成本、补短板来提升中小企业精益化管理水平。促进中小企业加强产品质量管理,推进产品功能升级和产品材料替代,提高产品寿命和可靠性,培养一批制造工匠,推进产品品质提升。鼓励中小企业加强自主品牌建设,通过培育和优化商标品牌,开展品牌国际化建设,丰富品牌内涵,打造一批驰名、著名商标,挖掘商标经济价值,推进企业品牌提升。

3. 培育中小企业"特色化"发展。支持中小企业特色化发展,鼓励企业研制和采用独特工艺、技术、配方、原料等,生产个性鲜明的产品，提供独具特色的服务，通过特色化定位为企业创造竞争优势。加强企业技术创新和成果转化，围绕关键环节和技术瓶颈开展核心技术项目攻关。鼓励企业加强知识产权创造、保护、管理和运用，通过专利、商标、版权、商业秘密等多种方式形成具有自主知识产权的特色化产品和服务。

4. 推进中小企业"新型化"制造。重点推动智能制造技术在中小企业中的运用和推广，加快推动云计算、物联网、智能工业机器人、增材制造等技术在中小企业生产过程中的应用，推进生产装备智能化升级、工艺流程改造和基础数据共享。开展中小企业"互联网+制造"示范试点工程，支持企业加大技改投入，应用现代信息技术向产业链高端延伸，开展智能制造、网络制造和虚拟生产试点，推进传统制造向智能制造转变。

到"十三五"期末，培育一批在国际市场具有相当竞争力、细分行业领先的"专精特新"中小企业。

四 加强中小企业人才建设

引进和培育中小企业各类人才，完善和支持中小企业人才成长的体制机制，强化中小企业人才培育。

引进和培育各类人才。引进海内外高层次人才创业，大力实施"千人计划"、领军型创业创新团队培育引进计划，激发各类人才创业创新活力。实施大学生创业计划，鼓励高校开设创业创新课程，建立健全大学生创业指导服务专门机构，推进高校创业教育学院和大学生创业园建设，为大学生创业提供场所、公共服务和资金支持。积极推动大专院校、科研院所专业技术人员向创新型中小企业转移，探索研究型企事业单位与创新型中小企业之间的人才柔性流动机制。

培育工匠精神。以"工匠"精神为指导，加强企业家素质培养和能力提升，打造具有现代工匠精神的企业家队伍和职业经理人团队。以技能竞赛、行业标兵评比等为抓手营造工匠氛围，鼓励中小企业不断提升技术人员的专业技能水平，提高业务素质，打造一流技术人才和具有良好素质的产业工人队伍。强化中小企业专业技能的工艺传承，推出精益求精、标准化设定等工艺品牌。加大对专业技能型人才的激励力度，培育专业技能型人才的"培养+考核"机制，构建全方位、多层次的中小企业专业技能人才培养体系。

建设人才培训基地。建设中小企业各类专业技术人才的培训、学习基地和平台。加强中小企业创业辅导师队伍建设，为中小企业发展提供专业化、个性化诊断、培训和辅导。积极推进技工学校、高等职业技术学校等应用型人才基地建设，探索产业导向的订单式新型人才培养机制。扩大个性化人才培养需求，加大对中小企业发展需求相关人才培训的支持力度。

【专栏4】 中小企业人才培育工程

1. 提升企业家素质。加大中小企业家培训力度，鼓励高校等社会机构参与培训工程，造就一批创新型企业家、领军型企业家，进一步加强企业接班人的培养。以成长型中小企业、创业之星企业、创新型中小企业、"专精特新"中小企业、科技型中小企业为主要对象，每年完成500人次以上的企业家培训。

2. 培养职业经理人。切实加强企业发展急需的政策法规、战略管理、财务管理、资本经营、人力资源、市场营销、品牌管理、安全生产等方面知识的培训，造就一批服务中小企业的现代企业经理人，每年完成2000人次以上职业经理人培训。

3. 培养专业技能人才。加强中小企业专业技能人才培养，围绕制造强省建设的重点产业领域，培养大批各类专业技能型人才，造就一批满足现代产业要求的工匠，每年完成10万人次的专业技能人才培训。

到"十三五"期末，对全省成长性中小企业的主要经营者、企业家进行创业创新培训，全面提升浙江省企业经营者的现代管理知识、理念。

五 推进中小企业集聚发展

以现代产业集群、特色小镇为支撑，引导大、中、小企业集聚发展,促进中小企业融入产业链,建设中小企业产业创新联盟,打造产城人融合的中小企业创新集群。

推进现代产业集群示范基地建设。积极引导中小企业进入15个产业集聚区和42个现代产业集群转型升级示范区。促进中小企业融入产业链,促进集群内企业建立产业联盟,提升集群内专业化分工与协作程度,完善集群内协作配套体系。按市场机制积极构建产业技术创新战略联盟、企业联盟等,引导大中小企业集聚发展。

推动小微企业创业创新园(基地)建设。围绕各种园区、社区、特色小镇等,进一步建设一批小微企业创业创新园(基地),坚持产业好、生态优、亩均强、配套齐的标准,为小微企业提供创业创新载体。围绕提升小微企业创业创新园(基地)服务能力,积极对接电信运营商、软件服务商、智慧服务集成商,推进智慧小微企业创业创新园(基地)建设。

依托特色小镇打造中小企业创新集群。依托特色小镇建设,重点集聚一批中小企业配套产业,鼓励中小企业作为当地支柱企业的原料基地、生产车间、加工环节,促进企业之间分包经营、特许经营、持股、联合销售等多种形式的合作。按照特色小镇产业定位,加强与"互联网+"、智能制造等先进技术的嫁接,建立与现代经济相吻合的产业和服务体系,培育发展并集聚一批高新技术企业和科技型中小企业集群。鼓励中小企业与科研机构、大企业等共同建设产业创新联盟,鼓励和支持产研院和其他共性技术研发机构建立开放的创新网络,强化联盟间的联动机制建设,促进产业集群向创新集群转变。

【专栏5】推进"特色小镇"与中小企业协同工程

1. 加快"特色小镇"中小企业集聚发展。聚焦信息经济、环保、健康、旅游、时尚、金融、高端装备制造等支撑浙江省未来发展的七大产业,兼顾茶叶、丝绸、黄酒等历史经典产业,坚持产业、文化、旅游"三位一体"和生产、生活、生态融合发展,重点集聚一批围绕产业链形成的具有紧密分工协作关系的中小企业,促成企业间有机联动和集聚发展。

2. 围绕"特色小镇"建设中小企业创业创新平台。结合浙江特色小镇，引导和建设以网络服务、知识产权服务、工业设计、融资服务等为特色的高水平创业创新平台，注重产学研用"四螺旋"驱动，建立开放式产业创新联盟来整合国际国内、产业院所、厂家用户等多种资源的创新网络，引导、鼓励中小企业实施开放式创新和嵌入式创新，培育形成新兴产业高地，使其成为七大万亿产业的新增长极。

到"十三五"期末，在100个省级"特色小镇"创建一批省级小微企业创业创新园（基地），孵化成功一批高新技术创业企业、成长型企业、"互联网+"创业企业，初步形成产城融合发展模式。

六　促进中小企业绿色发展

积极引导中小企业树立绿色发展理念，推广绿色工厂，培育绿色园区，打造绿色供应链，加快构建绿色制造体系。

构建绿色制造体系。鼓励中小企业开展清洁生产，推行循环经济，严格执行环境保护法律法规，提高企业绿色创新和经营的主动性、自觉性。加强节能环保监察，引导企业开展绿色标志认证工作。积极培育节能环保等新兴产业，进一步降低企业能耗、物耗等生产成本，增加绿色产品供给，引导绿色消费。

加强污染物减排与资源循环利用。推广应用先进减排技术和工艺，严格控制污染物排放，加快发展循环经济。严格执行环境保护、节能降耗标准，加大"低小散"整治力度。加快节能、节水的新技术、新产品推广应用，引导企业应用先进适用技术实施节能、节水改造。贯彻执行强制性清洁生产审核和持续清洁生产审核制度，加快清洁生产技术的应用推广，培育创建一批清洁生产示范企业和绿色企业。

加强安全生产管理。牢固树立中小企业安全生产理念，完善安全生产技术规范和标准。鼓励企业运用现代信息技术改善安全技术措施，加快重点行业、重点领域安全生产进程。加强安全生产舆论引导和重点产业领域安全隐患排查治理，鼓励企业开展安全生产教育。普及安全生产知识和技能培训，重点强化中小企业一线员工安全培训，推动中小企业安全生产培训的制度化和规范化。

【专栏6】中小企业绿色制造工程

1. 推进绿色制造试点示范。每年向中小企业推广应用一批节能节水新技术、新产品，培育一批清洁生产示范企业和园区，建设一批绿色企业、绿色园区，降低工业废弃物排放。

2. 大力发展循环经济。着力在产业集聚区、工业园区、小微企业创业创新园（基地）推行企业循环式生产、产业循环式组合、园区循环式改造，推进生产系统和生活系统循环链接，推动建立绿色低碳循环发展产业体系，深化资源回收利用。

3. 加大"低小散"整治力度。制定重点行业淘汰落后产能计划，加快提升技术标准、环保标准、能耗标准，倒逼企业加快落后产能淘汰改造。加快对污染物排放、安全生产问题突出的"脏乱差"和"低小散"企业（作坊）的整治。到"十三五"期末，力争淘汰5000家企业的落后产能、淘汰整治50000家"脏乱差"和"低小散"企业（作坊），建设一批"清洁生产"示范企业，使资源循环利用率明显提高。

七 推动中小企业开放发展

依托改革开放先行区的优势，进一步拓展对外开放的广度和深度，全面提升浙江省中小企业国际化水平和层次。

主动融入"一带一路"建设大局。进一步提高中小企业参与国际市场竞争意识，为中小企业提供"走出去"、参与"一带一路"的政策、市场、产业合作等信息，培育一批中小企业国际投资合作的中介服务机构，支持企业参加国际展览会和展销会。

鼓励中小企业国际合作。鼓励企业开展跨国并购、国际合作、建立海外研发机构，引进国外高新技术企业、科研机构、高层次海外华人在浙江落户。支持社会组织、企业在浙江举办国际产业、技术交流活动，开展多种形式的合作交流,加大引进国外高新技术的力度与步伐。

引导中小企业参与国际竞争。加强大中小企业协同合作,以全产业链的方式推进国际产能合作,在境外建立产业集聚区、工业园区、经贸合作区,开展"集群式"国际产能合作。进一步开展跨境电子商务,搭建跨境电子商务平台,通过与"平台型"大企业合作,"以大带小"合作出海。鼓励中小企业发挥各自优势,联合抱团"走出去"。

【专栏7】中小企业"走出去"促进工程

1. 构建企业国际合作平台。充分利用宁波港一体化、义乌国际贸易综合改革、杭州和宁波跨境电商四大平台,引导中小企业参与国际技术经济合作和投资贸易合作,强化要素全球化流动。将浙洽会、消博会、义博会、西博会等建成"一带一路"的重要桥梁和纽带。支持浙企加强与全球500强、全球新兴产业领军企业、央企、军企的全方位对接合作,提升产业层次。

2. 培育"走出去"龙头企业。加大对龙头骨干企业的培育力度,进一步实施企业家和专业人才境内外培训计划,支持有条件的企业"走出去"。鼓励中小企业与龙头企业合作,共同参与全球价值链分工,进一步提高浙江省在全国乃至全球的资源配置和市场控制能力。

3. 打造"浙江制造"国际美誉度。推动企业按照国际通行规则参与国际市场,鼓励有条件的企业参加各类国际认证,开展商标国际注册、收购国际品牌,加强品牌整合,合力打响"浙江制造"品牌,提升浙江品牌国际竞争力。

到"十三五"期末,推动一批浙企走向国际化,打造浙江制造国际美誉度,形成若干境外产能合作示范基地。

八 完善中小企业服务体系

加强中小企业公共服务平台网络建设,创新中小企业公共服务模式,培育发展社会化服务机构。

加强公共服务体系建设。加强省、市、县（市、区）三级中小企业综合性服务机构建设，完善以中小企业公共服务平台网络为主体架构的公共服务体系，优化协同服务机制，强化运营管理和绩效考核，扩大公共服务平台覆盖面，服务节点和服务重心向乡镇街道和各类园区拓展延伸，注重发挥行业协会、商会等社会组织的积极作用，提升公共服务的能力和针对性、实效性。

创新公共服务模式。利用互联网、大数据、云计算、物联网、移动互联网等新一代信息技术，为中小企业提供更加精准有效的服务。在总结试点工作经验的基础上，推广应用科技创新券、服务补贴券等新型公共服务模式，加快推进通过政府购买服务扶持促进中小企业发展。发挥高校及科研机构的科技人员、退休工程师等专家作用，组成一支服务中小企业创业创新的顾问团和指导师队伍。

发挥社会化服务机构作用。以中小企业服务联合会为平台，联合汇聚各类优质服务资源，培育发展一批社会化、专业化、市场化的中小企业服务机构，推进分类指导和服务。研究制定中小企业服务标准，规范企业服务市场，提升社会服务机构能力，拓展服务领域和服务内容，组织开展优秀中小企业服务机构评价认定，树立一批中小企业公共服务示范平台。

【专栏8】中小企业公共服务体系建设

1. 延伸中小企业公共服务平台网络节点。在现有"1（省枢纽服务平台）+11（市综合服务平台）+42（产业集群窗口服务平台）"的基础上，推动产业集群窗口服务平台发展为县（市）级窗口服务平台，基本实现中小企业公共服务平台网络节点在县（市）级全覆盖，鼓励各地服务平台的服务节点向乡镇（街道）和园区延伸，设立服务站或联络点。

2. 推广小微企业服务补贴券模式。总结温州、台州、嘉兴等地开展服务券试点工作和科技厅设立科技创新券的做法与经验，在全省推广小微企业服务补贴券模式，更好地为重点培育小微企业提供针对性服务，以政府购买服务方式降低小微企业成本、助力企业成长，提高财政资金的使用绩效，发挥放大效应。

3. 整合利用社会化服务机构资源。大力培育生产性服务业领域的新型服务主体，鼓励各类专业服务机构为中小企业提供优质服务，全省每年组织开展公益辅导、服务对接、现场咨询等各类小微企业服务日活动1000场次以上。探索建立社会化服务机构中小企业服务标准，形成服务监督和评价机制，推动服务机构规范发展和服务质量提升，每年评选一批优秀中小企业服务机构。

到"十三五"期末，浙江省中小企业服务体系进一步完善，中小企业的公共服务能力、服务质量明显提高。

九 优化中小企业发展环境

逐步改善中小企业发展环境，加强公共政策扶持力度，落实企业减负行动，建设多渠道、多元化的融资平台，完善融资性担保服务，探索再担保服务，为中小企业发展营造良好环境。

加强公共政策扶持力度。抓好各项公共扶持政策贯彻落实，指导中小企业用足用好各项扶持政策。重点围绕中小企业创业创新这一主线，进一步完善和贯彻落实创业创新、融资担保、财政支持、税费优惠、市场开拓、公共服务体系建设等方面的专项扶持政策，切实加大对中小企业创业创新的引导扶持力度。加大各级财政对中小企业发展的资金支持，突出支持重点，完善支持方式。

落实企业减负行动。继续清理涉及中小企业的各项不规范收费，规范行政事业性收费和经营服务性收费行为，减轻中小企业负担。落实企业减负的相关政策及措施，积极开展"企业减负"专项监督检查，切实降低企业制度性交易成本、税费成本、融资成本、物流成本、人力成本等生产经营成本。

建设多元化融资渠道。加大财政支持力度，引导推进更多金融机构向中小企业提供融资，拓展中小企业融资渠道。推广中小企业集合债、中小企业转贷基金等多元化中小企业融资服务。着重解决创新风险分担和新建科技企业的融资问题。创新融资方式和融资渠道，引导民间资本、风险投资、天使投资等各种资本投向创客企业。

完善政策性融资担保服务体系。以政府为主导，推动以政策性担保机构为主、大型商业性担保机构和基层互助型担保机构为辅的"一体两翼"担保制度体系，不断优化融资担保行业资源配置。建立风险共担机制，不断完善风险补偿机制，健全企业再担保体系，推进中小企业信用评级机制建设，加强行业信息披露，优化银企合作关系，实现融资担保监管的规范化。

【专栏9】中小企业融资服务体系建设工程

1. 中小企业产融结合创新试点。积极发挥天使投资、风险投资等相关基金等对中小企业创业创新的引领作用。探索股权和债权相结合的融资试点，降低创新型、成长型中小企业的上市准入门槛，支持企业在各类股权交易市场挂牌。推广中小企业集合债、中小企业引导基金等多元化中小企业融资服务。

2. 完善中小企业融资担保体系。以政策性担保机构为主导，鼓励地方政府出资设立服务本地小微企业融资的政策性担保机构，引导并扶持一批商业性担保机构做大做强，形成可持续经营的商业化运作模式；扶持一定数量的互助型担保机构扎根县城、乡镇，做小做精、做专做优，形成特色化的经营模式。探索中小企业融资担保模式创新，引导社会资本进入中小企业融资担保行业，加强融资担保行业的风险防范。

3. 创新知识产权金融服务。进一步推动金融机构开展中小企业知识产权金融服务创新，大力推广商标专用权、专利权、版权等知识产权质押融资业务。鼓励建立小微企业信贷风险补偿基金。

4. 健全完善再担保和保险机制。不断提高再担保覆盖率，对符合条件的融资担保机构，积极提供承担连带责任的比例再担保和一般保证责任再担保，提升融资担保机构的管理水平和抗风险能力，扩大中小企业融资担保业务规模。鼓励各地探索建立保证保险等多种方式的风险分散机制。

> 到"十三五"期末，中小企业融资多元化程度明显提高，中小企业直接融资比重进一步上升，风险资本成为中小企业创业创新的重要支撑。

第五节 "十三五"规划保障措施

一 切实加强组织领导和监督考核

发挥好省促进中小企业发展工作领导小组及其办公室的作用，进一步加强对中小企业工作的统筹规划、组织领导和政策协调。全省各地中小企业主管部门要切实加强职能建设，发挥牵头和综合管理作用。各级相关部门单位要按照职责分工，各司其职、各负其责，积极开展小微企业相关工作，创新工作方法，形成工作合力，共同推进小微企业健康发展。建立健全考核监督机制，加强督促检查和实施绩效评估，确保各项重点工程和工作任务落到实处。

二 加大政策法规宣传和政策扶持力度

进一步营造有利于中小企业发展的政策法制环境，加大《中小企业促进法》《浙江省促进中小企业发展条例》和《浙江省企业权益保护规定》等法律法规规章和有关政策宣传力度，贯彻落实好已经出台的各项规章制度和政策措施。按规定用足用好省级中小企业发展专项资金和科技型中小企业扶持专项奖补资金，提高使用绩效。加大对小微企业上规升级、中小企业转型发展、"专精特新"中小企业培育的支持力度。鼓励扩大服务券、创新券的使用范围，逐步推进创新券在委托开发、技术咨询、技术服务等方面的应用，降低科技型企业创新活动成本。探索建立中小企业发展基金制度体系，加强与国家中小企业发展基金的对接，引导带动社会资本，加大对种子期、初创期、创新型、成长型中小企业的投资力度，促进中小企业创业创新发展。

三 完善法制和信用体系建设

贯彻落实《中小企业促进法》，修订完善《浙江省促进中小企业发展条例》，进一步完善促进浙江省中小企业发展的法律法规。优化中小企业诚信经营的法制环境，加强诚信经营理念宣传，形成良性的创业创新氛围，建立由政府、企业、行业主管部门、金融机构等共同参与的中小企业及其从业人员信用管理体系，加强对中小企业诚信经营和从业人员诚信就业的管理。加强知识产权宣传，强化知识产权保护与管理，严厉打击各种侵权行为。

四 强化资源要素保障

大胆探索和创新针对中小企业的金融产品和金融服务，建立和完善区域性金融服务体系。积极探索和创新中小企业用地评价和供给制度，各地应依据土地利用总体规划和城乡建设规划，坚持节约集约用地原则，优先保障中小企业尤其是创新型、科技型和成长型中小企业发展的用地需求。积极营造良好的引人育人留人用人的环境和制度，大力引进和培养创业人才、技术人才、经营管理人才、中介服务人才等。发挥中小企业公共服务平台功能，形成服务的长效工作机制。

五 加强运行监测分析和企业权益保护满意度测评

建立和完善中小企业的分类统计、监测、分析和信息发布制度，逐步建立中小企业运行监测、风险防范和预警机制，加强中小企业的统计分析和重点监测工作。开展企业权益保护满意度测评工作。完善中小企业运行监测指标体系，加强中小企业运行情况的研究和分析，提高运行监测工作的科学性、系统性和及时性，为制定和完善促进中小企业发展的政策措施提供支撑。

第十七章

破解中小企业连环倒闭案例研究报告

资金链断裂是造成中小微企业濒临连环倒闭的直接原因，其直接根源是现有金融制度缺陷。因此，各地区、各部门都在探讨解困路径，以解决制度缺陷造成的小微企业连环倒闭问题。杭州新模式——中小微企业转贷引导基金最独具特色，风险最小，深受广大小微企业欢迎。杭州市中小微企业转贷引导基金成立近一年来，政府首期出资2000万元，吸纳社会资金6000万元，基金运转近50次，帮助中小微企业转贷25亿元，为企业节省支出3000万元。该转贷基金不仅弥补现行金融制度下流动资金"先还后续"给中小微企业带来的困境，为中小微企业排忧解难，有效地破解因此造成的中小微企业连环倒闭现象，而且发挥了政府扶持资金四两拨千斤的作用。本报告调研杭州市中小微企业转贷引导基金的运行模式、发展优势及实施效果，为解决中小微企业融资难、融资贵提供新思路、新方案与经验，对扶持浙江省中小微企业发展，鼓励、引导和规范民间资本进入金融服务领域，具有重要的借鉴意义与启示。

第一节 中小微企业连环倒闭的原因分析

小微企业贷款分为流动资金贷款与固定资产贷款。流动资金贷款需求是量大面广，而固定资产贷款则是根据扩大再生产需要。对于小微企业来说，由于缺乏固定抵押物，因此，无论流动资金还是固定资产贷款都需要担保,因此,往往形成了贷款担保链,一旦一家企业出现银行抽贷、贷款周转出问题,就会波及几十家甚至上百家企业贷款被抽贷,小微企业正常经营立即被打乱,出现连环倒闭现象。

现行金融制度下,企业流动资金贷款以12个月为期限,到期以后,必须先归还贷款入账,银行才能审核续贷。这样就出现了两个问题:一是中小微企业流动资金是在生产流通中周转,无法筹集现金归还银行贷款;二是从归还到续贷款到账会出现一个资金断档期,若临时资金紧缺,这个"断层"如何弥补?多数中小企业选择从"投资咨询公司""担保公司""寄售行"获取"高利贷",而企业的正常经营往往因筹资还贷而被打乱。与此同时,不少银行采取了压贷、抽贷、延贷的手段以保证银行的资金安全,给现金流已经出现断裂迹象的企业雪上加霜,更使企业背负起高额的民间"高利贷"。不少企业的资金链就是由此断裂,中小企业徘徊于倒闭边缘,只要一家企业资金链断裂,就会引起骨牌效应,产生中小微企业连环倒闭现象。

我们调查发现,资金链断裂首先受打击的是当事企业,由于资金链断裂,企业无法正常运转,生产停滞,工人失业。同时,由于中小微企业的担保链存在,通过贷款担保的传递作用,引发大批企业同时倒闭,给社会经济的正常运行和发展带来巨大的障碍,甚至会导致整个经济体系瘫痪,从而引发经济危机。2011年,温州大批中小微企业因为资金链断裂纷纷倒闭,引发中小企业老板"跑路潮"就是一个典型例子。又例如,杭州天煜建设于2011年12月20日被法院查封,2012年1月起,受天煜建设影响,为其互保、联保的多家企业开始遭遇银行收贷。之后,这场始于天煜建设的借贷危机因错综复杂的互保、联保关系不断传染、蔓延、辐射,引发了50多家企业的资金链危机。

我们跟踪调查发现,为了解决中小微企业融资难问题,全国各地陆续推出相关补救政策措施,以保障中小企业持续健康发展,有效防范和化解企业因资金周转困难发生资金链断裂的风险,维护企业有序经营和社会稳定。浙江省政府出台了"一揽子"配套扶持政策,其中包括省财政出资10亿元专门建立中小微企业再担保基金,为全省融资性担保机构开展小微企业担保业务提供再担保;温州市政府也推出"一揽子"救市措施,要求银行不抽资、不压贷,并协助银行了解贷款企业情况,按照"属地管理、一企一策"的原则，切实为中小企业解决问题，强化对小额贷款、民间借贷等方面的规范、监管和服务，全力保障温州金融稳定和发展，防止中小企业出现资金链断裂；同时，多地相继成立"企业转贷互助基金""企业互助担保基金""社会转贷基金""政府应急转贷基金""资金池""共同基金"，给面临资金链断裂的中小企业紧急输血，遏制中小企业资金链断裂现象蔓延的趋势，缓解经济下滑的压力。然而这些措施往往只针对当地重点企业，惠及面较窄，而且属于事后挽救措施，无法事先预防中小微企业资金链断裂的发生。另外，此类政策措施具有阶段性，只有当地区大量中小企业遭遇资金链断裂时才会实行，具有很大的局限性。

第二节 杭州市中小企业转贷基金运行模式及效果

鉴于现行金融制度与中小微企业融资状况，本着"为中小微企业排忧解难，营造和谐金融环境，服务中小实体经济发展"的功能定位和运作思路，从切实解决中小微企业转贷困难，有效地保障工业企业资金链安全和基金规范运作、严控风险出发，通过与国内其他"社会转贷基金和政府应急转贷基金"的反复比对、分析和研究，为更好地发挥中小企业转贷引导基金的功能作用，惠及更多的中小微企业，杭州市经济和信息化委员会发起设立杭州市中小企业转贷引导基金，由市财政局共同管理。按照"服务企业、微利经营、规范运作、严控风险"的原则，基金支持中小微企业发展，鼓励、引导和规范民间资本进入金融服务领域，发挥政府扶持资金四两拨千斤的作用，帮助中小微企业解决贷款过程中的"融资难、还贷难"等问题，保障杭州市中小微企业正常有序运转，有效防止中小微企业因续贷、转贷而引发资金链断裂以及企业连环倒闭等现象发生。此举符合杭州地方实情，具有独特作用和优势，有效地改善了杭州中小微企业的融资环境，实施效果明显，也获得了社会各界和企业的一致好评。

一 运行模式与优势

杭州市中小企业转贷引导基金融合了政府应急转贷基金与民间资本转贷基金，将政府引导推动与市场机制相结合，以此实现有限的政府资源撬动潜力无限的社会资源。同时，该基金面向纳税所在地杭州市范围内、符合产业导向，企业运行正常、自身转贷困难，符合银行续贷条件的中小微企业，具有普惠特征。

对于企业而言，准公共转贷降低企业融资风险，转贷更为有保障。杭州新模式为进一步提高基金使用效率，为中小微企业提供更为专业、便捷的融资咨询、融资指导和申请转贷等全方位、"一站式"服务，使中小微企业将主要精力、时间投入企业经营中。企业申请使用本基金不用政府审批，程序简单、快捷。银行承诺在一定期限内为企业续贷的前提下，由转贷引导基金垫资为企业偿还贷款。在银行向企业发放全部贷款后，这笔贷款应直接转账至转贷引导基金指定的银行账户。在整个流程中，企业只支付了服务费（转贷收取利息、服务费和风险准备金三项费用合计每天不超过 0.1%，一般 2—3 个工作日即可完成）。对于转贷基金而言，资金直接在银行和担保方之间流动，避免企业拿到还贷资金却不还贷的风险。

杭州市中小企业转贷引导基金独具先进性及优势。首先，该基金由政府主导，市经信委与银行联手合作，帮助企业顺利完成转贷，不影响企业信用记录，解决了企业的后顾之忧。

其次，为民间金融实现规范化、阳光化开辟通道。一般而言，民间资金更多地像一股"暗流"在地下涌动，如何通过金融创新，让其涌到地上来，转化为中小实体经济投资，亟须进行积极的探索和突破。转贷引导基金为民间资金的投融资搭建新的平台和载体，引导规范了民间资金进入金融服务领域，重点支持中小微企业发展，实现了有限的政府资源，撬动潜力无限的社会资源。

另外，转贷引导基金作为政府引导基金，通过发挥政府资金的杠杆作用，吸引各类社会资本、民间资本和境外资本，放大政府对地区产业转型升级投资机构的导向效应和对企业发展的支持效应，具有准公共性和低盈利性。

二 运行效果

截至 2013 年年底，杭州市中小企业转贷引导基金经人民银行杭州中心支行同意，分别在杭州联合银行、杭州银行和建设银行开设了转贷资金专用账户，账户由合作银行作为第三方监管行。基金已对杭州华一塑胶有限公司、杭州钱塘塑料制品厂等46家单位，共48笔业务进行转贷支持，累计发放贷款32511万元，平均每笔业务两天内完成，累计为企业节省转贷成本396.01万元。

据我们对使用转贷基金企业的调查，企业人员规模基本在15—300人，涉及塑料化工、制造加工、食品加工、印刷等多个行业，注册资本为30万—1000万元，属于小微企业。以往企业转贷，有17%的企业是通过人脉关系相互借贷，有78%的企业主要依赖民间高利贷资金，因民间借贷资金的不确定性，故单笔转贷还需通过多个途径解决。拆借资金周转成本平均每天为3‰，一般需要5—10天，企业每年转贷成本平均占其财务成本的25%（财务成本＝借贷利息＋转贷成本），杭州市通过转贷引导基金，大大降低了企业财务成本，还可减少企业在人力、物力上的投入。此外，杭州市转贷引导基金不仅提供转贷引导资金，而且提供经营管理咨询、融资策略等服务。不仅让中小微企业受益，而且有利于引导民间借贷行为，净化了金融市场，减少民间贷款纠纷，有效地保障了小微企业正常生产经营。同时，也进一步规范了银行、信贷员的续贷审批程序。到2013年年底，政府专项资金增加到3000万元，加上吸纳的社会资金，转贷基金总额达1.2亿元，合作银行达7家，可帮助中小微企业实现转贷25亿元，为企业节省支出3000万元。

第三节　对策与建议

一　加大支持力度，壮大资金规模

扶持和培育中小微企业发展，鼓励、引导和规范民间资金支持中小微企业发展，已引起各级政府的高度重视。转贷引导基金源于政府专项资金，引导社会（机构）资本注入方式组建而成。杭州市经信委发起并筹建转贷引导基金，利用政府专项资金为种子，总规模2.5亿元，预期五年内到位，按照政府资金和社会资金1∶3的比例放大，注入杭州市中小企业服务中心（事业）全资的杭州中小企业服务有限公司来设立转贷资金。但对于庞大的中小微企业群体的需求来说，转贷资金的规模还需进一步扩大。

二 复制成功经验，推广杭州新模式

杭州市中小微企业转贷引导基金的推广使用，可以有效缓解中小微企业在转贷过程中骤增的资金链压力，避免因转贷导致资金链断裂而出现连环倒闭，确保企业正常生产经营活动不受影响，不仅大大提高了财政扶持资金的效率，降低了中小微企业融资成本，而且净化了民间融资市场，降低因民间高利贷而引起的金融纠纷，减少社会不安定因素和风险事件。同时，转贷引导基金可以通过吸引社会资金实现放大，再通过规范化的操作流程帮助企业顺利转贷，其"四两拨千斤"以及对中小微企业的普惠作用无疑是明显的。

杭州转贷引导基金的成功设立与运行为中小微企业融资创造了新模式，这种模式可以在中小微企业发达的地市县复制，从而构建多层次中小微企业转贷引导基金，切实解决小微企业融资难、融资贵问题。各级政府应该切实加强投入，扶持转贷引导基金建设与发展。

三 加强品牌宣传，提升自身能力

目前，中小微企业转贷引导基金尚处于起步发展阶段，基金规模十分有限，服务企业数量有限，社会认知度不足，因此，应该加强转贷引导基金的宣传，进一步规范基金管理制度，开展基金理论研究、论坛研究，促进转贷引导基金在更大范围形成。进一步提高知晓度，扩大惠及面。同时，加强基金管理人员的专业知识培训，不断扩充专业人才队伍，引入服务企业理念。根据转贷业务的运行情况，进一步细化、完善业务流程，确保转贷业务逐步有序、稳妥细致地推进。努力提升服务能力，扩大合作银行的范围。目前，除了杭州银行、联合银行和建设银行已经开展转贷业务，浦发银行、民生银行也将加入转贷合作的队伍，与银行的合作提升到管理层次。

四 加强政策与法律指导，完善风险管控机制

中小微企业转贷引导基金的发展离不开政策法律的支持，地方政府部门应根据《中小企业促进法》，充分结合地区的实际情况，制定相关基金的法律地位与政策保障，确保中小微企业转贷引导基金运行有法可依。中小企业转贷引导基金建立在信用基础之上，因此，政府应加强中小微企业信用体系建设，提高对中小企业的监管力度，建立和完善中小企业信用评级制度。同时，加强对民间金融阳光化和民间金融规范化的

法律支持，建立一个规范民间融资活动的秩序框架，在加强监管、不断完善对其管理的同时，为民间借贷构筑一个合法的活动平台，以规范、约束和保护正常的民间借贷行为。

风险控制是基金项目长远发展的重中之重，要完善转贷引导基金风险管理体系。研究转贷引导基金信用评价体系，开展转贷引导基金评价，建立基金信用档案，严格控制中小微企业申请者的信用记录，从源头管控基金风险。

第十八章

浙江省振兴中小实体经济政策研究报告

近年来，浙江省委、省政府坚持供给侧结构性改革主线，实施以转型升级"组合拳"为主的系列措施，虽取得显著成效，但全省中小实体经济仍面临有效投资不足、要素成本上升、企业收益下降、产业调整较慢、创新驱动不强"五大困境"。基于此，课题组依托中国国家社科基金重大项目和浙江省社科规划重大项目开展调查研究，分析借鉴先行国家经验，提出全面振兴浙江省中小实体经济的路径及政策建议。

第一节 当前浙江省中小实体经济发展面临五大困境

中国经济已进入中高速增长的新常态，经济结构调整刚刚开始，伴随出现经济"脱实向虚"的现象，中小实体经济（尤其工业经济）将更加严峻和困难，课题组基于前期研究成果，对浙江省当前中小实体经济面临问题归纳如下。

一 有效投资支撑不足

据测算，"十二五"期间浙江省中小实体经济固定资产投资年均名义增长率为14.7%，而同期房地产、金融加基础设施固定资产投资增长率为20.4%，考虑到规下企业未计入统计数据，两者之间的实际差距超过50%，而同期广东省两者之差仅为1.1个百分点，江苏省基本同步。这些数据充分表明，浙江省资金"脱实向虚"已较为严重，中小实体经济"供血"不足。

二 实体收益沦为洼地

受国内外需求增速下降、生产成本提高等多重因素综合作用,浙江省中小实体经济边际收益逐年下降,2015年全省工业企业主营业务平均利润率(税后)仅为4.2%,只有江苏的85%、上海的75%。可见,浙江省中小实体经济自我"造血"功能进一步减弱。

三 要素成本不断上升

随着浙江省人均GDP突破万美元关口,各项要素价格不断上升,2016年浙江省在职职工年人均工资为66668元,而安徽为55139元、四川为58915元;企业用电成本为0.687元,而安徽为0.646元、四川为0.535元,浙江省企业成本优势已经不存在。同时,劳动力供应下降,2011—2015年浙江省制造业城镇单位就业人员连续五年出现1%—2%的负增长,同期,广东、江苏、河南等省份却以10%的速度增长。

四 产业结构调整任务艰巨

浙江省十大传统产业主营业务收入占比明显偏高,2015年为39.54%,显著高于全国平均水平,同期,江苏、广东及河南仅为30%左右。虽然近年来杭州市信息经济、高端装备等新兴产业发展迅速,但全省产业结构优化任重道远。

五 创新驱动能力没有形成

"十二五"期间,浙江省全社会研发支出年均增长率仅为15%,与全国平均水平大致相当。2016年企业科技活动经费支出占销售产值比例不到1.4%,与日本、美国等发达国家3%的水平相差明显。创新资源投入无论从数量或者质量方面均与经济地位存在较大差距,创新尚不能成为新动能。

第二节 全面振兴浙江省中小实体经济的三大原则

一 振兴中小实体经济必须以供给侧结构性改革为主线

当前中小实体经济困境在于供需结构失衡、金融与中小实体经济失衡、房地产与中小实体经济失衡等,因此,必须加强供给侧结构性改革,深入推进"三去一降一补",矫正要素配置扭曲;要坚定不移打好"提标""育新""汰劣""扶优"等振兴中小实体经济组合拳,把"浙江制造"打造成"中国制造"的新标杆。

二 中小实体经济与虚拟经济要融合发展

"虚""实"并非对立关系,既要传统实体产业的筋骨,也需要商业、流通业、金融、互联网等充实血肉。只有中小实体经济、虚拟经济融合共生,经济发展才能可持续。浙江省作为国家信息经济示范区和两化深度融合示范区,具有"互联网+"基因,要加快推动虚拟经济与中小实体经济融合发展,选择若干传统产业集聚地,推进"传统产业+互联网、工贸一体化"等试点工作。

三 传统产业改造提升与新兴产业培育发展要两手齐抓

培育新动能,绝不是放弃传统产业而另搞一套标新立异的产业体系,新兴产业发展必须依赖于传统产业所形成的技术积累、制造能力和产业组织等基础的支撑。当前,浙江省新旧动能转换慢的重要原因在于传统产业比重较大但增速慢,而新兴产业虽然增速较快但体量仍旧较小。因此,要把传统产业改造提升放在突出位置,用高新技术嫁接传统产业,用新技术、新业态、新模式对传统经济进行改造升级;同时顺应新一轮科技革命和产业革命趋势,加速推进战略性新兴产业和高新技术产业发展,培育产业增长新动力,由此形成中小实体经济振兴的"双引擎"。

第三节 全面振兴浙江省中小实体经济的五条建议

课题组通过借鉴日本、德国与韩国等中小实体经济发展经验,提出全面振兴浙江省中小实体经济的政策建议。

一 疏堵金融之水,浇灌实体经济

首先,要堵住社会资金违法、违规流通渠道,严格修补金融制度漏洞,例如,"圈钱式"IPO、空转套利,金融监管不严,违规处罚力度不够等制度缺陷。同时,要疏通资本向中小实体经济流动的渠道,例如,简化银行贷款审批手续,鼓励金融机构开发适合中小实体经济的金融产品,建设社会信用体系,降低中小实体经济融资成本,鼓励民间风险资本发展,建设多层次风险资本体系等。

二 补齐科技创新"短板",培育中小实体经济增长动力

浙江省科技创新短板十分突出,大院大所等创新载体明显不足。因此,大力推进杭州城西科创大走廊、宁波科技大走廊、浙南科技城、特色科技小镇等创新载体建设,并形成浙江省科技创新大平台;探索国际高端创新资源的引进和利用机制,改革科技成果收益分配制度,集聚国内外高端创新要素,加大力度促进科技成果转化;借鉴美国制造业创新网络计划、欧盟第七科技框架计划的操作模式,探寻PPP模式在科技创新计划中的应用,寻求科技创新领域的公私合作,培育研发产业,探索社会资本参与研发活动的新模式。

三 进一步培育龙头企业,做强中小实体经济

建议加大"三名"企业培育力度,引导企业通过联合、并购、重组优化生产要素配置,加快形成一批总部型、品牌型、协同制造型、绿色与安全制造型、高新技术上市型的"五型"企业;既要加快打造浙江企业的"航空母舰",也要培育"隐形冠军",鼓励中小企业走"专精特新"发展道路,在产业链细分行业及环节做到细致精致极致,成为领域"领头羊"。

四 提升传统产业,促进制造业转型升级

建议设立全省实施振兴中小实体经济(传统产业改造)财政奖励政策,优选一批工业产值500亿元以上工业大县开展振兴中小实体经济试点,加大对中小实体经济特别是传统产业改革提升的支持力度;推广实施"浙江制造"标准,培育"浙江制造"品牌;积极发挥各级政府产业基金引导作用,吸引社会资本共同设立产业基金,支持中小实体经济振兴;进一步完善各级政府及职能部门绩效考评机制,设立市县中小实体经济振兴考核指标,营造推进中小实体经济振兴的良好氛围。

五 进一步加大降成本力度,提高中小实体经济竞争力

成本连着利润,企业最为关心。2017年以来,浙江省制订实施了企业减负三年行动计划,直接减轻企业负担1010亿元,企业反响热烈,收到良好效果,但"降成本永远在路上"。建议进一步贯彻"放管服"的行政理念,强势推进"最多跑一次"改革,倒逼各级政府减权放权,节省制度性交易成本;进一步削减行政事业性收费和涉政中介收费,建立动态目录清单管理制度;规范整顿行业协会,切实推进协会与行政部

门脱钩；落实能源价格调整政策，推广水、电、燃气差别定价，扩大直供电交易范围；降低企业社保负担，对部分保项予以减征或者调低费率；降低土地使用成本，推广工业用地"弹性出让""先租后让"等用地模式，减少企业资金占用。

第十九章

浙江民营企业高质量发展困境与对策研究报告

浙江是民营经济大省，民营企业是浙江"金名片"。但从近五年中国民营企业500强榜单来看，浙江入围企业数2014年138家、2015年134家、2016年120家、2017年93家，数量逐年减少，入围企业营业总收入2016年首次被江苏赶超、2017年又被广东超越。特别是2016年浙江省规上民营企业数量首次出现负增长，亏损率为9.6%，连续5年高于广东、江苏、山东，是山东的2倍多。对此，浙江省要增强忧患意识，否则"金名片"可能黯然失色。基于此，课题组以近五年中国民营企业500强榜单为样本，分析浙江省民营企业面临的困难和问题，在借鉴兄弟省份先进经验基础上，提出促进浙江省民营经济高质量发展的对策建议。

第一节 当前浙江民营企业面临"四难"困境

当前浙江省经济运行总体平稳、稳中有进，但进中有变、变中有险。受中美经贸摩擦不断升级这个"外部变量"和金融风险这个"内部变量"影响，浙江省民营企业生产经营遇到了不少困难和问题，主要体现在以下"四难"方面。

一 盈利难

首先，成本高居不下。浙江省劳动力、能源、土地等要素价格持续上涨，2014年8月至2018年8月增速分别为上海、广东、江苏的2.6

倍、3.6倍和1.7倍。2016年浙江省规上私营企业主营业务成本是利润的16倍，超出江苏、山东近15%。

其次，产品附加值低。浙江省民营企业大多从事传统制造业，"大而不强"特征明显，工业增加值率在20%左右，远低于美国（55%—65%）、日本（42%—46%）、德国（36%—43%）和英国水平（50%—65%），甚至低于全国平均水平（30%）。

最后，盈利能力较弱。利润率长期处于中下游水平，即使代表全省民营经济最高水平的入围500强企业，2017年平均利润率为3.86%，低于广东（7.14%）、山东（4.44%）及全国平均水平（4.72%）。

二 创新难

首先，创新投入不足。以入围全国500强的民营企业为例，2017年浙江研发投入强度在3%以上的入围企业数量为10家，而广东是17家、山东是16家。

其次，创新积累较弱。浙江民企技术基础薄弱，技术水平与全国其他先行省份相差较大。2013—2017年，浙江上榜全国民企500强企业所拥有有效专利数量占全国的比重以年均7.6%的速度逐年下降；企均拥有量与全国平均水平的差距从2013年的61件增加到2017年的103件。

三 融资难

首先，企业债存在集中到期风险。"以债养债"模式难以为继，部分企业出现流动性风险。2018年下半年，浙江省民企银行间市场发债金额同比下降50%，而存量债券大量集中到期。

其次，融资费用高。浙江省民营企业求助高利率的民间借贷或高利贷的现象较为明显。2013—2016年，浙江省民营企业利息支出占利润比重分别为40.5%、23.5%、33.1%和1.9%，而江苏、广东、山东同期保持在10%左右。此外，连环担保导致风险扩散，近期仅萧山范围就有宇田、宏发、翔盛3家龙头民营企业因连环担保被金融机构诉诸司法，陷入经营困境。

四 转型难

首先，缺乏外部支撑。民营企业发展服务体系尚不健全，政府对民营企业转型升级的有效引导和政策服务相对欠缺，一些民营企业陷入转型迷茫,"不转等死,早转早死"成为普遍心态。

其次,自身实力不强。浙江省民营企业以中小企业为主,即使入围500强企业也大体处于第300—500位,长期低价竞争造成较强路径依赖,"没技术、少人才、缺资金"成为普遍状态。

第二节 广东和江苏推动民营企业发展的经验借鉴

广东、江苏民营经济起步晚于浙江,但"珠江模式"和"苏南模式"享誉全球,呈后来居上态势。特别是2019年广东、江苏入围民企500强企业资产总额增幅分别为19%、10%,远高于浙江的3%,且全省规上民营企业户均营业收入是浙江的2倍。其发展经验主要有以下几点。

一 注重系统谋划

首先抢抓机遇、顶层设计。早在江苏集体经济向民营经济转化初期,江苏就出台了《关于鼓励支持我省个体私营经济进一步健康发展的意见》,有效促进了集体资产向民营资本过渡;2004年,抓住党的十六大政策窗口,省委省政府提出"率先全面建成小康社会,率先基本实现现代化"部署,出台了《进一步加快民营经济发展的若干意见》;2010年,面对部分民营企业受金融危机波及出现增长疲软、利润下滑的情况,出台了《关于加快民营经济转型升级的意见》。

其次精准施策、有效服务。注重强化政府的服务角色,以环境优化、提升效能为主,避免对企业行为和市场竞争进行直接干预,确保政策的普惠性和精准性。如2017年8月出台的《广东省降低制造业企业成本支持实体经济发展的若干政策措施》,一年内已累计为广东企业直接减负约1230亿元;广东省《关于促进民营经济高质量发展的若干政策措施(民十条)》以营造良好营商环境为出发点和落脚点,重点围绕优化审批服务、放宽市场准入、缓解"融资难和融资贵"、健全服务体系等10个方面提出59条新举措。

二 注重创新引领

创新活跃是广东、江苏民营经济的显著特征。2017年,两省入围民企500强的企业中,四成以上企业研发人员占比超过10%。

首先，坚持企业为主。2016年广东、江苏规上企业户均研发投入分别为393万元、346万元，而浙江同期只有233万元，约为两省水平的六成左右。广东民营企业华为2017年全年研发投入为897亿元，占其营业收入的15%；江苏第二大民企恒力全年研发投入6亿元，组织新产品新技术研发项目28项，在全国化纤企业中位居前列。

其次，发挥政府资金撬动作用。两省财政研发经费绝大多数支持民营企业。广东研发费用中政府出资占比高于1%的民企500强入围企业占入围企业总数的1/3以上；2016年全省财政科技支出742.97亿元，近4年平均增长率21%。

三 注重开放发展

首先，广东借助港澳对外"桥梁"。广东民营经济积极承接港澳"三来一补"加工贸易，并以其为媒介吸引国际科技成果转化，为开放打下坚实基础；而后通过完善基础设施建设、营造优质商务环境等方式充分发挥广州、深圳等核心城市的虹吸效应，加强国内外人才、资金、技术等优质资源在粤集聚，为民营经济向高端升级提供有力支撑。

其次，江苏承接上海辐射"红利"。江苏民营经济发展初期即通过"流动工程师"等形式利用上海科技人才，此后发挥苏州、连云港、南通等对外开放口岸制度优势，对接浦东开发，承接国内外资本及产业转移，大力发展新加坡苏州工业园，从"招商引资"到"招商选资"再到"招财引智"，为民营企业发展搭建良好舞台，形成了以开放为特征的外向型发展模式。

四 注重做强做大

粤苏两省将提升企业规模和竞争力作为发展民营经济的重要抓手，2016年广东、江苏规上民营企业户均资产分别为1.07亿元和1.17亿元，比浙江省的0.87亿元高出近20%。

首先，推动企业综合实力提升。广东民营企业起步于港澳等企业的加工配套，技术基础相对扎实，主要通过引进先进技术、品牌塑造培育、对标全球一流企业等形式引导企业向规模化、品牌化、龙头化发展。最新公布的28家进入世界500强企业榜单的中国民营企业中，广东占1/4。

其次，鼓励企业"专精特新"发展。江苏民营经济主要脱胎于集体企业，发展规模起点较高，主要通过培育新兴产业、补全产业链条、引进高端资源等形式引导企业向专业化、高端化、精细化演进。截至2018年4月末，江苏民企在全国市场占有率第一的冠军和"隐形冠军"企业达到120家，对全省制造业贡献率超过60%。

第三节 推进浙江民营企业高质量发展的对策建议

企业是浙江发展的"命脉"。民营经济强则浙江强，民营企业好则浙江好。建议深入贯彻落实习近平总书记民营企业座谈重要讲话精神，对标"6个方面政策举措"，把推动浙江民营企业高质量发展作为打好高质量发展组合拳的重要内容，作为谋划新年度经济工作的重中之重来抓，全面开展民营企业结对帮扶服务专项行动，继续打好以提振民营企业为重点的稳中求进组合拳。同时，建议省级有关部门针对民营企业存在的问题，抓紧研究出台有含金量的政策意见和专项行动计划，推动各项政策落地、落细、落实。具体提出以下五个方面的建议。

一 民营企业把创新作为第一动力

当今是创新时代，大力弘扬新时代浙商精神，把创新作为第一动力，依靠创新赢得主动、赢得优势、赢得市场、赢得未来，加快推动企业走上高质量发展轨道。要发挥浙江省"互联网+"的独特优势，充分利用数字经济的辐射效应和溢出效应，探索数字经济和民营经济的深度融合路径，推进工业互联网、企业云在民营企业的普及。建议由政府牵头，联合龙头企业、研究院所、行业协会等成立研发联盟，增强产业共性技术研发及供给，强化产业创新服务综合体建设和小微企业园建设。完善高校、科研机构技术服务网络，优化成果收入分配和考核制度，促进科研成果转化。加强人才培育和梯队建设，针对民营企业特征开展技术创新、商业模式创新、战略管理、品牌建设、提高投融资能力等为主要内容的培训，支持教育机构通过合作办学、委托培养等形式为民营企业员工提供学历教育和职业教育。

二 营造良好金融服务生态

针对质押、短贷长用、连环担保等风险，经排查设立"白名单""一户一策"设计帮扶预案。发挥财政资金种子效应，一方面借鉴深圳

"风险共济"机制,由政府出资牵头帮助成长性较好的民营企业纾解短期困难;另一方面扩大政策融资性担保基金规模,构建多层次担保体系,倡导"无还本续贷"和"应急转贷"。进一步完善征信体系,大力推广台州小微金改"三看三不看"风险识别方法,对出险民营企业不盲目停贷、压贷、抽贷、断贷,避免"一刀切"。拓展企业融资渠道,鼓励符合条件的民营企业发行企业债券,降低资金成本;充分发挥应收账款融资服务平台等金融基础设施作用,加速供应链融资等新型融资模式普及。

三 放松市场准入制度

严格落实民营资本在投资领域的"非禁即入"原则,对各行业管制措施进行梳理清查,消除违反公平、开发、透明市场规则的政策壁垒。支持民营资本通过组建或参股相关产业投资基金的形式参与交通、水利、市政等公用事业领域;完善政府和社会资本合作(PPP)机制,确保民营资本与其他类型企业的同等待遇,探索其在科研、文创、卫生、教育、养老等领域的应用方式,拓展民营资本的投资渠道。建议建立民营企业竞争公平投诉机制,将其纳入市场监管部门职能范围,逐步探索投诉协调解决机制,敦促主体及时整改修正。

四 强化精准政策供给

以"最多跑一次"改革为引领,强化政府服务职能,推动各地方及各部门进一步简政放权。加快政府数字化转型,打造"掌上办事之省"和"掌上办公之省",提升办事效率,做到"企有所忧,政有所解;企有所盼,政有所应"。支持各地建立本地区涉企政策"一站式"综合服务实体窗口平台,尽快实现在市县层面的全覆盖,提升民营企业精确研判市场形势能力。畅通政企沟通渠道,建立省市县三级政府主要负责同志与企业家面对面协商机制。结合"大学习大调研大抓落实"活动,学习广东"首席服务官"先进经验,鼓励政府官员实地走访企业、了解企业诉求、切实帮助企业解决实际困难。利用网络、微信、微博等加大宣传力度,积极消除"私营经济离场""国进民退"等错误言论负面影响,进一步提振民营企业信心。

五 加强保护企业家合法权益

以发展眼光客观看待民营企业历史问题,依法慎重采取强制措施,最大限度降低对企业正常生产经营活动的不利影响。借助"96871"公共服务平台建立民营企业家司法援助机制，设立司法援助热线和法律服务平台，支持建立民营企业律师团等公益性服务组织，开展线上、线下服务。倡导契约精神，对民营企业与政府签订的合法合同要切实履行，杜绝"新官不理旧账"。完善知识产权保护地方性法规，加强执法震慑力度，保护民营企业合理创新收益。

第二十章

浙江完善涉侨企业服务"最多跑一次"案例研究报告

浙江省创业呈现出"一带两翼,南低北高"的腾飞态势,同时存在地域发展不平衡、国际化创业不足、创新能力不足等"短板",侨商侨智是补齐浙江创新创业短板的重要力量。浙江侨商侨智资源主要集中在浙南地区,因此,如何开发侨商侨智资源补齐浙江创新创业"短板"成为理论和政策课题。课题组基于调查研究,提出了"完善浙江涉侨企业服务'最多跑一次'升级版"的政策建议。

第一节 侨商侨智是浙商创新创业的重要力量

浙江是侨务大省,浙籍海外华侨华人、港澳同胞200多万人,来浙投资创业的侨资企业达3.8万余家,总投资494.4多亿美元,侨资企业数和投资额占全省外资企业总数和外资总额的60%以上,支撑着浙江省外商投资"半壁江山"。但是,浙江省侨商回乡投资仍落后于广东、江苏、福建等地。

侨商长期在国外经商,对国际市场和科技动态十分敏感,经营灵活,长期穿梭于国内和国际市场之间,熟悉国内外创业创新环境和政策,可以弥补本地创业者对国际市场动态信息不足的"短板"。旅居国外的华侨第二代受过良好教育和科技训练,是很好的侨智资源,可以助力浙江省企业创业创新,只要政策恰当,推广涉侨服务"最多跑一次",把省委、省政府关心华侨、欢迎侨商的优惠政策宣传和落实到位，侨商侨智一定会成为浙江省创业创新重要力量，帮助补齐浙江省国际创业创新、地区平衡发展的"短板"。

第二节 服务侨商侨胞回浙投资存在的问题

调研发现，政策信息不对称、引侨渠道不足、赋权不充分等问题阻碍侨商来浙投资创业积极性。

一 政策信息不对称

由于侨商居住海外，对国家和省委省政府的产业规划、优惠政策、审批流程、政府机构及其职能等不熟悉、不了解。政府相关部门网站对政策公布存在及时、持续、时效性、搜索功能不齐全等问题，使侨商难以及时把握回浙投资机遇与创业机会，无法充分调动投资创业积极性。再加上相关网站缺乏英文版本，新一代侨商无法浏览。

二 引侨渠道和方式不够丰富

亲朋好友是侨商获取投资信息的主要渠道，缺乏引侨汇侨的交流和政策信息的官方平台，在主动向海外侨商推介浙江省优质营商环境的渠道和方法方面明显不足。同时，缺少一支服务侨商专业团队，缺乏对浙江省侨商的产业技术及海外国别进行深入研究的技术团队。

三 侨务部门经济业务赋权不充分

目前，中国侨务部门职能定位以协调和指导为主，缺乏对产业和投资的项目筛选、受理、建议、联审等职能。因此，侨商办事既要跑侨务部门，又要跑相关政府部门，无形中增加了侨商技术经济合作的"跑路"次数。一方面，各级侨办是侨商侨胞最常寻求帮助的部门，但是限于目前的部门职责和工作权限，侨商侨胞近六成的诉求无法在各级侨办"跑一次"中得到满足，不得不在多个部门中辗转。另一方面，侨商回乡投资工作涉及公安、海关等信息保密程度高的业务，由于侨务部门授权有限，导致侨商在多个部门甚至多地奔波。

第三节 推进高质量服务引侨引智的政策建议

一 打造涉侨服务"最多跑一次"改革升级版

全面梳理涉侨服务职能与程序，通过流程再造、职能合并同类项，推出涉侨服务"最多跑一次"改革升级版，更好服务侨商侨智。全面优化引侨流程，简化审批材料，合并办事流程，取消不适用的流程规则和材料要求，提升侨商"最多跑一次"改革的便利感。例如，推广青田县"侨海通"跨境视频服务中心和"红绶带"服务团队等经验，创新使用新媒体技术开展"最多跑一次"的服务工作，缩短海内外办事难的物理距离，更缩短"心理距离"。

二 引侨引智一体化

侨商不仅拥有丰富的产业资本、技术资源，而且新一代侨商也是知识和智力富集区，通过走访侨商和侨企等形式充分调研侨商侨胞"走回来、走进来、走下去"投资创业全过程的需求，把引进侨商和引进华侨高端科技人才结合起来。

三 数字引侨引智

为了突破时间和空间的隔离，以数据强省建设为契机，建设多种语言的侨务数字化管理平台，通过实施"最多跑一次"，全面打通政务领域信息孤岛、实现公共数据及时共享，在浙江省政务网中开辟侨商侨胞专栏，建设侨商侨胞云服务，实现侨务工作"掌上办事""掌上办公"。

四 建设侨商项目超市

围绕政策信息不对称的投资痛点，以侨务云服务为平台打造侨商项目超市，实现侨商侨胞的海外优质技术、项目与浙江省各级发展需求的有效对接。

（一）上架"项目商品"

搭建起覆盖省市县三个层次、涵盖各个经济门类的"项目货架"，分类打包浙江省各地发展投资项目并上架发布。同时，侨商项目超市还应积极"走出去"，向海外专业社团、侨团精准推介投资项目，提升项目对接的科学性和成功率。

（二）发布"海外黄页"

通过与海外专业社团、侨团的积极联动，广泛收集侨商侨胞的优质技术、资源信息，发布侨商侨胞海外优势清单，打造为浙江省地方发展的技术和资源海外黄页。

五　布局侨商服务驿站

借鉴温州侨服务站和非洲南部服务站、侨商蜂巢汇的建设经验，进一步布局侨商服务驿站，尤其加大侨商集聚的海外国家侨商服务驿站的建设力度，形成海内外联动，提供"一站式"服务。

（一）打造亲清店小二

一方面，强化职能赋权，由公安、海关等职能部门向驿站开放更多涉侨服务权限，实现功能上的"最多跑一次"；另一方面，提升服务驿站人员的业务素质，推出淘宝式点对点跟踪服务，实现素质上的"最多跑一次"。

（二）赊好过路盘缠

探索特色涉侨增信手段，提供驿站担保与整体打包授信、融资服务，破除侨商侨胞来浙创业融资难问题。

（三）耕耘孵化苗圃

一方面，推动驿站统战服务工作、国内制度解读、国内市场分析、人才培训、经营辅导等孵化支持工作，帮助侨商侨胞适应国内经营环境；另一方面，整体打包购买基础数字技术，强化智能制造、物联网、企业云在支持侨资企业科技创新、融入浙江省数字经济发展方面的作用。

第二十一章

创建浙江离岸创新创业基地的政策建议

离岸创新创业基地是面向海外人才，区内注册、海内外经营，以低成本、便利化、全要素、开放式、配套成熟完善的空间载体为基础构建的，具有引才引智、创业孵化、专业服务保障等功能的国际化综合性创业平台。本章就创建浙江离岸创新创业基地提出相关政策建议。

第一节 现状与问题分析

浙江在 G20 峰会之后国际化程度快速提升，创新创业形成前所未有的热潮。但是，真正的国际性领军人才和拔尖人才，囿于各种主观原因和客观条件，无法全职回到国内，回到浙江来创业和工作，目前浙江省海外引才工作取得了一定的成绩，但是还存在一些问题，如海外人才的数量与质量有待提升，区域间海外引才工作恶性竞争，海外人才中介服务有待改善，人才与项目筛选机制有待改进等。其中最根本的问题，还是海外人才质量问题，即真正的国际性领军人才和拔尖人才，囿于各种主观原因和客观条件，无法全职回到国内，回到浙江来创业和工作。因此，要以离岸创新创业基地建设为工作抓手，大力支持各类双创主体突破创新创业要素的地域（国境）限制，实现跨国家（地区）优化组合配置，推动浙江加快成为全球知名的国际化创新创业中心。

第二节 相关政策建议

一 建立领导协调机制

（一）成立基地工作协调小组

建议在省委省政府和中国科协的领导下，由省委人才工作领导小组牵头、由省科协联合省内有关部门和单位共同推进浙江海外人才离岸创新创业基地建设，以基地工作协调小组及其办公室的形式，建立跨部门沟通协调的工作机制，优化资源配置。

（二）委托社会化机构为基地管理机构

该机构作为政府部门与基地运营机构之间的桥梁，在基地工作协调小组及其办公室的领导下，协助推进基地建设方案的修改和完善、招才引资、运营考核、物业管理和公共平台服务等工作；负责制定基地"一网式"服务平台建设方案、基地物理空间载体的管理和业务委托等事宜；负责离岸创新创业政策的落实和需求调研，加强符合国际离岸创新服务生态环境的研究和试验；负责国内外合作伙伴关系的建立和运作管理等。

二 确立四条实施路线

（一）探索建立新型人才创新创业模式

更好地顺应国际人才流动的新趋势，积极探索新形势下集聚海外人才为国服务的新方式、新办法、新渠道，积极探索跨国双向甚至多向交流合作的新型高效的人才创新创业模式。

（二）探索创新创业的离岸服务体系

根据离岸创新创业活动受到国家、地域等方面限制的现实情况，积极整合政策、服务等各类资源，提供跨国经营、法律、技术等相关专业配套服务和特殊支持政策，探索建设消除离岸"痛点"的特色服务体系。

（三）探索搭建离岸与落地良性互动的创新创业平台

着力推动海外高层次人才与高端项目不同模块在离岸与落地形式上的相互结合、相互促进，成为适应国内外不同体制，充分利用国内外两种资源，发挥离岸优势的新型国际化创新创业新平台，促成各离岸创新创业主体在研发、生产、销售、管理等方面实现最佳组合、最优运作和最大效益。

（四）探索在离岸基地建设过程中打造三个"中心"

离岸基地在建设过程中，积极推动各类跨国双创要素和浙江良好的创新生态、产业基础和市场环境更加紧密结合，引领海外资源渠道建设，国内外科技需求挖掘，国际新技术体验展示，项目人才路演、甄别及评价等各个工作环节，着力打造国际创客人脉交流中心、海外创新资源汇聚中心、创业项目孵化加速中心。

三 做好五项重要工作

（一）做好基地布局工作

基地物理空间实行多点布局，建议首批实体平台从目前正在成熟运作的各类国家、省、市各级创新创业平台和园区中进行择优试点。根据试点区域的实施情况，形成可复制、可推广的平台建设和运营模式，以点带面辐射到省内各地市地区，适时在省内相关产业园区或产业集群区域设立离岸创业孵化点。

（二）做好宣传推介工作

依托科协系统"海智计划"的联系网络和省内现有的海外高层次人才集聚工程的海外工作窗口，做好海外人才离岸创新创业基地的宣传和推介工作。通过合作备忘录、网络会议、微信群、新媒体账号等多种方式，建立信息沟通和发布机制。选择条件成熟的机构和团体，作为基地的海外窗口，开展创业预孵化，集聚海外人才资源。

（三）做好资源对接工作

针对海外创业人才急需的国内渠道和组织网络，引导科技社团的专业力量以及各类社会资源，协助离岸创业企业和离岸创业人才的项目、技术或产品，快速进入本土市场或与国内、业内的专业资源对接。借助科协系统和院士专家的力量，提供决策咨询和技术支持服务。

（四）做好人才引进工作

加强国际合作，拓宽人才引进渠道。加强与美国硅谷、以色列特拉维夫等全球科技创新先进区域的技术交流；加强与国际团体、著名高校、知名研发机构及驻沪领事馆的联系和合作，开展基地功能宣传和技术交流活动；在引才引智的同时，推动浙江省企业和人才加入国际创新网络。

（五）做好需求引导工作

加强国内合作，引导技术合作需求。鼓励高校、科研院所和企业、外资研发中心等，在基地内设立重大创新项目国际招投标平台，以跨境项目合作方式吸引外国科学家及团队提供智力服务，开展离岸研发活动，对具有自主知识产权的国际先进科技成果和创新项目给予资助。通过联合、加盟、联盟的形式，借助市场力量推动基地建设。

四　改革六项具体政策

（一）多种方式支持基地建设和运营经费

在离岸科技创业基地建设和运营初期3—5年内，建议管委、科委、国资委等政府有关部门，研究给予基地建设资金的支持政策，按照引进的人才和项目，给予相应经费的配套，运营成熟后，则完全进行市场化运作，依靠自身"造血"机制来实现自收自支。在初期经费支持上，主要包括物理空间租金、装修、基础设施购置、网络平台建设费；协调管理机构初期运营和开展的政策宣传等公益性服务、伙伴关系建立等公共服务经费；运营机构开展的海内外政策宣传、路演等公益性服务，以及根据委托协议完成目标任务的绩效奖励等经费。

（二）人才扶持政策先行先试

建议省委省政府人才工作部门认定离岸创业基地为海外人才创新创业平台，承担人才政策的先行先试功能。如引进外籍退休专家和留学生实习实训，简化外籍高层次人才申办永久居留证程序，改进外国专家证办理，优化外籍人才创业生活环境等，在海外人才出入境、创业、就业、落户、结汇、通关、股权激励等方面，落实配套政策，支持离岸创新基地提供人才平台的增值服务，以改善离岸创业基地的生态环境。重视引进和推荐认定"千人计划""百人计划"等人才。

（三）多层次科技金融扶持政策

充分发挥现有园区的科技投资功能，探索财政支持"补改投"的转型，依托"双自联动"等政策，支持设立离岸创业的市场化投融资服务平台，为离岸创新创业提供跨境融资、知识产权质押融资、信用融资、投贷保联动等服务。在外汇管理和财政奖励上，支持离岸企业境外上市。

（四）完善商事登记改革

企业工商登记不需要验资、地址审核和许可审批，免交注册登记费，探索全流程无纸化网上商事登记。允许实行园内注册、海内外经营，允许开展离岸研发、离岸科贸、离岸服贸的经营业务。

（五）探索保税研发和跨境交易政策

探索电子围网的离岸研发模式，对所需的研发设备、研发材料实行保税，对结转环节进行保税监管，对离岸科技研发活动涉及的付汇，给予"事先承诺事后并联监管"便利，对外资企业外汇资本金结汇手续进行简化等。

（六）继续试点财税扶持政策

集成浙江现有的税收优惠政策，以及各类园区的财政支持政策，在创业房租补贴、研发项目资金支持和税前列支、个税奖励、政府采购、成果转化、技术转移等方面，给予试点支持。

第三篇

中国中小企业高质量发展景气动态测评研究

第二十二章

中小企业动态景气指数研究前沿理论与方法

　　景气指数（Climate Index）是用来衡量经济发展状况的"晴雨表"。企业景气指数是对企业动态景气调查所得到的企业家关于本企业生产经营状况及对本行业景况的定性判断和预期结果的定量描述，用以反映企业生产经营和行业发展所处的动态景气状况及发展变化趋势。在企业动态景气调查和指数编制方面，自德国伊弗（IFO）研究所于1949年正式开始实施以来，在世界发达市场经济国家已有半个世纪以上的理论研究和实践经验。中国国家统计局1998年将企业动态景气调查纳入了统计制度，但从政府机构和学术界对企业动态景气指数的研究及应用来看，大多以工业企业和大中型企业为对象。在企业运行监测和管理方面，2004年，中国农业部开始建立全国乡镇企业信息直报系统，2009年国家工业和信息化部也在全国建立了中小企业生产经营运行监测平台，使中国中小企业动态景气监测和预警机制逐步得以确立。但从目前的监测企业数量和类型等来看，还不能充分客观地反映中国中小企业发展景气特征。本章首先跟踪国内外有关景气指数研究的理论前沿和最新动态，其次阐述分析中国中小企业景气指数研究的意义，最后介绍本课题组采用的中小企业景气指数编制流程和评价方法。

第一节 国外景气动态指数研究前沿

一 经济周期波动与景气指数研究

经济周期波动是经济发展过程中难以回避的一个重要现象。在20世纪初,对于经济周期波动的研究在欧美各国的学术界引起普遍重视,相关机构及学者提出了各种定量方法来测量经济的周期性波动。1909年,美国巴布森统计公司(Babson)发布了"巴布森经济活动指数",这是最早较为完整地提出经济景气指数分析的预测和评价活动。早期研究中影响最大的是哈佛大学1917年开始编制的"哈佛指数",其在编制过程中广泛地收集了美国经济发展的历史数据,选取了与经济周期波动在时间上存在明确对应关系的17项经济指标,在三个合成指数的基础上,利用它们之间存在的时差关系来判断经济周期的波动方向并预测其转折点,对20世纪以来美国的四次经济波动都得到了较好的反映。"哈佛指数"从1919年起一直定期发布。此后,欧洲各国涌现出了许多类型的指数研究小组,从不同角度分析经济、产业与市场等运行状况。

米切尔(W.C. Mitchell,1927)总结了历史上对经济景气指数以及经济周期波动测定等方面的一些结果,从理论上讨论了利用经济景气指标对宏观经济进行监测的可能性,提出了经济变量之间可能存在时间变动关系,并由此来超前反映经济景气波动的可能性。这些理论的提出为W.C.米切尔和A.F.伯恩斯(Burns,1938)初步尝试构建先行景气指数提供了基础,他们从500个经济指标中选择了21个构成超前指示器的经济指标,最终正确地预测出经济周期转折点出现的时间。1929年美国华尔街金融危机爆发后,学术界认为,仅凭借单个或几个指标已经难以全面、准确地反映整个经济运行状况,由此季节调整就成为经济监测的基本方法。

在对经济周期进行系统性的研究后,米切尔和伯恩斯(1946)在《预测经济周期》(*Measuring Business Cycles*)一书中提出了一个关于经济周期的定义:"一个周期包括同时发生在许多经济活动中的扩张、衰退、紧缩和复苏,复苏又融入下一个周期的扩张之中,这一系列的变化是周期性的，但并不是定期的。在持续时间上各周期不同。"这一定义成为西方经济学界普遍接受的经典定义，并一直作为 NBER 判断经济周期的标准，也为企业景气指数的研究提供了理论支撑。

从 1950 年开始，NBER 经济统计学家穆尔（J. Moore）的研究团队从近千个统计指标的时间序列中选择了 21 个具有代表性的先行、一致和滞后三类指标，开发了扩散指数（Diffusion Index，DI），其中先行扩散指数在当时能提前 6 个月对经济周期的衰退进行预警。虽然扩散指数能够很好地对经济周期波动的转折点出现的时间进行预测，却不能表示经济周期波动的幅度，没能反映宏观经济运行的效率与趋势，这使扩散指数的推广和应用受到了一定的限制。为了弥补这一缺陷，希金斯和穆尔（J. Shiskin and G. H. Moore，1968）合作编制了合成指数（CI），并且在 1968 年开始正式使用，合成指数有效地克服了扩散指数的不足，它不仅能够很好地预测经济周期的转折点，而且能够指出经济周期波动的强度。其中，经济周期波动振幅的标准化是构建合成指数的最核心问题，不同的经济周期波动振幅标准化后获得的合成指数也不相同。合成指数为经济周期波动的度量提供了一个有力的工具，至今被广泛地应用于世界各国的景气指数评价研究中。

由于指标选取会直接影响最终构建的景气指数，所以一些经济学家开始尝试利用严谨的数学模型作为分析工具，利用多元统计分析中的主成分分析法来合成景气指数，以此尽量减少信息损失。斯托克和沃森（J. H. Stock and M. W. Watson，1988，1989）还利用状态空间模型和卡尔曼滤波建立了 S—W 型景气指数，这种指数方法也被许多国家用来监测宏观经济周期波动状况。

二 企业与行业景气研究

经济衰退和经济增长过快都会影响到企业的运营与行业发展。而客观判断企业与行业发展景气状况主要是通过企业景气指数分析来实现的。企业景气指数是对企业景气监测调查所得到的企业家关于本企业生产经营状况及对本行业景况判断和预期结果的定量描述，用以反映企业生产经营和行业发展所处的景气状况及发展趋势。1949 年德国伊弗研究所首次实施了企业景气调查（IFO Business Climate Index），具体对包括制造业、建筑业及零售业等产业部门约 7000 家企业进行月度调查，主要依据企业评估目前的处境状况、短期内企业的计划及对未来半年的看法等编制指数。这种企业景气指数评价方法很快被法国、意大利及欧共体（EEC）等采用，并得到日本、韩国与马来西亚等亚洲国家的重视。

日本是世界上中小微企业景气调查机制最为健全完善的国家之一。日本在1957年以后实行了两种调查，即17项判断调查和定量调查。日本的权威性企业景气动向调查主要有日本银行的企业短期经济观测调查（5500家样本企业）、经济企划厅的企业经营者观点调查和中小微企业厅的中小微企业景况调查。其中，中小微企业景况调查和指数编制及研究始于1980年，其会同中小企业基盘整备机构，依靠全国533个商工会、152个商工会所的经营调查员、指导员及中小企业团体中央会的调查员，对全日本约1.9万家中小企业（2011年度）分工业、建筑业、批发业、零售业和服务业五大行业按季度进行访问调查，并通过实地获取调查问卷信息来实施。2004年以后，日本还从全国420万家中小企业中选出11万家，细分10个行业，在每年8月进行定期调查，并发布研究报告。

此外，美国独立企业联合会（NFIB）自1986年开始面向全美47万家小企业每月编制发布《小企业乐观程度指数》（*The Index of Small Business Optimism*），该指数已成为反映美国小企业景气状况的"晴雨表"。

三 景气监测预警研究

经济预警（Economic Early Warning）基于经济景气分析，但比景气分析预测要更加鲜明，属于经济突变论的概念范畴。其最早的应用可追溯到1888年巴黎统计学大会上发表的以不同色彩评价经济状态的论文。但经济预警机制的确立是在20世纪30年代第一次世界经济危机之后。20世纪60年代引入合成指数和景气调查方法之后，美国商务部开始定期发表NBER经济预警系统的输出信息（顾海兵，1997）。具有评价功能的预警信号指数始于法国政府制定的"景气政策信号制度"，其借助不同颜色的信号灯对宏观经济状态做出了简明直观的评价。

1968年，日本经济企划厅也发布了"日本经济警告指数"，分别以红、黄、蓝等颜色对日本宏观经济做出评价。1970年，联邦德国编制了类似的警告指数。1979年，美国建立"国际经济指标系统（IEI）"来监测西方主要工业国家的景气动向，这标志着经济监测预警系统研究开始走向国际化。到20世纪80年代中期，印度尼西亚、泰国、新加坡、中国台湾和中国香港等国家和地区先后将景气预警作为宏观经济的政策支持基础。

作为反映国际间贸易情况的领先指数，波罗的海干散货运价指数（BDI）近年来日益受到企业和行业的重视（卿倩、赵一飞，2012）。该指数是目前世界上衡量国际海运情况的权威指数，由若干条传统的干散货船航线的运价，按照各自在航运市场上的重要程度和所占比重构成的综合性指数，包括波罗的海海岬型指数（BCI）、巴拿马型指数（BPI）和波罗的海轻便型指数（BHMI）三个分类指数，由波罗的海航交所向全球发布。其预警功能表现为：如果该指数出现显著上扬，说明各国经济情况良好，国际贸易火热。

2020年初突如其来的新冠病毒疫情，给全球经济带来巨大冲击。作为疫情经济景气监测预警体系，阿里巴巴罗汉堂构建的全球疫情经济追踪体系（Pandemic Economy Tracking project，PET）及其发布的疫情指数新近备受关注。该监测预警体系基于谷歌社区人流报告、百度迁徙指数和Bloomberg、Wind、CEIC数据库等大数据源构建，包括三类核心指标：一是反映疫情发展程度的指标，包括确诊病例（或死亡病例）最近一次翻倍天数，根据流行病统计学方法测算的实时有效再生数R_t，依据新增治愈和新增确诊数估计的现存病例拐点；二是反映日度经济活跃度的指标，该指标基于相对正常时期的人流活跃度指标，结合一季度国别人流活跃度和现有经济产出数据的经验关系推算得来；三是反映在低经济活动状态下停留时长的指标，包括三个疫情经济阶段停留时长，即危机应对期停留时长、恢复期前的危机应对和低谷期停留时长、危机应对期以来在疫情经济中的停留时长。罗汉堂研究团队应用这三类指标追踪131个国家和地区在疫情经济中的阶段、经济跌落的深度及在低经济状态中停留的时长，运用可视化技术对各国相对疫情风险以及经济景气动态及时提供直观判断。

第二节　国内景气动态指数研究前沿

一　宏观经济景气循环研究

在中国，吉林大学董文泉（1987）的研究团队与国家经委合作首次开展了中国经济周期的波动测定、分析和预测工作，编制了中国宏观经济增长率周期波动的先行、一致和滞后扩散指数和合成指数。后来，国家统计局、国家信息中心等政府机构也开始了这方面的研究并于20世纪90年代初正式投入应用（朱军和王长胜，1993；李文溥等，2001）。陈磊等（1993，1997）通过多元统计分析中的主成分分析方法，构建了先行、一致两组指标组的主成分分析来判断中国经济景气循环特征。高铁梅等（1994，1995）通过运用S—W型景气指数很好地反映了中国经济运行状况。毕大川和刘树成（1990）、董文泉等（1998）、张洋（2005）等全面系统地总结了国际上研究经济周期波动的各种实用的经济计量方法，并利用这些方法筛选的指标合成适合中国的景气指数和宏观经济预警机制。李晓芳等（2001）利用HP滤波方法和阶段平均法对中国的经济指标进行了趋势分解，利用剔除趋势因素的一致经济指标构造了中国增长循环的合成指数，并与增长率循环进行了比较。阮俊豪（2013）实证研究了BDI指数风险测度及其与宏观经济景气指数关系。陈乐一等（2014）运用合成指数法分析了当前中国经济景气走势。史亚楠（2014）基于扩散指数对中国宏观经济景气进行了预测分析。顾海兵、张帅（2016）通过建立国家经济安全指标体系来预测分析"十三五"时期中国经济的安全水平。

近几年来，不少研究者从投资、物价、消费、就业和外贸等宏观经济的主要领域，对转型期中国经济的周期波动进行了实证研究（刘金全等，2017；于洋等，2017；李孝龙等，2017；沈少博等，2017；肖强，2017；刘玉红，2017；陈磊等，2017；肖强，2017；冷媛等，2017；卓勇良，2018；刘金全等，2018；邓创等，2018；祝梓翔等2018；田素华等2019；陈鑫等，2019；段亚菲，2019；赵文霞，2020；刘金全等，2019；李成等，2020）。一些学者研究了"新常态"下中国宏观经济的波动趋势及消费者景气指数（李庆晗，2017；赫永达等，

2017；张裕辉，2017；刘金全等，2017；刘卉，2017；石亮惟等，2017；刘金全等，2019）；孔宪丽、梁宇云对 2017 年中国工业经济景气态势及特点进行了分析；张勇、姜亚彬（2016）对中国制造业 PMI 与宏观经济景气指数关系进行了实证分析；胡涛、王浩、邱文韬（2016）基于 VAR 模型研究了中国国房景气指数与宏观经济景气指数的联动关系；伊军令（2017）研究了中国经济 L 型走势对相关行业的影响；闫绍武、王筝（2017）基于宏观经济政策目标构建了多维景气指数系统；郭路、翟大伟（2017）研究了区域经济周期波动与全国经济协同性；罗蓉、王昌林（2017）研究了中国双创景气指数；张言伟（2017）分析了经济景气循环对股市波动的影响；邓创、张甜、徐曼、赵珂（2019）基于货币流动性宽松程度、剩余收益模型以及银行资产负债表，对中国货币市场、股票市场与银行体系的风险进行了测度和评估；并在分析上述三个金融子市场风险变动规律及其传递机制的基础上，运用时变参数向量自回归模型实证检验了各金融市场风险与宏观经济景气之间的关联动态；李成、王柄权（2019）研究了金融结构、产业结构的相互作用对经济波动的理论机理，以及由此对经济波动产生的影响效应；杨淼、雷家骕（2019）基于熊彼特的创新周期诠释经济周期理论，对科技创新驱动经济增长景气的机理开展研究；何林峰（2019）运用混频数据马尔科夫区制转移模型来构造省级经济景气一致指数，并对各省的经济周期特征进行解释和比较，弥补了省级层面经济景气一致指数构建的空白；徐曼、邓创（2020）运用 TVP—FAVAR 模型构建动态金融形势指数测度中国金融周期，基于小波变换方法，探究了金融周期的波动特征，以及不同频率波动成分的叠加机理，并采用频域连通性方法，实证检验了不同频带下金融周期与经济周期之间的交互影响动态；刘玉娇、宋坤煌、王向（2020）基于时空电力数据，采用经典经济景气模型，在电力景气指数计算中引入了 X13—ARIMA 季节调整算法，构建了基于电力大数据的经济景气指数，客观反映了经济运行状况，辅助预测经济发展的趋势，实现从电力视角观测经济的目标；孔亦舒（2019）则对世界经济景气指标体系进行了分析与比较；田素华、谢智勇（2020）对中美两国经济周期波动的差异性与协同性进行了研究。

2020 年上半年新冠肺炎疫情对经济产生巨大冲击力，"疫情经济"

受到关注。张绍新、高璐、祁佳（2020）对疫情影响下的贵州宏观经济景气分析，认为疫情对全省经济景气冲击较大，经济增长预期下降需引起高度重视。复旦发展研究院疫情期间共发布六期"复旦—ZEW 经济景气指数报告"，并对疫情下的宏观经济景气指数进行了解读。

二 企业与行业景气研究

中国人民银行 1991 年正式建立 5000 户工业企业景气调查制度，但所选企业以国有大、中型工业生产企业为主。1994 年 8 月起，国家统计局开始进行企业景气调查工作，调查主要是借助信息公司的技术力量，开展对工业和建筑业企业直接问卷调查。到 1998 年，国家统计局在全国开展企业景气调查，编制了企业家信心指数和企业景气指数，分别按月度和季度在国家统计局官网发布。

1997 年，王恩德对企业景气调查方法进行了改进，设计了对问卷调查结果进行统计和分析的计算机软件，对得到的结果进行定性、定量分析，使问卷调查法更加严谨、更加科学。同年，国家统计局建立了一套专门针对中国房地产发展动态趋势和变化程度的"国房景气指数"。从 2001 年开始，国家统计局又根据对商品与服务价格进行抽样调查的结果，编制发布了全国居民消费价格指数（CPI）。王呈斌（2009）基于问卷调查分析民营企业景气状况及其特征，浙江省工商局 2010 年结合抽样调查、相关部门的代表性经济指标，运用国际通行的合成指数法编制发布了全国首个民营企业景气指数。黄晓波、曹春嫚、朱鹏（2013）基于 2007—2012 年中国上市公司的会计数据信息研究了企业景气指数。中国社会科学院金融研究所企业金融研究室尝试开发编制中国上市公司景气指数。浙江工商大学开发编制了"义乌中国小商品指数"。中国国际电子商务中心中国流通产业网开发编制了"中国大宗商品价格指数"。迄今为止，国内学术界对中小微企业景气指数的研究大都集中在工业企业领域。其他相关指数有中国中小企业国际合作协会与南开大学编制的中国中小企业经济发展指数，复旦大学编制的中小企业成长指数，中国中小企业协会编制的中小企业发展指数，中国企业评价协会编制的中小企业实力指数，浙江省浙商研究中心编制运营的浙商发展指数，阿里巴巴为中小微企业用户提供行业价格、供应及采购趋势的阿里指数以及百度推出的指数等。

随着景气指数分析的进一步深入，关于景气指数的评价对象也逐渐出现了分化，目前更多的研究则将景气指数评价应用于某一具体区域、具体行业、领域的企业及其他组织的分析。中国学术界迄今对行业和企业监测预警的研究大多集中在工矿业（中国化工经济技术发展中心行业景气指数课题组，2016；张艳芳等，2015；任旭东，2015；屈魁等，2015；庞淑娟；2015）、房地产（张红、孙煦，2014；张宇青等，2014；崔霞等，2013；张斌，2012；朱雅菊，2011；陈峰，2008；隋新玉，2008；王鑫等，2007；李崇明等，2005）、旅游（孙赫、王晨光，2015；何勇，2014；刘晓明，2011；倪晓宁、戴斌，2007；梁留科等，2006）、金融证券及财富（肖欢明，2015；交通银行，2015；国家开发银行研究院等，2015；徐国祥、郑雯，2013；刘恩猛等，2011；薛磊，2010；周世友，2009；陈守东等，2006；吴军，2005）、商业、互联网及其他服务业（曹继军等，2015；何翠婵，2015；黄隽，2015；邬关荣等，2015；中国出版传媒商报专题调查组，2015；张伟等，2009；李朝鲜，2004）、海洋航运及进出口贸易（上海国际航运研究中心，2016；王伟民，2016；中国轻工业信息中心，2015；周德全，2013；殷克东等，2013；朱敏等，2008；苏春玲，2007）、资源及能源（余韵，2015；彭元正，2015；肖欢明等，2015；支小军等，2013；刘元明等，2012；李灵英，2008）及其他特定行业与企业（许慧楠等，2016；赵陈诗卉等，2016；杨婷，2016；霍晨，2015；中国柯桥纺织指数编制办公室，2015；刘存信，2015；孙延芳等，2015；霍晨，2015；张炜等，2015；陈文博等，2015；李平，2015；北京通联国际展览公司，2015；唐福勇，2015）等。

三 景气监测预警研究

1988年以前，中国经济预警研究主要侧重于经济周期和宏观经济问题的研究（石良平，1991），最早由国家经委委托吉林大学系统工程研究所撰写中国经济循环的测定和预测报告，而首次宏观经济预警研讨会是由东北财经大学受国家统计局委托于1987年9月以全国青年统计科学讨论会为名召开的（龚盈盈，2005）。1988年以后，中国学者更多地关注先行指标，在引入西方景气循环指数和经济波动周期理论研究成果的基础上，将预测重点从长期波动向短期变化转变。中国经济体制改革研究所（1989）在月度经济指标中选出先行、一致和滞后指标，并利用扩散指数法进行计算，找出三组指标分别对应的基准循环日期。同年，国家统计局也研制了六组综合监测预警指数，并利用五种不同颜色的灯区来代表指数不同的运行区间，从而更直观地表示经济循环波动的冷热状态。

相关早期研究方面，毕大川（1990）首次从理论到应用层面对中国宏观经济周期波动进行了全面分析，顾海兵、俞丽亚（1993）从农业经济、固定资产投资、通货膨胀、粮食生产和财政问题五个方面进行了预警讨论。吴明录、贺剑敏（1994）利用经济扩散指数和经济综合指数设计了适合中国经济短期波动的监测预警系统，并对近年来中国经济波动状况进行了简要评价。谢佳斌、王斌会（2007）系统地介绍了中国宏观经济景气监测预警体系的建立、统计数据的处理和经济景气度的确定以及描绘等，从总体上客观、灵敏、形象地反映中国经济运行态势。除此之外，还有学者构建了基于BP神经网络的经济周期波动监测预警模型系统，并进行了仿真预测和预警（张新红、刘文利，2008），在实证应用方面产生了较大影响。

新近的区域景气监测预警研究方面，池仁勇、刘道学、金陈飞等（2013，2014，2015，2016，2017，2018，2019，2020）连续八年基于浙江省中小企业景气监测数据对浙江11个地市中小企业的综合景气及主要行业景气指数进行了研究分析。王亚南（2014）对全国中心城市文化教育消费需求景气状况进行了测评；孙赫等（2015）探讨了山东省旅游景气指数的构建；吴凤菊（2016）专门研究了南京软件与信息技术服务类中小企业景气指数；庄幼绯、卢为民等（2016）基于景气循环理论及基本规律，结合上海实际，提出影响上海土地市场景气的指标因素，在此基础上构建上海土地市场当前景气指数、未来景气指数和综合景气指数，并通过主客观赋权法进行赋权；吴卫华、王红玲（2016）基于工业景气企业财务调查数据，对工业企业景气指数和预警信号系统构建进行研究，以此对江苏省工业企业景气状况和未来走势进行了分析预测；王红云、李正辉（2016）研究构建了虚拟经济运行景气监测指标体系。

李晓梅等（2017）借鉴景气监测方法专门研究了广西卷烟业景气

预警；李博、王建国（2017）等构建了基于神经网络的景气预测模型；陈敏（2017）研究了滞后合成指数在区域经济中的预警作用；任保平、李梦欣（2017）研究了构建新常态下地方经济景气增长质量检测预警系统的理论与方法，从经济增长的动态检测、趋势预测、识别预测以及政策选择四大模块构建系统，且以山西省为例进行了演示分析与指数模拟；韩兆洲、任玉佩（2017）主要针对广东省经济运行监测预警指数进行了研究；许雪（2017）用时差分方法并结合 MTV 模型研究了陕西投资经济周期波动监测分析；郭娜等（2018）运用主成分分析法构建了金融风险指数 FRI；王金明（2018）基于具有时变转换概率的马尔可夫区制转换模型（MS—TVTP）研究利差能否预警中国经济周期的阶段转换。结果表明，国债期限利差的波动对经济周期阶段转换具有显著的预警作用。

陈莉（2019）对中国生产性服务业景气监测预警系统的构建与应用进行了研究。周德才、刘尧杰、陈雪娇（2020）使用新构建的多频率 MF—MS—DF 模型，对由 11 个年、季、月三种频率保险指标组成的混频样本数据进行实证建模与估计，首次提出并构建了中国混频非对称保险景气指数（中国 MFAIBI）进行预警分析，并与同频指数比较分析。结果表明：中国 MFAIBI 是保险业更优的一致指数，能够刻画中国保险景气状态的实时周期变化，并能进行预警。桂文林、程慧（2020）基于改进的动态 Probit 模型对中国经济景气进行预测。

在应用网络大数据进行景气监测预测方面，"阿里指数"2012 年 11 月上线以来，根据每天阿里巴巴网站运营的基本数据（包括每天网站浏览量、每天浏览的人次、每天新增供求产品数、新增公司数和产品数），为用户提供企业生产和采购预测及区域、行业商品流通最新动态。"百度指数"2014 年上线，以其网民行为数据为基础研发大型数据分享平台，编制发布全国部分地区的中小企业景气指数和宏观经济指数。"微信指数"2017 年 3 月推出以来，基于微信大数据提供关键词热度变化，成为当前组合营销最新渠道之一。

第三节　中国中小企业景气指数研究的意义

一　中国中小企业的重要地位与研究"短板"

中小企业是中国数量最大、最具活力的企业群体，是吸纳社会就业的主渠道，是技术创新和商业模式创新的重要承担者。但转型期中国宏观经济运行的波动规律越发复杂和难以把握。近年来，企业特别是中小微企业仍未摆脱"用工贵、用料贵、融资贵、费用贵"与"订单难、转型难、生存难"这"四贵三难"的发展困境，中小微企业所面临的经营风险和不确定性日趋增加。

在中小企业管理方面，中国长期以来实行"五龙治水"，即工信部负责中小企业政策制定与落实，商务部负责企业国际化，农业部乡镇企业局负责乡镇企业发展，工商管理部门负责企业工商登记，统计局主要负责统计规模以上企业，而占企业总数97%以上的小微企业总体被排除在政府统计跟踪范围之外。这样，各部门数据统计指标不统一，数据不共享，统计方法各异，经常存在数据不全及数据交叉的混乱状况，缺乏统一的数据口径。这使现行数据既不能客观地反映中小微企业景气现状，也难以用来做科学预测预警，这影响制定政策的前瞻性和针对性及政策实施效果评价，也会影响小微企业的健康持续发展。

中国中小企业信息不对称、缺乏科学的监测预警和决策支持系统是当前政产学研共同关注和亟待解决的理论与现实课题。尤其是随着中国中小企业面临的区域性、系统性风险的增大，今后有关区域中小企业和行业景气监测预警的研究更具有重要的学术价值与现实意义。

二　中国中小企业景气指数研究的理论意义与应用价值

如前所述，在经济发达国家，客观地判断企业发展景气状况主要是通过企业景气监测预警分析来实现的。在企业景气指数编制方面，世界上自1949年德国先行实施以来已有60多年的研究与应用历史。在企业景气指数预警理论及应用研究上，目前，国际通用的扩散指数（DI）和合成指数（CI）受到了广泛应用，各个国家或地区越来越重视先行指数和一致指数的指导作用，这也说明这两种经典的指数分析方法的可靠性。随着景气指数研究的深入，世界上对中小微企业景气指数的评价也日益成为经济景气研究领域的重要内容。

从预警方法看来，基于计量经济学的指标方法和模型方法，以及基于景气指数监测的景气预警法是比较有效的方法。其中，计量经济学方法是政府部门使用一定的数学计量方法对统计数据进行测算，从而向公众发布对经济前景具有指导性作用的信息；而景气预警方法是利用结构性模型的构建，以及它们之间相关联的关系来推测经济发展可能位于的区间。目前，在研究宏观经济和企业运行监测预警过程中，大多是两种方法相结合。

中国自1998年起才正式将企业景气调查纳入国家统计调查制度。近几年来，中国政府部门、科研机构、金融机构等虽然在经济景气预警方面的研究比较多，但政府和学术界对企业景气指数研究及应用，受长期以来"抓大放小"的影响，迄今主要以特定行业为对象，而对企业特别是中小微企业的景气波动过程少有系统研究，对于中小微企业的监测预警研究更少，大多数研究还停留在理论探索阶段，还没有形成较成熟的理论与实证分析模型，特别是对小微企业发展景气预警进行全面系统的研究基本上还是空白。

本研究报告正是基于上述国内外研究现状，旨在建立和完善中国中小微企业景气指数与预警评价体系，并开展区域中小微企业发展的实证研究。课题研究既跟踪国内外企业景气监测预警理论前沿，又直接应用于中国区域中小微企业发展的实践，因此研究具有理论意义和现实应用价值。

三 中国中小企业景气指数评价的经济意义

相对大型企业而言，中小企业一般是指规模较小、处于成长或创业阶段的企业。中小企业景气指数是对中小企业景气调查所得到的企业家关于本企业生产经营状况以及对本行业发展景气状况的定性判断和预期结果的定量描述，用以反映中小企业生产经营和行业发展的景气程度，并预测未来发展趋势。由于中国中小企业量大面广，为了尽可能全面地反映中国中小企业的景气状况，本报告以中国规模以上工业中小微企业、中小板及创业板等上市企业和规模以下中小微企业为评价对象，先根据数据指标的特性，基于扩散指数和合成指数的方法分别计算出分类指数，然后基于主成分分析法和专家咨询法等确定各分类指数的权重，最后进行加权计算，合成得到中国中小企业综合景气指数。

第四节　中小企业景气指数编制流程及评价方法

编制景气指数是一项系统工程。本书的中小企业景气指数编制流程包括评价对象确定、指标体系构建、数据收集及预处理、景气指数计算与结果讨论等步骤。本研究构建的中国中小企业景气指数评价体系如图22-1所示。

需要特别指出的是，本研究在对中国中小企业景气状况进行分析时，是依据上一年度各省级行政区或地区的中小企业景气指数值作为当年度景气测评依据的。本课题组按以下四个步骤计算中国中小企业景气指数。

一　确定评价对象

中小企业是指与所在行业大企业相比人员规模、资产规模与经营规模都较小的经济单位。中国中小企业量大面广，为了客观全面反映中小企业景气状况，本研究根据数据的可获取性、动态性及充分性等原则，确定三类中小企业作为评价分析的对象：①规模以上工业中小企业（2010年以前主营业务收入达到500万元及以上，2011年以后同标准提高到2000万元及以上）；②中小板、创业板及新三板等上市中小企业；③重点监测调查的中小微企业。

本研究根据这三类评价对象分别构建分类指数指标体系，再根据各类数据指标的特性，基于扩散指数及合成指数的方法分别计算出分类指数，然后用主成分分析法及专家咨询法等确定各分类指数的权重，最后进行加权计算得到中国中小企业综合景气指数（Composite Climate Index of Chinese SMEs，CCSMECI）。

二　构建景气指数评价指标体系

本研究报告基于数据的代表性、协调性及对于经济波动的敏感性原则，采用定量与定性相结合、宏观和微观相结合、官方统计和非官方调研相结合的方法，构建中国中小企业景气评价各分类指数指标体系（见表22-1）。

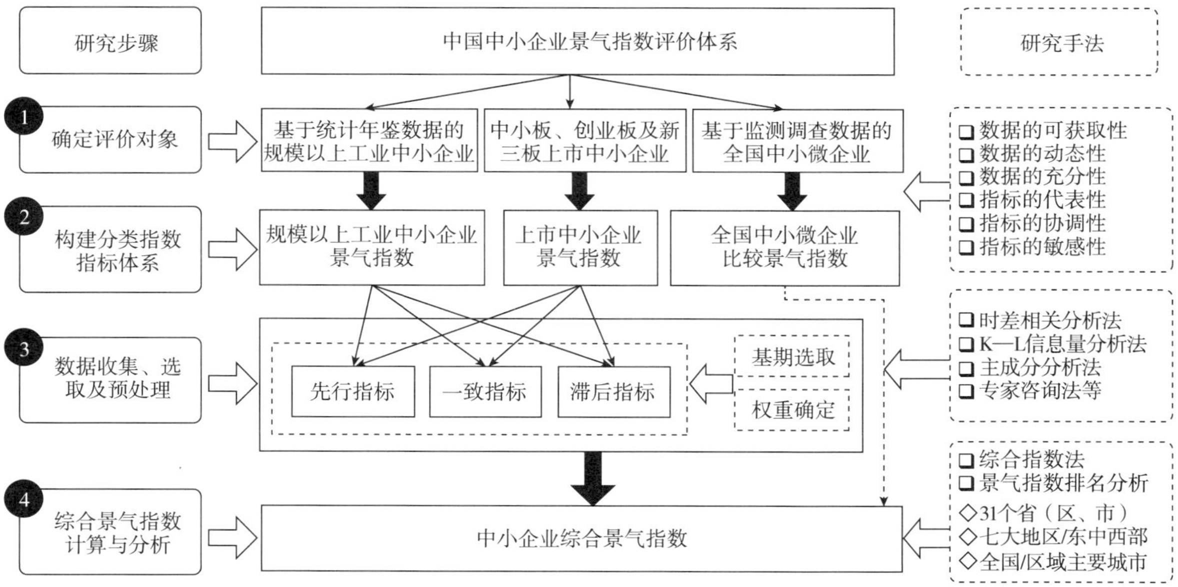

第二十二章 | 中小企业动态景气指数研究前沿理论与方法

图 22-1 中小企业景气指数编制流程

注：图中虚线框表示该步骤只存在于某些特定的景气指数评价分析中，如合成指数评价中的先行指标、一致指标与滞后指标分类等。

203

表 22-1　　中国中小企业景气指数分类指数指标及样本数据

分类指数	主要数据指标项目	样本的选取与数据来源
规模以上工业中小企业景气指数	流动资产 流动负债 财务费用 总资产 主营业务收入 税金总额 利润总额 工业总产值 企业单位数 固定资产 负债合计 所有者权益合计 全部从业人员平均人数 企业综合生产经营指数 企业家信心指数等	样本企业：全国规模以上工业中小企业21000家 数据来源： ● 国家统计局 ● 各省市统计局 ● 中小企业年鉴等
中小板、创业板及新三板上市企业景气指数	流动资产 流动负债 财务费用 总资产 主营业务收入 税金总额 利润总额 存货 固定资产合计 负债合计 股东权益合计	样本企业：全国上市中小企业约1000家 数据来源： ● 深圳证券交易所 ● 上海证券交易所 ● 全国中小企业股份转让系统（NEEQ） ● 上市中小企业动态信息资料等
中小企业比较景气指数	财务指标约30项（月/季度） 产品产销存指标（月/季度） 景气调查问卷15项（年度）	样本企业：全国中小微企业约4万家 数据来源： ● 中国中小企业生产经营运行检测平台（工信部） ● 中国中小企业动态数据库景气监测平台 ● 其他非官方监测调查数据（百度、阿里研究院等）

其中，规模以上工业中小企业景气指数（Climate Index of Manufacturing SMEs，ISMECI）基于统计年鉴数据，主要选取反映工业中小企业经营现状和未来发展潜力的 15 项指标；中小板、创业板及创业板上市企业景气指数（Climate Index of Listed SMEs，LSCI）基于深交所上市及 NEEQ 挂牌交易的中小企业数据，主要选取反映中小板、创业板及新三板等上市企业发展景气状况及特征的 11 项指标；重点监测调查的中小企业比较景气指数（Comparison Climate Index，CCI）基于非官方和研究机构的中小微企业景气监测调查数据，本年度报告选取百度中小企业景气指数和中国中小企业研究院的景气调查问卷数据 2 项指标计算了该分类合成指数。

三　数据收集与预处理

课题组在计算工业中小企业景气指数时，收集了中国 31 个省（区、市）2 万余家工业中小企业数据，时间从 2001 年度开始到最新报告年度；在计算上市中小企业景气指数时，收集了全国 1000 余家中小板、创业板和新三板上市企业财务数据，时间跨度为 2007 年至最新报告年度第一季度；计算重点监测中小企业比较景气指数时，收集了全国近 2 万家规模以下中小微企业运行及景气动态监测调查数据，主要从中小企业景气监测系统平台、中国经济监测中心、国家和地方中小微企业运行监测调查数据等获得。

关于数据预处理，主要是对收集到的数据进行统计学处理。由于数据庞大，有些年份和地区的数据存在缺失。另外，不同指标的数据在数量级上的级差有时也较大。为此课题组对收集到的年度数据分别进行了预处理，主要包括无量纲化、消除季节性因素以及剔除非常规数据等。

四　指标权重的确定

对于工业中小企业和上市中小企业景气指数，本研究根据前述指标权重的确定方法，选择使用主成分分析法，通过 SPSS 软件实现。首先，将原有指标标准化；其次，计算各指标之间的相关矩阵、矩阵特征根以及特征向量；最后，将特征根从大到小排列，并分别计算出其对应的主成分。本研究报告关于中小企业比较景气指数权重的确定主要参考国家统计局中国经济景气监测中心关于企业景气指数指标权重的确定原则。对于中小微企业综合景气指数，课题组运用 AHP 法来确定工业中小企业景气指数、上市中小企业景气指数和中小企业比较景气指数的权重。

五 景气指数的计算结果与分析

关于工业中小企业景气指数，课题组主要采用合成景气指数进行计算。由于考察对象期间中国经济一直处于增长阶段，经济周期性并不是很明显，因此，在后续运用合成指数计算时，课题组将经济周期对于工业中小企业景气指数的影响做了忽略处理。

此外，考虑到本研究报告是关于某一特定时间段的中小企业景气指数评价，因此，在运用合成景气指数算出先行指数、一致指数和滞后指数后，再根据权重法，合成计算出了工业中小企业景气指数（ISMECI）。

关于上市中小企业景气指数，课题组首先使用扩散指数法计算获得各个指标的扩散指数，其次按照合成景气指数进行计算。与工业中小企业景气指数一样，考虑到本研究报告是关于某一特定时间段的中小企业景气指数，因此着重对一致指数进行了分析，再根据权重法合成计算出上市中小企业景气指数（LSCI）。

关于中小企业比较景气指数，课题组采用中国国家统计局及本课题组在全国范围开展的中小微企业景气监测调查的最新数据。企业景气监测调查是通过对部分企业负责人定期进行问卷调查，并根据他们对企业经营状况及宏观经济环境的判断和预期来编制景气指数，从而准确、及时地反映宏观经济运行和企业经营状况，预测经济发展的变动趋势。课题组主要选取企业景气监测调查中针对中小微企业的综合经营状况指数和企业家信心指数算出中小微企业比较景气指数（CCI）。

为了更全面地反映中国中小微企业景气发展状况，本课题组将工业中小微企业景气指数、上市中小企业景气指数和中小微企业比较景气指数进行综合，最后合成获得中国中小企业综合景气指数（CCSMECI）。各年度研究报告中所示的中国中小企业景气指数在内涵方面未做特别限定的情况下，即指综合景气指数。

中国中小企业综合景气指数采用纯正数形式表示，取值范围在0—200，景气预警评价以100为临界值。此外，为了基于可获得的最新数据进行不同区域的横向比较，以相应年份的地区GDP为权重分别计算得到了近五年来区域中小企业景气指数的加权平均指数，并与各地区历年平均指数进行纵向比较和科学分析。

第二十三章

2018年中国中小企业景气指数评价研究

第一节 2018年中国工业中小企业景气指数测评

一 评价指标的选取

工业中小企业景气指数的计算基于中小企业统计整理汇总数据。根据经济的重要性和统计的可行性选取了以下指标（见表23-1）。

表23-1　　　　　　　　工业中小企业景气指标选取

指标类型	指标项目
反映工业中小企业自身内部资源的指标	总资产
	流动资产
	固定资产
反映工业中小企业股东状况的指标	所有者权益
	国家资本
反映工业中小企业财务状况的指标	税金
	负债
	利息支出
反映工业中小企业生产经营状况的指标	主营业务收入
	利润
反映工业中小企业经营规模的指标	总产值
	企业数量
	从业人员数

（一）反映工业中小企业自身内部资源的指标

具体包括三项指标：①总资产。反映企业综合实力。②流动资产。体现企业短期变现能力，确保企业资金链。③固定资产。反映企业设备投资及其他固定资产的投资状况。

（二）反映工业中小企业股东状况的指标

具体包括两项指标：①所有者权益。反映资产扣除负债后由所有者应享的剩余利益，即股东所拥有或可控制的具有未来经济利益资源的净额。②国家资本。反映了工业中小企业得到国家投资的政府部门或机构以国有资产投入的资本，体现了国家对中小企业的扶持力。

（三）反映工业中小企业财务状况的指标

具体包括三项指标：①税金。包括主营业务税金及附加和应交增值税，主要体现企业支付的生产成本，影响企业收入和利润。②负债。影响企业的资金结构，反映企业运行的风险或发展的条件和机遇。③利息支出。作为财务费用的主要科目，反映企业负债成本。

（四）反映工业中小企业生产经营状况的指标

具体包括两项指标：①主营业务收入。企业经常性的、主要业务所产生的基本收入，其直接反映一个企业生产经营状况。②利润。直接反映企业生产能力的发挥和市场实现情况，也显示了企业下期生产能力和投资能力。

（五）反映工业中小企业经营规模的指标

具体包括三项指标：①总产值。体现企业创造的社会财富，直接反映出区域中小企业的发展程度。②企业数量。直接反映了中小企业的在一个区域的聚集程度。③从业人员数。反映企业吸纳社会劳动力的贡献率和企业繁荣程度。

二　数据收集及预处理

工业中小企业景气指数计算数据来自国家及各地的统计年鉴及工业经济统计年鉴。使用的年鉴为2017年版，实际统计时间跨度为2009—2016年，在指标信息齐全和不含异常数据的基本原则下采集数据。课题组先收集了中国内地31个省（区、市）的工业中小企业数据，然后按七大行政区域，即东北、华北、华东、华中、华南、西南和西北地区分别进行了汇总整理。

由于基于统计年鉴所获得的数据较为庞大,有些省份和年份的数据存在缺失值。另外,不同指标的数据在数量级上的级差较大,为了保证后续数据分析和数据挖掘的顺利进行,课题组对收集到的年度数据分别进行了预处理,包括无量纲化、消除季节性因素以及剔除非常规数据等预处理。一方面,尽量保证数据的完整性,避免缺失年份或省份的数据的存在;另一方面,考虑到中国各地区经济发展差异性较大,在数据处理过程中,本报告还关注了数据样本中孤立数据与极端数值的影响。

三 指标体系及权重的确定

为了确定指标体系,工业中小企业景气指数主要采用时差相关系数法对指标进行分类。最能反映工业中小企业经济状况的指标确定为工业增加值增长率。同时本报告通过考察全国工业中小企业总产值与 GDP、第二产业产值和工业总产值之间的相关性,确定一个能敏感地反映工业中小企业经济活动的重要指标作为基准指标。结果表明,工业中小企业总产值基本和整个经济循环波动保持一致,这种相关性很好地反映了工业中小企业的发展状况,因此选取工业中小企业总产值作为基准指标。其次,本报告沿用上年度报告的计算方法计算得出工业中小企业景气指数的先行、滞后、一致的指标,并根据主成分分析法求出先行指标组、一致指标组和滞后指标组小类指标的权重;然后利用全国规模以上工业中小企业数据,具体计算出了各分类项目评价指标的权重;最后采用专家咨询法确定了先行指标组、一致指标组和滞后指标组大类指标的权重,结果如表23-2所示。

四 2018年中国省际工业中小企业景气指数计算结果及排名

为了使各省(区、市)的工业中小企业景气指数波动控制在0—200的取值范围,2018年工业中小企业景气指数计算以2008年的全国平均值作为基年数据。由于实际统计的2007—2016年中国经济总体处于平稳减速发展期间,没有明显出现多个上下起伏的经济周期循环,因而本研究报告在运用合成指数算法进行计算时省略了趋势调整。经过计算,分别获得了中国省际与地区工业中小企业先行、一致与滞后合成指数,并按三组大类指标的权重(见表23-2),最终合成计算省际和地区工业中小企业综合景气指数。

表 23-2　　　　　　　工业中小企业景气评价指标的权重

指标类别	指标项目名称	小类指标权重	大类指标权重
先行指标组	流动资产合计	0.339	0.30
	国家资本	0.322	
	利息支出	0.339	
一致指标组	工业总产值	0.167	0.50
	企业单位数	0.166	
	资产总计	0.167	
	主营业务收入	0.167	
	利润总额	0.166	
	税金总额	0.167	
滞后指标组	固定资产合计	0.250	0.20
	负债合计	0.250	
	所有者权益合计	0.250	
	全部从业人员平均人数	0.250	
合计			1.00

由于各省工业中小企业景气指数受各省企业数量影响较大，因此，本报告在计算景气指数的过程中考虑到企业数量因素，通过无量纲化处理等进行了修正调整。具体步骤和方法是，首先采用 min—max 标准化将企业数量进行无量纲化处理，其次是根据专家咨询法获得修正调整前的景气指数和企业数量的权重，并与其相对应的权重相乘，最后将获得的乘数相加最终得到各省工业中小企业景气指数值。表 23-3 及图 23-1 为 2018 年中国省际工业中小企业景气指数评价结果及排名状况。

表 23-3　　　　　2018 年中国省际工业中小企业景气指数

省份	先行指数	一致指数	滞后指数	工业企业景气指数（ISMECI）	排名
江苏	142.26	152.89	162.68	151.66	1
广东	137.11	139.99	169.49	145.02	2
浙江	130.99	143.14	149.83	140.83	3

续表

省份	先行指数	一致指数	滞后指数	工业企业景气指数（ISMECI）	排名
山东	128.71	116.21	128.39	119.40	4
河南	72.39	63.02	74.17	68.06	5
河北	60.25	50.05	57.90	54.68	6
福建	50.14	47.64	55.31	49.92	7
湖北	50.68	45.78	52.38	48.57	8
安徽	50.43	46.04	51.99	48.54	9
四川	49.24	38.91	47.47	43.72	10
上海	38.15	42.17	44.67	41.46	11
辽宁	51.73	30.73	42.66	39.42	12
湖南	41.46	36.33	43.33	39.27	13
江西	29.40	24.23	29.00	26.74	14
天津	24.18	22.74	25.17	23.66	15
陕西	27.65	17.11	23.41	21.53	16
北京	24.86	19.31	21.91	21.49	17
吉林	24.52	17.95	23.38	21.01	18
山西	25.49	15.50	25.71	20.54	19
重庆	21.71	16.98	20.97	19.20	20
广西	24.98	14.89	20.06	18.95	21
云南	25.04	13.13	18.34	17.74	22
贵州	19.69	13.59	16.74	16.05	23
黑龙江	18.70	13.48	17.95	15.94	24
内蒙古	20.83	12.48	16.48	15.78	25
新疆	21.50	9.39	13.92	13.93	26
甘肃	14.29	9.68	12.36	11.60	27
宁夏	4.04	2.68	3.48	3.25	28
海南	4.86	2.25	3.15	3.22	29
青海	2.97	1.81	2.80	2.36	30
西藏	1.99	0.62	0.98	1.10	31

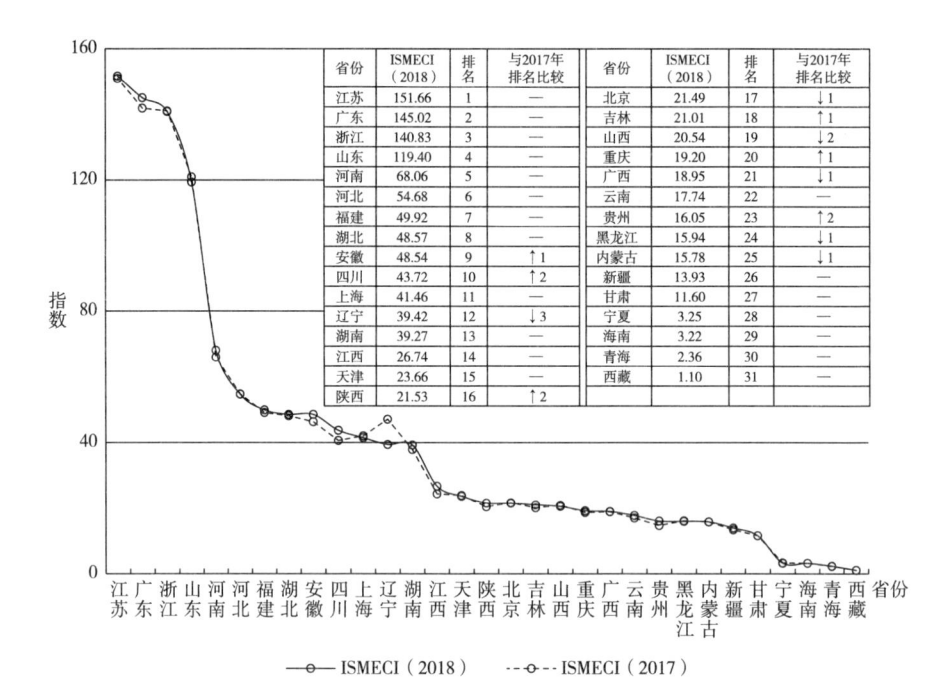

省份	ISMECI (2018)	排名	与2017年排名比较	省份	ISMECI (2018)	排名	与2017年排名比较
江苏	151.66	1	—	北京	21.49	17	↓1
广东	145.02	2	—	吉林	21.01	18	↑1
浙江	140.83	3	—	山西	20.54	19	↓2
山东	119.40	4	—	重庆	19.20	20	↑1
河南	68.06	5	—	广西	18.95	21	↓1
河北	54.68	6	—	云南	17.74	22	—
福建	49.92	7	—	贵州	16.05	23	↑2
湖北	48.57	8	—	黑龙江	15.94	24	↓1
安徽	48.54	9	↑1	内蒙古	15.78	25	↓1
四川	43.72	10	↑2	新疆	13.93	26	—
上海	41.46	11	—	甘肃	11.60	27	—
辽宁	39.42	12	↓3	宁夏	3.25	28	—
湖南	39.27	13	—	海南	3.22	29	—
江西	26.74	14	—	青海	2.36	30	—
天津	23.66	15	—	西藏	1.10	31	—
陕西	21.53	16	↑2				

图 23-1　2018 年中国省际工业中小企业景气指数

注："与 2017 年排名比较"栏："—"表示与 2017 年排名持平，"↑""↓"表示与 2017 年相比升降位数。

2018 年中国省际工业中小企业景气指数波动趋势具有以下特点：

（一）高位省份持续领跑，低位省份稳中求进

江苏省的工业中小企业景气指数仍以较大优势独占鳌头，持续领跑全国工业中小企业发展；广东和浙江分列第二与第三，连续多年处于高位，发展态势持续向好。江苏、广东、浙江以及山东等前八位省份的排名与 2017 年持平，同时新疆等后六位省份的排名也与 2017 年保持一致，体现工业中小企业的转型发展正处于平稳过渡期，部分省份的发展以求稳为先。

（二）省际排名梯次感较强，工业景气提升任务完成度较好

2018 年的指数分布可划分四个梯队，并且地区分布梯次感加强：江苏、广东、浙江分列前三，加之山东构成第一梯队，平均指数在 100 以上；河南、河北、福建、湖北、安徽、四川、上海 7 个省市的指数在

40—100，构成第二梯队；辽宁、湖南、江西等 8 个省市的指数在 20—40，为第三梯队；重庆、广西等其余 12 个省区市为第四梯队，指数都低于 20。与上年相比，四个梯队的指数总体略微上升（曲线总体呈上移趋势），第一梯队、第二梯队指数上升幅度较其余梯队更大，第二梯队、第三梯队省份明显增加，但个别省份如上海、辽宁等指数大幅下滑；第四梯队景气指数仍处于低位，但省份数量也在持续减少，各省份不断向第三梯队赶超，反映出 2018 年中国工业经济整体上缓慢升温，工业景气提升任务完成度较为良好（见图 23-1）。

（三）加权指数小幅上升，工业增速压力犹在

2018 年以工业总产值为权重的全国工业中小企业加权平均指数为 82.71，较 2017 年小幅上升了 1.22%，表明全国工业中小企业运行总体平稳，呈现稳中向好的发展态势。但是，除第一梯队外，全国大部分省区市的中小工业企业景气指数仍低于全国平均水准，说明中国工业过剩行业去产能的任务依然艰巨，投资增速仍然存在向下调整的压力，出口需求的改善也面临一定不确定性，工业增速存在一定的下行压力。

（四）四大直辖市排名差异性分化，五大自治区仍有上升空间

2018 年四大直辖市的工业中小企业景气指数排名与 2017 年相比存在差异性分化。其中北京（21.49）稍有退步，排名下跌一位，位处中等；天津（23.66）保持其排名，稳中求进；上海（41.46）排名与上年相同，其工业中小企业景气指数继续在四大直辖市中领头；重庆（19.20）排名较上年提升一位，仍在直辖市中垫底，但展现了强劲的发展潜力。五个自治区中，2018 年广西的工业中小企业景气排名下降一位，但仍居于第四梯队，尚有较大提升空间；其他自治区工业中小企业景气排名总体靠后，与上年相比排名没有大的变化，西藏的工业中小企业景气指数继续全国垫底。

（五）省际工业景气指数两级分化现象仍然显著

从 2018 年省际指数来看，第一梯队省份维持在较大优势，后三个梯队的部分省份的排名有些许微调，但各省份总体排名变化不大。总体看来，2018 年中国省际工业中小企业景气指数差异仍然显著，虽较 2017 年江苏与西藏省际间差距（139 倍）略有缩小，2018 年最高的江苏（151.66）与最低的西藏（1.10）差距仍达 137 倍多。

五 2018 年七大地区工业中小企业景气指数计算结果及排名

按中国七大地理分布的地区划分进行数据整理，得到 2018 年中国七大地区工业中小企业景气指数评价结果及排名状况（见表 23-4 和图 23-2）。

表 23-4　　2018 年中国七大地区工业中小企业景气指数

地区	先行指数	一致指数	滞后指数	工业企业景气指数（ISMECI）	排名
华东	136.35	139.10	150.08	140.47	1
华南	35.32	33.33	41.13	35.48	2
华中	35.63	31.20	36.81	33.65	3
华北	31.83	24.09	30.09	27.61	4
西南	23.47	15.70	20.49	18.99	5
东北	17.10	9.85	14.65	12.98	6
西北	11.42	4.68	8.11	7.38	7

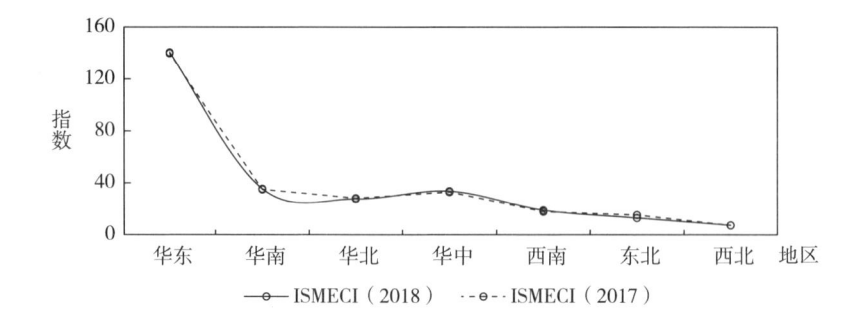

图 23-2　2018 年中国七大地区工业中小企业景气指数

从 2018 年中国七大地区工业中小企业景气指数测评结果来看，地区间中小企业发展仍不平衡，景气指数由东南沿海发达省份向中西部内陆地区分层递减。

从七大地区排名来看，2018 年华东地区以 140.47 的高位指数蝉联工业中小企业景气指数榜首，以不容追随的绝对优势持续领先全国。相比去年，在供给侧结构性改革的推动下，中国经济运行继续呈现稳定性增强、质量提高、结构优化的态势，工业生产结构不断优化，工业供给质量和经济效益明显提升，给中小企业创新发展带来不竭动力。

具体来看，华南地区以35.48的指数位列第二，同比小幅上升，反映了近年来珠三角地区在振兴工业中小企业实体经济以及工业去产能、降成本、补短板等方面所取得的显著实效。华中、华北地区景气指数水准较为接近，同比有较大提升，体现了这些地区工业中小企业转型升级进入攻坚期，既面临严峻挑战，也有良好发展机遇。西南、东北、西北地区2018年景气指数总体偏低，其中华北地区同比有所下降，仍处于不景气区间低位运行。总体看来，中西部地区中小企业具有承接东部产业转移的广阔空间，特别是"一带一路"倡议为西部中小企业"走出去"提供了良好环境，发展潜力增大。

此外，从七大地区工业中小企业的景气曲线来看，该曲线总体位移不大，呈向右上方位移趋势（见图23-2），表明中国宏观经济将继续保持稳中向好、稳中提质的良好状态，同时工业增速较为平稳，2018年中国大部分地区工业中小企业总体将呈现缓中趋稳、稳中有进态势。

第二节 2018年中国上市中小企业景气指数测评

一 指标体系构建及评价方法

在上市中小企业景气指数测评方面，本年度报告的评价指标和评价方法沿用2017年度报告的指标体系及方法步骤，数据预处理采用扩散指数（DI）的编制方法，最后运用权重法和合成计算综合指数。

扩散指数是所研究的经济指标系列中某一时期的扩张经济指标数的加权半分比，表达式：

$$DI_t = \sum_{i=1}^{N} I_i = \sum W_i [X_i(t) \geq X_i(t-j)] \times 100\%$$

式中，DI_t为t时刻的扩散指数；$X_i(t)$为第i个变量指数在t时刻的波动测定值；W_i为第i个变量指标分配的权数；N为变量指标总数；I为示性函数；j为两比较指标值的时间差。若权数相等，公式可简化：

$$DI_t = \frac{t\text{时刻扩散指标数}}{\text{采用指标总数}} \times 100\% \ (t = 1, 2, 3, \cdots, n)$$

扩散指数是相对较为简单的景气评价指数，具体按以下三个步骤进行推导计算：①确定两个比较指标值的时间差 j，本报告中确定 j = 1，将各变量在 t 时刻和 t – 1 时刻的波动测定值进行比较，若 t 时刻的波动测定值大，则是扩张期，I = 1；若 t – 1 时刻的波动测定值大，则 I = 0；若两者基本处于相等水平，则 I = 0.5。②将这些指标值升降状态所得的数值相加，即得到扩张指数指标，即在某一阶段的扩张变量个数，并以扩张指数除以全部指标数，乘以 100%，即得到扩散指数。③绘制扩散指数变化图，即将各阶段景气指数运用图表来表达。

据深圳证券交易所（深交所）及全国中小企业股份转让系统（NEEQ）公开数据资料显示，截至 2017 年 4 月末，中国国内共有各类上市中小企业 13159 家，其中小板上市企业 931 家、创业板 743 家、新三板上市企业 11485 家。由于部分上市企业财务公开数据存在不同程度的缺失，兼顾到抽样企业样本的代表性和财务数据完整性，本研究报告基于深交所 500 指数选取了 240 家中小板企业、88 家创业板企业，基于 NEEQ 选取了 114 家新三板企业，共收集 442 家上市中小企业的有效样本。

同时，由于上市中小企业景气指数受企业数量影响也较大，因此计算上市中小企业景气指数时，也将企业数量作为调整系数尽量对计算结果进行修正。具体方法是：先采用 min—max 标准化将企业数量进行无量纲化处理，再将合成的景气指数和企业数量与其相对应的权重相乘，最后将获得的乘数相加作为反映上市中小企业景气指数的值。此外，对于上市中小企业数量少且企业财报数据缺失严重的吉林、广西、内蒙古、黑龙江和西藏 5 个省份，因与其他省份不具有可比性，本研究报告未对这些省份的上市中小企业景气指数进行测评比较。

二 2018 年中国各省际上市中小企业景气排名分析

2018 年中国各省际上市中小企业景气指数测评结果如表 23 – 5 所示。2018 年，广东、浙江和北京继续位居中国上市中小企业景气指数前三甲，而全国平均景气指数同比也有所增加。从 2018 年中国上市中小企业景气指数的动态趋势分析，主要可以概括出如下四个特点。

表 23-5　2018年中国省际上市中小企业景气指数

省份	先行指数	一致指数	滞后指数	上市中小企业景气指数（SCNBCI）	排名	与2017年排名比较
广东	156.22	141.79	147.33	147.22	1	—
浙江	132.55	123.99	127.01	127.16	2	—
北京	131.23	121.77	127.36	125.73	3	—
江苏	106.56	101.56	108.33	104.41	4	—
上海	102.94	99.16	103.71	101.20	5	—
湖南	103.04	90.39	96.99	95.50	6	↑2
四川	103.16	90.62	95.76	95.41	7	↑2
河南	103.64	90.43	91.79	94.67	8	↓2
山东	95.42	92.65	95.92	94.13	9	↑1
安徽	97.98	90.01	94.10	93.22	10	↑1
辽宁	99.78	89.87	91.74	93.21	11	↓4
福建	97.67	86.80	91.45	90.99	12	↑4
陕西	87.72	87.60	96.16	89.35	13	↓1
天津	94.35	85.83	89.67	89.15	14	↓1
重庆	99.45	81.37	86.19	87.76	15	—
新疆	88.47	84.04	95.05	87.57	16	↓2
湖北	94.81	82.23	79.67	85.49	17	—
宁夏	84.55	85.35	81.85	84.41	18	↑2
贵州	84.18	79.50	86.33	82.27	19	—
河北	76.83	86.44	79.63	82.19	20	↑1
青海	101.97	69.39	82.54	81.79	21	↑3
甘肃	86.16	77.19	86.13	81.67	22	↓4
云南	69.11	79.81	86.99	78.04	23	↑2
海南	78.95	79.21	69.32	77.15	24	↓2
江西	71.42	78.98	76.67	76.25	25	↓2
山西	77.40	75.41	48.90	70.70	26	—

注："与2017年排名比较"一栏"—"表示与2017年排名持平，"↑""↓"分别表示与2017年排名相比升降的位数。

（一）省际上市中小企业数量与其景气指数正相关

据统计，截至2018年4月末，广东省中小企业中小板上市237家，创业板上市168家，新三板上市1806家，整体以2211家位居全国第一位且均远超其他省份，与其2018年景气指数排名一致。北京、江苏、浙江、上海四个省市的上市企业数量都在1000家以上，其对应的中小企业景气指数排名也在全国前五位，指数值均在100以上。其中，北京、江苏两省份的新三板中小企业数量达到1000家以上，对景气指数影响较大；江苏、浙江两省份中小板上市中小企业数量达到100家以上，超过84%的省份，活跃度较高；其他上市中小企业较少的省份，景气指数相应较低（见图23-3）。

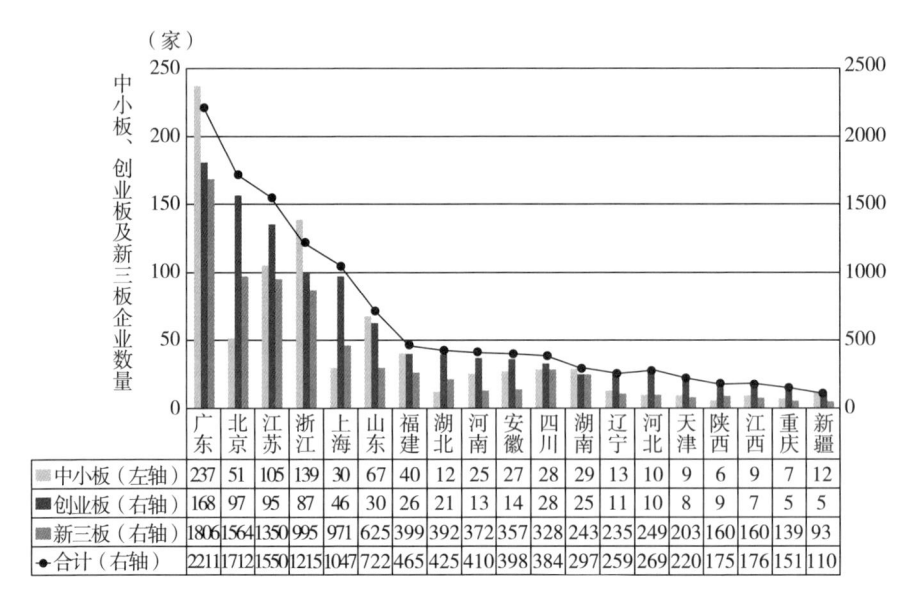

	广东	北京	江苏	浙江	上海	山东	福建	湖北	河南	安徽	四川	湖南	辽宁	河北	天津	陕西	江西	重庆	新疆
中小板（左轴）	237	51	105	139	30	67	40	12	25	27	28	29	13	10	9	6	9	7	12
创业板（右轴）	168	97	95	87	46	30	26	21	13	14	28	25	11	10	8	9	7	5	5
新三板（右轴）	1806	1564	1350	995	971	625	399	392	372	357	328	243	235	249	203	160	160	139	93
合计（右轴）	2211	1712	1550	1215	1047	722	465	425	410	398	384	297	259	269	220	175	176	151	110

图23-3 中国上市中小企业数量主要省份分布（截至2018年4月末）

（二）全国各省际上市中小企业景气指数发展态势良好

2018年，全国上市中小企业景气平均指数为92.95，比2017年上升了5.68。其中，高于全国平均指数的有广东、浙江、江苏、山东、河南、安徽、上海、四川、湖南、辽宁和北京11个省份，较上年平均指数之上的省份数有所下降。该现象主要源于广东、浙江、江苏、上海、北京五个"排头兵"省份较上年上市中小企业景气指数上升幅度较大，拉动了全国上市中小企业景气指数平均值的上浮。虽然低于全国上市中小企业景气指数平均值的省份数增加，但大多数省份景气指数较上年有所增加，并呈现前排省份带动后排省份保持着稳健速度发展（见图23－4）。由此可以发现，全国各省际上市中小企业景气指数发展态势良好。

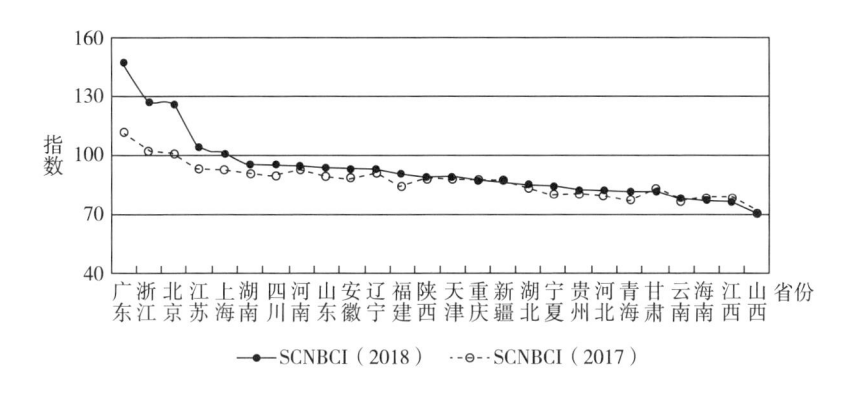

图23－4　2018年中国省际上市中小企业景气指数

（三）全国上市中小企业景气指数层级变动明显

2018年，江苏、上海两省上市中小企业景气指数达到100以上，成功晋升进入原由广东、浙江和北京三省市组成的第一层级，平均景气指数为121.14。其中，广东上市中小企业景气指数仍旧遥遥领先，显示出其上市中小企业发展的绝对优势；浙江、北京的上市中小企业景气指数较上年也有大幅上升。第二层级的上市中小企业景气指数在90—100，由湖南、四川、河南、山东、安徽、辽宁以及福建七个省份组成，其平均景气指数为93.88。其中，四川、山东、安徽、福建四省上市中小企业景气指数首次达到90以上，晋升第二层级；福建景气指数排名上升幅度最大，从2017年的第16位上升至2018年的第12位，这可能是由于福建省自金砖会议的高度关注以来，进一步加大了对中小企业创新服务平台的构建，并积极推行投资新策略寻求融资新机遇，有效改善了福建省近年来中小企业"融资难、融资贵""创新转型平台不稳定"等问题；而辽宁因为仍旧受到投融资的困局影响，上市中小企业景气指数由2017年的第7位下降至第11位。

第三层级主要包括陕西、天津、重庆、新疆、湖北、宁夏、贵州、河北、青海、甘肃10个省份,其上市中小企业景气指数平均值达到85.17。其中,河北、青海两省脱离第四层级迈入第三层级,景气指数上升至80以上;甘肃上市中小企业景气指数排名下降4位,从2017年的第18位下降为第22位;其原因可能是传统产业主要以农业、大型制造业为主,其智能化转型升级仍需经历磨合消化阶段。第四层级目前仅包括云南、海南、江西、山西四省,其上市中小企业景气指数平均值仅75.54,与其他三个层级差距较为明显。该层级中,除山西仍旧排名全国末位以外,其他三省的排名均有所变动。

(四)高层次省份带动周边较低层次省份上市中小企业发展

以江浙沪为代表的东南地区省份在上市中小企业方面发展迅速,浙江的上市中小企业景气指数数值最高(127.16),江苏也保持相同水平的发展速度(104.41),而上海身为直辖市其景气指数也达到100以上。以江浙沪为中心向四周辐射,周边地区中的山东、安徽、河南以及福建受到影响,其上市中小企业景气指数排名也较为靠前,且山东、安徽、福建的排名均有不同程度的上升。由此说明,高层次省份可以影响周边较低层次省份,带动其上市中小企业的发展。

三 2018年七大地区上市中小企业景气指数排名分析

2018年,中国七大地区中小板、创业板及新三板上市中小企业景气指数的计算结果如表23-6和图23-5所示,中国七大地区2018年上市中小企业景气指数及其排名与2017年的变动不大,但背后仍然存在如下三大特点。

表23-6　　　　2018年中国七大地区上市中小企业景气指数

地区	先行指数	一致指数	滞后指数	上市中小企业景气指数(SCNBCI)	排名
华东	134.89	132.58	131.41	133.04	1
华南	101.87	97.98	94.72	98.49	2
华北	101.87	96.57	97.94	98.43	3
华中	90.82	81.09	78.87	83.56	4
西南	83.73	80.82	81.67	81.87	5
东北	81.36	73.24	74.92	76.01	6
西北	79.02	71.84	81.01	75.83	7

第二十三章 | 2018年中国中小企业景气指数评价研究

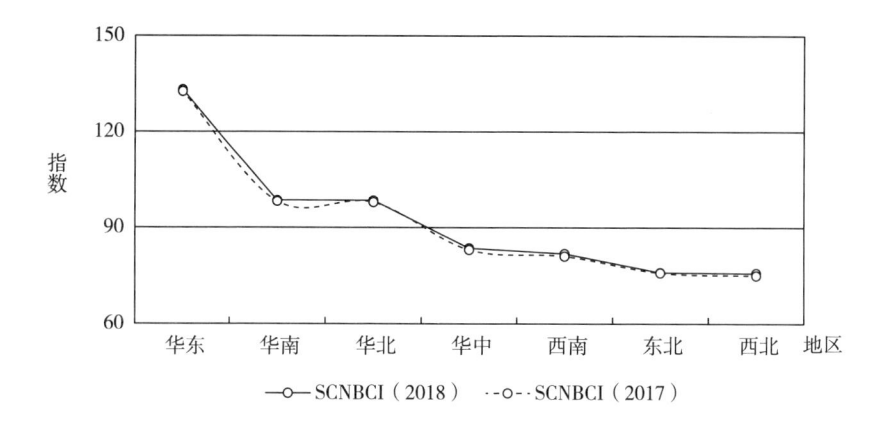

图23－5 2018年中国七大地区上市中小企业景气指数

（一）地区间中小企业发展差距明显

最高的华东地区（133.04）与最低的西北地区（75.83）相差近1倍，与2017年相比并未缩小太多差距，表明东西部中小企业发展依旧处于不平衡状态。其中，华东地区、华南地区、华北地区因各大板块上市的中小企业数量较多，活跃度较高，且发展质量较好，在区域上市中小企业景气指数排名中明显靠前；而对于东北、西北地区，中小企业发展本来就晚于东部地区，在企业数量上不占据优势，而且受到中小企业转型升级的资源限制，使两个地区的上市中小企业景气指数位于末位。此外，东部地区省份中，广东省上市中小企业景气指数最高（147.22），中部地区最高的是湖南省（95.50），西部地区省份中指数最高的是四川省（95.41）。可以明显发现，上市中小企业景气指数高的地区所对应的省份的景气指数也明显较高。

（二）东北地区上市中小企业景气指数上升陷入"瓶颈"

东北地区上市中小企业景气指数在七大地区中的排名虽然未变，但较上年景气指数上升幅度最小，仅为0.12；而排名末位的西北地区与东北地区的上市中小企业景气指数也仅相差0.18，景气指数上升幅度也远超东北地区，达到0.77。据相关资料显示，一方面由于东北地区能符合IPO要求的企业数量相对较少，另一方面则是受到东北企业造假事件所带来的影响，2017年东北地区仅新增4家上市公司，占全国的0.9%，整体中小企业发展低迷现象较为严重。换言之，若东北地区下

221

年度在上市中小企业发展上未能有相应的有效举措与突破性进展，很有可能被西北地区超越，成为七大地区上市中小企业景气指数排名的末位。

(三) 改善区域上市中小企业发展不平衡任重道远

2018年，七大地区上市中小企业景气指数与上年基本稳定，但区域间的发展不平衡问题依旧突出。结果显示，东部沿海地区的上市中小企业景气指数持续在高位运行，而中西部地区不仅仅是近年来的上市中小企业景气指数基数较低，其发展在2017年大幅上升后又跌落低谷。由此，可以明显发现，区域上市中小企业发展不平衡现象仍需要通过政策支持、技术提升、融资渠道改善等各方面努力得到改善，任重道远。

第三节　2018年中国中小企业比较景气指数测评

一　2018年中国省际中小企业比较景气指数排名分析

中小企业比较景气指数是指中小企业家对当前微观层面企业经营状况的信心、宏观层面经济经营环境的判断和预期结果等进行量化加工整理得到的景气指数，是对基于统计年鉴的工业中小企业景气指数和基于上市公司数据的中小企业景气指数的必要补充。

为了获得2018年中小企业比较景气指数，本课题组根据最新的大数据资料获得了31个省份的中小企业综合发展数据；同时，面向中小企业家、创业者及中小企业研究专家等实施了中国中小企业景气问卷调查，然后根据专家权重法，合成计算得到2018年中国中小企业比较景气指数（见表23-7和图23-6），其动态趋势特征如下。

(一) 当前中国中小企业家的生产经营信心总体有所提升

2018年，中国省际中小企业比较景气指数较2017年总体有所提升，平均指数上升了3.41，且省际指数差异较小，表明当前中小企业家的生产经营信心总体有所提升，对于宏观经济发展及企业经营环境的判断和预期基本面良好。

表23-7 2018年中国省际中小企业比较景气指数

省份	比较景气指数（CCI）	排名	与2017年排名比较	省份	比较景气指数（CCI）	排名	与2017年排名比较
浙江	106.66	1	—	河南	98.67	17	↓1
北京	104.11	2	↑3	贵州	98.29	18	↑2
广东	104.09	3	↑1	云南	98.02	19	↓1
福建	103.73	4	↑3	安徽	97.90	20	↑3
江苏	103.62	5	↓3	陕西	97.89	21	↓2
上海	103.29	6	↓3	山西	96.94	22	↓1
山东	102.72	7	↑1	内蒙古	96.63	23	↓1
天津	102.42	8	↓2	青海	96.31	24	↑1
重庆	101.04	9	—	宁夏	96.27	25	↓1
四川	100.57	10	—	西藏	96.17	26	—
湖北	99.54	11	—	甘肃	95.88	27	↑1
河北	99.40	12	↑3	新疆	95.78	28	↓1
江西	99.28	13	↑4	辽宁	95.64	29	
湖南	99.15	14	—	吉林	95.47	30	
海南	99.09	15	↑3	黑龙江	94.84	31	
广西	98.72	16	—				

注：排名比较一栏"—"表示与2017年排名持平，"↑""↓"分别表示与2017年排名相比升降的位数。

图23-6 2018年中国省际中小企业比较景气指数

（二）比较景气指数梯队差距逐渐减小

2018年中小企业比较景气指数大致可划分为三个梯队。第一梯度包括浙江、北京、广东、福建、江苏、上海、山东、天津、重庆、四川，其比较指数波动上升且均突破100点，但提升幅度有限，表明第一梯队的中小企业家对宏观市场环境的精准判断及较高的生产经营信心；第二梯队主要包括湖北、河北、江西、湖南、海南、广西、河南、贵州、云南，第三梯队则为剩下省份，第二、第三梯队比较指数较第一梯队差距减小，且比较指数增幅相对较大，平均增幅达4.89%，反映出第二、第三梯队的中小企业家信心指数与日俱增，对未来的发展定位逐渐清晰，发展空间较大。

（三）指数上下波动状况反映了当前客观现实

与2017年相比，北京、河北的排名分别上升了三位，反映了雄安新区对京津冀经济圈的拉动作用，也表明了京津冀地区的协同发展初见成效；同时，广东、海南的排名稳定上升，说明粤港澳大湾区及海南自由贸易岛的先行规划区促使中小企业发展迸发出勃勃生机，区与区之间的联动发展优势逐渐显现；河南、山西、宁夏、内蒙古等部分省份指数同比有所下降，反映了这些省份在中小企业创业创新发展方面还存在着信心不足，面对复杂多变的经济发展环境不能及时调整企业发展模式等问题。

二 2018年中国七大地区中小企业比较景气指数排名分析

2018年中国七大地区中小企业比较景气指数具有以下特点。

（一）七大地区中小企业比较景气指数皆小幅上升

2018年，中国七大地区中小企业比较景气指数排名相较于去年并无变化，但七大地区的比较景气指数皆有所上升，尤其是西南与东北地区，这表明目前中国中小企业发展呈稳定发展态势，同时七大地区比较景气指数相差无几，显示出大多中小企业对于宏观经济发展及企业经营环境的判断和预期基本面良好。

（二）中西部内陆地区中小企业信心相对较弱

基于不同的区域基础设施、环境条件以及中小企业公共服务水平，中西部内陆省份中小企业家对本地区发展预期和判断与南北方仍有差异。2018年，华中、西北、西南地区指数排名不变，但与华东、华南地区略有差距，反映出中西部地区中小企业信心相较于南北方仍有不足。

（三）东北地区中小企业期待感不足信心仍居后位

2018年，东北地区比较景气指数排名仍为全国垫底。分析其原因，工业中小企业提质增效业绩尚未充分显现，上市中小企业数量相对较少，企业转型升级总体面临企业家信心低迷、企业内生动力不足等问题。

表23-8　　2018年中国七大地区中小企业比较景气指数排名

地区	比较景气指数（CCI）	排名
华东	102.46	1
华南	100.63	2
华北	99.90	3
华中	99.12	4
西南	98.82	5
西北	96.43	6
东北	95.32	7

第四节　2018年中国中小企业综合景气指数测评

一　计算与评价方法

鉴于数据扩充和方法完善，课题组在评价2007—2009年中小企业的景气指数时，采用工业中小企业景气指数作为中小企业景气指数。在此基础上，2010年以后加入了中小板及创业板企业景气指数和中小企业比较景气指数，2017年中小企业景气指数基于工业中小企业、中小板、创业板及新三板上市中小企业和比较景气指数三部分指数，根据专家咨询法确定权重，最终按合成指数的计算方法进行综合测评。2018年中小企业景气指数沿用2017年的测评方法。

二　2018年中国省际中小企业综合景气指数排名分析

2018年中国中小企业综合景气指数的计算结果及景气排名见表23-9、图23-7。分析最新综合指数波动的趋势，其主要有以下三大特征。

表23-9　　2018年中国省际中小企业综合景气指数排名

省份	综合景气指数(CCSMECI)	排名	与2017年排名比较	省份	综合景气指数(CCSMECI)	排名	与2017年排名比较
广东	141.59	1	↑1	江西	48.85	17	—
浙江	133.31	2	↑1	重庆	47.95	18	—
江苏	132.68	3	↓2	新疆	44.21	19	—
山东	110.15	4	—	贵州	44.14	20	↑2
河南	79.10	5	—	云南	43.86	21	—
福建	67.62	6	↑2	山西	43.23	22	↓2
河北	67.41	7	↓1	甘肃	41.05	23	—
安徽	66.88	8	↑1	宁夏	36.90	24	—
上海	65.57	9	↑2	青海	35.58	25	↑1
四川	64.91	10	↑2	海南	34.99	26	↓1
湖北	64.74	11	↓1	吉林	22.15	27	—
湖南	62.13	12	↑1	广西	21.24	28	—
辽宁	61.18	13	↓6	内蒙古	19.13	29	↑1
北京	61.03	14	—	黑龙江	19.05	30	↓1
天津	51.18	15	—	西藏	10.28	31	—
陕西	49.51	16					

注：排名比较一栏"—"表示与2017年排名持平，"↑""↓"分别表示与2017年排名相比升降的位数。

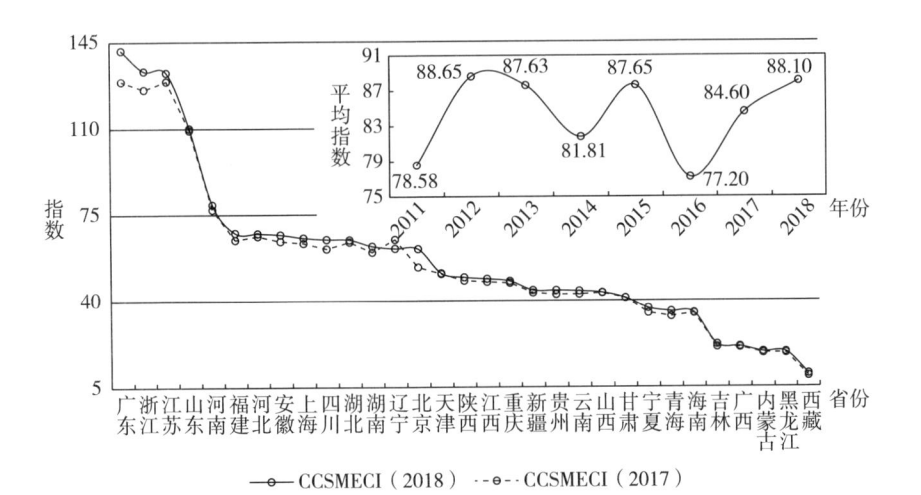

图23-7　2018年中国省际中小企业综合景气指数及平均指数

(一)综合景气指数继续回升,中小企业发展信心恢复

近年来,广大中小企业受到国际金融危机和国内经济下行压力影响,普遍面临劳动力成本上升、原材料价格上涨、融资成本上升、盈利水平下降等问题,生存与发展的压力不断加大。为改善中小企业生存发展与市场经营环境,深入解决中小企业发展过程中的融资难、资金不足、转型升级难、负担重等问题,国家积极回应中小企业诉求和呼声,于2018年1月1日正式实施新修订的《中华人民共和国中小企业促进法》,时隔14年,中小企业再次收获来自立法层面的"礼包"。新促进法立足当前中国中小企业实际情况,为中小企业提供更多的财税支持、融资促进、创业扶持、市场开拓、权益保护,进一步改善了中小企业经营环境,促进中小企业健康发展。在这些利好因素的推动下,2018年,基于工业总产值加权计算的全国中小企业平均景气指数从2017年的84.60上升到88.10,平均景气指数重回升势,显示2018年中国中小企业发展基本面良好。

(二)广东重登综合景气指数榜首,景气指数排名上下波动较小

2018年,广东、浙江、江苏排全国前三名,其中广东省作为珠三角经济带的中心,以其高端科技制造、创新高地建设、周边发展联动等综合优势重夺综合景气指数桂冠,且与江浙两省较上年比差距拉大。浙江省则是以微弱指数差击败上年冠军江苏省夺得综合景气指数亚军。广东、浙江、江苏三省持续霸守综合景气指数全国前三的位置,反映出近年来珠三角、长三角经济带发展日趋成熟稳定,作为全国经济发展的重要增长极与"发动机",珠三角与长三角地区主要省份在振兴中小实体经济、协调区域中小企业经济发展、完善各类资本市场促进上市中小企业发展、提振中小企业生产经营信心等方面有所增益。从总体来看,山东、河南、陕西、江西、重庆等省市的中小企业综合景气指数排名维持不变,其他省市的综合景气指数排名均有不同程度的浮动。其中,福建位于珠三角、长三角经济带交界处,受到两方经济带的拉动,综合景气指数同比上升2位排名全国第六;上海、四川、安徽、湖南2020年中小企业生产经营状况有所改善,综合景气指数排名皆有所上升。辽宁省受人才流失严峻、研发投入不足、投资金融环境不完善等问题影响,省际排名下降6位,为中国所有省份下降之最。河北、北京、天津中小实

体经济薄弱制约着京津冀经济圈繁荣稳定发展，北京、天津综合景气指数排名并无变化，仍未能跻身全国前十，河北同比下降 1 位排名全国第七。

（三）景气指数地区分布分层递减，省际差距不容乐观

2018 年，中国中小企业综合景气指数大致可以划分为四个层次，分布特点仍为东南沿海发达地带向中西部欠发达地带分层递减。第一层次主要为东南沿海地带及部分中部地区，包括广东、浙江、江苏、山东、河南、福建、河北、安徽、上海 9 省份，综合指数在 65—150；第二层次集中于中部地区及北部沿海地带，包括四川、湖北、湖南、辽宁、北京、天津 6 省份，综合指数在 50—65；第三层次分散于中南部地区及西北部地区，包括陕西、江西、重庆、新疆、贵州、云南、山西、甘肃 8 省份，综合指数在 40—50；第四层次主要为中国两大长对角区，东北及西南地区，包括宁夏、青海、海南、吉林、广西、内蒙古、黑龙江、西藏 8 省份，综合指数在 40 以下。2018 年，东部地区广东综合景气指数最高（141.59），中部、西部地区与上年比维持不变，仍为河南（79.10）、四川（64.91）最高。四大直辖市中综合景气指数较去年均有所上升，其中北京（61.03）增幅最大，同比增长 13.80%，但综合景气指数仍不敌上海（65.57）。五个自治区景气指数略微上升，但排名仍比较靠后，西藏（10.28）更是连续几年位于综合景气指数末位。全国省际中小企业综合景气指数最高的广东与最低的西藏（10.28）相差近 14 倍，区域发展不平衡问题不容小觑。

三　2018 年中国七大地区中小企业综合景气指数排名

测评结果显示，2017 年，中国七大地区中小企业综合景气指数排名与上年一致（见表 23 - 10、图 23 - 8），具体可划分四大层次来分析其特征。

表 23 - 10　　2018 年中国七大地区中小企业综合景气指数排名

地区	指数	排名	与 2017 年排名比较
华东	134.44	1	—
华南	60.90	2	—

续表

地区	指数	排名	与2017年排名比较
华北	56.09	3	—
华中	55.17	4	—
西南	45.83	5	—
东北	40.13	6	—
西北	36.82	7	—

注：排名比较一栏"—"表示与2017年排名持平。

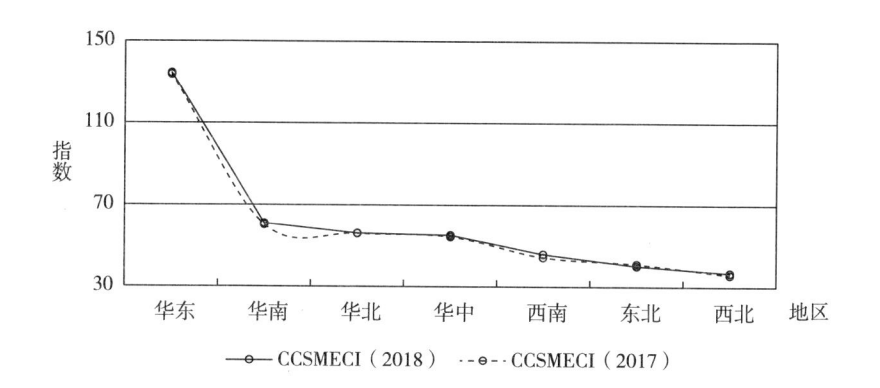

图23－8　2018年中国七大地区中小企业综合景气指数

（一）华东地区独占鳌头，景气指数稳步上升

华东地区以其优越的地理位置、繁荣的长江三角经济带、强劲的辐射带动能稳居中国中小企业综合景气指数龙头，其景气指数节节攀升，较去年上升0.5%，且为第二阵营华南地区的2倍以上。华东地区的中小企业数量与种类之多、辐射的中小企业范围之广、创新能力之强、比较景气指数之高，使其综合景气指数长期处于榜首，独树一帜。

（二）第二阵营努力追赶，区域发展百花齐放

2018年的第二阵营仍为华南地区、华北地区、华中地区，景气指数水平虽较为接近，但距华东地区的水平差距明显。为缩小区域发展差距，"一带一路"牵动第二阵营三大地区中小企业走出去，雄安新区拉动华北地区的京津冀经济圈联盟发展，海南岛自由贸易区驱动泛珠三角经济带多功能发展。三大地区机会与挑战并存，迎难而上，构建区域发

展新动能。

（三）第三、四阵营指数偏低，发展潜力巨大

第三阵营为西南地区，第四阵营东北地区和西北地区。这三大地区地域辽阔，但经济发展较东部、中部仍有一定差距，其景气指数总体偏低，且三大地区之间景气指数差距明显。为促进中国西部开发，振兴东北产业，东部部分产业逐渐向西部转移，"一带一路"又为东北三省、西部地区提供良好的经营环境，形成更开放的对外贸易格局。总的来说，西南、西北、东北地区中小企业发展可期。

第五节 2018年中国中小企业景气动态综合分析

综合分析2018年中国中小企业指数的动态趋势，研究发现，中国中小企业景气指数持续上升，经济活力进一步增强；普惠金融缓解中小企业融资困局，包容共生环境初步形成；智能制造推动中小企业创新发展，"专精特新"企业成长显著；数字经济助推中小企业转型发展，创业创新动能不断增强；特色小镇推动农村中小企业发展，区域发展差距不断缩小。同时，研究表明，当前中国中小企业发展面临债务风险累积增大，产品竞争力薄弱，产业结构调整困难，高端人才匮乏，体制机制问题束缚企业发展等问题。正视发展过程中存在的问题并加以解决，才能推动中小企业稳健发展。

一 五大研究发现

（一）2018年中小企业景气指数持续上升，支撑实体经济稳中向好

2017年以来，世界经济温和复苏，国内经济平稳增长，供给侧结构性改革成效显著，中小企业投资经营环境进一步改善。特别是党的十九大明确提出进一步加强对民营企业的发展和中小企业创新的支持，促使企业家信心大幅提升。随着"三去一降一补"和"放管服"政策的深入实施，中小微企业的税费负担进一步减轻，制度交易成本明显降低，新技术、新产业、新业态、新模式大量涌现，创业创新活力持续增强。得益于环境、政策及企业信心等诸多利好因素相互作用，2018年中国中小企业景气指数持续上升，并支撑实体经济稳中向好（见图23-9）。

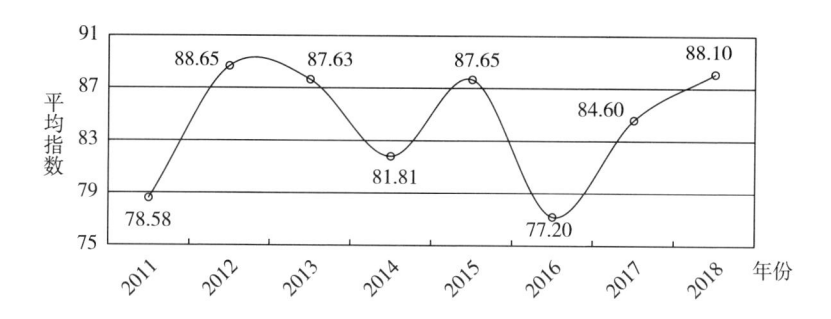

图 23-9　中国中小企业景气指数平均指数的波动趋势（2011—2018 年）

（二）普惠金融缓解中小企业融资困局，包容共生环境初步形成

普惠金融的精髓在于包容共生，使中小企业在获取金融服务方面享有机会均等、自主选择的权益。近年来，中小企业通过桥梁模式、平台模式、网络模式、金融仓储模式及科技金融模式等普惠金融创新实现互惠共生，有力缓解了中小企业融资困境。同时，新兴的区块链技术基于去中心化的共识机制为构建智能普惠金融生态环境提供了最新技术支持和信用保障。特别是互联网消费金融为普惠金融落地提供了便捷的技术支撑，使更多中小企业能通过网络享受到普惠金融带来的实际好处，获得感大大提升，创业创新动力明显增强。

（三）智能制造推动中小企业创新发展，专精特新企业成长显著

智能制造推动中小企业实现纵向集成发展，通过实现"智能化机器生产"，逐步升级为"云制造"，并且推进"互联网+制造"模式，全面提升企业研发、生产、管理和服务的水平。同时，智能制造推动中小企业实现横向融通发展，在降本增效、拓展销售渠道的同时实现生产和经营的无缝集成和上下游企业间的信息共享。越来越多的"云制造"平台向中小企业开放资源和服务入口，通过协同研发、协同制造、资源开放、需求对接、线下孵化等方式，使中小企业能够与上下游企业实现各类资源的共享。目前，量大面广的中国中小企业已成为各类智能工厂和数字化车间的"排头兵"。借智能制造的东风，更多中小企业致力于"专精特新"发展，从行业内"小巨人"逐步成为细分市场的"隐形冠军"，部分企业成长为行业"独角兽"企业。

（四）数字经济助推中小企业转型发展，创业创新动能不断增强

2017年，中国数字经济规模达27.2万亿元人民币，占国内生产总值的比重达到32.9%。平台化、生态化是数字经济的显著特征。互联网平台新主体快速涌现，传统制造业也开启平台化转型。平台建设推动中小企业从线性竞争到生态共赢转变，线上、线下一体化成为数字经济时代产业发展新方向。中小企业尤其在创意前端和商业化后端催生新型业态，在生产性服务业和消费性服务业领域成为提供公共产品、公共服务的新力量和经济发展的新源泉，并极大丰富市场供给、缩短创新周期、激发市场竞争活力。当前，数字经济推动中小企业跨界协同实现数字化转型，已经成为中国中小企业创业创新的基础涵养源和强劲动力源。

（五）特色小镇推动农村中小企业发展，区域发展差距不断缩小

近几年来，始于浙江省的"特色小镇"建设在全国范围内如火如荼展开，通过实现"产、城、人、文"融合发展，成为新时代乡村振兴的主要抓手。农村中小微企业既是特色小镇建设的主力军，也是特色小镇建设的受益者。目前，全国的特色小镇形式多种多样。以浙江为例，既有一大批发展区域传统产业的"一镇一品"式的专业小镇，又有互联网、基金、创意、梦想等现代创新型小镇。在特色小镇建设中，中小企业主动对接"互联网+"，通过"触网入云"参与现代生产协作与流通服务等全过程，并逐渐实现转型升级。特别是以"淘宝村"为代表的农村电子商务发展迅猛，大批返乡农民工、大中专毕业生、专业技术人员、退役军人和工商个体户等参与现代农业产业园和特色农产品优势区建设，发展农村新业态、新模式，促进农村第一、第二、第三产业融合发展。通过"个转企、小升规、规改股、股上市"促进农村中小微企业提质增效，使中国区域经济发展差距不断缩小。

二 五大突出问题

（一）企业杠杆率水平上升债务风险累积增大

近几年来，在大规模的经济刺激下，中国经济杠杆率水平显著上升。根据国际清算银行（BIS）的数据，中国全社会非金融部门杠杆率由2008年的141%上升至2016年的257%，累计上升116个百分点。由于中国资本市场仍不发达，社会融资结构中，间接融资和债务性融资比重高,而股权融资占比相对较低。中小企业由于缺乏抵押很难获得银行贷款,也难以通过资本市场获得资金,加之企业税费负担较重,无力自我补充资本金,大部分企业依靠负债发展。2016—2017年中国经济复苏主要是受到多项托底政策的支撑,在此过程中企业随业务急速扩张而扩张信用,企业杠杆率水平快速提升,债务风险不断累积。

进入2018年,随着前两年多项托底政策效果的消退,累积风险集中增大,企业债券违约和总债务危机频繁曝光。据Wind资讯的资料,截至2018年5月末,中国全国约有20只信用债违约,违约企业包括盾安集团、中城建、神雾环保、富贵鸟、春和集团、中安消等10家公司,其中包含多家上市公司。特别是连续16年入选"中国500强企业"的盾安集团深陷450亿元债务危机更是体量惊人。为此,急需加快资本市场改革,提高直接融资比重,切实化解系统风险。

(二)中高端产品国际市场竞争力仍旧薄弱

中国大多数中小企业一直处于产业链的中低端,产品定位一直也较为低端,在国际市场上多采取占有市场份额的低价战略。由于技术不足、研发资金短缺等因素,中小企业的中高端产品实质上附加值并不高,在产品类型与功能上也没有突出优势,国际竞争力仍旧薄弱。中小企业利润空间受到多方面挤压,随着转型升级的深入推进,经营压力不断增加。提升中小企业在中高端产品国际市场中的核心竞争力是今后的主要任务。

(三)行业及区域产业结构调整仍任重道远

从目前中国中小企业产业结构来看,大多数行业属于劳动密集型经济,依靠廉价的劳动力获取少量的产品附加值。随着经济发展模式由数量向品质的跃升,随着技术创新的不断推进,市场竞争日益激烈,技术缺失会直接导致行业企业的衰退。当前,特别是随着环境保护上升到国家战略层面,国家对"三废"监督力度不断加大,一些不能以产品创新、质量功能提升而占领市场的中小企业,在"环保风暴"中面临行业洗牌淘汰的困境。同时,从目前区域产业结构调整的现状看来,东部沿海大中城市密集经济与中西部地区落后经济之间在发展模式、发展水平方面仍存在较大差距,区域之间发展不充分、不均衡的矛盾仍旧突出。

(四)满足智能制造与数字经济的人才匮乏

智能制造与数字经济的发展需要大量的专业技术人才来实施推动，然而当前中国满足条件的高技能人才相对匮乏。据调研分析，目前中国高技能人才占劳动力市场总体的4%，普通技能人才占20%，更多的则是无技能劳动者，劳动力整体质量不高。智能制造和数字经济改变了许多传统行业的发展模式，跨界融合的业务呼唤大量新的复合人才。如首席数字官，不仅需要具备数字技术的专长，更需要能洞悉行业、企业需求，制定技术解决方案的整体方向。作为未来智能制造与数字经济下的就业主力，相关人才都呈现出需求量大、流动性大的特点。为此，迫切需要建立校企联合培养高端专业人才的长效机制。

(五)束缚中小企业发展的机制体制诸问题

中小企业以其灵活多变的经营方式，在日益激烈的市场竞争中，不断拓展其生存空间。然而在过去很长一段时间，中小企业以粗放型的发展为主，管理机制不够健全，缺乏相应的规章制度和组织战略，缺乏有效的激励机制，人才流失较为严重，不利于企业健康持续发展。此外，在市场资源分配与市场准入方面，民营企业仍受到中央和国有大企业的排挤。特别是中小企业仍无法进入垄断性行业，发展空间受限。不少地方政府政策落地难，企业获得感不足。为此，中国中小企业自身方面需强化管理机制，社会治理体制方面也需要进一步从各方面释放"大众创新、万众创业"的活力，促进中小企业健康持续发展，支撑新时代的中小实体经济向好向强。

第二十四章

2019年中国中小企业景气指数评价研究

第一节 2019年中国工业中小企业景气指数测评

工业中小企业景气指数计算以中国31个省级行政区统计年鉴数据为基础，在对中国各省、自治区、直辖市中小企业发展情况进行定量描述的基础上，计算各省、自治区和直辖市的合成指数。

一 评价指标的选取

工业中小企业景气指数的计算基于中小企业统计整理汇总数据。本报告根据经济的重要性和统计的可行性仍选取了以下五大类指标（见表23-1）。

（一）反映工业中小企业自身内部资源的指标

具体包括三项指标：①总资产。反映企业综合实力。②流动资产。体现企业短期变现能力，确保企业资金链。③固定资产。反映企业设备投资及其他固定资产的投资状况。

（二）反映工业中小企业股东状况的指标

具体包括两项指标：①所有者权益。反映资产扣除负债后由所有者应享的剩余利益，即股东所拥有或可控制的具有未来经济利益资源的净额。②国家资本。反映了工业中小企业得到国家投资的政府部门或机构以国有资产投入的资本，体现了国家对中小企业的扶持力。

（三）反映工业中小企业财务状况的指标

具体包括三项指标：①税金。包括主营业务税金及附加和应交增值税，主要体现企业支付的生产成本，影响企业收入和利润。②负债。影响企业的资金结构，反映企业运行的风险或发展的条件和机遇。③利息支出。作为财务费用的主要科目，反映企业负债成本。

（四）反映工业中小企业生产经营状况的指标

具体包括两项指标：①主营业务收入。企业经常性的、主要业务所产生的基本收入，其直接反映企业生产经营状况。②利润。直接反映企业生产能力的发挥和市场实现情况，也显示了企业下期生产能力和投资能力。

（五）反映工业中小企业经营规模的指标

具体包括三项指标：①总产值。体现企业创造的社会财富，直接反映出区域中小企业的发展程度。②企业数量。直接反映了中小企业在一个区域的聚集程度。③从业人员数。反映企业吸纳社会劳动力的贡献率和企业繁荣程度。

二　数据收集及预处理

工业中小企业景气指数计算数据来自国家及各地的统计年鉴及工业经济统计年鉴。使用的年鉴为2018年版，实际统计时间跨度为2009—2017年，在指标信息齐全和不含异常数据的基本原则下采集数据。课题组先收集了中国内地31个省、自治区和直辖市的工业中小企业数据，然后按七大行政区域，即东北、华北、华东、华中、华南、西南和西北地区分别进行了汇总整理。

由于基于统计年鉴所获得的数据较为庞大，有些省份和年份的数据存在缺失值。另外，不同指标的数据在数量级上的级差较大，为了保证后续数据分析和数据挖掘顺利进行，课题组对收集到的年度数据分别进行了预处理，包括无量纲化、消除季节性因素以及剔除非常规数据等预处理。另外，在数据处理过程中，同样还关注到了数据样本中孤立数据与极端数值的影响。

三　指标体系及权重的确定

为了确定指标体系，首先对指标进行分类。在计算工业中小企业景气指数时主要采用时差相关系数法，首先确定一个能敏感地反映工业中小企业经济活动的重要指标作为基准指标。最能反映工业中小企业的经济状况的指标确定为工业增加值增长率。同时采用工业中小企业的总产值作为基准指标，并考察了全国工业中小企业总产值与 GDP、第二产业产值和工业总产值之间的相关性，具体实证结果表明，工业中小企业总产值基本和整个经济循环波动保持一致，这种相关性很好地反映了工业中小企业的发展状况。因此，综合考虑到重要性、适时性和与景气波动的对应性，这里选取工业中小企业总产值作为基准指标。同时，根据时差相关系数分析法计算出了各指标与总产值的时差相关系数和先行、滞后、一致的指标，结果如表 23-2 所示。

另外，课题组还使用 K—L 信息量法、文献综述法、马场法、聚类分析法、定性分析法等，并咨询了专家意见，综合考察了各类先行、一致和滞后指标的选取方法，确定了中国工业中小企业的先行、一致和滞后指标，并根据主成分分析法求出先行指标组、一致指标组和滞后指标组小类指标的权重；然后利用全国规模以上工业中小企业数据，具体计算出了各分类项目评价指标的权重；最后为了改善迄今基于单一的一致指标计算工业企业景气指数的计算方法，采用专家咨询法确定了先行指标组、一致指标组和滞后指标组大类指标的权重（见表 23-2）。

四 2019 年中国省际工业中小企业景气指数计算结果及排名

为了使各省、自治区和直辖市的工业中小企业景气指数波动控制在 0—200 的取值范围，2019 年工业中小企业景气指数计算以 2008 年的全国平均值作为基年数据。由于实际统计的 2007—2017 年没有明显多个经济周期循环，因而本研究报告在运用合成指数算法进行计算时省略了趋势调整。经过计算，分别获得了中国省际与地区工业中小企业先行、一致与滞后合成指数，并按三组大类指标的权重，最终合成计算省际和地区工业中小企业综合景气指数。

由于各省工业中小企业景气指数受各省企业数量影响较大，因此，本报告在计算景气指数的过程中考虑到企业数量因素，通过无量纲化处理等进行了修正调整。具体步骤和方法是，首先采用 min—max 标准化将企业数量进行无量纲化处理，其次是根据专家咨询法获得修正调整前的景气指数和企业数量的权重，并与其相对应的权重相乘，最后将获得的乘数相加最终得到各省工业中小企业景气指数值。表 24-1 及

图 24-1 显示了 2019 年中国省际工业中小企业景气指数评价结果。

表 24-1　　2019 年中国省际工业中小企业景气指数

省份	先行指数	一致指数	滞后指数	工业企业景气指数（ISMECI）	排名
广东	147.39	150.57	177.52	155.01	1
江苏	140.88	150.62	159.76	149.53	2
浙江	131.83	143.71	150.07	141.42	3
山东	118.89	116.28	127.85	119.38	4
河南	70.28	61.17	71.27	65.92	5
河北	60.99	50.80	58.37	55.37	6
福建	51.07	48.73	55.83	50.85	7
安徽	50.22	45.95	51.66	48.37	8
湖北	49.57	44.57	50.90	47.33	9
四川	48.63	38.53	46.82	43.22	10
湖南	44.27	39.33	45.83	42.11	11
上海	37.71	41.71	44.08	40.99	12
辽宁	48.30	28.10	39.31	36.40	13
江西	30.60	25.47	30.00	27.92	14
陕西	28.62	18.34	24.27	22.61	15
天津	22.57	20.98	23.32	21.93	16
吉林	24.89	18.38	23.57	21.37	17
北京	24.46	18.90	21.67	21.12	18
山西	25.40	16.00	25.35	20.69	19
广西	25.47	15.71	20.51	19.60	20
重庆	21.90	17.37	21.20	19.49	21
云南	24.90	13.41	18.28	17.83	22
贵州	20.46	14.46	17.44	16.86	23
黑龙江	18.46	13.24	17.70	15.70	24
新疆	21.47	9.65	14.01	14.07	25
内蒙古	18.08	9.82	13.70	13.07	26
甘肃	13.89	9.34	11.96	11.23	27
宁夏	4.18	2.84	3.62	3.40	28

续表

省份	先行指数	一致指数	滞后指数	工业企业景气指数（ISMECI）	排名
海南	4.70	2.16	2.99	3.09	29
青海	2.93	1.77	2.73	2.31	30
西藏	1.99	0.61	0.98	1.10	31

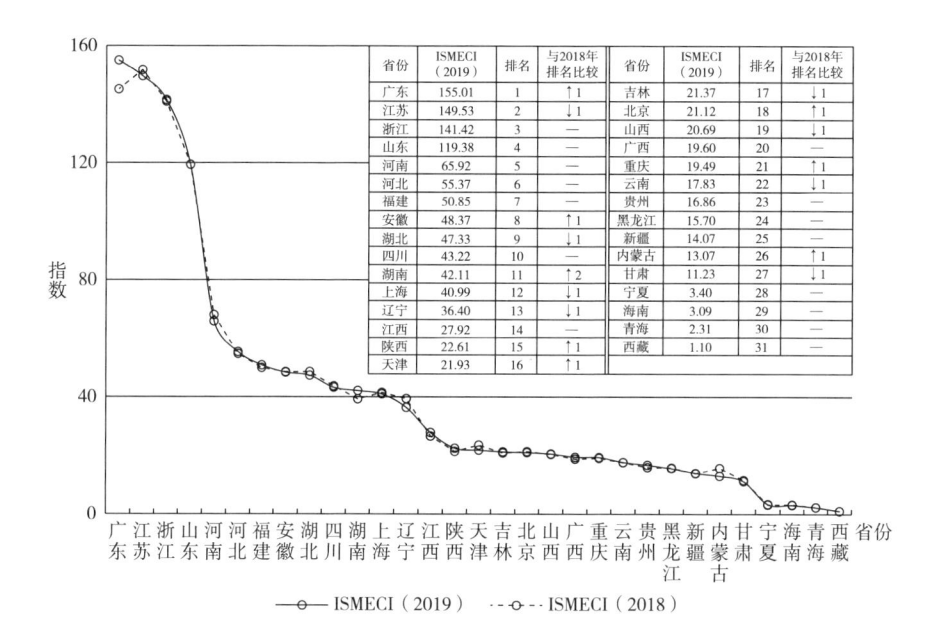

省份	ISMECI(2019)	排名	与2018年排名比较	省份	ISMECI(2019)	排名	与2018年排名比较
广东	155.01	1	↑1	吉林	21.37	17	↓1
江苏	149.53	2	↓1	北京	21.12	18	↑1
浙江	141.42	3	—	山西	20.69	19	↓1
山东	119.38	4	—	广西	19.60	20	—
河南	65.92	5	—	重庆	19.49	21	↑1
河北	55.37	6	—	云南	17.83	22	↓1
福建	50.85	7	—	贵州	16.86	23	—
安徽	48.37	8	↑1	黑龙江	15.70	24	—
湖北	47.33	9	↓1	新疆	14.07	25	—
四川	43.22	10	—	内蒙古	13.07	26	↑1
湖南	42.11	11	↑2	甘肃	11.23	27	↓1
上海	40.99	12	↓1	宁夏	3.40	28	—
辽宁	36.40	13	↓1	海南	3.09	29	—
江西	27.92	14	—	青海	2.31	30	—
陕西	22.61	15	↑1	西藏	1.10	31	—
天津	21.93	16	↑1				

图 24-1　2019 年中国省际工业中小企业景气指数

注："与2018年排名比较"栏："—"表示与2018年排名持平，"↑""↓"分别表示与2018年相比升降位数。

2019年中国省际工业中小企业景气指数波动趋势具有以下特点。

（一）前三甲省份交替领跑，省际分布梯次明显

广东工业中小企业景气指数实现高位突破，拔得头筹，引领全国工业中小企业发展；江苏和浙江以第二与第三的名次占据前列，连续多年保持高速发展态势。从指数梯次来看，2019年的省际指数分布可划分为四个梯队，同时梯次间差距逐步扩大：广东、江苏、浙江以及山东的指数均高于100，构成第一梯队；河南、河北、福建、安徽、湖北等8

个省份的指数在 40—100，为第二梯队；辽宁、江西、陕西、天津、吉林等 7 个省份的指数在 20—40，构成第三梯队；广西、重庆、云南等其余 12 个省份为第四梯队，指数均低于 20。

与 2018 年相比，四个梯队的平均指数均略有上升，其中第一梯队增长幅度最大；原第三梯队的湖南省脱离该层级迈入第二梯队，景气指数上升至 40 以上，但第四梯队省份景气指数仍处于低位，拉升势头不足；同时各梯次间的差距逐渐拉大，如第二梯队末位的上海（40.99）与第三梯队首位的辽宁（36.40）之间的分差为 4.59，大于上年的 2.04，反映出 2019 年中国工业经济稳重有变，各省份持续推进工业中小企业布局调整，促进企业转型升级，以期长久发展。

（二）加权指数连年上升，工业经济基本面向好

2019 年以工业总产值为权重的全国工业中小企业加权平均指数为 84.30，较 2018 年小幅上升了 1.92%，且该指数已经连续上涨多年。这说明在 2019 年全球经济增长温和放缓的形势下，中国工业新旧动能将加速转换，工业经济在合理区间稳定运行，工业投资增速稳中有进，工业中小企业效益和发展质量继续稳步提升。

（三）省际工业景气指数发展不平衡现象有待改善

2019 年中国省际工业景气指数变化幅度不大，各省份排名基本稳定，但总体水平略有下滑，且省际间的发展不平衡问题依旧突出。结果显示，江苏、浙江、广东、上海等东南沿海省份的工业中小企业景气指数持续高位运行，而山西、广西、重庆、贵州等中西部地区近年来的工业中小企业景气指数基数较低，发展动力明显不足；处于末位的西藏（1.10）与首位的广东（155.01）指数差距达到了 141 倍；四大直辖市的工业中小企业景气指数排名与上年保持一致，五大自治区的排名仍处于靠后位置，由此说明中国省际工业中小企业发展不平衡现象仍需要通过政策支持、技术提升、融资渠道拓宽等各方面努力才能得到改善。

五 2019 年七大地区工业中小企业景气指数计算结果及排名

按中国七大地理分布的地区划分进行数据整理，得到 2019 年中国七大地区工业中小企业景气指数评价结果及排名状况（见表 24-2 和图 24-2）。

表 24–2　　2019 年中国七大地区工业中小企业景气指数

地区	先行指数	一致指数	滞后指数	工业企业景气指数（ISMECI）	排名
华东	134.66	137.30	147.73	138.60	1
华南	37.64	35.68	42.98	37.73	2
华中	34.81	30.44	35.65	32.79	3
华北	30.27	22.54	28.28	26.00	4
西南	23.01	15.41	19.97	18.60	5
东北	15.87	8.72	13.36	11.80	6
西北	11.21	4.59	7.84	7.22	7

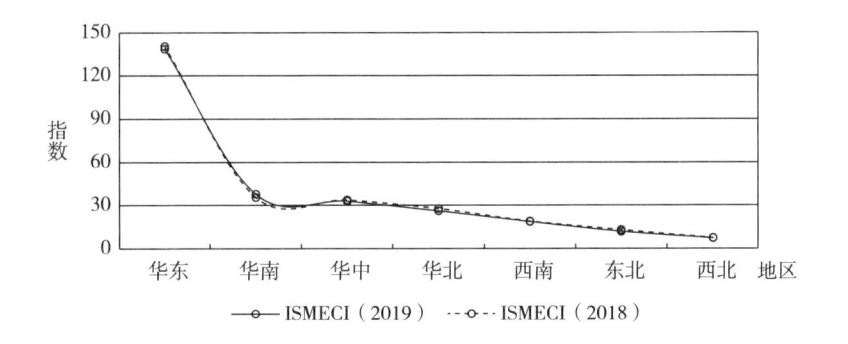

图 24–2　2019 年中国七大地区工业中小企业景气指数

2019 年中国七大地区工业中小企业景气指数测评结果显示，七大地区工业中小企业景气指数与上年基本保持稳定，但地区间中小企业发展状况依旧差距悬殊，景气指数由华东地区发达省份向中西部地区分层递减。

从七大地区排名来看，2019 年华东地区（138.60）仍以不容置疑的优势占据工业中小企业景气指数榜首，持续推动和引领全国各地区工业中小企业发展。但相比 2018 年指数有所降低，这可能是由于中美贸易摩擦的影响，华东地区中小企业的外需增长空间受到限制，下行压力犹在，因此需进一步改善工业中小企业发展环境，深化工业经济结构化改革。

具体来看，位列第二的华南地区（37.73）指数有所上升，粤港澳平台建设成效显著，珠三角地区营商环境改革效果明显，且企业税负压力减轻，地区工业经济发展引人注目。华中（32.79）、华北（26.00）地区紧随其后，但相较上年均有部分下降。西南（18.60）、东北（11.80）、西北（7.22）地区的景气指数仍在较低处徘徊，同比也均有小幅下降。总体看来，七大地区中仅华南地区景气指数连年上升，整体形势震荡不前，反映出在宏观经济下行的影响下，各个地区尤其是中西部地区的工业中小企业信心较为低迷，融资、供需矛盾等问题依然突出，因此需要持续推进体制机制改革，优化中小企业发展环境，突破中小企业发展"瓶颈"。

此外，2019年七大地区工业中小企业的景气曲线有较小幅度的下移，但整体与上年保持较好的一致性，表明虽然中小实体经济活动各环节呈现疲软状态，但随着政策红利的不断释放，中国大部分地区工业中小企业仍能协调发展，缓中趋稳。

第二节 2019年中国上市中小企业景气指数测评

一 指标体系构建及评价方法

本年度报告关于上市中小企业景气指数的评价指标和评价方法沿用2018年度报告的指标体系及方法步骤，数据预处理采用扩散指数（DI）的编制方法，最后运用权重法和合成计算综合指数。

据深圳证券交易所、上海证券交易所及全国中小企业股份转让系统（NEEQ）公开数据资料显示，截至2019年6月末，中国内地共有各类上市中小企业10780家，其中中小板上市企业924家、创业板上市企业762家、新三板挂牌企业9070家、科创板上市企业24家。与2018年相比，在国家从严治理整顿金融市场秩序的背景下，全国上市企业数量总体有所减少（见图24-3）。2019年6月13日上海证券交易所科创板正式开板，首批24家科技型中小企业上市科创板是提升服务科技创新企业能力、增强市场包容性、强化市场功能的一项资本市场重大改革举措。

由于部分上市企业财务公开数据存在不同程度的缺失，兼顾到抽样企业样本的代表性和财务数据完整性，本研究报告基于深交所500指数选取了248家中小板企业、94家创业板企业，基于NEEQ选取了142

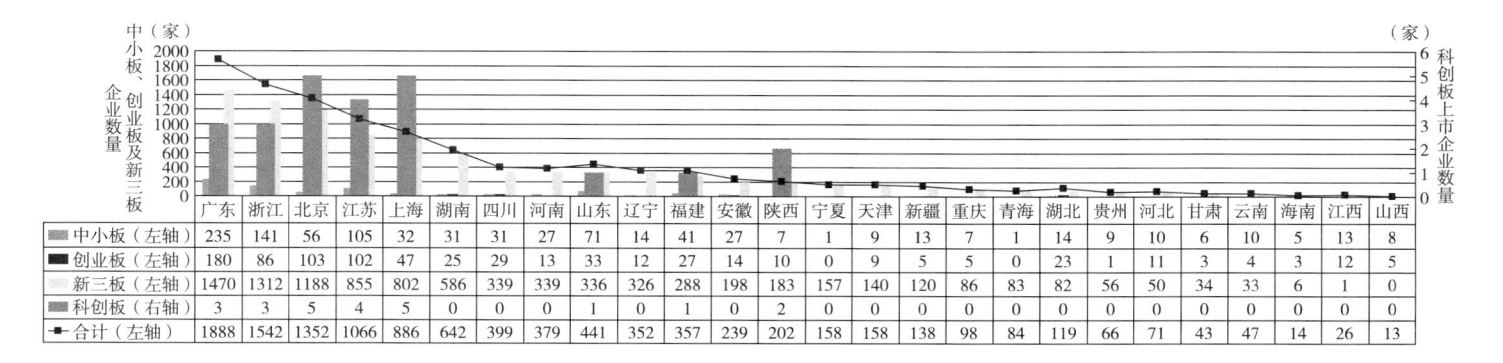

第二十四章 | 2019 年中国中小企业景气指数评价研究

	广东	浙江	北京	江苏	上海	湖南	四川	河南	山东	辽宁	福建	安徽	陕西	宁夏	天津	新疆	重庆	青海	湖北	贵州	河北	甘肃	云南	海南	江西	山西
中小板（左轴）	235	141	56	105	32	31	31	27	71	14	41	27	7	1	9	13	7	1	14	9	10	6	10	5	13	8
创业板（左轴）	180	86	103	102	47	25	29	13	33	12	27	14	10	157	9	5	5	0	23	1	11	3	4	3	12	5
新三板（左轴）	1470	1312	1188	855	802	586	339	339	336	326	288	198	183	157	140	120	86	83	82	56	50	34	33	6	1	0
合计（左轴）	1888	1542	1352	1066	886	642	399	379	441	352	357	239	202	158	158	138	98	84	119	66	71	43	47	14	26	13
科创板（右轴）	3	3	5	4	5	0	0	0	1	0	0	0	2	0	0	0	0	0	0	0	0	0	0	0	0	0

图 24-3 中国上市中小企业数量省份分布（截至 2019 年 6 月末）

家新三板企业，共收集484家上市中小企业的有效样本。同时，由于上市中小企业景气指数受企业数量影响也较大，因此计算上市中小企业景气指数时，也将企业数量作为调整系数尽量对计算结果进行修正。具体方法是：先采用min—max标准化将企业数量进行无量纲化处理，再将合成的景气指数和企业数量与其相对应的权重相乘，最后将获得的乘数相加作为反映上市中小企业景气指数的值。此外，对于上市中小企业数量少且企业财报数据缺失严重的吉林、广西、内蒙古、黑龙江和西藏5个省份，因与其他省份不具有可比性，本研究报告未对这些省份进行测评比较。

二 2019年中国各省际上市中小企业景气排名分析

2019年中国各省际上市中小企业景气指数测评结果如表24-3和图24-4所示。广东省中小企业景气指数继续领跑全国，浙江和北京稳居中国上市中小企业景气指数前三甲，只有小部分省份排名有所下滑。总体来看，各省份中小企业景气排名变化不大，但各省全国平均景气指数同比有所下降。从2019年中国上市中小企业景气指数的动态趋势分析，可以概括出以下几个特点。

表24-3　　　　2019年中国省际上市中小企业景气指数

省份	先行指数	一致指数	滞后指数	上市中小企业景气指数（SCNBCI）	排名	与2018年排名比较
广东	144.87	132.39	134.77	136.61	1	—
浙江	121.57	114.66	115.58	116.92	2	—
北京	119.78	113.00	117.73	115.98	3	—
江苏	97.13	92.21	96.79	94.60	4	—
上海	92.11	89.05	91.73	90.50	5	—
湖南	92.95	82.13	87.28	86.41	6	—
四川	92.90	81.09	84.61	85.34	7	—
河南	92.37	79.94	80.46	83.77	8	—
山东	84.33	82.02	84.45	83.20	9	—
辽宁	89.09	79.55	80.71	82.64	10	↑1
福建	88.90	78.31	81.66	82.15	11	↑1

续表

省份	先行指数	一致指数	滞后指数	上市中小企业景气指数（SCNBCI）	排名	与2018年排名比较
安徽	85.93	79.88	81.89	82.10	12	↓2
陕西	78.14	78.18	84.80	79.49	13	—
宁夏	75.10	80.16	84.07	79.43	14	↑4
天津	83.92	76.21	78.32	78.95	15	↓1
新疆	77.86	74.43	83.63	77.30	16	—
重庆	87.64	71.31	74.80	76.91	17	↓2
青海	89.41	65.25	85.29	76.51	18	↑3
湖北	84.11	73.47	69.28	75.82	19	↓2
贵州	75.72	70.68	75.48	73.15	20	↓1
河北	67.83	76.69	69.51	72.60	21	↓1
甘肃	75.48	68.05	74.66	71.60	22	
云南	61.11	69.93	75.50	68.40	23	
海南	69.39	69.95	59.72	67.74	24	
江西	63.56	70.27	67.14	67.63	25	
山西	67.63	65.36	41.65	61.30	26	

注："与2019年排名比较"一栏"—"表示与2018年排名持平，"↑""↓"分别表示与2018年相比升降位数。

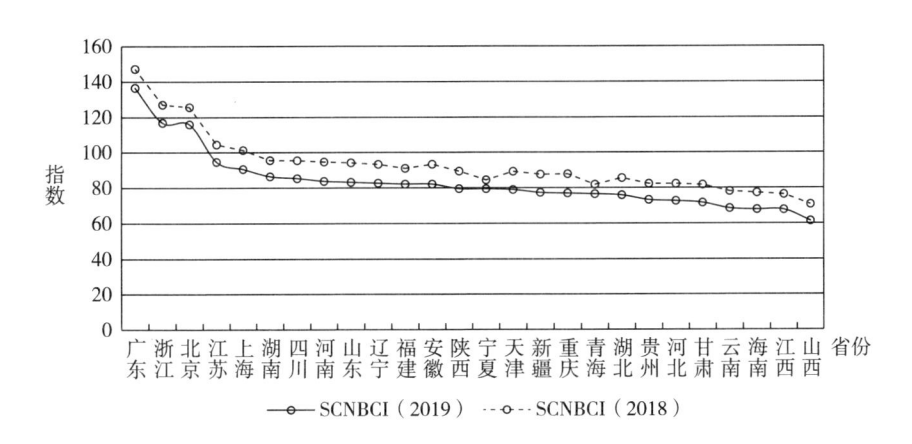

图24-4 2019年中国省际上市中小企业景气指数

(一)全国各省际上市中小企业景气指数增长势头减弱

2019年,全国上市中小企业景气平均指数为83.11,比2018年下降了9.84。基本各省份的景气指数较上年相比都有所下降。将近一半省份的景气指数低于全国平均水平。其中云南、海南、江西、山西四个省份景气指数低于70。这主要由于,2018—2019年,企业上市要求更加严格,例如创业板对发行人设置了两套财务门槛指标:第一套创业板指标要求发行人最近两年连续盈利,最近两年净利润累计不少于1000万元,且持续增长;第二套指标要求最近一年盈利,且净利润不少于500万元,最近一年营业收入不少于5000万元,最近两年营业收入增长率均不低于30%。使大量企业纷纷远赴海外募资,比如虎牙、极光科技、蔚来汽车、云米科技等;同时,上市企业大股东股权质押危机此起彼伏,导致各省上市中小企业景气指数有所下滑。

(二)上市中小企业景气指数层级差异进一步拉大

2019年,由广东、浙江和北京三省组成的第一层级,平均指数为123.17,其中,广东上市中小企业景气指数仍旧遥遥领先,显示出其上市中小企业发展的绝对优势,这主要得益于广东证监局非常注重"上下联动发挥政府合力、广聚资源服务中小微企业",2018年6月以来先后组织举办了"广东省高新技术企业改制上市培训会"、两期"广东新三板中小企业高质量发展新政策说明会""广东新三板苗圃工程科技创新企业培育政策说明会",推动广东新三板中小企业发展质量不断提升;江苏、上海两省下降为第二层次,平均指数92.55小于100,但总体排名并未下降,这主要归功于江苏和上海政府积极出台政策建立纾困"资金池",支持上市企业开展股权融资。例如,上海市发布了《关于全面提升民营经济活力 大力促进民营经济健康发展的若干意见》中提到建立规模为100亿元的上市公司纾困基金。第三层级的上市中小企业景气指数在80—90,由湖南、四川、河南、山东、辽宁、福建以及安徽七个省份组成,其平均景气指数为83.66。在第三层次中,与2018年相比辽宁、福建指数排名上升1位,安徽指数排名下降2位,其他几个省份排名均未变动。第四层次包括陕西、宁夏、天津、新疆、重庆、青海、湖北、贵州、河北、甘肃、云南、海南、江西、山西,平均指数为73.35,其中宁夏和青海指数排名分别上升4位和3位,其他省份的排名略有下滑或保持不变。

（三）省际上市中小企业数量与其景气指数相关性强

据统计，截至2019年4月末，广东省中小企业中小板上市237家，创业板上市179家，新三板上市1497家，整体以1913家位居全国第一位，与其2018年景气指数排名一致。北京、江苏、浙江、上海四个省份上市企业数量都在1000家以上，其对应的中小企业景气指数排名稳居前五。由此可见这些地区发展后劲足，市场前景开阔，上市企业活跃度较高，对景气指数影响较大；而其他上市中小企业较少的省份，景气指数相对较低。因此，省际上市中小企业数量与其景气指数相关性强。

三 2019年七大地区上市中小企业景气指数排名分析

2019年，中国七大地区中小板、创业板及新三板上市中小企业景气指数的计算结果如表24-4和图24-5所示，中国七大地区2019年上市中小企业景气指数及其排名与2018年相比变动不大，但具体分析也发现有一些新的特点。

表24-4　2019年中国七大地区上市中小企业景气指数排名

地区	先行指数	一致指数	滞后指数	上市中小企业景气指数（SCNBCI）	排名
华东	134.78	132.14	130.96	132.70	1
华南	106.26	102.07	98.88	102.69	2
华北	101.61	96.32	97.29	98.10	3
华中	88.98	79.55	77.33	81.93	4
西南	83.37	80.17	81.13	81.32	5
东北	80.52	73.00	73.79	75.42	6
西北	76.12	70.68	78.86	73.95	7

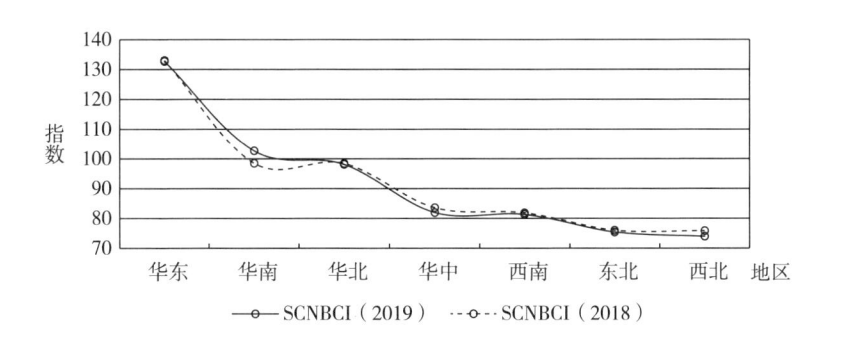

图24-5　2019年中国七大地区上市中小企业景气指数

（一）上市中小企业发展差异显著

最高的华东地区（132.70）与最低的西北地区（73.95）相差近1倍，与2018年相比并未缩小太多差距，表明东西部上市中小企业发展依旧处于不平衡状态。这主要由于，华东地区上市中小企业无论在数量还是质量上都比西北地区占优势，从数量上看，华东地区创业板292家，中小板390家，新三板3979家，而西北地区创业板17家，中小板28家，新三板338家，华东地区上市中小企业的数量远远高于西北地区；从质量上看，以广东省为代表的新三板中小企业发展质量不断提升。据统计，在大湾区之内的珠三角九市有新三板公司近1500家，在全国新三板公司总数中的占比超过14%，其中创新层公司113家。这些新三板公司在信息技术、装备制造、软件、生物技术等领域有着较深的积累，形成了一个特殊板块的中小企业群体，成为广东经济高质量发展的一支重要力量。此外，东部地区省份中，广东省上市中小企业景气指数最高（136.61），中部地区最高的是湖南省（86.41），西部地区最高的是四川省（85.34）。可以明显发现，上市中小企业景气指数高的地区所对应省份的景气指数也明显较高。

（二）华南地区上市中小企业景气指数上升步入新轨道

华南地区上市中小企业景气指数在七大地区中的排名虽然未变，但较上年景气指数上升幅度比较突出，为4.2；而排名第一的华东地区较2018年也有小幅下降。据相关资料显示，一方面，由于广东省证券交易市场活跃，广东省上市中小企业总交易额已达10000亿元以上，远远高于其他地区；另一方面深圳为了营造优良的上市培育政策环境，对中小企业在改制、辅导两个阶段，给予资金资助；对在新三板成功挂牌的中小企业，以及进入新三板创新层的挂牌企业给予奖励或补助。

（三）推动区域上市中小企业协调发展

总体来看，2019年七大地区上市中小企业景气指数与上年相比均呈现下降趋势，各区域发展不平衡问题依然存在。其中华东地区依然独占鳌头，西南、东北、西北地区的上市中小企业景气指数持续走低。为了推动区域上市中小企业协调发展，各省开始新一轮上市公司争夺战，已有河南、福建、济南、山东、陕西、安徽、辽宁、广东、江西、浙江多个省出台政策，给予新上市企业低至数十万元、高则上千万元的奖励。其中江西鹰潭，发布最低 3000 万元的企业上市补贴新规，基本能覆盖 IPO 的承销费。同时地方政府通过完善营商环境、优化服务流程培育当地上市潜力企业，对直接融资上市和上市后再融资等各流程环节提供资金奖励，鼓励别的地区已上市企业迁入本地。

第三节　2019 年中国中小企业比较景气指数测评

一　2019 年中国省际中小企业比较景气指数排名分析

中小企业比较景气指数是指中小企业家对当前微观层面企业经营状况的信心、宏观层面经济经营环境的判断和预期结果等进行量化加工整理得到的景气指数，是对基于统计年鉴的工业中小企业景气指数和基于上市公司数据的中小企业景气指数的必要补充。

为了获得 2019 年中小企业比较景气指数，本课题组根据最新的大数据资料获得了 31 个省份的中小企业综合发展数据；同时，面向中小企业家、创业者及中小企业研究专家等实施了中国中小企业景气问卷调查，然后根据专家权重法，合成计算得到 2019 年中国中小企业比较景气指数（见表 24 - 5 和图 24 - 6）。测评结果反映出的动态趋势与特征如下。

表 24 - 5　　　　2019 年中国省际中小企业比较景气指数

省份	比较景气指数（CCI）	排名	与 2018 年排名比较	省份	比较景气指数（CCI）	排名	与 2018 年排名比较
浙江	106.91	1	—	四川	101.28	10	—
广东	104.67	2	↑1	湖北	100.04	11	—
江苏	104.54	3	↑2	湖南	99.88	12	↑2
上海	104.15	4	↑2	海南	99.88	13	↑2
北京	104.02	5	↓3	河北	99.77	14	—
福建	103.59	6	↓2	江西	99.70	15	↓2
天津	102.58	7	↑1	安徽	99.39	16	↑4
山东	102.44	8	↓1	广西	99.21	17	↓1
重庆	101.68	9	—	河南	98.78	18	↓1

续表

省份	比较景气指数（CCI）	排名	与2018年排名比较	省份	比较景气指数（CCI）	排名	与2018年排名比较
贵州	98.70	19	↓1	辽宁	96.67	26	↑3
云南	98.61	20	↓1	甘肃	96.50	27	—
陕西	98.48	21	—	西藏	96.44	28	↓2
山西	97.64	22	—	新疆	96.34	29	↓1
内蒙古	97.22	23	—	吉林	96.34	30	
青海	96.94	24	—	黑龙江	95.98	31	—
宁夏	96.85	25					

注：排名比较一栏"—"表示与2018年排名持平，"↑""↓"分别表示与2018年排名相比升降的位数。

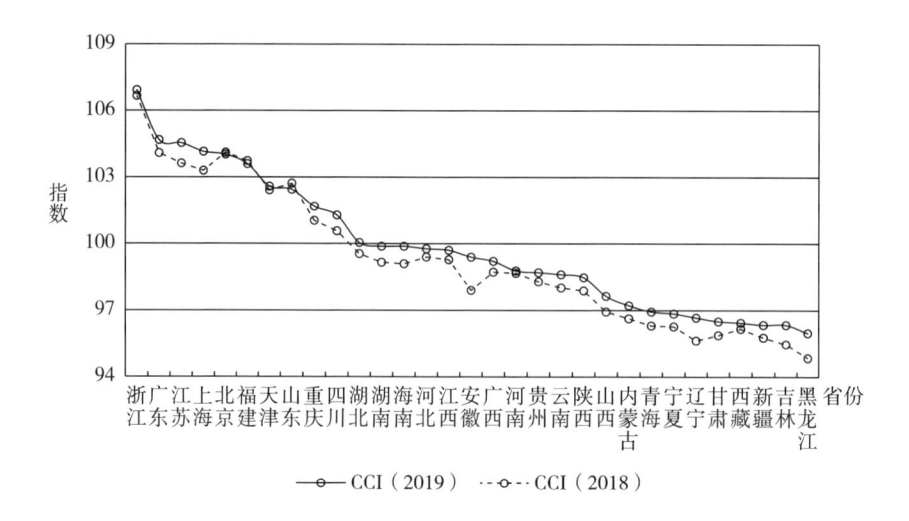

图24-6　2019年中国省际中小企业比较景气指数

（一）中国中小企业家的生产经营信心连年提升

2019年，中国省际中小企业比较景气指数较上年总体有所提升，平均指数为99.85，连年上升，几乎破百。同时省际间指数差异较小，最高的浙江（106.91）与最低的黑龙江（95.98）之间的指数差距也较上年更小，表明当前中小企业家的生产经营信心总体有所提升，对于宏观经济发展及企业经营环境的判断和预期基本面良好。

（二）比较景气指数梯队分布趋于稳定

2019年中小企业比较景气指数大致可区分为三个梯队，且各梯队间差距不断缩小。浙江、广东、江苏、上海、北京、福建、天津、山东、重庆、四川和湖北共11个省份的比较景气指数均大于100，构成第一梯队，其中湖北为新晋省份，充实壮大了该梯队，也表明中小企业对湖北等省份当年的宏观市场有较精准的判断及较高的生产经营信心；湖南、海南、河北、江西、安徽、广西、河南、贵州、云南、陕西共10个省份的比较景气指数在98—100，构成第二梯队，其中安徽、陕西由第三梯队跃升至第二梯队；第三梯队由山西、内蒙古、青海、宁夏等其余10个省份组成，比较景气指数均小于98，但平均指数相较上年有所增长。总体来看，第一梯队仍有较大优势，第二、第三梯队虽指数较低，但其平均增幅较大，且梯队间差距逐年缩小，反映出第二、第三梯度的中小企业家信心指数与日俱增，对未来的发展定位逐渐清晰，发展空间较大。

（三）局部地区景气指数出现上下波动

比较景气指数排名的结果显示，2019年省际排名起伏波动较频繁，个别省份有大幅度跳跃，如安徽上升4名、北京下降3名，体现当年中小企业家对各省份的生产经营信心和宏观经济判断有较大差异，也反映出各省份关于中小企业的建设成效大相径庭。具体来看，2019年粤港澳大湾区内的广东省以及周边若干省份有着极强的经济活力及创新驱动力，随着要素的持续流入，资源优化再配置的效用逐渐显现；安徽省比较景气指数有大幅上升，全省工业经济呈现出"稳中有进、质效双升"的良好态势，主要指标增幅"好于预期、快于全国"，同时2019年安徽将建立成长型小微企业项目库，打造一批细分市场"排头兵""单打冠军""行业小巨人"，极大地增强了中小企业家的信心和预期；北京市立足"一核两翼"联动发展，对接雄安新区企业，但仍需时间沉淀方显成效，未来整体建设将更加聚焦内生发展动力的培育、产业格局的调整以及区域协同整合等效用的发挥和提升。

二 2019年中国七大地区中小企业比较景气指数排名分析

按中国七大地理分布的地区划分进行数据整理，得到2019年中国七大地区比较中小企业景气指数评价结果及排名状况（见表24-6）。

表 24-6　　2019 年中国七大地区中小企业比较景气指数排名

地区	比较景气指数（CCI）	排名
华东	102.96	1
华南	101.25	2
华北	100.25	3
华中	99.57	4
西南	99.34	5
西北	97.02	6
东北	96.33	7

2019年中国七大地区中小企业比较景气指数测评结果显示，七大地区比较景气指数均有小幅上升，平均指数为99.53，比上年增加0.58，排名未发生变化，但整体形势向好，尤其是排名相对靠后的西南（99.34）、西北（97.02）、东北（96.33）地区上升幅度更大，不断缩小与前几位的差距。这表明中国中小企业的整体发展态势良好，各地区蓬勃发展，也显示出大多中小企业家对于宏观经济发展及企业经营环境的判断和预期基本面良好。

从地区分布来看，中国七大地区中小企业的发展仍相对不平衡，南北沿海地区与中西部地区差距仍显著。改革开放以来，华东、华南、华北等沿海地区因其一定的地理优势和政策优势，保持着较高的贸易水平，营造了良好的商业环境，该地区中小企业家有较高的发展信心和动力。相对而言，华中、西南等中西部内陆地区的区域基础设施、环境条件及中小企业公共服务水平略微落后，中小企业家对该地区的经济发展和经营环境判断相对不尽如人意。

由指数差异来看，2019年处于末位的东北地区（96.33）的中小企业比较景气指数与位居首位的华东地区（102.96）差距为6.63，显著低于2018年的7.14，说明东北地区中小企业虽无法在近期实现跨越式发展，但中小企业提质增效业绩正逐步显现，企业转型升级也渐出成效，总体而言发展趋势良好，未来应更加注重发挥发达地区对东北等偏落后地区的带动作用，实现各地区中小企业均衡发展。

第四节 2019年中国中小企业综合景气指数测评

一 计算与评价方法

鉴于数据扩充和方法完善，课题组在评价2007—2009年中小企业的景气指数时，采用工业中小企业景气指数作为中小企业景气指数。在此基础上，2010年以后加入了中小板及创业板企业景气指数和中小企业比较景气指数，2017年中小企业景气指数基于工业中小企业、中小板、创业板及新三板上市中小企业和比较景气指数三部分指数，根据专家咨询法确定权重，最终按合成指数的计算方法进行综合测评。2018、2019年中小企业景气指数均沿用2017年的测评方法。

二 2019年中国省际中小企业综合景气指数排名分析

2019年中国中小企业综合景气指数的计算结果及景气排名见表24-7、图24-7。由最新的综合指数波动趋势，分析出以下三大特征。

表24-7　2019年中国省际中小企业综合景气指数排名

省份	综合景气指数（CCSMECI）	排名	与2018年排名比较	省份	综合景气指数（CCSMECI）	排名	与2018年排名比较
广东	144.45	1	—	北京	57.87	13	↑1
浙江	130.62	2	—	辽宁	56.30	14	↓1
江苏	128.55	3	—	陕西	47.26	15	↑1
山东	106.83	4	—	天津	47.10	16	↓1
河南	74.56	5	—	江西	47.01	17	—
福建	65.52	6	—	重庆	44.94	18	—
河北	64.98	7	—	贵州	41.93	19	↑1
安徽	63.59	8	—	新疆	41.27	20	↓1
上海	62.16	9	—	云南	41.08	21	—
四川	61.66	10	—	山西	40.57	22	—
湖南	61.18	11	↑1	甘肃	37.87	23	—
湖北	61.15	12	↓1	宁夏	35.55	24	—

续表

省份	综合景气指数（CCSMECI）	排名	与2018年排名比较	省份	综合景气指数（CCSMECI）	排名	与2018年排名比较
青海	34.03	25	—	黑龙江	19.02	29	↑1
海南	32.16	26	—	内蒙古	17.57	30	↓1
吉林	22.46	27	—	西藏	10.30	31	—
广西	21.68	28	—				

注：排名比较一栏"—"表示与2018年排名持平，"↑""↓"分别表示与2018年排名相比升降的位数。

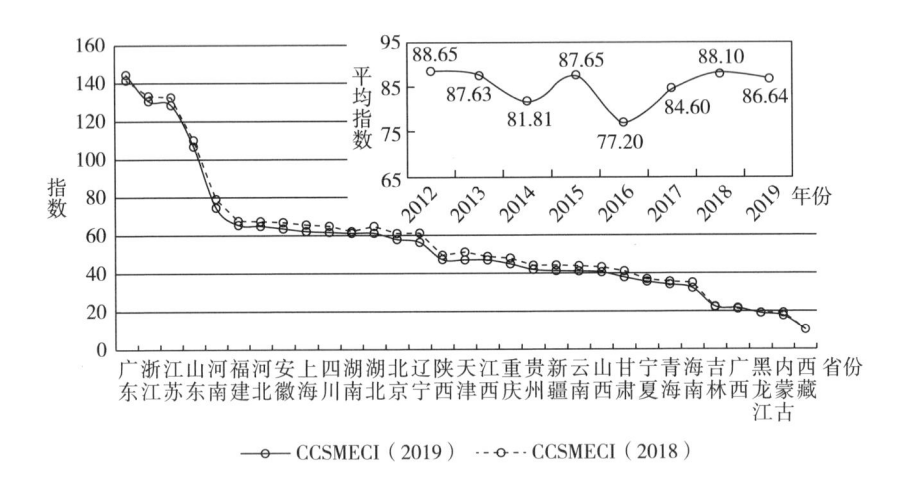

图 24-7 2019年中国省际中小企业综合景气指数及平均指数

（一）景气指数略有下滑，基本面保持企稳向好

近年来，中国政府大力推进"放管服"改革，为中小企业减税降负，营造更加便捷、高效、低成本的发展环境，使中国中小企业发展趋势向好，2018年平均综合景气指数有所回升（88.10）。2019年，国际货币基金组织等国际机构调低了对全球经济增速的预期，全球经济放缓使中国中小企业的产品外需减弱。与此同时，中美贸易摩擦的不断升级，增加了中国中小企业外部环境的不确定性；国内方面，中国经济稳中有变，下行的压力依旧存在，中小企业自身在人才、资金、技术等方面的短板仍然存在。因此，2019年全国中小企业平均景气指数略有下

滑，但仍维持在 86.64 的高位运行区间，发展基本面保持稳定向好。

(二) 粤浙苏稳居前三甲，景气排名波动幅度较小

2019 年，广东省综合景气指数依旧以较大的优势位居榜首。广东省地处中国改革开放最前沿，继续以科技创新驱动、高科技产业集群等优势独占鳌头，将与浙江、江苏两省份的差距进一步拉大。中共中央国务院在《粤港澳大湾区发展规划纲要》中也指出，广东省在大湾区建设中充分发挥国家中心城市和综合性门户城市引领作用，全面增强国际商贸中心，综合交通枢纽功能，培育提升科技教育文化中心功能，着力建设国际性大都市。与上年相似，2019 年浙江省继续以微弱差距险胜江苏省，保持综合指数排名第二，而江苏省则位居第三。浙江与江苏两省呈现出拉锯战的态势，综合景气指数差距仍非常小。除粤、浙、苏三省排名无变化外，山东、河南、福建、河北、安徽等省份的排名也保持不变。但湖南、湖北、北京、辽宁等中游省份角逐激烈，排名上下波动，景气指数差距也极为微小。另外，京津冀协同发展战略虽然取得了一定的成果，京津冀协同创新背景下，许多大企业借助这一发展机遇实现了跨越式发展。而京津冀三省市中小企业经济力量依旧薄弱，众多中小企业仍处于相对被动状态，未能很好地融入京津冀协同创新生态圈，由此，北京、天津的中小企业综合景气排名处于全国中等水平。河北省近年来一系列中小企业扶持政策落地，中小企业发展势头较好，排名第七。福建省进一步推进自贸试验区建设，加快新型服务业发展，增强民营企业创新活力，其排名稳定在全国第六。

(三) 区域景气分层明显，省际差距仍有待改善

2019 年，中国中小企业综合景气指数的分布特点与上年相同，以四个层次划分，呈现出以东南沿海发达地区向中西部欠发达地区分层递减的趋势。第一层次为较高位的综合景气指数，在 62—150，较上年最低区间有所下降。第一层次包括广东、浙江、江苏、山东、河南、福建、河北、安徽、上海 9 个省份，主要分布在中国东南沿海以及部分中部地区；第二层次综合指数较上年有所变化，在 55—62，主要包括四川、湖南、湖北、北京、辽宁 5 个省份，集中于中部地区及部分东北地区，天津因综合指数降低到与陕西较为接近的水平，故划分到第三层次；第三层次综合指数在 40—50，包括陕西、天津、江西、重庆、贵

州、新疆、云南、山西8个省份，分散于中南部地区及西北部地区，甘肃省综合指数下降到40以下，故划分到第四层次；第四层次综合指数在40以下，主要包括甘肃、宁夏、青海、海南、吉林、广西、内蒙古、黑龙江、西藏9个省份，主要为中国两大长对角区，东北及西南地区。各个层次的综合指数的低区间均有所下降，导致处于上年层次底部的省份降到下一层次。同2018年相比，东部地区广东省综合景气指数仍位居最高（144.45），中西部地区也维持不变，河南（74.56）和四川（61.66）最高，四大直辖市之中，其排名没有变化，而在五个自治区中新疆（41.27）仍排名第一，西藏（10.30）排名最后同时也在省际排名末位，黑龙江赶超内蒙古，排名在内蒙古之前。全国省际中小企业综合景气指数最高的广东与最低的西藏相差近14倍，省际中小企业发展差距较大的局面仍有待改善，区域发展不平衡问题长期存在。

三 2019年中国七大地区中小企业综合景气指数排名

测评结果显示，2019年，中国七大地区中小企业综合景气指数排名与上年一致（见表24-8、图24-8），具体可划分四大阵营来分析其特征。

表24-8　　　2019年中国七大地区中小企业综合景气排名

地区	指数	排名	与2018年排名比较
华东	133.26	1	—
华南	63.57	2	—
华北	55.06	3	—
华中	54.21	4	—
西南	45.49	5	—
东北	39.34	6	—
西北	36.22	7	—

注：排名比较一栏"—"表示与2018年排名持平。

（一）华东地区优势明显，景气指数遥遥领先

华东地区作为中国经济发展最快和中小企业发展最具活力的地区之一，2019年，中央政府继续稳步推进长三角经济圈一体化的发展进程，

加快长三角产业基金组建，中小企业综合景气指数一直稳居榜首。同时区域信用联合奖惩标准、外地人才落户等政策的落地，为长三角地区企业发展提供良好的信用环境和人才资源，华东地区中小企业繁荣发展。与上年相比，华东综合景气指数依旧高出排名第二的华南地区两倍，区位优势明显，景气指数遥遥领先。但与上年相比，受全球经济放缓以及国内经济下行压力等客观环境因素的影响，华东地区的综合景气指数的下降1.18。

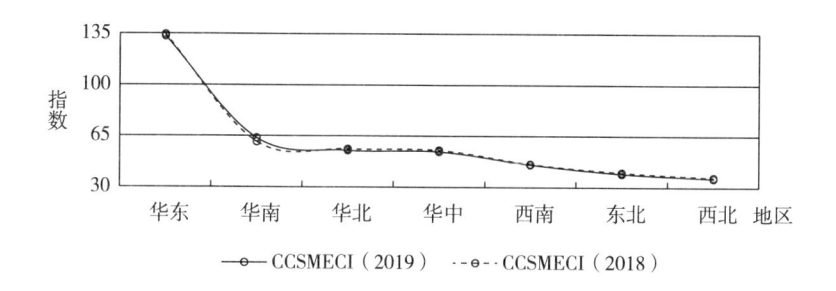

图24-8 2019年中国七大地区中小企业综合景气指数

（二）第二阵营迎头赶上，培育区域发展新动能

2019年的第二阵营仍为华南地区、华北地区、华中地区，三个地区景气指数排名并未发生变化，水平也较为接近，但距华东地区的水平差距仍比较明显。中央政府为统筹推进华南、华北、华中地区进一步发展，增设了深圳、太原、桂林等为国家可持续发展议程创新示范区，形成区域辐射带动作用。同时，随着港珠澳大桥和广深港高铁通车，粤港澳大湾区人员、资源等要素流动加快，粤港澳经济圈辐射拉动华南地区稳定发展。从华南和华中地区的景气指数水平来看，其与华东地区的差距有小幅的缩小，表明国家示范区及粤港澳大湾区等国家战略在缩小区域发展差距，促进区域交流合作方面初显成效。而为进一步缩小区域发展差距，有赖于继续布局多边"一带一路"倡议，发挥示范区的协同示范效应和特色区位优势，引领华南、华中、华北地区的中小企业联动发展，培育区域发展新动能。

（三）第三、第四阵营指数偏低，缩小差距须循序渐进

与2018年相同，第三阵营仍为西南地区，第四阵营为东北地区和西北地区。这三大地区虽疆域辽阔，但人员稀少、基础设施建设落后，经济发展较东部、中部差距较大，综合景气指数总体依旧偏低，较上年相比，没有很好的提升。东西部地区发展差距的历史存在和过分扩大，早已成为一个长期困扰中国经济和社会健康发展的全局性问题，缩小中西部差距必然是长期攻坚战。而随着"一带一路"建设的深入推进，西部地区和东部三省也迎来了前所未有的发展机遇。共建互通互联的丝绸之路推动了西部地区基础设施的逐步完善，同时也为东北三省、西部地区提供了更加开放的经营环境，积极利用各地区禀赋差异优势，了解当地需求，培育贸易新业态和投资新模式，西南、西北、东北地区可以迎来实现循序渐进发展的春天。

第二十五章

2020年中国中小企业景气指数评价研究

第一节 2020年中国工业中小企业景气指数测评

工业中小企业景气指数计算以中国31个省级行政区统计年鉴数据为基础，在对中国各省、自治区、直辖市中小企业发展情况进行定量描述的基础上，计算各省、自治区和直辖市的合成指数。评价指标的选取、数据收集与预处理、评价指标体系的构建及权重的确定原则与方法等同第二十三章第一节所示，在此不做赘述。

一 测评过程及结果排名

为了使各省、自治区和直辖市的工业中小企业景气指数波动控制在0—200的取值范围，2020年工业中小企业景气指数计算以2008年的全国平均值作为基年数据。由于实际统计的2007—2018年没有明显多个经济周期循环，因而本研究报告在运用合成指数算法进行计算时省略了趋势调整。经过计算，分别获得了中国省际与地区工业中小企业先行、一致与滞后合成指数，并按三组大类指标的权重，最终合成计算省际和地区工业中小企业综合景气指数。

由于各省工业中小企业景气指数受各省企业数量影响较大，因此，本研究报告在计算景气指数的过程中考虑到企业数量因素，通过无量纲化处理等进行了修正调整。具体步骤和方法是，首先采用max—min标准化将企业数量进行无量纲化处理，其次是根据专家咨询法获得修正调整前的景气指数和企业数量的权重，并与其相对应的权重相乘，最后将获得的乘数相加最终得到各省工业中小企业景气指数值。表 25-1 及图 25-1 为 2020 年中国省际工业中小企业景气指数评价结果及排名状况。

表 25-1　　2020 年中国省际工业中小企业景气指数

省份	先行指数	一致指数	滞后指数	工业企业景气指数（ISMECI）	排名
广东	130.63	134.06	163.57	138.93	1
江苏	124.77	135.12	145.70	134.13	2
浙江	117.48	130.57	137.62	128.05	3
山东	103.03	99.26	112.96	103.13	4
河南	62.61	52.54	63.81	57.81	5
河北	56.60	45.08	53.54	50.23	6
福建	45.12	42.54	50.35	44.88	7
四川	45.74	34.25	43.67	39.58	8
安徽	41.58	36.90	43.15	39.55	9
上海	35.68	40.10	42.66	39.28	10
湖南	41.08	35.38	42.86	38.58	11
辽宁	47.94	26.04	38.09	35.02	12
湖北	27.63	24.08	28.59	26.05	13
江西	27.95	22.16	27.26	24.92	14
北京	24.69	18.58	21.58	21.01	15
山西	26.28	15.73	26.18	20.99	16
陕西	27.66	16.23	22.80	20.97	17
天津	21.13	19.44	21.90	20.44	18
广西	25.76	14.66	20.12	19.08	19
吉林	22.53	15.44	21.22	18.72	20
重庆	20.66	15.68	19.86	18.01	21
云南	25.20	12.30	17.76	17.26	22
贵州	19.95	13.01	16.47	15.78	23
新疆	23.06	9.23	14.32	14.40	24
黑龙江	17.27	11.66	16.43	14.30	25
内蒙古	18.26	9.12	13.39	12.72	26

续表

省份	先行指数	一致指数	滞后指数	工业企业景气指数（ISMECI）	排名
甘肃	14.40	9.26	12.20	11.39	27
海南	5.13	2.29	3.21	3.33	28
宁夏	3.98	2.45	3.34	3.09	29
青海	3.06	1.73	2.83	2.35	30
西藏	2.36	0.73	1.16	1.30	31

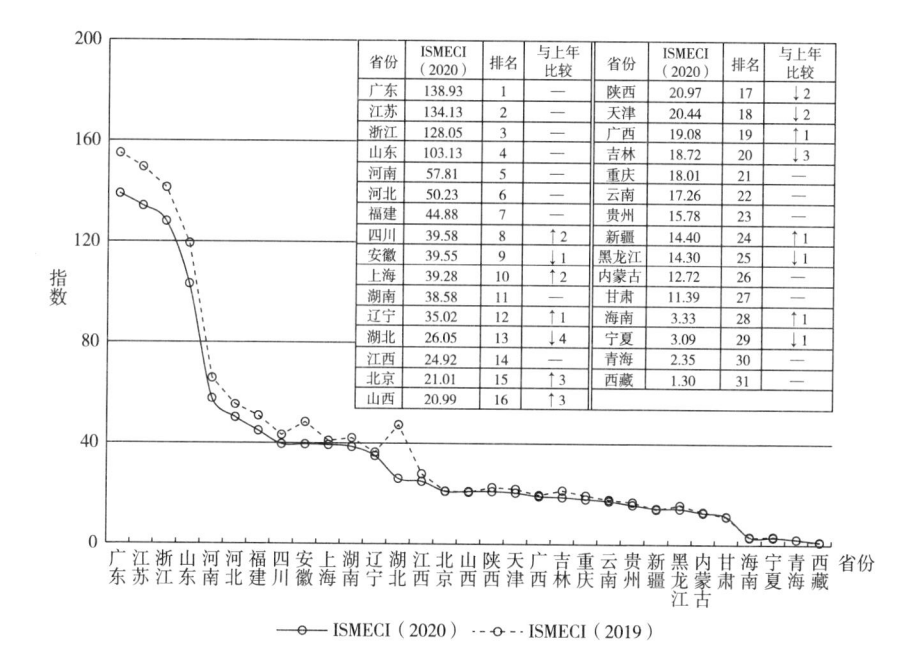

省份	ISMECI (2020)	排名	与上年比较	省份	ISMECI (2020)	排名	与上年比较
广东	138.93	1	—	陕西	20.97	17	↓2
江苏	134.13	2	—	天津	20.44	18	↓2
浙江	128.05	3	—	广西	19.08	19	↑1
山东	103.13	4	—	吉林	18.72	20	↓3
河南	57.81	5	—	重庆	18.01	21	—
河北	50.23	6	—	云南	17.26	22	—
福建	44.88	7	—	贵州	15.78	23	—
四川	39.58	8	↑2	新疆	14.40	24	↑1
安徽	39.55	9	↓1	黑龙江	14.30	25	↓1
上海	39.28	10	↑2	内蒙古	12.72	26	—
湖南	38.58	11	—	甘肃	11.39	27	—
辽宁	35.02	12	↑1	海南	3.33	28	↑1
湖北	26.05	13	↓4	宁夏	3.09	29	↓1
江西	24.92	14	—	青海	2.35	30	—
北京	21.01	15	↑3	西藏	1.30	31	—
山西	20.99	16	↑3				

图 25-1　2020 年中国省际工业中小企业景气指数

注："与上年比较"栏："—"表示与 2019 年持平，"↑""↓"的数字分别表示与 2019 年相比升降的位数。

二　省际工业中小企业景气指数波动趋势特征

2020 年中国省际工业中小企业景气指数波动趋势具有以下特点。

（一）梯队保持稳定，景气指数整体下滑

广东、江苏和浙江位列前三，排名较上年保持不变，引领全国中小企业发展。从指数梯次来看，2020 年的省际指数分布可划分为四个梯

261

队，且梯次间差距逐步扩大：广东、江苏、浙江以及山东的指数均高于100，构成第一梯队；河南、河北、福建、四川、安徽等8个省份的指数在30—100，为第二梯队；湖北、江西、北京、山西、陕西等6个省份的指数在20—30，构成第三梯队；广西、吉林、重庆等其余13个省份为第四梯队，指数均低于20。

与2019年相比，省际指数整体大幅下滑，主要是因为新冠肺炎疫情的暴发，使企业经营受到重创，收入锐减，企业现金储备不足，现金流可能断裂，中小企业面临重大挑战。作为疫情暴发区的湖北省由原来的第二梯队降至第三梯队，景气指数下降到30以下，疫情对湖北省的影响可谓巨大。同时梯次间的差异也因疫情原因而拉大，如第二梯队末尾的辽宁（35.02）与第三梯队首位的湖北（26.05）之间的分差为8.97，远远大于上年4.59，既反映了2020年因疫情大幅度拉大了梯队之间的差距，也反映出2020年中国工业经济发展受疫情影响面临较大的困难，各省份要持续推进复工复产工作，出台相关政策助中小企业渡过难关，促进中小企业转型升级，以谋求长远的发展。

（二）加权指数创十年新低，工业经济面临挑战

2020年以工业总产值为权重的全国工业中小企业加权平均指数为71.95，较上年（84.30）大幅下降14.65%，创历史新低。新冠肺炎疫情的突发给工业经济带来了巨大的冲击。首先，传统工业受疫情的影响较大，传统工业大都是劳动密集型企业，员工较多，停工期间员工工资、社保、厂房租金、设备折旧摊销等费用较多，停工损失较大。其次，新兴高端制造业受疫情的影响相对较小，新兴高端制造业数字化技术相对较高，但是部分出口型企业受国际疫情和国际环境不确定性影响面临交货困难、合同违约等风险，对产品出口有一定的冲击。同时，受限于劳动力和原材料短缺以及物流等问题影响，部分中小企业仍未全面复工复产，由此造成供应链不畅、产业链断裂、资金链短缺等被动局面，对中国产业链循环造成不可弥补的损伤。

（三）省际工业景气指数波动空间差异显著

2020年中国省际工业景气指数下滑幅度较大，总体水平下降。广东、江苏、浙江和山东等省份虽位列高位，但是景气指数较上年下降幅度较大，主要是自2018年中美贸易摩擦以来，美国对中国商品征加关

税，在一定程度上影响了中国的出口贸易，这就意味着这些地区中一些出口外向型企业会不可避免地受到影响；另外新冠肺炎疫情的暴发，对中国经济乃至世界经济都产生影响，进出口贸易大幅下降，出口型企业订单减少，利润降低。河南、安徽、湖南、湖北等中部地区，尤其是湖北景气指数降到 30 以下（26.05），疫情对湖北省的影响相对于其他省份而言较为严重，防控时间较长，工业受到疫情冲击影响更大，复工复产较晚。内陆地区景气指数变化较小，主要是内陆工业经济多为原材料加工，处于产业链低端，复工复产较早，且受供应链影响较小。

三 2020 年七大地区工业中小企业景气指数计算结果及排名

按中国七大地理分布的地区划分进行数据整理，得到 2020 年中国七大地区工业中小企业景气指数评价结果及排名状况（见表 25-2 和图 25-2）。

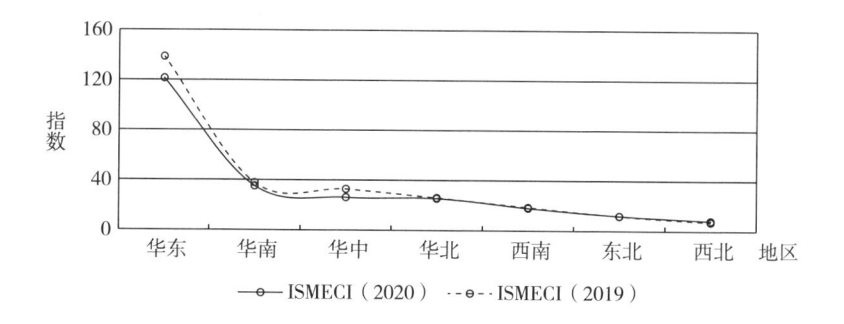

表 25-2　　2020 年中国七大地区工业中小企业景气指数

地区	先行指数	一致指数	滞后指数	工业企业景气指数（ISMECI）	排名
华东	117.19	119.65	131.59	121.30	1
华南	35.00	32.76	40.93	35.07	2
华中	28.20	23.86	29.03	26.20	3
华北	30.15	21.70	27.90	25.47	4
西南	22.98	14.33	19.51	17.96	5
东北	16.34	8.56	13.61	11.90	6
西北	12.79	5.24	8.93	8.24	7

图 25-2　2020 年中国七大地区工业中小企业景气指数

2020年中国七大地区工业中小企业景气指数测评结果显示,七大地区工业中小企业景气指数中华东和华中下滑幅度较大,其他地区的景气指数较为稳定,但是地区间中小企业的发展状况依旧差距悬殊,景气指数由华东地区发达省份向中西部地区分层递减。

2020年华东地区景气指数(121.30)与上年的分差为17.3,下降幅度较大。华东地区工业生产居全国领先地位,是中国经济实力最强的经济核心区,涉及多个工业行业。华东地区大都是沿海城市,很多工业企业出口业务较多,自2018年以来,中美贸易关系更为紧张,企业出口受到影响,若通过转口贸易来应对贸易战,这将提升企业成本,降低企业利润。华东地区聚集了较多的高端制造业,中美贸易摩擦减缓了高端制造业的发展速度,这对高端制造业来说是比较不利的。除了中美贸易关系紧张之外,再叠加新冠肺炎疫情的影响,出口企业的生存更加困难,资金链、供应链、订单量都面临挑战。

具体来看,华中地区(26.20)景气指数下滑幅度也较大,主要是华中地区是新冠肺炎疫情暴发严重区域。以湖北为代表及其周边省份的华中地区聚集着一批特色制造业集群,受疫情的影响,制造业企业面临劳动力短缺、线下需求疲弱、贸易萎缩,供应链断裂、资金链紧张等问题。这对华中地区工业中小企业造成巨大的冲击,企业发展面临困境。华南(35.07)、华北(25.47)、西南(17.96)、东北(11.90)、西北(8.24)地区和上年相比波动不大,但是七大地区景气指数相差较大,华东地区景气指数是七大地区中唯一超过100的地区,说明区域之间发展不平衡现象依旧存在,中西部地区中小企业发展仍需大力支持,尤其是在这样特殊的情况下要给予中小企业发展信心。

2020年七大地区景气指数曲线较上年虽有所下移,但所幸整体幅度变化并非较大。说明在疫情影响下,工业经济遭受重创,一段时间内经济下行是必然的,但是保持工业中小企业稳步发展的基本要素没有改变,经济发展的韧性、弹力和空间依然存在,不会因为疫情发生而突然改变,工业中小企业依旧面向好的方向发展。

第二节 2020年中国上市中小企业景气指数测评

一 指标体系构建及评价方法

本年度报告关于上市中小企业景气指数的评价指标和评价方法沿用2019年度报告的指标体系及方法步骤，数据预处理采用扩散指数（DI）的编制方法，最后运用权重法和合成计算综合指数。

据深圳证券交易所、上海证券交易所及全国中小企业股份转让系统（NEEQ）公开数据资料显示，截至2020年6月末，中国国内共有各类上市中小企业10187家，其中中小板上市企业935家、创业板上市企业806家、新三板挂牌企业8331家、科创板上市企业115家。与2019年相比，金融市场发展相对稳定，全国上市企业数量基本保持不变（见图25-3）。自2019年6月13日上海证券交易所科创板开板以来，科创板的上市公司持续增长，从最开始的24家企业涨到115家，且科创板涨势较好，涨幅领先主要市场指数。

由于部分上市企业财务公开数据存在不同程度的缺失，兼顾到抽样企业样本的代表性和财务数据完整性，本研究报告基于深交所500指数选取了248家中小板企业、94家创业板企业，基于NEEQ选取了150家新三板企业，共收集492家上市中小企业的有效样本。同时，由于上市中小企业景气指数受企业数量影响也较大，因此计算上市中小企业景气指数时，也将企业数量作为调整系数尽量对计算结果进行修正。具体方法是：先采用max—min标准化将企业数量进行无量纲化处理，再将合成的景气指数和企业数量与其相对应的权重相乘，最后将获得的乘数相加作为反映上市中小企业景气指数的值。此外，对于上市中小企业数量少且企业财报数据缺失严重的吉林、广西、内蒙古、黑龙江和西藏5个省份，因与其他省份不具有可比性，本研究报告未对这些省份进行测评比较。

二 2020年中国各省际上市中小企业景气排名分析

2020年中国各省际上市中小企业景气指数测评结果如表25-3和图25-4所示。总体来看，受新冠肺炎疫情影响，全国省际中小企业景气指数下滑明显，且总体排名波动较大，广东省中小企业景气指数继续

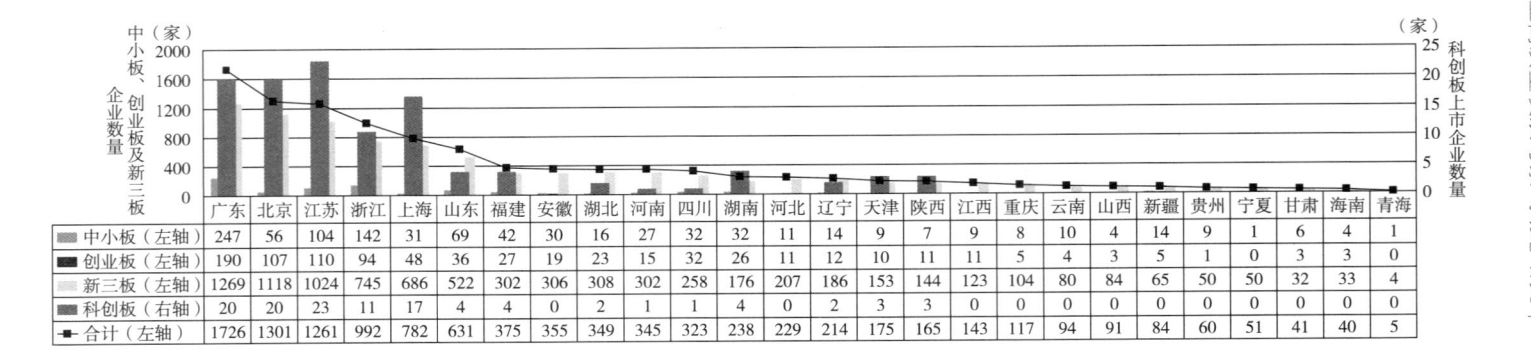

中国中小企业高质量发展与景气动态研究

图 25-3 中国上市中小企业数量省份分布（截至 2020 年 6 月末）

	广东	北京	江苏	浙江	上海	山东	福建	安徽	湖北	河南	四川	湖南	河北	辽宁	天津	陕西	江西	重庆	云南	山西	新疆	贵州	宁夏	甘肃	海南	青海
中小板（左轴）	247	56	104	142	31	69	42	30	16	27	32	32	11	14	9	7	9	8	10	4	14	9	1	6	4	1
创业板（左轴）	190	107	110	94	48	36	27	19	23	15	32	26	11	12	10	11	11	5	4	3	5	1	0	3	3	0
新三板（左轴）	1269	1118	1024	745	686	522	306	308	302	258	176	207	186	153	144	123	104	80	84	65	50	50	32	33	4
科创板（右轴）	20	20	23	11	17	4	4	0	2	1	1	4	2	3	3	0	0	0	0	0	0	0	0	0	0
合计（左轴）	1726	1301	1261	992	782	631	375	355	349	345	323	238	229	214	175	165	143	117	94	91	84	60	51	41	40	5

领跑全国,浙江、北京等9省排名稳定。安徽、河北、重庆等省中小企业景气指数排名上升较为明显,以湖北为首,宁夏、青海等省排名下降幅度较大,其余各省中小企业景气指数排名略有起伏。从2020年中国上市中小企业景气指数的动态趋势分析,主要可以概括出以下几个特点。

表25-3　　　　　2020年中国省际上市中小企业景气指数

省份	先行指数	一致指数	滞后指数	上市中小企业景气指数（SCNBCI）	排名	与2019年排名比较
广东	136.71	126.60	128.70	130.05	1	—
浙江	115.70	110.33	111.68	112.21	2	—
北京	112.37	105.59	109.99	108.50	3	—
江苏	87.77	83.71	87.90	85.77	4	—
上海	85.17	82.33	83.95	83.51	5	—
湖南	85.17	75.32	79.81	79.17	6	—
四川	83.20	72.34	76.51	76.43	7	—
安徽	79.50	73.89	76.84	76.16	8	↑4
福建	81.92	71.87	75.40	75.59	9	↑2
山东	75.40	73.05	75.38	74.22	10	↓1
河南	79.72	69.56	70.39	72.77	11	↓3
辽宁	77.25	68.95	70.63	71.77	12	↓2
重庆	80.06	65.93	68.53	70.69	13	↑4
陕西	69.78	69.05	75.83	70.63	14	↓1
河北	65.58	73.90	67.29	70.08	15	↑6
天津	74.30	67.78	69.18	70.02	16	↓1
新疆	71.02	67.10	75.61	69.98	17	↓1
贵州	71.52	66.94	72.66	69.46	18	↑2
宁夏	65.21	69.39	73.31	68.92	19	↓5
甘肃	68.08	61.63	67.33	64.71	20	↑2
青海	75.28	53.92	71.73	63.89	21	↓3
云南	55.47	64.05	68.64	62.39	22	↑1
海南	62.51	63.17	53.49	61.04	23	↑1

续表

省份	先行指数	一致指数	滞后指数	上市中小企业景气指数（SCNBCI）	排名	与2019年排名比较
湖北	67.21	58.34	56.19	60.57	24	↓5
江西	54.93	60.48	58.53	58.43	25	—
山西	59.13	57.06	36.55	53.58	26	—

注："与2019年排名比较"一栏"—"表示与2019年排名持平，"↑""↓"分别表示与2019年排名相比升降位数。

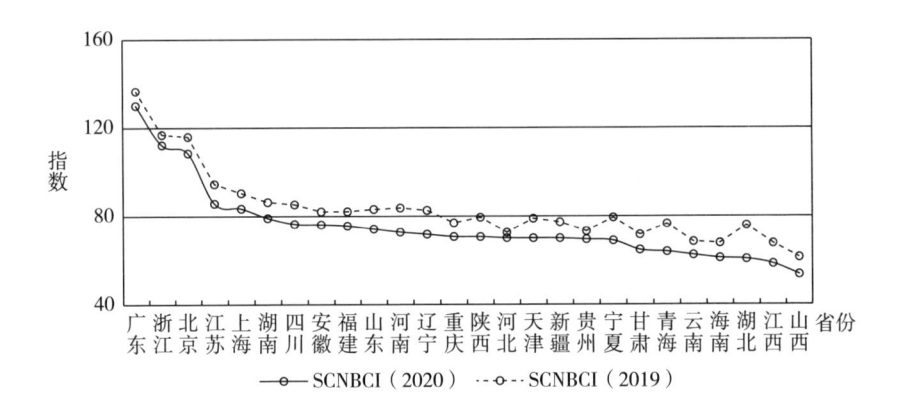

图25-4 2020年中国省际上市中小企业景气指数

（一）全国各省际上市中小企业景气指数整体下滑

2020年，全国上市中小企业景气平均指数为75.41，比2019年下降了7.7，已连续两年下降。受到疫情的冲击，全国所有省份2020年中小企业景气指数均低于2019年，且下降幅度较大；有将近2/3的省份的中小企业景气指数低于全国平均水平，其中山西、江西两省排名持续靠后，湖北省中小企业景气指数下滑最大，且排名由2019年的第19位跌至2020年的第24位。自2020年1月以来，新冠肺炎疫情袭击全国，上市中小企业中，创业板、新三板和中小板受到较大的冲击。这是由于疫情导致的企业停工待产，资金流无法正常运转，对制造业、旅游业、餐饮服务业等行业经济影响较大，而中小板和创业板制造企业数量占比70%以上，在此压力下，三板指数有明显波动，各地上市中小企业遭受到冲击，全国上市中小企业景气指数整体下滑。尤其是湖北省作为国内疫情震中，对上市企业报告期业绩产生了极大影响，使城市整体上市中小企业受到重创，景气指数比2019年下降15.25，成为中国各省份上市中小企业指数下降最明显的省份。与此相对，如陕西、天津、宁夏、青海等原本指数较低省份，大部分下滑幅度更大。这些地区大多处于内陆，中小企业的发展氛围相对比较薄弱，上市企业数量较少。在相对发展不景气的情况下，由于疫情影响经济发展滞缓，上市中小企业资金周转困难，交易指数持续下跌，导致其上市中小企业指数有明显下滑。

（二）三大全国性证券交易所引领上市中小企业集聚发展

广东、北京、上海三省市上市中小企业景气指数分别为130.05、108.50、83.51，处于全国领先状态。这得益于位于该三省市的三大全国性证券交易场所的引领作用。2020年，新《中华人民共和国证券法》开始施行，对中小企业公募投资造成了一定影响，各大板块准入门槛的提高使中小企业的上市要求更加严格，在一定程度上影响中小企业的景气指数，同时也提升了中小企业入市质量。据深交所2020报告指出，2019年深交所市值前一百公司中，中小板入围43家，创业板22家，上市中小企业实力雄厚。自新冠肺炎疫情发生以来，深交所发布一系列金融防控政策，开启"绿色通道"，降低企业融资成本，发行疫情防控债来稳定疫情对证券市场的冲击。在三大全国性证券交易场所引领下，中国中小企业发展逐渐形成广东、江浙沪、北京三足鼎立的局势，三大区域的上市中小企业景气指数相对较为稳定，排名未见波动。

（三）上市中小企业景气指数省际差异进一步拉大

2020年，广东省上市中小企业景气指数为130.05，继续领跑全国，而山西省上市中小企业景气指数53.58，较广东省低76.47，为全国最低的省份，上市中小企业景气指数省际差异进一步拉大。

广东、浙江、北京、江苏、上海五省市中小企业平均景气指数为104.01，成为中国上市中小企业景气指数领跑省份，除上述五省外，其他省市上市中小企业平均景气指数为68.59，与领先五省相差35.42，差距明显。疫情期间，广东、浙江、北京、江苏、上海五省市相继出台针对上市中小企业的税收优惠政策、帮扶政策。例如，广东省积极防范地方中小银行机构、上市公司股权质押等领域风险；北京市搭建小微企业金融综合服务平台，设立企业续贷受理中心，全力做好北京企业上市和服务工作，为中小企业降税减税，缓解了上市中小企业的经营压力，减少疫情对上市中小企业的影响；浙江省深入实施"凤凰行动""雄鹰行动""雏鹰行动"，大力支持科创企业上市，推进区域性股权市场改革试点，为中小企业疫情期间经营困难等问题出谋划策；上海市深入实施"浦江之光"行动，支持和鼓励更多科创企业上市，帮助中小企业平稳健康地度过疫情。上述帮扶政策的出台极大地缓解了新冠肺炎疫情对中小企业的冲击，在一定程度上缓解了上市中小企业压力，稳定了五省市的上市中小企业景气指数。

三 2020年七大地区上市中小企业景气指数排名分析

2020年，中国七大地区中小板、创业板及新三板上市中小企业景气指数的计算结果如表25-4和图25-5所示，中国七大地区2020年上市中小企业景气指数及其排名与2019年相比下滑明显，但具体分析也发现有一些新的特点。

表25-4　　2020年中国七大地区上市中小企业景气指数排名

地区	先行指数	一致指数	滞后指数	上市中小企业景气指数（SCNBCI）	排名
华东	131.73	129.33	129.54	130.09	1
华北	102.11	97.13	98.49	98.89	2
华南	98.25	94.41	91.50	94.98	3
西南	76.29	73.42	76.20	74.84	4
东北	78.88	72.31	74.06	74.63	5
华中	74.83	67.28	66.01	69.29	6
西北	66.01	60.34	68.19	63.61	7

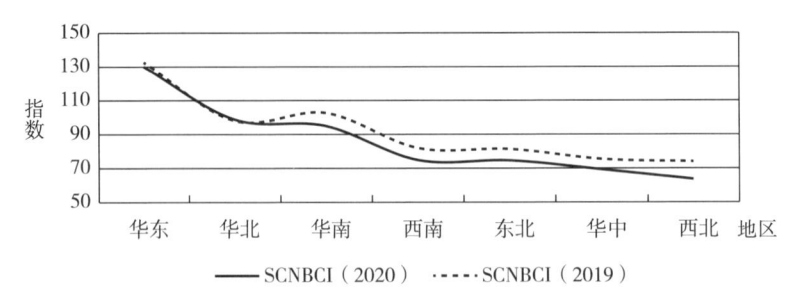

图25-5　2020年中国七大地区上市中小企业景气指数

（一）上市中小企业景气指数区域波动明显

2020年上市中小企业景气指数整体下滑显著，但华东（130.09）、华北（98.89）及东北（74.63）三个地区仍保持稳定水平，这与三大地区位于东部沿海地区有着重要的联系。无论是从质量上看还是从数量上看，这三个区域的上市中小企业都有着更加良好的发展态势，新三板、创业板等企业保持发力，因此受到疫情的冲击较小。身处2020年新冠肺炎疫情的重灾区，华中地区的企业在前期受到的打击是致命的，而在后期逐步复工复产的过程中，华中地区的上市中小企业也受到较大限制，经济恢复速度缓慢，地区内的创业板、中小板等企业前期报表披露利润出现大量赤字，因此，华中地区的景气指数降幅最大。此外，由于上市中小企业的营业停滞、资金链断裂等问题导致的经济发展受限，华南、西南、西北地区的经济景气指数也呈现出不同程度的下滑。可以明显发现，由于不同地区之间受到疫情等因素影响的程度不同，地区之间的排名发生了重组。

（二）上市中小企业发展地区差异拉大

在所有的地区中，华东地区的上市中小企业景气指数保持着稳定的领先地位，是所有地区中唯一一个高于100的地区。这是因为中小板、创业板和新三板企业都主要分布在华东地区，为华东地区的经济发展积极发力推动。另外，自2019年科创板开板以来，科创板涨势可观，持续带动华东地区经济增长。而西北地区作为一直以来中国经济发展最为滞后的区域，在2020年目前整体经济萎靡的环境下，地区内新三板等上市中小企业融资环境更加恶化，融资难度进一步提升，融资效率难以提高。诸多的中小企业面临着更加巨大的资金压力，地区景气指数下滑严重，与华东地区之间的差异被进一步拉大。东西部上市中小企业发展依旧处于不平衡状态。

（三）上市中小企业经济活力加速恢复

在2020年新冠肺炎疫情逐渐受控后，各地政府迅速出台了各种优惠政策帮助本地的中小企业恢复元气，具体的措施包括但不限于产业链构建、金融支持、房租减免等。对于新三板来说，当下正经历着如火如荼的改革，在疫情形势平稳后，新三板可能会因为自身服务中小企业、民营企业的市场定位而得到更好的发展机会。全国中小企业股份转让系统则是采取了免除湖北省 300 多家存量挂牌公司 2020 年年费、精准帮扶特定企业并为它们开设审查绿色通道等新措施来贡献自己的一分力量。上交所和深交所都允许受疫情影响严重的上市公司适当延期披露 2019 年年度报告，同时优先为受疫情影响严重的企业提供便捷快速的直接融资服务。除此之外，还有诸多例如"适当放宽并购重组业务相关时限"的新举措助力上市公司的经济活力恢复。

第三节　2020 年中国中小企业比较景气指数测评

一　2020 年中国省际中小企业比较景气指数排名分析

中小企业比较景气指数是指中小企业家对当前微观层面企业经营状况的信心、宏观层面经济经营环境的判断和预期结果等进行量化加工整理得到的景气指数，是对基于统计年鉴的工业中小企业景气指数和基于上市公司数据的中小企业景气指数的必要补充。

为了获得 2020 年中小企业比较景气指数，本课题组根据最新的大数据资料获得了 31 个省份的中小企业综合发展数据；同时，面向中小企业家、创业者及中小企业研究专家等实施了中国中小企业景气问卷调查，然后根据专家权重法，合成计算得到 2020 年中国中小企业比较景气指数（见表 25-5 和图 25-6）。测评结果反映出的动态趋势与特征如下。

表 25-5　　2020 年中国省际中小企业比较景气指数

省份	比较景气指数（CCI）	排名	与 2018 年排名比较	省份	比较景气指数（CCI）	排名	与 2018 年排名比较
浙江	91.50	1	—	贵州	85.47	8	↑11
福建	90.73	2	↑4	江苏	85.14	9	↓6
湖南	88.22	3	↑9	广东	84.93	10	↓8
四川	88.08	4	↑6	云南	84.40	11	↑9
江西	87.55	5	↑10	甘肃	84.07	12	↑15
安徽	86.93	6	↑10	广西	83.95	13	↑4
山东	86.76	7	↑1	河北	83.37	14	—

省份	比较景气指数（CCI）	排名	与2018年排名比较	省份	比较景气指数（CCI）	排名	与2018年排名比较
重庆	82.29	15	↓6	陕西	72.95	24	↓3
上海	82.23	16	↓12	山西	72.41	25	↓3
北京	81.60	17	↓12	辽宁	72.33	26	—
宁夏	80.54	18	↑7	吉林	70.04	27	↑3
河南	77.23	19	↓1	海南	68.17	28	↓15
西藏	77.15	20	↑8	黑龙江	63.47	29	↑2
天津	76.28	21	↓14	新疆	60.45	30	↓1
内蒙古	75.79	22	↑1	湖北	54.84	31	↓20
青海	74.32	23	↑1				

注：排名比较一栏"—"表示与2019年排名持平，"↑""↓"分别表示与2019年排名相比升降的位数。

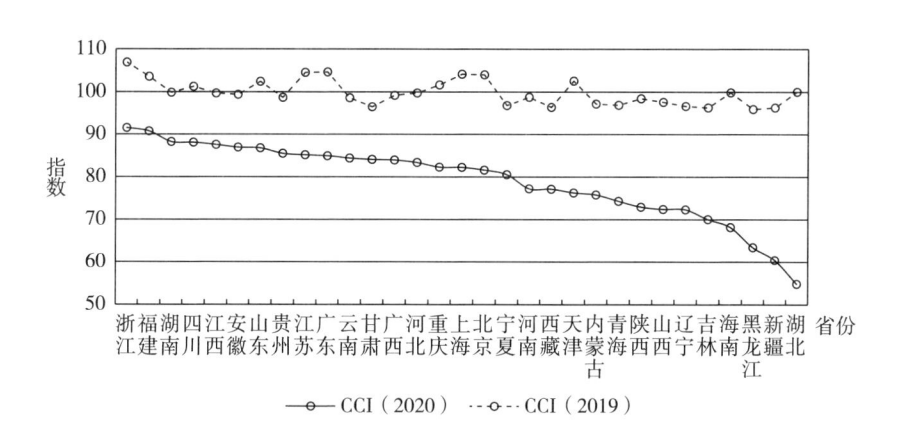

图25－6 2020年中国省际中小企业比较景气指数

（一）中小企业比较景气指数出现断崖式下滑

与上年相比，2020年全国各省区市中小企业比较景气指数除浙江、福建两省外，均处于90以下，平均同比下降20.1%，呈现显著下滑态势。新冠肺炎疫情持续蔓延，世界经济陷入深度衰退，国际贸易环境恶化，叠加新冠肺炎疫情的影响，中小企业暂时性停摆，企业家对宏观层面经济经营环境不利和预期结果呈悲观预期，各省份中小企业景气指数均出现大幅下滑。在疫情常态化的背景下，中小企业生产受阻，生存压力明显增加，中小企业家对当前微观层面企业经营状况的信心明显受挫。

（二）中小企业比较景气指数省际差异进一步拉大

2020年，中国省际中小企业比较景气指数较上年总体下降显著，平均指数为79.14，较上年平均指数降低了20.71。同时，省际间指数差异也进一步拉大，最高省份浙江（91.50）与最低省份湖北（54.84）之间的指数差距较上年更为明显，表明不同省份产业结构和受疫情影响的程度有所不同，致使中小企业景气指数省际间差异较为显著，在一定程度上打击了中小企业家的经营信心。

（三）中小企业比较景气指数梯队分布凸显

2020年中小企业比较景气指数大致可区分为四个梯队，且各梯队间差距明显增加。浙江和福建共2个省份的中小企业比较景气指数均大于90，构成第一梯队，梯队内省份比较景气指数均值同比下降13.43%，在整体持有悲观预期的经济环境下，浙江和福建省内中小企业家经营信心相对较强；湖南、四川、江西、安徽、山东、贵州、江苏、广东、云南、甘肃、广西、河北、重庆、上海、北京和宁夏共16个省份的中小企业比较景气指数在80—90，构成第二梯队，梯队内省份比较景气指数均值同比下降15.88%且省份分布密集，数量约占据总测评省份的一半；河南、西藏、天津、内蒙古、青海、陕西、山西、辽宁和吉林共9个省份的中小企业比较景气指数在70—80，构成第三梯队，梯队内省份比较景气指数均值同比下降24.13%；第四梯队由海南、黑龙江、新疆和湖北共4个省份组成，中小企业比较景气指数在70以下，梯队内省份比较景气指数均值同比下降37.05%，其中湖北省中小企业比较景气指数跌至60以下。总体来看，中小企业比较景气指数分布跨度较大，梯队间差距明显增加，梯度分布特征明显。梯队比较景气指数均值下降幅度逐级递增，在经济下行压力较大以及新冠肺炎疫情的特殊背景下，中小企业发展相对较不景气省份的抗突发风险的能力越弱。

二 2020 年中国七大地区中小企业比较景气指数分析

按中国七大地理分布的地区划分标准为依据,对区域内省份数据进行合成,得到 2020 年中国七大地区中小企业比较景气指数评价结果及排名状况(见表 25-6)。

表 25-6　　2020 年中国七大地区中小企业比较景气指数排名

地区	2020 年比较景气指数(CCI)	2020 年排名	与上年排名比较
华东	89.58	1	—
华南	79.86	3	↓1
华北	77.90	4	↓1
华中	72.97	5	↓1
西南	82.69	2	↑3
西北	71.98	6	—
东北	65.83	7	—

注:排名比较栏"—"表示与 2019 年排名持平,"↑""↓"分别表示与 2019 年排名相比升降的位数。

2020 年七大地区中小企业比较景气指数结果表明,七大地区比较景气指数均有不同幅度的下降,平均指数为 77.26,同比下降 22.27%,整体呈现下滑态势,表明中国中小企业的整体发展态势受挫,各地中小企业经营者经营信心不足。

从各区域间下滑幅度来看,东北地区下滑幅度最大,现阶段东北处于经济结构改革的关键时期,改革初见成效又因新冠肺炎疫情受阻,导致中小企业和人才加速向营商环境更好区域流出。区域内中小企业家对未来经营状况预期较差,中小企业家经营信心不足。西南地区(82.69)受疫情影响较小,下滑幅度最小。

从指数差异来看,2020 年居于首位的华东地区(89.58)和居于末尾的东北地区(65.83)相差 23.75,不同区域间景气指数跨度较大,一方面不同区域间经济发展水平和营商环境不同,另一方面不同区域中小企业的抗风险能力有所差异,从而使不同区域间中小企业发展水平存在较大差异。然而,疫情期间"专精特新"中小企业表现出较强抗风险能力，这为东北等偏落后地区中小企业的变革发展提供可行路径，有助于实现各地区中小企业均衡发展。

第四节　2020年中国中小企业综合景气指数测评

一　计算与评价方法

鉴于数据扩充和方法完善，本课题组在评价2007—2009年中小企业景气指数时，采用工业中小企业景气指数作为中小企业景气指数。在此基础上，2010年以后加入了中小板及创业板企业景气指数和中小企业比较景气指数，2017年中小企业景气指数基于工业中小企业、中小板、创业板及新三板上市中小企业和比较景气指数三部分指数，根据专家咨询法确定权重，最终按合成指数的计算方法进行综合测评。2020年中小企业景气指数均沿用2017年以来的测评方法。

二　2020年中国省际中小企业综合景气指数排名分析

2020年中国中小企业综合景气指数的计算结果及景气排名见表25－7、图25－7。由最新的综合指数波动趋势，分析出以下三大特征。

表25－7　2020年中国省际中小企业综合景气指数排名

省份	综合景气指数（CCSMECI）	排名	与2019年排名比较	省份	综合景气指数（CCSMECI）	排名	与2019年排名比较
广东	130.87	1	—	安徽	55.27	11	↓3
浙江	119.65	2	—	北京	53.32	12	↑1
江苏	114.72	3	—	辽宁	49.78	13	↑1
山东	92.82	4	—	江西	41.23	14	↑3
河南	64.24	5	—	陕西	41.07	15	—
河北	59.50	6	↑1	天津	40.90	16	—
福建	58.68	7	↓1	重庆	40.24	17	↑1
上海	56.85	8	↑1	湖北	39.28	18	↓6
湖南	55.72	9	↑2	贵州	38.86	19	—
四川	55.49	10	—	云南	37.51	20	↑1

续表

省份	综合景气指数（CCSMECI）	排名	与2019年排名比较	省份	综合景气指数（CCSMECI）	排名	与2019年排名比较
山西	35.91	21	↑1	广西	19.84	27	↑1
新疆	35.68	22	↓2	吉林	18.24	28	↓1
甘肃	34.65	23	—	内蒙古	15.21	29	↑1
宁夏	30.58	24	—	黑龙江	14.92	30	↓1
青海	28.01	25	—	西藏	8.50	31	—
海南	27.12	26	—				

注：排名比较一栏"—"表示与2019年排名持平，"↑""↓"分别表示与2019年排名相比升降的位数。

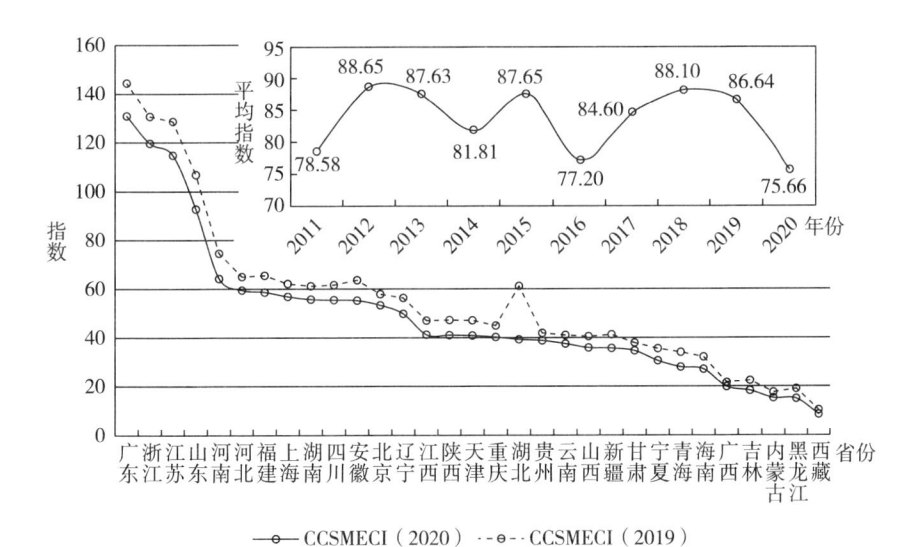

图 25-7 2020 中国省际中小企业综合景气指数及平均指数

（一）中小企业景气指数整体下滑，复苏基本面稳定向好

2020年全国中小企业平均景气指数整体下滑，维持在75.66的运行区间，下降幅度为12.67%，低于2011年水平。上半年，新冠肺炎疫情对中国经济社会发展带来了前所未有的冲击，在疫情影响下受停工停产、物流运输放缓和终端需求疲软等因素制约，第一季度工业生产出

现断崖式下跌。由于人员流动的限制，此次疫情对第三产业，尤其是零售批发、餐饮住宿、客运以及物流产生了较大的负面冲击。疫情期间，中小企业在采购、生产、销售等环节均受到影响，由此带来的资金压力对中小企业影响最为严重。疫情发生后出于防护需要，各地采取隔离防控、限制人口流动等措施，原材料难以及时送达，人员复工推迟，产能利用率下降。企业收入无法保证，但是员工工资、社保、税费、租金等均为刚性支出，企业资金缺口扩大。中央及地方政府出台了多项支持中小企业的政策，从财政补贴、贷款、税费、社保等多方面支持企业度过疫情。大型企业也陆续推出租金减免措施，帮助中小企业渡过难关，工业企业复工率大幅回升，服务业复苏情况略慢于工业，且各行业恢复情况有所分化，其中批发零售、交通运输、酒店住宿等行业尽管有所复苏，但幅度有限。2020年新冠肺炎疫情对各省份景气指数产生显著冲击，但根据恢复情况，中小企业发展基本面保持稳定向好。

（二）广东、浙江、江苏中小企业凸显韧性，疫情中心景气大幅下降

广东、浙江、江苏三省出现明显下滑，平均下浮9.52%，但仍是全国唯一三个超过100的省份。从中小企业的分布来看，广东、江苏、浙江三省受疫情冲击最大。根据第四次经济普查，中小微企业主要集中于东部地区，占全部中小微企业的61.7%；东部中小微企业平均营业收入也显著高于中部和西部。同时，疫情造成的人员迁徙流动受阻，也对三省人员流动和迁入指数产生显著影响。在此次疫情中，经济受到冲击较大。中央、部委连续下达了一系列文件，疏通堵点，打通人流、物流、资金流循环，推动产业链整体复工，收到了良好效果，企业复工复产加速推进，疫情期间停工停产对工业生产的制约作用不断减弱。三省中小企业生产进一步恢复也得益于政府防疫政策落实迅速，对疫情响应迅速，加之针对疫情出台的减税降费、金融支持以及租金减免等纾困政策逐步落实落细，三省中小企业景气指数仍显现出强大韧性，维持在100以上。疫情暴发之后，湖北经济基本停摆，全省中小企业综合景气指数同比下降35.76%，排名由2019年的全国第12位为下滑至2020年的第18位，略高于贵州，第一季度全省地区生产总值下降39.2%，一些主要经济指标呈现"断崖式"下滑。

(三) 区域景气格局趋稳，地区发展不平衡问题依旧

2020年，中国中小企业综合景气指数的分布特点整体下滑，分层状况与上年相同，以四个层次划分，呈现出以东南沿海发达地区向中西部欠发达地区分层递减的趋势。第一层次为较高位的综合景气指数，在60—130，包括广东、浙江、江苏、山东、河南五个省份，主要分布在中国东南沿海以及部分中部地区；第二层次综合景气指数在49—59，包括河北、福建、上海、湖南、四川、安徽、北京、辽宁八个省份，集中于中部及东北部分地区；第三层次综合景气指数在35—48，包括江西、陕西、天津、重庆、湖北、贵州、云南、山西、新疆九个省份，分散于中南部地区及西北部地区；第四层次综合景气指数在35以下，主要包括甘肃、宁夏、青海、海南、广西、吉林、内蒙古、黑龙江、西藏九个省份，主要分布在东北及西南地区。各个层次的综合景气指数的低区间均有明显下降，导致处于上年层次底部的省份降到下一层次。广东省综合景气指数仍居最高位（130.87），西藏（8.50）在全国排名末位。受疫情影响地区间指数水平产生分化，广西超过吉林，内蒙古反超黑龙江。在省际差距上，广东与西藏的差距由上年的14倍扩大到15倍，显示区域发展不平衡问题长期存在。因此，进一步加快落实区域发展战略，着力推动区域协调发展，加快培育壮大区域动力源，不仅有效对冲疫情影响，还能有效促进国内大循环新格局下区域经济高质量发展，从而改善中小企业区域发展不平衡问题。

三 2020年中国七大地区中小企业综合景气指数排名

测评结果显示，2020年，中国七大地区中小企业综合景气指数排名与上年一致（见表25-8、图25-8），具体可划分四大阵营来分析其特征。

表25-8　　2020年中国七大地区中小企业综合景气指数

地区	指数	排名	与2019年排名比较
华东	120.77	1	—
华南	57.52	2	—
华北	52.74	3	—
华中	43.80	4	—

续表

地区	指数	排名	与2019年排名比较
西南	41.50	5	—
东北	36.11	6	—
西北	31.23	7	—

注：排名比较一栏"—"表示与2019年排名持平。

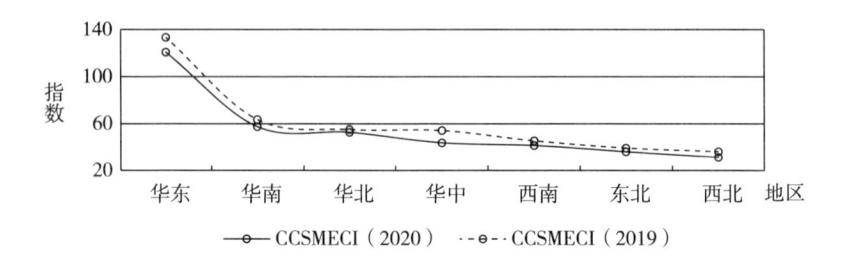

图25-8　2020年中国七大地区中小企业综合景气指数排名

（一）长三角高质量一体化助推华东地区景气指数持续领先

2020年华东地区中小企业景气指数处于绝对领先的第一阵营，华南地区指数略高于华北地区，降至第二阵营。华东地区中江苏、浙江和山东三省受疫情冲击最大，地区综合景气指数下降约9.37%，接近2016年水平。华东地区大多数省份外贸出口产业发达，对国际市场和产业链高度依赖，但受到疫情和中美贸易摩擦的双重打击，国际市场动荡、供应链断裂、国际订单减少、交通受阻等使中小企业蒙受巨大损失，导致华东地区综合景气指数出现下滑。各地政府为了应对疫情，纷纷出台减负抗疫的支持性政策，帮助中小企业渡过难关。受全球疫情冲击，世界经济严重衰退，与上年相比，产业链供应链循环受阻，国际贸易投资萎缩等客观环境因素的影响，华东地区综合景气指数下降12.49。在国家战略的指引下，长三角区域一体化发展初步形成高端城市群、都市圈的先发优势。2020年长三角示范区正在启动推进示范区智慧大脑建设，构建"一体化中枢"，实现示范区内相关数据跨省域互联互通。长三角将通过一体化发展成为全国经济高质量发展的样板区，以更高的水平支撑着该区域的一体化高质量发展。

（二）华南地区产业遇冷指数低迷，华北地区指数降至新低

2020 年的第二阵营为华南地区、华北地区两个地区。华南地区中小企业综合景气指数较上年下降 9.52%，华北地区中小企业综合景气指数较上年下降 4.21%。华南地区、华北地区两个地区景气指数排名先后并未发生变化，综合景气指数水平也较为接近，但与华东地区的水平差距十分明显。而华中地区因综合景气指数大幅下降，归类至第三阵营水平。华南地区中，海南省是旅游大省，但受疫情影响，遭遇国际疫情的不稳定与国内疫情的常态化，旅游业大幅遇冷，全省综合景气指数大幅下降。同时作为中国最大的经济特区，海南具有实施全面深化改革和试验最高水平开放政策的独特优势。在海南建设自由贸易港，符合深化市场化改革，打造法治化、国际化、便利化营商环境的迫切需要，对中小企业发展极具促进作用。广东省作为蝉联多年全国中小企业综合景气榜首的省份，受中美贸易摩擦及疫情影响，对全省中小企业造成巨大冲击。广东省政府通过率先构建"数字政府＋金融科技"模式，进一步降低综合融资成本，助力中小企业生产经营和社会经济有序稳定复苏。同时，积极筹谋布局粤港澳大湾区"新基建"发展。

华北地区各省份的产业结构与现实环境导致中小企业综合景气指数整体呈下降趋势。其中内蒙古自治区中小企业综合景气指数在全国排名靠后，长期处于低位并持续走低，严重影响地区指数趋势。内蒙古自治区经济仍以批发零售、文化旅游、住宿餐饮、交通运输业等传统服务业为主，疫情的暴发则严重冲击了中小企业发展，直面破产威胁。中美贸易摩擦影响了北京市与天津市中小企业转型升级与发展，京津冀一体化发展仍在逐项落实。与上年相比，该地区 2020 年综合景气指数下降幅度较大，且仍处低位运行状态并依旧呈下行趋势。

（三）华中地区深受疫情冲击，区域发展差距不可小觑

较上年不同，第三阵营新增华中地区，变为华中地区和西南地区两个地区，第四阵营为东北地区和西北地区。华中地区中小企业综合景气指数较上年下降 19.20%。湖北省是中部地区重要的工业基地，汽车制造和产业链可替代性低的电子等行业的中小企业占比较高，但受疫情影响最为严重，使中小企业的发展遭受较大创伤。同时，政府实施严格管控措施以有效控制疫情，导致地区经济出现负增长，这也是中小企业综合景气指数相较上年下滑显著的又一原因。西南地区、东北地区和西北地区三大地区虽疆域辽阔，人员稀少、基础设施建设落后，经济发展较东部、中部差距较大，综合景气指数总体依旧偏低，较上年相比，也略有下降。区域发展差距问题仍旧不可小视，缩小中西部差距仍旧是长期攻坚战，努力缩小区域发展差距，包括推进西部大开发形成新格局，积极推动成渝地区双城经济圈的建设，打造陕西等内陆改革开放高地等。

第五节　2020年中国中小企业景气动态综合分析

2020年中国中小企业综合景气平均指数为75.66，此数值为历年来的最低值，与2019年的86.64相比降低10.98，也是历年来下降幅度最大的一年，反映出当前中国中小企业发展面临内外诸多挑战因素，其中最大的原因还是全球性新冠肺炎疫情的暴发。新冠肺炎疫情成为2020年全球最大的"黑天鹅"事件，对中国和全球经济发展都产生了重大冲击。疫情期间，中小企业复工复产艰难，运营成本高昂；市场需求不足，产业链低迷；融资问题更加严峻，融资渠道进一步收缩。为了缓解疫情对于中小企业的发展压力，中央及地方政府及时出台减轻中小企业负担的政策"组合拳"，帮助中小企业渡过难关。虽然各地区针对疫情下的中小企业制定了多项帮扶政策，但是由于疫情来势汹汹、政策支持成效时间需求等原因，2020年中国中小企业景气平均指数跌至谷底（见图25-9）。2019年以来，国家和各地方政府继续毫不动摇推进新旧动能转换，优化产业结构，优化营商环境，大力推进科技创新，促进

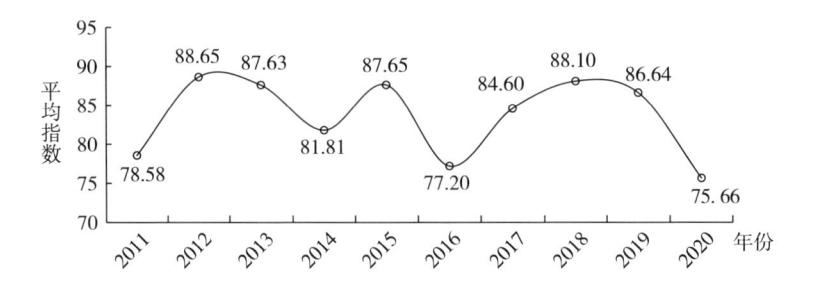

图25-9　中国中小企业综合景气指数平均指数的波动趋势（2011—2020年）

战略性新兴产业发展精准发力，落实高质量发展要求，进一步加大了中小企业帮扶与培育力度。而疫情下中国中小企业高质量发展面临着更为严峻的挑战，同时也面临最新发展机遇。

一　后疫情时期中国中小企业高质量发展面临的新机遇

（一）经济复苏政策助力中小企业持续成长

疫情暴发后，中央和地方政府根据当地实情出台实施了一系列稳企业、稳就业的抢救式扶持政策。其中，财政税收政策方面，对受灾中小企业实施减税降费政策，有针对性地适当减免受灾企业半年厂房租金和社保缴费，以及给予受灾企业员工半年租房补贴等；金融货币政策方面，中央、地方财政对疫情防控重点保障企业给予贴息支持；增加专项再贷款，实施优惠贷款利率，加强对重要医用、生活物资重点企业的金融支持；央行和商业银行可专项、定向给受灾企业提供免息或低息信贷，加大对小微、民营企业和制造业等重点领域的金融支持；增加信用贷款和中长期贷款，延长相关企业的本息偿付期限，确保对受疫情冲击较大的行业企业获得信贷支持。与此同时，中国政府加快简政放权改革，提升电子政务服务质量，为中小企业健康持续成长提供宽松的政策环境。这些强有力的经济复苏政策为促进中国中小企业和实体经济持续发展提供了良好的发展机遇。

（二）数字化转型加速助力中小企业高质量发展

新冠肺炎疫情倒逼传统企业数字化转型升级加快。疫情暴发后，传统的劳动密集型中小企业被迫停工停产，具有良好信息技术和智能化基础的数字化企业逆势发展。数字化转型推动中小企业改变生产结构、资本结构与商业模式，重塑高质量发展的竞争优势。后疫情时代，以互联网信息企业、人工智能产业、现代物流服务、在线办公、远程医疗、远程教育、远程金融等为代表的数字化服务将进一步推进中小企业供给侧结构性改革，为中小企业高质量发展带来更多新机遇。

（三）个性化消费升级催生中小企业新业态新模式

有效消费是促进企业产出和经济增长的最大源泉和动力。新冠肺炎疫情对个人消费、家庭消费及公共消费等都产生了很大冲击，但也带来了消费倾向及消费方式的变革，一方面，科技赋能增加，消费效率提升。疫情期间，很多企业开始尝试提供机器人、无人机无接触供货等科技赋能方式，消费者也更青睐线上购物，消费效率进一步提升。另一方面，"互联网+消费"的方式深入人心，遍及各类产品及服务市场。企业复工复产加快推动了中小企业的数字化与智能化转型，基于大数据、云计算等现代信息技术的生产与服务，开始逐渐满足个性化消费升级的需求，并将由此催生中小企业更多的新业态与新模式。

（四）科创板及创业板注册制提振科技型中小企业信心

为了切实纾解科技型中小企业"融资难、融资贵"问题，加速培育并提升高科技企业核心竞争力，2019年1月和2020年4月，中国证监会先后发布实施科创板和创业板试点注册制制度，标志着中国资本市场深化改革进入新阶段。其中，科创板独立于现有主板市场，其试点注册制是为了增强资本市场对提高我国关键核心技术创新能力的服务水平，支持上海国际金融中心和科技创新中心建设，为具备研发实力或发展潜力但暂未实现盈利或未达到上市标准的企业提供的证券交易市场；而早先设立的创业板是与主板市场不同的二板市场，是专为暂时无法在主板上市的创业型企业、中小企业和高科技产业企业等需要进行融资和发展的企业提供融资途径和成长空间的证券交易市场。科创板和创业板试点注册制相继落地，对于更多有核心技术竞争潜力的科技型中小企业来说，有利于提升风险偏好选择，也有利于提升市场估值，这些都无疑会助力提升企业家信心和市场预期。

（五）构建双循环格局力助中小企业改善营商环境

根据2020年5月14日习近平总书记主持召开的中央政治局常委会会议上的顶层设计思路，后疫情时代中国将进一步深化供给侧结构性改革，充分发挥中国超大规模市场优势和内需潜力，积极扩大国内有效需求和有效投资，增强国内市场韧性，拓展国内市场回旋空间。同时，持续提高对外开放的质量，通过发掘开拓可替代市场，确保全球产业链与供应链安全，逐步形成以国内大循环为主体、国内国际双循环相互促进的新发展格局，从而为后疫情时代中国中小企业的稳健发展提供良好的营商环境。

二　后疫情时期中国中小企业高质量发展面临的新挑战

（一）防疫步入常态化，中小企业复苏运营难

在全球疫情形势日益复杂的催化下，疫情防控正走向常态化，中国中小企业复苏运营面临着疫情"新常态"的挑战。疫情不断地卷土重

来，企业的应变能力持续接受严峻考验。疫情的反复让刚刚复工复产的企业遭受二次打击，大量中小企业和个体工商户分布在餐饮、住宿、旅游、娱乐等生活服务业，受疫情冲击较重，由于其往往处于经济循环的末梢，对国家一些复工复产和助企纾困扶持政策不甚了解，同时，一些政策落实中出现"梗阻"现象，导致中小企业在疫情常态化下的经营发展较为艰难。疫情之下，国内消费受到明显冲击，外需疲软，内需不足。尽管中国消费已经出现反弹态势，但消费反弹仍存在一些不平衡特征，部分地区的消费恢复相对迟缓，不利于中小企业的全面复苏。另外，中小企业全面数字化转型，形成数字化"免疫力"需要成本支持。在疫情防控常态化下，经济和用户形态的变化正在倒逼企业数字化转型加速，数字化转型已提升至公司战略的高度，因此企业的战略、组织、人员、文化等迎来的全方位转变所耗费的成本可能导致企业运营出现问题。

（二）核心技术竞争加剧，中小企业同时面临多链风险

新冠肺炎疫情暴发后，受影响最大的是缺少核心技术的劳动密集型中小企业。这类企业原本不同程度都面临担保链、资金链风险，受疫情影响，产业链与供应链的"断链子"问题逐渐显现。疫情致使各类企业复工复产不同步，上下游供应链不衔接、不通畅，直接表现为产品制造所需要的原材料、辅件、配件、零件等供给不足和配套不够，进一步制约了企业产能恢复。特别是缺乏原创核心技术的企业，被"卡脖子"的问题日益凸显。随着境外疫情蔓延，国际国内市场需求不足、企业生产成本上升、资金周转困难、国际人流物流不畅造成已复工复产的企业面临再次减产停产的风险，产业链、供应链和价值链都受到连锁性冲击，复合不确定性增大。后疫情时代，通过培育核心竞争力增强中小企业自身"免疫力"才是最可靠的防疫。加速提升中小企业应对不确定性能力，倒逼中小企业培育研发、品牌、营销等核心竞争力，以此确保产业链、供应链及价值链的补链、强链与延链。

（三）国际疫情不稳定，外贸出口不确定风险增大

受新冠肺炎疫情影响，全球主要经济体都陷入经济衰退的阴影，同时加重了全球经济下行的压力。在此情况下，各国都倾向于采取封闭自保的策略，使中国的国际经济环境面临很大不确定性。尤其是中国中小外贸企业的发展，其面临的形势极其复杂严峻，不确定性因素持续增

加。作为全球供应链上最重要一环，国际疫情对中国进出口冲击巨大。一是中小企业面临市场需求不振。疫情影响了国家需求，中国主要贸易伙伴先后进入"抗疫"的紧急状态，短期内市场需求会持续低迷。二是中小企业面临贸易合作中断。疫情下国际贸易合作不复往日，中国中间品和原材料进口受冲击，进而影响企业产品出口。三是中小企业面临国际商贸合作停办。疫情使各国经贸合作人员往来趋于停滞，各类展会、洽谈会推迟或取消，企业获取新订单面临传统方式不灵、传统渠道不畅等问题。

（四）防范"二次冲击"，中小企业应急管理能力亟须提升

新冠肺炎疫情暴发后，相对于大型企业，中小企业显得更为脆弱，面临的困难与问题也要严重得多。为此，2020年以来中央和地方政府针对中小企业复工复产出台了一系列抢救式扶持政策。随着前期政策逐渐落地实施，国内外防疫趋于常态化，中小企业自身的应急管理能力与水平提升成为当务之急。后疫情时代，为了防范疫情再度来袭与政策扶持力度减弱的"二次冲击"，中小企业应当充分总结迄今疫情应对经验教训，趁机主动健全完善应对重大突发公共卫生疫情及重大生产事件事故的内部治理规章制度。具体包括现金应急管理、资金储备调配、业务应急转换、人员替代方案、供应链和市场稳定措施等，从而提升自身对于危机、风险的认知力和应急管理能力，最终提升中小企业现代化综合治理能力和治理水平，增强市场韧性。

（五）不确定因素增多，构建双循环发展新格局任重道远

中小企业在复工复产后仍然面临暂停企业业务、大量订单被取消等现象，虽然政府发布了一系列的救助中小企业的措施，但是情况依然很严峻。市场需求增长放缓和需求恢复未及预期成为中小企业目前面临的主要压力。随着全球疫情的蔓延扩散，各国陆续进入紧急状态，严格限制进出口贸易，境外产品需求量整体大幅度下滑，大量订单被取消或无限期延误，极大程度上影响了产品外部需求，沉重打击了中小企业生产积极性，导致了高昂的复工复产成本与巨大的经营亏损，同时也极大地冲击了中小企业的生产经营。总体看来，后疫情时期国内外不确定因素增多，形成国内大循环为主体、国内国际双循环相互促进的新发展格局任重道远。

第四篇 中小企业高质量发展相关基础前沿理论研究

第二十六章

国内外中小企业创新政策前沿研究

第一节 中小企业创新与政策工具

中小企业的发展动力来源于创新，创新研发是提升中小企业竞争力的重要因素。然而，许多现实问题一直困扰着中小企业管理者，其中资金不足、技术落后、人才匮乏等因素被认为是阻碍中小企业创新的"三座大山"。另外，对于一些具有较好发展潜力或者亟待通过创新来转型的中小企业，创新愿景常常由于找寻不到合适的创新源最终胎死腹中。即便企业具有资金和创新愿景，但创新研发活动所具有的外部性、非排他性和非敌对性，导致企业往往缺乏动因从事创新研发活动。如果仅仅依赖市场机制运作，市场将无法保证足够的创新研发数量，且企业创新方向极易发生偏颇。而创新研发活动本身具有的高度不确定性，使企业无法承受庞大的投资费用和高额风险。

为了确保社会整体利益及保障市场的有序运作，政府应该借助政策工具，以刺激企业创新研发活动。中小企业创新政策作为国家对中小企业扶持政策体系中的重要组成部分，主要肩负着引领中小企业创新发展导向，提高中小企业创投投入力度，优化中小企业创新产出绩效以及保证中小企业创新成果转化等责任。

据课题组统计，2008年1月至2012年6月国家各部委就发布针对中小企业创新的政策多达94项，同时，各地方性政策发布超过千项，可见，从中央到地方对中小企业创新管理的重视程度之高。目前，对中小企业政策还缺乏梳理和评价性研究，特别是结合发达国家的中小企业创新政策所积累的大量成功经验缺乏评价性研究，相信进一步对各国创新政策系统整理和分析可以对促进新形势下中国中小企业健康发展提供重要借鉴价值。本章将基于主要国家现行的创新政策及现行创新政策的发展趋势，提出需求导向性创新政策的发展前景，对中国创新政策的实施提出一些务实性的建议。

第二节 中国中小企业发展政策与扶持体系

一 中国中小企业发展政策沿革

世界各国在中小企业基本法的基础上，根据本国的具体国情和发展中小企业的具体需要，还制定了许多涉及中小企业发展某一方面的专项法规。越来越多的国家在公平竞争、财政补贴、税收优惠、技术创新、企业经营结构调整、产业升级、就业、出口、培训辅导等对中小企业发展有重要影响的方面，制定相关的专项法律法规。具体如德国的《反对限制竞争法》（1958）、美国的《小企业投资法》（1958）、《小企业创新发展法案》（1982）、《小企业出口扩大法》（1983）和《小企业借贷促进法》（1995），加拿大的《小企业减税法》（1972），日本的《中小企业协同组合法》（1949）和《关于确保中小企业劳动力，加强公司管理制度改革法》（1991），韩国的《中小企业人力支援特别法》（2003）等。

中国中央和地方政府都将扶持中小企业发展作为一项重大战略来抓，纷纷制定各项旨在鼓励和扶持中小企业发展的政策措施。

（一）在组织机构设立方面承认中小企业的重要性

1998年年末，随着政府机构改革的顺利推进，国家经贸委宏观上指导中小企业发展的职能得到进一步明确，并成立了专门负责制定和指导落实中小企业改革与发展政策的中小企业司，中小企业得到前所未有的重视。

（二）把中小企业发展纳入国民经济发展规划

1995年9月，党的十四届五中全会通过的《关于制定国民经济和社会发展"九五"计划和2010年远景目标的建议》提出了"抓大放小"，为统一的中小企业政策奠定了基础。九届人大二次会议通过的

《1998年国民经济和社会发展计划执行情况与1999年国民经济和社会发展计划草案报告》在涉及1999年国民经济和社会发展的主要任务时，提出了"必须加强对中小企业的扶持力度"，在《政府工作报告》中也提出"支持科技型中小企业的发展"。

为了加大对中小企业的扶持力度，促进中小企业的迅速发展，2000年8月，国务院办公厅转发了国家经贸委《关于鼓励和促进中小企业发展的若干政策意见》，分别从推进结构调整、鼓励技术创新、加大财税政策扶持力度、积极拓宽融资渠道、加快建立信用担保体系、健全社会化服务体系、创造公平竞争的外部环境、加强组织领导八个方面，提出了25条政策措施。作为中国第一个促进中小企业发展的综合性政策文件，《关于鼓励和促进中小企业发展的若干政策意见》的出台，加快了中国中小企业立法的进程，进一步促进中国统一的中小企业政策体系的建立。

（三）颁布扶持中小企业的专门法律

2002年6月通过了《中华人民共和国中小企业促进法》，并于2003年1月1日开始正式实施。这是中国扶持和促进中小企业发展的第一部专门法律，标志着中国已把促进中小企业发展正式纳入了法制化轨道。还有相当一部分优惠政策，虽大多数并不是专为中小企业制定的，但从受益主体来看，基本上或相当大部分是中小企业。包括乡镇企业政策、鼓励安置城镇待业人员就业政策、支持高新技术企业政策、支持和鼓励第三产业政策、小型企业所得税政策和福利企业政策。这些政策与法规从工商、信贷、财税、人才、市场、信息、培训等各方面为中小企业发展提供支持。

二 科技型中小企业扶持政策体系

自20世纪70年代末中国实行改革开放政策后，特别是90年代以来，中国政府先后制定了一系列加速发展中小企业的政策，包括为中小企业营造公平竞争环境的政策、鼓励创业和促进科技成果转化的政策、优惠的财政税收政策、金融支持政策、土地优惠使用和转让政策、科技人才引进及激励政策、出口和对外投资政策、知识产权保护方面的政策等，使中国中小企业发展从政策支持轨道逐步纳入法制轨道。

（一）法律法规制度层面确认对中小型企业的扶持政策方向

2002年6月通过了《中华人民共和国中小企业促进法》，并于2003年1月1日开始实施，这标志着中国支持中小企业发展全面进入法治化阶段。该法的实施，将起到促进中国中小企业发展、促进市场竞争机制逐步完善、促进产业结构调整、更多地安排劳动力就业等作用。

（二）设立重要科技扶持项目

自20世纪80年代以来，中国政府制定了两项计划类政策措施，包括"星火计划"和"火炬计划"。"星火计划"旨在通过扩散先进技术、提供先进的技术装备、培训人员等方式促进乡镇企业的技术创新，促进科技成果向农村转化、应用。2006年，中国各级"星火计划"共立项7317项，包括国家级项目1195项，占总项目的16.33%；省市级项目1493项，占总项目的20.41%；地级项目1258项，占总项目的17.19%；县级项目3371项，占总项目的46.07%。县级立项数目仍处于领先地位，发展较快。截至2006年年底，全国"星火计划"共立项160968项。

"火炬计划"是国家科技部在1988年推出的另一项旨在促进高新技术产品的开发及商品化、产业化的政策。据国家火炬高技术产业开发中心统计，截至2006年，国家级"火炬计划"项目的立项累计达到14884项。尤其是"十五"期间国家级"火炬计划"项目每年立项都在1500项以上，2006年，正在执行的项目有5514项，占立项项目总量的37%。其中在国家高新区内正在执行的项目有1423项，占正在执行项目总量的25.8%，目前在国家高新区内有1/4的企业正在实施国家级"火炬计划"项目。2006年5514个正在实施的项目中，共实现工业总产值3112.1亿元，产品销售收入2982.3亿元，实现利润315.1亿元，产品销售利润率达10.6%，上缴税额220.1亿元，出口创汇达61.2亿美元，产品出口率16.4%。"火炬计划"加速了大批科研成果向现实生产力转化。在电子信息、网络、先进制造、新材料、新能源、生物医药等领域产生了一批具有国内外领先水平和自主知识产权的创新成果，催生了大量高新技术产业。科技型企业和创新集群快速成长，涌现出联想、华为、海尔、用友、方正、尚德等一批高科技龙头企业。

（三）形成了高新技术产业化发展的体系、机制和环境

在"火炬计划"推动下，诞生了中国多个第一家高新技术产业化载体，目前中国已经建立了 54 个国家高新区和诸多产业基地、生产力促进中心、创新试验城市、技术市场，全国各省都建立了地方创新基金，科技企业孵化器规模和数量居世界前列。培育了浓厚的创新创业氛围。科技界、产业界创新创业的积极性被极大地调动起来，一批熟悉市场、竞争意识和创新能力强的经营管理人才脱颖而出，大量留学生携带科技成果回国创业。

三 科技型中小企业资金政策环境

中国科技型中小企业技术创新基金成立于 1999 年。该基金是用于促进科技型中小企业技术创新活动的专项基金。首期经费总额达 10 亿元人民币。根据中小企业和项目的不同特点，创新基金分别以贷款贴息、无偿资助和资本金（股本金）投入等不同方式支持科技型中小企业的技术创新活动。

截至 2008 年年底，创新基金共立项 14450 项，支持金额 88.4 亿元，带动地方、银行贷款和企业投入 400 多亿元，培育了一大批创新型中小科技企业，有力地促进了中国经济的健康、稳定、快速发展。科技部长万钢在国家科技型中小企业创新基金实施十周年总结大会上指出，从创新基金项目立项到现在，年总收入增长率达到 50% 以上的有 31.4%，总利润增长率达到 50% 以上的有 27.2%。经过创新基金扶持，包括无锡尚德、"龙芯" CPU、浙大中控、陕西航天动力、开米股份、中航（保定）惠腾风电、太原风华信息、点击科技、碧水源、拓尔思等一大批拥有自主知识产权的科技型中小企业快速成长壮大。

十年来，创新基金促进了科技成果的转化，提高了中小企业的创新能力。据统计，截至 2008 年年末，已有 3681 个项目获得专利授权，其中 1069 个项目获得发明专利，基金扶持的企业项目，有的正在茁壮成长，有的已经成为国内该行业的"排头兵"，占有了国内市场较大的份额，有的企业已经占据世界技术的前沿。

建立中小板证券市场。2004 年 5 月 27 日，中国在深圳推出中小企业板，当年 6 月，首批 8 家公司率先登场，拉开了中小板发展的序幕。中小板的推出为中小企业提供了另一条融资途径，从而有利于中小企业

的融资。截至 2011 年 5 月 20 日,中小板上市公司数达到 580 家,是 2004 年的 15.3 倍。仅 2011 年 1—5 月就实现 IPO 融资 508.01 亿元,再融资 124.58 亿元,是 2004 年全年融资规模的 6.95 倍。据统计,截至 2011 年 5 月,中小板公司有 430 家高新技术企业,占 74.14%。其中,拥有国家"火炬计划"项目的公司达 197 家,拥有国家"863 计划"项目的公司达 63 家,获得国家创新基金支持的公司有 81 家,拥有与主营产品相关的核心专利技术公司数达 420 家,占比 72.41%。

信贷支持政策。2011 年 12 月 30 日,工信部和交通银行签署战略合作协议,以进一步加大对中小企业信贷支持力度和综合金融服务。工信部还与国家开发银行股份有限公司签署了"十二五"战略合作协议,将共同扶持拥有自主创新能力的科技型小企业,支持企业技术改造。

四 中小企业税收优惠政策

自 2009 年起,小规模纳税人增值税征收率降低,征收率统一为 3%。核定征收企业应税所得率幅度标准降低,新的企业所得税核定征收办法调低了核定征收企业应税所得率幅度标准。其中,制造业由 7%—20% 调整为 5%—15%,娱乐业由 20%—40% 调整为 15%—30%,交通运输业由 7%—20% 调整为 7%—15%,饮食业由 10%—25% 调整为 8%—25% 等。同时,新办法还专门增加了农、林、牧、渔业税种,所得税率为 3%—10%。国务院《关于进一步促进中小企业发展的若干意见》(国发〔2009〕36 号)规定,为有效应对国际金融危机,扶持中小企业发展,自 2010 年 1 月 1 日至 2010 年 12 月 31 日,对年应纳税所得额低于 3 万元(含 3 万元)的小型微利企业,其所得减按 50% 计入应纳税所得额,按 20% 的税率缴纳企业所得税。

为科技型中小企业建立信用担保体系。中小企业信用担保体系的建立可以缓解中小企业创新资金短缺的矛盾。1999 年 6 月,国家经贸委发布了《关于建立中小企业信用担保体系试点的指导意见》以来,各地已组建 300 多家为中小企业服务的信用担保机构,至今已筹集资金 100 多亿元。中小企业信用担保体系的建立为非科技型中小企业技术创新提供了一种可供选择的融资渠道。2011 年,工信部等国家部门安排了 14 亿元资金支持了 533 户担保机构发展,为 8 万户中小企业提供了 4200 亿元贷款担保。2012 年,还将继续发挥中小企业信用担保专项资金和税收政策的作用，完善中小企业信用担保体系，推进有条件的地方设立完善中小企业信用再担保机构。

五　中小企业公共服务平台

国家工信部为了促进中小企业创业创新，为广大中小企业提供科技、信息、人才、培训、知识产权、投融资、品牌与市场等服务。工信部2010年出台了《关于促进中小企业公共服务平台建设的指导意见》，全国各地纷纷建设为中小企业服务的公共服务平台。

第三节　国外中小企业创新政策前沿

一　国外中小企业创新政策现状

为了提升企业的创新能力，各国政府都采取了一系列直接或间接的创新政策来刺激中小企业开展创新活动。本章介绍荷兰、英国、比利时、加拿大、美国、日本、韩国、中国台湾等多个国家和地区的近年来出台的中小企业创新政策，按照侧重点不同，归纳为以下几个方面。

（一）研发支持类政策多采用直接资助政策

政府对研发活动的直接支持，可以获得很高的外部性，或者更好的市场表现。因此，政府通常集中资助最能满足公共政策目标，并可能获得最高社会回报的活动或部门。如美国对研发资助的比例很高，并通过政府购买手段集中于国防和航空产业两大部门；针对高科技研究和创新项目的合作资金，丹麦提出了国家先进技术基金项目，此项计划目前拥有16亿丹麦币的资金基础，用于投资具有明显商业潜力、技术转移潜力，并能增加公共部门研究机构和私营公司之间的合作机会的项目；为促进发明的产生和商业化，芬兰政府成立了"芬兰发明基金会"（Foundation for Finnish Inventions），加拿大政府也有类似的 NRC – IRAP 计划。

英国的资金和资助计划以贴息贷款方式或者夺标现金拨款方式来资助企业特定的经营活动，同时其技术战略委员会投资用于支持商业以及驱动技术支持性的创新项目，以对技术研发和商业化提供支持。另外，针对个人和中小企业，英国提供专门的"创新、研究和开发资金"用于其研究和开发技术创新产品和过程。荷兰提出了创新信贷计划来解决中小企业创新资金问题，针对正在创业或初期阶段的企业的技术创新产品发展项目，提供不超过项目开支35%、最高限额500万欧元的资金资助；美国中小企业创新投资计划（SBIC）通过私人风险投资公司以贷款和股权投资形式向小企业提供25万—600万美元的投资缺口；德国新技术企业资本运作计划（BJTU）通过扶持风险投资公司向技术小企业提供90%被担保的最高100万马克、最长10年的无息再投资贷款；新加坡天使基金对注册未满一年、年收入低于100万新元的技术型、出口导向型和知识密集型风险企业提供不超过25万新元的资金支持。

同时，多国政府也制定相应的政策支持给中小企业提供资金担保，如英国小企业信贷组织计划（SFLGS）以英国贸工部为担保方，为企业向银行贷款提供担保；日本"畅通中小企业周转资金的特别贷款"等计划向知识密集型或准备创业的中小企业提供低息、长期、无抵押贷款，并提供企业债务担保的再保险，以缓解中小企业的资金紧张问题。

（二）财务支持类政策多采用税收优惠政策

近年来，越来越多的国家开始给中小企业提供财政奖励以刺激其对研发的投资，目前最常见的方式是税收优惠形式的创新政策。税收优惠的主要基点是基于现有的研发能力（英国、挪威、丹麦等国）或者目前的机械和设备能力之上（加拿大、澳大利亚等国）。如加拿大在2008年提出持续20年的科学研究与试验发展计划（SR&ED），对加拿大境内的个体企业（CCPC）实行现金退税或者税收抵扣：企业可以申请抵扣300万加元以内研发支出的35%，以及超出300万加元部分的20%；其他加拿大公司，独资企业、合资企业、信托基金可以获得符合要求的R&D支出20%的投资税收抵扣。澳大利亚2010年推出R&D税收津贴，主要向小型企业提供最高2000万澳元的可退还的税收抵扣，在税前亏损下可以抵扣研发支出的45%；同时还规定，研发支出少于200万欧元的小企业在税前亏损的前提下可以申请税收补贴。

此外，丹麦政府规定实验研发活动开支可以抵扣当年或4年内税收，对于特定的R&D支出实行200%的抵扣率；新西兰的WBSO计划针对产业和服务业的中小企业，通过降低研发相关劳动力的开支来激励企业进行研发；挪威的Skattefunn计划为中小企业提供符合标准的支出的20%的退税；法国技术创业投资激励计划对投资于技术型初创公司的投资者实行税收优惠，并且投资损失可以进行税收抵扣，以支持技术型创业公司的投资；英国为中小企业的减免税为研发费用的175%，且规定没有盈利的中小企业即可以选择将175%的税收减免留至盈利年，或者直接获得24%的合理研发开支的退税。

（三）创投支持类政策主要采用金融支持政策

近年来，西方各国政府开始加强面向新创型、技术导向型的中小企业的金融政策支持力度，主要有以下两种方式：一是直接金融支持，如澳大利亚的IIF基金（the innovation investment fund）和ICP计划（the Victorian state government smart SMEs innovation commercialization program）、芬兰的FOF成长基金、加拿大的创新风险资本基金（Alberta innovation venture capital fund）以及英国的创新投资基金（innovation investment fund）。二是间接金融支持。其中，间接金融支持手段包括：①政策手段吸引国外风险资本和私人风险资本投资本国公司，如澳大利亚的VCLP计划（venture capital limited partnerships program）、芬兰的维哥促进计划（Vigo accelerator program）；②设立小企业银行为小企业提供财政和咨询服务，如加拿大针对技术和出口企业，为小企业提供灵活的财政、风险资本和咨询服务，并对新成立的公司提供包括固定资产、营运资本、市场费用和专营权在内的费用的支持；③引导私人部门投资股权市场来解决中小企业股权融资供应过小问题，如英国的风险资本计划；④政府投资于民间基金，如挪威的国家种子基金计划投资于四个大学城的基金中，通过促进高校和企业之间的合作来间接地提升企业的研发能力。

（四）企业培育类政策多采用企业孵化政策

为帮助研发者、创新企业家将他们的智力成果转化为成功的商业企业，政府通过对企业的技能和知识、有经验的行政人员、新产品、流程或服务的商业可行性测试以及早期商业化过程等分别提供资金资助，以协助研发者和创新企业家开发新产品、流程或服务，并使之市场化。如澳大利亚的PSF基金鼓励私人部门投入基金并管理大学和研究机构的研发成果商业化；挪威的FORNY计划针对创立早期、尚不能得到种子基金或风投资助的公司，鼓励其基于高校研发的商业创意开发，以便在原有产业基础上建立新公司和开发新技术。2007年，丹麦开始实施PC计划，旨在加强公共研发机构研究者的创新进一步开发和管理，使研发者能够专注于发明的进一步开发，并减轻他们的教育及与研发有关的负担。另外，法国创新企业项目竞赛计划，它通过支持只有创意而未进行可行性研究的项目，或已通过可行性研究的项目来支持创建公司。

所谓技术孵化器，是指政府为达到提高企业的出生率，大学研发的商业化，扩大基础设备的供给目的而采取的政策手段。技术孵化器通常包括预孵化器和孵化后两个阶段，企业通过预孵化器阶段的预算和产品计划测算后，可以在两年内获得个体辅导服务。与一般的混合使用的孵化器不同，技术孵化器通常隶属于某个大学，并且具有拥有高增长潜力业务的准入标准。技术孵化器的优势在于，运用孵化器的企业之间的信息共享和协同效应的实现，这些共享信息包括所有权知识及典型的影响小型快速成长企业的日常营运问题。此外，技术孵化器通常提供知识产权相关的服务，并吸引非正式股权投资。目前，英国的牛津大学创新中心和新西兰Jyvaskyla科学园区都采用了技术孵化器方式来支持创新型企业和成长型企业。

（五）采购类政策多采用市场支持政策

基于政府通常具有庞大的采购能力，因此，对于特定领域的政府采购，特别是具有创新要求的采购，可以大幅度提升该领域的创新能力。通常政府采购分为适应型采购、技术型采购、实验型采购和高效采购四种类型。当前，各国政府采购按照项目划分主要可以分为一般性政府采购和公共R&D政府采购两部分。一般性政府采购主要是由政府采购促进中小企业开展创新活动的产品或服务，如芬兰2010年的需求和用户驱动的创新政策实施计划、澳大利亚2009年的创新议程、英国2007年的FCP政策以及新西兰的PIP政策都在采购计划中提出了对企业能力开发、制度改革、公共部门经营模式管理和开发激励基层倡议方面创新的要求。而公共R&D采购则是区别于一般产品或服务的政府公共采购，此类政府采购更具有专业性和针对性，也更能够促进采购相关的技术创新。为此，各国都将公共R&D采购作为采购预算的重要组成部分，如美国R&D采购实践中国防和航空产业的绝对占比，英国的小型企业研究计划（SBRI）中R&D采购占其采购预算的11%左右，澳大利亚中小企业市场需求审定计划（MVP）3000亿欧元左右，加拿大也在2010年提出了国家创新商业化计划（CICP）。

（六）政府服务类政策主要涉及创新扩散政策

政府通过技术相关的合作和网络来支持高校研发成果向企业的转移，以解决企业和高校研发之间脱节的问题。通过增加产业的R&D投入、促进研发成果的商业化等手段，鼓励高校和企业合作，使企业获得具有战略意义的知识，同时也刺激高校增加与商业相关的研发和训练投入。此类政策主要是为解决新技术产生过程中的特定问题，或者以创新方式运用已有知识，通常资助早期研发项目，或者是促进新技术的竞争前开发，以鼓励研发成果向企业转移。

为此，政府或提供资金资助，如加拿大的EG计划提供解决企业特定问题的直接项目费用，英国的知识转移伙伴计划承担33%—60%的开支、法国企业创新计划支持500人以下的中小企业与公共研究机构的合作研究，以支付其用于产品开发、企业发展、专利注册、市场调研等费用；或建立专门的技术或企业网络，如澳大利亚的企业联结计划和丹麦的卓越中心网络计划（NCE program）；或起到辅助桥梁作用，如英国的协作研究与发展计划、加拿大的NCE计划、美国小企业技术转移研究计划（STTR）和德国中小企业创新能力促进计划（PROINNO）都旨在通过加大两者之间的交流来促进高校、产业、政府和非政府机构的多学科、多部门合作。

创新中心和卓越中心是创新产生的另一个重要区域，它们在长期研发项目中联结研发密集型企业和高校研发团队来增强创新能力。企业可以通过创新中心和卓越中心的创新突破来获取新的市场，加速某些领域的具有领先优势的技术、商品和服务的商业化过程，并吸引投资。因此，政府对它的支持直接关系到相关产业的发展。加拿大的CECR计划、挪威的CRI计划、丹麦的国家研发基金、新西兰的科技和技术创新战略中心都通过创建国际认可的商业化和研发中心为中小企业提供创意产生、伙伴项目、研发和创新项目、B2B合作关系、知识信息和交流、咨询以及技能开发等服务。

二　国外中小企业创新政策发展特征

综合以上政策介绍，可以看到传统型创新政策仍然是中小企业创新政策的主体，这也是由这一类创新政策的基础性决定的。如直接的R&D创新支持政策，通过把创新资源集中到目标企业，帮助解决了诸如R&D私人投资不足、信息不对称问题以及中小企业公共采购市场准入等问题。但是，正是因为此类政策手段的专门性，使政府容易获得"picking winner"的称号，这也导致越来越多的政府倾向于对竞争前企业直接资助。同时，现有的R&D资金分配手段是政府首先给候选企业按一定的标准进行优先排序并分配资金，直至资助资金分配完毕，这就造成创新资源投入被大量劣质项目所吞噬。

R&D税收优惠政策具有非歧视性特点，而且相对于某些直接支持手段，R&D税收抵扣方式更加容易实施。R&D税收优惠政策适用于所有产业部门、研究和技术领域，税收优惠对企业的研发策略影响较小，并且允许市场机制决定R&D的优劣。这类政策工具既可以刺激投资者进行投资，还有助于改善企业的现金流，从而提升企业的经营绩效，也使企业有更多的资源进行创新活动。但是，其不足在于，该类政策是针对所有正式的R&D活动，因此可能对匹配公共资源和具有最高的社会回报的R&D活动效率不高。

其他一些以非R&D为基础的公共支持政策，包括金融支持政策、企业或技术孵化器政策和知识转移支持政策等，旨在帮助中小企业获取信息、专有知识和建议。新创企业或者是以新技术为基础的中小企业，在获取初期资金方面具有很大的局限性，需要政府吸引和引导风险资本进入以使企业获取运转能力。同时，相对于产出来说，中小企业在搜寻和筛选信息过程中投入成本更高。再者，中小企业在技术快速变化的环境中，很难确定其真正的信息需求，而面向广大中小企业的建议机构更是缺少针对性，因此需要政府的政策措施加以引导。

最后，企业和学研机构之间长期缺乏有效的互通导致企业研发能力不足，而学研机构的研发不能很好地与市场结合，从而实现经济利益的问题。针对这一问题，政府通过企业或技术孵化器以及知识转移支持政策等多种手段来提升两者之间的联系和合作，并以此创建多个创新中心和卓越中心，以集聚效应来快速提升企业的创新能力。总之，此类政策具有很高的政策针对性，同时不会对市场机制产生破坏性，是对市场活动更为直接的补充。

因此，通常传统的创新政策在实施过程中始终存在一些局限，没有带来改进创新绩效和产量的理想水平。随着政策制定者对创新需求方面的政策越来越关注，政策制定者开始加大此类政策的力度。创新需求政策旨在解决与创新市场引进以及市场扩散有关的问题，如生产者和消费者的信息不对称问题、新技术的高转换成本和高准入成本问题以及技术路径依赖问题等。因此，在相对有限的政府支出预算分配条件下，创新需求政策如果能够有效地提升创新产品和服务的市场需求，那么这类政策相比创新供给政策而言，在提高创新方面更为有效。比如，创新导向的公共采购政策可以解决早创企业的风险资本供应问题，也可以解决中小企业在公共采购中的歧视问题，同时公共采购过程还可以加速社会所需的技术的出现。

第四节 政策借鉴与启示

传统的创新政策主要偏向采用融资、创投基金、资讯服务、租税优惠等方式使企业被动地实施创新活动，企业缺乏足够的激励来进行创新研发活动，企业所获得的资金也常常不能有效地投入到创新研发活动中。本章在总结主要发达国家创新政策现状的基础上提出以下一些政策发展建议。

一 加强非直接的创新支持政策的使用

供给方面的创新政策变化趋势之一是非直接创新支持政策增多，尤其是越来越多的 R&D 税收抵扣方式的运用。为增加创新的私人投资，随着 R&D 税收抵扣方式运用的越加成熟，各国的 R&D 税收抵扣量开始急剧增加。为了提高创新政策的绩效，各国都采用不同的方式，或改变 R&D 税收优惠政策以扩大受益范围，或降低税收减免核定标准，或者扩大税收减免企业的覆盖面。R&D 税收优惠政策的日益重要也部分地反映了这类非直接创新支持政策相对于那些直接的、具有特定目的性的支持政策来说，对私人部门和市场行为的破坏更小。

但是，非直接创新支持政策的比重增加以及 R&D 税收优惠的总量的增加，更容易导致各国之间关于税收的竞争，从而引起恶性后果，因此中国政府应该注意这个方面的问题。

二 创新支持方式的重心应转向多层次支持

随着非直接创新支持政策的增加，传统的直接创新支持政策手段日益减少。同时，直接创新支持政策也开始为不同的政策目的而服务，如增加企业之间或者企业与科研机构之间的合作和知识转移、提升高科技新创企业的成长性、鼓励风险资本活动的发展，或者支持有关气候改变和环境等相关的创新活动等。直接创新支持政策虽然在运用上相对比例在减少，但由于此类政策工具允许政府解决企业创新过程中影响创新绩效的特定问题，或者可以直接促进具有高社会回报的特定领域的绩效，因此，直接创新支持政策工具始终是各国提升企业创新的重要政策工具。

三 政策制定方向应深层激发中小企业的创新需求

传统的注重供给的创新政策虽然具有一定的政策绩效，近几十年来都在改进，但是这些创新政策对于如何激发企业主动提升创新产出和创新绩效缺乏成效。并且，政府可以自由支配开支的限制也激发政府以更少的开支来获得更多的创新绩效。

由于创新过程中供给和需求之间的反馈关系的重要性越来越为人们所关注，因此，各国也逐渐增加对于加强创新需求的政策来刺激创新需求的产生，如创新导向的公共采购等。在实践中，很多人都意识到，创新的一个最重要的问题不是缺乏知识或者技术，而是将这些知识或技术与市场结合以获取商业价值。这对于有主要公共产品的市场来说尤其如此，如环境产品和服务、特定的健康服务和其他公共和半公共服务市场。

四 加强创新扶持政策的连贯性和稳定性

以往的创新政策多为解决某个具体问题出台的，所以，在政策的连贯性上往往有很大缺陷，常常形成政策的滞后性。近年来，特别是国际金融危机以来，对于扶持中小企业的政策提出了前瞻性与稳定性的新要求。当然，目前，各国对于创新政策的影响力和绩效的评价是不完善的，但是，人们已经致力于对某些 R&D 直接或非直接创新支持政策，特别是其所带来的私人 R&D 支出的变化的评价，结果显示，连贯性政策对于中小企业具有更强的扶持性。

随着国外国内技术竞争的日益激烈，创新研发成为国家乃至企业竞争的关键。中国已经把建立创新型国家作为重大发展目标之一，因此，如何有效地运用创新政策激励企业的创新研发，并促进企业与研发机构和大专院校之间的合作成为政府制定实施政策的关键。以创新券政策为代表的创新需求导向型政策正在成为发达国家新一轮中小企业创新政策的发展趋势，这对中国政府制定相关的中小企业创新政策具有一定的借鉴价值。

第二十七章

中小企业渐进式创新影响因素实证分析

第一节 中小企业渐进式创新与成长

创新是企业获取核心专长，保持企业竞争力的核心要素。根据国家发改委统计，2012年，中国中小企业创造了全国60%的国内生产总值，拥有全国65%的发明专利，研发了全国80%的新产品。这不仅说明了中小企业在中国经济发展中的重要地位，同时也说明了创新活动对于维持中国中小企业竞争力的重要作用。在企业创新战略决策中，主要包括突破式创新和渐进式创新，突破式创新要求企业具备扎实的技术积累和资金实力，并且表现出高收益和高风险并存的特征。因此，绝大多数中小企业在创新战略决策中更倾向于选择技术要求相对较低、风险相对较小的渐进式创新。

中国中小企业在技术能力、管理水平等方面与其他领先企业之间存在较大的差距，这种差距集中体现在企业核心能力方面。因此，从资源基础观来看，中小企业渐进式创新实际上是中小企业获取能够弥补企业技术距离、缩短企业能力势差的重要手段。而企业核心专长具有独特性、内隐性、累积性以及难以被模仿的特殊属性，使这种核心专长在不同企业之间的转移、继承和作用功效大打折扣，具体表现为企业渐进式创新的低效率。因此，很多学者认为，外部环境中的资源禀赋是决定企业渐进式创新绩效的重要因素。资源基础观强调了资源异质性对于企业渐进式创新影响的重要作用，但却无法回答同一资源禀赋条件下企业渐进式创新效益的差异问题。后来的学者尝试从企业动态能力的角度探究企业渐进式创新绩效。

从驱动机制来看，企业动态能力是企业适应外部环境持续变革的必然要求，知识爆炸式增长、技术多元化将企业暴露在急剧变化的外部环境中，如何从海量的知识资源中获取企业急需的匹配性知识就成为企业渐进式创新过程中需要重点解决的问题。企业动态能力提升了企业的知识筛选和获取能力，使企业可以根据渐进式创新需求对资源基础进行调整和改进，以满足企业渐进式创新的要求，进而促进企业渐进式创新绩效。

事实上，对于企业渐进式创新影响因素的研究，从资源基础观到企业动态能力是一个持续的完善过程。资源禀赋差异不仅是企业实施渐进式创新的动力所在，也是企业渐进式创新实施的主要承载对象；而企业动态能力则为企业尽可能克服异质性资源在渐进式创新进程中的转移、应用困境提供了巨大的帮助。中国中小企业成长具有显著的地域分布和产业集聚特征，中小企业的渐进式创新行为具有鲜明的网络嵌入属性，那么，在这种独特网络嵌入视角下的中小企业渐进式创新行为又如何受到外部资源基础和企业动态能力的影响呢？网络嵌入情境下的中小企业渐进式创新影响因素又如何呢？本章以浙江省绍兴、金华以及嘉兴地区的137家中小企业为调查对象进行分析，构建了"资源丰裕程度—资源获取效率—创新战略执行"递进式的中小企业渐进式创新影响因素结构模型，并进行了实证检验。

第二节 中小企业渐进式创新的影响因素分析

企业渐进式创新强调对领先技术和知识的追踪性发掘，要求实施渐进式创新的企业具有即时掌握新技术和信息的能力，即具备良好的企业知识网络嵌入性。在早期的研究中，由于资源稀缺性和地理临近效应，场域内部某一企业的创新行为具有显著的知识溢出和技术迁移效应。在知识、技术爆发式增长的大环境下，借助庞大的企业社会关系网络，这种知识、技术的跨地区、跨领域传递效应越加明显。

格拉诺维特（Granovetter）对这种由于网络情境所导致的知识、技术传递效率差异进行了详尽的探讨，他认为，企业之间的知识、技术传递行为本质上是一种交易行为，这种交易受到企业所在社会体制和经济结构的极大限制，即企业间的知识、技术交易行为必须以社会网络作为承载对象，而企业在这种社会网络中的地位、功能以及连接关系则决定了其知识、技术的传递效率。

企业渐进式创新作为一种追踪式的创新行为，其遵循"跟随—模仿—赶超"的基本创新逻辑，在社会网络内涵日益丰富和信息非对称现象日渐突出的背景下，实务界和学术界都十分强调社会网络对于渐进式创新的影响，进而发展出网络创新、合作创新等创新模式。这种强烈依赖社会网络的企业渐进式创新模式更加凸显了网络嵌入在渐进式创新中的重要作用。伯特（Burt）在其结构洞理论中指出，企业所在社会网络中结构洞的存在，将会给企业带来基于信息和控制两方面的经济收益，从而形成竞争优势。

后续很多研究都证实了这种观点，Moschieri指出，网络结构差异所导致的企业行为具有显著的后果效应，这种后果效应不仅影响企业自身的创新绩效，还将对整个企业网络的产出产生显著的影响。斯塔姆等（Stam et al.）则认为，网络中弱关系的存在虽然提升了中小企业获取质性资源的机会，但结构洞的存在显著增加了企业获取异质性资源的成本，因此，网络中结构洞对于企业创新绩效的影响要显著强于网络弱关系的影响效应。解学梅则认为，不同中小企业创新网络协同对于企业创新绩效的影响机制存在很大差异，其中，"企业—企业"协同创新网络对提升企业创新绩效的效应最为显著。

区域集聚、彼此依赖以及抱团成长是中国中小企业的主要发展模式，这就意味着中国中小企业渐进式创新的社会网络嵌入效应相比其他类型企业更加明显。总体来说，中小企业网络连接更加紧密、业务关联更加复杂的自身特性以及中小企业自身实力的局限性，使渐进式创新成为中国中小企业最优的创新模式。

社会网络中丰富的创新资源为中小企业渐进式创新奠定了资源基础，而中小企业自身能否适应其所在网络结构及其运营模式则关系到中小企业知识、技术资源的获取效率，这就要求中小企业管理者具备高超的创新活动驾驭能力。

因此，从社会网络嵌入视角来看，本章将影响中国中小企业渐进式创新的因素主要归纳为三个方面：中小企业在社会网络中的地位、中小企业运营与社会网络发展的协调程度和中小企业关于渐进式创新的态度。本章进一步概括为网络位置、网络契合与创新潜力。

一　网络位置

中小企业所处的社会网络创新性资源越丰裕，其实施渐进式创新的概率就越高。从资源集聚效益来看，当前的社会网络已经不再是单纯的水平式发展模式，而更加体现出立体式成长趋势，即社会网络中的创新性资源总是出现在网络连接关系更复杂、交互效应更明显的网络中心地带。因此，企业在其社会网络中的渐进式创新绩效很大程度上受企业网络位置的影响，处于网络边缘位置的中小企业相对处于网络中心位置的大企业而言更加缺少渐进式创新的优势。网络结构学派的研究已经表明，处于社会网络中心位置的企业与社会网络内部其他成员之间的联结关系越多，其在创新资源获取方面相比位于网络边缘位置的企业更有优势。

哈伦和艾森哈特（Hallen and Eisenhardt）的研究则表明，中小企业丰富的网络联结关系可以划分为两种类型：一种是只适用于具有联盟关系企业的专属性联结关系，另一种是向所有企业开放的公共联结关系。其中，专属性联结关系对于企业在网络中的地位要求更高，但对于企业创新的推动作用也更加显著。因此，中小企业为获得更多的渐进式创新资源，就必须主动提升其网络地位，加强其与焦点企业之间的联系，以达到获取稀缺性资源以进行渐进式创新的目的。基于此，本章认为，中小企业网络位置是影响中小企业渐进式创新活动的重要因素之一。

二　网络契合

中小企业虽然十分依赖其所在的社会网络，但这并不意味着中小企业能够很好地适应社会网络的发展趋势，尤其是在外部环境随时可能对社会网络产生冲击的背景下。从中国中小企业渐进式创新发展态势来看，中小企业能够靠近网络中心位置，并且得到足够丰富的渐进式创新所需要的知识、技术和信息等资源，但仍然无法保证中小企业可以获得预期的创新效益。这是由企业与其所在网络其他行为主体之间的契合程度所决定的。

一般情况下，中小企业成长都不会偏离集群、产业区域等形成的社会网络的发展方向，但中小企业在实施创新战略时，往往基于技术水平或者产品性能的超前性，这种企业技术或产品层面的超前发展战略必然导致企业与原有的社会网络发展轨迹之间形成偏差。而中国中小企业成长的网络根植性特征意味着中小企业的任何活动都受到区域社会网络结构、规制以及人际关系等制度性条件的强制性约束作用。这就意味着，实施渐进式创新战略的中小企业与社会网络发展之间的协调程度将对中小企业渐进式创新做出回应。中小企业在占据优势网络位置且拥有丰富的知识、技术和信息等资源条件下，如果无法将渐进式创新战略很好地与其所在的社会网络中的服务机构、中介机构协同起来，将会极大地降低企业的创新效益。

从市场竞争角度来看，中小企业高市场契合度的产品往往能够促使企业获得超额回报，进而提升中小企业的渐进式创新意愿，而低市场契合度的产品一般会导致企业"得不偿失"而改变创新决策。因此，中小企业在占据优势网络位置且获得必需的创新资源后，如何寻找渐进式创新战略与社会网络发展之间的创新契合点以达到提升创新绩效，是中小企业渐进式创新过程中需要考虑的又一重要因素。

三 创新潜力

社会网络中丰富的创新要素为中小企业实施渐进式创新奠定了资源基础，而中小企业渐进式创新战略与网络发展的高度契合则能够保证创新资源的有效利用，但中小企业是否拥有整合创新资源、推动创新实践的欲望、动力等则成为制约企业创新的又一重要因素。在中小企业创新实践中，高层管理者对于创新的态度、企业创新管理模式以及企业创新文化等因素是决定企业创新潜力的重要内容。

（1）企业高层管理者态度。埃格森（Eggers）指出，在中小企业创新实践中，企业 CEO 对企业创新行为的影响是决定性的，这与中小企业高层管理者至高无上的管理权威有关。而 Chenand Elston 的研究则发现，中国大部分中小企业是私人为了生计、家庭而创建的，具有强烈的逐利性，因此，企业创建者个性、对于家庭的关爱以及获取超额报酬的动机将是推动企业创新战略实施的重要因素。

（2）企业创新管理模式。中小企业规模较小，灵活性更强，使中小企业在创新模式选择方面的空间更大。Uhlaner等指出，中小企业创新管理需要重视外部环境管理，其中，产业形态、企业规模、创新导向与融资成本是主要影响因素。为了获得良好的创新效益，创新管理策略急需要满足产业未来的发展要求，又必须立足于企业拥有者关于环境保护、社会责任承担的承诺。

（3）企业创新文化。作为企业文化核心内容的创新文化对于指导企业创新实践具有最直观的影响作用。中小企业创新文化蕴含着创业者有关创新精神的认知，在企业文化中占据绝对领导地位，因此，对于中小企业创新的影响更加强烈。

另外，在现代市场竞争中，企业在技术、知识等方面的跨文化整合趋势日益明显。Büschgens指出，文化制度差异是决定企业创新资源整合效率的首要因素，能够获得创新高绩效的企业往往具备跨文化整合能力。因此，国际情境下的中国中小企业需要从管理者态度、企业管理模式以及文化塑造等方面加强企业的创新潜力挖掘，只有具备创新潜力的中小企业，才能获得显著的渐进式创新绩效。

相比与以往关于中小企业创新影响因素的研究，本章的研究在以下两个方面取得了突破：①本章结合中国中小企业成长根植于区域网络的实际，从网络地位、网络契合与创新潜力三个方面概括了可能影响中国中小企业渐进式创新的关键性因素；②本章从"资源丰裕程度—资源获取效率—创新战略执行"这一整合了资源基础理论与动态能力理论的视角来分析中小企业渐进式创新过程机制，论证了中小企业网络位置、网络契合和创新潜力这三个因素对于中小企业渐进式创新的影响是逐渐递进的关系。基于上述分析，本章构建网络位置、网络契合与创新潜力影响中国中小企业渐进式创新的具体作用机制，如图27-1所示。

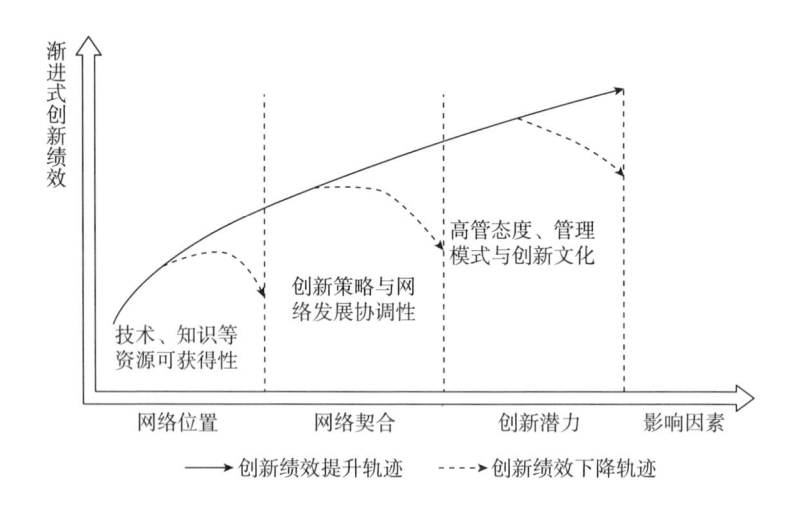

图 27-1 中小企业渐进式影响因素作用机制

第三节 浙江省中小企业的实证研究

一 问卷设计及预测试

中国中小企业主要以地区产业集聚的形式存在，考虑到研究实际及数据的可获取性，本章将调查目标锁定在中国浙江省绍兴大唐袜业、永康五金以及海宁皮革三个产业集群。调查形式为开放式问卷调查，问卷主要来自 Westhead、Tan 等以及李薇薇的研究成果，并征询了中小企业研究领域的相关专家，提出适合中国中小企业渐进式创新影响因素测度的相关测量问卷，该问卷包括 20 个测量条目，其中，关于网络位置的有 7 个问题条目，关于网络契合的有 7 个问题条目，关于创新潜力的有 6 个问题条目。

为了控制样本的同源性误差，本研究首先选择浙江大学和浙江工业大学两家分别是部属重点高校和省属重点高校的 MBA 班的 74 名学员对问卷进行预测试，这些学员主要是来自浙江地区民营企业的中高层领导者。通过对预试回收问卷的探索性因子分析，本报告最终保留 12 个测量条目形成正式问卷，其中，网络位置包括 5 个问题条目，网络契合包括 4 个问题条目，创新潜力包括 3 个问题条目。本调查问卷采用李克特

7点量表，问卷要求被试者回答对该问题的同意程度，7代表"非常同意"，6代表"同意"，5代表"比较同意"，4代表"一般"，3代表"比较不同意"，2代表"不同意"，1代表"非常不同意"，所有条目均采取正向记分。

二 数据获取

本研究的调查对象是浙江绍兴市诸暨大唐袜业产业区、永康小五金产业区以及海宁皮革产业区三个产业区的137家中小企业，每家企业选择2—4名基层员工。在浙江省发改委预测处的帮助下，问卷主要采用企业现场发放和邮寄相结合的形式。对于企业现场问卷，本研究相关人员对填答人员关于问卷意义和调研目的进行大约2分钟的解释，问卷答题时间设计为1—3分钟，答题完毕即刻回收。

数据收集从2012年11月开始，2013年8月结束，主要分三个阶段进行。第一阶段主要采用现场发放的形式进行调研。2012年11月中旬，本研究团队成员对诸暨大唐袜业产业园区进行实地调查，并发放100份调查问卷，回收有效问卷84份。第二阶段采用现场发放的形式进行调研，2013年4月上旬，本研究团队成员对浙江永康五金产业园区和海宁皮革产业园区进行实地调查，并发放150份调查问卷，回收有效问卷124份。第三阶段采用邮寄问卷的方式进行调研。对上述三个产业园区邮寄了300份调查问卷，最后收回有效问卷89份。通过对三个阶段的问卷进行汇总，经初步分析处理后得到有效问卷297份，其中服装业企业78份，五金加工业企业84份，印染业企业54份，皮具加工业企业81份。其中，注册资本在100万元以下的有86家，100万—300万的有51家；成立于2005年之前的有32家，成立于2005年之后的有105家。

第四节 主要影响因素的结构分析

一 信效度分析

本次研究以Cronbach's α系数作为检验问卷信度的工具，得到的Cronbach's α系数越大，代表其检验的因子信度越高，问卷内部一致性越大。经检验，问卷总体Cronbach's α系数为0.900，问卷各维度的

Cronbach's α 系数均大于 0.7，可见问卷信度较好。在进行因子分析之前，本研究首先进行 KMO 检验和巴特利特球形检验，以检验数据样本是否适合做因子分析。经分析，本章所获得样本的 KMO 检验值为 0.884，巴特利特球形检验数值为 622.590，$p < 0.001$，说明数据相关系数阵不是单位阵，显著异于零，这说明本章关于中小企业渐进式创新影响因素调查问卷所收集的数据适合做因子分析。

二 探索性因子分析

本研究的探索性因子分析结果如表 27-1 所示，从表 27-1 中可以看到，网络嵌入视角下的中小企业渐进式创新影响因素主要包括网络位置、网络契合和创新潜力三个因子，三个因子分别包括 5 个问题条目、4 个问题条目和 3 个问题条目。第一个因子方差变异的解释率为 30.747%，主要反映中小企业在社会网络中的网络地位；第二个因子方差变异的解释率为 22.361%，主要反映中小企业渐进式创新战略与网络发展之间的契合程度；第三个因子方差变异的解释率为 18.003%，主要反映中小企业实施创新战略的动力，三个因子总计解释总体方差变异的 71.111%。因此我们认为，本章所获得的关于中国中小企业渐进式创新的影响因素三因子模式是满足理论要求的。

表 27-1　　企业渐进式创新能力三因子结构（N = 297）

问卷条目	网络位置	网络契合	创新潜力
本公司能够从合作伙伴那里获得最近的技术	0.822		
本公司与很多本领域内的大企业建立了合作关系	0.762		
本公司经常模仿大企业的技术和产品	0.6		
本公司在工业园区内的地位逐渐提高	0.753		
本公司的合作伙伴越来越多	0.675		
本公司新产品或新技术在市场上创造了许多新的商机		0.788	
本公司对顾客需求或市场潮流的把握比同行更好		0.6	
本公司推出的新产品总是领导产业发展的方向		0.834	
本公司新产品上市的成功率很高		0.805	
本公司经常对现有产品工艺或流程进行反思和改进			0.78
本公司领导非常强调创新的重要性			0.767

续表

问卷条目	网络位置	网络契合	创新潜力
本公司使用计算机应用软件来发送电子邮件、跟踪问题、处理数据和进行团队管理			0.744
特征根值	3.69	2.683	2.16
解释变异百分比（%）	30.747	22.361	18.003
Cronbach's α 系数	0.894	0.87	0.745

本章进一步对上述三因子进行描述性统计分析，结果如表27-2所示。从表27-2中可以看到，中国中小企业渐进式创新影响因素三因子之间具有显著的正相关关系（相关系数分别为0.597，p<0.001；0.499，p<0.001；0.438，p<0.001），因此，在下文分析中，需要进一步对中小企业渐进式创新影响因素结构模型进行进一步的验证性因子分析。

表27-2　　　企业创新能力各因子相关系数（N=297）

因子	M	SD	网络联结	市场契合	创新能力
网络位置	4.704	1.046	0.894		
网络契合	3.470	1.046	0.597***	0.870	
创新潜力	4.810	1.213	0.499***	0.438***	0.745

注：*代表p<0.05，**代表p<0.01，***代表p<0.001。

三　验证性因子分析

为了有效检验三个因子网络位置、网络契合与创新潜力之间的区分效度以及各个量表的相应测量参数，本研究采用AMOS17.0对上述因子进行验证性因子分析，并比较上述三因子所构成的中小企业渐进式创新影响因素结构三因子模型、二因子模型和单因子模型之间的拟合效果，具体见表27-3。

验证性因子分析结果表明，从X^2/df（小于3）、RMSEA（小于0.08）以及CFI、GFI和TLI（均大于0.90）等指标来看，单因子模型是不能被接受的，而三个二因子模型的拟合效果也比三因子模型拟合效果差,三因子模型是完全符合理论要求的结构模型。由此可见,三因子模型是中国中小企业渐进式创新影响因素结构较为理想的模型。本章采用极大似然法,进一步对三因子模型进行参数估计,得到标准化后的模型如图27-2所示。

表27-3　　　　　　　　各假设拟合指标(N=297)

模型	X^2	df	X^2/df	RMSEA	CFI	GFI	TLI
单因子模型	177.421	54	3.286	0.158	0.791	0.762	0.745
二因子模型[a]	98.644	52	1.897	0.101	0.823	0.854	0.801
二因子模型[b]	82.056	52	1.578	0.092	0.901	0.854	0.824
二因子模型[c]	81.276	52	1.563	0.081	0.899	0.867	0.826
三因子模型	63.421	51	1.244	0.051	0.979	0.943	0.973

注:a表示网络位置与网络契合合并为一个因子;b表示网络位置与创新潜力合并为一个因子;c表示网络契合与创新潜力合并为一个因子。

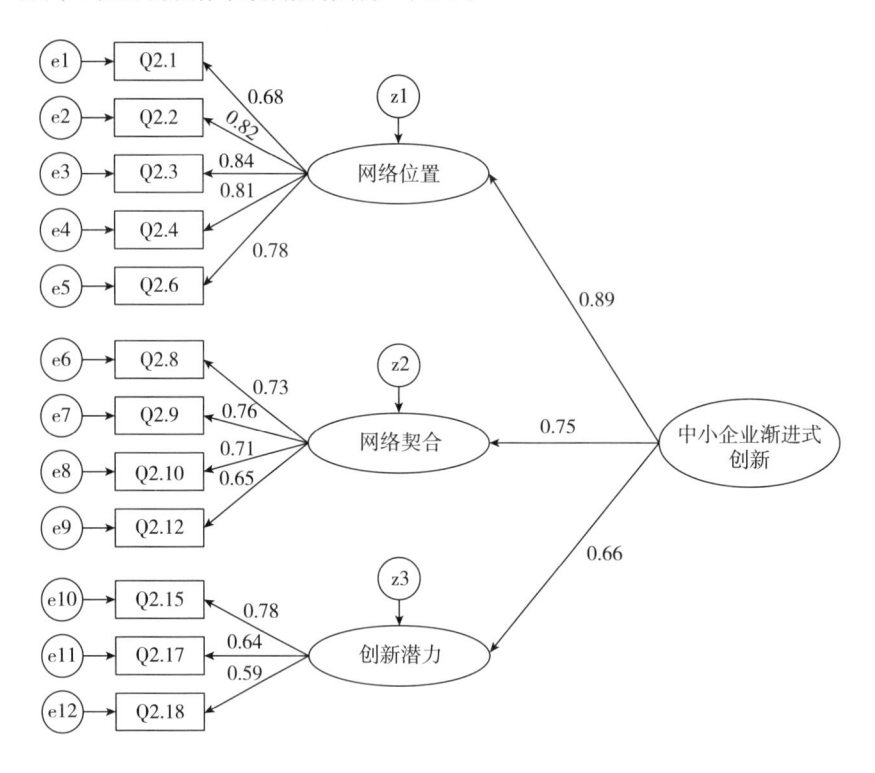

图27-2　中小企业开放的渐进式创新影响因素分析模型

四 控制变量对中小企业渐进式创新影响因素作用机制

为了进一步明确特定社会网络情境下网络位置、网络契合与创新潜力对于中小企业渐进式创新的影响机制，本研究对所有调查得到的297份有效问卷进行企业自身变量统计与分析，采用独立样本 t 检验和单因素方差分析对控制变量的影响机制进行统计性分析，结果如表27-4所示。结果表明，影响中国中小企业渐进式创新因素的三个因子在注册资本、合作伙伴、企业性质以及注册年份等变量上都存在显著差异。具体来看，注册资本越多的中小企业获取网络位置优势的概率越大；而注册资本越少的中小企业在网络契合度方面具有显著优势。中小企业拥有网络内部合作关系越多，其在网络位置和网络契合方面都具有显著优势。印染企业所在的社会网络更加强调网络位置的重要性，而五金行业的企业则在创新潜力方面优势明显。注册时间在2005年之前的企业在网络位置上更有优势，而注册时间在2005年之后的企业则在网络契合度方面优势明显。

表 27-4　不同企业变量对中小企业渐进式创新能力影响因子的比较（N=297）

因子	注册资本	合作伙伴	企业性质	注册年份
网络位置	100万元以下＜100万元以上	网络外部、网络内部	服装、皮革、五金、印染	2005年后＜2005年前
网络契合	100万元以上＜100万元以下	网络外部、网络内部	无差异	2005年前＜2005年后
创新潜力	无差异	无差异	服装、皮革、印染、五金	无差异

第五节　结论与政策启示

本研究综合运用探索性因子分析和验证性因子分析方法对中国中小企业渐进式创新影响因素进行了详尽的探讨，主要获得了以下结论：

第一，影响中国中小企业渐进式创新的因素主要包括网络位置、网络契合与创新潜力。网络位置对于中小企业渐进式创新的影响主要体现在企业独特网络位置优势所赋予的网络知识、技术等创新资源优势。网络契合程度则决定了中小企业获取这种关键性创新资源的效率高低，另外，中小企业渐进式创新进程中的高网络契合也标志着企业创新导向在产品、消费者等市场定位方面的准确性。创新潜力对于中小企业渐进式创新的影响主要通过企业创建者的创新意识、创新管理模式以及创新文化等发挥作用。

第二，本研究关于控制变量的研究表明：①中小企业规模越大，企业获取网络位置优势的概率越高，但其渐进式创新战略与社会网络契合程度越低。②中小企业社会网络连接关系越多，对于提升其网络地位和网络契合度都有显著的促进作用。③在所有类型产业的中小企业中，印染产业企业更加关注企业网络位置优势，而五金产业企业则更加重视企业自身的创新潜力发掘。④中小企业创建时间越早，其网络位置优势越明显，但网络契合程度越呈下降趋势。

本章的研究结论对于中国中小企业实施渐进式创新战略具有重要的启示作用：①中国中小企业需要根据企业发展实际，从企业在社会网络中的地位、企业创新战略是否适应网络发展需要以及企业领导者对于创新战略的支持情况三个方面进行全面评价，进而发挥优势资源，弥补不足之处，从而推动中小企业渐进式创新战略的开展。②企业也要重视企业规模、企业所在产业、经营时间以及业务关系等因素可能对企业渐进式创新可能产生的影响作用，从而制定、实施有针对性的企业渐进式创新战略，提升中小企业竞争力。

第二十八章

中小企业发展对城乡收入差距影响研究

第一节 城乡收入差距的理论背景

早期发展经济学家认为,在发展中国家存在两个劳动生产率差别显著的部门,一个是以农业为代表的传统部门,另一个是以工业为代表的现代部门。在一定的经济发展阶段,工业代表着先进的生产力,农业则意味着落后的生产力,两大部门的生产力水平不同导致了城乡居民之间的收入差距,尽管随着工业化进程的推进,收入差距可以在经济发展过程中自动予以克服,但这个过程可能非常漫长。从经济学视角来看,劳动力从农内转向农外,可以缩小农业与非农产业之间的边际生产率差别,从而缩小城乡收入差距(蔡昉、王美艳,2009)。

改革开放以后,中国工业化在"轻工业六优先"的政策引导下,城市出现了大批个体户,中小企业不断涌现。中小企业的出现为农村富余劳动力提供了一个参与工业部门生产的机会,使它们分享到工业生产率的快速提高所带来的劳动收入的提高,加上人口流动限制的逐渐松动,大量农村劳动力进入城市工作,出现了"民工潮",截至2012年年底,农民工总量达26261万人,外出农民工规模约为16336万人。如此大规模的农民外出务工,对促进农民收入增长、缩小城乡收入差距起着重大作用。但由于中国劳动力市场存在严重的壁垒与分割,农村户籍者在城镇劳动力市场上遭遇歧视尤为突出(余向华、陈雪娟,2012),

再受制于自身较低的人力资本水平，进城务工的农村劳动力只能从事低技术性的低报酬工作（张义博、刘文忻，2012）。虽然他们长期工作和生活在城市，并主要靠工资生活，但由于没有落户在城市，进城务工的农村劳动力在就业机会上受到"进入"歧视，工资报酬"同工不同酬"。这使中小企业在吸纳农村富余劳动力、提供就业机会、促进农民增收、拉动经济增长等方面的作用受到很大的限制，严重阻碍了城乡一体化的推进。

统计数据表明，改革开放以来，中国城乡居民收入差距呈现波动变化，城乡居民收入之比从1978年的2.56下降到1985年的1.86，此后逐步攀升，2010年这一比例已升至3.23。换言之，在中国特殊的城乡二元经济结构背景下，中小企业发展对缩小城乡收入差距的作用受制于城乡劳动力市场分割的程度。

从已有研究来看，有关中国城乡居民收入差距问题的研究和讨论主要集中于城市化、劳动力流动、城乡居民教育水平差异、收入结构、金融发展以及政策制度因素（Jeremy Greenwood and Boyan Jovanovic，1990；Rozelle Scott，1994；陆铭、陈钊，2004；姚洪心、王喜意，2009）等对城乡居民收入差距的影响。关于中小企业发展对城乡居民收入差距的影响，只有少数文献有所涉及。顾颖等（2007）从政治经济学视角分析了中小企业发展与行业收入差距的关系，认为在市场机制下，中小企业的发展更加具有效率，无论就就业贡献、税收提供还是投资效率方面而言，都会使更多的人群分享到增长所带来的福利增量。Jin和Qian（1998）基于省级数据的实证研究认为，乡镇企业的发展有利于提高地方政府的收入、提高非农劳动力的比例以及农村人均收入。

来自乡镇企业的工资性收入也一直被学者们认为是影响农民收入的主要因素。辛翔飞等（2008）依据农民收入方程，确定影响农民收入的决定因素，发现工资性收入的多少已经成为影响农民收入及其差异的重要因素。因此，要增加农民收入，就必须把农内剩余劳动力转向农外，提高农民工资性收入。在中小企业直接吸纳农民就业，农民获得工资性收入的同时，中小企业有力地带动了农村第三产业的发展，间接地创造了农民收入（田文斌，2009）。陈晓红、王傅强（2008）以湖南省为对象，实证研究了中小企业发展水平、城市化与城乡居民收入差距之间的关系，认为中小企业的发展是影响城乡居民收入差距的主要因素。

也有学者认为发展中小企业能够带动经济增长，夯实经济增长与收入分配良性互动所需的物质基础，从而缩小收入分配差距，推进社会和谐（陈乐香，2009）。然而，这些研究都没有将城乡劳动力市场分割纳入研究框架中，而且缺乏令人信服的经验证据，研究深度和可靠性还待提高。中国因户籍制度而导致的城乡劳动力市场分割一直是学界关注的重点。现有研究表明，户籍制度对于不同劳动群体在就业、工资和劳动关系等方面的差异有着显著影响（陆益龙，2008）。因此，本研究利用2001—2010年的省级面板数据，基于劳动力市场分割的视角，就中小企业发展对城乡居民收入差距的影响机制进行考察，具有现实与理论意义。

第二节　中小企业发展对居民收入差距的影响机制

中小企业是中国国民经济和社会发展的重要力量。目前，中小企业创造了全国约60%的GDP、50%的税收和70%的出口，解决了中国近80%的城镇就业岗位。党的十七大高度概括了发展中小企业对农民持续增收，缩小城乡居民收入差距的重要性，指出："以促进农民增收为核心、发展乡镇企业，壮大县域经济，多渠道转移农民就业。"2010年年末，全国工商登记中小企业超过1100万家，个体工商户超过3400万个。"十一五"时期，中小企业新增城镇就业岗位4400万个以上，提供了80%以上的城镇就业岗位，成为农村富余劳动力、国有企业下岗职工再就业和高校毕业生就业的主渠道。促进中小企业发展，是保持国民经济平稳较快发展的重要基础，是关系民生和社会稳定的重大战略任务。中小企业带动区域经济的平衡发展，为城乡居民尤其是农村富余劳动力创造了均等的发展机会，为社会稳定提供物质基础，从而缩小城乡居民收入差距。

城乡居民收入通常由工资性收入、经营性收入、财产性收入和转移性收入四个部分构成。工资性收入是指居民受雇于单位或个人，靠出卖劳动力而获得的以货币形式的劳动报酬；经营性收入是指居民从事各项生产经营活动获得的收入；财产性收入是指家庭拥有的银行存款、有价证券等动产及土地出租、入股或出售为主所带来的收入；转移性收入是指国家及所属部门、社会机构、集体、外部亲友以及家庭在外人口等无偿提供的货物、服务、资金或资产所有权等。中小企业发展对城乡居民收入差距变动的影响主要是通过对城乡居民收入构成部分的影响来实现的。

现代经济增长理论认为，劳动力是经济增长最原始的要素，而马克思《资本论》阐明了企业组织规模与劳动就业的关系，只有大力发展中小企业，才能给人们带来更多的就业机会，拓展人们的就业渠道。对农村居民来说，就业机会的增多，就业渠道的拓展，有助于增加工资性收入和经营性收入。大部分劳动力在中小企业就业，这是一个世界性规律。即使美国这样的发达国家，中小企业在国民经济中也扮演着重要角色。在中国，中小企业在企业数量上处于绝对的统治地位，并提供了近八成就业机会，创造了相当部分的国民财富。中小企业在一定程度上提高了农村居民的工资性收入和经营性收入水平，加大了城市劳动力市场的竞争，抑制了城镇居民收入水平的提高，有助于缩小城乡居民收入差距。

多数中小企业分布于小城镇和农村，使农村土地资源的价值得到显现，有效地增加了农村居民的财产性收入。近代工业区位理论的奠基人、德国经济学家马克斯·韦伯（1997）认为，影响工业区位的基本因素是成本，影响成本的主要因素是运输成本、劳动力成本和集聚。另一位德国经济学家廖施则认为，厂商决定区位选择的基本原则是利润而不是成本。他从最大利润原则出发，对市场价格、需求、人口分布等多种因素进行了分析，从而形成了市场区位理论（刘虹，1988）。因此，相对于大企业而言，中小企业选择城市还是农村，主要取决于成本优势或利润水平，故中小企业更多选择农村或城乡交界处。典型的例子就是乡镇企业基本分布于农村或靠近农村的小城镇，尤其在20世纪80年代末和90年代前半期，基于外部体制的诸多优势，乡镇企业尤为活跃，其以劳动密集型的技术来生产，具有价格上的优势，获得很高的利润，规模逐步扩大。这种地理位置的布局对农村土地的需求日益增多，农地非农化增值收益极为明显，有效地增加了农村居民的财产性收入。史清华等（2011）通过访谈和田野调查发现，正是因为中小企业的发展，为农民提供多元的就业途径，征地、房屋出租等财产性收入有效地增加了农民收入。

在工业化进程中，传统农业与现代非农产业之间的相关收入差异，不断地促进农村剩余劳动力向非农产业及城镇转移，中小企业是劳动力外出务工的主要载体。通常情况下，劳动力外出务工的主要目的之一就是获得更高的收入并向农村老家汇钱，从而改善输出地留守家庭的生活条件或用于未来创业等投资性用途（The World Bank，2006）。2012年，全国农民工外出务工16336万人，占城镇从业人员的44%，加上本地农民工9925万人，农民工总量达26261万人。

同时，近年来，中国农民工的年均汇款量至少在2000亿元以上，而且外出劳动力的汇款占其农村家庭总收入的比例也非常高，通常达40%以上。另外，中国现行的社会保障制度偏向于城市居民，农村居民受益甚少，但是，随着目前劳动力外出务工规模日益壮大，农民工参加社会保险覆盖面不断扩大。2012年，全国农民工参加基本养老保险4543万人，参加基本医疗保险4996万人，参加工伤保险7173万人，参加失业保险2702万人，比上年年末分别增加9.7%、7.6%、5.1%、13%，进而影响农村居民转移性收入的水平。近年来，政府政策导向开始向"以工补农"转变，陆续出台了一系列"多予""少取"政策，实施对农村的全面扶持，取消农业税，扩大财政支农，加大农村建设支出等，有效地增加了农民的转移性收入。

尽管中小企业发展会带来农村居民多项收入的增长，有助于缩小城乡居民收入差距，但众多研究表明，中国城乡劳动力市场分割仍然存在，阻碍着农村流动人口在城市社会的生存和发展，阻碍着他们与城市社会的融合。城乡劳动力市场分割使很多外来劳动力来到城市后，在就业机会、收入待遇和获得公共服务等方面受到歧视，只能进行"自我雇用"，收入很低而且相当不稳定，更谈不上享有任何福利待遇（王美艳，2005）。户口登记状况对劳动力的工资收入有着显著影响（余向华、陈雪娟，2012），外来劳动力与城市本地劳动力之间的全部工资差异，一半以上是由劳动力市场歧视引起的（邓曲恒，2007）。

在以上分析的基础上，本章提出了如下有待实证检验的假设。中国中小企业发展为农村富余劳动力提供就业机会，促进农民增收，带动经济增长,从而缩小城乡收入差距。但是,这种促进作用会依赖于中国城乡二元经济结构下的劳动力市场分割的程度。

第三节 计量检验及分析结果

一 计量模型建立与处理方法

根据以上理论框架,可得本章的基本计量回归方程:

$Incgap_{it} = \beta_l Sme_{it} + \beta_j X_{it} + \varepsilon_{it}$

其中,下标 t 代表年份,i 代表省份,Incgap 表示城乡居民收入差距,Sme 度量中小企业的发展,X 表示其他一系列控制变量,ε 为误差项。本章仅以中国 27 个省份样本进行实证研究,所以,宜采用固定效应模型。考虑到不同个体的不同稳态值和个体自身稳态值随时间变化而变化等因素,在方程中加入相应恒量以控制地区和时间效应的影响,从而将计量模型修正为:

$Incgap_{it} = \alpha + \lambda_i + \gamma_i + \beta_l Sme_{it} + \beta_j X_{it} + \mu_{it}$

其中,α 为不变截距,λ_i 和 γ_i 分别表示省份固定效应和时间固定效应,μ 为随机误差项。本研究构建中小企业发展的就业贡献(Smeemp)以及中小企业发展的经济贡献(Smeind)两组变量来度量 Sme。考虑到库兹涅茨倒"U"形假说的存在,本研究认为,中小企业的经济贡献对城乡收入差距的影响存在倒"U"形关系,因此在回归模型中我们加入了 Smeind 的二次项;考虑到影响城乡居民收入差距的因素还包括其他本章数据无法包含的信息及城乡居民收入差距本身的记忆性(冉光、汤芳桦,2012),本章通过在模型中引入滞后一期的因变量 LagIncgap,来控制其他因素的影响;另外,由于中小企业发展对城乡收入差距的影响受劳动力市场分割程度的影响,本章引入劳动力市场分割程度 Seg 与中小企业发展的交叉项,所以本章将计量模型进一步修正为:

$Incgap_{it} = c + \beta LagIncomegap_{it} + \beta_l Sme_{it} + \varphi_l Seg_{it} Sme_{it} + \beta_z Smeind_{it}^2 + \beta_j X_{it} + \mu_{it}$

其中,Seg 表示劳动力市场分割的程度。我们发现,在引入劳动力市场分割程度与中小企业发展的交叉项后,中小企业吸纳就业对城乡收入差距的影响系数可定义为:

$$\frac{\partial Incgap}{\partial Smeemp} = \beta_1 + \varphi_1 Seg$$

中小企业发展的经济贡献对城乡收入差距的影响系数可定义为：

$$\frac{\partial Incgap}{\partial Smeind} = \beta_2 + \varphi_2 Seg + 2\beta_z Smeind$$

根据上述公式，中小企业发展对城乡收入差距的影响受各地区劳动力市场分割程度的影响，参数 β_1、φ_1、β_2 分别刻画了中小企业吸纳就业与中小企业的经济贡献的影响力度，同时中小企业经济贡献对城乡收入差距的影响还受到其自身发展水平的影响。

二 数据来源与变量说明

基于我们构建的动态面板模型，本章收集了 2001—2010 年中国 27 个省级地区（剔除四个直辖市）的面板数据。农村居民人均纯收入、城镇居民人均可支配收入、第三产业增加值及进出口总额等数据是综合《中国统计年鉴》《中国统计摘要》《新中国五十年统计资料汇编》和《新中国六十年统计资料汇编》整理所得，中小企业全部从业人员及总产值均来自相关年份的《中国中小企业年鉴》，城市化水平的数据根据《中国人口和就业统计年鉴》的相关统计资料整理计算而成，劳动力市场分割程度是根据《中国人口统计年鉴》和《中国劳动统计年鉴》整理计算所得。

城乡居民收入差距（Incgap）度量方面，在现有文献中，国内学者一般以城镇人均可支配收入与农村人均纯收入的比值来度量城乡居民收入差距，但是，这一度量方法没有反映城乡人口所占的比重，不能准确地度量中国的城乡居民收入差距。因此，本章基于肖罗克斯（Shorrocks，1980）的研究，选择泰尔指数度量中国城乡居民收入差距，该值越大，表明城乡居民收入差距越大。Smeemp 为中小企业全部从业人员与第一产业就业人数的比值，度量中小企业的就业规模，考察中小企业通过吸纳就业对城乡居民收入差距的影响；Smeind 为中小企业的总产值与 GDP 的比值，度量中小企业发展的经济规模，考察中小企业发展促进经济增长对城乡居民收入差距的影响。Seg 为劳动力市场分割程度，本章在蔡昉等（2005）的研究基础上，使用农业比较劳动生产率来衡量劳动力市场的扭曲程度。农业比较劳动生产率的计算公式为第一产业从业人员占比除以第一产业的 GDP 占比，该比值越大，劳动力市场分割程度越高。

X 代表其他一系列的控制变量，根据以往文献的研究，我们选择如下变量：IndStr 为第三产业增加值与第二产业增加值的比值，第三产业多集中于城镇，第三产业比重越高，城乡居民收入差距越大，预测该变量的系数为正。Trade 为进出口总额与 GDP 的比值，反映对外开放程度的大小；Urban 为城市化水平，以各省非农业人口占总人口的比重来表示，这两个变量在不同学者的研究中都存在一定程度上的矛盾（王子敏，2011），因此变量前的系数待由回归来决定。

三 基础估计结果

由于因变量的滞后项作为解释变量，导致解释变量具有内生性，本章将采用 GMM 估计方法解决由于滞后因变量的引入可能导致的内生性问题。在具体估计中，本章对工具变量选取有效性进行 Sargan 检验，并对随机扰动项的序列相关进行一阶相关 AR（1）和二阶相关 AR（2）检验。可以看到，所有回归结果都通过了 Sargan 检验和 AR 检验，这表明我们所选取的工具变量是有效的（见表 28-1）。

表 28-1　　中小企业发展与城乡居民收入差距的估计结果

解释变量	GMM Ⅰ	GMM Ⅱ
LagIncgap	1.0004*** （0.0237）	0.858*** （0.101）
Smeemp	-0.0004* （0.0002）	0.0015** （0.0007）
Smeind	0.0014*** （0.0003）	0.0009** （0.0004）
Smeind2	-0.0008*** （0.0001）	-0.0007*** （0.0002）
SegxSmeemp		-0.0005*** （-0.0002）
SegxSmeind		0.0001** （0.0001）
IndStr	-0.0001 （0.0001）	-0.00004 （0.0001）
Trade	0.00015*** （0.00005）	0.0001** （0.0001）
Urban	0.0034*** （0.001）	0.003** （0.001）
Cons	-0.0001 （0.0002）	-0.00002 （0.0003）
Wald Test	27869.86	3349.03
Sargan Test（P 值）	1.0000	1.0000

续表

解释变量	GMM Ⅰ	GMM Ⅱ
AR（1）检验（P值）	0.0134	0.0008
AR（2）检验（P值）	0.9808	0.8362
Obs	216	216

注：被解释变量：反映城乡居民收入差距的泰尔指数。括号中的数值为标准差。*、**、***分别代表10%、5%、1%的显著性水平；GMM 表示系统 GMM 估计；Sargan 检验的零假设是选取的工具变量不存在过度识别；AR（1）和 AR（2）检验的结果为残差项的自相关检验的 P 值；若残差项存在一阶自相关而不存在二阶自相关，则 GMM 估计是有效的。

表28-1中，我们考察了两种情况下中小企业发展对城乡收入差距的影响。

首先，我们在不考虑劳动力市场分割的作用情况下，考察了中小企业发展对城乡收入差距的影响。回归结果Ⅰ显示，中小企业发展的就业规模对缩小城乡居民收入差距在10%显著性水平上具有促进作用。改革开放以来，中国中小企业在国民经济中一直扮演着重要角色，不但表现在数量上，而且更主要体现在对实现充分就业的贡献上，中小企业强大的吸纳就业能力，是缓解中国就业的结构性矛盾的主要办法，能够有效地缓解中国就业压力（林汉川等，2003）。中国中小企业的快速发展，增加了对农村劳动力等非熟练劳动力的需求，为农村富余劳动力提供了大量的就业机会，使其参与工业部门的生产中去，这在很大程度上提高了农村劳动力要素的生产回报率及非农收入水平。

与此同时，农村劳动力进城务工对城市的劳动力市场造成一定的冲击，抑制了城镇居民收入水平的提高，在一定程度上缩小了农村居民与城镇居民之间的收入差距。中小企业发展的经济规模及其二次项的估计系数在1%的水平上通过显著性检验，而且它的二次项系数为负。这表明，城乡居民收入差距的变动与中小企业发展的经济规模之间呈现倒"U"形关系。在回归结果Ⅱ中，我们考虑劳动力市场分割对中小企业发展缩小城乡收入差距的影响，同回归结果Ⅰ相比较，回归结果Ⅱ中 Smeemp 的系数由负转正，系数有所提高，显著性也增强了，Smeind 的系数受劳动力市场分割的影响不大。本章认为，劳动力市场分割降低了中小企业吸纳就业对缩小城乡收入差距的边际影响。

综上所述,本章认为,中小企业吸纳就业对城乡收入差距的影响依赖中国劳动力市场的分割程度。结合回归结果Ⅱ以及前文影响系数的定义,我们利用劳动力市场分割程度的样本均值,计算得到中小企业吸纳就业对城乡收入差距的影响系数大约为 $0.0015 - 0.0005 \times 3.4139 = -0.0002$。

结果显示负相关,与回归结果Ⅰ大致相当。因此,本章认为,中小企业的就业贡献对缩小城乡收入差距具有促进作用,但是,这种影响与各地区劳动力市场分割程度密切相关,劳动力市场分割程度越高,作用效果越弱。这一结论的政策性含义在于,大力发展中小企业,吸纳劳动力,有利于缩小城乡收入差距。但是,要使这种作用得以进一步发挥,就必须打破劳动力市场分割。另外,本章认为,中小企业发展的经济规模与城乡居民收入差距之间存在类似库兹涅茨曲线的倒"U"形关系,城乡居民收入差距随着中小企业经济规模的提高呈现先扩大到相对平稳再到相对缩小的态势。计算影响系数大约为 $0.0009 - 2 \times 0.0007 \times 0.6179 + 0.0001 \times 3.4139 = 0.0004$。

这意味着中小企业总产值的提高对城乡居民收入差距的影响还处于正向作用阶段。然而,这并不是意味着,中国应该通过抑制中小企业经济规模的提高来缩小城乡居民收入差距。恰恰相反,中国应该大力发展中小企业,以尽快跳出中小企业发展的低水平陷阱,因为,影响系数已经趋向零,并将向负值转变。

此外,第三产业的快速发展对缩小城乡居民收入差距存在正向促进作用,但显著性不高,这与我们的预测结果截然相反。这里可能的原因是,第三产业的发展促进劳动力的流入,从而产生劳动力集聚效应,提高了进城务工劳动力的收入水平。从拉文斯坦(Ravenstein,1885)的研究看,经济因素是劳动力流动的最根本动因。伴随着中国产业结构的调整,第三产业的发展水平成为劳动力流动的主要动力,其对缩小城乡居民收入差距的作用也就显而易见。对外开放程度则对缩小城乡居民收入差距具有显著的抑制作用。这可能是因为对外贸易转型升级过程中,对外贸易的发展将增加对高端劳动力、熟练劳动力(城市居民)的相对需求,提高城市居民的收入,降低对非熟练劳动力(农村劳动力)

的相对需求，从而扩大城乡居民收入差距（魏浩、赵春明，2012）。城市化水平对缩小城乡居民收入差距具有显著的抑制作用，这里的原因，一方面可能是城镇的产业优势，第二、第三产业在空间上向城市集聚，使城镇居民收入水平上升更快，城乡居民收入差距拉大；另一方面高速增长的工业生产率引发生产要素由农村向城镇流动以寻求更高的回报，农村自身发展得不到支持，不利于农民收入的增加，逐步拉大了城乡居民收入差距。

第四节　结论与政策启示

改革开放以来，中国经济发展取得了举世瞩目的成就，但收入分配格局的不平衡和两极化趋势也日益凸显，其中，城乡居民收入差距扩大尤其显著。如何让人们在分享改革开放成果的同时，缩小城乡收入差距已成为一个严峻的问题。中小企业在吸纳农村富余劳动力，提供就业均等机会，促进农民增收，推动经济增长等方面具有相对优势，因此，大力发展中小企业，促进农村富余劳动力转移，鼓励农村人员创业，不仅对居民收入分配有着重要的影响，而且有利于促进产业结构优化、专业分工，可以进一步拉动城乡消费。然而，由于中国劳动力市场存在严重的壁垒与分割，农村户籍者在城镇劳动力市场上遭遇歧视尤为突出，因此，中小企业发展在缩小城乡收入差距中的作用大打折扣。

因此，本章的政策启示在于，要打破城乡劳动力市场分割，促进城乡劳动力的充分流动，这样就能够发挥中小企业的就业创造作用，不断拓宽农村居民的增收渠道，进而才能够实现农村居民收入翻一番的政策目标，逐步实现城乡居民收入的均等化。

另外，中小企业发展对城乡居民收入差距的影响不是简单的线性关系，而是遵循库兹涅茨曲线的倒"U"形关系，需要经过先上后下的过程。所以，在改革开放初期阶段，随着中国中小企业发展，城乡居民的创业热情提高，创业者数量大幅增加，我们反而观察到城乡居民收入差距在拉大、基尼系数上升的现象。这个理论告诉我们，城乡居民收入差距随着中小企业经济规模的提高而呈现先扩大到相对平稳再到相对缩小的态势，本研究计算得到的影响系数为0.0004，已经非常接近零平稳定点。这意味着目前中国中小企业发展逐渐步入降低城乡居民收入差距的阶段。因此，只有大力发展中小企业，才能跳出农村居民低水平陷阱。为此，我们必须坚持市场化改革，改善创业环境，扶持中小企业发展，降低创业的政策门槛，才能为农村居民收入倍增创造市场环境，走城乡居民共同致富的道路。

第二十九章

浙台中小企业发展与创业环境比较研究

中国台湾省与浙江省的经济结构有着许多相似之处，除了人多地少、两头在外的经济发展模式相同外，两省中小企业在推动国民经济的发展中都起着至关重要的作用，尤其是两省中小企业创业活动的踊跃为经济的持续增长增添了动力。但相比之下，两省中小企业创业环境却不尽相同，台湾省的创业环境孕育出的是一批以创新为导向的中小企业，而浙江省的创业环境培育出的是以需求为导向的中小企业。本章拟从中小企业创业环境分析着手，对浙江和台湾两省的创业资源禀赋、社会文化、政策环境及创业服务体系进行比较分析，从而提出对改善浙江中小企业创业环境的政策与建议。

第一节 台湾省与浙江省中小企业发展现状比较

台湾与浙江两省都是丘陵山地居多的沿海地区，高山和丘陵面积均占各省的2/3以上，两省除有丰富的水利、渔业资源外，其他自然资源相当有限。正是在自然资源贫乏的环境下，两省率先实行市场化改革取向，大力发展各种形式的中小企业，依靠民营经济赢得了先发优势。如今，中小企业在两省的经济发展过程中扮演着举足轻重的角色，不仅创造了庞大的国内生产总值、贡献了大量的就业机会，更是社会稳定发展的基石。

据台湾当局经济部门中小企业处《2010中小企业白皮书》统计，

2009年，台湾省拥有中小企业123.2万余家，占企业总数的97.91%，平均每千人拥有中小企业53.2家。从产业结构来看，服务业中小企业所占比重最高，达80.24%，工业部门与农业部门的中小企业数量分别占18.75%和0.9%。从中小企业的分布来看，台湾省中小企业呈现出由北至南、由西向东逐渐递减的分布特征，其中大部分中小企业集中在台湾省北部，占总数的46.65%，南部和中西部地区的中小企业数量分别占总数的25.9%与24.26%，东部地区的中小企业数量最少，仅占总数的2.43%。2009年，台湾省中小企业销售收入9.19万亿元新台币，占企业销售总值的30.65%，并在近十年中都保持着稳定的增长态势，直至2008年金融危机开始出现了一定的下滑，2008年与2009年中小企业销售收入分别下滑0.18个和12.17个百分点。

在就业方面，2009年，台湾省中小企业就业人数达806.6万人，自2004年以来保持着年均1.3%的增长速度，金融危机后中小企业更是承担起吸纳就业、维持社会稳定的重任，就业人数占所有企业的比重从2008年的76.58%提高到2009年的78.47%。在财政税收方面，中小企业是台湾省财政收入的重要来源，早在50年代中期到60年代初期，台湾省80%的税收总额来自中小企业，直到80年代中期，中小企业仍是政府税负的主要承担者。目前，台湾省仍有25%左右的税收来自中小企业。

相比台湾省中小企业的稳定持续发展，浙江中小企业沿袭着浙江模式"一村一品"的特色，推动浙江经济连续多年的高速发展。据统计，2009年，浙江省共有中小企业97.3万余家，占全体企业数量的99.6%；销售收入为4.5万亿元，占全部企业销售总值的67.41%，并吸纳劳动就业人员1413.4万人，占全省劳动力的80.8%，可见，浙江经济的快速提升大部分依赖中小企业的蓬勃发展。表29-1为两省中小企业在国民经济中的地位比较，台湾与浙江中小企业的发展为促进两省经济增长、拓展海外市场、创造就业机会、充实财政收入、平衡城乡发展等方面做出了不可替代的贡献。

表 29-1　台湾省与浙江省中小企业发展比较（2005—2009 年）

指标	台湾省 2005	2006	2007	2008	2009	浙江省 2005	2006	2007	2008	2009
企业数量（万家）	122.6	124.4	123.7	123.5	123.2	112.1	112.9	111.1	111.8	97.3
所占比重（%）	97.80	97.77	97.68	97.70	97.91	99.7	99.66	99.61	99.60	99.56
销售收入（亿元）	10000	10241	10481	1046	9189	27595	32232	37797	45713	44998
所占比重（%）	29.46	29.84	29.21	29.69	30.60	67.94	66.90	65.27	67.49	67.41
就业人数（万人）	765	775	794	797	807	1244	1303	1353	1313	1413
所占比重（%）	76.93	76.66	77.12	76.58	78.47	81.91	80.73	79.47	78.82	80.79

资料来源：通过《中国中小企业年鉴》（2006、2010）、《台湾中小企业白皮书》（2006、2010）、《中国统计年鉴》（2006—2010 年）及参考文献计算整理。

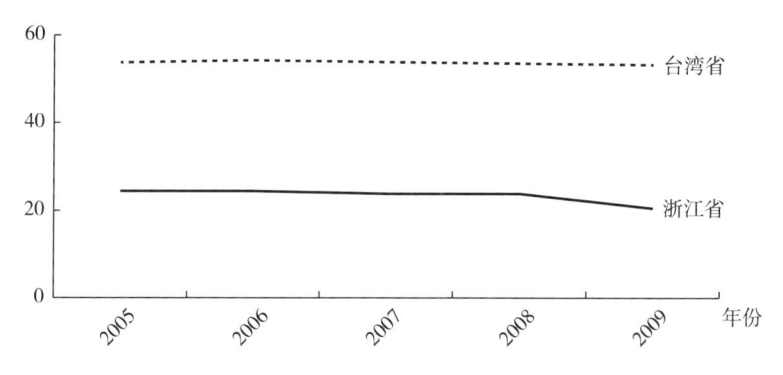

图 29-1　台湾省与浙江省中小企业密度比较

资料来源：通过《中国统计年鉴》（2006—2010 年）、《中国中小企业年鉴》（2006、2010 年）、《台湾中小企业白皮书》（2006、2010）计算整理。

通过上述数据比较可以看出，台湾省与浙江省的中小企业数量十分庞大。根据两省中小企业密度比较（见图 29-1），在 2008 年金融危机后，台湾省中小企业密度较先前并没有太大幅度的波动，而浙江中小企业密度较金融危机前有所减少，造成这种现象的原因，可能是台湾省中小企业抵御外界风险的能力较强，致使较少的中小企业在经济波动中消退；根据民建中央发布的调研报告及 Geus 的研究表明，台湾省中小企业寿命为 13 年，远高于浙江中小企业 3.7 年的寿命。浙江中小企业以劳动密集型加工产业为主，产品档次较低，大部分的中小企业不愿将资金投入新产品开发，而是依靠对市场上新产品的模仿创新，其技术来源仅37.6%是通过自主研发获得。随着近年原材料成本大幅上升以及经济周期波动，使市场的过度竞争及拥塞效应更加显著而导致大量中小企业倒闭关门。

台湾省中小企业早在20世纪80年代末就挥师东南亚和内地地区，将劳动密集产品的生产线进行转移，从而应对生产成本的快速增长，相对于浙江中小企业，台湾省中小企业更注重自行研发，增强创新能力。在技术来源中，台湾省小型企业62.38%的技术源于自行研发，中型企业58.55%的技术源于自行研发，而大型企业只有56.83%的技术源于自行研发。可见，台湾省中小企业顽强的生命力源于高度的创新能力。另外，即使在金融危机影响下，台湾省中小企业的创业热情仍然不减。2009年，台湾省新设中小企业8.8万家，同比2008年增长1.57%。但随着近些年来浙江企业家创业激情的衰退，中小企业数量的减少正严重影响着浙江中小企业的可持续发展，对于这种现象，学者认为，创业与创业行为受到创业环境的直接影响，因此，下文将对台浙两省中小企业的创业环境进行深入的比较分析，从而获得对改善两省中小企业创业环境的经验与启示。

第二节　台湾省与浙江省中小企业创业环境比较

创业环境的研究揭示了环境对创业和创业行为的重要作用。福格尔（Fogel，2001）把创业环境描述成在创业活动中发挥重要作用的要素组合，认为创业环境包括社会、经济、政治、文化等诸多要素。国内学者张玉利（2004）在福格尔的基础上进一步指出，创业环境除包括人们开展创业活动的所有政治、经济、社会文化诸要素外，还应包括创业与管理技能、金融与非金融的支持等。在整合以往研究的基础上，我们借鉴学者池仁勇对浙江中小企业创业环境研究的维度，从创业文化环境、创业服务体系、政策环境、融资环境、人力资源环境出发对台湾与浙江中小企业创业环境进行比较分析，从而获得提升两省创业环境的途径。

一　台湾省与浙江省中小企业创业环境分析

（一）创业文化环境

自主与自利是台湾省中小企业创业文化的宗旨，"自主"源于国人对当家做主的渴望，故有所谓"宁为鸡首，勿为凤尾"的言论；"自利"则是为满足个人对追求财富的诉求。台湾省深受儒家文化的熏陶，对中小企业创业有着重要的影响。儒家文化中所提倡的"忠、孝、诚、信、仁、义"，更是提高了台湾省中小企业创业对于社会的责任感，也使社会能以宽容的姿态接受创业的失败。浙江的创业文化缘于对早期浙江经商文化的承袭，各地悠久的手工艺和副业又为这些创业活动提供了良好的基础条件。同时，对社会地位的追求与个人价值的体现也逐渐融入了新一代浙江创业文化之中。由于创业失败被认为是一种耻辱，所以，一些人在创业时，会选择风险较小的项目或行业从而失去了可贵的冒险精神，同时，轻视创业失败者的现象，"成王败寇"可以说是一种根深蒂固的传统文化了，这也使许多原本想创业的人因害怕失败而放弃创业。

（二）创业服务体系

早在20世纪70年代，台湾省就陆续开始中小企业创业服务体系的建设工作，经过40年的发展和探索，以其合理的运行机制和较完善的辅助系统形成了具有特色的中小企业创业服务体系。台湾省中小企业创业服务包括官方机构与民间组织，官方机构的主管部门为经济部门中小企业处，通过在全省各地设立的中小企业创业服务中心直接或间接地帮助新创企业。直接作用体现在建立创业知识咨询平台与创业资金支助，间接作用体现在中小企业创业服务中心与社会组织的协调作用。除中小企业创业服务中心外，中小企业创业育成中心也起着至关重要的作用。

据统计，至2010年年前，台湾省共有中小企业育成中心86所，数量明显高于26家中小企业服务中心，其中，台湾省工业技术研究院是第一家设立育成中心的研究服务机构，其主要作用是将高新技术转化为产品并促成新创企业，以任务导向支援中小企业创业，并进一步促进产学合作。台湾省中小企业创业服务体系中民间组织的典型代表就是台湾省中小企业协会，协会的主要功能是向创业者提供创业培训及咨询。功能与台湾省中小企业创业服务中心相似的是浙江省创业基地、创业园和孵化器。

据统计，2010年前浙江共有创业基地172家，已基本形成了一套成熟的管理体制和运行机制，通过整合服务资源，以优化服务来提升创业环境。创业基地为中小企业提供创业辅导和咨询服务,并对融资企业给予信用担保。在技术方面,创业基地与大专院校、科研单位签订合作协议,帮助企业解决技术难题及员工培训。相比创业基地,创业园和孵化器在中小企业创业培育方面更有针对性,创业园主要针对高校毕业学生,有效地缓解了初创期大学生创业企业缺资金、缺场地、经验匮乏等矛盾和问题,至2010年年底,浙江共建成创业园101家,成功地培育2416家新创企业。孵化器的功能与台湾省工业技术研究院育成中心较相似,将高新技术转化为产品,以创业导向、创业投资、专业孵化的培育模式有效地帮助科技型中小企业的创业及成长。自2008年浙江省科技企业孵化器成立以来,全省孵化器数量发展到102家,累计培育新创科技企业1840家,在孵企业5600余家。除此之外,各类信息服务企业、网上信息服务平台和民间创业网络也为浙江创业者获取国内外市场信息、技术信息提供了种种渠道。

(三) 政策环境

为保护和促进以私有制为基础的市场经济制度,第二次世界大战后,台湾省在原有的立法体系基础上,充分借鉴发达国家的成功立法经验,相继出台了一系列扶持中小企业创业的政策,其发展主要分为三个阶段。

第一个阶段是20世纪60年代台湾省公布"奖励投资条例"及"中小企业辅导准则"。一方面鼓励民间投资,排除原有法律对投资的各种限制,利用捐税减免、公营事业民营化转移等途径来扶持民营中小企业的建立,促进台湾省经济发展;另一方面台湾当局确定对中小企业的服务与管理,并逐渐加强对中小企业创业的扶持力度。

第二个阶段是在台湾省经济部门中小企业处成立之后,于1991年公布实施了"促进产业升级条例",将中小企业作为该法律的主要适用对象,以鼓励产业升级为宗旨,承袭"奖励投资条列"的租税减免,从更高级的产业链环节来鼓励中小企业创业投资,促进台湾经济良性发展。

第三个阶段是自2009年台湾省经济部门中小企业处出台的"创业领航计划",其主旨是为中小企业营造优质的创业环境,通过整合区域创业创新辅导资源,强化现有创业育成辅导体系,将台湾省塑造成创业型社会。自2009年"创业领航计划"颁发，至2010年6月底，共提供创业咨询服务18237人次，辅导新创中小企业1316家，带动投资增额约123.67亿元。三阶段政策的变化显示出台湾省创业政策正由早期的关怀需求导向逐渐向机遇导向演变的过程。

浙江中小企业创业政策环境相对全国而言比较宽松，早在20世纪70年代初，国家政策限制个体私营经济时，浙江省政府就采取默许和鼓励的政策。到2001年年底，省级政府部门共减少审批、审核、核准总事项1277项，减少审批事项869项，减少幅度分别达到50.6%和58%，审批制度的改革提高了创业者创办企业的效率，加快了企业进入生产的运作速度。至2003年年底，省政府更是放开了对一些行业的投资限制，允许民间资本的进入，对于创业者的创业范围不再局限在工业领域，除关系国家安全和必须由国家垄断的领域外，都允许创业者进入。2005年与2009年年底，浙江陆续出台了《浙江省促进中小企业发展条例》《浙江省人民政府关于促进中小企业加快创业创新发展的若干建议》，为中小企业创业、创新提供了有力的保障，极大地鼓舞了创业者的信心。

（四）融资环境

随着台湾省资本市场的日趋成熟，除自有资金和民间借贷外，金融机构和资本市场正逐渐成为中小企业获取资金的主要来源。据统计，2009年，台湾省中小企业直接融资比率为23.11%。作为中小企业最主要的资金融通渠道，2009年，台湾银行对中小企业放款占全体企业放款余额的42.66%，较2008年增长了2.15%。整体而言，中小企业贷款主要集中在一些公营银行，其市场占有率达70.03%。由此可见，台湾当局在扶持中小企业融资方面的相关措施已初见成效。另外，台湾当局构建了有效的融资辅导机制，推动各项政策性专案贷款。目前，共有34家银行设立了"中小企业融资服务窗口"，便于中小企业获得融资咨询；同时，受理各项紧急求助，协调金融机构对财务困难企业提供融资服务。同样，资本市场也是台湾中小企业融资的重要平台，除台湾证券交易所，台湾省还拥有发达的柜台市场和后备市场。为鼓励台湾中小企业尤其是科技型中小企业上市，台湾股票一般上市规模在1000万—3000万美元，相比香港和纳斯达克1亿美元以上的市场规模，更契合于中小企业的发展。

浙江中小企业创业及发展的资金大部分源于 3F，即创业者本人（Founder）、家属（Family）和朋友（Friends）。浙江是中国民间资本最充裕的地区，资金规模超过 8000 亿元。民间资本为浙江中小企业创业发展提供了融资渠道，但是由于民间资本管理模式不规范，利息较高，致使一些中小企业望而叹之。虽然近些年来浙江金融机构及资本市场为中小企业提供的资金份额正不断上升，但就整体而言，金融机构及资本市场提供的资金远远不能满足中小企业创业及发展的需求。对于金融机构而言，中小企业抵押品不足，金融产品、产权市场缺乏，信用担保体系不完善，银行克服中小企业信息不对称和服务中小企业贷款的成本相对较高，出于收益考虑，更偏好贷款给大型企业。而中国证券市场融资时间长、门槛高，股权融资、债券融资更不能成为中小企业融资的主要渠道。

（五）人力资源环境

随着台湾经济发展的两次转型历程，台湾省人力资源结构发生了显著的变化。首先，劳动力总量从 1981 年的 676.4 万人提高到 2010 年的 1107 万人，三次产业的劳动力结构从 1960 年的 56.1：16.9：27.0 发展到 2008 年的 5.1：36.8：58.1，其中，第一产业的就业比重逐年降低，第二产业的就业比重在 1988 年达到历史最高 42.5% 之后逐渐下降，第三产业的就业比重逐年上升并在 1995 年首次超过第一、第二产业的就业人数。从人口素质来看，接受高等教育的人口比重从 1996 年的 3.43% 提高到了 2010 年的 5.86%。据统计，2009 年，台湾省共拥有科技人员数量 25.6 万人，平均每万人拥有研究人员 67 人。

浙江劳动力总量从 1985 年的 2319 万人提升到了 2010 年的 3636 万人，其中，三次产业的劳动力结构比从 1985 年的 54.9：31.7：13.4 发展到了目前的 16：49.79：34.21。接受高等教育的人口比重从 1980 年的 0.1% 提高到了 2010 年的 1.71%，每万人拥有科技人员 15 人。虽然经过多年的发展，浙江人力资源环境有了很大的改善，但大部分的人才及科技资源集中在大型企业，对中小企业的创业及创新没有起到大的作用。

二 浙台两省中小企业创业环境的差异

浙台两省的中小企业创业环境有着许多共同点，但也表现出了一些明显的差异性。首先，从文化环境方面，台湾与浙江都拥有长期的经商文化，然而源于社会对创业失败的宽容，台湾文化更推崇冒险的创业精神，而浙江文化更多地倾向保守的创业精神，并且社会对创业失败者持以否定态度。在创业服务环境方面，台湾省形成了一套较完善的官方机构与社会组织相协调的创业服务体系。

相对于台湾，浙江创业服务体系大多依赖官方机构，社会创业服务体系不够健全。在政策环境方面，台湾与浙江都实行了较宽松的中小企业创业政策，并通过专项条例进一步扶持中小企业的创业及发展。但相比之下，台湾的创业扶持政策更具有渐进性，引导创业向高科技、高附加值行业发展，而创业领域的升级在浙江并没有引起高度的重视。在融资环境方面，台湾中小企业创业拥有以金融机构为主、政策融资为辅的创业融资环境，体现了其多元化的融资渠道。而浙江中小企业创业资金主要依靠自有资金及民间融资，大部分民间资金的管理模式仍未走上正规，为浙江中小企业创业带来了巨大的风险。在人力资源环境方面，台湾劳动力的素质明显高于浙江，为台湾的科技型、创新型中小企业的创业提供了有效的人才资源保障。

第三节　借鉴与政策启示

通过对两省中小企业创业环境的比较研究分析，我们发现台湾中小企业创业环境相比浙江具有许多优势，通过研究，本章得出以下几点对改善浙江中小企业创业环境的启示。

一　转变思想，重塑创业精神

创业本身孕育着极大的风险，这种风险不单单是资金和物质方面的，更体现在精神和斗志方面，敢于冒险、直面失败的精神正是浙江中小企业创业文化所缺乏的。因此，树立就业危机意识，激发创业文化精神，浙江结合制度推动创业文化的提升成为改善创业文化环境的首要选择。

二 健全中小企业创业服务体系

借鉴台湾省中小企业创业服务中心的作用机制，浙江中小企业创业服务应形成提供咨询、优化环境和协助融资"三位一体"的服务环境。第一，针对中小企业创业主体的需求，建立更便捷的创业咨询服务平台，使创业者能及时获得行业信息及动向。第二，鼓励发展社会民间创业服务组织，更高效地整合与协调资源的利用。第三，正确引导管理浙江民间资金进入创业投资领域，完善创业服务功能。

三 完善中小企业创业政策法规

由于近些年来浙江资源成本和人力成本不断上升，中小企业创业政策应借鉴台湾省创业政策第二阶段的措施，将重心放在鼓励浙江中小企业从更高级的产业链环节进行创业，并在政策法律上明确规定政府采购应将一定比例优先分配给新创中小企业，以作为协助创新中小企业发展的实质鼓励。

四 改善中小企业创业融资环境

一方面，针对中小企业创业提供政策性专项贷款，鼓励银行发展中小企业融资业务，引导和鼓励金融机构改进金融服务；另一方面，利用浙江充裕的民间资金，构建较完善的天使投资网络，并推动企业IPO创业板市场，为创业活动提供更多的融资渠道。

五 提升劳动力素质，提高创业定位

虽然浙江相对于台湾省拥有低廉的劳动力成本优势，但一些学者通过实证研究，提出了中国劳动力供求正逐渐进入刘易斯拐点的观点，因此，这种依赖"人口红利"的发展模式即将迎来终结。提升劳动力素质，完善人才引进政策，加快创业升级，成为促进浙江中小企业创业发展的未来之路。

第三十章

中国民营企业对外直接投资模式比较研究

第一节 引言

根据中国商务部发布的数据显示，中国的对外直接投资（Outward Foreign Direct Investment，OFDI）从2002年的27亿美元大幅增长到2011年的746.5亿美元，现已成为全球投资的主要来源。截至2011年年底，中国OFDI总存量已达4277.8亿美元，约有13500家中国企业投资超过18000家海外实体企业。由于中国民营企业（Privately Owned Enterprises，POEs）的参与程度不断提高，中国政府和银行的支持和便利化，以及中国外汇储备的大量增加，中国OFDI的增长趋势将持续下去。尽管中国在1979年实施了改革开放政策，但迄今为止的研究工作一直致力于中国的外商直接投资（FDI）领域，而不是中国的OFDI领域（Lau & Bruton，2008）。

例如，一篇对15家研究FDI的顶级管理期刊的文献显示，1993年至2006年间发表的有关中国OFDI的文章只有两篇，而有关中国FDI的文章为172篇（Lau & Bruton，2008）。尽管如此，中国OFDI研究在近期已取得相当大的进展（如Buckley, Cross, Tan, Xin & Voss, 2008；Deng, 2010；Ramasamy, Yeung & Laforet, 2012；Sun, Peng, Ren & Yan, 2012；Wu, Goh & Hajela, 2012）。总体而言，这些近期研究已考察了中国国有企业（State Owned Enterprise，SOEs）OFDI的进入模式、动机和

地点等问题,但对中国民营企业 OFDI 的研究还比较薄弱。

本章以中国民营企业的 OFDI 为研究对象。自 20 世纪 90 年代初以来,中国民营企业的数量显著增长,且在国民经济和就业中发挥了重要的作用,为中国 OFDI 做出了巨大贡献。截至 2010 年,中国民营企业达到 4298 万家,就业人口 16452 万人,GDP 占国民经济的 2/3 以上(中国国家统计局,2011)。然而,中国民营企业的 OFDI 是一个相对较新的现象,因为直到 2002 年以后,中国政府才合法允许中国民营企业进行海外投资(Zhang,2009)。尽管如此,中国非国有企业 OFDI 存量占比已从 2004 年的 16.4% 上升到 2011 年的 37.3%(商务部,2012)。

中国国有企业和民营企业之间存在巨大的差异。例如,截至 2011 年年底,在年均收入超过 500 万元的企业中只有 5.2% 的中国企业是国有企业或国有控股公司,但它们却控制了这些企业总资产的 41.68%(中国国家统计局,2011)。这些国有企业大多规模庞大,资源基础雄厚。与私营企业相比,中国国有企业 OFDI 面临着不同的制度环境,例如高水平的政府财政支持、便利化的投资审批程序。相比之下,由于中国政府的限制性规定,大多数中国民营企业是在机械、电子、纺织等竞争性行业中经营的中小企业(SMEs)。中国中小企业的正式定义为雇员少于 2000 人,年收入低于 3 亿元,净资产不足 4 亿元的企业(2012 年 11 月 1 美元 = 6.30 元)(商务部,2003),它们除了在竞争性行业经营之外,还往往难以获得银行融资,缺乏国际化经营的资源和经验。那么,所有权和规模的差异(如资源和能力)到底如何影响中国企业的 OFDI 动机和行为?

本章从制度视角和资源基础观两个方面,对中国民营企业 OFDI 的几个重要问题进行了考察和解释,包括其行为、战略动机和特点(特别是在产业类型、进入方式和市场服务方面)。因此,本章揭示了中国民营企业进行 OFDI 的活动模式、特点和过程,并为中国民营企业在从事 OFDI 活动时的行为提供了新的见解。

本章的研究内容如下:①回顾了 OFDI 的理论和文献;②对中国民营企业 OFDI 的动机及其特点进行了描述;③对中国国有企业与民营企业,以及大型民营企业的 OFDI 进行了比较和对比;④本章对东道国和母国的企业高管和政策制定者提出了一些政策启示。

第二节　外商直接投资相关前沿理论

企业为什么要致力于外国直接投资（FDI），这是自 20 世纪 60 年代初以来研究 FDI 的一个基本问题，其精髓可以追溯到 Hymer（1976），他基于 Bain（1956）的寡头垄断优势，包括优势技术、规模经济、知识和分销渠道，建立了他对跨国公司海外运营的分析。本质上，Hymer（1976）关于 FDI 的解释仅仅集中于内部（或所有权）优势，这些优势可以用来为跨国公司寻求垄断租金（Rugman，1986）。

在 Coase（1937）关于交易成本研究的基础上，Buckley 和 Casson（1976）认为，企业可以将其缺失的和不完善的外部活动内部化到其价值链中，从而减少信息、讨价还价和执行等市场交易成本。Dunning（1977）专注于地理位置（国家）在国际生产中提供的价值，如包括自然资源、劳动类型、接近市场、技术、法律和商业环境（市场结构、政府立法和政策）等在内的资源禀赋，从而提高企业绩效，增强组织能力。总体结果是区位优势，这对在特定地点经营的所有公司来说都是可获得的。

解释国际商业活动和行为最广泛使用的理论是 John H. Dunning 的折衷主义范式，即所有权—位置—内部化（OLI）模型（Dunning，2001）。OLI 模型结合垄断优势（Hymer，1976）、内部化理论（Buckley & Casson，1976）以及区位优势（Dunning，1977）来解释一个公司需要做什么才能在海外获得成功（Moon & Roehl，2001）。

Dunning 的折中主义范式（2001）为企业为何进入国际环境提供了见解，并解释了 FDI 从发达国家流向发展中国家的现象。然而它受到挑战的主要理由是，它不能充分说明来自发展中国家的跨国公司的外国直接投资（Mathews，2006；Moon & Roehl，2001）。Dunning 的折中主义范式是在 1960—1990 年基于发达国家跨国公司在国外（尤其是发展中国家）建立业务的现象发展起来的。然而，自 1980 年以来，发展中国家的外国直接投资迅速增长（Luo & Tung，2007），至 2010 年已占全球 FDI 的 29%［联合国贸易与发展会议（UNCTAD），2011］。新兴经济体在 FDI

中起着至关重要的作用,已被 UNCTAD 视为"新的 FDI 大国"。

许多来自新兴经济体的跨国公司,如中国、印度和巴西,已经在发达国家大量投资,以获得战略资产和企业特定优势(Li, 2003)。具体而言,Moon 和 Roehl(2001)认为,一些来自发展中国家的跨国公司在其国际运营中并不具有寡头优势资产。相反,它们进行 FDI 的主要动机是在国际市场上获得互补的资源和技能,以纠正其竞争或资源位置的不平衡,即属于优势缺乏,而不是对现有优势的利用而推动了这种投资。

从网络和学习的角度来看,Mathews(2006)描述了"the Dragon 跨国公司"(一群来自亚太地区的后来者和新人跨国公司)通过国际联系获取增长资源。他认为,由于快速全球化,世界经济联系更加紧密,因此企业间的联系,如价值链活动是基于生产要素的考虑分散在地理上。这些公司间的联系,如合作关系、联盟或收购,以及外部丰富的资源储备(如技术、知识和经验)吸引着 the Dragon 跨国公司。利用这些联系,它们利用从其国际联系中获得的资源,并通过反复应用联系来学习。这种所谓的"联动、杠杆和学习"(LLL)框架(Mathews, 2006)被建议用于提高竞争优势和战略定位。

综上所述,鉴于其对国家和全球经济的重要性以及对跨国公司绩效的重要性,已有学者从不同的理论视角和不同层次对 FDI 进行了考察。关于是否应该发展新的理论来解释各种外国直接投资,特别是来自欠发达国家跨国企业(MNCs)的 FDI 的争论尚未解决(Yiu, Lau & Bruton, 2007)。越来越多的人认识到,国家机构(Child & Rodrigues, 2005; Meyer, Estrin, Bhaumik & Peng, 2009; Peng, Wang & Jiang, 2008)和政府参与(C. Wang, Hong, Kafouros & Wright, 2012)的作用对 OFDI 有重大影响,在考察 OFDI 活动和模式,特别是在考虑中国等新兴经济体的企业时,应该将这些因素纳入考虑范围(Dunning, 2006),以增强我们对 OFDI 的理解。

第三节 中国制度的影响分析与研究方法

一 中国制度影响分析

中国政府对国家经济的干预已经得到了广泛的认可,在从企业层面上分析 FDI 时需要考虑政府干预的影响（Morck，Yeung & Zhao，2008；C. Wang et al.，2012）。一些学者认为（如 Buckley，Clegg，Adam，Hinrich，Rhodes & Zheng，2008；Sauvant，2005），尽管新兴经济体的 OFDI 可以用一般的或主流的理论来概括性解释，但仍需要一个特殊的理论来更好地理解新兴经济体（如中国）的 OFDI。Buckley 等（2007）在对中国国有企业 OFDI 行为与活动研究中指出，在解释中国 OFDI 的动机和行为方面，有三个因素是独特而有力的。这三个因素是：资本市场缺陷、中国企业的特殊所有权优势和制度因素。这一制度视角得到了其他学者的支持（Cui & Jiang，2009；Deng，2009；Yan，Hong & Ren，2010）。然而，Buckley 等（2007）的结论是基于他们对 2001 之前的中国 OFDI 数据的分析，而当时中国的民营企业还不允许在国外投资。更重要的是，对这三种特殊因素的深入研究表明，它们与中国大型国有企业的关系可能比与民营企业的关系更密切（Sutherland & Ning，2011；Voss et al.，2010）。

中国的民营企业与国有企业在国内的制度环境不同。具体而言，与民营企业相比，中国国有企业具有十分有利的制度环境，因为中国政府将其视为国民经济的支柱。因此，中国政府制定了许多政策和法规来支持国有企业（Zhang，2009）。此外，中国重要银行大部分都被中国政府掌控（Mukes et al.，2008），其主要功能是支持国有企业的经济活动。相比之下，中国民营企业更难获得财政补助。特别是中国中小企业由于其有形资产规模小、无形资产评估难度大等原因，往往被中国银行视为高风险对象。因此，资本市场缺陷的概念（Buckley et al.，2007）只涉及少部分的公司，通常是大型国有企业（Voss et al，2010）。因此，众多中国民营企业都只能通过企业自身资本与利润为基础走向国际（Liu & Tan，2004），常用的方式是通过国际市场筹集资金（Sutherland & Ning，2011），或者与私人股本基金（KPMG，2012）结盟。

由于难以从中国的银行获得低息贷款，中国民营企业（尤其是中小企业）缺乏政府支持来进行 OFDI（Morck et al.，2008；Voss et al.，2010）。同时，中国政府 OFDI 的审批过程漫长而烦琐，涉及多个政府部门（Luo et al.，2010）。政府批准民营企业对直接投资的申请比批准国有企业更加严格和冗长。

现有大部分文献忽略了国有企业和民营企业之间另一个重要差异，即两种类型企业所属的行业类型以及所积累的经营经验。大多数中国的民营企业都处于竞争性行业（如纺织、电子和机械）中，且不允许从事很多大型国有企业所处的行业（如石油和天然气、电力供应和电信服务）中。中国的民营企业在1979年以后才具有政策合法性，尽管它们"创造了大多数新的就业岗位，提高了整个经济生产效率和盈利能力"，但仍然在很多方面受到歧视（OECD，2006）。因此，相对于国有企业，中国民营企业积累了不同行业（主要是竞争性行业）的经营经验。

在国际化方面，中国的民营企业的经验不如国有企业，特别是与那些专门以外贸和商业为导向的企业相比（Cai，1999），如中信集团、五矿集团和中钢集团。直到1998年，对外贸易和经济合作部颁布规定，允许中国私营制造企业和研究机构直接进出口，中国民营企业才被允许直接进出口（Zhang，2009）。直到2002年中国政府取消了对中国民营企业投资外国的限制后，民营企业OFDI才正式启动。制度力量，如政府参与和企业所有制，可以影响企业对外投资的能力、意愿（C. Wang et al.，2012）和行为（Cui & Jiang，2012）。

这种制度环境的差异不仅影响了中国民营企业的OFDI动机，也影响了它们在进行国际活动时的资源和能力，进而影响了它们的行为。中国的民营企业对外投资的历史较短，对外封闭的历史较长，普遍缺乏国际经验。这导致了国际一体化中所处的价值链地位较低。此外，它们的融资能力有限，与国有企业相比，在向中资银行申请融资时面临更大的不确定性。然而，民营企业可以在一些竞争性行业中拥有丰富的经验和技能来运营其业务。国家层面的制度环境以及企业层面的资源和能力的差异，都可能导致中国民营企业与国有企业OFDI动机和行为的差异。图30-1描述了制度环境、企业资源与竞争力、OFDI动机与行为之间的关系。

二 研究方法

自2003年以来中国OFDI快速增长，而针对这方面的研究，尤其是对中国民营企业OFDI的研究十分匮乏。本研究探讨了中国民营企业OFDI的发展趋势，并关注民营企业OFDI的动机和行为，为研究中国

```
        企业资源与竞争力
       ↗            ↘
  制度环境   →    OFDI动机与行为
```

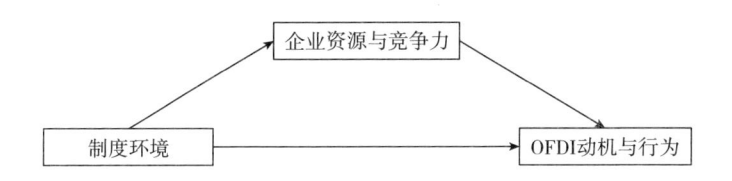

图 30 – 1　制度环境和企业资源与竞争力对中国民营企业 OFDI 动机与行为的影响

民营企业 OFDI 提供了一个全面综合的视角。基于我们的研究目标，再加上 OFDI 的重要性和敏感性，我们将目光聚焦于浙江省的中国民营企业 OFDI 主要有三个方面的原因。首先，民营企业在浙江省经济中占据主导地位，2010 年从业人员 668 万人，占全省劳动力的 75%（浙江省统计局，2011 年）。其次，浙江是 OFDI 最活跃的省份之一。截至 2011 年年底，其 OFDI 存量为 71.9 亿美元，在中国各省中排名第三，仅次于广东省和山东省（商务部，2012）。最后，本章的一名作者居住在浙江省省会杭州市，与浙江省政府部门和商业团体建立了密切的联系，这些都是本研究数据获取的关键。

我们采用了双重数据收集方法。第一阶段，我们在互联网上广泛搜索浙江省民营企业 OFDI 的案例，包括搜索政府部门网站（特别是省、市商务局）、投资公司网站以及相关媒体文章。使用多个数据源收集数据的目的之一是对收集的数据进行三角测量以保证准确性（Yin，2003）。在第二阶段，借助温州分公司的中华全国工商联合会（中国民营企业的国家级协会组织），我们分别采访了 5 家民营企业中的 10 位高级管理人员，他们来自于民营企业 OFDI 最活跃的城市——温州，且都直接参与到企业 OFDI 管理中。鉴于本研究的探索性，我们选择了 5 家在国际运营方面有着相对较长历史（5—10 年）的公司，这些企业拥有丰富的直接对外投资的经营经验，从而能够为本研究提供丰富的信息来源。本研究中的企业经营业务涉及四个行业（电子零件、汽车零件、鞋类和服装），在美国、欧洲、非洲和中东都有国际业务。通过访谈，我们收集了相关的内部组织资料。每次采访持续 1—2 个小时，其间我们做了笔记。访谈结束后，我们立即共同为每次访谈编写了一份全面的文件。采用 Miles 和 Huberman（1994）推荐的定性数据分析技术，确定受访企业 OFDI 的主题和模式。

第四节 中国民营企业 OFDI 模式比较分析

面对不同的国内制度环境，缺乏国际运营和投资管理经验的中国民营企业，为何以及如何进行 OFDI？在研究中国民营企业 OFDI 的动机和行为时，需要考虑两个国家层面的独特因素：国内市场规模巨大和劳动力成本低廉。两者对中国民营企业 OFDI 的研究都具有重要的现实意义。庞大的国内市场可以使中国企业在学习和追赶国际市场的同时，获得规模经济效益，并可以作为其产品和服务的主要市场。中国劳动力的丰富和低成本是导致中国 OFDI 独特行为的另一个重要因素。中国企业可以将业务设在本国，获得低劳动力成本的好处，同时从国际市场获得战略资产，以改善其价值链活动。

从 OFDI 动机来看，中国企业进行 OFDI 的动机主要有四种：市场寻求动机、战略性资产寻求动机、资源寻求动机和效率寻求动机。接下来的部分报告讨论了中国民营企业在不同动机下的行为。

一 市场寻求型 OFDI

（一）市场寻求行为

集群化可能是中国民营企业通过有机发展扩大市场的最有趣的特征。在这个国际化的集群过程中，有两种比较流行的方式，即工业园区和购物中心。

工业园区模式是指在国外建立一个工业园区，并将一个产业内的整个价值网络或一组企业转移到国外。例如，总部位于浙江省的大型民营纺织企业悦美于 2007 年在尼日利亚投资 6000 万美元建设了一个纺织工业园（悦美集团，2011）。通过其价值网络的上下游，悦美吸引了纺纱、织造、刺绣、针织、服装制造等 15 家中小企业入驻园区（Hang & Zhou, 2011）。另一个例子是 K 公司，一家总部位于浙江的大型民营制鞋企业，2006 年在俄罗斯建立了一个工业园，旨在扩大其在俄罗斯和欧洲的市场。截至 2011 年年底，共有 23 家鞋业、服装、家具等行业的中小企业及其供应商（包装等）迁入工业园区。类似地，大型制鞋企业 Z 公司 2009 年在尼日利亚投资 8000 万美元建设了一个工业园。K 公司和 Z 公司分别在国内工厂生产半成品，然后在国外组装的原因是俄罗斯的劳动力成本高，而尼日利亚没有上游供应商。

中国民营企业的第二种市场寻找方式是购物中心模式。这是中国服务业企业使用的方法，尤其是较小的零售商。具体来说，一个房地产开发商，通常是一个相对较大的中国民营企业，在国外建造一个购物中心，然后吸引中国零售商在购物中心租用店铺。例如，中国日用品都会有限公司，一家来自浙江省台州市的民营企业，2003 年在阿联酋建立了一个市场商城作为商品配送中心（Yu, 2006）。到 2006 年，它已经吸引了 60 家在其商场经营的中国中小企业，其中大多数是小型零售商和批发商（Yu, 2006）。

（二）市场寻求过程

贸易跟踪是中国民营企业 OFDI 以寻求市场的一个清晰轨迹。它们通常开始投资贸易扩大服务（如批发和零售），然后扩展到海外生产（在同一个东道国或世界的另一个地方）。一种解释是，这些公司利用交易作为收集市场信息的有效方式来帮助它们做出重大投资决策。如 H 公司副总裁所表达的：

> 2000 年，我们在迪拜设立了贸易办事处，并注意到重要信息：我们的许多客户（贸易商）从尼日利亚来到迪拜购买我们的鞋子和其他商品。这给了我们一个灵感：由于我们的非洲客户要来迪拜从我们这里购买商品，那我们为什么不在尼日利亚设立贸易办事处以方便他们呢？因此，我们于 2001 年年底在尼日利亚设立了贸易办事处。

绕过贸易壁垒是中国民营企业在国外建立生产设施的其中一个原因。同样，在 H 公司的例子中，副总裁说：

> 然而，尼日利亚总统在 2004 年颁布了一项法令，禁止进口 31 种产品，包括鞋子、纺织品和大米。我们公司在尼日利亚做了 3 年生意，有很多忠实的客户，且我们的声誉也很好，所以我们不想放弃这个市场。我们决定在当地设立生产工厂，为当地市场生产产

品。我们在尼日利亚的生产工厂成立于2004年下半年，年生产能力达到150万双鞋。2004年，我们派了26个人到那里，并雇用了大约500名当地工人。

除了增加销售和提高利润率，降低进口关税是海外生产的另一个原因。正如K公司副总裁所说，俄罗斯鞋类半成品的关税比成品关税低70%。

（三）市场选择与企业战略

中国民营企业进行投资所寻求的市场非常广泛，跨越发达国家和发展中国家。虽然它们所投资的市场没有明确的模式，但这些企业的商业战略，如其国内市场地位所反映的，似乎在很大程度上影响了它们进入的市场。例如，K公司将其产品定位在国内高端市场，其产品主要针对欧洲市场，而H公司将其产品定位在非洲市场，因为其产品主要服务于中国的中低端市场。这在一定程度上支持了Buckley等（2007）的研究结果，即以GDP衡量的市场规模是与中国OFDI显著相关的主要因素，而不是东道国的增长率和人均收入等因素。

二　战略性资产寻求型OFDI

国际金融危机后，中国民营企业跨国收购战略资产的频率和强度都迅速增加。根据浙江省商务局2011年的数据，2011年前8个月，浙江省中资企业跨境并购（MA）的平均投资额为4180万美元，而2010年同期为1465万美元。这些企业寻求的战略资产类型包括技术、研发、分销渠道和品牌，其所使用的方法有以下三种：①收购国际竞争对手；②纵向整合；③购买单一战略资产（如品牌、技术或研发）。

收购国际竞争对手的方法可使企业获得协同利益，包括共享活动（如运营），更重要的是能够将战略资产从所收购的公司转移到国内的母公司（如技术、研发和管理专长）。品牌和分销渠道是这种收购方式的附加好处。2010年吉利以18亿美元的价格收购沃尔沃是一个众所周知的例子。其他最近的例子包括：

◆宁波玉人针织机械有限公司于2010年7月收购瑞士Steiger公司，以增加其在全球市场上的包装机竞争优势（Sigige Co.,

2011）。

◆Jack集团（位于浙江省的缝纫机制造商）在2009年收购了两个德国公司——Buller和Topcut（杰克控股集团，2012）。

◆Joyson控股集团（一家中国汽车零部件制造商）于2011年11月买下了德国汽车零部件制造商Preh公司74.9%的股份（"Joyson acquired Germany Preh"，2011）。

◆卧龙集团（一家中国上市汽车制造商）于2011年11月收购了奥地利汽车制造商ATB约97.94%的股份（卧龙电子，2011）。

除了收购它们的国际竞争对手，垂直整合是民营企业青睐的另一种方式。纵向整合是中国制造商在其国际价值网络中取得国际供应商或分销商的过程。例如，2011年富利达集团（杭州一家民营服装面料制造商）以2.53亿美元收购了一家加拿大民营企业——Neucel Speciality Cellulose有限公司（富利达集团，2011年）。同样，浙江海宁民营家具制造商Mmonu收购了美国上市家具零售连锁企业Jennifer Convertibles Inc. 90.1%的股份（Jennifer Convertibles，2011）。2009年6月，中国最大的独立汽车制造商吉利斥4000万美元的巨资收购了澳大利亚汽车变速器制造商动力传动系统国际公司（Drivetrain System International，DSI），而吉利此次收购的目的是获得DSI的技术。

第三种方法是获取特定的战略资产，如研发、技术或品牌。与前两种方法相比，此模式更容易管理，也更容易利用。例如，2010年，奥康（一家制鞋企业）收购了泛华地区（包括台湾和香港）的意大利鞋类品牌Valleverde（Aokang Group，n. d.）。H公司在2004年收购了一家意大利的家族制鞋企业，一是为了其研发能力，二是为了意大利的原产国优势（意大利以其鞋子的质量和风格而闻名）。2009年，复兴集团（杭州民营企业集团）收购了英国民营地毯纱线制造商S. Lyles Sons & Co.公司，并将整个生产线搬到了中国的青海省（Fuxing Group，2012）。

然而，似乎大多数中国民营企业都专注于利用获得的品牌进行市场开发和新产品开发，而很少花精力进一步开发它们。被收购的品牌通常被认为是继子而不是儿子，主要是由于进一步开发它们的成本过高。正如 H 公司副总裁所说，由于东道国的人力资源成本较高，管理研发资源的成本也相对较高。

三 资源寻求型 OFDI

在现存的文献中，有很多关于中国企业在海外收购自然资源的报道。中国企业在发达国家和发展中国家都进行了大量投资，如澳大利亚（Huang & Austin，2011）、加拿大和非洲各国（Kaplinsky & Morris，2009；礼宾部主管，2010）。然而，对这些中国企业所有权的仔细研究表明，对于自然资源的收购活动主要是由国有企业（Huang & Austin，2011）进行的，如中铝、五矿和中钢集团。造成这种情况的主要原因是，中国在收购自然资源时投资往往非常大，比如 2012 年中海油（CNOOC）斥资 151 亿美元收购尼克松（Nixon），2009 年五矿集团（Minmetals）斥资 14 亿美元成功收购澳大利亚 OZ Minerals。由于其国有企业的所有权优势，中国国有企业可以获得政府支持，以低利率和软预算为其收购融资（Kornai，1998）。相比之下，大多数中国民营企业规模相对较小，并且从事竞争性行业。这种资源约束、缺乏政府对融资的支持，再加上企业所在行业的竞争性，影响了中国民营企业的 OFDI 行为。

浙江省中资企业进行资源寻求型 OFDI 的案例不多，往往具有较强的政府支持，且规模相对较小。例如，2011 年，大型民营企业春河集团（Chunhe Group）以 2 亿美元收购了多伦多国有企业 Mag Industries Corp. 约 74.9% 的钾肥和森林资产（浙江省发改委，2011）。

四 效率寻求型 OFDI

效率追求一直不被认为是中国企业 OFDI 的动机，通常在文献中也少有提及（如 Buckley，Cross et al.，2008）。由于中国经济发展水平和地区差异较大，中国企业以提高效率为主要目的的 OFDI 案例并不多见。

过去十几年间，中国环境保护条例（Ge，Chen，Wang & Long，2009）和劳动法（H. Wang，2009）在不断更新，土地成本（特别是沿海城市）也在迅速增加，这都增加了在中国做生意的成本。尽管如此，大多数中国民营企业仍然不打算将它们的生产移至国外以提高效率，因为在一些发展中国家比如越南和一些非洲国家，虽然劳动力和土地的成本可能会低于中国，但由于"外来者劣势"（Zaheer，1995）和"双层涵化"（Barkema，Bell & Pennings，1996）的必要性，经营国外的生产工厂非常困难，其价值网络也往往缺乏基础设施和互补产品和服务。

中国企业，尤其是在劳动领域的企业——诸如纺织等劳动密集型产业，生产转移到邻国和欠发达国家（如柬埔寨和孟加拉国）的历史比较长，但其驱动力主要是国内市场的产能过剩和国际贸易摩擦（如出口配额）（J. Wang，Wu & Yao，2008），而不是为提高效率。

然而，随着在中国做生意的成本（即劳动力、土地和环境保护的成本）增加，在劳动密集型或高环境影响行业经营的中国企业面临着降低成本以维持其竞争地位的压力。一些公司将把它们的业务从沿海地区转移到中国的西部地区以降低成本。预计中国企业，尤其是大型企业，将逐步把部分生产转移到欠发达国家，特别是越南和孟加拉国等周边地区。

第五节　研究结论与启示

一　研究发现与讨论

中国民营企业与国有企业在制度设置、组织资源和能力等方面都有很大不同。中国目前的制度设置主要是为了支持国有企业的发展，特别是在金融、行业开放度和政府管理领域（如审批）（Luo et al.，2010）。中国民营企业相对较短的历史和长期与国际业务隔绝的境况，导致其缺乏开展国际业务的经验，价值网络碎片化，技术往往相对滞后。积极的一面是，中国拥有廉价而丰富的劳动力，中国企业可以利用这些劳动力进行 OFDI。这些都是影响中国民营企业行为的根本因素，中国民营企业利用 OFDI 整合其价值网络，或通过改善价值链赶上竞争对手。然而，对于以上讨论的每一个动机，都有其他影响因素。

对于中国民营企业 OFDI 的市场寻求行为，商业网络视角（Yiu et al.，2007）有助于研究中国民营企业在国际上的集群效应，主要可以解释为商业网络能够降低交互成本（Yiu et al.，2007）。在另一个国家运营通常被认为是有风险的，因为它需要管理者了解东道国的宏观环境，包括其法律和经济制度以及商业惯例。对许多中国民营企业，特别是缺乏财政资源和市场研究技能的中小企业来说，收集这样的信息可能是一个非常昂贵和艰巨的任务。为了缓解这些困难，业主（发展商或购物中心管理机构）通常对东道国的经营环境和做法有很好的了解，通常除了商店之外，还为它们的商户建造仓库和住宿。这种商业模式有几个好处，由于店铺租户较多，能产生规模经济效应，且方便与管理机构的沟通，使商铺租金和住宿相对较低，第三方物流服务较完善。此外，这是在东道国分享商业信息、争取合法性的一种有效方式，民营企业必须应对政治和公众对海外中国企业的看法和公众认知。这种商业模式有几个好处，包括商店和住宿的租金相对较低，由于店主数量相对较多（规模经济），以及与管理机构的沟通方便，更好的第三方物流服务。此外，这是分享商业信息和争取在东道国合法性的一个有效方式，因此，集群国际化可以增强中国企业在东道国的经济和政治实力。

在中国企业寻求战略资产的过程中，中国企业在国际业务中不断地积累经验，并通过国际业务价值链与商业网络获取信息。这可能是由于它们想成为具有国际竞争力的"战略意图"所驱动（Rui & Yip, 2008）。由于国际业务的长时间脱轨，大多数中国民营企业在该领域的竞争力不如国外同行，而且在价值链整合方面也相当零散。因此，战略资产寻求主要目的在于增强企业的价值链活动或整合其价值网络，通过减少其"竞争劣势"来赶上全球或国内竞争对手（Child & Rodrigues, 2005）。

战略资产寻求与市场寻求之间相关联。战略资产寻求是企业进一步扩大国际市场的基础力量，因为它提高了中国收购方的竞争力。例如，K公司和H公司都从意大利收购品牌，在继续服务国内市场的同时，利用新获得的品牌名称拓展国际市场。

相对于市场寻求和战略资产寻求，资源寻求和效率寻求在中国企业OFDI中较为少见。一方面，寻找资源通常需要大量的投资，而大多数中国民营企业规模相对较小。更重要的是，民营企业很难从中国的银行获得融资，因此负担不起大规模的OFDI。此外，中国的政策制度决定了国有企业在中国的矿产和石油行业中占据主导地位。另一方面，虽然寻求效率是中国企业OFDI的一种潜在选择，但目前中国企业在这一领域进行 OFDI 的案例还很少。有两个可能的因素促成了这一点：首先，中国的劳动力成本仍然相对较低，将业务移至海外没有显著优势；其次，中国民营企业缺乏开展国际业务的经验，遭受着"外来者劣势"（Zaheer, 1995）。

总体而言，中国民营企业在 OFDI 中主要是寻求市场和战略资产，很少寻求资源和效率。这与国有企业有很大不同，民营企业进行 OFDI 的行为和特征也与国有企业在行业和产品的预期市场等方面形成了鲜明对比。在中国民营企业中，中小企业 OFDI 主要是为了扩大市场。表 30-1 总结了企业规模和所有权对企业 OFDI 动机、服务国家和行业类型的影响。

表 30-1　企业规模和所有权对 OFDI 动机和特征的影响

动机	所有权	企业规模	国家	市场地位	中国相关产业	特点
市场寻求	主要是私营企业	大、中小企业	发达与发展中国家	东道国	劳动密集产业	集群、市场扩张、增量
战略资产寻求	主要是私营企业	大企业	发达国家	东道国、母国、发达国家	竞争力产业	寻求竞争者、垂直整合（向后或向前）、进取方式（品牌名称、技术与研发）
自然资源寻求	主要是国有企业	大企业主导	发达与发展中国家	母国	战略与规模主导产业	大规模风险投资
效率寻求	私营企业	大企业	发展中国家	大部分是全球化	劳动密集或环境敏感产业	风险来自于国外负债与双重文化的适应程度

二　研究结论与启示

随着中国企业逐渐将其价值链活动融入全球市场，获得更多的国际商业经验，并从中国的银行和机构获得更好的便利服务，未来中国对 OFDI 将继续增长。同时，中国许多制造业的产能过剩以及劳动力和土地成本的增加，将有助于增加 OFDI，特别是提高效率的投资。此外，中国政府放松了对 OFDI 的控制，为企业 OFDI 提供了更好的支持，导致越来越多的企业海外投资。尽管中国民营企业发挥了作用，但很少有研究工作致力于研究为什么，尤其是如何进行国际投资活动。本章旨在通过深入访谈和二次数据分析相结合的方式，来探讨民营企业 OFDI 的动机和特征。它回答了以下问题：中国企业 OFDI 的规模和所有权是否重要？根据我们的发现和讨论，可以得出一些结论。

第一个结论是，目前市场寻求是中国民营企业 OFDI 的主要动机。集群是中国民营企业，特别是浙江省中小企业所采用的一种独特的方法。制造业企业更有可能聚集在国外的工业园区，而服务业的同行则纷纷涌入国外的购物中心。集群方法有几个好处，包括减少在国外设立合资企业的时间和精力，更好地获得物流服务，以及商店或住宿的廉价租金。此外，企业的经营策略影响它们对市场的选择。

第二个结论是，继国际金融风暴之后，中国民营企业越来越倾向于战略资产寻求，单笔交易的频率和平均金额都在上升。它们通过跨国收购获得各种战略资产，以追赶国际竞争对手，整合其价值网络。其中有三种方法被中国民营企业广泛使用：收购竞争对手，垂直整合价值链活动，购买特定的战略资产（技术、研发和品牌名称）。战略资产寻求可能是中国民营企业 OFDI 中最重要的战略问题，因为它有助于提高中国民营企业在全球市场上的竞争地位。然而，由于这通常需要大量投资，这种动机似乎主要出现在大型中国民营企业中，尤其是那些在中国制造业运营的企业。

第三个结论是，很少有中国民营企业将 OFDI 用于资源寻求。与战略资产寻求 OFDI 相比，寻求资源的公司通常从事非常大的单一交易。与国有企业相比，中国银行在向民营企业贷款时更为严格。此外，中国目前的资源行业受到了中国政府的严格监管。因此，中国民营企业缺乏财务资源，并且在某些行业（如石油和天然气）不允许在国内运营，从而不太可能从事 OFDI。

寻求效率的 OFDI 中较少出现中国民营企业的案例，原因有三，即国内市场的廉价劳动力、中国经济发展的地区差异以及国际商务管理经验不足。

第四个结论是，企业所有权对企业 OFDI 动机和行为有显著影响。显然，中国国有企业在资源寻求型 OFDI 中占主导地位，而民营企业主要在市场寻求型和战略性资产寻求型 OFDI 中表现活跃。这可以归因于国内制度的不同，以及中国国有企业和民营企业所拥有的资源水平和类型的不同。中国国有企业面临着更有利的国内机构和更强有力的政府支持，它们更容易为 OFDI 活动获得银行贷款，而中国民营企业处于竞争行业，缺乏国际运营方面的资金资源和管理经验。为海外扩张融资可能是中国民营企业 OFDI 面临的最严重威胁。

最后，规模在中国企业 OFDI 中也很重要，尤其是影响了中国民营企业 OFDI 的动机和行为。中国中小企业的财力和管理水平决定了其进行 OFDI 的动机主要是寻求市场，而非其他。制造业中小企业通常与国内商业伙伴在海外开展生产，这是价值链的一部分，而服务业中小企业（通常是零售商或批发商）则倾向于与国内同行一起转移到海外。

本章对中国民营企业所有者及管理者、东道国的企业管理者以及中国和东道国政府的决策者可以提出一些启示。

对于中国民营企业所有者及管理者来说，了解他人如何参与 OFDI 能够为自身赶上国内和国际竞争对手或增加全球市场份额提供新的选择。具体地说，它们需要更加重视品牌的开发和技术的获取，通过市场寻求和战略资产寻求来提高自身的国际竞争力。反过来，这要求中国民营企业发展它们的适应能力以提高跨国收购绩效（Deng, 2010; Volberda, Foss & Lyles, 2010）。随着全球化影响的增加，应认真考虑把国外投资作为在国内市场取得竞争优势或减少竞争劣势的一种方法。

对于东道国的企业管理者来说，了解中国企业的 OFDI 动机和行为有助于制定企业战略，特别是如何与潜在的中国投资者竞争或合作。这些战略包括持续创新以保持竞争优势，成立合资企业以开拓中国市场，或外包非核心业务。这种理解也有助于它们与中国谈判，实现双赢的结果。

对中国政府来说，全面了解中国民营企业如何在海外投资，有助于它们制定适当的政策来指导 OFDI，并提供适当的便利服务。这些服务可以包括为中国企业管理人员提供东道国信息和管理培训。此外，中国的中小企业 OFDI 水平仍然相对较低，可能需要更多的支持。

对于东道国政府而言，了解中国民营企业 OFDI 的动机和行为可以极大地帮助它们制定吸引潜在中国投资者的政策，还可以协助它们制定更好的投资批准程序和推广活动，提供适当的市场信息，并促进东道国企业的商业网络。

第三十一章
创新要素集聚模式与绩效的实证研究

第一节 引言

科技的日新月异促进了世界范围内大量创新企业的新生,创新要素的地理集聚引导创新型企业集中。中国传统制造业在经历发展—调整—再发展阶段之后,部分区域制造企业趋向集聚,并且这种集聚程度随着国家政策跟进和产业结构变化不断加大,以 R&D 要素投入和专利获取为代表的创新行为也开始在特定空间集聚(曹利民,2008)。创新空间集聚现象在中国区域创新系统内表现得非常明显,如浙江温州鞋业、义乌小商品市场、永康五金和嵊州领带等就是产业集聚和创新空间集群的典型案例。

然而企业创新要素集聚的模式如何,创新要素集聚推动科技进步,对企业绩效和区域经济发展的作用机制和影响关系如何,以及如何引导和支持社会科技创新要素向企业集聚等是我们需要解决的问题。因此,本文以浙江省为例,通过中小企业创新要素集聚模式与绩效研究,明确全省中小企业创新要素内涵、形成与集聚特征,明确企业创新要素集聚对创新绩效的影响作用,并通过对浙江省各区域创新要素集聚模式比较分析,探索更适合浙江省区域中小企业创新要素集聚的模式。

自 20 世纪 80 年代以来,对创新行为、创新网络、创新集聚与创新绩效的研究以及它们对企业成长和整个区域经济增长作用机制的探讨,成为学者们的关注热点。创新要素作为创新活动过程中基础性元素，影响整个创新过程及创新绩效。创新要素集聚不是生产要素的简单堆积，它是一个创新资源生成、不断优化和整合的过程。赵陆（2008）认为，创新要素集聚是指人力资源、知识技能、社会资本、制度与环境等创新要素在空间地理位置上的一定程度的集中，这种集合推动了产业甚至整个区域经济不断发展。傅秀美（2010）认为，创新要素集聚是指随着地区产业集聚的形成，创新要素的投入数量和质量得到不断改善，各个创新主体跨越自身边界，实现相互间的信息共享和优势互补，形成一个无形的知识生产网络，促进地区创新水平和创新成果转化能力的提升。在创新要素集聚研究方面，杨晨、周海林（2009）对创新要素向企业集聚的机理进行了探讨；叶小岭、叶瑞刚等（2012）对区域企业集聚科技创新要素水平与集聚效益进行了评价研究；方远平、谢蔓（2012）基于中国省域的 ESDA - GWR 分析，研究了创新要素的空间分布对区域创新产出的影响。

任森（2008）从创新主体和创新资源聚集系统运行两个角度探讨了浙江省创新资源集聚的问题，归纳出浙江省创新资源集聚演变过程。迟建（2008）构建了浙江省创新网络子系统和创新资源集聚指标体系，运用因子分析法和 BP 神经模型探讨了创新网络子系统对技术创新竞争力的影响作用，并说明了风险投资在新技术和新企业孵化方面起到重要作用。吕宏芬（2009）以 2001—2008 年浙江省区域创新数据为样本，研究 R&D 经费投入、人员投入、产业集聚和知识溢出性对区域创新（以专利获取量为代理变量）的影响。朱方伟、李鹏（2008）对产业不同阶段的创新要素企业集聚的路径和方式进行了研究后指出，在产业的不同发展阶段，创新要素的作用和分布不同。耿怀欣、陈雅兰（2012）运用 DEA 方法对福建省 2009 年第一批创新型企业聚集技术要素的效率进行评估，指出样本企业内 R&D 和职工教育培训经费支出不足、R&D 人员冗余等是导致企业创新能力不强的主要原因。余泳泽（2011）运用面板数据模型对创新要素集聚、政府支持和科技创新效率的相关性进行实证研究后得出：创新要素集聚与科研机构和企业的科技创新效率正相关，对高校影响不显著。基于以上文献，本章利用因子分析法和面板数据模型对浙江省中小企业创新要素集聚模式和绩效进行实证，旨在探索出更适合浙江省区域中小企业的创新要素集聚模式。

第二节 创新要素集聚模式理论研究

创新要素是为经济行为主体开展创新活动、提升发展水平服务的，创新要素投入随着创新主体规模增大而逐渐增加，浙江省中小企业创新要素集聚通常随着中小企业集群发展逐步形成（任森，2008）。浙江省中小企业集群发展追溯到20世纪80年代，改革开放促进浙江省经济市场化，市场化主导浙江经济发展。在地方政府较为宽松的政策环境下，浙江民营经济获得极大发展，浙江省特色中小企业产业集群从无到有，从少到多，从企业的简单聚集扎堆到基于产业链和社会网络关系的企业及关联机构集聚，逐步形成了社会化专业分工与协作的产业集群主导的区域块状经济发展模式。

一 中小企业产业集群研究

依据产业结构、人力资源水平和产业技术来源，我们可以将浙江省产业集群发展模式划分为模仿阶段、数量扩张阶段和质量扩张阶段，如表31-1所示。

表31-1　　　　　浙江省产业集群发展阶段与特征

阶段	人力资源水平	技术来源	产业结构
模仿阶段	低	对国外技术的简单模仿	从原材料、半成品到成本的一体化生产
数量扩张阶段	混合的	对领先者的模仿，产业生产力停滞，利润下降	市场化的交易，劳动出现分工，集群形成
质量扩张阶段	高	全面创新，企业数量众多，生产率增长迅速	品牌战略，直销，合同分包或垂直一体化，大企业的出现

资料来源：参见任森（2008）资料整理。

模仿阶段是20世纪80年代初到90年代初浙江省中小企业产业集群的发展阶段。在这一时期，中小企业技术来源以互相模仿学习为主，依靠独特的区位优势，企业得以快速发展并且开始呈现区域化特征，

"一村一品""一县一业"就是当时中小企业经济发展模式的写照，也是浙江省中小企业产业集群发展的雏形。数量扩张阶段指20世纪90年代初到21世纪初这一时期。在该阶段民营企业经过模仿阶段的初步扎堆和发展，已初具经济规模。企业对市场专业化极其渴望，市场专业化的到来也解决了中小企业产业协作和专业化的问题，成为当时企业发展的巨大推动力。那一时期大多数中小企业仍然以技术模仿为主，自主技术创新能力和动力不够。质量扩张阶段是指21世纪初到现在的发展阶段。随着企业规模和数量进一步扩大，国外产品市场开辟和市场对企业产品需求多样化和实效化，以及集群内外竞争的加剧，中小企业集群面临着前所未有的压力，企业的自主创新逐渐取代模仿学习，成为新的技术源，并同政府科研机构、高校等具有优势人力和技术资源的创新主体开展技术交流和项目合作。

二 浙江省中小企业创新要素集聚模式

在浙江省中小企业集群发展的三个阶段中，技术来源和人力资本储备存在很大的差异。以产业集群为依托的创新要素随着集群的发展经历了不同的集聚模式，我们根据其技术来源、人力资源和企业创新物质资源，将其划分为由萌芽期到古典集聚模型，再到创新资源集聚系统的动态演化过程。

萌芽期中小企业创新要素的集聚模式比较单一，技术获取渠道有限，人力资源积累量不足，企业的创新动力和动机不足，企业科技创新活动机构、R&D项目等极少是该时期创新要素集聚的主要特征。

中小企业创新要素集聚发展期处于中小企业产业集群的数量扩张和质量扩张阶段前期。这时企业创新要素集聚量增加表现为企业科技创新机构数增加、科技项目数增加、科技活动人员数增加等。企业与企业之间的"外包"合作方式、基于价值链的生产方式让企业更懂得与企业的利益相关者开展生产和技术交流与合作，中小企业之间技术交流与融合又进一步推动企业创新要素的发展和集聚，企业R&D经费支出、企业对企业的科研经费支出等会大大增加。这是该时期浙江省中小企业创新要素集聚的主要特征和模式。

经过发展期，浙江省中小企业创新要素集聚模式转化进入成熟期，处于企业集群质量扩张阶段的后期。在该时期，浙江省中小企业创新要素集聚程度进一步增强，集聚模式有所转变，市场需求多样化和产品高质量化推动企业进一步加深和拓展创新活动，主动寻求同政府科研机构和高校开展技术创新交流和项目合作，企业自主创新能力和集聚创新要素能力加强，企业创新活动数、科技活动人员、科技项目数、对研究所和高等院校创新经费支出、企业技术改造经费支出、企业技术吸收经费支出等不断增加。

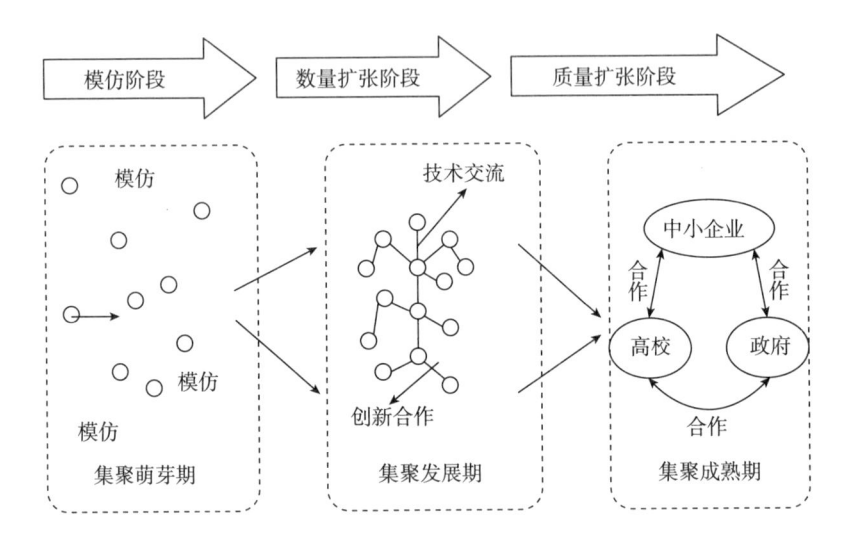

图 31-1　浙江省中小企业创新要素集聚演化示意

注：〇形图指中小企业，多个〇组成的树状图表示企业集群。
资料来源：参见任森（2008）及相关资料整理。

由图 31-1 可知，浙江省中小企业创新要素在集群发展各个阶段的集聚情况。在集群发展的模仿阶段，中小企业数量不多，没有可靠的方式维系企业之间的关系，企业与企业的交流和创新合作少，技术主要源于对国内外先进企业的模仿和引进。在集群发展的数量扩张阶段和质量扩张阶段初期，企业之间基于生产价值链形成了比较牢固的合作关系，技术交流和合作创新比较多，集群内集聚了比较丰富的创新要素。在集群质量扩张阶段中后期，集群内企业除保留创新要素发展期中小企业的合作创新模式外，加大了同高校、政府科研机构的创新合作，逐步形成了"产学研"的发展模式。

第三节 创新要素集聚模式与绩效实证研究

一 指标体系建立及说明

为了探讨区域不同要素集聚模式下对创新绩效的影响，基于面板数据模型的统计分析优点，我们建立了衡量中小企业创新要素集聚模式和创新绩效的指标体系（见表31-2）并对其进行研究。

表31-2　浙江省中小企业创新要素聚集模式与创新绩效指标

中小企业创新要素集聚	人才要素集聚水平	企业办科研机构数（B1）
		科技机构人员数（B2）
		R&D 人员数（B3）
	资金要素集聚水平	R&D 经费的内部支出额（B4）
		R&D 经费中的政府资金额（B5）
		R&D 经费中的企业资金额（B6）
		R&D 经费的外部支出额（B7）
	技术要素集聚水平	技术改造经费支出额（B8）
		技术引进经费支出额（B9）
		消化吸收经费支出额（B10）
		有效发明专利数（B11）
创新主体合作水平	政府科研机构要素集聚水平	政府科研机构数（B12）
		政府科技活动人员数（B13）
		政府科研经费收入额（B14）
		政府科研经费支出额（B15）
	企业的R&D外部经费支出	对境内科研机构支出额（B16）
		对境内高校支出额（B17）
项目研发水平	—	科技项目数（B18）
		新产品开发项目数（B19）
		新产品开发经费支出额（B20）
中小企业创新绩效	—	新产品产值（B21）
		新产品销售收入（B22）
		新产品出口（B23）

企业办科研机构数（B1）、科技机构人员数（B2）和 R&D 人员数（B3）主要衡量中小企业的创新人力资源要素集聚水平。

R&D 经费的内部支出额（B4）、R&D 经费的内部支出中的政府资金额（B5）和企业资金额（B6）、R&D 经费的外部支出额（B7）反映企业科技创新的资金要素集聚水平。

技术改造经费支出额（B8）和消化吸收经费支出额（B10），我们认为技术改造和消化吸收是中小企业自我创新能力的一种体现，经费支出越多表明企业技术创新能力和动力越强，创新的动力和能力是企业大量积聚和运用创新要素后的结果，所以技术改造和消化吸收经费比较准确地反映了企业对技术创新要素的集聚能力。

技术引进经费支出额（B9）是中小企业集聚外来技术创新要素最直接的指标。有些学者认为，技术引进经费越多表明企业的技术创新能力越差，所以需要大量引进外来技术。也有学者持相反观点。本章倾向于后者的观点。认为技术引进经费越多表明企业对技术进步的需求动力强，这本身就是技术创新的良好前兆，而且技术引进越多，促进企业创新的能力增强，吸收消化更多的知识技术。所以，吸收引进越多表明企业对创新要素集聚能力越强。

拥有的有效发明专利数（B11）反映了企业现有的技术能力。政府科研机构数（B12）、政府科技活动人员数（B13）、政府科研经费收入额（B14）和政府科研经费支出额（B15）是反映区域政府科研机构参与科研创新的最直接的数据指标。本章试图收集科研机构参与中小企业创新要素集聚和创新过程的数据，但由于目前官方对中小企业数据统计的不足，所以，我们选择直接采用区域政府科研机构的创新要素数据。另外，浙江省各区域的企业 98% 都是中小型企业，大部分地区政府科研机构参与中小企业创新的程度都非常高，这使直接采用区域政府科研机构的创新要素数据衡量其对中小企业创新活动的参与情况变得较为合理。

对境内科研机构支出额（B16）和对境内高校支出额（B17）反映了企业同外部创新主体的科研合作水平，也是衡量浙江省中小企业合作创新发展模式的重要指标。

科技项目数（B18）、新产品开发项目数（B19）和新产品开发经费支出额（B20）主要强调了中小企业最新的科技活动情况，是反映企业当前项目研发水平的最直接指标。

新产品产值（B21）、新产品销售收入（B22）和新产品出口（B23）主要衡量浙江省中小企业的创新绩效。

二 数据收集与样本选择

我们选取的样本来自浙江省11个地市级区域，包括杭州、宁波、温州、嘉兴、湖州、绍兴、金华、衢州、舟山、台州和丽水等地的中小型高新企业，数据来自2010—2012年的《中国中小企业统计年鉴》、《浙江统计年鉴》和《浙江科技年鉴》。数据收集过程中出现少量缺省值，考虑到区域样本数不多，我们没有按照SPSS软件默认的缺失值处理方法，即个案剔除法而采用平均值来代替缺失值。

三 实证分析

为了探求这三类地区的创新要素集聚的特征，我们对它们的创新要素集聚数据利用因子分析法进行主成分分析，提取决定集聚特征的因子。

表31-3是浙江省不同区域中小企业创新要素集聚水平因子的总方差解释结果，主成分提取是按照特征值大于1的原则进行。由表31-3可见，主成分1和主成分2的累积方差达到了93.816%，能比较好地解释所有指标所包含的信息。

表31-3　　　　创新要素集聚水平因子的总方差解释结果

成分	初始特征值 合计	初始特征值 方差的%	初始特征值 累积%	提取平方和载入 合计	提取平方和载入 方差的%	提取平方和载入 累积%	旋转平方和载入 合计	旋转平方和载入 方差的%	旋转平方和载入 累积%
1	8.086	73.511	73.511	8.086	73.511	73.511	7.113	64.659	64.659
2	2.234	20.305	93.816	2.234	20.305	93.816	3.207	29.156	93.816
3	0.476	4.329	98.144						
4	0.132	1.200	99.344						
5	0.043	0.390	99.734						
6	0.023	0.208	99.942						
7	0.003	0.030	99.972						
8	0.003	0.025	99.997						

续表

成分	初始特征值			提取平方和载入			旋转平方和载入		
	合计	方差的%	累积%	合计	方差的%	累积%	合计	方差的%	累积%
9	0.000	0.003	100.000						
10	1.778E−6	1.616E−5	100.000						
11	6.988E−17	6.353E−16	100.000						

注：提取方法为主成分分析法。

紧接着，对创新要素集聚数据做的 KMO 和 Bartlett 球形检验，KMO 大于 0.6 接近 0.7，Bartlett 卡方值为 171.818，$p<0.001$，我们认为适合采用因子分析法处理该数据。

表 31-4 是经过旋转后的成分矩阵，从中我们提取出两个因子。因子 1 包括中小企业办科技机构数、科技活动人员、R&D 人员、科技活动经费筹集和拥有发明专利数这 5 个指标。因子 2 包括技术引进、改造和消化吸收经费支出这 3 个指标。因子 1 主要反映主体创新人力、资金等要素的集聚情况，我们将其定义为创新源非技术要素集聚因子。因子 2 反映的是中小企业对技术的引进和吸收能力，代表的是一种技术集聚和自我发展的能力，我们将其定义为企业技术要素集聚因子。结合上面得到的因子各成分系数和方差贡献率，计算出浙江省各区域中小型企业创新要素集聚指标的综合因子得分，它包括创新源非技术要素集聚因子、企业创新要素技术集聚因子、项目研发水平因子和创新绩效因子。

表 31-4　　　　　　　　　　旋转成分矩阵

项目	成分	
	1	2
R&D 人员	**0.971**	0.216
科技机构数	**0.877**	0.284
机构人员	**0.975**	0.205
R&D 经费内部支出	**0.983**	0.175
政府资金	**0.959**	0.218
企业资金	**0.984**	0.172

续表

项目	成分	
	1	2
R&D 外部经费支出	**0.690**	0.661
技术引进经费	0.242	**0.949**
消化吸收经费	-0.061	**0.975**
技术改造经费支出	0.330	**0.797**
有效专利数	**0.973**	0.083

注：提取方法为主成分分析法。旋转法：具有 Kaiser 标准化的正交旋转法。旋转在5次迭代后收敛。

由表31-5可见，就创新要素集聚水平而言，杭州和宁波的因子得分一直处于浙江省前二位，处于最高层次；台州、金华、温州、嘉兴等地区处于第二层次，绍兴、衢州、舟山等地区处于浙江省最低层次。对创新绩效而言，各地区排名与创新要素集聚因子排名基本一致，但温州创新绩效不高，近几年其创新绩效排名要落后于创新要素集聚水平排名。另外，嘉兴虽然创新要素集聚水平较低，但其创新绩效比较突出，这可能是嘉兴地理位置靠近上海，能够吸收利用上海的创新资源发展自己，创新要素集聚排名低应该是嘉兴市本身创新要素积累水平和创新能力有限的原因，但这也正说明了集聚外来创新要素对创新绩效的促进作用。从表31-5整体来看，2009—2011这3年间，浙江省各区域中小企业创新要素集聚水平排名与创新绩效排名是对应的，即创新集聚水平越高，创新绩效越显著。

表31-5　　　　2009—2011年浙江省创新要素集聚和绩效评价因子得分汇总

2009年				2010年				2011年			
创新要素集聚		创新绩效		创新要素集聚		创新绩效		创新要素集聚		创新绩效	
得分	排名	得分	排名	得分	排名	得分	排名	得分	排名	得分	排名
2.3	1	1.75	1	2.14	1	1.64	1	2.09	1	1.72	1
0.17	2	0.82	2	0.26	2	1.71	2	0.54	2	1.52	2

续表

2009 年				2010 年				2011 年			
创新要素集聚		创新绩效		创新要素集聚		创新绩效		创新要素集聚		创新绩效	
得分	排名	得分	排名	得分	排名	得分	排名	得分	排名	得分	排名
0.02	4	0.61	4	-0.22	4	0.19	3	0.2	3	0.22	4
-0.22	5	-0.15	5	-0.23	5	-0.25	6	-0.04	5	-0.31	6
0.05	3	-0.34	7	0.06	3	-0.18	5	-0.06	6	-0.37	7
-0.31	9	0.75	3	-0.27	6	0.17	4	-0.01	4	0.63	3
-0.32	10	-0.29	6	-0.37	8	-0.26	7	-0.32	7	-0.15	5
-0.31	8	-0.95	10	-0.4	10	-0.77	9	-0.55	9	-0.75	9
-0.24	6	-0.99	11	-0.38	9	-0.83	11	-0.65	10	-0.9	11
-0.28	7	-0.51	8	-0.35	7	-0.59	8	-0.53	8	-0.72	8
-0.35	11	-0.76	9	-0.42	11	-0.80	10	-0.69	11	-0.89	11

针对该研究结论，采用因子分析法对浙江省2009—2011年中小企业技术要素集聚水平和项目研发水平进行了评估，得到表31-6。

由表31-6可见，处于技术要素集聚和项目研发水平最高层次的是杭州和宁波，台州、金华、嘉兴、温州这四个地区处于第二层次，绍兴、衢州、舟山、湖州和丽水处于第三层次；从创新主体合作水平来看，虽然宁波在2011年合作水平值有所下降，但它仍然和杭州处于第一层次，温州、台州、金华和绍兴处于第二层次，其他区域处于第三层次。值得一提的是，温州技术要素集聚水平和项目研发水平不高，但其创新主体合作水平较高，这说明温州中小企业对技术的引进、消化和吸收不够，创新比较依赖于与其他主体的合作，自主创新能力有限，可能限制了项目研发水平。嘉兴的技术要素集聚水平和项目研发水平较高，但其创新主体合作水平偏低，这说明嘉兴中小企业近年大力引进先进技术，融合优势技术要素努力提高自主创新能力和项目研发水平，但是企业与外部创新主体的合作力度还不够，政府科研机构对创新投入需要进一步增加。整体而言，浙江省各个区域中小企业的技术要素集聚、项目研发和创新合作水平是一致的，即在技术要素集聚水平高的区域，项目开发和创新合作水平也较高。

第三十一章 创新要素集聚模式与绩效的实证研究

表 31-6　2009—2011 年浙江省技术要素集聚、项目研发和创新主体合作因子得分

地区	2009年 技术要素集聚 得分	排名	2009年 项目研发 得分	排名	2009年 创新主体合作 得分	排名	2010年 技术要素集聚 得分	排名	2010年 项目研发 得分	排名	2010年 创新主体合作 得分	排名	2011年 技术要素集聚 得分	排名	2011年 项目研发 得分	排名	2011年 创新主体合作 得分	排名
杭州	0.35	1	2.01	1	2.24	1	0.42	1	1.94	1	2.29	1	0.38	1	2.07	1	2.36	1
宁波	0.17	2	0.91	2	0.15	2	0.21	2	1.01	2	0.11	2	0.26	2	1.17	2	0.02	4
台州	0.1	4	0.74	3	-0.03	4	0.15	3	0.56	3	-0.28	5	0.17	3	0.93	3	0.24	2
金华	0.12	3	-0.25	5	-0.19	6	0.11	4	-0.22	6	-0.21	4	0.07	5	-0.27	5	-0.3	6
温州	0.02	6	-0.21	7	0.16	3	0.02	6	-0.15	5	0.13	3	-0.05	7	-0.28	6	0.14	3
嘉兴	0.05	5	0.11	4	-0.33	7	0.08	5	0.18	4	-0.36	10	0.14	4	-0.04	4	-0.46	9
绍兴	0.01	7	-0.17	6	-0.15	5	0.01	7	-0.28	7	-0.33	8	0.03	6	-0.4	7	-0.12	5
衢州	-0.16	9	-0.65	10	-0.48	10	-0.12	8	0.72	9	-0.35	9	-0.13	9	-0.74	9	-0.48	10
舟山	-0.11	8	-0.99	11	-0.44	9	-0.1	9	-0.84	11	-0.31	6	-0.08	8	-0.88	10	-0.44	7
湖州	-0.19	10	-0.51	8	-0.42	8	-0.17	10	-0.52	8	-0.31	7	-0.16	11	-0.69	8	-0.44	8
丽水	-0.21	11	-0.64	9	-0.5	11	-0.18	11	-0.81	10	-0.38	11	-0.15	10	-0.87	11	-0.56	11

367

结合表31-5对浙江省区域中小企业创新要素集聚和创新绩效的分析结论，以及表31-6技术要素集聚、项目研发和创新主体合作水平的得分结果，我们对浙江省创新要素集聚模式进行划分，得到表31-7。

表31-7　　　浙江省中小型高新技术企业创新要素集聚模式和创新绩效分类

地区	集聚阶段		创新要素集聚模式	创新绩效
杭州、宁波	成熟阶段		政策引导下，企业与外部科研机构的创新合作不断深入，企业的技术引进和吸收能力突出，逐渐形成以"产学研"为主的集聚模式	创新的市场和技术绩效显著，处于浙江省各区域的最高层次
台州 金华、温州、嘉兴、绍兴等地区	发展阶段	后期 前中期	企业间技术合作创新是集聚创新要素的主要方式，"产学研"合作模式存在各地区但发展程度不同，大都没有形成规模	创新绩效处于中等水平，与杭州和宁波存在较大差距，其中嘉兴、台州和温州分别排第一、第二、第三位
舟山、丽水	起步阶段		技术引进和模仿学习可能是集聚创新要素的主要方式，人力、资金要素集聚水平低，企业的自主创新能力差	创新绩效较差

为了进一步论证各区域集聚水平与绩效的相关性，我们采用面板数据模型进行分析。解释变量我们参照叶小岭（2012）和陈菲琼（2008）选取的创新绩效变量。他们认为，新产品销售收入和新产品产值率比较准确地反映了一个地区的创新绩效，一个区域的创新要素集中度，如创新科技活动人员、创新机构数、科技活动筹集经费总额、技术经费之和等反映了区域创新要素的集聚水平，所以，计算分析的解释变量由下列指标构成：X1为各地区R&D人员数占全省的比重；X2为各地区企业科技活动获得的政府资金占全省的比重；X3为各地区企业的科技活动人员占全省的比重；X4为各地区技术经费之和占全省比重；X5为各地区政府科研机构的科技活动人数占全省比重；X6为各地区政府科研机

构的经费投入占全省的比重。经过平稳性检验、协整性检验后，选择用固定效应模型得到回归结果，如表31-8所示。

表31-8　创新要素集聚与创新绩效：固定效应回归结果

Variable	Coefficient	t - Statistic	Prob.
C	0.0077	1.6008	0.1148
X1	0.5657	5.6207***	0.0000
X2	0.0874	1.9162**	0.0602
X3	0.5644	5.0656***	0.0000
X4	0.0849	2.4088***	0.0191
X5	0.6145	3.4374***	0.0011
X6	0.3860	2.4394***	0.0177
拟合优度 Adjusted R^2	0.9376	DW 值	1.69997

注：***、**、**分别表示在5%、10%和15%的统计水平上显著。

由表31-8可见，该模型的拟合优度很高，D.W.值接近2，证明数据不存在自相关。各变量系数符号与理论预期基本相符，其中，X1、X3、X4、X5和X6值均通过5%水平下的显著性检验。各系数符号为正说明各地区的企业R&D人员数，R&D经费支出中获得的政府资金额，企业的科技活动人员数，技术引进、消化吸收和改造经费支出额，政府科研机构从事科技活动人数和经费收入等均能显著地促进区域创新绩效；X2的t值统计量为0.0602，虽然在5%水平下不显著，但它的值已经很接近0.05，并且在10%的水平下显著，故我们认为它对创新绩效影响也显著。

表31-8回归结果表明，浙江省各区域中小企业应该增加R&D人力和资金投入，鼓励新产品开发与生产，增加对知识技术的引进和吸收，努力提高自身的技术创新能力以提升创新绩效。政府科研机构应该相应增加各类科研投入，同各类中小企业开展创新项目合作，共同提升区域创新绩效。另外，从指标X2对创新绩效的显著促进作用来看，地方政府应该加大对中小企业R&D的资金支持。

第四节 研究结果

本文利用因子分析法和面板数据模型对浙江省中小企业创新要素集聚模式和绩效进行了实证研究，结果表明：

（1）浙江省区域创新要素集聚和创新绩效水平可分为三个层次。杭州和宁波处于最高层次，创新要素集聚模式的主要特征是：随着企业与外部创新主体合作不断深入，企业的技术引进和吸收能力突出，技术要素集聚水平和项目研发水平不断增强，逐渐形成"产学研"合作创新模式。台州、金华、温州、嘉兴等地区处于第二层次，丽水、舟山等地区处于第三层次，相对而言，在集聚水平和规模上处于第二层次的区域要高于第三层次的。它们的创新要素集聚模式主要特征是：以企业间技术合作为主的方式集聚技术要素，区域"产学研"合作存在，但是由于受到区域地方科研机构或高校创新要素水平以及企业创新投入的限制，企业的技术要素集聚水平不高，创新研发能力不够强，理想的"产学研"模式在地区存在但发展程度不同，普遍没有形成规模。丽水和舟山的创新要素集聚模式的主要特征是技术引进和模仿学习，这可能也是集聚创新要素的主要方式，其人力、资金要素集聚水平低，企业的自主创新能力差。

（2）浙江省创新要素集聚水平与创新绩效有显著正向关系。当前情况下，政府科研机构应增加对中小企业创新要素投入，积极引导各种社会创新要素向中小企业集中，努力营造创新服务于企业的区域科研生产氛围。中小企业也应当根据企业实际情况，扩大对创新项目的投入，增强同外部创新源的创新项目合作与交流，加强技术的引进和吸收。同时，在合理的生产要素流动机制下，政府要制定政策，对全省的创新要素进行协调，让杭宁等地富余的创新要素逐步向衢州、丽水和舟山等地转移，以保证全省创新协调发展。

第三十二章

高科技产业创新阻碍及其对创新绩效影响研究

第一节 引言

创新被认为是中国经济快速发展的主要驱动力之一（Guan et al.，2009；Motohashi and Yun，2007），近年来中国"十二五"规划中指出推动经济结构调整，创新的作用尤为重要。中国的高科技产业不仅在创新中扮演着重要角色（Guan et al.，2009），而且在国民经济中也起着至关重要的作用。例如，中国的高科技产品出口在 2007 年占中国出口的 1/4 以上（国家统计局，2008），并在 2006 年跃居世界第一，超过美国、欧盟 27 国和日本（梅里，2009）。但是，中国大部分的高科技产品出口增长来自外国直接投资（FDI）和廉价的劳动力，而不是技术（Xing，2010）。

自 2001 年中国加入世界贸易组织（WTO）以来，中国企业一直面临着动态的商业环境、激烈的国内外竞争等问题。因此，中国企业，特别是高科技产业，越来越重视创新，并将创新视作其提升和保持竞争优势的主要方法。从中国政府将"中国制造"转变为"中国创造"的指示中也可以看出，经济重心应由装配式或原始设备制造（OEM）转向以创新为导向的发展模式。

尽管创新对于企业保持竞争优势至关重要，但创新使企业面临许多不确定性和风险，包括企业内部和外部的不确定性和风险，如财务和技术风险以及市场的不确定性。它还需要管理能力以及来自企业外部的补充服务和支持。这些不确定性和风险以及获得外部支持和服务的难度可被视为创新的阻碍,必须加以识别和克服,以鼓励企业进行创新并提升其创新绩效。

本章基于2006年浙江省1722家高科技企业的调查报告,对中国高科技产业创新阻碍的研究结果进行了报告和分析。本章的研究为中国决策者评估现有国家创新体系的适当性以及制定针对新兴产业问题的政策提供了重要参考。由于IT的飞速发展,面对经济环境的快速变化,许多国家的政府被迫制定新的技术和产业政策以支持技术创新(Myoken,2010),本章研究有利于发展中国家,特别是那些新兴经济体,明确它们寻求创新时可能面临的阻碍。从企业的角度来看,这项研究的结果可以帮助企业管理者对创新阻碍进行全面的了解,可以提出相应策略设计和资源部署方式,以改善企业的创新绩效。

第二节 创新阻碍现有文献梳理

研究创新阻碍(障碍或壁垒)一直是了解如何促进和提升国家、行业和企业层面的创新力以及增强其竞争优势等的重要方法。这种方法背后的主要原理是,创新阻碍会阻止或减少企业的创新活动,因此需要通过采取适当的措施来识别、明确并克服这些阻碍,以鼓励更多的企业进行创新或改善创新型企业的绩效。这种方法在加拿大(Baldwin and Lin, 2002)和欧盟(Mohnen and Röller, 2005; Pihkala et al., 2002)等许多国家的政府中受到青睐,因为它可以为政府提供可靠的基础,制定政策以支持其国内企业的创新。

Piatier (1984) 为欧洲共同体委员会进行了一项最全面、最早的针对创新阻碍的研究,该项目旨在确定企业外部和内部环境中所遗留下来的创新阻碍。Piatier (1984) 还将35个创新阻碍分为五类:①研究与开发(R&D)政策;②一般性政策、经济和社会政策(如一般性的法律法规和行政机构、产业政策、税收和贸易政策);③国家私营部门和高校采取的行动;④创新环境;⑤外国。

该研究确定了八个主要的创新阻碍,包括"一般性的立法—官僚制""规范和标准""外部环境""企业责任人所扮演的角色的相关价值"。他还指出，融资、制造和人力资源是创新过程中最关键的阶段。

继 Piatier 的研究之后，在过去的 25 年间，有关创新阻碍的研究形成了两个重点。第一个是建立在早期发现创新阻碍的研究成果的基础上，并加入了不同国家和行业环境。他们通常将创新阻碍分为两大类，即外部阻碍和内部阻碍（Hadjimanolis，1999）。外部阻碍包括一般创新环境中的阻碍或"外源阻碍"（如政府政策、法律和法规）、供应（如研发和技术市场）和市场（如信息、竞争、规模和接受度）。内部阻碍包括公司层面的资源（如财务、技术和人力资源）和管理（如创新战略和流程、组织结构和文化、人力资源管理和激励）（Baldwin and Lin，2002；Mohnen and Röller，2005）。例如，《奥斯陆手册》第三版（经合组织，2005）被用作收集经合组织国家创新数据的指南，它在五个类别中列出了五个创新阻碍，即市场、制度、成本、知识因素和其他不利于创新的因素等。其中前两个因素可以看作外部因素，而后三个主要是内部因素。这种方法的理论假设是，创新阻碍可以随环境而变化，并且因环境不同而具有不同特点。

第二个重点是关于创新阻碍的研究已经从阻碍识别发展到对阻碍成因及其对创新绩效的影响的研究（Baldwin and Lin，2002；Madrid - Guijarro et al.，2009），以及创新阻碍如何随组织和行业特征的变化而变化，如创新类型（Madrid - Guijarro et al.，2009）、创新过程阶段（Mohnen and Röller，2005），组织规模、年龄和行业类型。图 32 - 1 概述了迄今为止关于创新阻碍的研究重点。

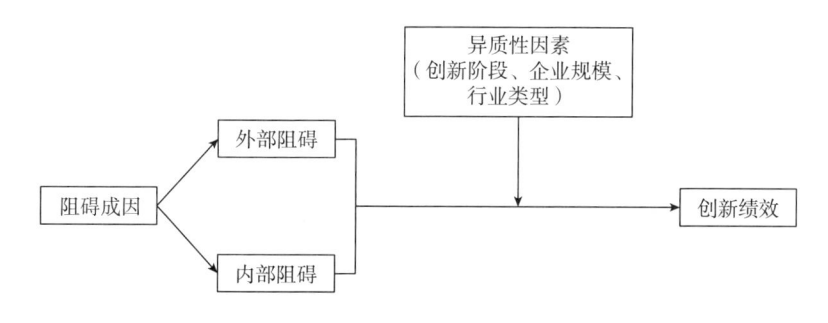

图 32 - 1 研究创新阻碍的综合模型

第三节　中国高科技产业与创新政策环境

中国高科技产业对中国的经济和就业至关重要。2008年，中国高科技产业贡献了国民生产总值的4.5%，雇用了超过900万人（中国国家统计局，2009）。为了促进中国高科技产业的发展，中国科学技术部（MOST）会定期审查其国内企业，并给予相关企业"高科技或新技术"（"高新技术"）的资质（以下简称"高科技"）。由于中国政府在中央和省级的优惠政策中，具有"高科技"资质的公司可以获得许多好处，如退税和银行补贴贷款。1988年启动的旨在促进中国高科技产业发展的"火炬计划"规定，中国九类产业具有高科技产业的资质：①光学、机械和电气（OME）集成；②新材料，包括金属、化学和纺织材料；③电子信息技术；④生物与制药技术；⑤新能源与节能；⑥环保；⑦航空航天业；⑧核应用；⑨地球、空间和海洋工程。

除了在这些行业中运营外，企业还必须满足"高科技"认证的其他要求：至少10%的员工必须担任研发职位，至少30%的员工必须具有大学学历。在三年滚动评估的基础上，企业还必须按照总销售额的一定比例对研发进行投资（小于5000万元需要6%的研发投资，0.5亿—2亿元需要4%的研发投资，大于2亿元则需要3%的研发投资）。

自1979年实施"对外开放"政策以来，中国政府一直在大力发展其科学技术产业，并启动了几项重大科学技术计划（中国科学技术部，2010b）。从表32-1中可以看出，中国的科技计划已经从提高对科技重要性的普遍认识开始，发展到针对关键行业和领域（如高科技产业和农村地区），并开始发展基础研究和研究基础设施，然后进入改善研究环境和商业化流程的阶段。

表32-1　　　　1979年以来中国主要科学技术计划及其目标

科技计划	年份	目标
关键技术研发计划	1982	在中国高科技产业中，特别是在具有战略重要性的产业中发展创新能力

续表

科技计划	年份	目标
国家高技术研究发展计划（"863计划"）	1986	促进技术升级和产业结构调整，并解决可以促进社会可持续发展的重大技术问题
"星火计划"	1986	发展和促进农村科学技术，振兴农村经济
"火炬计划"	1988	建立高新技术产业开发区，促进高新技术产品开发，完善适合高新技术产业发展的管理体制和运行机制
中国国家级科技发展计划（"973计划"）	1997	在农业、能源、信息、资源与环境、人口与健康以及新材料等多个关键行业启动并实施战略基础研究项目
国家科技基础设施计划	2001	发展和加强国家科学技术研究基地的科学技术能力，如国家重点实验室、国家工程技术研究中心，研发基础设施和重要的国际科学技术合作项目
科技产业环境建设	2001	加强科技环境政策，加强技术服务和交流，促进科技型中小企业发展，发展科技中介机构，为科技成果商业化创造良好环境

针对高科技产业的第一个中国重大科技计划是"863计划"，该计划于1986年3月启动，主要旨在提升中国高科技产业的创新能力（中国科学技术部，2006）。两年后，"火炬计划"被认为是中国高科技产业最重要的计划，该计划于1988年开始实施，旨在吸引外国高科技企业来华投资，主要通过建立靠近大学集群的高科技工业园区（Liu，2003），向在华的外国企业提供经济刺激，包括免税期和创新退税，优惠的行政待遇，基础设施贷款以及现代研究设施的使用（Hu，2007）等来实现。作为回报，他们将对技术创新产生溢出效应，或将其专有技术转让给中国当地合作伙伴。到2009年，中国有54692个技术企业在54个科学技术工业园区运营（中国科学技术部，2010c）。

这些旨在鼓励中国高科技产业创新的计划效果很好。该行业的收入从2002年的人民币15110亿元增加到2008年的57090亿元，同期从业人数从420万增加到945万（中国科学技术部，2010a）。此外，随着高科技产品出口的快速增长，许多本土企业（如联想和海尔）已迅速形成了自己的技术专长，并在国际上取得了成功。与此同时，中国企业还开始将组装式制造转移到其他欠发达国家，同时保持技术和研究中心仍留在中国（Athukorala，2009年）。这些足以表明，创新在中国尤其是高科技行业正在不断增长。中国政府在其第十二个五年计划（2011—2015年）中将高科技产业中的技术创新视为国民经济的新驱动力，并有望制定进一步促进这些产业创新的政策。

第四节 研究方法

一 问卷编制

本章分析了浙江省高新技术企业在创新能力普查中面临的创新阻碍。该调查分为七个部分，询问有关公司的创新活动、创新绩效、外部资源的依赖程度、创新经验以及创新阻碍等问题。调查中企业的管理者所提出的企业创新的内部和外部阻碍及其对创新绩效的影响是本章的重点。

该调查表借鉴了以往的研究，特别是《奥斯陆手册》中的创新阻碍（经合组织，2005年）。《奥斯陆手册》中列出的障碍由5名中国专家组成的小组进行了审查（3名教授和2名政府官员），他们广泛参与了创新研究和政策制定；他们的评论被用来完善问卷。此外，本章对某些项目进行了更改，以适应中国创新背景下的高科技产业。

经修订和完善的调查表共包含了17个问题：关于创新的内部障碍的八个问题，涉及成本和知识等因素；六个外部障碍，包含机构和市场等因素。此外，我们在最终问卷中还包括三个问题，询问企业创新不足的其他原因。

二 样本与数据收集

浙江是中国经济最发达的省份之一，其高科技产业被认为是中国最先进的产业之一（Allen等，2005）。2009年，浙江省高新技术产业的总收入排名第六，仅次于广东、江苏、上海、山东和北京（中国科学技术部，2010a）。与许多西方国家类似，浙江省的大多数高科技企业都是私营和中小企业。

截至2006年7月，浙江省科学技术委员会高新技术企业登记册上共有2050家高科技企业，本调查将从此数据库中抽样。

本章的调查问卷是由中国自然科学基金（70873110）和ZPCST

（Grant，2006c，2018）赞助的，并且于2006年10月上传到ZPCST的网站上（http：//sb. zjkjt. gov. cn）。ZPCST上登记在册的每家高科技企业都收到了一封信，信中说明了本次调查的目的，并提供了调查问卷的Web链接以及有关如何填写问卷的说明，要求每个公司都要访问ZPCST网站，并通过Web链接完成在线调查。本章作者之一和两名在浙江工业大学训练有素的研究助理建立了电话热线，以回答有关该调查的疑问。该电话号码也附在本调查的"说明"部分。

本次调查共收到问卷1837份，回收率为89.6%。如此之高的响应率主要归功于ZPCST及其小组委员会在省内各市县的大力支持。在收到的调查表中，剔除了115份因未答复或答复不完整的问卷。所分析的其余1722项调查代表了在ZPCST注册的高科技企业的84.0%。表32-2将样本按行业和规模进行了划分。

表32-2　　　　　　　　按行业和公司规模划分的样本分类

行业	频率	占比（%）	企业规模	频率	占比（%）
电子信息技术行业	301	17.5	大	46	2.7
光学、机械和电气集成行业	790	45.9	中	477	27.7
新材料行业	436	25.3	小	1199	69.6
生物与制药行业	157	9.1			
其他高科技行业	38	2.2			
总计	1722	100			

第五节　结果与讨论

本节首先介绍有关外部和内部阻碍的发现，其次研究了这些阻碍在不同行业和企业规模中的变化，最后探讨了这些阻碍对企业创新绩效的影响。

一　创新的外部阻碍

表32-3列出了四个类别中六个外部阻碍的发生频率、占比和排序。

表 32-3　　中国高科技产业创新的外部阻碍

创新的外部阻碍	频率	占比（%）	排序
技术市场疲软	744	43.2	1
缺乏外部组织的技术支持	738	42.9	2
知识产权保护不足	501	29.1	3
政府支持不足	376	21.8	4
国内新产品市场接受度低	230	13.4	5
不良的社会和文化环境	167	9.7	6

其中，受访企业认为两种技术阻碍是公司遇到的最常见的阻碍，分别占比43.2%和42.9%，其分别是技术市场疲软和缺乏外部组织的技术支持。这并不稀奇，因为技术可能是高科技行业最重要的成功因素。这与Xie等（2010）研究发现相似，他们研究发现，中国中小企业的创新阻碍主要是缺乏技术信息。

29.1%的受访企业认为知识产权保护不足是其创新的阻碍。尽管中国已经建立起完善的知识产权保护法律体系，但其实施还是有问题的（Wang，2004）。许多外国企业习惯抱怨其知识产权在中国没有得到很好的保护，只是制定了事实上的知识产权保护战略（Keupp等，2009）。有趣的是，中国的国内企业也像外国企业一样关注这一问题，并将中国的知识产权保护视为创新的阻碍。

21.8%的受访企业认为政府支持不足也是一个创新阻碍。政府可以提供财政援助，并改善其行政服务和效率，这对于小型高科技公司尤其重要。但是，政府关于融资的行政管理系统对于中小企业来说程序复杂且成本高昂。例如，中国政府已向那些具有"高科技"资质的企业提供了退税和银行补贴贷款。但是，对于许多小企业而言，资格标准太多而且太高，而且还需要大量的书面工作和很长的审批过程，这些因素对于小型企业而言可能是非常昂贵的，并且可能成为某些企业的创新阻碍。

调查表明，超过1/5的企业认为中国政府未能为其创新活动提供足够的支持。令人惊讶的是，将政府支持视为创新阻碍的受访企业的比例相对较小。中国企业在创新活动中一贯严重依赖政府的支持（Huang

等，1999）。对此有两个合理的解释：一是从计划经济到市场主导型的经济，政府的角色发生了转变；二是本次调查中93%的受访企业是私有企业。Zeng（2010）等在对中小企业创新合作网络的研究中发现，中国中小企业与政府机构的联系与合作对其创新绩效影响不大。这表明中国企业更多地关注市场，而不是依靠与政府的联系来提高创新绩效。

约13.4%的受访企业认为市场接受度低是创新的一个阻碍。在中国，不良的文化环境（例如，中国社会和政府部门在政府采购中没有高度重视创新，并且社会对知识产权的尊重程度很低，两者都会阻碍企业进行创新）阻碍了创新的吸收，而只有9.7%的企业认为这是其创新活动的阻碍。这些发现表明，这两个因素并不是高科技企业创新的主要阻碍，也暗示着中国的市场接受度和社会环境总体上有利于中国高科技企业的创新。

二 创新的内部阻碍

表32-4报告了受访企业创新的内部阻碍的频率、占比和排序。

调查发现组织资源，特别是财务和人力资源是中国高科技企业创新的最大阻碍。对于许多中国高科技企业而言，创新是一个高风险、高成本的过程。Cooper（1996）指出，长期以来资源是产品创新的三大基石之一。69.5%的公司表示，它们缺乏足够的资金投入来开展创新活动。与广泛的制造业相比，高科技行业的这一阻碍似乎更为严重（Xie等，2010）。此外，44.5%的企业表示缺乏高素质的人才。技术人才是创新最有价值的资产之一，尤其是在高科技行业。这两个资源障碍似乎是长期存在的，尤其是在中小型企业中。

表32-4　　　　　创新的内部阻碍及创新不足的其他原因

内部阻碍	频率	占比（%）	排序
资金投入不足	1197	69.5	1
过度风险	1080	62.8	2
缺乏高素质的人才	767	44.5	3
内部激励机制不完善	483	28.0	4
缺乏创新意识	437	25.4	5

续表

内部阻碍	频率	占比（%）	排序
知识产权所有权薄弱	243	14.1	6
缺乏明确的创新目标	180	10.5	7
缺乏团队合作	133	7.7	8
创新不足的其他原因			
交货时间过长	680	39.5	
通过进口获得更快更好回报	270	15.7	
太难管理	242	14.1	

62.8%的受访企业表示过度风险是其创新的阻碍。这在高科技行业是一个非常合理的问题，因为大多数高科技行业处于其生命周期的引入或成长阶段，比处于成熟或衰退阶段的不确定性和风险要多（Covin and Slevin，1990）。

与企业创新管理有关的其他内部阻碍也中等偏高，其中包括内部激励机制不完善（28%）和知识产权所有权薄弱（14.1%）。两者都与人力资源管理有关，这表明高科技企业的管理者需要构建激励和奖励系统，以便更有效地吸引、招募和留住高素质的人才。要做到这一点，一种重要方法是为创新所有权和/或奖励制定明确的组织政策。25.4%的受访企业还认为缺乏创新意识是一个阻碍，这表明有必要进一步提高中国高科技企业中高级管理人员对创新重要性的认识。

只有小部分受访者认为缺乏明确的创新目标（10.5%）和缺乏团队合作（7.7%）是创新阻碍。这两个结果都表明，中国大多数高科技企业都有明确的目标，并且它们的研究团队可以一起工作。

关于创新不足的三个问题，39.5%的受访企业表示交货时间过长导致了创新不足，15.7%的受访企业认为通过进口获得更快更好的回报是创新不足的原因，14.1%的受访企业认为太难管理是创新不足的原因。

三 不同的行业类型和企业规模的创新阻碍

由于行业和组织特征的差异，创新的阻碍会因行业和企业规模而异。为了研究这种差异，我们根据国家发展和改革委员会（2002）发布的《工业企业分类》将企业分为大、中、小三类，该分类是基于《2002年中国中小企业促进法》（全国人大）。国家发改委根据三项指标明确了中小企业的分类标准，即雇员人数、年销售额和总资产，因为所有这些指标都可以衡量企业的规模，而相比于单一指标，所有这些指标的结合可以更好地适应不同行业的差异。因此，针对中小企业的政府政策可以公平地应用于各个行业。被归为中小企业的工业企业，必须满足以下三个条件，即从业人数少于2000人，年销售额不超过3亿元人民币，总资产不超过4亿元人民币。在这些中小型企业中，被归类为"中型企业"的企业应满足以下三个标准：员工人数等于或大于300；年销售额3000万元人民币或以上；总资产在4000万元以上。

本章进行了一系列关于企业规模和行业类型的卡方检验，以确定大、中、小企业之间以及五个行业之间的外部和内部创新阻碍的不同。结果如表32-5所示。

（一）按企业规模和行业类型划分的外部创新阻碍

在分析和比较整个企业规模中创新的外部障碍时，调查数据显示，与小企业相比，有更多的遇到技术市场疲软阻碍的大企业。此外，更多的大型企业表示，与中小型同行相比，除了中国内地新产品的市场接受度低之外，它们在其他外部阻碍中遇到的阻碍更大，而小企业认为，与大企业相比，中国内地新产品的市场接受度低更是它们创新的阻碍。以上发现表明这些外部阻碍在创新过程中扮演着不同的角色。尽管小企业更关注其新产品的市场接受度，但大企业比小企业进行了更多的创新（有关详细信息，参见表32-6中的基础模型），因此需要外部环境的更多支持，如技术市场和政府支持。这样的结果与Baldwin and Lin（2002）在研究加拿大制造业采用先进技术的阻碍时所报告的相似。他们发现技术创新程度更高的制造企业遇到了更多阻碍，并指出这些阻碍是成功的制造企业在采用先进技术时必须面对和解决的问题。

这项研究的发现非常重要，因为它们具有理论和实践意义。从理论的角度来看，研究结果表明，创新阻碍可以分为动态阻碍和静态阻碍两类。动态阻碍是创新企业在创新过程中面临的阻碍。随着企业进行更多创新，它们往往会增加。也就是说，公司越有创新性，它们越有可能遇到这些阻碍，并且报告的阻碍也就越多。这些阻碍的性质会混淆创新阻

表32－5　不同企业规模和类型的内外部创新阻碍

| | 总体 % | 企业规模（%） ||| P | 事后检验 (Scheffe) | 行业类型（%） ||||| P | 事后检验 (*Scheffe) |
		大 N=46	中 N=477	小 N=1199			IT[a] (1)	Bio[b] (2)	New Mtr[c] (3)	OMET[d] (4)	Other[e] (5)		
外部阻碍														
政府支持不足	21.8	26.1	17.8	23.3	0.040		25.9	30.6	19.7	19.6	21.6	0.010	2>4
技术市场疲软	43.2	63.0	45.3	41.6	0.009	B>S	46.2	38.2	41.3	45.2	35.1	0.240	
缺乏外部组织的技术支持	42.9	45.7	44.2	42.2	0.695		38.9	38.2	50.9	41.0	40.5	0.003	3>1,2
知识产权保护不足	29.1	39.1	31.2	27.9	0.123		24.3	28.7	28.9	30.9	35.1	0.256	
国内新产品市场接受度低	13.4	4.3	10.9	14.7	0.023	S>B	17.6	8.9	13.3	12.2	24.3	0.020	
不良的社会和文化环境	9.7	13.0	10.3	9.3	0.642		8.6	8.3	8.5	10.9	10.8	0.590	
内部阻碍														
资金投入不足	69.5	60.9	62.9	72.5	0.001	S>B	71.8	70.1	70.2	68.1	73.0	0.775	
过度风险	62.8	54.3	61.8	63.5	0.040	S>B	70.4	68.2	60.1	60.3	64.9	0.001	1>2
缺乏高素质的人才	44.5	50.0	48.0	42.9	0.013	B>S	45.5	47.1	45.0	43.9	32.4	0.576	
缺乏创新意识	25.4	26.1	28.3	24.2	0.216		29.2	16.6	25.7	25.8	18.9	0.045	1>2
内部激励机制不完善	28.0	32.6	30.4	26.9	0.285		23.6	28.0	27.3	29.6	40.5	0.140	
知识产权所有权薄弱	14.1	4.4	13.8	14.6	0.144		12.3	14.6	16.3	12.9	24.3	0.153	
缺乏明确的创新目标	10.5	8.7	11.1	10.3	0.810		15.6	11.5	8.9	8.9	16.2	0.010	1>4
缺乏团队合作	7.7	13.0	7.8	7.5	0.385		7.0	7.0	7.1	8.6	5.4	0.786	

续表

	总体	企业规模（%）					行业类型（%）					
		大 N=46	中 N=477	小 N=1199	P	事后检验 (Scheffe)	IT[a] (1)	Bio[b] (2)	New Mtr[c] (3)	OME[d] (4)	Other[e] (5)	P	事后检验 (*Scheffe)
创新不足的其他因素													
交货时间过长	39.5	69.6	68.1	68.3	0.980		68.4	77.7	66.3	67.7	62.2	0.092	
太难管理	14.1	19.6	9.9	15.5	0.010	B, S>M	19.9	5.7	14.0	13.5	13.5	0.001	
通过进口获得更快更好回报	15.7	30.4	193	13.8	0.000	B, M>S	15.6	11.5	15.1	16.2	32.4	0.037	1>2
样本（n）	1722	46	477	1199			301	157	436	790	38		5>2

注：a 信息技术，b 生物制药，c 新材料，d 光学，e 新能源和节能，集成（OME）机械和电气，地球海洋与空间科学，环保。中小型企业（如大型、中小型企业）报告的百分比表示对问题的回答为"是"，总和可能超过100%。*Scheffe 为广泛应用于 ANONA 的事后检验，以检验一对独立变量之间的统计学显著性差异。进行卡方检验，仅报告有显著差异早的项目（p≤0.05），按样本类别。

碍和绩效之间的理论关系。静态阻碍是创新型和非创新型企业所遇到的阻碍，并且不会随着公司开发新产品而增加。实际上，公司管理者需要意识到，他们在增加创新的同时会面临更多的阻碍。

关于不同行业类型的外部阻碍，本章发现了两个显著性差异。首先，发现创新活动可获得的技术支持水平因行业而异。与生物技术和其他行业相比，从事新材料行业的企业（50.9%）明显更缺少技术支持。由于新材料行业中超过一半的公司都经历了这一创新阻碍，因此似乎该行业缺乏技术服务和专业知识。对新材料行业的企业进一步分析发现，大多数企业都属于面料和纺织行业。这些领域在中国极具竞争力，并受到放松管制。这种"自由"市场可能是以分析市场为基础的创新阻碍因素时，这些新材料行业与其他行业有着显著不同的原因。

其次，生物技术企业认为其创新活动缺乏政府足够的支持。这并不奇怪，因为中国的生物技术产业是一个相对较新且小的产业。由于中国生物技术产业仍处于起步阶段，产业生命周期的不同阶段可能对此产生影响。因此，它们认为需要更多的政府支持来支持它们的发展。

（二）按企业规模和行业类型划分的内部创新阻碍

如表32-5所示，除三个阻碍外，内部阻碍在整个企业规模上是相当一致的。排名靠前的两个阻碍，即缺乏创新资金（69.5%）和过度风险（62.8%），对小企业的影响要大于其他企业（分别为 $p=0.001$ 和 $p=0.04$）。这两个阻碍似乎是相关的。缺乏资金与企业规模负相关，与小企业相比，较少的大型企业将其视为阻碍。小企业通常缺乏财务资源，并且常常发现获取外部资金更加困难。它们也可能由于官僚主义和复杂的融资申请程序而处于不利地位。所有这些都可能导致小型高科技企业的感知风险更高。

与小企业相比，更多的大企业称缺乏高素质的技术人员是创新的一大阻碍。同样，这是"动态阻碍"，随着企业进行更多创新，对高素质人才的需求也会随之增加。

关于不同行业类型的内部阻碍的差异，仅识别出两个差异，并且两者都在创新管理领域，即创新意识和目标。首先，本章观察到不同行业的创新意识水平不同（$p=0.04$）。生物技术企业受到的影响最小，只有16.6%的企业表示创新意识是一个阻碍。与之对比，IT行业中

29.2%的企业认为创新意识是一个阻碍,技术进步的意识对于IT行业而言尤其重要,因为该行业经历了产品生命周期大大缩短,为了保持竞争力,IT公司需要较短的创新周期(Eschenbächer等,2009),并且需要与技术发展保持同步。

第二个重大区别是缺乏明确的目标。IT行业的企业(占15.6%)报告说,比起光学、机械和电子集成行业,它们缺乏明确的目标形成了创新的内在阻碍。这可能是由于行业的动态变化而使目标设定更加困难。但是,发生率不是很高(小于20%)。总体而言,这些发现支持了Lin(2011)在研究创新对我国台湾地区IT和纺织行业企业绩效的影响时所报告的结果,即企业特定效应对企业绩效的影响大于行业效应。

四 创新阻碍与创新绩效之间的关系

为了研究创新阻碍如何影响创新绩效,我们使用了调查表中前三年(2003—2005年)开发的新产品的数量,这些新产品已获得国家、省和市政府的认可,作为创新绩效的指标。根据新产品的创新程度(如世界第一,激增或增量),开发新产品的企业必须将技术信息提交给国家、省和市的科学技术部门进行评估,评估之后获得奖项。该指标被企业记录在创新数据库中,因此被认为是非常可靠的。

由于长期以来创新阻碍是负向影响企业绩效的事实,因此本章使用多元线性回归来检验每种创新阻碍对企业创新绩效的影响(Piatier,1984)。我们控制了企业的规模和年龄,并将每种创新阻碍视为多元回归中的虚拟变量。这可以用以下等式来表示:

$N = a + \beta_1(企业规模) + \beta_2(企业年龄) + \beta_i B_i$

其中,N 表示开发和认可的新产品数量;β_i 为创新阻碍的部分回归系数;B_i 为创新阻碍 i。

除如表32-6所示的两个内部阻碍外,大多数创新阻碍对创新绩效没有重大影响,这两个阻碍分别是企业缺乏创新意识($\beta = -0.061$,$p = 0.009$)和缺乏明确的创新目标($\beta = -0.065$,$p = 0.005$),都是属于创新管理领域。

所有这些都表明,中国高科技企业的创新管理对其创新绩效至关重要。结果不足为奇,正如我们之前提出和阐述的那样,一些阻碍是动态阻碍,更有可能被更多创新型企业遇到。因此,创新阻碍与创新绩效之间的关系很复杂。

表32-6　　　　　　　创新阻碍与创新绩效之间的关系

基础模型	基础模型	标准化系数	P值	R	调整R方
企业资产	0.27		0.000		
企业年龄	0.089		0.000		
				0.314	0.099
外部阻碍					
缺乏外部组织的政府支持		0.016	0.482		
技术市场疲软		-0.006	0.795		
技术支持不足		-0.035	0.130		
知识产权保护不足		0.036	0.124		
国内新产品的市场接受度低		-0.033	0.151		
不良的社会和文化环境		-0.003	0.892		
内部阻碍					
资金投入不足		-0.025	0.29		
缺乏高素质的人才		0.29	0.205		
过度风险		-0.008	0.717		
无法保留技术人员		-0.17	0.456		
缺乏创新意识		-0.061	0.009	0.302	0.101
内部激励机制不完善		-0.017	0.45		
知识产权所有权薄弱		0.006	0.811		
缺乏明确的创新目标		-0.065	0.005	0.321	0.101
缺乏团队合作		0.015	0.513		
创新不足的其他因素					
交货时间过长		0.002	0.946		
太难管理		0.003	0.907		
通过进口获得更快更好的回报		-0.017	0.464		
样本（n）	1722				

五　结论与政策建议

本书着重于识别在中国浙江省高科技产业运营的1722家企业中的创新外部和内部阻碍，还研究了这些阻碍如何随企业规模和行业类型的变化而变化，以及它们对企业创新绩效的影响，基于这些发现可以得出以下几个结论。

第一个结论，本章发现企业最常见的外部阻碍是技术市场疲软、缺乏外部组织的技术支持、政府支持不足以及知识产权保护不足。这意味着，尽管中国政府在过去的30年中实施了几项重大计划，特别是自2001年以来的"科技产业环境建设"计划，但中国技术市场的发展仍落后于高科技产业的发展要求。根据定义，创新包括商业化过程，通常涉及许多不同的企业在其过程的不同阶段扮演许多不同的角色。这些参与企业可以包括专利和发明研究机构，用于设计和测试原型的工程企业，用于零件和组件外包的制造企业，以及用户，尤其是"主要用户"（Von Hippel，1988），这些用户可以提供宝贵的反馈和改进建议。这一发现的政策启示是，中国政府需要继续努力，通过改善创新环境，建立和发展技术平台，如技术展览会、行业协会、网站和会议等，来支持高科技企业的创新发展。促进各种创新参与者之间的紧密联系，如研发机构、大学和企业，并不断开发技术转让和服务市场。此外，中国高科技企业的成功创新需要政府的大力支持，政府的这种支持可以采取融资、政府采购和服务的形式。另外，尽管中国的知识产权保护法律日益完善，但中国政府仍需加大力度加强其知识产权保护。

第二个结论，关于创新的内部阻碍，资金投入不足是所有规模的企业中排名最高的阻碍。高科技产业中的创新是资源密集型的，需要大量的资金投入。小企业的资金不足情况比大企业严重得多。技术创新中缺乏资金是一个长期存在的问题。然而，绝大多数受访者认为这是创新阻碍，需要更多的政策关注。中国各级政府可以通过设立专项资金来支持创新项目（特别是针对小型企业的创新项目），提供低息贷款或对高科技企业使用退税来协助其发展。此外，中小型企业在获取银行贷款和风险投资方面有困难，为了在这些领域为这些企业提供帮助，中国政府还可以鼓励中国的银行更加灵活地提供贷款，以资助高科技产业的创新。

第三个结论，企业提出较多的另一个内部创新阻碍是缺乏高素质的人才，正如许多公司所报告的那样，它们缺乏高素质人才，并且内部激励机制不完善，这是创新的另一个资源阻碍。本章还发现，与中小企业相比，大企业更有可能将其视为阻碍。尽管招募高素质人才的责任在公司层面，但中国政府可以通过制订长期解决方案，如在中国大学和技术学院提供更多技术培训和教育计划，来帮助企业克服这些阻碍。对中国政府来说，在中国发展人力资源市场，以便利和协助高科技企业招聘技术人员，对自身也是有利的。

从本章可以得出的第四个结论，创新阻碍有两种类型。根据我们的发现，我们将其称为动态阻碍和静态阻碍。也就是说，创新较活跃的企业，与那些创新程度较低的公司相比，它们遇到的阻碍更多，尤其是来自外部环境的阻碍。动态阻碍通常不会阻止企业进行创新，它们更有可能减慢那些高度创新的企业的创新活动，这是本章的重要理论贡献。尽管在创新文献中已经对创新阻碍进行了长期的研究，但是并未对这些阻碍对不同企业或创新阶段所起的不同作用进行区分。而本章首次区分了动、静态创新阻碍在企业创新中所扮演的角色，并对其进行了概念化。这一发现的关键政策启示是，中国政府需要了解这两种阻碍的性质，并制定两种不同的创新政策：一种侧重于鼓励非创新型企业进行创新，另一种针对已经存在的创新企业，通过帮助它们克服创新的动态阻碍来促进它们的创新活动。

第五个结论，两个创新阻碍，即缺乏创新意识和缺乏明确的创新目标，对创新绩效产生了影响，两者都属于公司内部的创新管理领域。这表明创新管理在中国高科技企业中的重要性。这一发现的管理意义在于，尽管公司内部的外部阻碍和内部阻碍（如财务和人力资源）对于公司而言至关重要，但中国的高科技公司还需要改善其管理实践以提高创新绩效。

第三十三章

浙江省战略性新兴产业技术创新效率研究

近年来，浙江省战略性新兴产业正处于稳步持续增长的良性发展态势中。其产业增加值从2012年的2520.8亿元增加到2014年的3075亿元。但总体上浙江省战略性新兴产业增加值占地区生产总值的比重较低，与其他先进省、市相比，还存在明显差距。因此，对肩负着实现浙江省"创新引领升级"和经济动能转换重任的战略性新兴产业来说，切实实施创新驱动发展战略并大力提高技术创新效率显得尤为迫切和重要。产业波及作用机制，是指在国民经济产业体系中，某产业部门的变化会按照不同的产业关联方式引起与其直接相关的产业部门的变化，然后导致与后者直接和间接相关的其他产业部门的变化并依次传递。战略性新兴产业技术创新对经济增长和产业结构转型升级的长远带动作用，正是依靠这种强的产业波及效应来实现的。

目前，国外学者对战略性新兴产业经过几十年的理论研究，达成的一个基本共识是：战略性新兴产业发展的关键要素是技术创新和政策扶持。国内学者自2010年战略性新兴产业被确定为国家战略开始，涌现了不少研究成果。通过中国知网检索关键词"战略性新兴产业"查阅到的文献可以了解到，针对战略性新兴产业的定性探讨成果要远多于定量研究成果。其中，集中在创新效率上的定量研究成果并不多见，主要有：创新效率影响路径或影响因素分析、创新效率具体测度和分析。上述研究成果对战略性新兴产业技术创新效率研究虽都具有非常重要的参考价值，但也存在一定的不足：在进行战略性新兴产业技术创新效率评价研究时，没有考虑各产业在国民经济体系中复杂的产业波及效应对技术创新效率的影响，而是将每个产业当作独立的单独个体来研究。同时，在技术创新效率测度中没有考虑不同产业间技术创新时滞的差异性。因此，这样的产业技术创新效率评价研究缺乏一定的现实经济基础，评价分析结果也缺乏一定的客观性和可比性。

基于上述考虑，本研究拟对现有研究进行如下拓展：通过产业波及效应将浙江省战略性新兴产业分成高影响高感应、低影响高感应、低影响低感应、高影响低感应四个群组，并在用相关系数法测算出来的各战略性新兴产业技术创新具体时滞调整技术创新投入和产出指标基础上，运用DEA（BCC）模型估算和比较分析这四个不同产业波及强度群组的技术创新效率现状及变化，有助于在真实了解各战略性新兴产业相互关系及在区域经济中的地位基础上，更客观、更实际地把握浙江省战略性新兴产业技术创新效率的变化趋势、规律及提升技术创新效率的有效着力点，为政府部门制定与调整相关产业政策提供理论和现实参考依据。

第一节 技术创新效率评价指标体系和研究方法

一 技术创新效率评价指标体系构建

战略性新兴产业技术创新效率主要指战略性新兴产业技术创新过程中各要素投入与产出的转化效率，是战略性新兴产业科技创新能力与实力的综合反映。借鉴国内外已有技术创新效率评价指标方面的主要研究成果，结合浙江省战略性新兴产业的特点，并考虑数据的可获得性，本章设置了如表33-1所示的技术创新效率评价指标体系。技术创新投入由人力和经费投入构成，人力投入主要用研发人员表示，经费投入用研发经费支出、技术获取和改造经费支出表示；技术创新产出由直接效应和间接效应产出组成，分别用新产品销售收入和专利申请数来衡量。

二 研究方法选择

（一）技术创新效率评价方法

综观已有研究，技术创新效率评价方法主要有生产前沿面和非生产前沿面两种。在国内研究中，应用最广泛的是生产前沿面法。而生产前

表33-1　　　浙江省战略性新兴产业技术创新效率
评价指标体系

一级	二级	三级
技术创新投入	人力投入	研发人员全时当量（人年）
	经费投入	研发经费内部支出（万元）
		技术获取和改造经费支出（引进国外技术经费支出＋引进技术的消化吸收经费支出＋购买国内技术经费支出＋技术改造经费支出）（万元）
技术创新产出	直接效益产出	新产品销售收入（万元）
	间接效应产出	专利申请数（件）

沿面法中，又以Charnes、Cooper和Rhodes提出的数据包络分析（DEA）为主，数据包络分析因拥有无须估计生产函数的具体形式且能有效解决多投入和多产出指标的复杂问题的优势，得到了更为广泛的应用。经典数据包络分析方法可分为CCR模型和BCC模型，后者主要处理规模报酬变动假设下的决策单元效率相对有效性评价问题。战略性新兴产业技术创新活动是一项具有多投入和多产出的复杂活动，很难确定其生产函数关系，再加上其明显的知识经济特殊性质带来的战略性新兴产业创新边际收益的不确定性，因此，更适合采用DEA（BCC）模型。

假设有 n 个待评价的决策单元（DMU），都有 m 种投入要素和 s 种产出，用 X_i 表示投入向量，Y_i 表示产出向量。假设对于某个选定的 DMU_0（其投入和产出向量分别为 X_0 和 Y_0），判断BCC模型有效性需要满足的条件为：

$$\begin{cases} \min\theta \\ \sum_{i}^{n} x_I \lambda_i + S^- = \theta X_0 \\ \sum_{i}^{n} Y_I \lambda_i + S^+ = \theta Y_0 \end{cases}$$

$$\sum \lambda_I = 1$$

$$\lambda \geq 0, i = 1,2,3,\cdots,n$$

$$\theta 无约束, S^- \geq 0, S^+ \geq 0$$

其中，θ 为 DMU_0 的综合技术创新效率评价指数，即投入产出的综合有效程度，还可进一步分解为纯技术效率和规模效率。λ_i 为相对于 DMU_0 重新构造一个有效决策单元组合中第 i 个决策单元的组合比例，S^-、S^+ 分别表示产出不足量和投入冗余量。当 $\theta = 1$ 且 $S^- = S^+ = 0$ 时，DMU_0 为 DEA 有效；当 $\theta = 1$ 且 $S^- \neq 0$，或 $S^+ \neq 0$ 时，DMU_0 为弱 DEA 有效；当 $\theta < 1$ 时，则称 DMU_0 为非 DEA 有效。

（二）技术创新时滞估算方法

研究技术创新效率时需要涉及考虑技术创新投入与产出在时间上的不匹配性问题，即技术创新时滞问题。已有的不少研究已经证实：技术创新活动存在时滞性。由于各个战略性新兴产业的技术领域、技术复杂程度及技术实现的整个过程都存在较大的差异，因此其技术创新具体时滞期限也存在较大的不同，须针对各个战略性新兴产业区别对待，才能更客观地比较研究浙江省战略性新兴产业的技术创新效率并对其进行有效的分类指导、扶持发展。本章借鉴池仁勇（2007）、杨娜娜（2013）等的研究成果，采用相关系数法来确定创新的滞后期限。即借鉴动态回归模型定阶的方法，求出技术创新产出（当期，即 t 期）与技术创新投入滞后 k 期（$k = 0, 1, 2, 3, 4, \cdots, n$）的相关系数，达到相关系数最大所对应的期限，即为技术创新投入产出的滞后期。

（三）产业波及效应估算方法

产业波及效应反映了某一产业变化导致国民经济其他产业波及连锁变化的内在影响机制，主要从影响力系数和感应度系数两方面来分析。现今，产业波及效应的基本分析工具是由利昂锡夫提出的投入产出模型、投入产出表及其在投入产出表基础上衍生出的完全分配系数表和完全消耗系数表。

影响力系数反映了一个产业部门对国民经济其他产业部门产生的平均生产需求波及程度。当某一产业的影响力系数大于或小于 1 时，表明该产业对其他产业产生的波及效应影响程度高于或低于社会平均影响力水平。某一产业的影响力系数越大，说明该产业对其他产业的拉动作用就越大。影响力系数通常用 F_j 表示，具体计算公式为：

$$F_j = \frac{\sum_{i=1}^{n} b_{ij}}{\frac{1}{n} \sum_{j=1}^{n} \sum_{i=1}^{n} b_{ij}} \tag{33-1}$$

其中，b_{ij}表示第j产业部门对第i产业部门的完全消耗系数。

感应度系数反映了国民经济体系中所有产业部门对某一具体产业部门所提供的产品或服务的依赖程度。当某一产业的感应度系数大于或小于1时，表示该产业的感应程度高于或低于社会平均感应度水平。某产业的感应度系数越大，容易受其他产业部门影响的程度越大，也就表示该产业对该国或地区经济发展的推动作用越大。感应度系数通常用E_i来表示，具体计算公式为：

$$E_i = \frac{\sum_{j=1}^{n} d_{ij}}{\frac{1}{n}\sum_{i=1}^{n}\sum_{j=1}^{n} d_{ij}} \qquad (33-2)$$

其中，d_{ij}表示第i产业部门对第j产业部门的完全分配系数。

第二节 战略性新兴产业统计分类界定与数据来源

一 浙江省战略性新兴产业统计分类界定

战略性新兴产业定量研究必须要解决的一个问题就是统计分类的合理界定及相应的数据获取。由于战略性新兴产业覆盖广泛，无法精准地划归于某一特定行业，且散见于国民经济的某些部门，目前针对战略性新兴产业明确的统计分类标准及相应的统一、便利的数据获取渠道还没有出现。而本章既涉及战略性新兴产业波及效应研究，又涉及其技术创新活动研究。产业波及效应研究数据取自政府部门编制的投入产出表，技术创新活动研究所需数据一般来自政府部门编制的科技统计年鉴，但问题的关键是如何把投入产出表和科技统计年鉴中的分类标准衔接起来？

为此，本研究借鉴周晶、何锦义（2011），刘艳（2013），吕岩威等（2013）等对战略性新兴产业细分门类的研究，结合战略性新兴产业波及效应和技术创新效率统一研究的需要，综合分析《浙江省战略性新兴产业分类统计目录（试行）》（浙统〔2012〕84号）、《浙江省投入产出表》（42部门）、《浙江科技统计年鉴》中的行业分类、行业代码，整理出数据可获性较好、行业归类一致性较强的浙江省战略性新兴产业依托部门分类对应和编号的企业，来近似替代浙江省战略性新兴产业，作为后续分析工作的研究对象如表 33-2 所示。

表 33-2　浙江省战略性新兴产业分类对应和编号

浙江省战略性新兴产业	浙江省投入产出表（42 部门）对应的依托部门	浙江科技统计年鉴对应的依托部门
S1 节能环保产业	S1.1　废品废料 S1.2　水的生产和供应业	S1.1　废弃资源综合利用业 S1.2　水的生产和供应业
S2 新能源产业	S2.1　石油加工、炼焦和核燃料加工 S2.2　电力、热力的生产和供应业 S2.3　燃气生产和供应业	S2.1　石油加工、炼焦和核燃料加工工业 S2.2　电力、热力的生产和供应业 S2.3　燃气生产和供应业
S3 新材料产业	S3.1　非金属矿物制造业 S3.2　有色金属冶炼和压延加工业 —	S3.1　非金属矿物制造业 S3.2　有色金属冶炼和压延加工业 S3.3　橡胶和塑料制造业
S4 生物产业	S4.1　化学工业	S4.1.1　化学原料和化学制品制造业 S4.1.2　医药制造业
S5 高端装备制造业	S5.1　通用、专用设备制造业 S5.2　交通运输设备制造业 S5.3　电气机械及器材制造业 S5.4　仪器仪表及文化办公用机械制造业	S5.1.1　通用设备制造业 S5.1.2　专用设备制造业 S5.2.1　交通运输设备制造业* S5.3.1　电气机械和器材制造业 S5.4.1　仪器仪表制造业
S6 物联网产业	S6.1　通信设备、计算机及其他电子设备制造业 S6.2　信息传输、计算机服务和软件业	S6.1　计算机通信和其他电子设备制造业 —
S7 新能源汽车产业	—	—

续表

浙江省战略性新兴产业	浙江省投入产出表（42部门）对应的依托部门	浙江科技统计年鉴对应的依托部门
S8 核电关联产业	—	—
S9 海洋新兴产业	—	—

注：*从《2013浙江科技统计年鉴》起，"交通运输设备制造业"分裂成"汽车制造业"和"铁路、船舶、航空航天和其他运输设备制造业"两个行业统计。为了保持交通运输设备制造业统计口径历年的一致性，2012年度、2013年度的交通运输设备制造业仍然涵盖汽车制造业和"铁路、船舶、航空航天和其他运输设备制造业"。

从表33-2中可以发现，浙江省战略性新兴产业、浙江省投入产出表的42部门与浙江科技统计年鉴中的国民经济行业分类并不能完全地对应上。调整说明如下：①新能源汽车产业、海洋新兴产业、核电关联产业由于不能在"浙江省投入产出表"（42部门）、《浙江科技统计年鉴》中找到对应的依托部门，因而缺少数据，在具体研究中不予考虑。②《浙江省投入产出表》（42部门）中的"化学工业"可以近似地细分为《浙江科技统计年鉴》中分类的"橡胶和塑料制造业""化学原料和化学制品制造业"和"医药制造业"。③《浙江科技统计年鉴》中的"有色金属冶炼和压延加工业""废弃资源综合利用业""仪器仪表制造业"分别近似等同"浙江省投入产出表"（42部门）中的"金属冶炼和压延加工业""废品废料""仪器仪表及文化办公用机械制造业"。因此，本研究后续针对浙江省战略性新兴产业的研究主要就是基于表33-2中S1.1—S6.1所对应的产业。

二 数据来源与说明

根据国务院办公厅颁布的《关于进行全国投入产出调查的通知》，全国以及各省每隔5年（逢2、逢7年份）编制投入产出表，因此，浙江省战略性新兴产业波及效应研究所涉及的基础数据来自目前为止最新的2010年"浙江省投入产出表"（42部门）。

而关于浙江省战略性新兴产业技术创新活动相关的数据都源于《浙江科技统计年鉴》中规模以上工业企业数据。由于系列《浙江科技统计年鉴》中按国民经济行业大类分组的统计指标口径并不是多年连续一致，从而给本研究带来了一定的影响。现将这些影响结合表33-2所做的一些调整说明如下：①由于《2007浙江科技统计年鉴》中，新产品产值、专利申请数等指标数据只统计了"电力、燃气及水的生产和供应业"这一总的行业的数据，没办法有效区分开"水的生产和供应业""电力、热力生产和供应业""燃气的生产和供应业"三个行业的数据。因此，为了保持研究分析在时间上的连续性和一致性，本章的研究数据起止时间就选定为2007—2013年，由此，主要的研究数据源于《2008—2014浙江科技统计年鉴》。②由于年鉴中的数据是采用当年价格进行度量，使各指标在不同年份间的数据不具有可比性，为了提高各期数据的可比性，本研究以2005年为基期，用工业品出厂价格指数对新产品销售收入进行价格平减，用固定资产投资价格指数对R&D经费内部支出、技术获取和改造经费支出进行价格平减。

第三节 实证研究

一 基于产业波及效应的浙江省战略性新兴产业分组

此部分主要在于按不同波及强度将浙江省战略性新兴产业分成不同群组，为后文技术创新效率研究提供分析框架。运用《2010浙江投入产出表》（42部门）数据和利昂锡夫逆矩阵，结合式（33-1）、式（33-2）计算整理得到表33-3。表33-3呈现了浙江省各战略性新兴产业具体的影响力系数和感应度系数值。

表33-3　浙江省战略性新兴产业波及效应指标值

浙江省战略性新兴产业	影响力数值	感应度数值	浙江省战略性新兴产业	影响力数值	感应度数值
S1.1	1.7790	2.2681	S4.1	1.3179	1.4241
S1.2	0.8382	1.1373	S5.1	1.4737	0.3162
S2.1	0.4883	1.0778	S5.2	1.5397	0.3307
S2.2	1.0782	1.8597	S5.3	1.6199	0.6151
S2.3	0.7298	1.4107	S5.4	1.4127	0.4581
S3.1	1.1884	1.0483	S6.1	1.5359	1.1161
S3.2	1.8574	1.4166	S6.2	0.8658	0.7949

从表33-3中可发现，浙江省各战略性新兴产业的影响力系数和感应度系数是有所不同的。综合分析感应度系数和影响力系数并以影响力系数和感应度系数的社会平均值1为限，可将浙江省战略性新兴产业分类成四个群组（见表33-4）。第一组简称高影响高感应组，即感应度和影响力系数都大于1的产业部门，是战略性新兴产业发展中最为敏感的部门。主要包含化学工业（S4.1），非金属矿物制造业（S3.1），有色金属冶炼和压延加工业（S3.2），通信设备、计算机及其他电子设备制造业（S6.1），废品废料（S1.1），电力、热力的生产和供应业（S2.2）；第二组简称低影响高感应组，即感应度系数大于1而影响力系数小于1的产业部门，具备较典型的战略性新兴产业体系中的基础产业部门特性。主要包含石油加工、炼焦和核燃料加工业（S2.1）、燃气生产和供应业（S2.3）、水的生产和供应业（S1.2）；第三组简称高影响低感应组，即感应度系数小于1而影响力系数大于1的产业部门，属于影响力波及型战略性新兴产业群。主要包含仪器仪表及文化办公用机械制造业（S5.4），通用、专用设备制造业（S5.1），交通运输设备制造业（S5.2）和电气机械及器材制造业（S5.3）；第四组简称低影响低感应组，即感应度系数和影响力系数都小于1的产业部门，典型的属于迟钝性波及型战略性新兴产业群。主要包含信息传输、计算机服务和软件业（S6.2）。

表33-4 基于产业波及效应的浙江省战略性新兴产业分组

战略性新兴产业群组	波及效应的基本特征	具体的战略性新兴产业部门
高影响高感应组	影响力系数大于1 感应度系数大于1	S4.1（包含S3.3、S4.1.1和S4.1.2）、S3.1、S3.2、S6.1、S1.1、S2.2
低影响高感应组	影响力系数小于1 感应度系数大于1	S2.1、S1.2、S2.3
高影响低感应组	影响力系数大于1 感应度系数小于1	S5.4、S5.1、S5.2、S5.3
低影响低感应组	影响力系数小于1 感应度系数小于1	S6.2

二 技术创新时滞估算

由于滞后期越长,损失的自由度越多,相关系数的平稳性就越差。由此,本研究只计算滞后 6 期以内的相关系数,即 k 值的取值为 0、1、2、3、4、5、6。将浙江省战略性新兴产业的新产品销售收入与 R&D 经费内部支出滞后各期(0、1、2、3、4、5、6)的相关系数进行比较,获得表 33-5。

表 33-5　　　浙江省战略性新兴产业技术创新滞后期

浙江省战略性新兴产业	滞后期（年）	浙江省战略性新兴产业	滞后期（年）
S1.1	0	S4.1.1	2
S1.2	0	S4.1.2	1
S2.1	0	S5.1	3
S2.2	2	S5.1.1	3
S2.3	0	S5.1.2	3
S3.1	0	S5.2	3
S3.2	0	S5.3	3
S3.3	0	S5.4	3
		S6.1	2

由表 33-5 中可知,浙江省战略性新兴产业的技术创新时滞从 0 到 3 年不等。其中,高端装备制造业中的 5 大依托部门,即通用设备制造业(S5.1.1)、专用设备制造业(S5.1.2)、交通运输设备制造业(S5.2)、电气机械和器材制造业(S5.3)及仪器仪表制造业(S5.4)的滞后期均为 3 年;电力、热力生产和供应业(S2.2)、化学原料和化学制品制造业(S4.1.1)、计算机通信和其他电子设备制造业(S6.1)滞后期均为 2 年;医药制造业(S4.1.2)的滞后期为 1 年。而其他战略性新兴产业的滞后期都为零。需要说明的是,由于本章使用的是年度数据,滞后期为零并不表明这些产业部门完全没有滞后效应,而是在一定程度上说明这些产业部门技术创新投入新产品销售收入实现这个过程大多可以在一年的时间内完成。总体上看,表 33-5 的滞后结果较为符

合浙江经济社会发展中各战略性新兴产业的行业性质和发展状况,具有一定的解释能力和可信性。那么,在下面的技术创新效率评价研究应用中得出的结果也是具有一定的解释和说服力的。

三 技术创新效率估算分析

本部分的研究,期望克服"已有对产业技术创新效率评价时都将每个产业当作互不相干的单独个体来研究"的局限性,从考虑战略性新兴产业在整个国民经济体系中存在的复杂的产业波及效应着手,同时融入技术创新时滞,分析浙江省战略性新兴产业不同波及作用组的技术创新效率呈现的特点及变化,进一步挖掘提高浙江省战略性新兴产业技术创新效率的有效着力点。

(一) 技术创新效率估算

由于本研究的产业波及效应系数均根据"2010浙江投入产出表"(42部门)中提供的数据合并和计算所得,因此进行分组比较时原则上应只以2010年浙江省战略性新兴产业技术创新效率为研究对象。考虑到投入产出表的数据更新周期相对较长,且又因为大部分战略性新兴产业的投入和产出情况不会发生大幅度的增减,更多的是渐进性变化,因此以2010年数据的分组标准延伸用至2011年、2012年、2013年,也是具有一定说服力的。

考虑到浙江省各战略性新兴产业的技术创新时滞0至3年不等,因此技术创新投入指标所需数据时长取自2007—2013年,技术创新产出指标所需数据时长为2010—2013年。另外,因在《浙江科技统计年鉴》中没有对应的"信息传输、计算机服务和软件业"数据,在技术创新效率分组评价中,低影响低感应组暂不考虑;且燃气生产和供应业在四个年度中,两项投入指标"新产品销售收入""专利申请数"每年都为零,不适合作为决策单位开展DEA有效性评价。综上所述,在将浙江省各战略性新兴产业技术创新投入和产出数据按照技术创新时滞调整后,按产业波及效应分组分别代入DEAP2.1软件中的BCC模型,基于投入导向角度,采用多阶段算法,分别得到各组的浙江省战略性新兴产业的技术创新效率、纯技术效率、规模效率水平。进一步数据见表33-6,报告了浙江省战略性新兴产业各组的2010—2013年技术创新效率、纯技术效率和规模效率的分组评价结果。

表33-6　浙江省战略性新兴产业技术创新效率分组比较

组别	战略性新兴产业	技术创新效率 2010年	2011年	2012年	2013年	均值	纯技术效率 2010年	2011年	2012年	2013年	均值	规模效率值 2010年	2011年	2012年	2013年	均值
高影响高感应	S1.1	0.48	0.46	0.78	1.00	0.68	1.00	0.78	1.00	1.00	0.95	0.48	0.59	0.78	1.00	0.71
	S2.2	0.21	0.98	0.73	1.00	0.73	0.26	1.00	0.74	1.00	0.75	0.80	0.98	0.99	1.00	0.94
	S3.1	0.74	0.55	0.99	1.00	0.82	0.76	0.58	1.00	1.00	0.83	0.98	0.95	1.00	1.00	0.98
	S3.2	0.50	0.82	0.59	0.66	0.64	0.72	1.00	0.93	1.00	0.91	0.69	0.82	0.63	0.66	0.70
	S3.3	0.88	0.54	0.70	1.00	0.78	0.98	0.78	0.88	1.00	0.91	0.90	0.70	0.81	1.00	0.85
	S4.1.1	0.58	0.57	0.59	0.57	0.58	0.95	0.96	1.00	0.43	0.98	0.61	0.60	0.59	0.57	0.59
	S4.1.2	0.25	0.22	0.29	0.28	0.26	0.35	0.32	0.39	1.00	0.37	0.70	0.70	0.75	0.65	0.70
	S6.1	0.70	0.74	0.85	1.00	0.82	0.70	0.75	0.85	0.93	0.83	1.00	0.99	1.00	1.00	1.00
	平均值	0.54	0.61	0.69	0.81	0.66	0.71	0.77	0.85	1.00	0.82	0.77	0.79	0.82	0.86	0.81
低影响高感应	S1.2	1.00	0.32	1.00	1.00	0.83	1.00	1.00	1.00	1.00	1.00	1.00	0.32	1.00	1.00	0.83
	S2.1	1.00	0.69	1.00	1.00	0.92	1.00	0.70	1.00	1.00	0.92	1.00	0.99	1.00	1.00	1.00
	平均值	1.00	0.50	1.00	1.00	0.88	1.00	0.85	1.00	1.00	0.96	1.00	0.65	1.00	1.00	0.91
高影响低感应	S5.1.1	0.67	0.72	0.61	0.75	0.69	0.73	0.72	0.67	0.93	0.76	0.91	0.99	0.92	0.80	0.91
	S5.1.2	1.00	0.94	0.93	0.93	0.95	1.00	1.00	0.95	0.93	0.97	1.00	0.94	0.98	1.00	0.98
	S5.2	0.99	0.96	0.82	0.67	0.86	1.00	1.00	0.84	0.67	0.88	0.99	0.96	0.98	1.00	0.98
	S5.3	1.00	1.00	0.82	0.76	0.89	1.00	1.00	1.00	1.00	1.00	0.84	0.89	0.82	0.76	0.89
	S5.4	0.84	0.89	1.00	0.87	0.90	1.00	1.00	1.00	0.87	0.97	0.84	0.89	1.00	1.00	0.93
	平均值	0.90	0.90	0.84	0.79	0.86	0.95	0.94	0.89	0.88	0.92	0.95	0.96	0.94	0.91	0.94

400

（二）具体分析

1. 高影响高感应组

考察浙江省战略新兴产业高影响高感应组的技术创新效率均值可以发现，该组技术创新效率呈现历年上升的良性发展态势，整体均值为0.66，处于中等水平，表明这组战略性新兴产业的技术创新资源配置并不是很有效，一定的技术创新投入并没有带来高效的技术创新产出，影响了这组产业自身产业竞争力的提升及对浙江省其他国民经济产业部门强推和强拉作用的发挥。通过技术创新效率值的分解可知，纯技术效率（均值0.82）、规模效率（均值0.81）对这组产业部门技术创新效率的作用相差无几，但总的来说，主要是规模效率部分的相对低效导致了技术创新效率的不佳。因此，在提升这组产业纯技术效率，即提高其技术创新、制度安排和科学管理等方面的效率的同时，应增强这组产业的规模效率。从分行业的角度，最主要是医药制造业（S4.1.2）严重拉低了高影响高感应组的技术创新效率。医药制造业的纯技术效率值（0.37）处于这组产业的末位，规模效率均值（0.70）也不高，处于这组产业的倒数第二位，这直接导致了医药制造业的技术创新效率（0.26）处于低水平，远低于这组产业的技术创新效率均值。这组产业中还需关注的是化学原料和化学制品制造业（S4.1.1），相对来说，其远比纯技术效率值（0.98）低效的规模效率（0.59）直接导致了其低的技术创新效率，因此规模效率的缺失是化学原料和化学制品制造业亟待解决的核心问题。

2. 低影响高感应组

该组战略性新兴产业2010—2013年的技术创新效率均值为0.88，处于中上水平，纯技术效率均值高于规模效率均值，表明纯技术效率部分对技术创新效率的作用更大，这组产业的技术创新效率低效或无效的由规模效率部分导致的原因更突出些。纵观这组产业的纵向技术创新效率发展，最近两年都处于技术有效和规模有效状态，应继续保持这种发展态势。

3. 高影响低感应组

该组产业的技术创新效率均值为0.86，处于中上水平，纯技术效率、规模效率值都处于高水平状态，但纯技术效率（0.92）低于规模效率（0.94），表明该组战略性新兴产业整体技术创新效率不高的主要原因是纯技术效率部分的低效，因此相对而言在技术创新、制度安排和科学管理等方面的效率缺失是这组产业亟待解决的核心问题。值得注意的是，该组技术创新效率、纯技术效率和规模效率从2010年至2013年呈现出下降的迹象。从分行业的角度，正是通用设备制造业（S5.1.1）技术创新效率的偏低（低于该组平均值）对这组产业整体技术创新效率的稳定及提升形成了制约作用。

组间比较。结合表33-6绘制图33-1，可以发现，高影响高感应组产业的三个效率（技术创新效率、纯技术效率和规模效率）均值都处于最低水平；高影响力系数的两组产业的技术创新效率要明显低于低影响力系数组的产业；经过效率分解后可发现，三组产业的纯技术效率、规模效率相差不大，对各自产业的技术创新效率贡献作用也相差不大，但整体上来说，高感应系数的两组产业的技术创新效率差异主要来自规模效率的差异，低感应系数组产业技术创新效率的偏低主要来自纯技术效率的偏低。综合以上组间对比分析可推断，高影响高感应组从产业波及效应角度虽已在浙江经济体系中显现出"战略性"地位，但其不佳的技术创新效率与其经济地位明显不匹配，对浙江省战略性新兴产业整体技术创新效率的提升形成了较大的制约作用。因此，提高浙江省战略性新兴产业整体技术创新效率的有效着力点在于高影响高感应组产业技术创新效率的改善，特别是该组中医药制造业技术创新效率的大力提升。

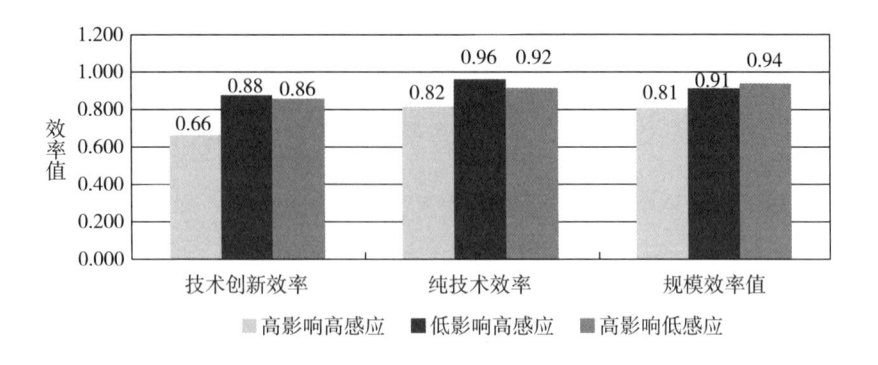

图33-1 浙江省战略性新兴产业技术创新效率组间比较

第四节 结论与启示

考虑不同战略性新兴产业间存在的复杂的产业波及效应对技术创新效率的影响，以及技术创新时滞存在的客观性，本章先运用投入产出模型计算出来的各产业波及效应，把浙江省战略性新兴产业分成高影响高感应、低影响高感应、高影响低感应、低影响低感应四个组别；然后基于相关系数法估算出来的浙江省各战略性新兴产业的具体技术创新时滞，调整技术创新投入和产出指标数据，运用DEA（BCC）模型测算和比较分析了浙江省战略性新兴产业四个不同波及效应组的技术创新效率现状及变化，并进一步挖掘制约浙江省战略性新兴产业技术创新效率提升的瓶颈。上述研究发现：①浙江省各战略性新兴产业的技术创新时滞0至3年不等，较为符合浙江经济社会发展中各产业的行业性质和发展状况。但医药制造业期限为1年的技术创新时滞与国外5年相比，暴露了该行业原始创新能力的匮乏。②按产业波及效应分类的浙江省战略性新兴产业群呈现了不同的技术创新效率特征。高影响高感应组技术创新效率呈现历年上升的良性发展态势，低影响高感应组近两年都处于DEA有效状态，高影响低感应组呈现出下降的迹象。

总体上看，低影响高感应组、高影响低感应组的技术创新效率整体上处于中上水平，而高影响高感应组的技术创新效率只处于中等水平，且高影响高感应组的三个效率均值（技术创新效率、纯技术效率和规模效率）均处于组间比较的最低水平，说明高影响高感应组产业已在浙江经济社会发展中显现出的"战略性"和"主导性"经济地位与其技术创新效率的相对低效并不匹配，对浙江省战略性新兴产业整体技术创新效率的提升形成了较大的制约作用。

由此可知，从技术创新及其效率的角度，战略性新兴产业要在浙江整个产业体系转型升级中发挥绝对的主导、引领作用，还存在较大的差距。为此，相应的政策启示如下：

（1）以技术创新为核心，切实提高战略性新兴产业技术创新效率，大力推行创新驱动浙江省战略性新兴产业的发展。通过各组技术创新效率的分解已知，目前规模效率和纯技术创新效率的提高都可以提升技创新效率。但产业规模扩展达到一定的临界点后，规模的扩大会使技术创新效率值不升反降，因此推动技术创新并提高纯技术效率仍然是浙江省战略性新兴产业整体发展的关键。

（2）加大力度重点支持高影响高感应组战略性新兴产业的技术创新活动。必须认识到这一事实：高感应高影响组战略性新兴产业是对浙江省经济增长速度最敏感的产业，该组产业技术创新效率的大力提高，通过其强大的产业波及作用机制，能以乘数级效应极大地拓展其对浙江省社会经济其他产业强推、强拉作用的广度和深度。

（3）必须从根本上改善医药制造业在浙江省战略性新兴产业体系中技术创新效率最低的"瓶颈"问题。浙江省医药制造业近些年技术创新力度虽一直在加大，但仍凸显了其创新投入产出效率低下及自身原始创新能力的匮乏。因此增强医药制造业的自主创新能力，加大其技术装备水平和研发投入力度，积极引导浙江省医药制造业向新药研发等产业链高端转型刻不容缓。

（4）依据产业创新生态链，综合推进供给侧、需求侧创新政策的协同运用，为战略性新兴产业技术创新提供强有力的要素支撑、市场支撑和政策支撑。目前，浙江省的创新政策工具虽比较完备且也取得了一定的成就，但仍需要提升对产业创新绩效的洞察力和创新政策的前期评估能力，有效发挥各种创新政策工具在整个产业创新生态链上的"组合拳"放大效应。

第三十四章

创新资源空间协同与区域经济增长实证研究

第一节 引言

创新是区域经济增长的根本动力，区域创新能力不仅取决于创新资源的投入，更依赖于创新资源的协同利用。"协同"的经济学含义最早由 Asnoff（1965）提出，是指多个要素在交互作用下产生一种单独要素无法实现的整体效果，协同的本质是一种交互关系。区域创新方面的应用研究大多借鉴了协同的相关概念，类似地，本章创新资源协同主要指创新资源间的一种交互状态。

目前，国内外有关创新资源协同的研究多侧重于微观企业方面，包括技术、战略、市场、组织、文化、知识等多要素或全要素协同研究。已有大量研究结果证实创新资源协同对经济增长产生重要影响。Robert，E. 等认为，物质资本和人力资本相辅相成，两者间的增长应当相互协调；胡鞍钢等认为中国过低的知识资本投资率和过高的物质资本投资率使软件和硬件与投资不匹配，是经济资本投资结构的最大问题。Cisheng Wu 等提出知识资本内部的相互影响、相互作用，使其所带动的知识资本提升越快，更能带动区域经济的整体发展。上述研究成果表明创新资源的投入禀赋不是区域经济增长的充要条件，创新资源要素相互间的协同配置更为重要。目前，现有的文献研究中存在一个共同的现象是：将区域作为封闭系统，仅研究创新资源在区域内部的静态协同配置与经济产出之间关系，缺乏空间视角，忽略了创新资源协同在不同地理空间上的相互联系和相互影响。

地理学第一定律指出，大多数空间数据具有空间相关性，要素的流动是空间相关性产生的重要原因。创新资源协同在各区域中并不是静止孤立存在的，在区域间创新资源协同势差和空间相互作用的驱动下，随着创新资源要素在区际单向、双向或多向流动和转换，创新资源协同会随之在不同地理空间上产生复杂动态的相互联系和相互影响，形成创新资源协同空间联系。创新资源协同空间联系通过空间相互作用促进技术、知识等的扩散和外溢，不仅可以动态调整各区域的创新资源协同水平，也可以改善不同区域间创新资源协同势差，形成推动区域经济增长的新动力。随着区域经济开放与共享的深入，创新资源的空间流动与转换越来越频繁，创新资源协同空间联系也越来越复杂，在协同、流动、转换等空间相互作用的影响下，创新资源得以更为有效地转化为生产力，从而推动区域经济的持续增长。目前，国内外针对创新资源协同空间联系还鲜有研究。

鉴于此，本章从空间视角引入区域创新资源协同空间联系变量，侧重考察创新资源协同空间联系的空间动态变化特征及其对区域经济增长的影响。白俊红等在创新资源的空间关联对创新绩效的影响研究上取得了较好的研究结论，为本章探讨创新资源协同空间联系与经济增长的机理提供了有益借鉴。以中国31个省份（不含我国香港、澳门、台湾地区）作为空间样本，运用趋势面、引力模型和探索性空间数据分析法，探析创新资源协同的空间分布特征、识别创新资源协同空间联系的网络结构和空间关联格局，构建创新资源协同空间联系与区域经济增长空间面板计量模型，揭示创新资源协同空间联系对经济增长的影响。本研究从空间外部联系视角探索了创新资源协同对经济增长的影响，为深入理论研究经济增长提供有益借鉴，也为相关政府部门空间协同布局创新资源配置提供一定参考。

第二节 研究设计与数据来源

一 创新资源协同度量

创新资源的构成比较复杂,不同的学者对其理解也不同。广义的创新资源包含人力创新资源、物力创新资源、财力创新资源和信息创新资源,狭义的角度则限定在人力创新资源和财力创新资源上。鉴于研究指标数据的可获性、一致性与连续性,本章研究主要采用狭义角度的创新资源,创新资源协同指人力创新资源与财力创新资源间相互影响、相互制约的交互作用状态。目前,国内外对创新资源协同还没有统一的权威的度量方法,本章主要基于对已有创新资源协同定性描述的对比,借鉴陈收、米雯静等在实证研究中采用交互项来测度资源协同的经验,度量创新资源协同的公式如式(34-1)所示。

$$IRS_{it} = R\&D\,E_{it} \times R\&D\,P_{it} \tag{34-1}$$

式中,i 为各区域,t 为年份;$R\&DE$ 为财力创新资源,用内部研发经费支出表示;$R\&DP$ 为人力创新资源,用研发人员全时当量表示;IRS 为某区域创新资源协同状况,借鉴前人研究经验,用 $R\&DE$ 与 $R\&DP$ 的交互项来表示。

为了能直观模拟出创新资源协同在不同区域空间上的分布规律和变化趋势,进一步运用趋势面来抽象描述创新资源协同总体分异状况。假设 $Z_i(x_i, y_i)$ 为区域 i 的创新资源协同水平,(x_i, y_i) 为平面空间坐标,根据趋势面技术公式可知:

$$Z_i(x_i, y_i) = T(x_i, y_i) + \varepsilon_i \tag{34-2}$$

式中,$T(x_i, y_i)$ 为趋势函数,表示大范围内的趋势值,ε_i 为自相关随机误差,表示第 i 个区域创新资源协同真实值与趋势值之间的偏差。本章根据历年的中国各省域创新资源协同值和地理位置,借鉴前人相关研究经验,简单采用二阶多项式趋势函数计算创新资源协同趋势值,即 $T(x_i, y_i) = \beta_0 + \beta_1 x + \beta_2 y + \beta_3 x^2 + \beta_4 y^2 + \beta_5 xy$。

二 创新资源协同空间联系引力模型

本章创新资源协同空间联系主要考察创新资源协同在创新资源要素区际流动等空间相互作用下形成的复杂的空间联系。鉴于实际中特别是社科领域中真实资源要素数据流难以测量和收集,引力模型理论模拟推算空间联系成为众多学者普遍采用的主流研究方法之一。自 Zipf 最早将引力模型引入城市间人口流动所产生的空间相互作用领域之后,经 Witt 等进一步研究和拓展,已被广泛应用于金融、经济、创新等领域的空间联系测算研究。借鉴前人相关研究经验,本章建立模拟测算创新资源协同空间联系引力模型如下:

$$IRS\ G_{ij} = \frac{IR\ S_i \times IR\ S_j}{d_{ij}^b} = \frac{R\&D\ E_i \times R\&D\ P_i \times R\&D\ E_j \times R\&D\ P_j}{d_{ij}^b} \quad (34-3)$$

$$IRS\ P_i = \sum_{i \neq j} IRS\ G_{ij} \quad (34-4)$$

式中,$IRS\ G_{ij}$ 表示两区域间创新资源协同空间联系强度;$IR\ S_i$、$IR\ S_j$ 表示区域 i 和区域 j 的创新资源协同"质量";d_{ij} 为两区域间距离,结合潘文卿研究,本章采用省会城市间直线距离;b 为距离摩擦系数,参考前人经验,分别取 1 和 2 时可以近似地揭示国家尺度和省区尺度的城市体系空间联系状态,结合本章研究为国家尺度,b 值取 1。式 (34-4) 的 IRSP 定义为创新资源协同势能,用来度量该区域与其他所有区域间的创新资源协同空间联系总量。一般来说,某区域创新资源协同势能越大,中心地位相对越高,其空间辐射能力也相对越大。

三 创新资源协同势能空间关联模型

为进一步探索创新资源协同空间联系在不同区域的空间关联特征,确定其空间集聚和空间交互作用,本章分别运用探索性空间数据分析法中的全局和局部 Moran's I 指数来探查。

创新资源协同势能全局 Moran's I 指数计算公式如下:

$$I = \frac{\sum_{i=1}^{m} \sum_{j=1}^{m} W_{ij}(IRS\ P_i - \overline{IRSP})(IRS\ P_j - \overline{IRSP})}{S^2 \sum_{i=1}^{m} \sum_{j=1}^{m} W_{ij}} \quad (34-5)$$

式中,$S^2 = \frac{1}{m} \sum_{i=1}^{m} (IRS\ P_i - \overline{IRSP})^2$,$\overline{IRSFP} = \frac{1}{m} \sum_{i=1}^{m} IRSF\ P_i$;$W$ 为空间权重矩阵,采用现有文献中通行的一阶相邻函数矩阵来表示,即相邻区域赋予 1,不相邻的区域赋予 0。全局 Moran's I 指数取值范围为 [-1,1],通常采用标准化统计量 $Z = [I - E(I)] / \sqrt{VAR(I)}$ 来检验全

局 Moran's I 指数的显著性。Moran's I 指数大于 0 且 Z 值显著，则表明创新资源协同势能在中国各区域间为空间正相关，小于 0 且 Z 值显著，则为空间负相关。

局部 Moran's I 指数（LISA）能更好地说明创新资源协同势能空间关联的局部特征。局部 Moran's I 指数为正表示创新资源协同势能水平相似的区域聚集在一起，为负表示创新资源协同势能水平相异的区域集聚在一起。具体计算公式如下：

$$I_i = (IRSP_i - \overline{IRSP}) \sum_{j=1}^{m} W_{ij}(IRSP_j - \overline{IRSP}) \qquad (34-6)$$

四 创新资源协同势能与区域经济增长空间计量模型

为有效捕捉创新资源协同对经济增长的空间影响，本章借鉴新古典经济增长理论，并结合新经济地理学理论，假设经济增长除了取决于资本要素投入和劳动力要素投入，还受到创新资源协同空间联系的影响。鉴于随着空间经济学应用的深入，越来越多的研究证实中国区域经济发展存在空间溢出效应，而传统面板数据模型对空间溢出效应的解释力相对较弱。本章拟运用空间计量方法，借鉴化祥雨、潘文卿、Anselin 研究经验，分别构建空间滞后面板数据模型（Spatial Lag Panel Data Model，SLPDM）和空间误差面板数据模型（Spatial Error Panel Data Model，SEPDM）来进行实证研究。

SLPDM 模型可用来检验区域经济增长是否存在空间溢出效应，构建如下：

$$\ln Y_{it} = \beta_1 \ln K_{it} + \beta_2 \ln L_{it} + \beta_3 \ln IRSP_{it} + \beta_4 \ln Market_{it} + \beta_5 \ln INNT_{it} + \rho W \ln Y_{it} + \alpha_i + v_t + \varepsilon_{it} \qquad (34-7)$$

SEPDM 模型可通过空间误差项相互关联来检验区域经济增长的空间依赖性，构建如下：

$$\ln Y_{it} = \beta_1 \ln K_{it} + \beta_2 \ln l_{it} + \beta_3 \ln IRSP_{it} + \beta_4 \ln Market_{it} + \beta_5 \ln INNT_{it} + \alpha_i + v_t + \varepsilon_{it}$$

$$\varepsilon_{it} = \lambda W \varepsilon_{it} + \mu_{it} \qquad (34-8)$$

式（34-7）和式（34-8）中，i 表示各区域，t 表示年份；Y 为区域经济增长，用人均 GDP 表示；K 为资本投入要素，用人均固定资产投资表示；L 为劳动力投入要素，用年末从业人员数占总人口比重表

表 34-1　　中国各省份创新资源协同势能比重值

省份	2003年势能比重	2009年势能比重	2014年势能比重	省份	2003年势能比重	2009年势能比重	2014年势能比重
北京	22.76	12.42	8.61	湖北	3.19	2.63	2.64
天津	3.53	2.12	2.58	湖南	0.83	1.17	1.28
河北	2.22	1.19	1.20	广东	8.70	10.46	11.89
山西	0.39	0.49	0.24	广西	0.11	0.12	0.11
内蒙古	0.06	0.11	0.11	海南	0.00	0.00	0.00
辽宁	3.90	1.53	0.87	重庆	0.26	0.23	0.26
吉林	0.43	0.23	0.11	四川	2.83	1.23	0.95
黑龙江	0.70	0.35	0.14	贵州	0.05	0.03	0.03
上海	9.07	10.02	7.25	云南	0.08	0.05	0.04
江苏	16.60	24.49	27.04	西藏	0.00	0.00	0.00
浙江	5.29	13.30	14.47	陕西	3.20	1.19	0.85
安徽	1.50	2.01	3.45	甘肃	0.15	0.05	0.04
福建	0.91	0.97	1.47	青海	0.00	0.00	0.00
江西	0.34	0.36	0.26	宁夏	0.00	0.00	0.00
山东	11.11	11.07	11.83	新疆	0.00	0.00	0.00
河南	1.78	2.18	2.27				

注：势能比重值为各省、市势能值占全国势能总和的百分比（%）；0并不表示没有势能值，而是值太小，四舍五入时为0。

变化显著。与2009年、2014年相比，2003年的联系结构还较简单，还未出现流量大的网络节点中心。到2009年，发展成以山东—江苏—浙江—上海—广东为中心的"鸡爪形"网络结构。至2014年，已发展成以北京—山东—江苏—浙江—上海—广东—河南—湖北—湖南—安徽—福建等多核心的复杂化的"网络型"空间结构。整体上，创新资源协同空间联系网络已覆盖中国全部区域，空间联系方向主要由东部沿海逐渐向东北和中西部方向发展，且东部沿海与中部的空间联系强度有不断增强趋势。究其原因，与中国持续加大实施创新驱动发展战略进而加速创新资源在区域间的交互流动和转换密不可分。

(a) 2003年　　　　　　　　(b) 2009年

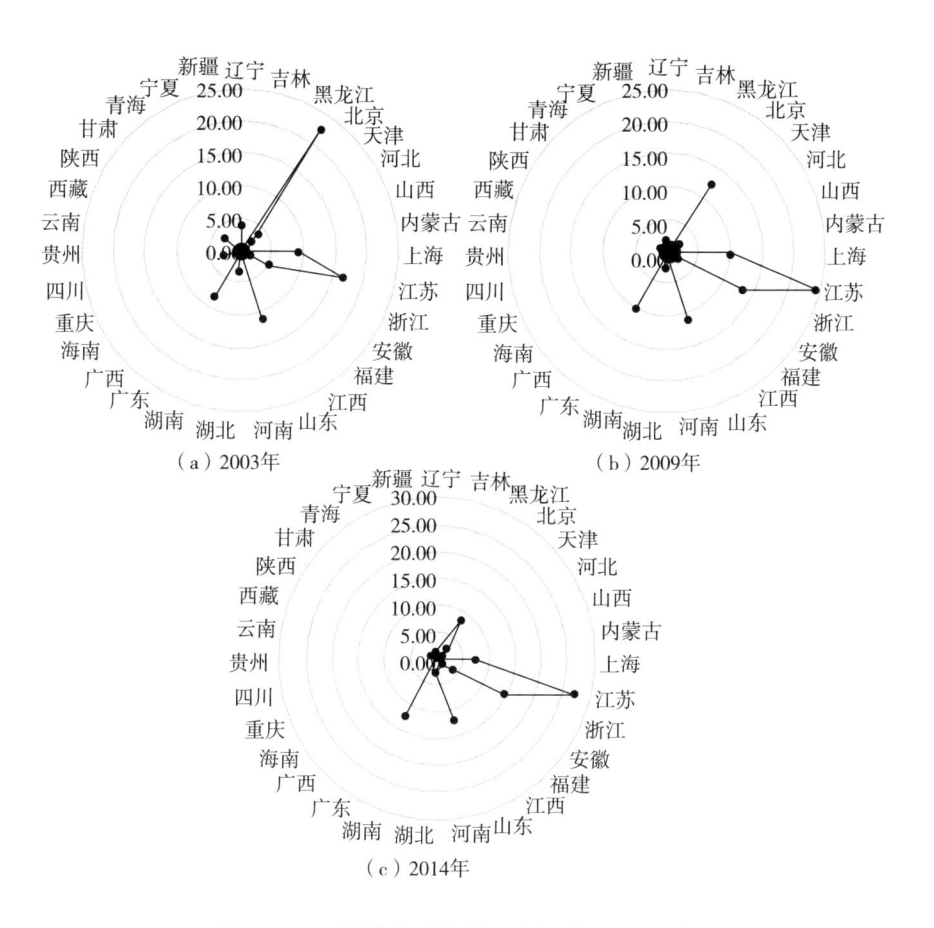

(c) 2014年

图 34-2　中国创新资源协同空间联系网络结构

三　中国创新资源协同势能空间关联格局

根据式（34-5）计算得到全局 Moran's I 指数（见表 34-2）。计算结果表明，2003—2014 年中国创新资源协同势能在所有年份均呈现了显著的空间正自相关性，说明中国创新资源协同势能表现出显著的空间关联现象。从时间维度来看，创新资源协同势能全局 Moran's I 指数值波动上升，说明中国创新资源协同势能的空间集聚态势在加强。

运用局部 Moran's I 指数可以进一步探查中国 31 个区域创新资源协同势能是否存在局部的空间依赖性和异质性。根据式（34-6），可分别得到 2003 年、2009 年和 2014 年局部空间自相关 LISA 集聚图。我们用高—高区域表示创新资源协同势能集聚水平高的区域被集聚水平高的区域包围，用高—低区域表示创新资源协同势能集聚水平高的区域被集聚水平低的区域包围，用低—高区域表示创新资源协同势能集聚水平低的区域被集聚水平高的区域包围，用低—低区域表示创新资源协同势能集聚水平低的区域被集聚水平低的区域包围。研究发现，2003年高—高集聚区域主要在上海和江苏，说明这2个区域的创新资源协同势能水平较高，对周边区域产生的辐射和吸引能力也较强，显示出显著的空间正相关。2009年与2014年，高—高集聚区域进一步向东部沿海地区拓展并稳定为上海、江苏、山东和浙江4个区域，呈现显著的局部集聚态势。由此分析表明，中国创新资源协同势能呈现出显著的区域空间关联性，且不同区域创新资源协同势能的全局空间自相关与局部空间自相关密切相关。

表34-2　　中国创新资源协同势能全局 Moran's I 指数

年份	Moran's I 值	Z 值	P 值	年份	Moran's I 值	Z 值	P 值
2003	0.1504	1.8826	0.0597*	2009	0.3066	3.4602	0.0005***
2004	0.1761	2.2008	0.0277**	2010	0.2947	3.3552	0.0007***
2005	0.2026	2.4129	0.0158**	2011	0.2985	3.3643	0.0007***
2006	0.2548	2.8354	0.0045***	2012	0.2934	3.3662	0.0007***
2007	0.2524	2.7766	0.0054***	2013	0.3088	3.6019	0.0003***
2008	0.2833	3.1017	0.0019***	2014	0.3157	3.7152	0.0002***

注：***、**、*分别表示能够通过显著性水平为1%、5%、10%的统计检验。

第四节　实证分析

一　空间计量结果分析

将中国各省域创新资源协同空间联系量、势能与人均GDP进行时空拟合，可观测三者呈现出整体空间拟合态势。我们研究发现，创新资源协同空间联系强度大、空间势能高的区域，往往人均GDP也较高。白俊红等研究证实区域间创新要素的空间联系有利于知识的空间溢出，从而促进区域创新绩效的提升。本章类比 Krugman 提出的潜能理论，认为当一个区域的创新资源协同水平越高时，该区域对其周边区域的创新资源空间吸引和辐射能力也就越大，意味着该区域创新资源协同水平提高对其周边区域有较强的带动作用，同时通过创新资源协同空间联系、空间集聚，改善本区域与周边区域间的创新资源协同势差，提升本区域及周边区域的创新绩效，进而增强区域间的空间溢出效应，最终影响区域经济增长。因此，本章研究假设认为，创新资源协同空间联系对区域经济增长具有促进效应。接下来，运用空间计量技术来验证这个假设。

我们先对创新资源协同势能影响经济增长的空间计量模型进行检验。通过 Fisher – ADF 和 Fisher – PP 单位根检验和 Pedroni、Kao 协整检验，结果显示序列非同阶单整，其中劳动力指标采用差分处理后，面板数据是平稳序列，存在协整关系，可以做下一步的回归分析。然后通过 F 统计量检验确定采用个体和时点双固定效应模型。根据 Anselin 提出的 Lagrange Multiplier（LM）检验，结果显示 LMLAG 通过了 1% 的显著性检验，LMERR 没有通过显著性检验，说明 SLPDM 模型优于 SEPDM 模型。为了充分探讨创新资源协同空间联系对区域经济增长的影响，研究对不包含创新资源协同势能（模型Ⅰ）和包含创新资源协同势能（模型Ⅱ）的两种模型分别进行 OLS、SLPDM 和 SEPDM 回归估计综合分析，结果见表 34 – 3。

表 34 – 3　创新资源协同空间联系与区域经济增长回归估计结果

变量	OLS 模型Ⅰ	OLS 模型Ⅱ	SLPDM 模型Ⅰ	SLPDM 模型Ⅱ	SEPDM 模型Ⅰ	SEPDM 模型Ⅱ
C	6.5573*** (0.0000)	6.3734*** (0.0000)				
LnK	0.3548*** (0.0000)	0.3524*** (0.0000)	0.3419*** (0.0000)	0.3328*** (0.0000)	0.3512*** (0.0000)	0.3419*** (0.0000)
LnL	0.1911* (0.0742)	0.1683* (0.0969)	0.2201** (0.0466)	0.1923* (0.0643)	0.1873* (0.0760)	0.1493* (0.0996)
LnIRSFP		0.0212** (0.0329)		0.0396*** (0.0000)		0.0249** (0.0126)

续表

变量	OLS 模型Ⅰ	OLS 模型Ⅱ	SLPDM 模型Ⅰ	SLPDM 模型Ⅱ	SEPDM 模型Ⅰ	SEPDM 模型Ⅱ
LnMarket	0.0036 (0.5372)	0.0028 (0.6290)	0.0051 (0.3730)	0.0041 (0.4588)	0.0035 (0.5526)	0.0024 (0.6772)
LnINNT	0.0032 (0.6241)	0.0031 (0.6147)	0.0018 (0.7666)	0.0012 (0.8374)	0.0029 (0.6540)	0.0027 (0.6667)
ρ/λ			0.1554*** (0.0077)	0.2113*** (0.0002)	0.1122 (0.1388)	0.1735** (0.0183)
R^2	0.9919	0.9920	0.9922	0.9926	0.9919	0.9920
Log-L	519.7319	522.3663	523.7828	527.2375	519.8546	523.0561

注：模型Ⅰ为未加入创新资源协同势能，模型Ⅱ为加入创新资源协同势能；*、**和***分别表示能够通过显著性水平为10%、5%和1%的统计检验；括号内数据为P值，下同。

回归结果显示，模型Ⅰ与模型Ⅱ的SLPDM回归估计的R^2和Log-L均比OLS的要大，SEPDM的Log-L也比OLS的估计值大，这表明空间经济计量模型比传统计量模型的拟合度更好，更具有解释力。对于空间相关系数ρ和λ，模型Ⅰ与模型Ⅱ的SLPDM在1%的水平上均通过了显著性检验，模型Ⅱ的SEPDM通过了5%水平上的显著性检验，说明中国区域经济增长存在显著的空间溢出效应。

在包含创新资源协同势能的模型Ⅱ中，创新资源协同势能（IRSP）回归系数均为正值，均通过了1%或5%的显著性检验，表明创新资源协同空间联系对区域经济增长产生了积极的促进效应，这一结论验证了本章所提出的研究假设。再对比模型Ⅰ与模型Ⅱ，无论是OLS，还是SLPDM和SEPDM，模型Ⅱ的R^2和Log-L回归估计值均大于模型Ⅰ，这表明加入创新资源协同势能的模型Ⅱ解释力要强于没有加入创新资源协同势能的模型Ⅰ，这进一步验证了本章观点。由于模型Ⅱ中考虑了创新资源协同的空间联系，K、L、Market和INNT变量回归系数的绝对值与模型Ⅰ中的相比均出现了明显下降，这也说明包含创新资源协同势能的模型Ⅱ的适合性，并再次验证创新资源协同空间联系对区域经济增长有正向影响的研究观点。模型Ⅰ与模型Ⅱ中的另外两个核心变量K和L

的回归系数显示资本和劳动力投入要素对中国经济的快速增长均做出了重要的正向贡献,与国内相关研究的多数结论一致。对比研究还可以发现,资本投入要素促进作用显著地大于劳动力要素的促进作用,表明中国现阶段的经济增长仍然处于资本驱动阶段。至于 Market、INNT 两个控制变量,对经济增长具有正向的影响但不显著,这与部分已有的研究结论差异不大。

二 效应分解

运用 SLPDM 检验出存在空间溢出效应后,可以利用效应分解来进一步揭示创新资源协同空间联系对经济增长的空间影响。通过 Matlab7.0 软件,得到效应分解结果见表 34-4。由表 34-4 可知,创新资源协同空间联系对经济增长具有积极的正向影响,其直接效应、间接效应和总效应的回归系数在 1% 或 5% 水平上均显著为正,说明创新资源协同空间联系不仅可以通过直接效应促进本区域经济增长,还能通过间

表 34-4　创新资源协同空间联系对经济增长的直接效应、间接效应和总效应

方法	变量	直接效应 模型 I	直接效应 模型 II	间接效应 模型 I	间接效应 模型 II	总效应 模型 I	总效应 模型 II
SLPDM	LnK	0.3438*** (0.0000)	0.3368*** (0.0000)	0.0632** (0.0193)	0.0854*** (0.0042)	0.4071*** (0.0000)	0.4223*** (0.0000)
	LnL	0.2204* (0.0552)	0.1896* (0.0677)	0.0408* (0.0936)	0.0487* (0.0930)	0.2612* (0.0564)	0.2384* (0.06910)
	LnIRSFP		0.0399*** (0.0003)		0.0102* (0.0344)		0.0502*** (0.0007)
	LnMarket	0.0050 (0.3886)	0.0041 (0.4713)	0.0009 (0.4444)	0.0011 (0.5043)	0.0060 (0.3896)	0.0052 (0.4726)
	LnINNT	0.0021 (0.7341)	0.0012 (0.8424)	0.0004 (0.7556)	0.0003 (0.8471)	0.0026 (0.7349)	0.0015 (0.8421)

接效应、总效应促进邻近区域的经济增长,邻近区域还会以此反过来影响该区域的经济增长。通过比较可以发现,直接效应要显著大于间接效

应，说明目前中国创新资源协同空间联系的集聚作用大于其扩散作用。另外也可发现，K、L、Market 和 INNT 对经济增长均存在正的直接效应、间接效应和总效应。

第五节　结论与政策启示

本章通过趋势面、引力模型和探索性空间数据分析法，分析了 2003—2014 年中国省域创新资源协同空间联系的空间分布及网络结构特征。进一步构建 SLPDM 和 SEPDM 空间面板计量模型，实证揭示了创新资源协同对区域经济增长的空间影响。主要研究结论如下：

第一，2003—2014 年以来，中国省域创新资源协同空间趋势面呈现了明显的"东南高，西北低"的空间指向性，从空间维度上展现出"东高、西低、北降、南升"的动态空间分异趋势，表明创新资源协同在中国各区域间存在复杂的动态空间联系。

第二，中国创新资源协同空间联系强度呈现出区域差异，其网络结构格局变化显著。从 2003 年简单的联结雏形到 2009 年以山东—江苏—浙江—上海—广东为中心的"鸡爪形"，至 2014 年已发展成以北京—山东—江苏—浙江—上海—广东—河南—湖北等多核心复杂化的"网络型"空间结构。

第三，中国创新资源协同势能呈现显著的空间关联性，空间集聚态势明显。全局 Morans' I 指数及局部 Morans' I 指数均表明中国创新资源协同势能向东部沿海地区集聚的空间关联态势。

第四，中国区域经济增长空间溢出效应明显，创新资源协同空间联系对区域经济增长有显著的正向促进效应，可以通过直接效应、间接效应和总效应空间溢出促进区域经济增长。

现今中国正处于一个"超链接"发展的大世界中，创新资源在区域内外的动态关联已日趋常态。促进区域经济增长的新基础不再仅取决于区域内部的创新资源禀赋及协同，也取决于创新资源协同在空间相互作用下所形成的区域间的动态空间联系。因此，政府亟待创新资源配置方式，发挥市场在促进创新资源区际流动中的决定性作用，优化创新资源协同空间联系网络格局，最大限度地发挥创新资源协同的空间溢出效应。值得提出的是，本章的创新资源仅是从狭义角度考虑了人力和财力这两类最基本的创新资源，影响创新资源协同空间联系的因素有很多，由于数据获得困难尚未加入本章模型，因此，综合因素的完善及理论上更深入的分析还需今后做进一步研究。

第三十五章

智能制造与中小企业组织变革匹配的实证研究

许多学者都认为智能制造是中小企业实现转型升级的重要手段。但是，也有一些学者认为中小企业由于存在自身资金力量薄弱、融资效率低、缺乏技术和相关人才等问题，智能化改造是机遇更是挑战。而且智能化转型是一项系统工程，如果没有资金杠杆和政府扶持等，很难转型成功。而本章借助组织变革理论，认为中小企业智能制造的实施效率不仅取决于企业是否投入大量的资金，引进先进的设备，更重要的是，必须找到一条适合自身发展的智能制造之路，在引进智能制造技术和系统的过程中，对组织内部进行适时的调整和变革，包括业务流程、组织结构以及人力资源等方面，达到各种内外部资源的合理有效的配置，进而更好地提升企业绩效。

本章是从企业绩效的视角，探讨组织变革在智能制造与中小企业绩效的调节性匹配作用，发现企业绩效水平受到智能制造应用与组织变革的调节性匹配程度的影响。本章的研究丰富了智能制造在企业管理领域的理论研究，为广大中小企业开展智能制造实践提供理论支撑。

第一节 理论与假设

一 智能制造与中小企业绩效

Wright 等从生产自动化、柔性化的角度将智能制造定义为："通过集成知识工程、制造软件系统、机器人视觉等对制造技工们的技能以及专家知识进行建模，以实现使用智能机器进行无人小批量生产。"但是，随着计算机以及人工智能等技术的飞速发展和生产领域的应用，进一步扩展了智能制造的内涵。一些学者认为，智能制造包括智能制造技术和智能制造系统，智能制造技术是通过计算机模拟人类专家的智能活动，并对制造智能进行收集、存储、完善、共享、继承与发展的技术；而智能制造系统则是在强调各个生产环节智能化的同时，更加注重整个制造环境的智能集成。而本章将智能制造定义为综合运用计算机、人工智能等先进的技术，实现产品生产、设计、销售、物流等各个环节的自动化、集成化、智能化。

中国电子技术标准化研究院2016年的《智能制造能力成熟度白皮书》，将企业的智能制造能力分为两个维度来衡量，分别是制造维和智能维，为制造企业实行智能化提供了标准。其中，制造维是指中小企业其核心业务的制造能力，包括对支撑核心业务的设备和系统的技术改造，实现核心业务的自动化、数字化升级，打造智能车间，开始迈入智能制造的门槛；智能维是指中小企业开始转向对基础设施、生产管理系统等全面集成，对生产各环节的人员、装备、环境等数据进行分析处理，开始向智能工厂迈进。上述研究从技术和标准的角度为衡量智能制造水平提供了思路和评价方法。但是，仅仅拥有自动化生产流水线的企业还不是完全的智能制造企业，还必须要达到在组织管理上是智能化。

但是，中国中小企业目前的短板在于质量意识薄弱，生产管理的标准化、精益化、信息化程度低，因此首先应解决的是质量保证和控制的问题。而智能制造的自动化生产等能够提高产品的质量和标准化程度。与此同时，随着产品生命周期缩短，如何提高生产效率，增加交货及时性等，都需要企业有着敏捷的生产能力、生产管理智能化程度，智能制造系统正是解决企业资源高度共享，快速、准确响应的问题。综上所述，我们提出了以下假设：

H1a：制造维对中小企业绩效有着积极影响。

H1b：智能维对中小企业绩效有着积极影响。

二 组织变革与中小企业绩效

关于组织变革，国内外学者已经进行了非常系统的研究与探索，早在20世纪70年代就有研究认为，组织通过变革提高运作效率，实现均衡增长，保持更具弹性的环境适应力与内部合作能力。也有学者认为，组织变革是指企业受到外在环境的冲击，从而调整其内部，以适应内外的均衡。组织变革的最终目的是提高其适应生存和发展需要的应变能力。

基于组织变革的定义，不同学者对组织变革的内容也有着自己的理解。Burke 提出了组织变革内容模型，将组织变革行为分为基于外部压力和内部需求两个方面的变革。前者包括组织使命、组织战略、组织文化，后者包括组织管理制度、组织结构、组织人员等。有学者从战略、文化、结构、制度四个维度来划分组织变革的类型，并认为这四个维度与人的认知和行为密切相关。同时，齐振宏认为，组织变革应该有战略导向，从流程再造入手，以人为本，把战略、业务流程和人员的变革纳入组织的范畴。本章参见霍明的研究将组织变革划分为组织战略、结构以及业务流程三个维度，探讨外部环境对组织内部的影响。

有学者指出企业保持长期稳定运行与繁荣，需要保持企业内部组织与外部环境（如技术、市场、制度等）相适应。为应对外部环境的复杂性、不确定性以及不可控性，企业必须适时根据外部环境进行组织内部业务流程、计划、结构等方面的变革与调整。中小企业引入智能制造技术与系统，正是适应外部社会经济形式变化。但是，智能制造系统应用必然带来组织结构调整，否则智能制造只是流于形式，或者效果大打折扣。因此，任何企业的智能制造的发展路径都是循序渐进的，需要先进行总体规划和顶层设计。在此基础上，企业需要做好战略规划和调整，包括产品定位、客户需求、质量标准等。同时，对于中小企业来说，更需要灵活、柔性的组织管理方式以适应智能制造的需求。综上所述，我们提出了以下假设。

H2：组织变革在智能制造与中小企业绩效的关系中产生正向调节作用。

三 智能制造与组织变革对中小企业绩效的交互

智能制造应用不是仅仅引进单个机器人或者智能设备，而是一项系统工程，需要将研发设计、生产过程、管理运营等有效衔接起来，逐步提高整体的智能化水平，最终建立起完整的智能制造系统。组织变革也不仅仅是内部结构和人员的调整，而是整个组织功能的优化。制造与管理必须相互适应，先进的生产技术和生产系统的引进，需要新的组织模式、生产平台和管理理念来支撑，需要组织内部员工相关知识的更新和资源计划配置的调整。同时，组织结构也应呈现更加扁平化的趋势，组织内部上下层信息传递、决策更加迅速，从而提升组织的灵活性。反之，先进组织结构更需要先进生产制造技术相互配套，进而促进制造技术进步。基于匹配的观点，智能制造应用与企业组织变革之间存在着一定的调节性匹配关系，两者匹配程度良好，对企业绩效会产生最大的正面效应。因此，我们提出以下假设。

H3：组织内部变革对智能制造不同维度与企业绩效的关系产生差异性调节效应。

本章的研究模型如图 35-1 所示。

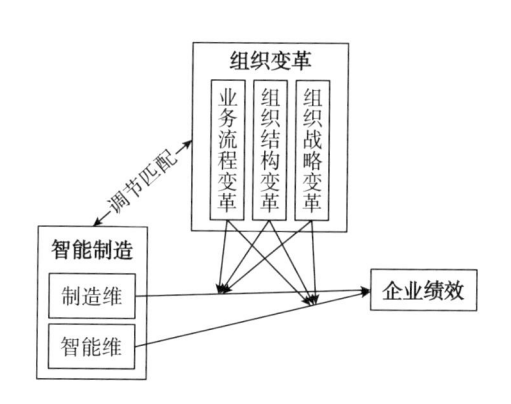

图 35-1 本章的研究模型

第二节 研究方法

一 研究对象和数据收集

本研究采用的是问卷调查方法收集实证数据，根据相关专家的意见对问卷进行了修改和优化，对问卷条目进行修订和调整，确保被试者充分理解每个条目所表达的意思，最终形成正式问卷。问卷通过企业管理平台、人才资源服务机构等进行发放与收集。样本企业主要来源于浙江、江苏等中小企业智能制造比较发达的省份，调研问卷采用线上发放的形式，共发放 900 份，回收 516 份，其中有效问卷 472 份，问卷有效率约 52%。样本基本情况如表 35-1 所示。

表 35-1　　　　　　　　　　样本基本情况

类型	具体类别	样本量	样本占比（%）
企业主性别	男	396	84.0
	女	76	16.0
企业发展阶段	初创期	114	24.2
	成长期	243	51.5
	成熟期	107	22.7
	转型期	8	1.7
企业成立时间	1 年以内	26	5.5
	1—3 年	97	20.6
	3—10 年	172	36.4
	10 年以上	177	37.5
企业性质	国有企业	32	6.8
	非国有企业	440	93.2

二　变量及其测量

本章研究模型的主要变量及其内涵如表 35-2 所示，所有变量均采用李克特 5 级量表进行打分，量表的数字评分从 1—5 依次表示为"完全不符""比较不符""一般""比较符合""完全符合"。

表 35-2　　　　　　　　　　变量定义及测量

变量	内涵
智能制造 X_1	反映企业采用自动化设备、全流程自动化生产机器人、人工智能、无人车间等制造技术
制造维 X_{11}	自动化流水线、机器人等技术的使用情况
智能维 X_{12}	无人车间、柔性生产系统、个性化定制、人工智能系统的使用情况
组织变革 X_2	组织的柔性化程度、组织机构与战略匹配性、业务流程流畅性、决策效率等
业务流程变革 X_{21}	生产制造流程畅通、决策流与信息流通畅、内部交易费用低等

续表

变量	内涵
组织结构变革 X_{22}	组织结构扁平、智能分工合理、协调效率与决策效率等
组织战略变革 X_{23}	组织战略合理、战略与战术匹配、战略前瞻性与适应性、战略应变能力等
行业类别 X_3	指企业所属的行业类型,分为工业、建筑、信息传输等十四个行业
企业性质 X_4	指企业的所有制,分为国有企业和非国有企业两大类,采用虚拟变量测量,0 为国有企业,1 为非国有企业
企业发展阶段 X_5	分为初创期、成长期、成熟期、转型期等
企业绩效 Y	主要指企业财务绩效,指标有主营业务增长率、税前利润增长率、市场占有率等

第三节 实证结果

一 数据处理

（一）同源性偏差分析

由于在调研过程中问卷由单一个体填写,因而容易存在同源偏差问题,故需要对数据进行同源性偏差分析。我们采取 Harman 单因子分析法对回收的数据进行检验,以避免同源性问题带来的影响。首先将所有变量的所有条目进行探索性因子分析,我们得到 6 个特征值大于 1 的因子,其中首因子贡献率为 24.39% 的方差,且自变量和因变量都载荷到了不同的因子上,因此,本次调研的数据同源性偏差问题并不严重,对后续研究影响不大,调研数据可靠。

（二）信效度检验

在对数据进行统计分析之前,为保证问卷的可信度,我们运用 SPSS20.0 和 Amos21.0 分别对数据进行了信效度检验。

信度检验。信度检验主要是为了检验结果的一致性、稳定性和可靠性。本章采用 Cronbach's α 系数对量表进行信度检验。在问卷中大部分变量维度的信度系数在 0.7 以上,企业绩效达到了 0.8 以上,说明变量的信度还是比较良好的,通过了信度检验。信度检验结果如表 35-3 所示。

表35-3　　　　　　　　　　信度检验结果

变量		信度（α系数）
智能制造	制造维	0.714
	智能维	0.749
组织变革	业务流程变革	0.784
	组织结构变革	0.760
	组织战略变革	0.676
企业绩效		0.857

效度检验。为验证各变量量表的效度，我们利用了Amos21.0对变量的各个维度进行验证性因子分析，我们得到变量各维度每个条目的因子载荷均在0.7以上，且平均变异系数均达到0.5以上，具有较好的聚合效度和判别效度。同时变量的验证性因子分析相关拟合指标参数如表35-4所示，各项指标大于0.8，同时，组织变革的RMSEA也小于0.1，组织变革与企业绩效的RMSEA略微大于0.1，总体来看模型的拟合效果可以接受。

表35-4　　　　　变量的验证性因子分析的拟合指标统计

检验指标	CMIN	DF	CMIN/DF	NFI	GFI	IFI	TLI	CFI	RMSEA
智能制造	23.757	8	2.97	0.971	0.983	0.980	0.963	0.980	0.065
组织变革	118.618	24	4.94	0.891	0.908	0.903	0.854	0.902	0.122
企业绩效	34.66	5	6.932	0.951	0.958	0.956	0.911	0.955	0.137

二　假设检验

在进行回归分析前，为避免各变量的多重共线性问题，我们首先对各自变量的多重共线性问题进行诊断，得到各变量的容忍度均大于0.01，膨胀因子均小于10，说明各个变量间不存在显著的共线性，可做回归分析。其次，我们在检验调节效应时，对相关变量进行了标准化处理。最后，为对智能制造与组织变革各维度对中小企业绩效的影响程度进行进一步探讨，我们进行了逐步回归分析（见表35-5）。

第三十五章 | 智能制造与中小企业组织变革匹配的实证研究

表35-5 变量层级回归结果

因变量：企业绩效

常量	M1	M2	M3	M4	M5	M6	M7	M8
智能制造		0.656*** (-0.044)		0.133** (-0.072)				
制造维					0.205*** (-0.046)		0.163*** (0.048)	0.080** (0.049)
智能维					0.536*** (-0.047)		0.230*** (0.045)	0.250*** (0.048)
组织变革			0.737*** (-0.040)	0.647*** (-0.074)				
业务流程变革						0.313*** (-0.047)	0.616*** (0.050)	0.019 (0.046)
组织结构变革						0.054 (-0.044)	0276*** (0.044)	0.269*** (0.046)
组织战略变革						0.465*** (-0.055)	0.392*** (0.054)	0.364 (0.056)
智能制造×组织变革				0.064* (-0.020)				
制造维×业务流程变革							0.331*** (0.032)	

427

续表

因变量：企业绩效

常量	M1	M2	M3	M4	M5	M6	M7	M8
制造维×组织结构变革							−0.061 (0.044)	
制造维×组织战略变革							0.184*** (0.033)	
智能维×业务流程变革								−0.154** (0.041)
智能维×组织结构变革								0.144*** (0.034)
智能维×组织战略变革								0.054 (0.050)
行业类别	0.063 (−0.009)	0.062* (−0.007)	0.035 (−0.006)	0.039 (−0.006)	0.062* (−0.007)	0.029 (−0.006)	0.033 (0.005)	0.037 (0.005)
企业性质	0.025 (−0.219)	0.013 (−0.166)	−0.010 (−0.148)	−0.009 (−0.147)	0.023 (−0.162)	−0.005 (−0.143)	−0.002 (0.132)	0.007 (0.137)
发展阶段	−0.063 (−0.061)	−0.048 (−0.046)	−0.057* (−0.041)	−0.052 (−0.041)	−0.043 (−0.045)	−0.049 (−0.04)	−0.027 (0.037)	−0.040 (0.038)
R^2	0.007	0.437	0.548	0.557	0.461	0.582	0.650	0.624
F值	1.104	90.247***	141.477***	97.052***	79.541***	107.460***	85.342***	76.302***

注：表中列示的是标准化回归系数；*、**、***分别表示在10%、5%、1%水平上的统计量显著性；括号里列示的为标准误差；N=472。

模型 1 考察控制变量对中小企业绩效的影响。模型 2—4 是自变量智能制造对因变量企业绩效的主效应检验以及组织变革的调节效应检验，可以看出智能制造对中小企业绩效有着显著的正向影响（β = 0.656，p < 0.01），同时组织变革与智能制造的交互项（β = 0.064，p < 0.1）显著，表明组织变革的调节作用得到验证。为了进一步验证假设，同时，深入探讨智能制造与组织变革如何匹配，我们将智能制造与组织变革进行分维度检验。

由模型 5 我们可以看出，制造维（β = 0.205，p < 0.01）和智能维（β = 0.536，p < 0.01）对中小企业绩效都有着显著的正向影响，H1a 和 H1b 得到支持。而在模型 6—8 中，业务流程变革（β = 0.313，p < 0.01）、组织战略变革（β = 0.465，p < 0.01）都对中小企业绩效有着显著的正向影响，而组织结构变革对企业绩效并不显著。同时，交互项（β = 0.331，p < 0.01；β = 0.184，p < 0.05；β = 0.144，p < 0.05）部分显著（表 35 - 4 中 M7、M8），H2 得到了部分验证。组织战略变革在智能维与中小企业绩效之间调节作用的系数并不显著的原因可能在于，许多中小企业智能制造变革的初步实现可能只是为了争取短暂的政府补贴或扶持资金，并没有做好智能制造转型升级的长远战略规划，只是短暂的战术调整。另外，我们可以看到制造维和组织结构变革的交互项系数并不显著，智能维与业务流程变革的交互项系数为负向显著，故存在差异性调节效应，H3 得到验证，具体分析将在结论部分讨论。

由分层回归结果，我们得到业务流程变革与制造维以及组织结构变革与智能维的交互项具有较好的显著性。为了更深入地比较业务流程变革与组织结构变革在自变量（制造维与智能维）与因变量（中小企业绩效）之间的调节作用，本章采用简单效应分析的方法，分别比较业务流程变革与组织结构变革的调节效应。如图 35 - 2 所示，图中横坐标代表智能制造变量取值大小，纵坐标表示中小企业绩效。

由图 35 - 2（左）可见，在高业务流程变革的影响下，制造维与中小企业绩效的关系的斜率更大，即在业务流程变革的影响下，制造维对中小企业绩效的影响会更为显著，企业绩效有了更好的提升。同理可由图 35 - 2（右）得到，在组织结构变革下，智能维对中小企业的绩效影响更为显著。图 35 - 2 结果充分说明，只有在较高组织变革条件下，智能制造对中小企业绩效的提升才能产生更好的效果。

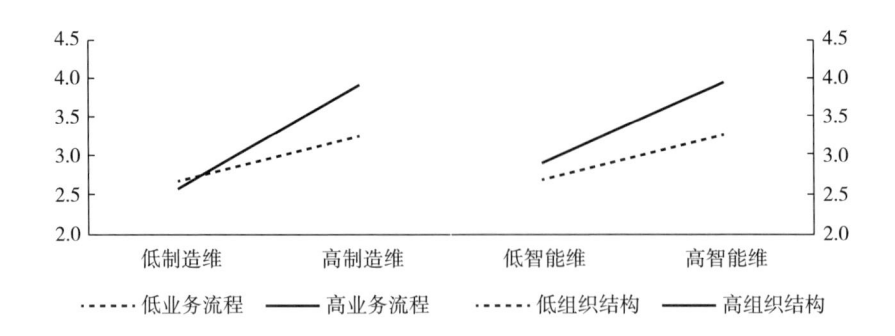

图 35-2　业务流程变革与组织结构变革的调节作用

三　稳健性检验

逐层回归的结果基本证实了本章的研究假设，但仍存在一些潜在的因素可能会对本章的推断产生影响。因此，本章进一步做了如下检验，增强研究结果的稳健性。

采用 K-Means 聚类对中小企业智能制造实现情况进行聚类，类别个数设置为 2，均值较高的样本企业为智能维企业（N=308），均值较低的样本企业为制造维企业（N=164），分别对两组样本的业务流程变革和组织结构变革与中小企业绩效的关系进行回归检验，比较两次检验的结果显著性是否一致。我们得到的回归结果是，在智能维样本企业中，业务流程变革对中小企业绩效的显著性影响为负（β=-0.142，p<0.05），组织结构变革对中小企业绩效的显著性影响为正（β=0.398，p<0.01）；而在制造维企业中则相反，业务流程变革对中小企业绩效的显著性影响为正（β=0.482，p<0.01），组织结构变革对中小企业绩效的显著性影响为负（β=-0.182，p<0.05），说明研究结论依然成立。

第四节　结论与启示

一　研究结论

通过对 472 份中小企业智能制造推进情况的实证研究，我们得到以下结论。

第一，智能制造的制造维与智能维，对中小企业绩效都有着显著的正向影响。一方面，制造维的实现，即核心业务的自动化水平提升，包括生产流程的高度机械化、装备自动化、数字化，以帮助中小企业提高产品的生产效率、质量和标准化水平，重新定义了生产链条，企业价值链得到升级；另一方面，面向整个生产环节，包括产品设计、生产、销售、物流等全过程的智能维，能够更好地促进中小企业内外部数据的互换和共享，同时提高企业全要素利用效率，提高其柔性生产与个性定制化能力。

第二，组织变革在智能制造与中小企业绩效之间起着显著的正向调节作用，并且，不同层次的组织变革对智能制造与中小企业绩效之间的调节关系具有差异性。权变理论的核心在于"变"，即企业管理者应根据企业的实际情况以及内外部环境的变化对企业做出组织结构与功能的调整。企业绩效的长期提升是适应外部智能制造环境与内部组织变革的共同结果。对于中小企业来说，适应智能制造技术或系统的第一步，应是其底层基础设施的完善，改造业务流程，实现自动化装备和流水线的开发。同时，智能制造需要组织战略变革与业务流程变革与之匹配，中小企业才能获得更加良好的企业绩效。如果企业进一步推进深度智能制造技术，迈入无人车间等全智能制造系统，仅仅底层的业务流程变革已不能满足需求，而是要进入组织内部结构的变革，更加扁平化的组织结构，更加迅速的决策反馈机制。

二 政策启示

基于以上研究结论，本章对实践和政策制定也具有以下几点启示。第一，实现中小企业智能制造并不能一蹴而就，而是要从顶层设计到底层实施的渐进式改造。所以，在资金允许的条件下，分阶段投入资金，从生产环节的自动化、数字化，实现智能车间，然后向智能工厂推进，逐步完成转型升级。第二，中小企业组织内部也应随着智能制造的推进做出相应的调整，从顶层战略设计的转变，底层业务流程的改造，到相关技术人才的引进，变革和调整组织结构等，以适应智能制造的阶段发展要求。

尽管本章研究结论具有一定的理论和实践意义，但仍然存在明显不足。限于时间和成本，本研究仅考虑样本中小企业现阶段的智能制造实现情况以及企业的经营情况，没有考虑中小企业引进过程中的动态吸收及适应情况。今后的研究可以选取案例进行分析，来考察中小企业在实现全面智能制造"车间—工厂"的动态过程中，其组织内部的各方面的变革以及对企业绩效的动态影响。

第三十六章

智能制造创新生态系统功能评价体系及治理机制研究

第一节 研究背景

制造业是国民经济的主体，是立国之本、兴国之器、强国之基，一直备受党中央和国务院的重视。早在2012年，中国制造业增加值为2.08亿美元，在全球制造业中占比约为20%，成为世界制造业大国。但中国制造业大而不强，存在四个方面的严重问题与巨大挑战：自主创新能力弱；产品质量问题突出；资源利用效率低；战略性新兴产业弱。新一轮产业技术变革与中国经济发展方式转型形成历史性交会，特别是为实施创新驱动发展战略提供重大机遇。国际前沿动态表明，构建创新生态系统是智能制造产业化进程中的关键问题，其整体运行效率直接决定未来产业核心技术层次。为此，主要发达工业国家都非常重视并已超前实施战略布局，如德国"工业4.0"提出制造业智能化生产系统，美国"工业互联网战略"建设工业生产网络化系统，日本"振兴战略"则提出先进制造业体系概念等。2015年以来，中国连续出台《中国制造2025》《信息化和工业化融合发展规划》《智能制造发展规划》等一系列政策，表明国家已将优化创新生态系统应对智能制造的产业技术变革上升到国家战略高度。国内外智能制造战略发展情况如表36-1所示。

表 36-1　　　　　　　　　国内外智能制造战略发展情况

国家	年份	政府政策及企业行为	相应效果及意义
美国	1992	政府执行新技术政策	鼓励信息技术、工艺制造及智能制造
	2011	出台《实施21世纪智能制造报告》《智能制造伙伴计划》	智能制造成为重点发展对象
	2012	建立制造业创新网络，形成工业互联网联盟	诞生第一个智能制造创新生态系统
德国	2005	人工智能研究中心启动了公司合作的《智能工厂KL》计划	推动智能技术创造、改进与扩散
	2009	企业、研究机构、协会等制定了"嵌入式系统国家路线图"	具备构建智能制造创新生态系统能力
	2011	科学研究联盟数字经济与社会促进组织提出"工业4.0"	智能制造成为重点发展对象
	2015	以西门子为代表将智能制造技术从实验室带到了实际生产	贝格工厂成为"工业4.0"的范例
中国	1993	设立自然科学基金重大项目"智能制造系统关键技术"	开始关注智能制造等相关领域
	2010	出台《国务院关于加快培育和发展战略性新兴产业的决定》	智能制造列为高端装备制造的重点发展领域
	2015	发布《中国制造2025》《国家智能制造标准体系建设指南》等	指出智能制造是两化融合的主攻方向

资料来源：课题组整理。

鉴于创新生态系统在理论和实践应用的重要价值，国内外学者从多角度对其功能进行深入研究，其中许多经典之作具有借鉴和指导意义。通过大量文献阅读，本章发现已有研究具有以下特征：第一，学者大多聚焦于创新生态系统对创新主体技术升级影响的这一主要功能进行探讨，未对其他辅助单位及系统无机环境的功能进行挖掘；第二，学者对于创新生态系统的讨论侧重于理论层面拓展，少有研究将相关理论和方法与实际产业升级相融合；第三，学者从不同视角与维度对创新生态系统的功能结构进行分析，但尚未进行系统性梳理，缺少一套完整的功能评价体系。

鉴于当前中国传统制造业发展弊端，本章引入创新生态系统的理念与方法，通过构建智能制造创新生态系统以解决四大难题。同时针对理论不足，本章梳理了创新生态系统的功能要素，提出一套较为完善的智能制造创新生态系统功能评价体系，对创新领域的相关理论进行补充，同时提出相关治理机制，为中国智能制造产业追赶提供导向作用，具有一定理论和实践意义。

第二节 国内外研究回顾

一 智能制造产业技术变革与竞争方式转变

智能制造是新一轮产业技术变革的关键技术领域，中国推进智能制造技术也遵循作为技术后发国家的基本路径。以《中国制造2025》为核心的政策体系已初步建构完成，工业互联网、智能生产标准化接口等硬件设备正以全球领先速度架设，而以工业机器人、企业信息化以及制造业大数据分析等为代表的核心技术则正处于快速研发阶段。作为智能制造应用主体，国家工信部支持智能制造样板企业已取得突破性进展，并对相关企业产生积极的技术溢出效应；但也需正视目前大量企业对接智能制造工作中所存在的障碍因素。

世界正处于"新科技革命的前夜"，智能制造作为本轮产业技术变革的最显著标志，未来将导致制造和制造业的经济功能被重新定义。经典理论中描述价值链经济特征的"微笑曲线"将被"沉默曲线"甚至"悲伤曲线"所替代，传统"雁阵理论"所预言的后发国家产业赶超路径可能被封堵，国家间产业竞争范式将由企业间竞争和供应链间竞争转向创新生态系统间的竞争。

二 创新生态系统的研究回顾

创新系统（Innovation System）的研究主题一直是创新管理领域研究热点，从 Schumpeter 创始，Freeman（1987）、Nelson（1993）、Cooke（1992）、Lundvall（1992）、冯之浚（1999）等已建立起较为成熟的理论体系，围绕国家创新系统、区域创新系统等核心概念开展的宏观及中宏观层面的研究都提出创新系统是产业技术变革的基础架构。工业技革命的进程不断扩展创新系统的内涵边界（安纳利·萨克森宁，2000），包括美国总统科技顾问委员会（PCAST）、美国竞争力委员会（CoC）、日本国家科技政策研究所（NITEP）等国家高级智囊团都将创新生态系统作为国家竞争力塑造的基础模块。之后，理论开始关注产业革命背景下的技术立国战略衔接，分别探讨了创新生态系统新技术应用风险，系统结构模型，生态原理，文化支撑，成员的复杂关联和有效协同，系统动态性和演化性，系统自组织和成长机制等。

创新生态系统通过设定统一行为规范，促进各创新成员有效协同，完成整体技术升级过程。参与成员之间具有不同功能属性，如高等院校主要承担基础技术知识的生产，研究院所主要承担技术走出实验室的中试环节，核心企业则主要负责新技术的产业化应用。处于系统核心层的明星企业等的示范功能往往会受到各类政策的"关注"，而创新生态系统中"底层生态"及其治理则常被忽视，特别是在不同阶层技术扩散过程中，中小型企业、技术服务机构等起到重要的基础性技术支撑作用。创新生态系统的参与成员之间的合作竞争关系形成良性循环，利于技术系统整体升级。创新生态系统需要实现在多层面、多主体间形成一种动态平衡机制，这是应对复杂外部动态环境的均衡结果。

三 智能制造创新生态系统的内容分解和功能布局

智能制造的核心技术是"人工智能"（AI）与制造系统（MS）的集成，智能制造拥有立体式的范畴，包括从智能生产线、智能车间、智能工厂、智能互联生产直至智能工业体系。智能制造创新生态系统在不同层面体现出不同的技术层次、功能内容和系统结构，主要内容架构可以划分为规则层、行为层和资源层等，包括扶持性政策体系、物理层架构、核心层技术、技术应用主体等系统内容。

（一）政府主导下的政策体系构成创新生态系统的规则层

政府部门作为战略性新兴技术的推动者，主导构筑起创新生态系统的"规则层生态"。政府部门协同行业协会、专业智库机构、示范性企业等负责制定与完善扶持政策、制度规范、行业准则、标准体系等，为创新生态系统制定前瞻性发展战略。中小企业在智能制造产业技术变革中更多参与价值链各环节的"全面竞争"，支撑全球竞争战略、技术创新战略和产业发展战略等。

（二）参与创新主体间的技术关联形成创新生态系统的行为层

系统中参与成员之间通过合作或竞争行为形成技术关联，进而组成技术网络。其中，技术研究院所和核心企业构成了"核心层生态"。明星企业作为行业的"领头羊"，在智能制造产业技术变革中起示范作用。大量中小企业负责生产销售以及收集用户体验，一直是技术创新和商业模式创新的孕育温室。另外，工业技术研究机构承担技术中试环节，大量技术服务机构负责为中小企业提供技术援助，共同构筑起"底层生态"。整个创新生态系统通过原始技术创新成果的不断累积，形成系统技术升级路径，使"底层技术"向"核心层技术"发生跃升。

（三）基础设施和无机环境形成了创新生态系统的资源层

智能制造的技术环境包括先进制造、人工智能、大数据优化决策等基础研究知识，以及互联网、数控设备、机器人技术等基础技术设备建设。基础研究知识和基础技术设备都是智能制造创新生态系统的核心竞争力来源。其中，基础研究知识的来源主要基于高等院校、产业技术研究机构、企业研究院等，展示了国家在智能制造领域的基础研究实力；基础技术设备的架设主要是由国家公共投入为主，主要包括通信、信息、机械等方面的基础设施投入力度，主要形成智能制造技术应用过程中的硬件基础、接入标准格式和底层规则等。

第三节　智能制造创新生态系统功能评价体系构建

一　智能制造创新生态系统功能的构成体系

基于先前学者对创新生态系统的理论拓展与智能制造产业的研究，本章已将智能制造创新生态系统的功能要素分为三个层级，即行为层、规则层和资源层。其中，行为层由各类创新主体所构成，承担了系统主要的创新功能，是创新的主力军；规则层由政府部门主导，协同行业协会、技术中介等作为辅助单位，支持智能制造战略发展；资源层则由政府政策、金融基础等无机因素所构成，为创新提供稳定适宜的环境。此外，创新生态系统自身具备了可持续发展性、动态成长性、协同发展性等核心特征，其内在的发展能力也是影响未来系统能力的重要因素之一。

通过以上分析，结合相关文献研究，本章认为影响智能制造创新生态系统的系统功能主要有以下几个方面。

（一）有机主体创新能力

自主创新性是创新生态系统最根本也是最重要的系统特征之一。熊彼特将创新定义为新技术的创造及市场化的过程。因此，创新生态系统的自主创新能力不仅需要对技术或产品在实验室内创造过程进行考核，更需要考虑新技术、新产品的改进、应用及扩散四个过程。其中，新技术、新产品的创造与改进过程均在实验室内进行，是企业、高校、科研机构创新投入的过程。但各创新主体在正式进入研发阶段之前，必须先对研发人员进行培训，以提高研发的质量与效率。企业从营业收入中抽出用于研发支出的经费比例越高，象征企业对创新投入的重视度越高。但并不是所有的创新投入都会有产出；相反，很多创新主体虽然投入了大量资金、人力，最终得到的创新产出却很少。也会有创新主体的创新产出数量较为乐观，但成果质量令人担忧。因此，需要对系统新技术、新产品的数量、研发成功率及创新成果的质量进行考核。本章用创新主体每年的专利申请量测量系统的创新产量，新增专利数占已有专利数量的比值及研发成功率测量系统的持续创新能力，系统获省级以上科技奖数量代表新产品与新技术的先进性测量系统的创新质量。新产品产值是新产品正式投入生产、销售过程后为系统带来的收益能力，代表新产的应用程度，其与系统工业总产值的比例表示系统新旧产业对比，从整体观察系统创新应用情况。但并非所有的新产品都能在市场上成功，不能准确迎合市场需求的产品必定会被淘汰。因此，在测量自主创新能力时，需要通过新产品的成功率来权衡系统的创新应用能力。

（二）辅助机构服务能力

创新生态系统具备了生态系统的基本特征，系统内的有机主体的创新过程不仅由自身的创新意识、创新投入等因素所决定，更由系统内的其他辅助机构的服务能力及无机环境支持能力所决定。辅助机构的建设情况和服务质量影响整个系统的创新能力。智能制造作为高端装备制造产业，技术中介、技术协会等是其最主要的辅助机构。技术中介及协会所能给予的辅助功能各不相同，因此其在系统内的数量越多，创新主体能够获得的服务强度越高，系统的创新能力越强。此外，智能制造作为战略性新兴产业目前尚处于起步阶段，产品及生产技术参差不齐，需要技术协会等主体及时构建技术及产品标准，提高整体的产品质量，并在产业及系统动态的发展过程中，根据现实情况不断改进，为系统的发展起到稳定性作用。因此，技术中介及协会的建设数量、服务质量及其制定的技术标准完善程度是其服务能力的测量标准。此外，部分政府机构也在创新生态系统内扮演了辅助机构的角色。随着国家对"最多跑一次"等计划的实施，其服务质量正受到社会各界关注，也成为了影响系统辅助能力的重要因素之一。

（三）无机环境支持能力

无机环境主要由政策要素与经济要素所决定，为系统创新提供稳定、适宜的场所。企业发展前期、技术研发期、投入生产期等阶段均需求大量的资金支持，需要系统内的金融机构、银行等为其提供融资及贷款服务，主要从融资效率及融资潜力进行测量。融资效率反映了金融机构及银行所能提供金额数量及提供该项服务所需的时间，融资潜力反映了系统应对外界经济冲击的适应能力。在外界经济动荡的情况下，具备较弱的生态系统极有可能因为资金链断裂而面临崩溃的风险。政府的宏观政策主要在法律上及资金上给予支持，法律上通过简政放权、简化行政手续等方式为智能制造企业、高校等提供便利，在资金上设立基金项目，提供财务支持。但中国各地经济基础及地方文化各不相同，需要政府根据各地情况进行灵活处理。同时各地方政府部门需要严格遵循中央的指导思想，不折不扣地对各项行动计划给予执行。

（四）系统整体发展能力

智能制造创新生态系统是可持续发展，具备了动态成长特征的组织，系统的发展能力决定了未来的发展情况。系统的开放性程度是其未来创新能力的主要影响因素之一，人才储备量是系统的有生力量，是系统发挥其功能不可或缺的元素，而系统文化则需要系统内部各主体之间、主体与环境之间长期接触理解的经验等要素，是其他系统不能够复制的元素。创新生态系统的自主创新并不是一个封闭的过程，而是需要创新主体不断与外界进行技术交流、知识共享、能量传递的过程。因此，系统外部技术引进、外部资金进入及研发人员流动情况反映了系统未来发展能力。另外,系统人才的个人能力良莠不齐,职称是对系统人才的基本能力评价。具有高级职称的研发人才占研发人才总数比例代表了系统所储备人才的整体实力。此外,创新生态系统作为一个整体,需要内部成员具备统一的价值认同观。系统内部也需要建立合适的激励机制,以促进系统成员的工作积极性。最后,系统内部学习也是提高系统能力的方法之一,营造良好的组织学习氛围能够为系统提供更乐观的发展前景。

二 智能制造创新生态系统功能评价体系的构建

基于本章以上对智能制造创新生态系统的功能分析,根据全面性、可比性、可操作性等原则从有机主体创新能力、辅助机构服务能力、创新环境支持能力以及生态系统发展能力四个方面选取了27个指标建立了智能制造创新生态系统的功能评价体系,该指标体系共分为四级,如表36-2所示。

表36-2　　　　智能制造创新生态系统功能评价体系

评价目标	评价分目标	评价模块	评价指标
智能制造创新生态系统功能（A）	有机主体创新能力（a）	创新投入（a1）	R&D 员工培训教育支出（b1）
			R&D 经费支出（b2）
			R&D 支出占营业收入的比例（b3）
		创新产出（a2）	每年新申请专利数（b4）
			每年新增专利数占总发明专利数比例（b5）
			R&D 成功率（b6）
			系统获省级以上科技奖数量（b7）
		创新应用（a3）	新产品产值（b8）
			新产品产值占工业总产值比例（b9）
			新产品在市场上的成功率（b10）
	辅助机构服务能力（b）	基础建设（b1）	技术中介及协会数量（b11）
			产品及技术标准制定（b12）
		服务质量（b2）	政府机构服务质量（b13）
			技术中介及协会服务质量（b14）

续表

评价目标	评价分目标	评价模块	评价指标
智能制造创新生态系统功能（A）	无机环境支持能力（c）	金融基础（c1）	融资效率（b15）
			融资潜力（b16）
		政策支持（c2）	政策法律保障（b17）
			政策资金投入（b18）
			政策执行力度（b19）
	生态系统发展能力（d）	系统开放性（d1）	外部技术引进（b20）
			外部直接投资（b21）
		人才储备量（d2）	R&D 人才流动情况（b22）
			R&D 高级职称人才占 R&D 人才比例（b23）
			R&D 人才全时当量（b24）
		系统文化（d3）	价值认同观（b25）
			创新激励机制（b26）
			组织学习氛围（b27）

第四节 智能制造创新生态系统的治理机制

智能制造是本轮产业革命的关键技术领域，为实施创新驱动发展战略提供重大机遇。创新生态系统改变了企业过度竞争的生存理念，以自主创新性、可持续发展性、动态成长性为核心特征提出了新的发展格局。本章首先梳理了创新生态系统的功能要素，挖掘了美国、德国成功实施智能制造战略的经验，提出了智能制造创新生态系统。基于已有研究，本章从有机主体创新能力、辅助机构服务能力、无机环境支持能力和系统发展能力四个方面选取了 27 个指标构建了功能评价体系。本章一方面为创新领域的理论发展进行了补充，另一方面基于以上对于中国智能制造创新生态系统的功能结构梳理，本章从发展战略、功能结构、行为规范、环境优化多个方面同时进行关注并提出了相应的治理机制。

一 系统发展战略治理

政府实体机构设立经常因分化而难以治理，因此政府需要创建战略框架，创建一个可为技术创新提供更宽路径的远景和中心，使这个框架有益于百家争鸣，从而确保其扁平、融洽和长期一致。随着政策治理越来越复杂，政策学习显得格外重要，高等院校要承担起研究政策的责任，为政策制定提供学习方向。

二 系统功能结构治理

在创新生态系统中，不同的成员都承担了一定的功能结构，在进行治理时应考虑公共领域和私人领域普遍利益相关者的参与和赞同。比如新西兰和荷兰的经验是：在决策管理中，专家和外行人都对创新政策机构和形式有发言权，但传统利益相关者只有参与权。

三 成员行为规范治理

需要注意核心层成员和基础层成员的互动机制和共同演化。系统成员的互动机制形成技术按"示范→学习→扩散→提升"路径升级，而企业自身的技术管理能力和技术吸收能力将在智能制造技术演化过程中起到调节作用。因此，在共同演化的过程中，只有具备"感知环境、抓住机遇、适应环境"等动态能力的企业才能在竞争中生存、成长。

四 创新环境优化治理

基础技术知识需要加快普及并加大研发投入，政府主导的公共性基础技术设施需加快投入建设。产学研合作研发模式仍需创新，智能制造标准体系需要建设与完善等。不少学者认为，引入市场竞争机制、设立技术服务机构等能有效促进产学研合作。

第三十七章

人工智能与企业劳动报酬的实证研究

人工智能是第四次科技革命与产业变革最有力的引擎。近年来，世界各国将人工智能视为国家战略，如美国的《美国人工智能倡议》、日本的《人工智能技术战略》以及德国的《联邦政府人工智能战略要点》等。2017年，国务院颁布了《新一代人工智能发展规划》，党的十九大报告指出，"推动互联网、大数据、人工智能和实体经济深度融合"，政府工作报告连续三年（2017—2019）强调人工智能，"要打造工业互联网平台，拓展'智能+'，为制造业转型升级赋能"。党和政府高度重视人工智能，促进人工智能与经济社会发展的结合，推动产业升级，提升社会福利。

虽然人工智能已经渗透到各行各业，但是对于人工智能如何推动经济社会发展仍缺乏经验研究。已有文献多为探讨人工智能对经济增长、生产率和就业冲击等的影响，关于人工智能收入分配效应的研究仍不够深入。一方面，少数讨论收入分配的文献重点关注了不同劳动力的规模性收入分配，而人工智能如何影响资本和劳动两种生产要素的功能性初次分配更值得关注；另一方面，关于人工智能的定量研究还比较有限，且以发达国家的数据样本为主。中国是世界上最大的发展中国家，劳动收入份额的变动趋势和决定因素更为复杂。过去20年，中国劳动收入份额出现较大幅度下降，2008年后略有回升。现有研究也从资本密集度、技术效率、技术进步偏离、市场竞争和制度质量等不同角度探究了中国劳动收入份额下降的影响因素。

本章尝试打破该领域研究几乎空白的状况,利用双重差分倾向匹配得分法(PSM—DID)评估人工智能对劳动收入份额影响,利用因果中介分析(CMA)模型厘清人工智能对企业劳动收入份额的作用机制,以便填补理论研究和计量实证之间的缺口,为应对人工智能对经济社会的冲击提供有效的微观证据。

第一节 文献综述与机制讨论

一 文献综述

现有研究对人工智能提高生产率,促进经济增长,普遍持肯定态度。美国《国家人工智能研究与发展战略计划》认为,人工智能可以创造新的市场,引发新工业革命,提高多个行业的服务质量和生产率,从而促进经济增长。人工智能与经济增长的理论模型可以追溯到 Zeira 的自动化经济增长模型,该模型将自动化视为资本投入,自动化比例的提升,意味着资本的产出占比越高,会带来经济的持续增长。在此基础上,Aghion 等从自动化和"鲍莫尔病"两个角度分析人工智能对经济增长的影响。自动化与其他技术进步一样,通过提升生产率来增加经济中资本回报份额;非自动化部门的成本也会提升,降低经济中资本回报份额,也就是"鲍莫尔病"。在两种效应的影响下,人工智能对经济增长的影响是不确定的。但部分实证研究佐证了人工智能可以提升生产率,Graetz 和 Michaels 的研究发现,工业机器人使劳动生产率提高了 0.36 个百分点。Kromann 等研究发现,工业机器人的密集度提高一个标准差,生产率将提升超过 5%。埃森哲预测,人工智能将劳动生产率提高 40%,到 2035 年,人工智能将使经济增长率实现翻番。

然而,人工智能在提升生产率的同时是否会造成就业下降,逐步成为学术界新的关注点。部分学者通过测算就业被替代的可能性来评估人工智能对就业的冲击。美国 47% 的就业岗位很可能在未来 10—20 年被自动化所替代,德国这一比例高达 59%,而加拿大仅为 1.7%。出现如此大的数值差异,很可能是方法论与统计口径等造成的。因此,Arntz 考虑就业岗位任务的异质性,重新估计就业岗位被自动化替代的风险,德国有 12% 的就业岗位处于高风险状态,美国和加拿大分别为 9%。但就业岗位处于被替代的高风险状态，并不意味着实际的工作损失。正如 Acemoglu 和 Restrepo 对 Zeira 模型的创新，自动化不仅会替代原有劳动力完成的工作，而且可以创造全新的工作岗位。在这个框架下，Acemoglu 等研究发现，现阶段工业机器人对美国劳动力的替代效应大于创造效应，每千人中增加一个工业机器人，就业人口比例降低 0.18%—0.34%，而人工智能的综合效应取决于产业的具体特征。Bessen 基于美国纺织、钢铁和汽车行业的研究发现，自动化与制造业的就业下降有关，但与其他行业无关。同时，自动化将在非制造业创造相对可观的就业岗位。德国也是同样的情况，机器人的使用减少了制造业的就业，但是增加了服务业的就业。中国制造业产业特征和劳动力结构非常适合人工智能的应用，人工智能对中国的影响将远远大于美国，据麦肯锡估算，中国 51% 的工作可以被人工智能替代。

人工智能如何影响收入分配的研究仍较为匮乏，现有文献也主要关注不同劳动力的规模性收入分配。一般认为，人工智能重塑了劳动力"技能—技术"匹配关系，改变了不同技能劳动力的溢价，高技能劳动力获益，低技能劳动力受损，进而增加劳动力内部的收入不平等。但是，Acemoglu 和 Restrepo 认为，在人工智能发展过程中，高技能劳动力也将逐渐被人工智能所替代，人工智能对总体工资的影响是不确定的，但低技能劳动的自动化总会增加收入不平等，而高技能劳动的自动化则会降低收入不平等。由于低技能劳动力比高技能劳动力更易被自动化所替代，自动化还是可能加剧劳动力内部的收入不平等。关于人工智能影响功能性收入分配的研究相对少一些，Brynjolfsson 等研究发现，人工智能可以自我复制的特点，使资本报酬增加更具优势，进而导致收入不平等。同理，随着人工智能技术的成熟，单位机器人更加便宜，产出也会增加，资本收入份额将会增大。除非对人工智能的资本回报进行有效的再分配，否则劳动收入份额将会降低。Freeman 的研究也发现，人工智能等新技术导致了美国劳动收入份额下降。

二 机制讨论

由于劳动力异质性和企业异质性的存在，人工智能对企业劳动收入份额的影响是不确定的，取决于人工智能带来的劳动节约（或增进）型技术进步的大小。结合上述文献以及王雄元和黄玉菁基于微观企业的研究思路，人工智能对企业劳动收入份额的影响可以分解为人工智能的劳动节约效应和劳动增进效应。

人工智能提升企业生产率，推动技术进步已得到了普遍认可。企业将人工智能技术嵌入生产过程，可以促进设备的自动化生产能力，从而实现企业生产率的快速跃迁。同时，人工智能作为一个通用性技术，其应用也会促进其他互补式创新，随着时间的推移，不断增大对长期生产率的积极影响。另外，人工智能作为一项全新的生产要素，能创造出虚拟劳动力，用以完成适应性强和敏捷性要求高的复杂任务，提高生产率。

一方面，人工智能应用带来的技术进步可能造成劳动节约。特别是在转型期的中国，低成本优势快速递减，新竞争优势尚未形成，企业通过人工智能推动技术红利替代人口红利，技术性就业替代降低了企业的职工薪酬支出，而人工智能对劳动力替代导致集体议价的分散化，弱化了劳动力工资议价力量，进一步拉低劳动收入份额。人工智能也是企业应对用工荒、劳动力成本快速上涨的主要策略。另一方面，人工智能应用带来的技术进步也具有劳动增进效应。人工智能在替代一部分就业的同时也会创造新的工作任务和就业岗位，而这部分就业岗位通常需要企业提高工资水平，吸纳相关的高技能劳动力，如人机交互、设备维护等岗位。人工智能的应用也加剧了行业的竞争程度，进一步提高企业工资水平。从支付能力侧面来讲，应用人工智能的企业通常拥有更高的效益，具备更强的薪酬支付能力。

综合以上分析，人工智能可能对企业劳动收入份额产生显著影响，而具体的影响效果取决于上述劳动节约效应和劳动增进效应的综合结果。当人工智能的劳动节约效应占主导时，人工智能应用将降低企业劳动收入份额；当人工智能的劳动增进效应占主导时，人工智能应用将提升企业劳动收入份额。

第二节　研究设计

一　模型设定

制造业是人工智能最为重要的应用领域之一，而"机器换人"则是"智能+"制造业的主要抓手。浙江省是人工智能的先行区，于2012年提出"机器换人"战略构想，2015年正式实施"机器换人"分行业试点，并于2016年、2017年开展第二批和第三批试点。因此，我们可以将"机器换人"分行业试点政策作为一次准自然实验，通过比较试点企业——处理组和非试点企业——对照组来了解人工智能对企业收入分配的影响。

但是，"机器换人"分行业试点是通过各地自主申报，答辩评审确定入选名单，而非随机选择的；而且企业收入分配差异可能是由其他不可观测或不随时间变化的因素引起的。在这种情况下，直接比较试点企业和非试点企业可能会产生样本选择性偏差和异质性偏差。因此，能否有效地解决样本选择偏差性和异质性偏差问题是准确评估人工智能收入分配效应的关键所在。本章也将采取倾向得分匹配与双重差分相结合的方法（PSM—DID），从而在较大程度上保证了估计结果的准确性。

基于上述分析，本章首先通过PSM给试点企业（处理组）匹配特征最接近的对照组，再利用匹配后的处理组和对照组进行DID回归，具体模型如下：

$$LS_{it}^{psm} = \beta_0 + \beta_1 \cdot Pilot \cdot T + \sum \beta_x \cdot Control_{it} + \gamma_i + \varepsilon_{it}$$

式中，LS_{it}^{psm}为企业的劳动收入份额，下标i和t分别代表第i个企业和第t年；$Pilot$为试点虚拟变量，区分处理组和对照组，T为时间虚拟变量，区分试点前后；$Control_{it}$为其他控制变量，主要包括企业规模、企业盈利能力、资产负债率、税收负担、资本深化、行业集中度和开放程度等。γ_i为个体固定效应，ε_{it}为扰动项。

二 数据说明

本章数据源于中国中小企业动态数据库和手工收集的浙江省2015—2017年"机器换人"分行业试点的745家企业名单。中国中小企业动态数据库包含浙江省2万余家中小型制造业企业，统计了企业的基本特征和部分经济指标数据，为中小企业研究提供重要数据支撑。

借鉴主流文献的做法，本章对该数据库做如下预处理：①剔除工业总产值、营业收入以及从业人员为零或负数的样本；②剔除企业信息不完整或时间出现间断的样本；③"机器换人"企业名单与中国中小企业动态数据库进行匹配，其中，2015年有35家企业匹配为"机器换人"分行业试点企业，2016年有170家，2017年有168家；④为保证模型估计的时间区间和样本数量，本章以2016年的试点企业为实验组作为基准回归，并剔除2015年和2017年的"机器换人"试点企业，使估计结果为试点政策的净效应。通过处理，本章最终得到3884家企业2013—2018年的平衡面板数据。

三 变量定义

本章的被解释变量为劳动收入份额LS。通常情况下，劳动收入份额是指劳动报酬总额占GDP的比重，反映了国民收入的功能性初次分配。在微观层面，学者们用收入法或生产法计算企业增加值，以企业劳动报酬占企业增加值的比重来衡量劳动收入份额。本章基于劳动收入份额的概念和数据可获性，借鉴王雄元和黄玉菁的方法，采用应付职工薪酬占营业总收入比例来衡量劳动收入份额。

核心解释变量是交互项 Pilot·T，代表是否开展"机器换人"试点。其中，Pilot为试点虚拟变量，如果企业为2016年第二批"机器换人"分行业试点企业，赋值为1，即为处理组，通过倾向得分匹配方法找到的与处理组1∶1匹配的对照组，赋值为0；T为时间虚拟变量，2016年及以后年份赋值为1，2013—2015年赋值为0。另外，本章参考已有文献的变量设定，控制了其他影响企业劳动收入份额的因素。

企业规模可能会导致企业在劳资博弈中存在力量差异，一般情况下，大企业的平均工资可能会高于小企业，本章用就业人数的对数Emp和营业收入的对数Revenue来测度企业规模；企业盈利能力也是影响劳动收入份额的重要因素，本章以资产回报率ROA衡量，用"利润总额/总资产"计算得到；风险偏好的员工倾向于选择高负债企业，获得相当较高的工资收益，拉动企业的劳动收入份额，本章对企业资产负债率Liability进行控制，用"负债总计/总资产"计算得到；税收负担对不同性质的企业具有不同程度的影响，本章以"应缴税款/利润总额"测度税收负担Tax；资本深化对劳动收入份额存在直接负向和间接正向两种效应，本章以"固定资产投资额/就业人数"衡量资产劳动比KL并加以控制。

本章在模型中加入城市—行业层面的控制变量。行业竞争程度越高，企业更可能获得高收益，并支付高薪酬。本章用赫芬达尔指数来衡量行业竞争程度HHI。贸易自由化通过降低资本品成本、中间投入品价格和技术引进的成本，显著降低企业劳动收入份额，本章对开放程度Export加以控制，以本地同行业企业的平均出口比例来衡量。本章还设定年份Year、企业Firm的固定效应虚拟变量。

第三节　模型建构与实证分析

一　倾向得分匹配结果

源于Heckman的传统倾向得分匹配方法一般以截面数据为分析样本，但本章数据为平衡面板数据，直接进行PSM匹配，会导致不同时期的同一企业被视为不同企业出现多次匹配现象。因此，本章借鉴Heyman逐年匹配的逻辑，用1∶1最近邻匹配方法，为2016年第二批"机器换人"试点企业（处理组）找到唯一一个非试点的对照组企业。剔除未成功配对的7家企业，最后得到170家处理组企业和163家对照组企业。

表37-1汇报的样本平衡性检验结果表明，处理组和对照组之间的各方面特征已趋于一致，符合可比性要求，配对估计的结论可靠。

表37-1　2016年倾向得分匹配平衡性检验

变量		均值		标准偏差（%）	标准偏差减少（%）	T统计量
		处理组	对照组			
Revenue	匹配前	9.788	10.038	-19.8	93.1	-2.66***
	匹配后	9.788	9.805	-1.4		-0.12
Emp	匹配前	3.982	3.971	1.2	70.9	0.16
	匹配后	3.982	3.979	0.3		0.03
ROA	匹配前	0.064	0.060	6.5	134.7	0.61
	匹配后	0.064	0.062	2.8		0.34
Liability	匹配前	0.573	0.597	-10.1	67.7	-1.31
	匹配后	0.573	0.581	-3.3		-0.29
KL	匹配前	5.672	5.937	-31.8	89.9	-4.23***
	匹配后	5.672	5.645	3.2		0.29

续表

变量		均值		标准偏差（%）	标准偏差减少（%）	T统计量
		处理组	对照组			
Tax	匹配前	0.228	0.197	6.2	31.3	1.07
	匹配后	0.228	0.249	-4.3		-0.35

注：***、**、* 分别表示在1%、5%、10%的水平上显著。

资料来源：笔者利用Stata软件计算得到。

二 双重差分估计结果

本章通过倾向得分匹配估计得到170家处理组企业和163家对照组企业2013—2018年的平衡面板数据，并采用双重差分法考察机器换人试点对企业劳动收入份额的影响。具体估计结果见表37-2。

表37-2　　　　　　　　　基准回归结果

变量	(1)	(2)	(3)
	LS	LS	LS
Pilot·T_2016	0.017**	0.015***	0.014***
	(0.008)	(0.005)	(0.005)
Revenue		-0.128***	-0.128***
		(0.029)	(0.030)
Emp		0.079***	0.080***
		(0.026)	(0.026)
ROA		0.200*	0.191*
		(0.116)	(0.113)
Liability		-0.035	-0.033
		(0.032)	(0.032)
KL		0.029*	0.029*
		(0.015)	(0.016)
Tax		-0.004**	-0.004**
		(0.002)	(0.002)
HHI			0.025
			(0.125)

续表

变量	(1) LS	(2) LS	(3) LS
Exp			-0.129
			(0.080)
Constant	0.137***	0.907***	0.931***
	(0.002)	(0.193)	(0.197)
时间效应	YES	YES	YES
个体效应	YES	YES	YES
观测值	1998	1998	1998
R^2	0.002	0.218	0.222
截面数	333	333	333

注：***、**、*分别表示在1%、5%、10%水平上显著。括号内为群聚到企业层面的标准误。

资料来源：笔者利用Stata软件计算得到。

表37-2第（1）列为不添加其他控制变量的估计结果。交互项Pilot·T的估计系数在5%的水平上显著为正，说明机器换人试点企业的劳动收入份额更高。由于本章采用PSM后的样本进行估计，在添加其他控制变量后，交互项Pilot·T的系数一般不会发生显著变化。表37-2第（2）—（3）列的结果显示，在控制其他影响因素以后，交互项估计系数仍为正，且在1%的水平上显著。因此，机器换人对企业劳动收入份额的积极作用十分稳健，处理组企业在试点政策的影响下劳动收入份额较对照组高出1.4—1.7个百分点。

在控制变量方面，营业收入较高的大规模企业通常依赖资本或技术等生产要素，可能存在资本侵占劳动者利益的现象；而就业人数较多的劳动密集型企业生产率相对较低，收入分配偏向劳动者，且企业更倾向于进行集中议价，强化了员工的工资议价力量，表现为更高的劳动收入份额。企业资本深化有利于提高劳动收入份额，侧面反映了浙江"机器换人"试点中资本投入与劳动之间的互补关系，人工智能通过影响生产要素的配比和相对价格，提升了企业劳动收入份额。另外，税收负担与劳动收入份额负相关；盈利能力ROA较高的企业，劳动收入份额也越高。

三 稳健性检验

为了保证估计结果的稳健性,本章使用新的劳动收入份额度量方式、改变处理变量和匹配方法进行对比检验和分析。

首先,通过调整劳动收入份额的度量方式以克服可能存在的指标测度偏误问题。本章参考已有研究对企业微观层面劳动收入份额的测度方法,借鉴胡奕明和买买提依明·祖农的劳动所得率概念来衡量企业劳动收入份额LS2,以"应付职工薪酬/总资产"计算得到;借鉴李稻葵等和魏下海等对因变量进行Logistic变换的处理方法,以"ln［LS（1 - LS）］"进行测度。表37-3第（1）—（2）列的回归结果可以发现,交互项系数仍在1%的水平下显著为正,结论稳健。

表37-3　　稳健性检验:替换变量与样本

变量	(1) Logistic	(2) LS2	(3) LS (2017)
Pilot·T_2016	0.032***	0.140***	
	(0.011)	(0.032)	
Pilot·T_2017			0.003*
			(0.003)
观测值	1998	1998	1926
R^2	0.152	0.205	0.253
截面数	333	333	321

注:***、**、*分别表示在1%、5%、10%的水平上显著。回归控制了表37-2中的控制变量和固定效应,括号内为群聚到企业层面的标准误。

资料来源:笔者利用Stata软件计算得到。

其次,浙江省于2015年和2017年还实施了两批机器换人试点,但2015年第一批试点企业较少,存在样本量不足问题,故本部分以2017年的机器换人试点企业为处理组,通过同样的匹配方法和模型进行检验,这不仅可以对前文结论进行重复检验,也可以进一步检查本章采用PSM—DID方法的合理性。匹配后得到168家处理组企业和153家对照组企业,匹配结果满足平衡性检验的要求。表37-3第（3）列的回归结果可知，交互项对劳动收入份额仍在10%的水平下显著正相关，但系数相对较小，可能是因为，2017年试点企业在本章的考察期中仅有2年的试点期，会低估人工智能对劳动收入份额的影响。

最后，通过调整匹配方法克服可能存在的方法选择偏误问题。利用同样的匹配变量和2016年的处理组企业，使用Kernel匹配法进行估计，匹配后各变量满足平衡性检验。表37-4结果表明，利用Kernel - PSM - DID方法后，机器换人试点依然显著提升了企业劳动收入份额，大约提升了1.9个百分点，与前文结果保持一致。Kernel匹配和1:1最近邻匹配之间存在较大的方法差异，可以认为匹配方法的差异并不会影响本章的主要估计结果，再次证明本章结论的稳健、可靠。

表37-4　　　　　　　稳健性检验：调整匹配方法

检测指标	试点前处理组与对照组的差分	试点后处理组与对照组的差分	双重差分结果
差分值	0.019	0.037	0.019
标准误	0.004	0.003	0.005
T值	5.27	10.95	3.82
P值	0.000***	0.000***	0.000***

注：***、**、*分别表示在1%、5%、10%水平上显著。
资料来源：笔者利用Stata软件计算得到。

四　异质性分析

前文分析认为，应用人工智能的企业有着更高的劳动收入份额，且结论非常稳健。那么人工智能对不同类型企业的劳动收入份额是否存在差异？本章从三个方面展开异质性分析，估计结果见表37-5。

首先，中国制造业特殊的出口模式使出口企业遭受"纵向压榨"和"俘获"效应。这种影响逐步传递给劳动者，使出口企业更倾向于吸纳低技能劳动力，并压低工资水平，从而降低了企业劳动收入份额。本章以企业是否出口为标准进行分组回归，结果表明，交互项的系数在非出口导向组为5%的水平下显著为正，而在出口导向组不显著。虽然不能明确出口对企业劳动收入份额的负面效应，但仍可以说明企业出口行为抑制了人工智能提升劳动收入份额的作用。

其次，私营企业长期处于被歧视的边缘化状态，享受的各类优惠政策较少，在人才市场上的议价能力也相对处于弱势，但私营企业在经营决策方面具有高效率的优势。因此，私营企业更加倾向于采用高薪策略，吸引高技能人才，提高企业竞争力，进而拉动劳动收入份额的提升。本章按所有制类别进行分组回归，结果表明，两组交互项的系数均在10%的水平上显著为正，但系数存在较大差异。可以认为，人工智能应用对私营企业劳动收入份额的影响更大。

表37-5　　　　　　　　　异质性检验

变量	（1）出口	（2）非出口	（3）私营	（4）非私营	（5）劳动密集	（6）资本技术
Pilot·T_2016	0.010	0.020**	0.016*	0.003*	0.037**	0.004
	(0.006)	(0.008)	(0.009)	(0.007)	(0.016)	(0.007)
观测值	828	1170	666	1332	600	1398
R^2	0.087	0.296	0.084	0.306	0.288	0.208
截面数	138	195	111	222	100	233

注：***、**、*分别表示在1%、5%、10%的水平上显著。所有回归控制了表37-2中的控制变量和固定效应，括号内为群聚到企业层面的标准误。

资料来源：笔者利用Stata软件计算得到。

最后，当企业受到人工智能冲击时，劳动收入份额的变化与企业资本—劳动之间的替代弹性密切相关。本章借鉴鲁桐和党印对劳动密集型、资本密集型和技术密集型行业的划分进行分组回归，结果表明，劳动密集型行业的企业在实施机器换人试点后，有效提升了劳动收入份额，且系数在5%的水平上显著为正；而对资本和技术密集型行业的企业没有显著影响。这说明，劳动密集型行业资本—劳动之间是互补的，人工智能应用对于企业而言是劳动增进型技术进步，在替代一部分低技能劳动力的同时，更多地吸纳了高技能劳动力，逐步实现转型升级。

五　机制分析

人工智能应用能够显著提升企业劳动收入份额，但人工智能应用提升劳动收入份额的机制是什么呢？正如前文研究假设部分所阐述的，人工智能对企业劳动收入份额的影响可以分解为人工智能的劳动节约效应和劳动增进效应。本章尝试通过中介效应的验证逻辑来分析这一影响机制，利用 Kosuke Imai 等开发的因果中介分析（CMA）模型来估算中介效应。CMA 模型可以识别连续或 0/1 虚拟的处理变量通过中介变量来影响结果变量的因果机制，并基于准贝叶斯蒙特卡洛模拟估计得到平均中介效应和直接效应。本章模型设定以"机器换人"试点为处理变量，企业全要素生产率 TFP 为中介变量，企业劳动收入份额为结果变量。其中，企业全要素生产率 TFP 参考鲁晓东和连玉君采用的 LP 法进行估算。

表 37-6 最下方是 CMA 模型基于准贝叶斯蒙特卡洛模拟得到人工智能应用通过全要素生产率的传导、最后影响企业劳动收入份额的中介效应、直接效应和总效应，以及中介效应率（中介效应/总效应）。

表 37-6　　　　　　　　　　机制检验

变量	(1) TFP	(2) LS
Pilot·T_2016	0.271**	0.024***
	(0.127)	(0.005)
TFP		0.005***
		(0.001)
观测值	1988	1998
R-squared	0.339	0.367
平均中介效应	0.0013	[0.0001, 0.0027]
直接效应	0.0236	[0.0125, 0.0342]
总效应	0.0249	[0.0140, 0.0355]
中介效应率	5.14%	[3.60%, 9.13%]

注：通过 1000 次准贝叶斯蒙特卡洛模拟获得中介效应的估算结果。回归控制了表 37-2 中的控制变量和固定效应，小括号内数字为标准误。中括号内数字为 95% 置信区间。***、**、* 分别表示在 1%、5%、10% 水平上显著。

结果表明，人工智能应用通过全要素生产率的中介传导机制贡献了5.14%，技术进步在人工智能对劳动收入份额的影响中起到部分中介效应，人工智能应用提升企业劳动收入份额的作用机制以劳动增进效应为主。实际上，浙江省机器换人的具体实施也是如此，机器换人不是简单把人换下，而是换上更高技能水平的人。企业"用工荒"得以缓解，但高技能人才"招工难"随即而来。根据浙江省经济和信息化厅估计，2013—2016年全省"机器换人"累计弥补低端劳动用工需求缺口250万人。但是，高技能人才短缺问题进一步凸显，中国《制造业人才发展规划指南》预测，到2020年中国高档数控机床和机器人领域人才缺口将达到300万。这也加剧了企业高技能人才引进的竞争程度，提高了人力资本的市场价格，带动企业劳动收入份额的提升。

第四节 结论与启示

本章基于2013—2018年中国中小企业动态数据库和2015—2017年浙江省"机器换人"分行业试点企业名单的微观企业面板数据，利用双重差分倾向匹配得分法（PSM—DID）实证检验了人工智能应用对企业劳动收入份额的影响。本章结论表明，人工智能应用显著提升了企业劳动收入份额，平均而言可以提升1.4—1.7个百分点。这一效果在不同类型企业之间存在异质性，企业出口行为抑制了人工智能对劳动收入份额的促进作用；私营企业强于非私营企业；对劳动密集型企业的积极影响最为突出。利用因果中介分析（CMA）模型的机制验证表明，人工智能应用提升企业劳动收入份额的作用机制以劳动增进效应为主，企业全要素生产率起到部分中介效应。

本章的研究不仅填补了相关领域的研究空白，而且对中国在"人工智能革命"中的收入分配改革具有启示意义。首先，人工智能应用提升了劳动生产要素的初次分配份额，其背后是产业的不断升级，降低对低技能劳动力的需求，提升高技能劳动力的需求。长远来看，这是经济发展进步的表现。但短期内如何弥补一部分低技能劳动力的损失，需要合理的政策措施来保障"人工智能革命"的包容性，让所有人共享技术进步的成果。其次，在加快推进人工智能发展的同时，需要进一步加大高技能劳动力的培养与供给，提升低技能劳动力的技能水平，避免出现"劳动收入份额不断提高，而劳动力内部收入差距不断拉大"。最后，由于样本时间窗的限制，本章并没有分析人工智能应用对劳动收入份额的动态影响，以及人工智能对劳动力内部收入分配的影响，这些都值得后续研究进一步深入探讨。

第三十八章

制造业集聚模式与成长性的实证分析

第一节 研究背景

同行企业及相关机构在地理上的集聚已成为国内外行业发展的一种普遍现象，这种集聚机制带来的专业化分工、资源共享和技术扩散等优势有效地提升了当地企业的市场竞争力和区域经济发展水平。但在行业成长过程中，一些行业能始终保持快速增长，而另一些行业则在经历增长之后呈现快速衰退，正如近年来中国东南沿海发达地区的部分集聚制造业出现了逐渐萎缩且向中西部地区转移的迹象。基于此，众多研究者从不同层次、维度的视角展开了集聚与行业成长之间的评析。

一方面，学者认为，集聚是促进行业长期竞争优势形成的重要基础。罗曼尼利（Romanelli）认为，行业集聚带来的集聚效应、专业分工体系以及合作竞争等能有效地提升行业对区域内资源的整合能力，从而促进行业的成长。郭岚等认为，行业集聚通过各种社会和商业关系支持所有参与方之间的合作与交流，其内容包括供求关系、共性技术、市场信息、人力资源市场和地方性文化，所以，集聚是行业发展的有效组织形式，并将继续成为世界性的潮流与趋势。吉尔伯特等（Gilbert et al.）通过行业集聚所引起的内部知识溢出效应进一步揭示了行业集聚所具备的相对优势，包群通过对 4.7 万多家制造业企业 6 年的数据研究分析，发现行业集聚通过出口外溢的"本地化效应"有效地推动了行业的成长。

还有一些学者从行业集聚的内在特性出发，进一步深入研究集聚与行业成长之间的联系。例如，埃尔伯蒂（Alberti）认为，集聚行业内部权力分配和等级关系的协调是保证行业稳步成长的关键因素；西莫纳（Simona）发现了行业集聚结构对于行业成长也存在重要的作用，集聚行业内部大型领导企业的缺乏往往使行业内部难以形成紧密的团结关系；相反，过多的大型企业又会导致企业对稀缺性资源争夺而产生排他性和恶性竞争。注重微观机制研究的学者进一步剖析了集聚行业内企业间的竞合关系等如何影响行业的发展，认为集聚行业内部的企业创新网络的结构与开放性左右了行业的未来。专注于空间经济思想的学者将集聚行业之间的地理邻近及技术邻近进行了分析，发现多个集聚行业之间的地理邻近和技术邻近对于行业的成长存在倒"U"形关系。

同时也有学者结合全球价值链的视角，认为部分行业的地域性转移是无可避免的，关键是如何在转移过程中提升行业价值链。除此之外，格雷伯（Grabher）的研究发现，行业集聚也会由于其稳固的内部联系导致技术、功能和认知上的锁定。萨弗等（Shaver et al.）认为，由于集聚行业内部企业间的差异，往往使集聚效应、知识扩散存在非对称分布性，从长远来看，不利于行业的成长和可持续发展。

总的来说，大多数者对这种集聚式的行业发展方式持以积极态度，并认为行业集聚带来的积极效应足以弥补其发展过程中所衍生的一些不利因素。然而，在资源约束和市场竞争加剧的环境下，我们更应深入研究现行的行业集聚模式是否契合经济转型发展的需要，粗放式外延扩展的行业发展模式是否能得以维系？对此，部分研究已针对中国东南沿海这种过度冗余的行业集聚模式的可持续性提出了质疑。因此，本章将在分析行业集聚特征基础上构建行业集聚模式的研究维度，并论述行业集聚模式与行业成长性之间的动态联系，同时，在经济转型的宏观背景下，探索推动行业集聚模式变迁的内外诱因，为集聚行业的可持续发展及转型升级提供重要依据。

第二节 集聚模式与行业成长性的关联机理

一 行业集聚特征与行业成长

集聚行业中的企业间垂直关系主要以加工链、供应链为纽带，通过产品价值链传递市场信息，依托生产网络提升行业加工与配套能力。因此，行业集聚程度越高，越有利于企业间的分工和协作，并随着企业垂直关联性的增强而得到进一步细化和发展。同时，行业集聚形成了同行企业的竞合关系，企业间相互模仿、学习和竞争的存在为行业的技术创新、组织管理优化创造了条件。只有行业集聚达到一定程度，这种大中小企业的竞合格局及追赶效应才能形成，从而成为行业成长的重要动力机制。

随着行业集聚的深化，集聚效应也日益明显，其主要表现在新经济地理学派强调的外部规模经济、知识溢出效应以及行业内部资源整合的协同效应，企业通过共享、兼并等方式扩大了资源占有，通过内部劳动分工实现资源的高效配置，降低了企业对于资源获取和资源转换的障碍。再者，集聚效应所产生的专业化中间产品和规模经济效益会吸引更多的要素、相关企业、机构在集聚区域进行布局，从而有效地提升集聚体内部的协同效应与技术创新。可见，行业集聚不仅生成了内部的竞合关系，而且进一步推动了资源要素向集聚区域靠拢。这种循环累积因果效应揭示了行业集聚的内在动力机制，即加快降低企业生产成本、运输成本和交易成本的同时，又受益于这种集聚关系所衍生出的技术创新和经济效益提升。

所以，集聚特征是行业集聚的共同属性，主要表现为集聚行业的整体规模、专业化分工、技术水平以及支撑体系等。因此，行业集聚特征是由这些多维度的属性所共同构成，而非简单的企业地理上集中所能反映。这些集聚特征的形成和巩固成为行业成长的重要基础。

二 行业集聚的变迁诱因

由于市场机制不够完善，中国地方政府成为促进行业集聚的主要推动者，其积极性和作用远甚于西方的地方政府。地方政府通过土地与税收的优惠、融资服务、项目补贴和技术引进等一系列手段来吸引企业在地方区域的集聚。再者，当地企业由于过度依赖集聚行业内部紧密的联系机制，往往引起行业中的技术锁定和恶性竞争。虽然部分行业能凭借自身适应能力的不断提升而摆脱了这些阻碍，获得新一轮的成长动力，但即便如此，这些行业也往往需要经历漫长的周期和付出巨大的经济代价。相对而言，政府通过行业的主动反馈机制而采取相应的宏观调控，不仅能够有效地化解行业内部风险，稳固集聚发展，抑制行业内机会主义的蔓延，并在一定程度上缩短了集聚行业受到风险影响的周期。因此，政策效用的强制性、引领性能有效地抑制集聚行业内部负效应的扩散，进一步为行业集聚提供原动力。据此，本章提出以下假设。

H1：政府政策效用正向促进行业集聚。

技术变革表现为行业发展中一种新技术对传统技术的替代，是推动经济增长的关键。一方面，技术变革导致行业技术水平的提升与知识存量的累加，当技术、知识的累积超过一定的阈值时，往往会诱发行业技术创新的诞生。另一方面，技术变革的推进往往为集聚行业内部衍生企业与新创企业的诞生提供了机遇，并促进企业与中介机构的联系。由于技术变革造成集聚行业内部知识体系的重构及演变，原有的企业间技术、知识联系纽带往往会出现断层或空隙，因此，大量新企业、新机构以技术变革载体或中介的身份可以迅速融入原有行业网络之中。再者，随着技术变革带来的超额利润，使大量关联企业产生学习和仿效倾向，这种意愿的维系不仅拓展了集聚行业知识网络体系，并进一步促进了行业集聚环境的优化。据此，本章提出以下假设。

H2：技术变革正向促进行业集聚。

行业的区位选择往往由资源禀赋、地理位置与人文条件等外生变量决定，经济活动在空间上的分布取决于外生变量在空间上的分散或集中程度，因此，要素成本在一定程度上促进或限制了本地行业的发展前景。在行业集聚的形成过程中，资源要素的禀赋及成本优势起到了基础性的推动作用；相反，要素成本的攀升将限制行业的进一步集聚。例如，发达地区的劳动力、原材料等成本不断攀升，土地资源日益紧张，由此带来的企业生产成本上升，严重影响了企业的发展能力，部分企业不得不向低成本优势的区域进行转移。再者，地区要素成本的上升加剧了同行企业的市场竞争及对稀缺性资源的抢夺，从而造成行业内恶性竞争和"搭便车"行为的蔓延，严重破坏了集聚行业的内在凝聚力。据此，本章提出以下假设。

H3：要素成本对行业集聚具有负向作用。

一些学者应用生命周期理论进行研究，发现行业集聚发展的"结构性"与"周期性"问题。集聚行业由大量相关企业、机构等构成，因此，产业结构的单调性往往使集聚行业无法随生产制造模式及环境的变化做出迅速调整。经济波动通过改变消费结构、投资效率与更大范围的市场需求从而直接促进或抑制行业的成长，当经济进入繁荣期时，消费、投资与市场需求的增长会促进集聚行业的快速发展，加快企业专业化分工合作从而吸引更多行业企业在地域上的集聚，实现更大范围的资源共享，使集聚行业拥有更充足的物质资本、知识资本及外部条件来实现行业的转型和升级。相反，一旦经济进入衰退期，行业内的大量企业往往迫于生存压力而放弃追求外部经济效益，从而降低了行业的集聚能力。据此，本章提出以下假设。

H4：经济波动影响行业集聚，其中经济上行促进行业集聚；反之亦然。

近年来，不少研究发现，行业集聚结构的演化对行业的成长具有一定的影响，这些观点普遍认为，大型企业在行业内所占比重越高，行业的成长性及内部凝聚力越强。集聚行业中一旦形成核心企业群，就会促进企业间的良性竞合关系，在每条产业链上都会形成更细分的垂直分工协作，从而创造更多的分工需求，吸引大量的企业进入；多条产业链之间通过横向竞争互补，在知识、信息扩散的同时保持着企业间的技术异质性，从而诱发更多的技术创新活动。再者，核心企业为获得更高的收益，必须将一些非核心技术或低附加值环节不断地分包给周围的中小企业。随着核心企业在价值链上的攀升，往往主动为周围的配套企业提供物质、技术上的帮助和支持，以保证配套零部件或服务的质量，一旦核心企业群出现外迁或衰退，将会导致集聚行业中的资源，特别是技术资源、客户及知识的外溢、流失，最终瓦解整个行业的集聚力。据此，本章提出以下假设。

H5：核心企业群的发展正向促进行业集聚。

第三节　浙江制造业的实证分析

一　集聚特征及其评价指标体系

为研究行业集聚模式与行业成长性的关系，本章首先构建行业集聚特征的评价指标体系，据此分析行业集聚模式的演变过程及其与行业成长性之间的关系。根据上文的论述，行业集聚特征的评价指标主要包括集聚规模、集聚效应、创新能力和集聚环境，其中，集聚规模是指集聚行业控制资源的总量，反映行业利用资源协同效应的广度，本研究主要从行业的企业数量、从业人数、生产总值三个方面来度量；集聚效应是指企业通过集聚的方式获得较低成本的配套产品、专业化服务、共享劳动力市场和市场信息等，从而促进企业生产率提高，本章借鉴 Engelstoft 等的研究，将行业劳动生产率作为度量集聚效应的指标；创新能力不仅反映了企业对新产品、新工艺的创造能力，而且体现了行业内部的各种正式或非正式关系促使企业间发生有效的知识搜索、共享、交流和互补，本研究在综合考虑了众多创新能力评价研究的基础上将研发投入占销售收入比重、万名从业人员专利申请数量和新产品销售收入占比作为度量创新能力的指标；良好的集聚环境能够促进行业内部机制的相互协调及共生发展，本研究通过行业平均拥有科技机构数量、专业市场成交额占行业总产值的比重作为度量行业集聚环境的指标。

研究数据主要来自《浙江统计年鉴》《浙江科技统计年鉴》和《中国统计年鉴》。通过计算[①]，我们得到了浙江省 27 个制造业的集聚特征

[①] 计算中，为消除各指标之间的量纲差距，对原始数据进行标准化处理，标准化处理公式为：$Z_{ij} = 10 \times (V_{ji} - V_{ji}\min) / (V_{ji}\max - V_{ji}\min)$，$i$ 代表各具体指标，j 代表行业。选择 2003 年为基期，计算构成集聚特征指数的各一级和二级指标的权重中，为避免主观因素，通过主成分分析得出集聚规模、创新能力、集聚环境下的二级指标的权重 W_{11}（0.334）、W_{12}（0.334）、W_{13}（0.332）、W_{21}（1.000）、W_{31}（0.431）、W_{32}（0.140）、W_{33}（0.429）、W_{41}（0.418）、W_{42}（0.220）、W_{43}（0.362），随后通过二级指标及权重的计算获得各一级指标数据，再通过主成分分析获得构成集聚特征指数的一级指标集聚规模 W_1（0.151）、集聚效应 W_2（0.079）、创新能力 W_3（0.324）和集聚环境 W_4（0.446）的权重，最后构建集聚特征指数的计算公式：$CC = \sum_i z_{ij} w_i$，z_{ij} 为行业 j 中指标 i 的标准化数值，W_i 为指标 i 所对应的一级指标权重的乘积。

指数（AC）。为进一步比较集聚行业与非集聚行业的集聚特征差异，首先，本章采用国内外常用的集聚度方法对浙江省 27 个制造业集聚情况进行识别，集聚度比较充分地反映了区域行业专业化分工与协作程度，因而是判断行业集聚的重要指标，并且数据直观易得，即：$LQ_i = (P_i/\sum_i P_i)/(\sum_i P_{ij}/\sum_i \sum_j P_{ij})$，分子是浙江省行业 i 占全省行业总产值的份额，分母是全国行业 i 占全国行业总产值的份额。通过计算浙江省制造业 27 个行业，得到 2010 年的行业集聚度，如图 38 - 1 所示。14 个行业的集聚度大于 1（见表 38 - 1）。其中，化学纤维制造业，纺织业，皮革、毛皮、羽毛及其制造业，文教体育用品制造业等行业集聚度最高，分别为 4.83、2.52、2.10、1.95；相反，农副食品加工业，食品制造业，通信设备、计算机及其他电子设备制造业，黑色金属冶炼及压延加工业等行业集聚度仅为 0.29、0.45、0.46、0.47，是浙江集聚度较低的行业。

集聚行业的集聚特征指数如表 38 - 1 所示，其中行业集聚特征指数最高的是电气机械及器材制造业 11.45，最低的是印刷和记录媒介的复制，其行业集聚特征指数仅为 2.92。

表 38 - 1　　　　　　　浙江集聚行业集聚特征指数

行业	2003 年	2006 年	2007 年	2008 年	2009 年	2010 年
电气机械及器材制造业	4.95	7.12	8.38	9.73	10.08	11.45
通用设备制造业	4.6	7.3	8.46	9.17	9.7	10.15
仪器仪表及文化、办公用机械制造业	5.2	7.9	8.17	8.62	9.07	9.92
化学纤维制造业	6.22	6.58	7.65	8.05	7.49	8.05
纺织业	3.13	5.71	6.75	7.5	7.07	7.64
金属制品业	1.53	3.16	4.07	5.1	4.84	5.46
橡胶制品业	2.91	4.15	4.12	3.89	4.17	4.65
塑料制品业	1.73	3.07	3.63	4.28	4.05	4.47
文教体育用品制造业	1.5	3	3.19	3.69	4.05	4.13
家具制造业	0.61	2.01	2.75	3.29	3.77	3.55

续表

行业	2003年	2006年	2007年	2008年	2009年	2010年
皮革、毛皮、羽毛及其制造业	1.53	2.94	3.33	3.38	3.26	3.55
纺织服装、鞋、帽制造业	1.59	2.93	2.85	3.12	3.19	3.36
造纸及纸制品业	1.23	1.89	2.64	3.28	3.87	3.14
印刷业和记录媒介的复制	1.54	2.33	2.31	2.76	3.03	2.92

资料来源：根据《浙江统计年鉴》《浙江科技统计年鉴》的数据计算整理而得。

本章按照集聚（行业集聚度大于1）与非集聚（行业集聚度小于1）对浙江省27个制造业的集聚特征进行比较，结果如表38-2所示，集聚行业的各项特征指数都显著高于非集聚行业。接着对集聚和非集聚行业的特征指数的差异性进行检验，结果显示T值为0.092在10%的水平上显著，说明集聚和非集聚行业的集聚特征存在显著性差异。由此可见，本研究构建的集聚特征评价方法能有效地将集聚和非集聚的行业进行区分。

表38-2　集聚与非集聚行业的平均集聚特征指数比较（2010年）

类别	集聚行业	非集聚行业
集聚特征指数	5.89	5.17
集聚规模	8.56	7.02
集聚效应	8.23	7.56
创新能力	6.51	5.37
集聚环境	4.12	3.97

注：集聚行业为集聚度大于1的14个行业，非集聚行业为集聚度小于1的13个行业。

二　行业集聚与成长性的实证分析

行业成长性反映了一定时期内行业的盈利能力和发展状况，以往的研究中，对行业成长性的度量较多地采用行业利润，行业利润可以较清

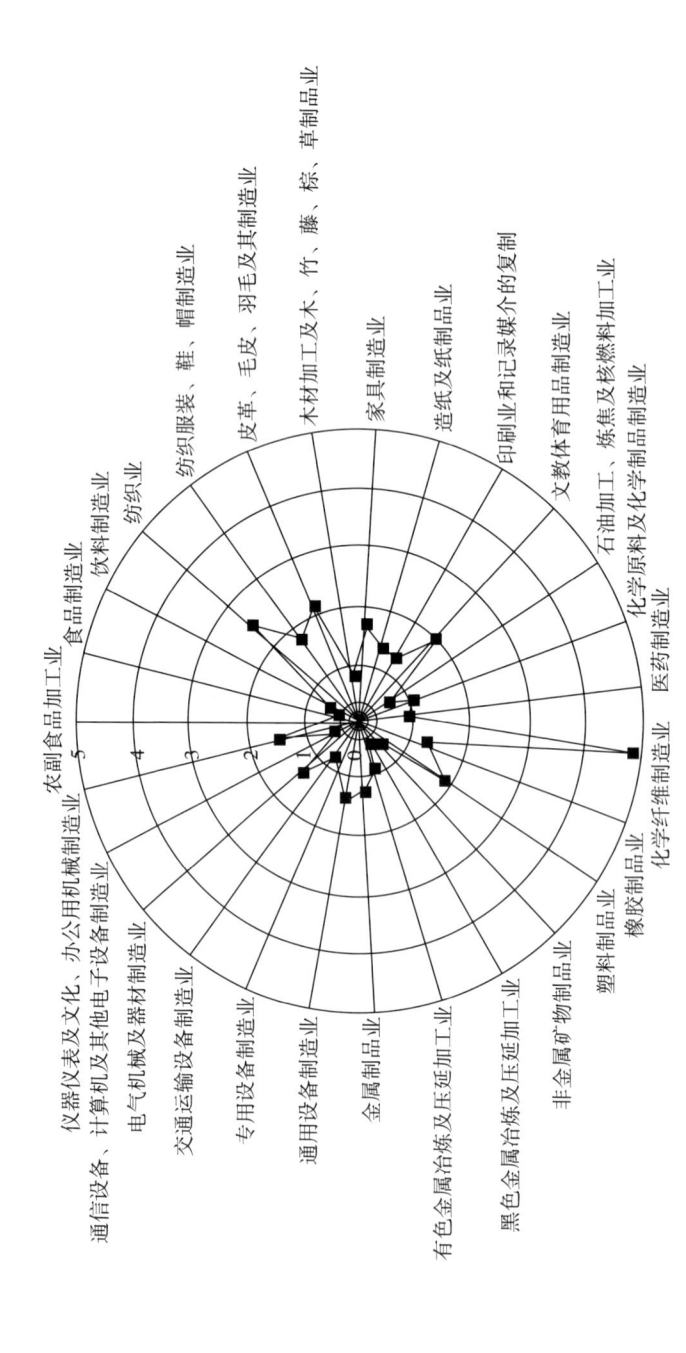

图 38-1 浙江 27 个制造业集聚度（2010 年）

资料来源：根据《浙江统计年鉴》《中国统计年鉴》的数据计算与整理而得。

晰地反映行业发展现状及进一步发展所具备的基础。因此，本章采用行业利润来度量行业的成长性。同样，对初始数据进行标准化处理后，得到行业成长性指数（IG）如表38-3所示。

表38-3　　　　　　　　　集聚行业成长性指数

行业	2003年	2006年	2007年	2008年	2009年	2010年
纺织业	10.00	19.78	23.20	23.99	26.00	32.00
电气机械及器材制造业	6.84	13.13	16.68	20.65	21.76	27.07
通用设备制造业	6.46	14.43	17.90	19.65	19.84	26.56
塑料制品业	3.15	6.99	8.27	9.03	9.50	12.48
金属制品业	3.30	6.64	8.26	10.16	10.20	12.15
纺织服装、鞋、帽制造业	4.93	6.90	8.15	8.87	9.10	10.78
化学纤维制造业	1.10	3.50	5.74	4.15	5.18	9.18
皮革、毛皮、羽毛及其制品业	2.80	5.02	5.59	5.79	5.80	7.23
造纸及纸制品业	1.48	2.69	3.40	4.11	4.41	5.77
仪器仪表及文化、办公用机械制造业	0.78	2.15	2.76	3.03	3.32	4.73
家具制造业	0.06	1.19	1.49	1.82	2.30	2.90
文教体育用品制造业	0.69	1.55	1.89	2.07	2.49	2.81
橡胶制品业	0.28	1.01	1.46	1.56	2.21	2.49
印刷业和记录媒介的复制	0.64	1.22	1.50	1.68	1.83	2.26

资料来源：根据《浙江统计年鉴》的数据计算与整理而得。

2010年所有行业中，纺织业和电气机械及器材制造业的行业成长性最高，其数值为32.00和27.07；而橡胶制造业及印刷业和记录媒介的复制的行业成长指数最低，仅为2.49和2.26，由此可见，即使在集聚行业中，不同行业之间的成长性也存在较大的差距，因此，本研究将试图通过集聚模式的分析揭开造成这种差异格局的原因。

利用表38-1和表38-3的数据构建集聚特征与行业成长性的回归模型，回归结果为：IG=2.06AC-1.82，其中，系数与常数项的t检验值分别为13.32和-3.5，均在0.01水平上显著，拟合优度为0.684，调整后为0.682，F统计量为177.42。结果表明，行业的集聚行为有效地提高了行业成长性,即行业集聚规模的扩张、集聚效应、创新能力的提升及集聚环境的改善成为推动行业发展的主要原因。

为进一步分析行业集聚各项特征对行业成长性的影响,设立多元线性回归模型 $DC = \alpha + \beta_1 X_1 + \beta_2 X_2 + \beta_3 X_3 + \beta_4 X_4 + \varepsilon$(其中,$X_1$ 为集聚规模、X_2 为集聚效应、X_3 为创新能力、X_4 为集聚环境),回归结果如表38-4所示。首先,集聚规模对行业成长性的影响最为显著,这一结果很好地说明了浙江省制造业的高速发展源于行业规模的迅速扩大,集聚规模每提高1个点,行业成长指数提高1.15个点。另外,集聚效应与创新能力对推动行业成长性的提升也起到了一定的作用,回归系数分别为0.15和0.11。

表38-4　　　　　　　集聚特征与行业成长性的回归结果

	α	β_1	β_2	β_3	β_4
估计值	-1.32***	1.15***	0.15***	0.11***	0.04*
T值	-7.86	5.15	7.07	2.86	1.62
$R^2 = 0.978$ 调整后 $R^2 = 0.974$ F = 112.04***					

注：*和***分别表示在10%和1%的水平上显著。

可见,由于浙江省制造业整体技术水平仍处于一个较低层次,大量集聚行业仍依靠集聚规模带来的外部经济效应获得成长的动力,而创新对于行业成长的促进作用并没有得到真正的体现。最后,集聚环境与行业成长性的关系并不十分显著,且回归系数仅为0.04。可能原因是浙江制造业集聚环境的建设仍不够完善,政府与各平台机构对促进行业发展的作用仍不明显,业内企业发展主要依靠自身优势及其相对固定的分工协作网络。同样,Visser也在其研究中指出,环境对集聚行业的作用往往被高估了,在实践中,政府和平台往往只充当企业与协作对象之间的中介作用。

为进一步探索造成行业成长性差异的原因,本章构建了14个集聚行业的特征分析,并根据集聚行业特征指数(2010)将14个制造业的集聚模式进行区分(见图38-2)。

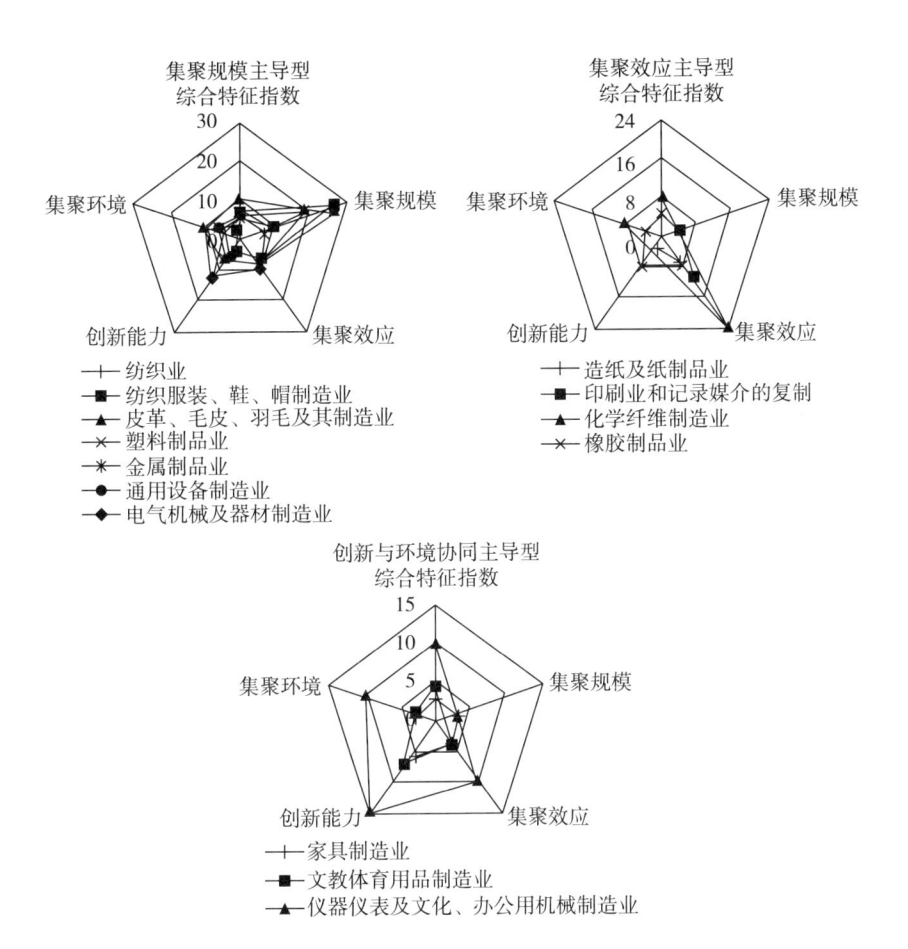

图 38-2 按集聚特征划分的行业集聚模式

图 38-2 表明，浙江省 14 个制造业中有 7 个行业属于集聚规模主导型发展模式，仅有 3 个行业属于创新与环境协同主导型，另外 4 个属于集聚效应主导型。其次，结合表 38-3，我们对三种不同集聚模式的行业成长性及成长潜力（行业成长指数增长率）进行比较，如图 38-3 所示。

图 38-3 表明，集聚规模主导型的行业平均成长性最高，其 2010 年的平均行业成长指数为 18.33，远高于集聚效应主导型（4.92）和创新与环境协同主导型（3.48）。然而，在成长潜力方面，集聚规模主导型行业成长指数年均增长 18.68%，显著低于集聚效应主导型（28.26%）

469

和创新与环境协同主导型（41.63%）。可见，在集聚行业发展初期，集聚规模的扩大将有效地促进行业的快速成长，而集聚效应、创新与环境协同主导型的发展模式更有利于培养行业的长期成长潜力。这一研究结果很好地说明不同集聚模式的选择应取决于集聚行业的发展阶段。在集聚行业发展初期，集聚规模的扩大是导致行业快速成长并促进资本积累的重要手段，但是，随着集聚行业的进一步发展，行业内部应更加重视协作网络的建设，以促进集聚效应与创新能力的发挥，同时，应伴随行业的集聚模式逐渐从规模主导型向集聚效应主导型、创新与环境协同主导型转变，从而保证集聚行业的长期发展潜力，形成行业转型升级的持续动力。

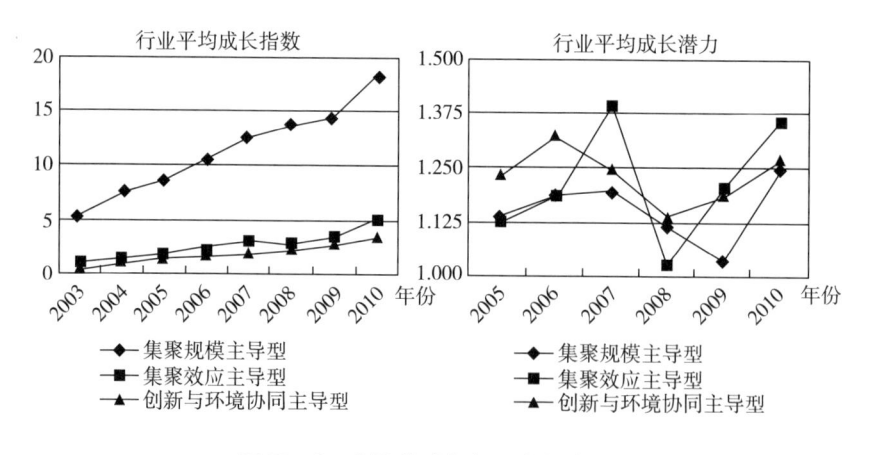

图38-3 集聚模式与行业成长的关系

三 集聚变迁诱因的实证分析

为进一步回答集聚模式的转换路径，本章将对行业集聚变迁诱因进行实证分析，研究数据来自《浙江统计年鉴》、《浙江科技统计年鉴》，各变量测度方法如下：①政策效用（PS）：各级政府对行业技术开发研究的减免税额度；②技术变革（TC）：行业用于技术改造、技术引进、研发、消化吸收的经费支出；③要素成本（FC）：行业经营成本占销售收入的比重；④经济波动（EF）：以浙江省GDP作为基础数据；⑤核心企业群（CR）：大中型企业集中度，即大中型企业产值占行业总产值的比重作为基本数据；⑥集聚特征（AC）：对上述变量数据进行标准化处理的基础上，借鉴西莫民塔等的研究成果构建以下行业集聚特征指数的回归模型：

$$\ln AC_{it} = \alpha_{kt} + \beta_{1kt}\ln PS_{it} + \beta_{2kt}\ln TC_{it} + \beta_{3kt}\ln FC_{it} + \beta_{4kt}\ln EF_{it} + \beta_{5kt}\ln CR_{it} + \varepsilon_{it} \tag{38-1}$$

本章数据包括14个制造业的6年历史，因此，参数的非齐性是在建模时应重点考虑的问题。首先，我们假定样本数据存在时间序列参数齐性，即参数满足时间一致性，不随时间的不同而变化，因此模型用矩阵方式表示：

$$y_{it} = \alpha_k + \beta_k X_{it} + \varepsilon_{it} \tag{38-2}$$

在参数不随时间变化的情况下，如果时间因素t和行业因素k所形成的行业成长的差异只反映在截距的不同取值上，那么就得到变截距模型：

$$y_{it} = \alpha_k + \beta X_{it} + \varepsilon_{it} \tag{38-3}$$

以及参数不随时间变化的情况下，时间因素和行业因素所形成的行业成长差异既不反映在截距上，也不反映在回归斜率上的混合回归模型：

$$y_{it} = \alpha + \beta X_{it} + \varepsilon_{it} \tag{38-4}$$

模型分析的豪斯曼（Hausman）检验W统计值为60.52，故拒绝随机效应模型。在给定5%的显著性水平下，$F_2\alpha(65, 14) = 2.21$，通过对数据的协方差分析，$F_2 = 1.59$，因此接受参数齐性的假设条件，考虑模型的行业固定效应λ_i与时间固定效应θ_t得到最终估计模型：

$$\ln AC_{it} = \alpha + \beta_1\ln PS_{it} + \beta_2\ln TC_{it} + \beta_3\ln FC_{it} + \beta_4\ln EF_{it} + \beta_5\ln CR_{it} + \lambda_i + \theta_t + \varepsilon_{it} \tag{38-5}$$

为消除模型中存在的异方差，在回归中用"White一致标准差—异方差矩阵"纠正对系数协方差的估计；为消除模型序列自相关问题，模型中采取了AR（1）变量回归，回归结果如表38-5所示。

根据表38-5的回归结果，我们可以做出以下分析：

第一，政策效用、技术变革力度、经济周期向好与核心企业群的发展对行业集聚具有显著的正向促进作用，要素成本对行业集聚具有显著的负向作用。因此，原假设均都得到了支持性验证。

表 38-5　　　　　　　　　　回归结果

变量	被解释变量				
	集聚特征指数	集聚规模	集聚效应	创新能力	集聚环境
C	-6.22*** (-8.90)	-8.89*** (-6.93)	-15.54*** (-8.33)	-5.43*** (-5.67)	-3.78** (-2.61)
lnPS	0.06*** (4.84)	0.11*** (5.50)	0.02 (0.63)	0.07*** (4.14)	0.06*** (3.47)
lnTC	0.29*** (13.92)	0.51*** (17.96)	0.30*** (5.51)	0.17*** (5.94)	0.30*** (8.00)
lnFC	-0.57*** (-4.42)	-0.55 (-0.29)	3.53*** (2.64)	3.15** (-2.01)	-4.77*** (-3.83)
lnEF	0.47*** (7.51)	0.36** (2.76)	1.47*** (8.44)	0.44*** (4.72)	0.25* (1.86)
lnCR	0.28*** (5.57)	-0.11 (-0.800)	-0.13 (-1.08)	0.23*** (3.05)	0.83*** (8.84)
AR（1）	0.30*** (8.34)	0.11*** (7.32)	0.16*** (4.91)	0.22*** (3.55)	0.19*** (3.64)
行业固定效应	是	是	是	是	是
时间固定效应	否	否	否	否	否
R^2	0.94	0.92	0.73	0.86	0.82
调整的 R^2	0.93	0.91	0.72	0.85	0.81
F 统计值	225.30***	184.34***	43.00***	96.93***	72.29***
D.W. 统计值	1.4511	1.4862	1.6545	1.7049	1.7709

说明：*、**、*** 分别表示在 10%、5%、1% 的水平上显著。

第二，通过对集聚各项特征指数的回归分析发现，行业集聚的变迁诱因对集聚模式的转换具有重要影响，政府政策效用不仅能促进行业集聚规模的扩大，并对行业的创新和环境的发展有着不可替代的作用，然而，政府政策效用并未对行业集聚效应产生显著影响。据此推断，集聚效应完全由行业内企业在追求经济利益最大化的目标驱动下而自发形成。技术变革和经济周期向好对行业集聚各项特征都有显著的促进作用，其中，由于技术变革而带来的机遇往往是推动行业集聚规模扩大的主要原因；经济快速增长带来的市场需求扩充往往使行业内企业为获得短期高额收益而一味地注重提升劳动生产能力，忽视了技术创新和行业内部的网络建设。要素成本的大幅上升可能会瓦解行业集聚，但对集聚效应和创新具有正向推动作用，造成这种现象的原因，可能是由于要素成本上升，企业不得不依靠行业的专业化分工和地理邻近来降低交易成本和运输成本，并进一步通过技术创新来抵消要素成本上升的压力，从而拓展市场和利润空间，这一分析结论类似于由经济衰退导致的"机会成本效应"思想。最后，核心企业群的建设显著地提升了行业创新能力和集聚环境的建设。这一结果表明，核心企业群在行业发展中充当着行业领导者的角色，在一定范围内标志着行业的前进方向，因此，这些领导企业的技术、资金、信息的扩散和"示范效应"是行业良性竞合关系形成的重要原因。

第三，研究结果表明，各项变迁诱因对集聚模式的转变都具有潜在影响，如果将要素成本与经济波动作为行业集聚的外在变迁诱因，那么，在行业集聚的内在变迁诱因中，核心企业群的建设是促进行业向创新与环境协同主导型集聚模式转变的关键因素。从回归结果可以发现，核心企业群发展对行业创新和集聚环境具有正向的显著影响，对集聚规模与集聚效应的影响不显著，这意味着核心企业群的发展将集聚行业的内部关系进行了细致的划分，每个核心企业周围都会围绕着一群与之相配套的中小企业，从而形成分工合作的纵向一体化，研发合作的横向扩散，使集聚行业内部治理逐渐步入有序化。其次，我们可以看到政策效用同时对集聚规模、创新能力和集聚环境具有正向影响，其中对集聚规模的影响最大，由此可以论证，政府的政策效用能吸引更多的企业入驻，但凭借单一的优惠政策并不能有效地提升集聚行业的核心竞争力。

第四节 结论与政策启示

浙江省作为中国改革开放的前沿阵地和沿海经济的发达地区，行业发展已形成了地域集聚的特色，即"块状经济"，具有形成时间早、集聚规模大、地域行业文化鲜明等突出特点，本章以浙江省为对象实证研究集聚模式与行业成长性之间的关系，其结论不仅对浙江省经济发展、行业转型升级具有重要的理论指导意义,而且对其余省市的行业发展同样具有积极的"示范效应"和政策启示。

第一,地域行业发展过程就是关联企业和机构的集聚过程,集聚程度越高,行业成长性越强。但是,浙江省绝大多数行业的发展仍处于规模扩张阶段,正不断面临着转型升级或区域转移的压力。

第二,地域行业集聚与成长过程中,地方政府优惠政策、技术变革推进、要素资源禀赋与经济周期波动起到了重要的作用,在行业集聚初期,政府政策效用对吸纳企业与关联机构入驻,扩张集聚行业规模会产生重要作用,但是,政策效用、经济周期波动的影响仅仅是外生的,只有行业技术创新能力与创新要素资源才是行业集聚与成长的内生变量。

第三,地域行业集聚结构与模式对行业成长潜力具有决定性作用。规模主导型集聚行业的成长潜力最差,创新与环境协同型集聚行业的成长潜力最好。因此,行业转型升级首先应该体现在集聚模式的转换与演进中,一味地追求规模扩张在短期内确实能促进行业的成长,但不是培养行业长期竞争优势的有效途径。所以,对于行业的扶持也应逐渐从土地、税收等优惠逐渐转向鼓励技术引进,推动创新要素集聚。

第四,导致行业集聚模式变迁与行业兴衰存在许多诱因。其中,核心企业技术变革与要素成本起到了关键作用。核心企业发展一方面会促进行业垂直分工合作,降低水平竞争程度;另一方面核心企业凭借资源与人才优势,引领行业技术变革,示范生产制造方式,树立行业品牌与市场形象,主导质量控制与管理体系。反之,核心企业衰退或外迁也是造成行业集聚瓦解的根源,其中,地域政策、要素成本比较优势消失和水平竞争过度等因素是诱发核心企业外迁或衰退的主要原因。因此,进一步推进"腾笼换鸟"政策,引进或努力扶持高品质企业成为行业成长的必由之路。

第三十九章

产业协同集聚对制造业效率的影响研究

制造业的发展及其效率的提升不仅取决于制造业自身的创新能力，还取决于生产性服务业的发展。生产性服务业作为制造业相关的配套服务，既依附于制造业，又反过来支撑制造业的发展，通过促进制造业专业化分工，提高制造业劳动生产率。但是，生产性服务业和制造业并不是简单的叠加关系，因为过度集聚又会造成基础设施拥挤、争抢要素资源、环境污染等负面效应，从而导致制造业效率的下降，那么协同集聚和制造业效率之间到底是何种关系模式？是否存在合理的协同集聚度？为了回答这些问题，本章将探究生产性服务业和制造业协同集聚与制造业效率的关系，这为促进产业间合理分工和有效集聚、提高制造业效率具有重要的意义。

第一节 文献综述

一 产业集聚与制造业效率研究

Marshall（1890）最早提出了相似产业内部的集聚效应，认为人力资本水平、中间投入品和科学技术水平是促使集聚产生的主要原因。随着 Marshall（1890）的研究思路，早期大多数研究都立足于制造业内部的不同行业及其制造业内部特点对制造业效率的影响（Nakamura，1985；陈丰龙、徐康宁，2012），基本得出制造业集聚可以促进制造业效率提高的结论。最近几十年，大量研究表明，在经济更为发达的地区、集聚更能提高企业生产效率（Ciccone & Hall，1996；刘修岩，2010；王良举、陈甬军，2013）。Ohlin（1993）和 Hoover（1936）把集聚分为专业化集聚和多样化集聚。专业化集聚强调同一产业内的知识扩散、垄断的市场结构，更有利于企业自身的发展，从而提高产业的生产效率（刘乃全，2016）；多样化集聚则强调不同类型产业间的集聚更能创造多样化的环境，使空间地理上邻近的企业可以相互学习，改进生产技术从而获得更高的生产率（徐盈之、朱依曦，2010）。

随着生产性服务业的快速发展，人们开始关注生产性服务业对制造业效率的影响，研究表明生产性服务业的产业规模、专业化水平不仅可以显著提高本地区制造业效率（江静、刘志彪，2007；高孟立，2016；Markusen，1989），而且还能提升相邻甚至不相邻地区的制造业效率（陈光，2014；张振刚，2014）。但是，产业过度集聚会导致资源拥挤、过度竞争等（Lin，2011），从而产业集聚与技术效率呈负相关关系（王丽丽，2012）。

二 生产性服务业与制造业产业关联研究

有关生产性服务业和制造业之间的关系，有以下几种主流观点（见表39-1）。

表39-1　生产性服务业和制造业产业关联性主要观点

研究视角	主要观点	代表人物
需求遵从论	制造业中间需求的增加是生产性服务业发展的前提	Francois（1990）；Klodt（2000）；江小涓、李辉（2004）；任旺兵（2008）
供给主导论	生产性服务业中间投入的增加可以提高制造业生产率	Eswarn 和 Kotwal（2001）；Markusen（1989）；江静（2007）；顾乃华（2010）
产业互动论	生产性服务业和制造业之间相互作用、共同发展	Park 和 Chan（1989）；Porter（1990）；吕征（2006）；高觉民（2006）
产业融合论	生产性服务业和制造业的边界越来越模糊，且出现了融合的趋势	周振华（2003）；Hansen（1990）；Lundvall 和 Borras（1997）；汪德华（2010）

这几种观点从不同的角度研究和分析了生产性服务业和制造业之间的关系，在制造业发展过程中，随着企业规模的扩大、产业分工的细

化，大量中间产品和加工过程被分离出来，形成了生产性服务业，在这一阶段体现出需求遵从论的特点；生产性服务业的产出成果作为中间产品投入到制造业中，使两者之间的联系更加紧密，创新了制造企业的生产模式，为制造业提供有力的技术支撑，这时两者的关系以供给主导论为主；随着生产性服务业和制造业的良性互动发展，生产性服务业和制造业的发展水平都会得到较大程度的提升，制造企业也越来越重视生产过程中的企业服务，服务业也开始发展供应链上游产业，促进服务产业化，在这种情况下，就会出现两者互动和融合发展的局面。

三 生产性服务业与制造业协同集聚研究

最早提出产业协同集聚概念的学者是 Ellison 和 Glaeser，主要用来解释不同产业间的集聚行为。他认为，在产业集聚过程中，许多处于上下游关联的企业也会在空间地理上集聚。研究表明，生产性服务业与制造业投入产出关系、生产性服务业的各细分行业均会影响产业协同集聚程度（江曼琪，2014；吉亚辉，2015），所以与其他行业相比，生产性服务业和制造业的协同集聚关系更为紧密（Ghani，2016）。

许多学者从生产性服务业和制造业协同集聚的互补效应入手，认为制造业应注重与生产性服务业的协同集聚，由于空间临近性会产生两种有价值的外部收益：一种是专业化的分工促进了新型产品和服务的诞生，从而改进现有的生产方式；另一种则是在产业集聚区域内形成的知识外溢机制（陈国亮，2016；刘月，2016），不同产业的信息、知识交流和碰撞，通过个体学习效应产生新的生产技术。正是专业化分工和知识外溢效应的叠加，提升了产业质量和劳动生产率，也正向促进了产业优化升级和城市经济的增长（Shahid Yusuf，2008；陈晓峰，2014；杜传忠，2013），使城市发展动力由要素驱动向创新驱动的转换。

但是，协同集聚也会产生规模不经济现象（宋顺锋和潘佐红，2008），过大的经济活动密度会导致服务和公共设施的拥挤，其所带来的拥挤负效应日益凸显，并逐渐超过规模扩大所带来的收益，这时该地区将无法同时承载两大产业的集聚（陈国亮，2010）。豆建民（2016）的研究也支持了上述观点，发现协同集聚对城市化水平的影响会随着经济发展水平的不同而有所差异，对于较为落后的西部地区，协同集聚对城市化水平的促进作用明显，而发展程度较高的东部地区，协同集聚对城市化水平的抑制效应更加明显。

综上所述，现有文献大多从单一产业集聚的角度研究其对制造业效率的影响，少有研究讨论协同集聚与制造业效率的关系，少数文章分析了协同集聚与制造业效率之间的线性关系。本章以中国制造业2006—2015年的数据为样本，检验产业协同集聚度对制造业效率是否存在非线性关系，进而利用面板数据的门限回归模型，探讨产业集聚度的门限特征及存在性，以期为相关产业政策的制定提供可靠依据。

第二节　模型设定与变量描述

一　模型设定

基于上述分析，为了更为精确地度量生产性服务业和制造业协同集聚对制造业效率产生的影响，本章采用面板数据回归模型，进行实证分析，模型如下：

$$\ln ME_{jt} = \alpha_1 C_{jt} + \alpha_2 C_{jt}^2 + \alpha_3 C_0 n + \alpha_0 + \varepsilon_{jt} \quad (39-1)$$

式中，下标 j、t 分别表示地区和时间，ME 表示制造业效率，C 表示生产性服务业和制造业的协同集聚指数，由于两者的协同集聚指数和制造业效率之间可能存在非线性关系，因此在模型中加入协同集聚指数的二次项。$C_0 n$ 表示控制变量，ε 表示随机误差项。

二　变量说明和数据来源

（一）变量说明

1. 制造业效率（ME）

制造业效率是本章的被解释变量，在一些研究中，通常选取劳动生产率、数据包络分析（DEA）、制造业产出率等作为度量指标。本章选取劳动生产率作为衡量制造业效率的指标，即制造业总产值与其全部从业人员数的比值。其中，制造业总产值和全部从业人员数均由统计年鉴中制造业细分行业加总得到。

2. 生产性服务业和制造业协同集聚度（C）

生产性服务业和制造业的协同集聚度是本章的解释变量。根据现有文献可知，区位熵是测量两个产业协同集聚度的方法，该方法可测量生产性服务业和制造业的协同集聚指数。该指数是从全国视野比较城市产业集聚指数，同时比较生产性服务业和制造业的协同关系，具体公式如下：

$$c_{ij} = \frac{e_{ij}/E_i}{e_{j}/E} \quad (39-2)$$

$$C_j = 1 - \frac{|c_{m_j} - c_{s_j}|}{c_{mj} + c_{s_j}} \quad (39-3)$$

式中，c_{ij} 表示 j 城市 i 行业的区位熵，e_{ij} 代表 j 城市 i 行业的产值，E_i 表示全国 i 行业的总产值，e_j 表示 j 城市所有行业的产值，E 表示全国总产值。C_j 为 j 地区生产性服务业和制造业协同集聚指数，c_{mj} 为 j 城市制造业的区位熵，c_{sj} 代表 j 城市生产性服务业的区位熵。j 城市制造业和生产性服务业的集聚程度越接近，C_j 值越大，表明协同集聚程度越高。

（二）主要控制变量

1. 经济发展水平（Eco）

经济发展水平主要通过影响生产力的发展，进一步影响制造业的效率，它主要体现了各个产业的综合发展情况。孔婷等通过实证研究表明经济发展水平会对制造业效率产生积极的促进作用。现在许多研究都采取人均 GPD 作为指标度量国家的经济发展水平，本章借鉴这种做法，选用人均 GDP 来度量中国经济的发展水平。

2. 人力资本水平（Edu）

随着社会的进步，单纯体力劳动投入已经无法满足现代制造业的需要，人力资本正取代劳动力成为制造业主要的投入方式。范剑勇等认为，人力资本存量会对制造业效率产生影响。本章选取大专以上学历人口数占 6 岁以上人口数的比例代表该地区人力资本存量。

3. 技术创新能力（Techin）

企业提高技术创新能力，不但可以减少劳动力成本，还可以提高产品的技术含量，推动产业发展，获得竞争优势，因而，提升制造业的产出效率。为了合理度量技术创新能力，本章借鉴孔婷的方法，选取各省历年专利申请数作为衡量指标。

（三）数据来源

本章选取 2006—2015 年全国 31 个省份的数据进行分析，主要数据源于 2007—2016 年《中国统计年鉴》以及各省统计年鉴，缺省数据用插值法补充。

第三节 倒"U"形作用实证分析

本章分别采用固定效应模型（FE）、随机效应模型（RE）、混合效应模型（Pooled OLS）三种模型进行面板数据回归方程的估计模型，经 LR 检验和 Hausman 检验，结果显示最适合采用个体时间双固定效应模型。因此，本章采用 Stata 对模型进行回归分析，相关统计性分析及回归结果如表 39-2 所示。

表 39-2　　　　　　　　变量描述性统计

变量	指标意义	观察量	均值	标准差	极大值	极小值
ME	制造业效率	310	395483.98	150327.36	1016341.28	1117491.07
C	协同集聚指数	310	0.827	0.154	0.998	0.232
Eco	人均GDP	310	39129.057	21588.1832	107960	5787
Edu	大专以上学历人口占比	310	0.032	0.019	0.131	0.001
Nov	历年专利申请数	310	11009.77	20060.5	119927	16

表 39-3　　　　　　　　静态面板模型回归结果

变量	模型一	模型二
C	5.485**	5.805**
C2	-3.785**	-3.869**
Eco		0.139**
Edu		1.191
Techin		-0.037**
常数项	10.959**	9.573**
R^2	0.609	0.627
调整后的 R^2	0.595	0.610

从表 39-3 中可以看出，模型一和模型二整体显著，协同集聚指数 C 前面的系数为正，而 C2 的前面系数为负，而且都在 1% 的显著性水

平上统计显著,这一结果证明了生产性服务业和制造业协同集聚与制造业效率之间存在倒"U"形关系。也就是说,生产性服务业和制造业协同集聚对制造业效率是"先促进、后抑制"的效应。因此,产业协同集聚在经济发展过程中,在不同阶段表现是不同的,分别表现为促进效应和抑制效应。在产业协同集聚萌芽时期,生产性服务业和制造业会相互寻找合作企业,这使各个企业之间形成了复杂的网状联系,进而形成了互相连接的有效网络。然而,当产业协同集聚发展到一定阶段,会出现要素拥挤效应,即直接表现为城市人口膨胀、交通堵塞、产品生产成本上升、企业利润下降等不利于制造业劳动生产率提高的现象,在某种程度上导致了制造业效率的损失。

同时,控制变量 Eco 在 1% 的水平下显著,说明经济发展水平可以正面促进制造业效率的提升。这一方面说明,随着经济发展水平的提高,顾客不再片面追求价格便宜,对产品的质量、售后服务提出更高的要求,顾客、消费者的期望和挑剔将间接促进制造业效率的提升,也会促进生产性服务业的发展及其两者协同集聚程度。但是,人力资本水平(Edu)对制造业效率的作用效果并未通过显著性检验。因为,学历可能只反映了人力资本水平的某一方面的特征,虽然受教育程度越高,所掌握前沿的核心技术越多,但是解决实际问题的能力、操作能力也尤其重要,在可操作性较强的制造业行业,学历较高的年轻员工的生产效率可能比不上经验丰富的老员工。

但是,模型结果显示,技术创新能力却对制造业效率产生一定的抑制作用,原因有两方面:一是专利申请数量并不能全面反映企业技术创新能力,一些企业申请专利的目的性太强,忽视了专利技术的应用;二是除了专利申请外,技术创新能力还表现在研发投入和新产品产出,无法全面反映。

第四节　门限回归模型及检验

通过对产业协同集聚的面板数据回归分析可以发现,产业协同集聚度与制造业效率之间具有明显的倒"U"形关系,这意味着产业协同集聚可能存在着门限效应,下面将利用 Hansen 的门限回归模型对产业协同集聚是否存在门限效应进行检验和分析。

一 门限回归模型的设定

由于产业协同集聚对制造业效率的非线性关系,需要对产业协同集聚度两侧的样本进行分组检验,门限回归可以避免人为划分产业协同集聚强度区间带来的偏误,它可以根据数据的特点,内生性地划分产业协同集聚程度的区间,进而研究在不同区间产业协同集聚对制造业效率的影响。Hansen 最早提出的单一门限回归具体形式如下:

$$y_{it} = \theta_1 x_{it} + e_{it} \quad q_{it} \leq r \quad (39-4)$$

$$y_{it} = \theta_1 x_{it} + e_{it} \quad q_{it} > r \quad (39-5)$$

式中,y_{it} 为被解释变量,x_{it} 为解释变量,q_{it} 为门限变量,r 为门限值,e_{it} 为残差。当门限变量 q_{it} 小于等于门限值 r 时,回归模型为式 (39-4);当门限变量 q_{it} 大于门限值 r 时,回归模型为式 (39-5)。构造示性函数 $I(\cdot)$,令 $I(r) = \{q_{it} \leq r\}$,当 $q_{it} \leq r$ 时,$I=1$,否则 $I=0$,则式 (39-4) 和式 (39-5) 合并为:

$$y_{it} = \theta_i + \theta_1 x_{it} I(q_{it} \leq r) + \theta_2 x_{it} I(q_{it} > r) + \varepsilon_{it} \quad (39-6)$$

根据式 (39-1) 和式 (39-6),把协同集聚程度既作为自变量又作为门限变量加入模型 (1) 当中,得到本章的面板门限模型:

$$\ln ME_{it} = \alpha_1 \ln C_{jt} I(\ln C \leq r) + \alpha_2 \ln C_{jt} I(\ln C > r) + \alpha_3 \ln C_0 n + \alpha + \varepsilon_{jt} \quad (39-7)$$

二 门限回归模型估计与检验

本章以 2006—2015 年中国制造业和生产性服务业的数据为样本,对产业协同集聚程度的门限效应进行检验。借鉴 Hansen 的方法,首先确定门限值的个数与大小,得到具体的门限值后,利用 Bootstrap 抽样法检验该门限值是否显著,如需检验是否存在两个及两个以上门限值,重复上述步骤即可。检验结果如表 39-4 所示。

表 39-4　　　　　　　　　门限效应检验

模型	门限值	F 值	P 值	BS 次数	临界值 1%	临界值 5%	临界值 10%
单一门限	-0.4638	24.07	0.042	500	30.26	23.51	17.68
双重门限	-0.0689	10.00	0.358	500	51.21	38.76	28.61

由表39-4可知，以协同集聚程度为门限变量时，单一门限的F值为24.07，P值为0.042，即在5%的水平下统计显著。而由双重门限的F值和P值可知，本章模型不存在双重门限，所以，本章研究模型为单一门限，门限值为-0.4638。在确定了协同集聚程度的门限值后，可将样本数据划分为两个区间，小于等于0.4638和大于0.4638，分别研究不同区间内产业协同集聚程度对制造业效率的影响。

三 单一门限模型的估计结果

我们重点分析不同协同集聚度对制造业效率的影响差异。由表39-5可以看出，lnC的估计结果均存在正负、显著性的差异，说明中国产业协同集聚对制造业效率确实存在门限效应。

表39-5　　　　　　　　单一门限模型估计结果

ME	系数	P值
lnC ≤ -0.4638	0.043*	0.046
lnC > -0.4638	-0.552**	0.000
lnEco	0.813**	0.000
lnEdu	0.028	0.253
lnNov	-0.082**	0.003
常数项	5.108**	0.000

下面我们分别考察不同协同集聚度与制造业效率之间的关系。可以看出，对于协同集聚度小于0.628（lnC ≤ -0.4638）的省份来说，协同集聚度对制造业效率具有较强的促进作用，协同集聚度提高1%能够带来制造业效率上升0.043%，说明在这一区间内协同集聚的互补效应逐渐显现，制造业可以从互补效应中获取好处以提高其生产效率；相反，协同集聚度大于0.628（lnC > -0.4638）的省份系数在10%的置信区间显著为负，说明这时协同集聚度的拥挤效应更加明显，而互补效应已经无法弥补协同集聚过度所带来的拥挤效应，所以协同集聚度开始抑制制造业效率的增长。

第五节 结论

随着工业化进程的逐步推进，如何提高制造业效率成为学者们关注的重要问题，而生产性服务业和制造业的协同集聚可以在一定程度上提高制造业效率。以往文献多将研究重点集中在协同集聚的互补效应方面，而较少考虑协同集聚的拥挤效应可能考虑的效率损失。基于以上考虑，本章以中国31个省份2005—2016年的面板数据为样本，就生产性服务业和制造业协同集聚与制造业效率的关系，以及协同集聚度是否存在门限效应进行了实证检验，得出了以下结论：协同集聚度与制造业效率之间存在倒"U"形关系，在一定范围内，协同集聚能够促进制造业效率的提升，但是超过临界点则会产生相反的效果。进而利用门限回归明确了协同集聚对制造业效率的非线性影响。得出协同集聚度存在单一门限值（0.628）的结论，对于门限左侧，协同集聚指数较低的地区，具有较强的促进作用；对于门限右侧，协同集聚指数较高的地区则抑制效应比较明显。

因此，本章进一步扩展了制造业转型升级的思路与途径，认为片面追求服务业发展，"退二进三"等政策不利于制造业发展；单方面强调制造业集聚，过度发展工业园区，把服务业与制造业分离开来，也是不利于制造业效率提升，所以生产性服务业与制造业协同发展、适度集聚是促进资源配置效率提升、制造业与服务业协同发展的新模式。

第四十章

淘宝村微生态系统与中小电子商务发展研究

根据阿里研究院发布的《2020中国淘宝村研究报告》最新数据显示，2009年全国仅有3个淘宝村，截至2020年6月，已经发展到了5425个淘宝村，约占全国行政村总数的1%，吸纳了828万人口就业，成为农村中小电商创业的沃土。淘宝村的年交易额突破1万亿元，年交易额过亿元的淘宝村广泛分布于28个省、自治区、直辖市，以东部沿海地区为主，向中西部和东北地区扩散。

昔日偏僻落后的农村发展成为淘宝村，打破了传统产业生态系统理论的框架。淘宝村集中连片发展，形成淘宝镇，时隔30年中国乡镇企业再次异军突起；淘宝镇的集中连片发展，形成了淘宝县，给中国县域经济发展提供了新赛道；淘宝县的集中连片发展，又催生了全新的数字产业带（阿里研究院，2020）。这不仅引起了政府与相关部门高度重视，也引起了理论界的关注。淘宝村成功的主要原因是实现了完美的产业生态系统，在这个生态组织结构中，实现了领导种群、关键种群、支持种群、寄生种群的有机结合，共同完成电子商务生态系统的动能。本文主要分析淘宝村微生态系统的构成及其演化过程，进而探讨淘宝村新型产业集群成长模型，以及淘宝村如何促进农村中小电商实现高质量发展问题。

第一节 相关研究文献回顾

淘宝村的发展依赖于近几年互联网经济的兴起。国内现有研究主要应用电子商务理论和产业集群理论剖析淘宝村的发展（见表40-1）。

表40-1　　　　　　　　　　淘宝村相关研究文献

研究者	主要研究内容
彭璧玉（2001）	M2M模式、战略联盟模式、中介模式和会员模式
朱兴荣（2007）	研究其B2B、B2C农业电子商务平台
岳云康（2008）	"基地+加工+销售"模式
杨克斯、吴江雪（2008）	F2B2M的发展模式
李海平、刘伟玲（2011）	F2C2B模式
侯晴霏、侯济恭（2011）	农村区域电子商务协同模式（ABC）
陆尹玮（2014）	淘宝村的沙集模式
郭承龙（2015）	提出淘宝村发展的共生模式
中国淘宝村研究报告（2015）	B2B、B2C+本地产业集群
张作为（2015）	产业集群体动力模式
中国淘宝村研究报告（2020）	劳动密集型与技术密集型产业并存，数字产业带

资料来源：根据课题组检索相关文献数据库整理。

现有文献主要是认识淘宝村的生态结构以及电子商务在淘宝村发展中的作用。淘宝村作为产业生态的村落，具有"一村一品""一镇一品"的发展模式，因此，许多学者认为淘宝村是一种产业集群现象（曾亿武、邱东茂、沈逸婷，2015）。并且淘宝村是在没有政府干预下自发成长起来的集群形态，适合于Bruso提出"两阶段"成长模型。因此，国内一些学者探讨了农村产业集群和特色农业产业区的形成过程，构建一个农村产业集群形成的动态模型，由初始企业示范效应，带动模仿企业产生（黄汉权，2009）。淘宝村作为一种电子商务生态系统，系统中商流、信息流、物流和资金流有效地运转，是生态系统稳健发展的关键，也是提升其竞争优势的来源（陈蓉、娄策群，2013）。目前，淘宝村产业集群出现由传统的劳动密集型产业向劳动密集型与技术密集型产业并存、多个产业集群相互促进的发展新格局（阿里研究院，2020）。

第二节 淘宝村电子商务生态的构成与演进特征

一 淘宝村电子商务生态系统的构成

结合上述理论,本章定义淘宝村电子商务生态系统为基于网络和农村经济的环境下,超越时间和空间的界限,利用优势互补和资源共享,形成有机的生态系统,即淘宝村电子商务生态系统。由于是以地级村庄为单位,所以称为微型产业生产系统。淘宝村作为一个系统,由如下四种要素构成。

(一)领导种群

在淘宝村生态系统中起到引导作用,带动相关农户与企业发展。它往往是淘宝村电子商务创业领头人,大多是农协会、合作社、电子商务创业者。领导种群在淘宝村中扮演电子商务生态系统中资源整合和协调的角色。

(二)关键种群

即淘宝村电子商务交易的交易主体,包括生产商、原材料供应商、消费者、农户电商等,是整个淘宝村电子商务生态系统的核心,也是生态系统中其他物种所共同服务的"客户"。

(三)支持种群

淘宝村网络交易中需要依附的组织,其中包括物流公司、金融机构、第三方支付平台以及相关政府机构等,这类企业可以脱离淘宝村电子商务生态系统独立运行,但它们可以从优化生态系统中获取利益,并增加淘宝村生态系统竞争力。

(四)寄生种群

即为淘宝村电子商务生态系统中提供增值服务的提供商等,包括网络营销服务商、技术外包商、淘宝村旅游业等。它们寄生于生态系统之上,与当地淘宝村电子商务生态系统共存亡。

二 淘宝村电子商务生态系统的层级结构特征

上述四级种群在技术、经济、社会和自然环境等影响下,共同作用,形成了淘宝村电子商务生态微系统(见图40-1)。

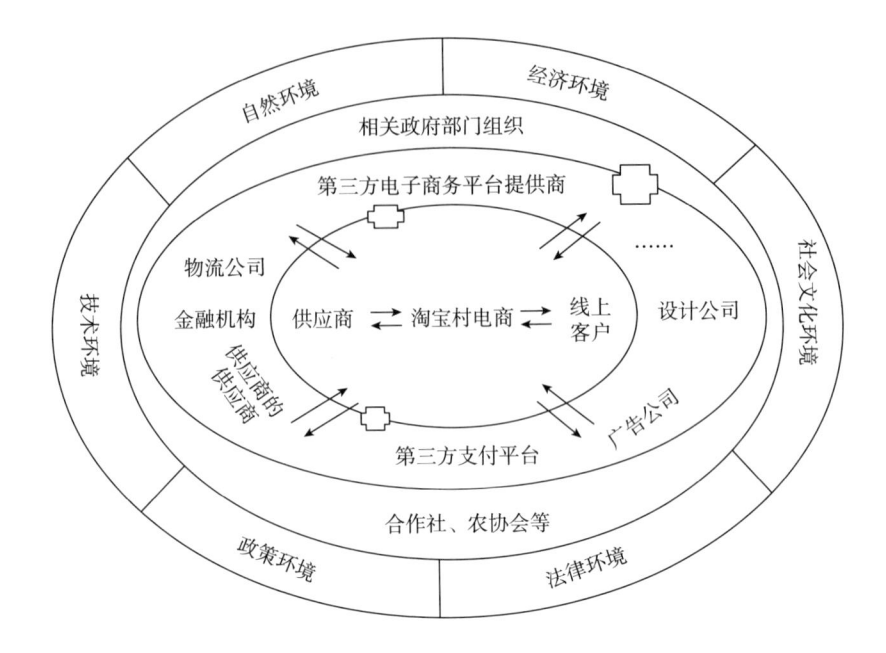

图 40-1 淘宝村电子商务生态微系统

注：▭为寄生种群企业。

该生态微系统可以划分为四个层级：一是核心层，即供应商、淘宝村电商、线上客户，它们是交易的主体，主要由关键种群构成，扩张最为迅速。二是关键支撑层，是辅助和支撑淘宝村运营的机构设施层，为关键种群发展提供支持作用，主要由支持种群构成。三是寄生层，由寄生种群构成。它们是随着各种群的扩大完善，逐渐涌现，是依赖于生态系统的良好运行，衍生出的服务性行业，如电商营销培训、淘宝村旅游产业等。四是生态系统外围环境层。成熟的淘宝村电子商务生态系统层次分明，种群全备。不同发展阶段淘宝村生态系统结构形态各不相同。但每个淘宝村的关键种群、支持种群、寄生种群发展形式和类别大多类似。

第三节 白牛村中小电商发展案例分析

一 白牛村概况

白牛村坐落于浙江省临安市昌化镇西面，位于02省道边上，距昌化城镇4千米，交通较为方便，东邻联盟村，西与九龙村为邻。白牛村电子商务发展起步于2007年。由面朝黄土背朝天的普通村民农民自发开展"互联网+"农产品山核桃的创业之路，通过自学取得了一定成效，从而形成了一定规模。现如今，全村近10%的农户家里都开起了网店，成为山核桃电商。白牛村主营产品为本地农产品山核桃，山核桃的销售总额占总销售额的63%以上。

目前白牛村淘宝协会上登记的淘宝商户有63家，2015年67家，其中有3家皇冠店铺、1家天猫店铺、10多家银冠店铺。近几年，白牛淘宝村商户数量发展趋势呈"S"形曲线增长，呈现产业聚集效应。

二 白牛村山核桃产业电商生态系统结构

白牛淘宝村成功带动了大量村民、吸引了大批企业，形成电商、供应商、生产加工商、物流机构、第三方支付平台、金融平台等产业聚集，企业各司其职，相互合作，呈现完善的电子商务生态群落（见表40-2）。

表40-2　白牛村山核桃产业电商生态系统结构

领导种群	白牛村电商协会、文文山核桃电商
关键种群	盛记、山里福娃等电商，林之源等加工厂，山核桃农户供应商，线上客户
支持种群	各大物流公司驻足点，浙江农业信用社，中信银行等金融公司，当地政府，设计、摄影公司，淘宝生态圈
寄生种群	电商培训机构、网络营销培训机构、电商党组织、电商学校

随着越来越多的村民从事电商工作，山核桃电商带头人成立电商协会，邀请其他电商加入，引领大家做好电商营销，规范电商运营。电商协会举办的活动有邀请电商讲师培训、规范白牛村电商运营、了解电商需求并帮助解决等。电商协会不断有新的商家加入，为白牛村的建设添砖加瓦。

三 白牛村山核桃中小电商的发展演进

随着白牛淘宝村电子商务快速增长，快递物流公司逐步驻村上门收取。由于白牛淘宝村规模的提升和收入迅速增长，政府及各机构关注到白牛村的发展潜力，为其农村创业项目提供支持，如政府与浙江农业信用社、中信银行等合作,在贷款上给予农户帮助。2016年阿里巴巴平台也推出信贷、培训和推广三方面扶持政策。白牛村各商户联合聘请网店设计、装修和图片摄影等公司,出现白牛淘宝村业务合作、外包的分工系统。此外,近几年,围绕着淘宝白牛村业务出现一些专业的电商培训机构、营销培训机构。2016年还新成立电商党支部组织,充分发挥党员先锋带动作用,推动淘宝村发展。

白牛村电子商务发展始于2007年,经历了分项目引入、初步扩张、快速扩张、合作共赢、纵向聚集和形成产业生态六个发展阶段(见图40-2)。2010年之前白牛淘宝村处在项目进入期和初步扩张期,生态系统不够完善,系统中商流、信息流、物流和资金流得不到有效的传递,全村的销售收入增长趋势不明显。2012年,白牛村生态微系统各大种群逐步发展,各生态物种逐渐完善,从而促进该村电商销售收入达到质的飞跃,2013年白牛村销售收入年增长率为105%、2014年为75%、2015年为50%。

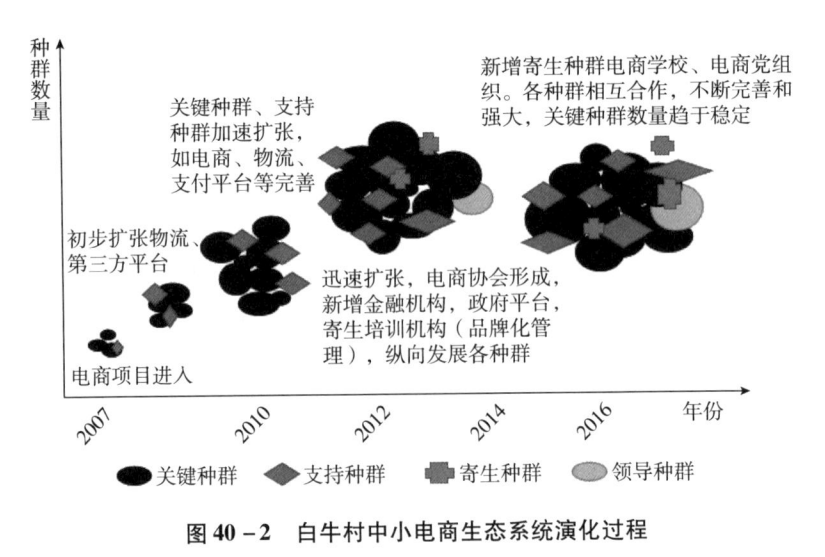

图40-2 白牛村中小电商生态系统演化过程

第四节 研究结论

本章以白牛村为案例,从生态系统理论角度分析淘宝村的成长演化路径及其规律，为淘宝村培育与发展指明了方向。研究表明，产业生态系统构架与完善程度是淘宝村发展的基础，在淘宝村产业系统的构架中，电商创业是产业生态系统中心领导种群，只有电商发展起来才能带领农产品生产、销售以及物流业等产业发展。

第四十一章
技术获取模式与创新绩效实证研究

第一节 研究背景

研究与开发或研发（Research and Development，R&D）活动在企业技术创新过程中起着十分关键的作用，是企业、产业乃至国家发展的重要创新源。在技术创新活动过程中，R&D 投入必不可少，其规模和强度是衡量企业创新能力的重要指标，是形成企业核心竞争力的主要途径之一。R&D 投入不足势必影响企业的创新能力，进而影响企业创新绩效。学者们对 R&D 投入与企业创新绩效的关系给予了极大的关注。大部分研究结果显示，R&D 投入与企业创新绩效显著正相关。

但随着研究的不断深入，人们发现 R&D 投入对创新绩效的影响并不确定，两个 R&D 投入相同的同类型企业可能会有不同的创新能力，最终产生不同的创新绩效，在某些情况下两者之间还可能表现出非显著相关性。为什么相同的 R&D 投入对企业创新绩效的影响在不同企业之间会产生如此巨大的差异？部分学者开始关注影响这两者关系的其他因素。与企业创新活动相关的各种内外部条件，如企业规模、融资体系和公司治理等逐步进入研究视野，成为影响 R&D 投入与企业创新绩效的各种调节变量。

尽管有不少学者注意到企业技术获取模式，尤其是外部技术获取对企业创新绩效产生的影响，指出不同类型的技术获取模式，会以不同的方式影响企业创新绩效。但从目前的研究来看，技术获取模式并没有作为影响 R&D 投入与企业创新绩效的调节变量引起学者的关注。就本质而言，R&D 投入与企业创新绩效的关系可视为简单的投入—产出关系，其结果与整个研发活动过程有关。企业在创新活动过程中所采取的主要技术获取模式，不仅直接作用于企业创新绩效，还会对 R&D 过程中的成本、资源配置、风险及收益产生影响，进而对 R&D 投入与企业创新绩效的关系产生影响。因此，企业技术获取模式理应视为影响 R&D 投入与企业创新绩效的重要调节变量。企业技术获取模式是否对 R&D 投入与创新绩效的关系具有调节作用？不同的技术获取模式（如不同的技术来源、不同的技术引进方式和内容等）又是否会产生不同的调节作用？这些调节作用分别是怎样的？这些问题都尚未得到很好的回答。

基于此，本章创新性地将企业技术获取模式作为调节变量引入，探讨其对 R&D 投入与企业创新绩效关系的影响，拓展了现有研究视角，对进一步明确 R&D 投入与创新绩效关系异质性的作用机理具有重要的理论意义。同时，本章以浙江高技术企业为研究对象展开实证研究，其研究成果是对现有研究的有益补充，并希冀能够为中国企业提升技术创新绩效提供参考和建议。

第二节　技术获取模式对企业创新绩效的影响机制

一　R&D 投入与企业创新绩效

以往许多研究致力于探索 R&D 投入与企业绩效之间的直接关系。研究结果显示，R&D 投入可以引导技术原型的产生和发展，有利于新产品进入市场，与企业技术创新绩效存在直接的正相关关系，且对制造业部门企业绩效的积极作用要大于服务业部门。R&D 资本存量与高新技术产业专利申请受理量、新产品销售收入、利润等产出指标均存在显著的正线性相关关系。进一步对 R&D 投入进行分类，获得显性知识的 R&D 经费投入相对于获得隐性知识的其他类型 R&D 投入，呈现出与创新绩效更为显著的正相关关系。

R&D 经费投入对专利申请量、新产品销售收入和新产品产值存在显著影响，而 R&D 人员投入对新产品开发存在显著影响。在中国高技术产业中，R&D 资本对技术创新绩效的贡献率远高于 R&D 人员对技术创新绩效的贡献率，并且两种投入要素产出弹性之和大于 1，呈现出规模经济的特性。企业规模对 R&D 经费支出存在负面影响，不同主体的 R&D 投入与企业技术创新绩效的关系也存在差异，外资企业、私营企业、集体企业、股份企业和国有企业的 R&D 边际产出依次递减。

也有学者指出，R&D 投入对企业绩效的影响并不都是积极的，甚至可能是负面的。R&D 投入并不会比其他形式的投资支出更有利于提高企业绩效。因为溢出效应的存在，R&D 投入企业可能并不能获得全部创新收益，而遭到竞争者的模仿，面临更为激烈的竞争。由于资源存在被无效配置和利用的可能，R&D 投入对企业绩效的促进作用关键取决于这些支出是否被有效利用。

通过对上述相关理论和实证研究成果的梳理，本研究提出 R&D 投入与企业创新绩效之间有待检验的假设：

H1：R&D 投入与企业创新绩效之间存在显著正相关关系。

二 技术获取模式对 R&D 投入与企业创新绩效的调节作用

（一）不同技术来源的调节作用

技术获取模式从技术来源角度看，根据研发参与程度的强弱可分为独立研发、合作研发和购买引进等模式。其中，独立研发属于内部技术获取，合作研发和购买引进属于外部技术获取。不同类型的技术获取模式以不同的方式影响创新绩效，内部和外部研发在不同程度上可能互补，也可能相互替代。一般认为，独立研发虽然投入较大、风险较高，但也体现企业具有较强创新能力，一旦成功，在相同 R&D 投入的情况下，企业往往能够利用研究成果获取高额垄断收益。因此，独立研发对 R&D 投入与企业创新绩效之间的调节作用可假设为：

H2a：独立研发对 R&D 投入与创新绩效的关系起正向调节作用。

随着技术更新速度加快和复杂性加强，企业越来越依赖外部技术获取。一方面，有学者认为，从外部获取技术有助于企业集中资本、提高劳动生产率，对企业绩效具有显著的正面效应。另一方面，也有学者认为，搜寻和选择合作伙伴，配置各种附加资源，协调和管理合作成员的研发活动所产生的高额交易成本降低了外部创新活动的收益，还会对企业带来组织结构调整的挑战。外部技术获取在一定程度上带来更高的创新绩效，但超过一定阈值后会降低企业创新绩效，而且随着企业内部技术知识存量的增加，研发边界开放会导致机会成本增加，这种负面影响会越发显著。就具体的外部技术获取模式而言,研究显示,企业间合作研发实践的失败率较高,与竞争者的合作研发以及与研发机构的合作研发均对企业创新绩效产生负面影响;而技术购买引进在中国技术基础薄弱的初期阶段对技术追赶和经济发展起到了重要的作用,但是随着中国经济发展和企业技术能力的提升,技术引进的"天花板"效应逐步显现,对企业创新绩效的积极效应逐渐减弱。因此,外部技术获取模式对R&D投入与创新绩效关系的调节效应可假设为:

H2b:合作研发对R&D投入与创新绩效的关系起反向调节作用。

H2c:购买引进对R&D投入与创新绩效的关系起反向调节作用。

(二)国外技术引进方式的调节作用

购买引进作为常见的外部技术来源获取模式在中国企业中较为普遍。调查结果显示,中国企业在技术引进过程中,更倾向于从国外引进。企业对国外技术的引进内容各不相同,不同引进方式和内容将会形成不同层次的技术能力,对企业的创新绩效产生不同影响。具体而言,企业引进国外技术的主要方式和内容包括购买设备、购买技术资料或专利、购买样品、聘请国外技术人员等。在这些引进方式中,购买技术资料或专利直接有利于企业新产品的开发与生产,购买国外先进设备后企业新产品的产量通常会增加,因此采购先进的设备或直接购入专利技术均能在短期内提高企业技术创新的速度和绩效;购买样品、聘请国外技术人员及其他方式对企业自身的学习和技术内部化能力要求更高,而当前中国高技术企业的学习和吸收能力较弱,技术内部化能力也不强,因此这些方式对企业新产品开发与生产的促进作用可能相对有限。

基于以上分析,具体到不同国外技术引进方式,提出以下有待检验的进一步假设:

H3a:购买设备对R&D投入与创新绩效的关系起正向调节作用。

H3b:购买技术资料或专利对R&D投入与创新绩效的关系起正向调节作用。

H3c:购买样品对R&D投入与创新绩效的关系起反向调节作用。

H3d:聘请国外技术人员对R&D投入与创新绩效的关系起反向调节作用。

三 研究框架

依据以上理论假设，我们构建出 R&D 投入、技术获取模式（不同技术来源和国外技术引进方式）和企业创新绩效间的假设模型，如图 41-1 所示。

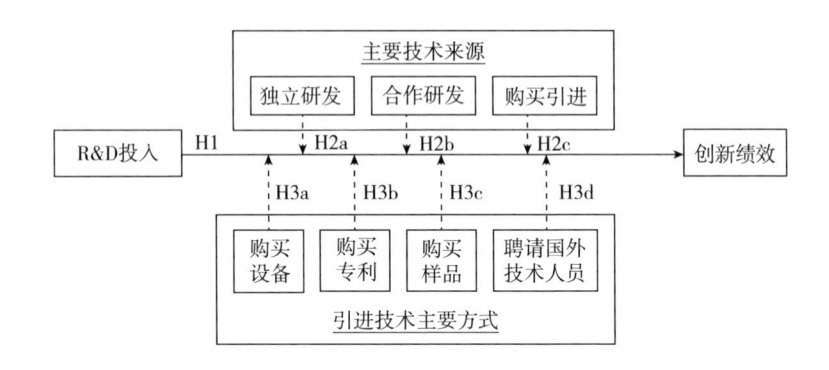

图 41-1 理论假设模型

第三节 浙江省高新技术企业实证考察

一 研究方法

本章中待检验的研究假设起调节变量的作用。当前，对调节效应检验的普遍做法，主要是采用多层次回归方程方法进行检验。然而，根据显变量的调节效应分析方法，当自变量是连续变量、调节变量是类别变量时，应选择分组回归方法。本研究中，自变量为 R&D 投入（连续变量），调节变量为企业主要技术来源和国外技术主要引进方式（类别变量），故应采用分组回归方法。

二 变量测度

（一）因变量：企业创新绩效

以往的研究中，关于企业创新绩效的测度主要包括专利申请量和新产品产出两类。考虑到新产品销售收入直接反映企业创新活动所产生的收益，是极为显性的衡量技术创新绩效的指标，比专利更能反映出研发成果的商业化水平，本研究选择新产品销售收入来测度企业创新绩效。

（二）自变量：R&D 投入

R&D 投入通常可分为 R&D 经费投入和 R&D 人员投入。研究显示，R&D 经费投入与技术创新绩效存在明显的正相关关系，其对技术创新绩效产出的贡献率远高于研发人员的贡献率。同时，考虑到作用的时滞性，本研究选择以企业上一年的 R&D 经费投入来测度。

（三）调节变量：技术获取模式

从企业主要技术来源和引进国外技术主要方式两个角度来测度。具体来说，企业的主要技术源可以分为独立研发、合作研发和购买引进三类；引进国外技术的方式可分为购买设备、购买技术资料或专利、购买样品和聘请国外技术人员四类。

（四）控制变量：企业规模、年龄、所属行业等

控制变量主要考虑企业的规模、年龄、所属行业以及企业性质等企业层面的特性。技术创新与企业规模的关系一直是技术创新研究领域的热点，本研究采用一般研究中惯常采用的员工数量来测度企业规模。企业年龄用企业的创办年数来测度。由于研发投入和企业规模对创新绩效产出的影响程度存在行业差异，本研究将高技术企业所属行业纳入控制变量，主要包括电子信息、生物医药、新材料、光机电一体化、新能源和环境保护六类。此外，本研究还试图探寻企业所有权性质对创新绩效的影响，主要包括国有及国有控股、"三资"、民营和上市企业四种类型。这一影响效果并不明确，在接下来的分析中拟通过计量分析，明确是否应将其纳入控制变量。

三　数据收集

课题组利用浙江省科技统计部门组织的全省会议，向浙江省各地市高新技术企业发放关于企业自主创新能力的调查问卷2200份，回收2000份，其中有效问卷1717份。研究提取问卷中涉及企业特性、创新投入和产出、主要技术来源和国外技术引进方式等10余项问题的调查结果作为横向截面样本数据。对相关问卷进行筛选，剔除不符合研究行业要求等条件以及近两年无创新活动、无创新绩效（无新产品销售收入）的企业后，有效样本数量为964家。其中，主要技术来源为独立研发的有657家，占68.15%；为合作研发的有286家，占29.67%；为购买引进的有21家，占2.18%。引进国外技术的主要方式为购买设

备的有391家，占40.56%；为购买技术资料或专利的有162家，占16.80%；为购买样品的有192家，占19.92%；为聘请国外技术人员的有94家，占9.75%；为其他方式①的有125家，占12.97%。

第四节　对浙江高新技术企业实证结果的分析

一　主效应检验及其结果

为了便于计算分析，将新产品销售收入、R&D经费投入和企业规模进行对数化处理。研究变量的类型有所不同，其中自变量和因变量为连续变量，调节变量为类别变量，控制变量中部分为连续变量，部分为类别变量。要进行回归分析，首先需要将所有的类别变量转化为哑变量。将R&D经费投入、企业规模、年龄、所属行业和所有权性质作为自变量，创新绩效作为因变量进行回归分析，主效应检验结果如表41-1所示。

表41-1　　　　R&D投入、控制变量与创新绩效
之间的回归结果

R&D投入	规模	年龄	行业（哑变量）	性质（哑变量）	R^2	调整后R^2	F值	DW	容差	VIF
0.321*** (-0.032)	0.474*** (-0.049)	-0.007 (-0.004)	显著相关	非显著相关	0.575	0.57	117.136***	2.004	>0.5	<4

注：括号内数值为标准差。*代表$p<0.1$，**代表$p<0.05$，***代表$p<0.01$（以下各表同）。

R&D投入和企业规模与创新绩效之间的回归系数均通过0.01的显著性检验；企业所属行业作为哑变量进行回归的结果显示，其与创新绩效之间显著相关；年龄和所有权性质与创新绩效之间则并无显著的统计学意义。回归方程的F值具有显著性，故假设H1成立。

同时，结果显示，回归方程各变量的方差膨胀因子（VIF）的值在

---

① 其他国外技术引进方式是指除了所列举方式外的其他可能方式，也包括主要方式不明确或不存在技术引进的情况。

1.052—4.148，平均值远低于可接受水平 10，容差值在 0.527—0.932，符合较接近 1 的原则，故变量之间不存在多重共线性问题。由于 t 检验和方差分析对数据背离正态分布有较好的稳健性，因此，研究对数据的正态分布只需要一个初步的了解，Histogram 图可大致显示数据不存在严重的异方差性。

主效应检验结果还有助于对本研究控制变量的选择进行调整。进行调节效应分析时，一般要求所选取的控制变量与因变量之间显著相关。因此，在之后的调节效应检验过程中，仅保留企业规模和所属行业这两个主要控制变量。

二 调节效应检验及其结果

模型 1（M1）是仅包含自变量和控制变量的基准模型；模型 2（M2）为调节变量"主要技术源"对自变量和因变量的分组回归模型，包括 M2a、M2b 和 M2c 三组模型，分别检验企业不同技术来源——独立研发、合作研发及购买引进的调节作用；模型 3（M3）为调节变量"引进国外技术主要方式"对自变量和因变量的分组回归模型，包括 M3a、M3b、M3c 和 M3d 四组模型，分别检验企业不同国外技术引进方式——购买设备、购买技术资料或专利、购买样品及聘请国外技术人员的调节作用。调节效应检验结果如表 41-2 和表 41-3 所示。

表 41-2　　　企业主要技术来源对 R&D 投入与创新绩效关系的调节效应

变量	M1	M2a	M2b	M2c
自变量				
R&D 投入	0.321*** (0.032)	0.338*** (0.041)	0.293*** (0.054)	样本数量过少，无法进行分组回归，调节效应未检验
是否显著相关	是	是	是	
控制变量				
规模	0.472*** (0.047)	0.454*** (0.058)	0.508*** (0.084)	
行业（哑变量）	是	是	是	
R^2	0.573	0.591	0.556	
调整后 R^2	0.570	0.587	0.547	
F 值	183.298***	134.154***	58.342***	
DW	2.009	1.947	2.122	

表 41-2 中,企业主要技术来源的调节效应检验结果显示,在 M2a 模型中,F 值具有显著性,R&D 投入与企业创新绩效的回归系数在 0.01 水平上显著正相关,且大于 M1 的回归系数,说明由于调节变量的作用,R&D 投入对创新绩效的正向影响更为显著。企业主要技术源为独立研发时,其对 R&D 投入与创新绩效之间的关系起正向调节作用,假设 H2a 成立。

在 M2b 模型中,F 值具有显著性,R&D 投入与企业创新绩效的回归系数在 0.01 水平上显著正相关,但小于 M1 的回归系数 0.321。因此,企业的主要技术来源为合作研发时,其对 R&D 投入与创新绩效之间的关系起反向调节作用,假设 H2b 成立。

由于被调查企业中主要技术来源为购买引进的仅 21 家,样本量达不到分组回归的要求,因此,M2c 模型无法进行,相应的假设 H2c 亦无法获得检验。

然而,尽管将购买引进作为主要技术来源的企业数量较少,但被调查企业绝大部分都有较为频繁和明确的国外技术引进活动[①],因此,我们有足够的样本对不同引进国外技术主要方式的调节效应展开进一步探索。检验结果如表 41-3 所示。

表 41-3　　引进国外技术主要方式对 R&D 投入与创新绩效关系的调节效应

变量	M1	M3a	M3b	M3c	M3d
自变量					
R&D 投入	0.321*** (0.032)	0.321*** (0.052)	0.395*** (0.066)	0.267*** (0.066)	0.223*** (0.081)
是否显著相关	是	是	是	是	是

[①] 本课题调研采取单项选择问卷模式,即关注的重点为企业的主要技术来源和主要国外技术引进方式。现实中,除了主要技术来源,企业往往还会同时拥有其他技术来源,引进国外技术的行为在国内企业中较为普遍,且方式和内容多种多样。因此,课题针对此项展开进一步的探索。

续表

变量	M1	M3a	M3b	M3c	M3d
控制变量					
规模	0.472*** (0.047)	0.433*** (0.074)	0.475*** (0.098)	0.425*** (0.112)	0.653*** (0.103)
行业（哑变量）	是	是	是	是	是
R^2	0.573	0.531	0.551	0.573	0.687
调整后 R^2	0.570	0.523	0.542	0.559	0.669
F 值	183.298***	62.033***	57.372***	41.332***	38.51***
DW	2.009	2.004	1.85	1.913	2.249

表41-3中，企业引进国外技术主要方式的调节效应检验结果显示，在 M3a 模型中，F 值具有显著性，R&D 投入与企业创新绩效的回归系数与 M1 相同，且均在 0.01 水平上显著正相关。但进一步地，M3a 回归模型的调整后 R^2 由 M1 的 0.570 下降到 0.523，说明企业引进国外技术的主要方式为购买设备时，其对 R&D 投入与创新绩效之间的关系起一定的反向调节作用，假设 H3a 不成立。

在 M3b 模型中，F 值具有显著性，R&D 投入与企业创新绩效的回归系数在 0.01 水平上显著正相关，且大于 M1 的回归系数 0.321，说明由于调节变量的作用，R&D 投入对创新绩效的正向影响更为显著。企业引进国外技术的主要方式为购买技术资料或专利时，其对 R&D 投入与创新绩效之间的关系起明显的正向调节作用，假设 H3b 成立。

在 M3c 和 M3d 模型中，回归方程的 F 值均具有显著性，且自变量均通过 t 检验，在 0.01 水平上显著。两个模型自变量的回归系数均远小于 M1 的回归系数。因此，企业引进国外技术的主要方式为购买样品或聘请国外技术人员时，对 R&D 投入与创新绩效之间的关系起反向调节作用，假设 H3c 和假设 H3d 均成立。

调节变量对 R&D 投入与创新绩效的调节效应检验结果总结如表41-4所示。

表41-4 调节变量对R&D投入与创新绩效关系的调节效应检验结果

调节变量		假设提出	检验结果
主要技术源	独立研发	H2a：正向调节作用	成立
	合作研发	H2b：反向调节作用	成立
	购买引进	H2c：反向调节作用	未检验
引进国外技术主要方式	购买设备	H3a：正向调节作用	不成立
	购买技术资料或专利	H3b：正向调节作用	成立
	购买样品	H3c：反向调节作用	成立
	聘请国外技术人员	H3d：反向调节作用	成立

第五节　结论与政策启示

本研究结果验证了技术获取模式是R&D投入与企业创新绩效的重要调节变量，是对现有研究的补充。同时，对不同国外技术引进途径的调节作用展开深入分析，是对现有研究成果的更为微观和具体的实证检验，具有重要的研究价值和意义。本章获得的主要结论包括：①R&D投入与企业创新绩效显著正相关。②独立研发作为主要技术来源在企业R&D投入与创新绩效之间起正向调节作用；合作研发作为主要技术来源则会削弱R&D经费投入与创新绩效的正相关性。③国外技术引进方式中，购买技术资料或专利在企业R&D投入与创新绩效之间起正向调节作用，而购买设备、购买样品和聘请国外技术人员在企业R&D投入与创新绩效之间均具反向调节作用。

上述结论对于中国企业选择技术创新策略、提高技术创新绩效具有重要的启示意义。

第一，对企业R&D投入与创新绩效之间起反向调节作用的技术获取模式（合作研发、购买设备和购买样品等）具有正反两方面的实践启示。一方面，采用这些技术获取模式可能导致R&D经费投入的增加并不能带来创新绩效的提升；另一方面，采用这些技术获取模式也有可能克服企业R&D经费投入不足对创新绩效产生的不良影响，使这两者之间的关系显著弱化甚至并无显著相关。这一结论为中国企业主要技术来源的选择提供了参考，也为通过选择不同技术来源提升企业创新绩效的可能带来启发。

第二，引进国外技术的四类主要方式中，除了购买技术资料或专利对企业 R&D 投入与创新绩效之间的关系起正向调节作用外，其余方式均具反向调节作用。这从某种程度上说明"天花板"效应在浙江省高技术企业的国外技术引进中的确存在，也反映出当前浙江省高技术企业对国外引进技术的学习效应不明显，技术消化、吸收能力不强，技术内部化能力弱。技术转化成本较高、风险较大，并不能将国外技术真正内化为给企业带来效益、促进创新绩效提升的有效投入。在以后的发展中，要致力于提升企业的学习吸收能力和技术内部化能力。

第三，研究结论为制定引导企业技术获取模式选择的相关政策提供了参考。政府及相关部门应加大及完善扶持力度和政策支持，鼓励高技术企业购买、采用和吸收国外技术资料或专利，进一步强化企业自主研发能力，提升企业创新绩效。

相对于以往的研究，本研究深入和具体地探讨了不同技术获取模式对企业 R&D 投入与创新绩效之间关系的调节作用，进一步明确了 R&D 投入对企业创新绩效的影响机制，丰富和完善了相关理论，并为企业的创新实施和政府的政策制定提供了有益参考。但也还存在一些不足和有待解决的问题，例如，研究样本来自知识流动快速、技术更新频繁的高技术企业，而对于知识流动和技术更新都较慢的传统企业，该研究结论是否仍然适用，有待检验。同时，探寻不同技术获取模式调节作用产生的机理和原因，以及企业如何凸显反向调节作用的有利面，需要进一步更深入地研究。

第四十二章

技术引进与全要素生产率增长关系研究

第一节 引言

高技术产业是创新驱动型经济模型转变的动力先导型产业，其规模日益增大的 R&D 创新对全要素生产率（以下简称 TFP）和经济增长的作用日益明显。自主 R&D 具有两面性，企业投入 R&D 不仅可以产生新的知识和信息，而且可以增强企业吸收现有知识和信息的能力，促进知识和技术的外溢。基于 R&D 创新能力和吸收能力的两面性，有利的技术引进既有可能激励企业进行相应的 R&D 投入来提高吸收能力，也有可能替代企业自身的研发创新活动。1998—2012 年，浙江高技术产业的 R&D 经费内部支出和技术引进费用总体呈现增长趋势。自 2004 年起，R&D 经费内部支出额高于技术引进费用，且增长率大于技术引进费用的增长率。

近十多年来，高技术产业对浙江省经济增长确实发挥了一定的作用，但整体贡献度上仍然相对较低。2011 年浙江高技术企业中有 74.4% 是小型企业，高于江苏的 65.7%、广东的 54.1%，也高于全国 67.3% 的平均水平。因此，在以中小型高技术企业为主的浙江省高技术产业中，全要素生产率如何，R&D 的质量如何，R&D 的两面性与技术引进对全要素生产率的影响如何等问题的研究和分析，对正在全面实施经济转型升级和创新驱动发展战略的浙江省来说具有重要的现实和理论意义。

第二节 相关理论推演

全要素生产率（TFP）是分析经济增长源泉的重要工具，国内外有许多关于这一问题的相关研究。中国对TFP的研究兴盛于20世纪90年代。许多专家和学者对中国的总量和部门TFP或单个地区的TFP进行测算，并分析制度、技术进步、资源配置等因素对TFP变动的影响。而关于高技术产业全要素生产率的研究，主要有刘志迎等（2006）、刘建翠（2009）、王大鹏和朱迎春（2011）研究了中国高技术产业细分行业的TFP变动情况；贺骁和宁军明（2009）对广东高新技术产业的全要素生产率进行了估算；吴赐联（2011）分析了福建省高技术产业全要素生产率变动；王华伟（2012）分析了北京高技术产业的全要素生产率及对经济增长的贡献；曾国平（2012）、李洪伟等（2013）、姜彤彤（2013）比较分析了中国各省高技术产业的全要素生产率。可见，以浙江省高技术产业全要素生产率为研究对象的文献甚少。

R&D活动作为技术创新源泉对经济发展的推动作用从20世纪90年代起逐渐受到了学者们的关注。考虑R&D的两面性，有部分学者非常关注R&D与技术引进关系。在国外，多数学者实证得出技术引进与企业自主研发创新间是稳定互补的关系，而部分学者如Lee（1996）运用韩国制造业数据检验发现，设有正式研发机构的企业技术引进与R&D活动间没有互补关系，在考虑国际科技活动下更趋向替代关系。

国内方面，李磊（2007）、孙建等（2009）实证发现大中型企业中技术引进与R&D活动间存在互补关系，但孙建等（2009）也发现在高低技术工业企业中两者关系的不同，高技术工业企业两者的互补关系较强，低技术工业企业两者间则显示替代关系。近年来，对中国R&D、技术引进与生产率之间关系的研究，出现了不少文献：Hu, A. 和Jafferson, G.（2005）、朱平芳和李磊（2006）、李小平（2007）、吴建新和刘德学（2010）、肖文和林高榜（2011）研发发现R&D的创新能力和技术引进对生产率有显著贡献。

但是，一些学者也得出了不同结论，张海洋（2005）研究发现，自主研发对生产率和技术效率有不显著作用或负作用，高科技行业

R&D 吸收能力较低，一般行业的 R&D 吸收能力比高科技行业强；李小平和朱钟棣（2006）研究发现，国内本行业 R&D 对工业行业的技术效率及 TFP 有阻碍作用。朱承亮（2014）研究提出，R&D 的创新能力和技术引进对中国汽车产业的全要素生产率增长有显著促进作用，但 R&D 的吸收能力对汽车产业生产率增长具有显著负的影响。可见，当前中国关于 R&D、技术引进与生产率的研究主要集中在整个工业行业层面或地区层面或单个工业制造业层面，而关于具体到高技术产业或浙江高技术产业的研究涉及不多。

在上述文献基础上，本章采用1998—2012年浙江及全国高技术产业的时序数据，对 R&D 两面性、技术引进和高技术产业生产率增长的关系开展实证研究。本章拟解决如下问题：①浙江高技术产业 TFP 的动态变动如何，决定或影响因素是什么？②论证 R&D 的两面性——创新能力和吸收能力及技术引进对浙江高技术产业生产率增长的影响。

第三节 产业全要素生产率的测算与分析

一 测算方法说明

目前对全要素生产率的定量研究方法主要有参数法的随机前沿分析和非参数法的数据包络分析。非参数法的数据包络分析这种方法直接利用线性优化给出边界生产函数与距离函数的估算，无须对生产函数形式和分布做出假设，从而避免较强的理论约束。因此，本章从数据可获得性角度，采用 DEA—Malmquist 生产率指数方法，对1998—2012年浙江高技术产业的 TFP 进行测度。

二 数据和变量的选取与说明

本章所用的基础数据均来自《中国高技术产业统计年鉴》《浙江科技统计年鉴》《中国统计年鉴》。选取的样本区间为1998—2012年。根据全要素生产率的测算公式，本章构建"两投入一产出"的投入产出数据集。具体指标解释如下：

关于产出：本章选用1998—2012年浙江及中国高技术产业当年价总产值作为产出指标，并用1997年为基期的工业生产者出厂价格指数进行平减。

关于劳动力投入。考虑统计资料的可获性，本章选取浙江及中国高技术产业从业人员年平均人数作为劳动量投入的指标。

关于资本投入。资本投入量应该是资本服务流量，理论界有众多的选择方法。由于数据的统计不完善，本章以物质资本存量加科技活动经费内部支出来代替资本服务流量。在研究物质资本存量时国际上最常用的就是永续盘存法。本章采用和借鉴 Suzuki（1989）的做法计算浙江高技术产业的物质资本存量。其公式为：

$$K_t = k_{t-1}(1-\delta) + I_t \tag{42-1}$$

式中，K_t 表示第 t 年的资本存量，K_{t-1} 表示第 $t-1$ 年的资本存量，I_t 表示第 t 年的投资，δ 表示第 t 年的折旧率。

在研究高技术产业的相关文献中，很多学者采用 15% 的折旧率，因此，本章选取的折旧率也为 15%。对于基准年（1998）资本存量的测算，由于统计年鉴上关于 1997 年及以前年份的高技术产业统计数据的缺失，本章选用 1998 年的投资额与 1998—2012 年浙江高技术产业投资额的年均增长率加上折旧率之后的比值作为 1998 年的资本存量。投资额的数据均来自《中国高技术产业统计年鉴》，由于该年鉴中并没有直接统计出 1998 年、1999 年和 2001 年固定资产的投资额，本章将更新改造投资额和基本建设投资额之和近似作为这三年的投资额。为剔除价格的影响，将所获得的当年投资额用 1997 年为基期的固定资产价格指数进行平减。

至于科技活动经费内部支出，从 2009 年起《中国高技术产业统计年鉴》不再列示此项指标数据，因此缺乏 2009 年、2010 年、2011 年、2012 年数据，本章选取 R&D 经费内部支出、R&D 经费外部支出、技术获取与改造费用三项经费之和来近似替代，并按照 1997 年为基期的固定资产价格指数进行价格平减。

三 TFP 测算结果分析

TFP 可以进一步分解为技术效率和技术进步率。综合技术效率代表 t 到 t+1 两个时期间的相对效率变化，当综合技术效率大于 1 时，表明决策单元的生产更接近前沿面，相对技术效率有所提高（涉及结构演变、制度变革、环境变化等）。而技术进步率表示 t 到 t+1 两个时期内生产技术前沿面的移动，当技术进步率大于 1 时，表明技术进步。表

42-1显示了采用DEAP2.1软件测算的浙江省高技术产业TFP及其分解情况。

表42-1　　浙江省高技术产业TFP及分解（1998—2012年）

年份	技术效率	技术进步率	TFP
1998—1999	1.000	0.844	0.844
1999—2000	1.000	0.925	0.925
2000—2001	1.000	0.908	0.908
2001—2002	1.000	1.066	1.066
2002—2003	1.000	0.862	0.862
2003—2004	1.000	1.035	1.035
2004—2005	1.000	0.951	0.951
2005—2006	1.000	0.802	0.802
2006—2007	0.973	0.955	0.930
2007—2008	0.992	1.199	1.189
2008—2009	1.035	1.056	1.094
2009—2010	1.000	0.990	0.990
2010—2011	0.973	1.102	0.985
2011—2012	1.027	1.028	1.028
Average（Zhejiang）	1.000	0.980	0.972
Average（National）	1.000	1.151	1.151

总体而言，1998—2012年浙江省高技术产业TFP整体为负增长，年均下降2.79%，赶不上全国平均水平，但有微弱的增长迹象。对浙江省高技术产业全要素生产率的分解可发现，技术进步率贡献低是浙江省高技术产业全要素生产率下降的主要原因，考察期内技术进步率年均下降了2.05%，全要素生产率的增长变化与技术进步率的增长变化基本同步。

从时间演变角度来看，1998—2012年，浙江省高技术产业全要素生产率除了2001—2002年、2003—2004年、2007—2008年、2008—2009年、2011—2012年呈现了一定程度的正增长，其他时期都是负增长，基本呈现一个波浪式的发展。宏观经济形势的变化在浙江省高技术产业全要素生产率的变动上也得以些许体现。2008年国际金融危机使浙江省高技术产业的综合技术效率有所下降,拉低了由技术进步所带来的全要素生产率的增长。近几年世界经济虽复苏缓慢,但国家和政府出台多项应对危机和复苏经济的政策措施,比如出台了《产业调整振兴规划》,大力支持高技术产业化建设和产业技术进步等,使浙江省高技术产业的技术进步率在2010年有短暂的负增长后,又处于正增长状态,对全要素生产率的贡献率有所增加。

从技术效率和技术进步率的时序变动看,1998—2006年,浙江省高技术产业的综合技术效率一直处于保持不变状态,而全要素生产率变动趋势与技术进步率变动趋势完全一致,所以这时期的浙江省高技术产业TFP处于年均负增长状态,主要是技术退步单因素驱动所致;2006—2012年,基本上是综合技术效率或技术进步率交替或共同影响浙江省高技术产业全要素生产率增长。

第四节　实证研究方案

一　模型构建

本节借鉴Krugman（1990）的技术差距模型以及冯志军（2013）、朱承亮（2014）等的计量模型,构建R&D两面性、技术引进对浙江省高技术产业TFP增长影响的计量模型,公式如下:

$$\ln TFPt = \theta + \beta_1 \ln RDt + \beta_2 \ln TIt + \gamma(\ln RDt \times \ln TIt) + \varepsilon t \qquad (42-2)$$

式（42-2）中,TFP表示浙江高技术产业全要素生产率;RD表示浙江高技术产业的R&D投资;TI表示技术引进;R&D活动与技术引进的交互项（RD×TI）来考察R&D的吸收能力。这里γ有两方面的经济含义,一是表示R&D的吸收能力;二是表示企业R&D与技术引进相结合对高技术产业生产率增长的影响。如果γ不显著,表明浙江省高技术产业R&D吸收能力较弱,没能通过R&D途径有效地吸收外部先进技术促进生产率增长;如果γ显著为正,表明浙江高技术产业R&D吸收能力较强,高技术产业自身R&D、技术引进间存在一种互补关系,高技术产业自身R&D投资能有助于吸收先进外部技术促进生产率增长;如果γ显著为负,表明浙江高技术产业R&D吸收能力很弱,高技术产业自身R&D、技术引进间存在一种替代关系，高技术产业自身R&D投资不仅没有有效吸收外部先进技术，而且产生逆向技术扩散，抑制了高技术产业生产率的提高。而β_1表示R&D投资的创新能力对浙江高技术产业生产率增长的影响，β_2表示的是技术引进对浙江高技术产业生产率增长的影响。在对上述模型进行计量检验之前，应当重点考虑下面三个方面的计量问题。

（一）解释变量与随机误差间的相关性问题

由于影响高技术产业生产率增长的因素很多，一来模型中不能穷尽，二来数据可获性有限制，因此将这些影响因素纳入随机误差中，容易导致的一个计量问题就是解释变量与随机误差项间会存在显著的相关性。

（二）解释变量的内生性和共线性问题

解释变量可能是内生变量，即R&D投入、技术引进与高技术产业全要素生产率间可能是相互决定的。如果R&D投入、技术引进是两个内生变量，那么它们与随机误差间会存在相关性。当然，解释变量间也可能存在共线性问题，R&D投入、技术引进关系密切，在时间上有可能存在共同演变的趋势。因此，解释变量的内生性和共线性如没有得到有效的处理，都容易导致有偏估计，从而无法有效设别每一个解释变量对高技术产业TFP的真实贡献。

（三）随机误差项的异方差问题

若线性回归模型存在异方差性，则用传统的最小二乘法估计模型，得到的参数估计量将不是有效的估计量。本章采用一阶差分法和加权最小二乘法（WLS）来试图有效减少或消除上述的相关性、共线性、内生性及异方差等计量问题。本章构建的一阶差分模型如式（42-3）所示（变量、系数含义同上）。本章下面的分析以一阶差分模型及其用加权最小二乘法估算的回归结果展开。

$$\Delta \ln TFPt = \theta + \beta_1 \Delta \ln RDt + \beta_2 \Delta \ln TIt + \gamma \Delta \ln RDt \times \Delta \ln TIt + \Delta \varepsilon t \quad (42-3)$$

二　数据说明和调整

TFP表示浙江省高技术产业全要素生产率，用上文测算的数据。R&D投资和技术引进分别用流量指标来代替。浙江高技术产业的R&D经费内部支出额来表示R&D投资活动（RD），技术获取和改造费用

（技术引进经费支出、消化吸收经费支出、国内技术购买经费支出和技术改造经费支出四项之和）来表示完整的技术引进（TI），并分别按照 1997 年为基期的固定资产投资价格指数进行价格平减。

三 回归结果分析

为了避免伪回归情况的出现，本章首先对模型（42-3）的各一阶差分数列进行了单位根的平稳性检验，单位根检验呈现各数列之间是一阶单整的。进一步对模型（42-3）进行了序列相关 LM 检验、White 检验，发现 LM 检验统计量的 P 值、White 检验统计量的 P 值都很大，在 5% 水平下都不显著，表明模型（42-3）不存在自相关和异方差。然后对模型（42-3）进行了残差 Q 统计量检验，滞后 10 期，Q 统计量的 P 值都很大，在 1% 水平下不显著，残差序列满足白噪声，且模型的可决系数为 79.43%，表明模型（42-3）的拟合效果较好。表 42-2 报告了模型（42-3）估计的结果，具体分析如下。

表 42-2　　　　　　　　　回归估计结果

变量	系数	T 统计量	P 值
θ	0.055339	1.714855	0.1205
ΔlnRD	0.150344	0.998133	0.3443
ΔlnTI	-0.275663	-4.284450***	0.0020
ΔlnRD × ΔlnTI	-1.166397	-2.743281**	0.0227
R^2	0.794225	adjusted R^2	0.7257
F	11.58141	0.001917	

注：***代表 p<0.01，**代表 p<0.05，*代表 p<0.1。

（一）研发投入的创新能力对高技术产业 TFP 的促进作用不显著

研发投资每增长 1%，浙江省高技术产业 TFP 则增长 0.15%，但这种增长现象不显著。这一结论与其他学者研究发现 R&D 投入对高技术产业 TFP 有显著促进作用存在差异。研发投入的创新能力对生产率不显著的促进作用正好也说明了主要由技术进步贡献率低导致的浙江省高技术产业全要素生产率整体负增长现象。正是自主研发投资的创新能力尤其是原始创新能力偏弱，不能引发浙江省高技术产业的可持续性技术进步，使高技术企业自主研发活动对浙江省高技术产业全要素生产率的促进作用不明显，R&D 的创新驱动对浙江省高技术产业全要素生产率的贡献很低。R&D 投入对浙江省高技术产业全要素生产率促进作用不显著的可能原因包括：①浙江省高技术企业自主研发投资的数量虽然在每年增加，但仍然处于较低水平且投入结构不合理，创新的质量或成果并没有有效地转化为全要素生产率的实质性改善；②自主研发投入到全要素生产率的提高需要一个转化过程，不同的行业这个转化过程的长短差异很大，这也可能造成自主研发投入对当期全要素生产率的促进作用不显现的原因；③浙江省高技术产业以中小型高技术企业为主，不少中小企业没有研发机构，人才短缺、技术力量落后，难以保障高技术产业所需的高智力、高投入、规模效应，拉低了高技术产业 R&D 的整体创新能力。

（二）技术引进对高技术产业全要素生产率有着显著的负影响

技术引进每增长 1%，浙江省高技术产业全要素生产率降低 0.276%。这一结果表明，技术引进抑制了浙江省高技术产业生产率的增长，造成这一现象的原因可能是：国内外高技术行业内的技术领先企业为保护自身的核心技术优势、竞争优势和市场地位，倾向于严密保护自己的技术尤其是优势技术，造成技术市场的技术供应不足且技术先进性差；另外，可能引进的技术专业性差，技术的应用性和配套性不足，技术标准不统一并创新力度不够，企业即使引进了外部技术，消化吸收投入不够，不少很难真正实现技术成果的商业化、产业化。

（三）R&D 的吸收能力对高技术产业 TFP 有显著的负影响

R&D 与技术引进的交互项系数显著为负，这意味着浙江省高技术产业 R&D 的吸收能力较低，未能与引进的外部技术互为补充共同促进浙江高技术产业 TFP 增长。也就是说，引进的外部技术不仅没有通过 R&D 途径结合促进浙江高技术产业 TFP 增长，反而抑制了生产率增长。这与已有不少文献研究中发现 R&D 与技术引进之间存在互补效应的结论存在差异。之所以技术引进对浙江省高技术产业生产率增长起负的作用，一个很重要的原因就是：浙江高技术产业 R&D 投入较低且投入的结构不合理，R&D 的吸收能力太低，导致了引进的外部技术通过 R&D 结合抑制了浙江高技术产业 TFP 的增长。

第五节 结论与建议

本章采用1998—2012年浙江省及中国高技术产业的数据，对R&D的两面性、技术引进与浙江省高技术产业TFP增长间的关系进行了检验。首先，运用DEA—Malmquist指数测算发现，1998—2012年浙江高技术产业全要素生产率整体处于主要由技术进步贡献率低所致的负增长状态，且低于全国平均水平。其次，运用一阶差分模型和加权最小二乘法分析了R&D两面性、技术引进对浙江省高技术产业TFP的影响发现，R&D的创新能力对浙江省高技术产业生产率的促进作用不显著；R&D的吸收能力较低，导致R&D与技术引进的交互项对浙江省高技术产业生产率增长具有显著负作用；技术引进对浙江省高技术产业TFP的抑制作用显著。

近年来，浙江省高技术产业在R&D经费支出上取得了较大的进步，但与发达的国家或地区相比，仍然存在R&D投入较低、R&D经费来源不合理、R&D经费投入增长缓慢等问题。不少中小型高技术企业因缺R&D费用、缺R&D人员、缺R&D管理、缺R&D设施，大大降低了浙江省整个高技术产业的技术进步。因此，要充分发挥R&D的创新能力、R&D的吸收能力、技术引进对浙江省高技术产业生产率的正向作用，推动浙江省高技术产业全要素生产率的持续正增长，必须要特别重视技术进步水平的持续提高，并进一步加强技术效率的改善。

为此，首要的是浙江省高技术企业特别是中小型高技术企业要坚定不移地实施创新驱动发展战略，持续不断地增加R&D投入，优化R&D的投入结构，增强R&D的创新能力和吸收能力，从而既可以直接促进浙江省高技术产业TFP增长，又可增强对外部先进技术的吸收能力间接促进浙江省高技术产业TFP增长；其次要扭转技术引进对浙江省高技术产业生产率增长的消极影响，须积极完善技术市场，消除技术转移的机制体制障碍，进一步健全技术转移的支撑体系。并以引进前沿技术为主，以对引进技术的消化吸收再创新为根本。当前，浙江省高技术产业TFP要有实质的变化和增长，必须以增强自主研发的创新驱动效应为根本。中小型高技术企业应特别注重原始创新和集成创新能力的持续培育、积累和提高，不断取得前沿技术进步。也就是说，技术引进虽可缩小浙江省高技术产业与其他发达国家或地区的技术差距，但要持续提高浙江省高技术产业的 TFP，必须运用以自主 R&D 为主，技术引进为辅的策略。

第四十三章

知识产权能力构成与企业成长的实证研究

第一节 引言

依据资源基础观,企业的竞争优势源自企业所拥有资源的稀缺性、有效性、难以模仿性和不可替代性。在竞争力越来越受惠于新观点和创新成果而不是对市场和原材料控制的社会环境下,以专利、著作权等为代表的知识产权逐渐取代传统有形资产,成为促使企业成长发展的重要源泉,其与企业绩效以及竞争优势有着显著的相关性,这使现代企业对知识产权的重视程度被提到了前所未有之高度。但是,通过对现实情况的分析不难发现,在企业成长过程中,一些企业能始终保持快速成长,而另外一些企业即使拥有诸多领先技术和核心专利依然不能够获取完全的竞争优势进而在竞争中胜出。

由此可知,知识产权与企业成长之间不是简单的相关关系,单纯拥有知识产权并不能确保企业获得竞争优势以及高成长性。知识产权并非直接促进企业成长,企业通过一系列包含创造、运用、管理和保护知识产权的战略行为才能显著提升企业竞争力进而推动企业成长。企业这种通过创造、运用、保护和管理等战略行为将知识产权与其他资源整合,并参与市场竞争的能力被总结为企业的知识产权能力。

基于此,众多研究者从不同层次、维度的视角展开了对知识产权能力与竞争优势的评述。李平等基于深圳产业创新的实践,提出知识产能力能够提升产业竞争力和区域竞争力，但是受到知识产权外部环境的影响。李伟从知识产权能力的内涵和外延出发探讨了知识产权能力和企业技术能力之间的关系，提出知识产权能力与企业技术能力之间存在较强的正相关，两者统一于企业能力体系中，进而促进企业成长。李蓉等从知识产权能力与动态能力的逻辑关系出发结合文献综述和企业实践调研，提出提升企业知识产权能力能够促使企业形成和维持核心竞争力。肖延高从知识产权创造、运用、保护和组织等维度出发系统性分析知识产权能力，在此基础上提出该能力是知识产权与竞争优势间的逻辑链接，其对企业竞争优势有着显著影响。

总的来说，现有研究认为企业知识产权能力对企业成长的促进作用持以积极的态度，并认为通过知识产权能力的提升能够维持企业核心竞争力以适应知识经济背景下动态竞争环境。然而，现有研究对于知识产权能力还停留在较为初步的阶段，缺乏对知识产权能力与企业成长性关联内部机理的探究，在产业技术整体提升和市场竞争加剧的环境下，我们更应深入研究知识产权能力对企业成长性影响的内在机制，以及知识产权能力模式是否契合于现阶段环境条件下的企业发展需求。

因此，本章首先将在分析企业知识产权能力构成维度的基础上构建企业知识产权能力模式的研究维度，并论述知识产权能力模式与企业成长性之间的关联；其次，在中国产业发展背景下，探索推动企业知识产权能力模式构成的内外诱因，为企业的可持续发展提供重要政策依据。

第二节 理论基础与研究假设

一 知识产权能力与企业成长

知识产权能力是组织对界定为知识产权范围额度内的智力成果，进行有效控制、保护、运用并加以整合使其能够有效参与市场竞争尤其是国际市场竞争的能力，该能力为组织所拥有，能够为组织带来利益，其为多种能力的整合，知识产权能力包括知识产权的创造能力、管理能力、保护能力和运用能力。提升企业知识产权能力的目标是为了形成和维持企业之核心竞争力。在这些基础上，笔者认为，知识产权能力是企业以获取竞争优势为目的，创造、运用、保护和管理企业知识产权资源的能力。企业知识产权能力是由三个不同维度的能力所构成，分别是创新维度的知识产权创造能力、市场维度的知识产权运用能力以及组织维度的知识产权组织能力。

科技型企业的高技术产品所具有的技术优势和技术专利，使这类企业的发展具有更高的成长性。通过观察一系列成功的科技型企业，不难发现这些企业的发展历程就是技术创新的历程，这类企业生存和发展的基础就在于技术创新，只有持续不断创新才能在市场竞争中获胜，并且促进自身成长，随着科技的迅猛发展，这一以技术提升为导向的发展趋势正在快速向传统行业蔓延。

在这一背景下，以专利、著作权等为代表的知识产权作为技术创造和发明的成果，其与企业技术创新能力关系密切，发明、专利等知识产权是技术创新能力的反应。企业知识产权创造能力，是企业通过自身研发投入获取知识产权的能力也就是企业获取创新成果的能力，可以视为企业技术创新能力的延伸。由此可以推断企业的知识产权创造能力对企业成长性有促进作用。

企业技术创新活动最终必然以新产品或改进产品的形式表现出来，而后企业通过新品在市场上获得竞争优势进而促进企业成长。因此，新产品或改进产品的产出就是企业创新转化的结果，而企业创新转化过程实质也就是作为企业创新成果的知识产权之运用过程。创新转化效率是技术创新的主要表现，而企业创新转化效率能显著促进企业成长。就知识产权的角度而言，企业通过对已有知识产权的产品化、市场化进而完成企业的创新转化获取竞争优势，从而促进企业成长。这种将知识产权产品化、市场化的能力就是企业的知识产权运用能力，而知识产权运用能够促进企业创新转化进而促进企业成长。

企业知识产权管理保护是企业对知识产权进行有计划的组织、协调、谋划和保护行为，它是企业组织行为的重要组成部分。从企业组织行为视角出发，企业的知识产权管理保护行为是由知识产权管理以及保护两个部分组成。而且企业管理行为是企业战略在组织行为上的体现，就企业知识产权战略而言，企业对专利战略的放弃将不利于企业的创新活动，知识产权战略作为企业的商业战略，促进知识产权的转移和许可，进而促进企业的创新和经济效益提高，获得高精尖技术知识产权是企业获得市场竞争优势的关键。

为了维持企业知识产权资源的竞争力，企业通过知识保护行为维持其已有知识产权的价值。知识产权保护是指知识产权所有人采取协商、行政申诉或司法途径预防和制止知识产权侵权的过程。通过防止竞争的模仿而保护企业的竞争优势，进而促进企业成长。企业这种知识产权组织保护行为可以归结为企业的知识产权管理保护能力。由企业知识产权管理和保护能力合成的知识产权组织能力能够促进企业成长。

所以，知识产权能力是知识经济背景促进企业成长的重要因素，主要表现为知识产权创造能力、知识产权运用能力和知识产权组织能力。因此，知识产权能力是由这些多维度的属性所共同构成。这些能力的形成和巩固成为企业成长的重要基础。

二 知识产权能力外部诱因

技术是促进经济发展的重要因素这一观点已经被经典理论反复证明，这一过程是通过产业的生产和发展来实现的，所以技术和产业是经济发展的两个重要支撑。演化经济理论认为，技术的产生和发展，及有关产业的演化是在竞争的过程中展开的。区域内某一产业企业技术水平的提升，促进该产业在这一地区整体技术水平的提升，从而提升该地区的竞争强度。企业需要不断创新以获得竞争优势以便更好地生存和发展，企业的成功取决于内部创新能力的开发，创新是企业持续成长，获得长期成功的重要因素。在创新的过程中需要企业投入大量的人力物力，因此维持企业创新收益十分重要，防止自主创新成果被模仿，提高创新收益维护自身竞争优势，对企业创新成果的知识产权化十分重要，从而促进了企业知识产权能力的提升。本章由此提出以下假设：

H1：企业所在区域产业技术水平正向促进知识产权能力。

在开放经济背景下，各地区可利用的技术资源不再仅仅局限于本地区范围，而是可以利用跨区域乃至于全球的技术知识进行技术研发，同时也扩大了创新产品的市场边界，有利于激励更多的技术产出。在此背景下，跨区域研发已经成为创新活动的重要组织形式。区域开放度的加强使外部拥有先进技术的企业，开始与本地企业合作或者直接进入该地区进而促进了本地区产业水平的提升，这一点可以通过国外企业对中国FDI所造成的技术溢出来解释。随着企业技术水平的提升，出于对创新成果保护的目的势必造成知识产权重要性的提高，此外国外企业本土化的过程中也随着其重视知识产权这一理念的传入，这些都将促进该地区企业知识产权能力的提升。本章由此提出以下假设：

H2：企业所在区域产业开放度正向促进知识产权能力。

企业在通过创造、运用、管理保护知识产权获取和维持竞争优势时，会受到企业外部因素的影响，其中所在区域之知识产权保护环境即知识产权保护强度是不可忽视因素之一。发展中国家加强知识产权保护能够促进发达国家对发展中国家新技术产品的出口，进而提升发展中国家技术水平。但是，过高的知识产权保护强度不利于发展中国家企业对先进国家技术的模仿，对发展中国家而言模仿或引进方式在成本上具有显著优势，通过技术引进与合作创新实现技术进步能够获得成本上的节约，并能够通过技术引进过程中的外溢效应在短时间内缩短与发达国家的技术差距。

基于此，有学者提出适当的知识产权保护强度促进该地区的技术进步和经济发展，知识产权保护强度与地区经济增长成倒"U"形关系。对企业而言所在地区知识产权保护强度过低会造成该地区整体知识产权意识低下，挫伤企业创新积极性从而不利于企业知识产权能力的提高；另外，过高的知识产权保护强度不利于企业所在地区知识溢出，从而加强了企业知识产权创造和运用难度，也不利于企业知识产权能力提升。所以我们可以假设，当企业所在地区知识产权保护强度较低时，提升保护强度有利于当地企业知识产权能力的提升；但是当知识产权保护强度达到一个阈值后，过高的知识产权保护强度将会抑制企业知识产权能力的提高。基于此本章提出以下假设：

H3：企业所在区域知识产权保护强度与知识产权能力存在倒"U"形关系。

三 知识产权能力内部诱因

从微观视角分析，技术创新被视为是企业创造利润的源泉，伴随技术创新而提高的企业技术水平能够显著体现企业竞争优势。一方面技术能力较弱的企业会倾向于向外界获取资源而敢于承担相应的风险，在这里往往体现在技术落后企业会忽视知识产权保护，通过模仿以及"搭便车"等方式获取技术先进企业的创新成果。另一方面技术水平较高的企业很在意自身的专有资源是否会流失，所以这类企业会采取相应的措施尽量避免自身资源受到损失。将创新成果知识产权化并且提高相应的知识产权运用、组织能力是高技术水平企业的主要手段。基于此本章提出以下假设：

H4：企业技术水平正向促进知识产权能力。

单一企业内部创新资源的匮乏一直是企业进行开放式创新的重要原因之一，寻求外部资源互补成为开放式创新下企业常用的创新手段。外部资源是提升创新绩效的核心内容和主要因素，开放式创新的核心是外部技术的引进。在这一背景下，企业开放度是有效管理企业技术合作获取外部资源的关键，并且企业开放度能积极促进企业创新活动。在开放式创新背景下，如果企业开放度过低会使企业局限在封闭式创新模式中，无法从根本上解决企业创新资源匮乏的问题，因此加大开放度是现代企业拓展资源的必由之路。但是，开放度提高后将导致企业内部知识泄露，从而削弱创新收益，为了避免企业在开放过程中所面临的这一问题，企业会将创新成果知识产权化并强化对知识产权的创造、运用和组织能力。基于此本章提出以下假设：

H5：企业开放度正向促进知识产权能力。

企业知识产权能力是由创新维度的知识产权创造能力、市场维度的知识产权运用能力和组织维度的知识产权组织能力组成。企业研发投入与企业创新绩效之间存在显著的正相关关系，较高科研和员工培训投入，会带来更多的创新成果和产品质量的提高，增强公司盈利能力，从而提升企业创新维度的知识产权创造能力。而企业强化其在市场维度的投入，会提升企业营销能力，进而强化了企业对于辨识真确的研究方向和技术价值的能力以及企业的新产品开发能力，而在这一过程中企业对作为技术创新成果的知识权的运用能力也随之提升。随着科技进步企业创新过程依据演变为复杂的系统过程，有效的管理组织是现代企业创新成功的重要因素，知识产权作为企业创新成果，其管理、保护也需要相应的组织管理为支持。因此，作为组织维度的知识产权组织能力的实质内涵是企业对知识产权的保护和管理能力，因与企业自身组织能力及组织投入水平密切相关。由此可以推断由研发投入、市场投入以及组织投入组成的企业投入水平与企业知识产权能力正相关。所以本章提出以下假设：

H6：企业投入水平正向促进知识产权能力。

第三节　实证分析

一　知识产权能力及其评价指标体系

为了研究企业知识产权能力与企业成长性的关系，本章首先构建企业知识产权能力的评价指标体系，据此分析企业知识产权能力模式构成诱因及其与企业成长性之间的关系。根据上文的论述，企业知识产权能力的评价指标主要包括知识产权创造能力（IPC）、知识产权运用能力（IPU）和知识产权组织能力（IPO）三个维度。其中知识产权创造能力是企业通过自身研发投入获取知识产权的能力，也就是企业获取创新成果的能力，可以视为企业技术创新能力的延伸。

本章主要通过上市企业新增知识产权的数量和质量来度量，其中数量通过企业新增专利以及软件著作权数量度量，而质量则通过专利在新知识产权中的占比度量。知识产权运用能力是企业将已有知识产权产品化、市场化从而完成企业的创新转化，进而获取竞争优势从而促进企业成长的能力，可通过知识产权转化效率和盈利效率来度量，其中转化率通过企业新产品数量度量，而盈利效率是新品收入在主营业务中的占比。知识产权组织能力是企业在组织维度的知识产权能力，由知识产权保护和知识产权管理组成，本章通过与企业有合作关系的律师数来度量知识产权保护，并且通过单位知识产权研发人员比度量知识产权管理。在此基础上，借鉴宋河发等的方法构建了企业知识产权能力（IPR）计算方法公式：

$$IPR = IPC^{0.32} \times IPU^{0.27} \times IPO^{0.41} \qquad (43-1)$$

本章知识产权能力测度数据主要源自于上市企业年报、同花顺 IFind 数据库、中华人民共和国国家知识产权网站以及中国知识产权保护中心网站。通过计算，得到 103 家计算机应用行业上市企业的知识产权能力（IPR），如图 43-1（a）所示。

二　知识产权能力与成长性实证分析

企业成长性反映了一定时期内企业的盈利能力和发展状况，在以往

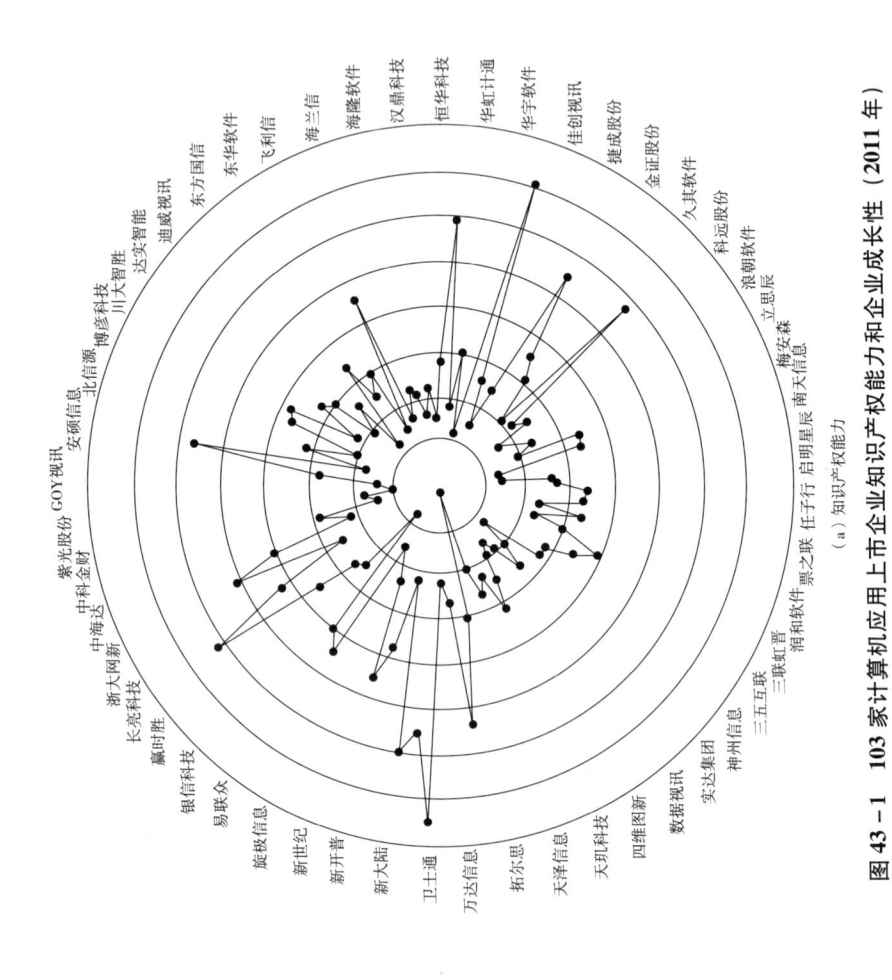

图 43-1 103 家计算机应用上市企业知识产权能力和企业成长性（2011 年）

（a）知识产权能力

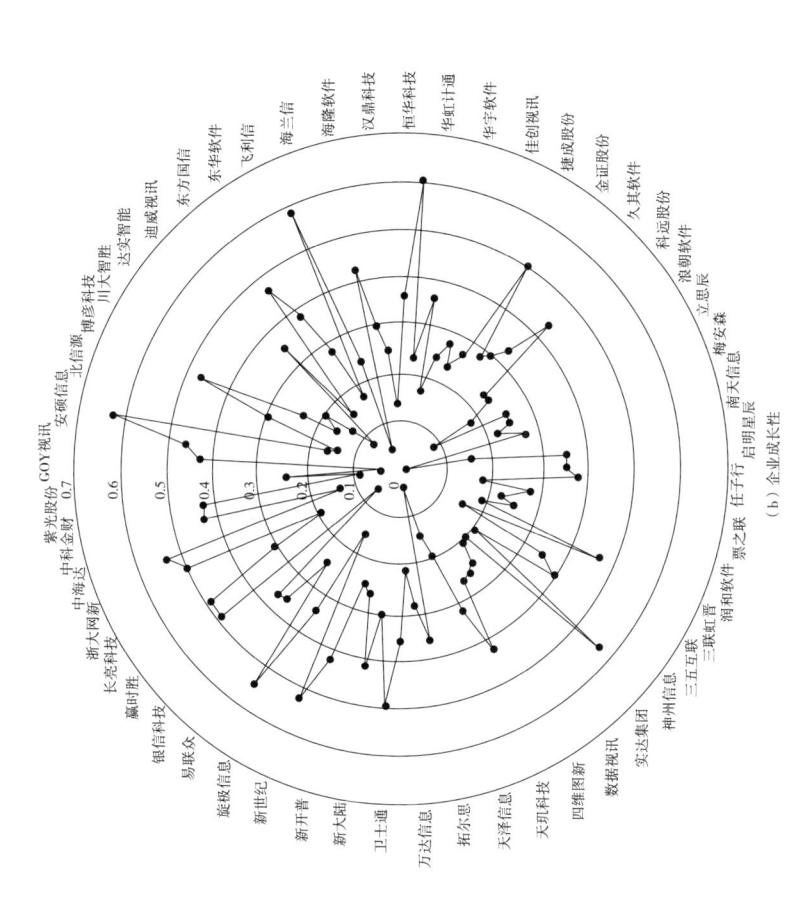

第四十三章 知识产权能力构成与企业成长的实证研究

图 43-1 103家计算机应用上市企业知识产权能力和企业成长性（2011年）（续）

(b) 企业成长性

的研究中，对企业成长性的度量多采用财务增长、盈利能力和资金运用潜力三个维度，在此基础上本章借鉴鲍新中的方法计算了103家计算机应用上市企业成长性（CG），如图43-1（b）所示。通过分析计算机应用上市企业成长性数据可知，这些企业之间的成长性存在较大的差距，因此，本章将试图通过知识产权能力模式的分析解开造成这种差异格局的原因。

利用知识产权能力和企业成长性数据构建知识产权能力与企业成长性的回归模型并以企业存在年限（AGE）和企业规模（GM）为控制变量，如表43-1中的M1所示，其回归结果为CG = 1.067IPR - 0.882AGE + 0.305GM + 1.513。结果表明，企业知识产权能力有效地提

表43-1　　　　企业知识产权能力与企业成长性的回归结果

变量	被解释变量 成长性（CG)	
	M1	M2
C	1.513	1.096
IPR	1.067***	
IPC		0.32***
IPU		0.442***
IPO		0.31**
控制变量		
AGE	-0.882**	-0.898**
GM	0.305**	0.319**
R^2	0.361	0.447
F值	18.647***	15.679***

注：*、**、***分别表示在10%、5%、1%的水平上显著。

高了企业成长性，即企业的知识产权创造能力、运用能力和组织能力的提升能够有效推动企业成长。为进一步分析企业知识产权能力各个维度对企业的成长性的影响，设立多元线性回归模型：

$$CG = \alpha + \beta_1 x_1 + \beta_2 x_2 + \beta_3 x_3 + \beta_4 AGE + \beta_5 GM + \varepsilon \tag{43-2}$$

式中，x_1为知识产权创造能力、x_2为知识产权运用能力、x_3为知

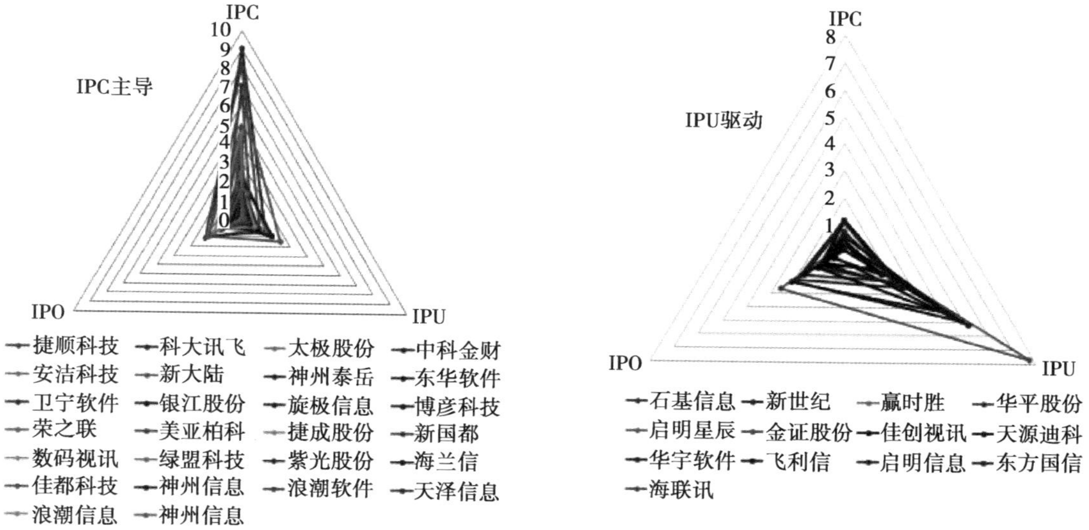

图 43-2 按知识产权能力维度划分的企业知识产权能力模式

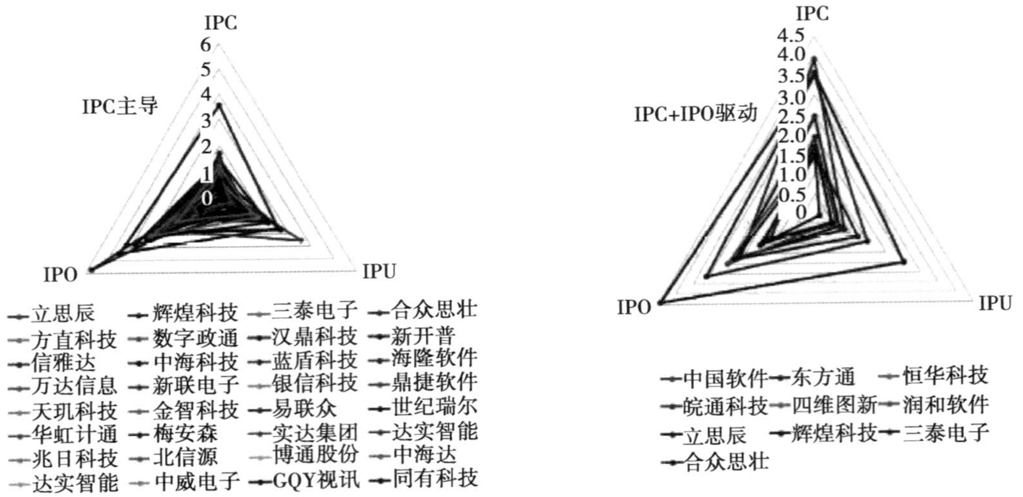

图 43-2 按知识产权能力维度划分的企业知识产权能力模式（续）

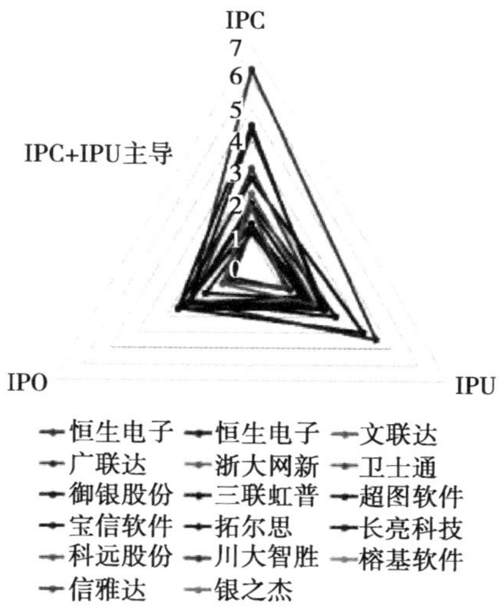

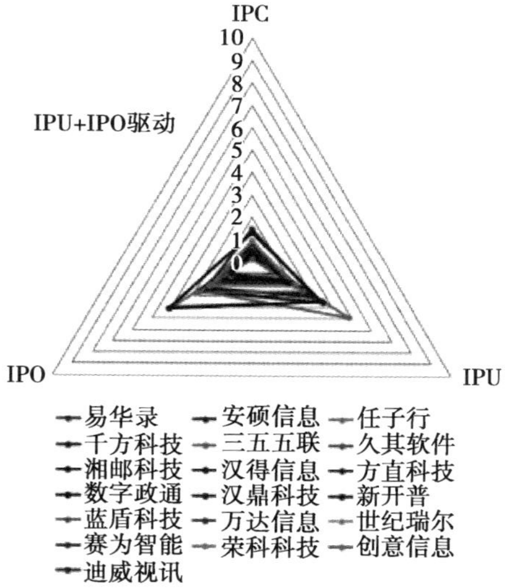

图 43－2　按知识产权能力维度划分的企业知识产权能力模式（续）

识产权组织能力。回归结果如表43-1中的M2所示。首先，知识产权运用能力对企业成长性的影响最为显著，其回归系数为0.442。这一结果很好地说明了现阶段中国计算机应用企业的高速发展源于企业知识产权应用能力的迅速提升。其次，知识产权创造能力与组织能力对推动企业成长性的提升也起到了显著作用，回归系数分别为0.32和0.31。可见，由于中国计算机应用行业在技术上还处于模仿阶段，大量此类企业仍然依靠对已有技术的消化吸收应用获得成长的动力，而企业自身创新及对已有成果的保护及管理对企业成长性的促进作用没有得到充分体现。

为了进一步探索，造成企业成长性差异的原因，本章构建了企业知识产权能力构成模式分析，并根据三个不同维度的知识产权能力的数值将103家上市企业知识产权能力模式进行区分（见图43-2）。

图43-2表明，中国103家计算机应用上市企业中有26家属于知识产权创造能力驱动的发展模式、13家属于知识产权运用能力驱动的发展模式、20家属于知识产权组织能力驱动的发展模式、17家属于创造能力和运用能力共同驱动的发展模式、10家属于创造能力和组织能力共同驱动的发展模式，另外19家属于运用能力和组织能力共同驱动的发展模式。结合企业成长性数据，本章对6种不同模式下的企业成长性进行比较，如图43-3所示。

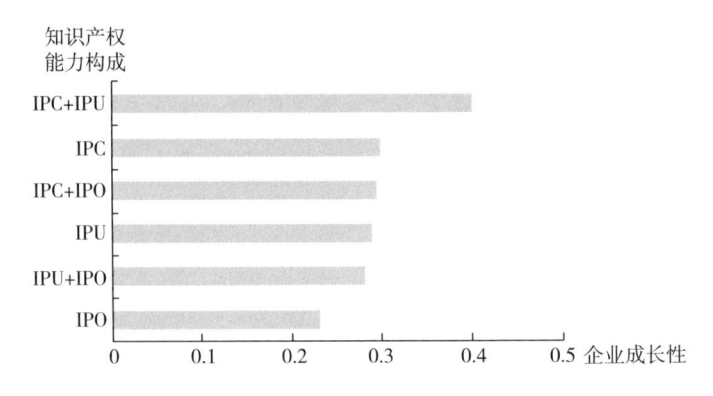

图43-3 知识产权能力与企业成长性

图43-3表明，知识产权创造能力和运用能力共同驱动的企业平均

成长性最高，其2011年的平均企业成长指数为4.003，远高于知识产权创造能力驱动（2.97）、知识产权运用能力驱动（2.882）、知识产权组织能力驱动（2.309）、知识产权创造和组织能力共同驱动（2.949）以及知识产权运用和组织能力共同驱动（2.80）。可见，中国计算机应用企业在现行发展阶段，知识产权创造和运用能力的共同提升能够有效地促进企业成长。这一情形说明中国计算机应用企业在经历单纯的模仿学习阶段后，企业自身技术实力以及资本实力均有了显著提升，在强化自身知识产权运用能力的同时开始注重自身的创新能力。另外，随着中国技术水平的整体提升，此类企业在立足本国市场的同时开始走向国际市场，与国外先进企业的竞争过程中也需要强化自身创新能力才能使企业获取竞争优势。

三 内外诱因与知识产权能力的实证分析

为了探究企业知识产权能力模式的构成原因，本章从内部和外部两个方面对企业知识产权能力构成诱因进行实质分析，研究数据来自《高技术统计年鉴》《电子年鉴（软件篇）》《中华人民共和国知识产权局专利统计年报汇编》以及各省地方年鉴，各变量的测度方法如下：企业内部诱因有企业开放度（CO），企业股份中外部股东持股比例；企业技术水平（CTS），企业研发人员占比和员工中硕士以上学历占比；投入水平（CIS），研发投入、市场投入以及组织投入。企业外部诱因有产业开放度（IO），由市场开放度（三资企业收入和外包业务占总收入比重）和所有权开放度（三资企业资产占总资产比重）组成；产业技术水平（ITS），产业人员水平（硕士学历以上占比）、研发投入、技术水平（研发人员占比）；知识产权保护强度（BH），借鉴姚利民的方法通过社会发展化程度、政府执法态度以及社会知识产权保护意识进行测度。在对上述变量数据进行标准化处理的基础上，结合知识产权能力数据构建内外诱因与企业知识产权能力的回归模型：

$$IPR = \alpha + \beta_1 CO + \beta_2 CTS + \beta_3 CIS + \beta_4 IO + \beta_5 ITS + \beta_6 BH + \beta_7 BH^2 + \varepsilon$$

(43-3)

回归结果如表43-2所示。

表43-2　　　　　构成诱因与知识产权能力的回归结果

变量	被解释变量							
	IPR		IPC		IPU		IPO	
	模型1	模型2	模型3	模型4	模型5	模型6	模型7	模型8
C	0.623**	-4.073**	-0.279	3.306	1.283*	-17.1**	0.893**	-1.254
企业开放度	0.271***	0.279***	0.411**	0.405**	0.168	0.198	0.229**	0.232**
企业技术水平	0.115**	0.138**	0.453**	0.435**	0.134	0.227	-0.163	-1.52
投入水平	0.412***	0.379***	-0.081	-0.056	1.275***	1.146***	0.229	0.214
保护强度	-0.875**	3.819***	0.392	-3.191	-1.801	16.571**	-1.254**	0.891
保护强度^2		-1.734**		1.323		-6.787**		-0.793
区域产业开放度	0.122*	0.377**	-0.182	-0.377	0.592*	1.587***	0.051	0.167
区域产业技术水平	0.188**	0.520**	-0.11	-0.26	0.364	1.136	0.633*	0.723**
R^2	0.596	0.625	0.302	0.308	0.330	0.402	0.229	0.233
F值	23.556***	22.605***	6.938***	6.033***	7.878***	9.136***	4.754***	4.122***

注：*、**、***分别表示在10%、5%、1%的水平上显著。

根据表43-2的回归结果，本章做出以下分析。

第一，企业开放度、技术水平、投入水平、区域产业开放度以及区域产业技术水平对企业知识产权能力具有显著的正向促进作用，知识产权保护强度与企业知识产能力存在倒"U"形关系。也就是说，适当的知识产权保护强度有利于中国企业在现行外部环境下提升知识产权能力。因此原假设均得到了支持性验证。

第二，通过对知识产权能力各维度的回归分析发现，企业内外部诱因对知识产权能力模式的形成具有重要的影响。首先，从知识产权创造能力出发，企业知识产权创造能力不仅受到企业开放度的显著影响，随着企业技术水平的提升对知识产权创造能力发展也有着不可替代的作用，然而投入水平对其并没有显著影响。此外，作为外部诱因的知识产权保护强度、区域产业开放度和区域产业技术水平对知识产权创造能力均没有显著影响。企业知识产权创造能力是企业核心技术创新能力的直接体现，而核心技术创新能力必须通过内生力量推进得以实现，过度依靠外部因素推进企业发展和过度强调应用型创新只会使企业陷入"引进—落后—再引进"的困境,从而限制了企业的发展。

据此推断,企业知识产权创造能力的提升完全由企业在追求经济利益最大化的目标下,由企业内生行为驱动推进。知识产权运用能力受到企业投入水平的显著影响,同时区域产业技术水平的提升也能促进该地区企业知识产权创造能力的发展。此外,该地区知识产权保护强度与其存在显著的倒"U"形关系。但是,企业开放度、企业技术水平、区域产业技术水平并不能显著影响企业知识产权运用能力。知识产权运用能力是企业将自身知识产权产品化、市场化的能力,在开放性创新环境下外部环境溢出知识会影响企业的技术应用过程。

由此可知,处于市场维度的知识产权运用能力同时受到企业内外部因素的影响,提升企业知识产权运用能力需要企业内生力量推进的同时,也需要外部环境力量的拉动。知识产权组织能力受到企业开放度的显著影响,同时随着区域产业技术水平的提升也会显著促进知识产权组织能力的提升。此外,企业技术水平、企业投入水平、区域知识产权保护强度、区域产业开放度并没有显著影响企业知识产权组织能力的发展。由此可知,处于组织维度的知识产权组织能力是在企业内外部诱因共同驱动下得以发展的。通过上述分析可知,各项诱因对知识产权能力模式的形成都具备潜在的影响,同时企业知识产权能力模式受到内外部诱因同时影响。

第四节 研究结论与政策启示

高技术产业作为中国在新的发展时期推进经济整体转型升级的重要力量,其发展已经形成了依靠创新为主要驱动力的成长模式,在这一模式下企业对作为创新成果的知识产权进行创造、运用和组织的知识产权能力就显得尤为重要。本章以计算机应用上市企业为样本实证研究企业知识产权能力与企业成长性之间的关系,其结论不仅对该行业的发展具有重要的理论指导意义,而且对其他高技术产业企业的发展同样具有积极的"示范性"和政策启示。

首先,对计算机应用等创新模式驱动的高技术产业而言,其发展过程就是一个不断创新的过程,在这一过程中为了维持企业自身创新产出,对创新成果的知识产权化就显得尤为重要。企业通过提升创造、运用以及组织知识产权的能力可以促进企业发展,也就是企业知识产权能力的提升也伴随企业成长性的提升。

其次,由于不同企业知识产权能力各维度的差异性,使各个企业形成了不尽相同的知识产权能力模式。不同知识产权能力模式的企业所表现出的成长性也存在较大差异,在中国现行的环境下知识产权创造和运用驱动模式下企业的平均成长性最高。在发展初期中国高技术企业主要依靠技术引进以及模仿国外已有技术实现发展,在这一过程中强调对以获取的知识产权进行应用,强调知识产权运用能力。而在经历了初期的高速发展后,中国高技术企业已经有了一定的技术积累,同时企业自身实力也发展到了一定水平,很多企业在立足本国市场的同时开始拓展海外市场,华为、中兴等就是此类企业的典型代表。在这一情形下,依然依靠技术引进和模仿的知识产权运用驱动模式将难以支持企业的进一步发展,因此强化企业自身创新能力也就是提升企业知识产权创造能力就显得十分必要。

最后,在高技术企业发展过程中,企业开放度、企业技术水平、企业投入水平、区域知识产权保护强度、区域产业开放度以及区域产业技术水平对企业知识产权能力存在显著影响。而这些因素会从内外两个方向影响企业知识产权能力模式构成,企业开放度、技术水平以及投入水平为内部诱因;区域知识产权保护强度、区域产业开放度以及区域产业技术水平为外部诱因,企业知识产权能力模式是在内外诱因共同作用下形成的。其中,企业开放度和企业技术水平会显著影响企业知识产权创造能力,企业投入水平和区域知识产权保护强度会显著影响企业知识产权运用能力。

为了有效促进高技术企业发展,培育与现行外部环境相适应的企业知识产权能力模式十分必要。一方面,从企业角度出发,应该强化自身开放度和技术水平从而推动企业知识产权创造能力提升;另一方面,企业也应该加大自身投入水平,而作为企业所在地的政府应该从外部设定合理的知识产权能力强度促进企业知识产权运用能力提升,从而使企业形成知识产权创造和运用能力共同驱动模式实现进一步发展。

第四十四章

企业知识产权能力演化路径研究

第一节 引言

知识产权等无形资产是企业竞争优势的重要源泉之一,而与之相关的知识产权能力也成为政府、企业及学者所关注的热点问题。知识产权能力是企业通过创造、运用和管理等行为获取知识产权并将其转化为竞争优势的能力。因而,企业知识产权能力可以分为三个维度,即创造、运用与管理三个能力。这些能力是企业内生能力,也是整合与创新能力。由于企业的整合和创新能力属于动态能力范畴,因此知识产权能力也是动态能力,会随着企业内部和外界因素变化而演化。

动态能力观点认为,内因促进企业能力演化,而外因通过内因发挥作用。因此,内因是知识产权能力演化的根本动力,在众多内因中,企业战略是决定知识产权能力的关键因素。企业战略导向理论观点认为,市场导向和创业导向是不同资源分配偏好,它们会影响企业的创新行为。市场导向企业倾向于通过高效满足客户需求创造效益,创业导向企业则倾向于通过追逐新事业创造效益,前者会把企业主要资源向市场拓展部门配置,而后者则倾向把资源配置于知识、技术等开发与管理部门。因此,以企业战略导向为切入点研究知识产权能力演化路径具有理论创新意义,抓住了企业知识产权能力演化的根本动因。

战略导向是企业高层管理团队对竞争优势的观点与对企业核心资源分配的偏好,主要用于解释同一外部环境下的企业行为差异。Hambrick(1983)将战略导向视作"一系列决策(过去的或已有的)的模式,这些决策指导企业组织与外部环境相协调，并最终形成内部政策和程序"。更进一步，Manu 和 Sriram（1996）把战略导向明确定义为："一个组织为寻求更有利的资源配置，如何运用战略以适应竞争环境的改变。"因此，战略导向是企业在战略层面的环境适应性行为，其本质上反映了企业在对竞争环境认知基础上所表现出的经营理念。不同战略导向型企业的经营理念也截然不同，主要表现在如何获取竞争优势这一问题理解上的差异。从而影响了企业在不同战略方向上的资源投入。根据企业资源投入领域偏好差异，企业战略导向可分为市场导向和创业导向。创业导向型企业偏好将资源投入新领域的开拓，增加业务宽度。而市场导向型企业则偏好将资源投入现有领域的市场拓展，以加深其在已有领域的根植性。

综上所述，企业知识产权能力是创造、运用和管理知识产权的能力，其中知识产权创造能力是指企业通过自身研发投入创造新知识、新技术以获取创新成果的能力，可视为企业研发能力的延伸。知识产权运用能力是指企业把知识产权转化为新产品、新工艺并实现市场化的能力。知识产权管理能力是指企业计划整合和保护知识产权的能力。

第二节　理论基础与研究假设

一　创业导向与知识产权能力

创业导向是企业追逐新事业、应对环境变化的特定组织心智模式，其核心内容是创新性、冒险性和前瞻性。基于创业导向的企业通过创新引入，追求新的市场机会，不断创新现有运营模式，使其更具有创新意愿和超前行动性。

首先，创新性反映了企业偏好新思想、新方法，追求技术的突破性创新，抢占市场制高点，独占新兴技术及超额利润的战略意图。因此，此类企业具有技术领先的战略思想，不断创造新知识、新技术的行动计划。由此可以推断，创业导向促进了企业知识产权创造能力的提高。

其次，创业导向强调"创造"客户需求，使企业通过进入新领域强化市场地位，因而鼓励企业不断进行新产品开发。新产品开发的实质是企业对已有技术积累进行运用和整合的过程，因此新产品的开发也就是知识产权运用的过程。创业导向有利于提高企业新产品开发绩效，进而提高了企业知识产权运用效率。由此可知，创业导向促进了企业知识产权运用能力提升。

此外，创业导向的前瞻性特质有助于企业建立长远发展目标，塑造并鼓励创新型的企业文化，有利于增强员工整合能力，提升企业管理绩效；另外，随着企业创新行为的活跃，强化了对自身已有知识产权保护和有效组织的需求。由此推断，创业导向促进企业知识产权管理能力。综上所述，本章提出企业创业导向对知识产权能力有正向影响。

H1：创业导向正向影响知识产权能力。

H1（a）：创业导向正向影响知识产权创造能力。

H1（b）：创业导向正向影响知识产权运用能力。

H1（c）：创业导向正向影响知识产权管理能力。

二 市场导向与知识产权能力

市场导向指企业偏好通过高效地满足顾客需求，进而为企业创造良好绩效的价值取向，其核心内容包括竞争者导向、客户导向与跨部门协作。市场导向型企业倾向于把满足顾客需求作为首要目标，以适应多变的市场环境，提高企业绩效，从而有助于获得长期的竞争优势。

首先，竞争者导向会鼓励企业实施技术创新。此类企业往往在技术上选择跟随策略，从而导致其更倾向于渐进性创新。渐进性创新强调对现有技术的整合利用，因此其创新成本和风险要低于突破性创新。但是，低风险不意味着低能力，为了实现对竞争者新技术的精确识别及追赶，此类企业依然需要不断提升技术能力作为跟随战略的实施基础。因此市场导向能够提升企业技术能力，进而促进知识产权创造能力提升。

其次，客户导向也鼓励企业进行渐进性创新，强调持续服务客户，并为其创造价值。因此，客户导向会强化企业开展新产品开发的意愿。新产品的开发过程是企业将已有知识技术的整合转化，而知识产权运用是这一过程中的重要组成部分。由此可知，客户导向鼓励企业知识产权运用，提升企业知识产权运用能力。

此外，跨部门协作能够鼓励企业通过职能间联盟的形式激励部门间信息共享，增进员工的归属感，强化组织承诺，提升团队精神，进而提高企业组织绩效。由此推断，市场导向提升企业组织能力，进而增强知识产权管理能力。综上所述，本章提出市场导向对知识产权能力有正向影响。

H2：市场导向正向影响知识产权能力。

H2（a）：市场导向正向影响知识产权创造能力。

H2（b）：市场导向正向影响知识产权运用能力。

H2（c）：市场导向正向影响知识产权管理能力。

第三节 实证分析

一 变量测度

（一）自变量：战略导向

Thomas 等在他们的研究中使用了销售密度和研发密度两个客观指标分别度量企业战略导向中的市场导向和创业导向。它们反映了战略成功实施的一系列资源分配方式。本章借鉴其方法用销售密度和研发密度测度市场导向（SCDX）和创业导向（CYDX），销售密度由广告费用/销售费用而得，研发密度由研发投入/管理费用而得。

（二）因变量：知识产权能力

综上所述，企业知识产权能力的评价指标主要包括知识产权创造能力（IPC）、知识产权运用能力（IPU）和知识产权管理能力（IPM）三个维度。其中，知识产权创造能力用企业新增专利以及软件著作权数量作为度量指标。知识产权运用能力是指企业将已有知识产权转化为新产品的能力，量化指标是新产品数量和新产品收入在主营业务中的占比。知识产权管理能力是指企业组织和保护知识产权的能力，量化指标是企业知识产权保护的律师数量以及其管理费用支出。借鉴宋河发等的方法构建了企业知识产权能力（IPR）计算方法，如式（44-1）所示：

$$IPR = IPC^{0.32} \times IPU^{0.27} \times IPM^{0.41} \qquad (44-1)$$

（三）样本选择

本章以企业层面数据为研究对象，以沪深股市 28 家上市超过 10 年的计算机应用企业 2003—2013 年数据为样本，根据"同花顺 IFind 上市企业数据库"对行业板块的定义，它们的主营业务是软件开发与信息服务。此类企业是典型的知识密集型企业，研发人员占比大、研发费用投入高。而知识产权及其相关能力对知识密集型企业的发展至关重要，因此，相较于其他类别的企业，以计算机应用企业为研究样本更符合本章研究主题。本章知识产权能力测度数据主要源自上市企业年报、同花顺 IFind 数据库、国家知识产权局网站以及中国知识产权保护中心网站。

二 战略导向与知识产权能力的实证分析

根据同花顺 IFind 数据库中的数据，截至 2013 年在沪深股市上市的计算机应用企业已达百余家。为了进行纵向研究企业战略导向、知识产权能力的演化过程，本章采用其中上市时间超过 10 年的 28 家企业作为研究对象，对其创业导向和市场导向进行计算，其散点分布如图 44 – 1 所示。

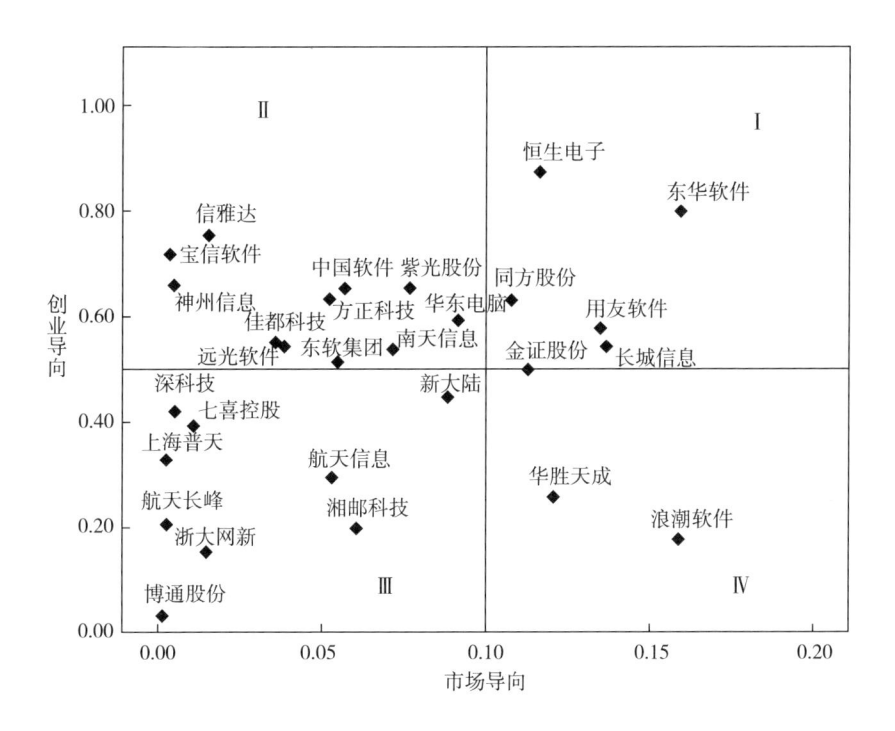

图 44 – 1 28 家计算机应用上市企业战略导向分布（2013 年）

表44-1　　　　　样本企业2013年战略导向分类

I	(H)	(H)	II	(H)	(L)	III	(L)	(L)	IV	(L)	(H)
	CYDX	SCDX		CYDX	SCDX		CYDX	SCDX		CYDX	SCDX
恒生电子	0.874	0.116	信雅达	0.754	0.015	博通股份	0.032	0.0013	浪潮软件	0.177	0.159
东华软件	0.797	0.159	宝信软件	0.718	0.003	浙大网新	0.1548	0.015	华胜天成	0.257	0.12079
同方股份	0.631	0.107	神州信息	0.657	0.005	航天长峰	0.208	0.0031	金证股份	0.498	0.1134
用友软件	0.577	0.135	中国软件	0.654	0.057	湘邮科技	0.195	0.0606			
长城信息	0.541	0.136	紫光股份	0.653	0.076	上海普天	0.327	0.0028			
			方正科技	0.634	0.052	航天信息	0.293	0.053			
			华东电脑	0.589	0.091	七喜控股	0.391	0.0112			
			佳都科技	0.551	0.036	深科技	0.418	0.0054			
			远光软件	0.545	0.038	新大陆	0.446	0.0882			
			南天信息	0.536	0.071						
			东软集团	0.514	0.054						

样本企业按照企业战略导向的差异分为四种类型，即第一（I）、第二（II）、第三（III）以及第四（IV）类。样本中四类企业战略导向情况如表44-1所示。类型I是强战略导向型企业，此类企业属于创业导向、市场导向均高的一类企业（H，H）。它们往往拥有较强的实力能够在发展创新的同时兼顾市场拓展，例如恒生电子、东华软件等。类型II是创业导向型企业，此类企业创业导向强，但是市场导向低（H，L）。这些企业重视研发和创新，强调通过拓展新业务获取收益，例如信雅达、宝信软件等。类型III是战略导向模糊型企业，其创业导向、市场导向均低（L，L），这些企业往往缺乏明确的战略目标，尚处于发展的摸索阶段，例如博通股份等企业。类型IV是市场导向型企业，其创业导向低、市场导向高（L，H），这类企业更为重视市场拓展在企业发展过程中的作用，如浪潮软件等。样本企业中这四类企业的比例分别为5∶11∶9∶3。由此可知，中国计算机应用企业经过几十年的发展，开始从传统的市场驱动式发展向创新驱动型转换，另外，为数不少的企业依然缺乏明确的发展方向，还在进一步摸索自己的发展道路。

为进一步分析战略导向与知识产权能力间的关系，本章从上述28家企业中选取四个典型企业作为分析案例。从案例选择的角度出发，被选定的样本应该与所研究主题具有强相关性,所以应在每个类型中选取类别特征最为显著的企业作为研究样本。基于这一原则,本章根据战略导向(SCDX + CYDX)对各类型样本企业进行排序,其中Ⅰ(H,H)、Ⅱ(H,L)、Ⅳ(L,H)按降序而Ⅲ(L,L)按升序(见表44-1)。据此排序选取恒生电子、信雅达、博通股份和浪潮软件作为Ⅰ、Ⅱ、Ⅲ和Ⅳ型企业典型案例。通过对企业年报数据、国家知识产权网站以及中国知识产权保护中心网站相关数据的整理,最终计算四个典型企业的创业导向(CYDX)、市场导向(SCDX)、知识产权创造能力(IPC)、知识产权运用能力(IPU)和知识产权管理能力(IPM)等指标,经过标准化处理后的数据如表44-2所示。在此基础上,本章对四个典型企业的动态战略导向(创业导向、市场导向)与知识产权创造能力、运用能力以及管理能力进行回归分析,得到的回归结果如表44-3所示。

表44-2　　　四个典型企业的动态战略导向与知识产权能力

	年份	CYDX	SCDX	IPC	IPU	IPM		年份	CYDX	SCDX	IPC	IPU	IPM
恒生电子	2003	0.002	0.040	0.010	0.265	0.248	信雅达	2003	0.274	0.106	0.155	0.091	0.088
	2004	0.030	0.020	0.125	0.108	0.202		2004	0.116	0.078	0.050	0.061	0.071
	2005	0.028	0.027	0.090	0.120	0.035		2005	0.147	0.035	0.065	0.080	0.123
	2006	0.044	0.084	0.100	0.289	0.021		2006	0.192	0.038	0.080	0.084	0.153
	2007	0.011	0.048	0.125	0.266	0.06		2007	0.159	0.025	0.110	0.115	0.109
	2008	0.019	0.083	0.135	0.273	0.049		2008	0.192	0.025	0.100	0.110	0.097
	2009	0.117	0.114	0.175	0.300	0.052		2009	0.577	0.008	0.140	0.069	0.080
	2010	0.111	0.142	0.270	0.503	0.051		2010	0.603	0.023	0.165	0.077	0.037
	2011	0.853	0.137	0.350	0.410	0.049		2011	0.646	0.012	0.320	0.076	0.055
	2012	0.821	0.148	0.365	0.515	0.045		2012	0.704	0.007	0.300	0.051	0.031
	2013	0.874	0.116	0.381	0.402	0.041		2013	0.754	0.015	0.320	0.076	0.017
	年份	CYDX	SCDX	IPC	IPU	IPM		年份	CYDX	SCDX	IPC	IPU	IPM
博通股份	2003	0.0300	0.0826	0.040	0.0830	0.051	浪潮软件	2003	0.131	0.136	0.06	0.098	0.038
	2004	0.0181	0.0930	0.005	0.0900	0.047		2004	0.154	0.063	0.065	0.023	0.041
	2005	0.0470	0.1430	0.030	0.1120	0.056		2005	0.012	0.120	0.055	0.077	0.038
	2006	0.1090	0.1110	0.050	0.1010	0.058		2006	0.198	0.146	0.045	0.074	0.032
	2007	0.1700	0.0120	0.020	0.0537	0.056		2007	0.058	0.064	0.010	0.047	0.030

续表

	年份	CYDX	SCDX	IPC	IPU	IPM		年份	CYDX	SCDX	IPC	IPU	IPM
恒生电子	2008	0.0390	0.0220	0.030	0.0769	0.027	浪潮软件	2008	0.146	0.007	0.020	0.037	0.046
	2009	0.0130	0.0310	0.030	0.0772	0.023		2009	0.024	0.224	0.050	0.129	0.048
	2010	0.0170	0.0160	0.010	0.0752	0.021		2010	0.072	0.171	0.040	0.085	0.040
	2011	0.0080	0.0080	0.140	0.0417	0.038		2011	0.212	0.172	0.065	0.094	0.060
	2012	0.0110	0.0001	0.130	0.0626	0.356		2012	0.220	0.216	0.135	0.111	0.032
	2013	0.0320	0.0013	0.170	0.0346	0.023		2013	0.177	0.159	0.165	0.078	0.028

表44-3 战略导向与知识产权能力的回归结果

因变量	IPR	IPC	IPU	IPM
自变量				
CYDX	0.238** (2.614)	0.308*** (8.34)	0.105** (3.11)	-0.077 (-0.95)
SCDX	1.146** (2.736)	0.108 (0.63)	0.792*** (4.97)	-0.188 (-1.79)
C	1.184*** (29.96)	0.047*** (2.986)	0.015*** (3.57)	0.096 (5.20)
R^2	0.74	0.77	0.85	0.16
Adj R^2	0.71	0.74	0.83	0.06
F	22.53***	25.67***	45.07***	1.54
D.W.	1.536	1.74	1.59	1.89
企业固定效应	是	是	是	是
时间固定效应	否	否	否	否

注：*、**、***分别表示在10%、5%、1%的水平上显著。

根据表44-3的回归结果，本章做出以下分析：创业导向、市场导向对知识产权能力具有显著正向促进作用，H1和H2得到显著验证，在企业知识产权能力的演化过程中企业战略导向起到了主导作用。

首先，创业导向对知识产权创造能力、知识产权运用能力具有显著正向促进作用，H1（a）和H1（b）得到显著验证。创业导向型企业更愿意通过领先市场方式实现自身战略目标，这类企业往往重视研发投入，而研发投入与企业创新之间存在显著的正相关关系，进而促进企业知识产权创造能力的提升，这与实证结果相符。创业导向型企业的创新、超前行动可以帮助强化市场认知，从而更好利用已有技术和知识，延伸现有产品和服务，进而促进知识产权运用能力提升。

此外，市场导向对知识产权创造能力没有显著影响，H2（a）没有得到有效验证。而市场导向对知识产权运用能力具有显著正向促进作用，H2（b）得到显著验证。市场导向企业在创新过程中往往借助当前学习行为和经验以满足现有市场的需要，偏重于回应顾客表述的当前需求，倾向进行利用性的创新模式，进而促进了企业知识产权运用能力的提升。

最后，通过分析发现市场导向和创业导向对知识产权运用能力均有显著影响，但是影响程度有所差异，根据回归结果可知市场导向的回归系数为0.792，显著高于创业导向的回归系数0.105。由此可知，知识产权运用能力主要受到市场导向的影响。战略导向对知识产权管理能力不存在显著影响，H1（c）和H2（c）均没有得到验证。

第四节　演化路径分析

知识产权能力是企业动态能力，其构成应与企业发展战略相匹配。为了进一步分析企业知识产权能力构成和企业战略导向两者的演化规律，本章根据表44-2数据绘制了四个典型企业的战略导向动态演化路径图，并得到四条拟合曲线（见图44-2）。

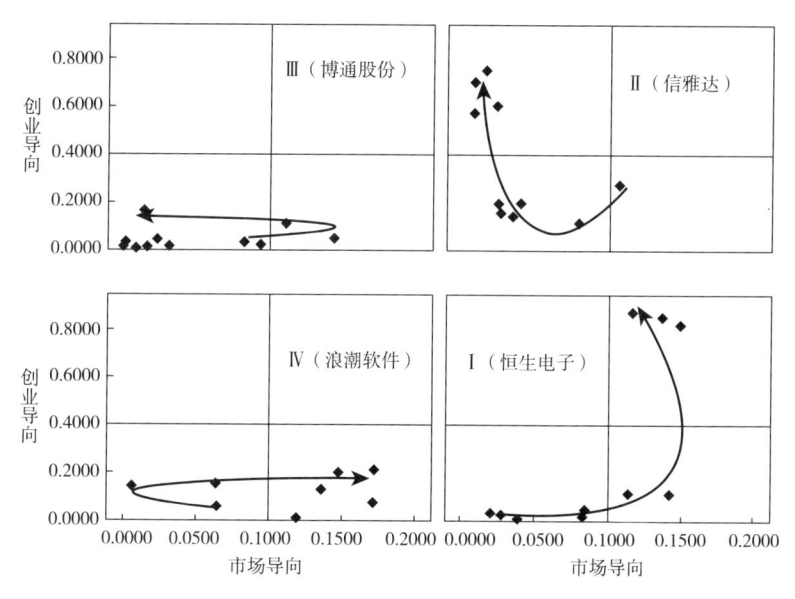

图44-2　四个典型企业战略导向动态路径对比

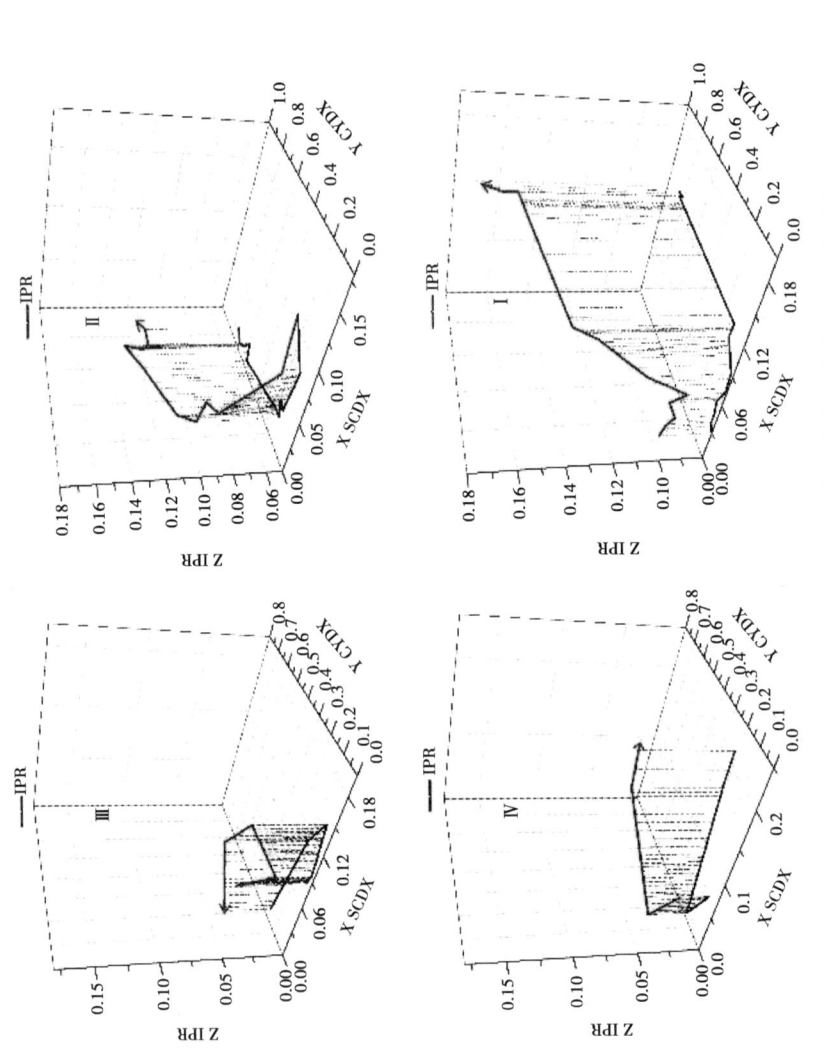

图 44-3 典型企业战略导向演进与知识产权能力演化的动态过程示意

图44-2中曲线分别反映了四个典型企业新战略导向动态变化路线。其中Ⅰ类企业代表在市场导向催动下,通过实施利基策略等方式占据市场份额谋求生存,当此类企业具备一定的市场话语权和技术基础后,便开始强化创业导向进行独立创新,从而使企业成为一个强战略导向企业。Ⅱ、Ⅳ企业代表单项战略导向偏重的演化路线。而Ⅲ类企业是战略导向模糊的典型,这类企业在发展的过程中始终没有找到适合自身的发展道路,依然处于摸索阶段。根据表44-2数据,画出四条曲线动态变化与知识产权能力的关系,得到四个立体曲线(见图44-3)。结果显示,随着企业战略导向的强化,知识产权能力逐渐上升,进一步说明企业战略导向促进知识产权能力提升。

通过对表44-2中四家典型企业11年的知识产权能力动态数据分析,本章总结了四类企业的知识产权能力结构和战略导向演化路径(见表44-4)。当企业战略导向为Ⅰ型时,企业处于强战略导向时期,此时创业导向和市场导向均高(H,H),其知识产权能力结构由创造能力和运用能力共同主导,这一阶段的企业往往兼备优异的研发创新和市场开拓能力,具有较好的成长潜力。当企业战略导向位于Ⅱ型时,企业处于创业导向主导时期,此时创业导向高而市场导向低(H,L),企业的知识产权能力结构是由创造能力所主导,这一时期的企业创新能力强,但市场拓展能力弱。而战略导向位于Ⅳ的企业与Ⅱ型企业相反,企业处于市场导向主导时期,市场导向高而创业导向低(L,H),其知识产权能力是由运用能力主导,这类企业拥有较好的市场拓展能力,但是在创新研发方面缺乏动力。战略导向位于Ⅲ的企业处于战略导向模糊期,此时创业导向和市场导向均较低(L,L),企业在发展上缺乏明确的战略目标,还处于发展的摸索阶段,导致了企业知识产权能力结构处于一种摇摆状态,没有明确的主导能力。由此可知,企业知识产权能力结构的演化随着企业战略导向的变化,战略导向演变是企业知识产权能力结构演化的主要内在力量。根据以上分析本书得到了企业知识产权能力结构演化路径(见表44-4)。

表44-4　　　　知识产权能力和战略导向演化路径

阶段类型	战略导向演化路径	知识产权能力结构演化路径	典型企业
强战略导向	Ⅲ→Ⅳ→Ⅰ	摇摆→IPU→IPU+IPC	恒生电子
创业导向主导	Ⅳ→Ⅲ→Ⅱ	IPU→摇摆→IPC	信雅达
战略导向模糊	Ⅲ→Ⅳ→Ⅲ	摇摆→IPU→摇摆	博通股份
市场导向主导	Ⅲ→Ⅳ	摇摆→IPU	浪潮软件

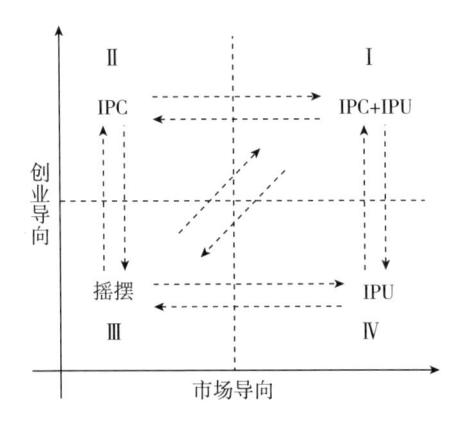

图44-4　企业知识产权能力结构演化路径

第五节　研究结论与启示

以软件研发与信息服务为主营业务的计算机应用企业是典型的知识、技术密集型企业，知识产权能力在企业成长过程中的作用不可忽视。近年来，越来越多的此类企业意识到知识产权的重要性，通过申请专利和软件著作、强化知识产权管理保护战略等方式加强知识产权能力建设。而企业知识产权能力是企业动态能力，其能力结构会随着企业发展而演化。战略导向是企业知识产权能力结构演化的内在动力。

本章研究结果表明，企业战略导向促进知识产权能力提升。通过强化创业导向，一方面促进企业探索性创新和产品创新，进而提升了企业知识产权创造能力和运用能力。另一方面促进企业开展渐进性创新，进而提升了企业知识产权运用能力。在对知识产权运用能力提升过程中，市场导向的作用大于创业导向。而战略导向对知识产权管理能力的影响并不显著。由于中国计算机应用企业还处于发展阶段，技术能力尚处于模仿阶段向自主创新过渡时期，在这一时期知识产权运用能力和创造能力对企业成长的影响远大于知识产权管理能力，致使知识产权管理能力在企业战略中的地位不突出。

位于不同发展阶段的企业，其知识产权能力的发展重点也存在差异，知识产权能力结构须与企业发展阶段相匹配。本章通过对典型企业的分析，得到了企业知识产权能力演化路径。当企业处于战略导向模糊时期，其创业导向和市场导向均处于较低水平，此时，其知识产权能力处于摇摆期，没有明确的主导能力结构。处于创业导向主导时期的企业，它的知识产权能力由知识产权创造能力主导。处于市场导向主导时期的企业，它的知识产权能力由知识产权运用能力主导。当企业处于强战略导向时期，创业导向和市场导向均处于高水平，这类企业的知识产权能力由知识产权运用能力和创造能力共同主导。

第四十五章

科技中介功能与产业集群绩效的实证研究

第一节 研究背景

随着经济全球化趋势的不断发展，生产要素的地域属性逐渐淡化，产业集群的创新辐射效应及技术扩散功能日益增强。然而，企业在地域上简单地扎堆并不能直接对创新产生促进，集群内部技术、人才、信息等创新资源势必依靠由成员相互联结而成的网络进行流动。企业在依据自身力量创新产品时，受到资源、知识等限制，只能通过网络联结进行创新搜寻，但是由于网络信息不对称、节点构建等原因，也会碰到集群网络搜寻成本较高、周期长、信任不足等问题，甚至造成部分企业游离于网络之外，而科技中介依靠其在网络中的协调作用对此进行了有效弥补，使致力于创新研究的学者逐渐将目光聚焦于科技中介。

科技中介通过构建不同企业与组织间的相互连接，充当创新搜索、技术转让、创业投资等各类活动的媒介，对优化产业集群创新资源配置、提升产业集群绩效起着积极作用，已成为学术界的共识，但中介功能对集群绩效的作用机制及其影响因素却鲜有学者涉及。事实上，科技中介与企业同为集群网络中的节点，活动均嵌入集群的关系网络，因而其媒介效果也受到网络的影响。首先，科技中介的"黏合剂"角色需要基于网络结构，细碎网络与片状网络对于中介的需求存在重要差别。其次，拓展业务联结、建立关系网络被科技中介当作开展经营的基本内容。所以，本章试图借用社会网络分析工具，打开科技中介与产业集群绩效作用机制的"黑箱"，探讨科技中介活动功能、网络位置与产业集群绩效的相互关系。

第二节 科技中介与产业集群绩效的关联机制

一 科技中介功能的分类

由于创新模糊前端的存在，客观上需要科技中介为企业创新提供服务，以降低创新活动的不确定性。目前，学术界对于科技中介功能的研究主要集中于信息搜获和沟通交流两个方面，Seaton 和 Cordey – Hayes 提出的"搜寻认知"、哈加顿和萨顿（Hargadon 和 Sutton）所定义的"进入"与"获取"均具有相似的内涵。

因此大多数研究认为，科技中介的主要功能是提供信息的搜寻及交换。也有研究偏重于企业、组织间的技术转移，强调现有技术需要在不同的工业部门间寻找新的应用，认为科技中介在其所从事的技术领域拥有与一般企业更为完善的知识体系，更易促进技术转移及扩散。在这些研究中，科技中介常被比喻为桥或者媒介。关于科技中介其他功能的研究，相对比较零散。Mantel 和 Rosegger 提到科技中介能作为标准制定者，或者对于转移技术进行评估；西顿和科德·海诺伊认为，科技中介能够提供具有竞争优势与效率的转移技术。

综上所述，依据企业创新项目的实施过程以及中介发挥的作用，科技中介的功能可大致划分为搜寻认知、交流吸收和商业化三大类，具体如表 45 – 1 所示。

表 45 – 1　　　　　　　　　科技中介功能分类

类型	主要功能	具体内容	代表学者
搜寻认知	1. 技术预测	技术发展趋势评估，技术路径规划	Lynn 等（1996）、Wolpert（2002）
	2. 供需联系	掌握技术提供与需求双方信息，帮助接洽	Seaton 和 Cordey – Hayes（1993）
	3. 搜寻技术信息及筛选	寻找探求合适信息，对于冗余信息予以过滤	Hargadon 和 Sutton（1997）

续表

类型	主要功能	具体内容	代表学者
交流吸收	4. 知识整合	对于多方的技术予以整合	Idrich 和 M. A Glinow（1992） Turpin 等（1996）
	5. 测试及培训	测试诊断技术或者产品，培训新技术的操作人员	Shohert 和 Prevezer（1996）
	6. 标准化制定	制定标准化文件，沟通企业，促进标准联盟形成	Bessant 和 Rush（1995）
	7. 知识产权事务	专利注册及保护，知识产权调查	McEvily 和 Zaheer（1999）
商业化	8. 寻找资本投资	联系潜在投资者，包装企业	Mantel 和 Rosegger（1987）
	9. 建立销售渠道	拓展产品销量，新市场拓展，营销计划制订	Seaton 和 Cordey-Hayes（1993）
	10. 效益评估	新技术应用绩效总体评价，新产品市场反应测算	

二 科技中介功能与产业集群绩效

全球化与产业融合趋势逐渐迫近，技术变革日益频繁，单个企业无法拥有足够的能力及资源独立开展创新，因此借助外力就显得尤为重要。特别对量大面广的中小企业来说，一方面，受限于业务范围和市场网络，无法获取足够的信息以快速识别机会；另一方面，受限于自身规模，在动态不确定性环境中，无法负担用于维持外界联系与加工分析海量市场信息的费用，只能依附于集群网络，共享行业、市场、科技中介等信息与资源，以应对市场环境的不确定性。其中，科技中介通过穿梭于大量的企业与组织之间，在维持网络的各个节点联系中起着重要作用，从而成为集群中信息、知识、机会的储藏库和网络"黏合剂"。通过与中介机构相联系，集群企业能够以较少的成本达成与集群其他部分的联结，因而 Zhang 认为，中介机构的联结是企业进入集群网络享有集聚优势的入场券。

因此，科技中介促进集群成员的交流与共享，进而提升产业集群总体规模和成长性，主要体现在以下几个方面：①能够拓展集群企业的创新搜索范围。科技中介组织通过与集群内大量企业与组织的互动，建立诸如产品特征、创新模式、核心资源等信息的流通渠道，从而促进企业的创新资源搜索范围从有限的个体网络延伸到整个集群网络，增加企业的知识储备和潜在选择路径，促进核心创新资源的形成。②能够加强企业间的相互交流，促进技术扩散。除了提供企业之间的相互连接渠道，科技中介同样能够有效地减少企业为获得外界信息和知识的支出成本，从而进一步激发企业的交流意愿，促成创新联盟的形成，加速技术在网络内的流动。③利于实现技术的有效转让。根据阿克罗夫模型，在信息不对称情况下，买卖双方博弈的结果很有可能导致市场的柠檬化，出现逆向选择。因此，在技术转让过程中，需要对供需双方都有充分了解的科技中介提供多方面的客观信息，降低信息不对称程度，帮助快速完成交易，控制创新风险。在中国现行科技体制存在科研—产业"两张皮"的背景下，大量研发成果需要借助科技中介向企业进行转化，进而优化企业生产效率，提升集群收益水平。因此，本章提出以下假设：

H1a：科技中介搜寻认知功能对产业集群绩效有正向影响。

H1b：科技中介交流吸收功能对产业集群绩效有正向影响。

H1c：科技中介商业化功能对产业集群绩效有正向影响。

三 科技中介网络位置的概念及测度

节点在网络中的位置是指其与网络其他行动者所建立的关系联结状态，表征了个体与外界环境交互的渠道，是网络地位的重要体现，决定了节点从网络中获取知识、技术等资源的能力。目前，获得学术界普遍认同并广泛使用的网络位置衡量变量是中心度和结构洞。中心度以节点与其他网络行动者的联结数为基础，用来考察个体在网络中的重要程度；中心度高则说明节点处于网络的核心位置；反之则表明节点处于网络的边缘。结构洞指网络中某节点与其他节点发生联系，但其他节点之间缺乏直接联系而造成的关系间断现象，间断数代表该节点获得非冗余信息的能力，是行动者获利的空间。本章将使用中心度及结构洞两个变量描述科技中介在网络中所处的位置。

四 科技中介网络位置与产业集群绩效

集群以地理集聚为基础，依靠群内单位间的相互联系实现潜在经济价值，因此可视为由多个企业及公共机构联结而成的网络。知识、信息、人才、技术、资产等各类资源以此为载体在集群内流动，并受到网络结构及节点网络位置等因素的影响。科技中介在集群企业创新过程中起着"黏合剂"的作用，可以实现原本不相连的节点之间的资源流通。对于企业来说，创新过程就是对相关知识、信息等资源进行处理、重组、整合，所以，创新能力与资源获取的完备度、有效度有着重要的联系。通过中介的联结作用，能够缩短节点间的相聚距离（提升网络密度），增加资源流速；扩张网络的边界（增加网络规模），提升资源的种类和可获性，从而促进创新效率的提升。同时，与科技中介相关联的其他行动者的属性及联结方式均会引起网络"黏合"效率的波动，进而影响集群的整体绩效。因此，可以将中介机构的网络位置作为产业集群绩效的影响因素进行考量。

（一）科技中介的中心度与产业集群绩效

节点是否处于网络的中心与所能获得资源的质量和数量关系密切。占据网络中心位置的节点将更容易从网络中获取重要技术和市场信息，因此高中心度节点具有明显的信息优势。科技中介通过构造两个独立个体之间的联结，引导网络内信息、知识等资源的流动，充足的信息优势将保证其优先获得较大规模的直接资源，有助于筛选整合有效信息，进一步发挥"黏合"纽带作用。此外，中心度高的节点拥有多重的信息渠道和信息源，对于科技中介来说，第一，能够减少有效信息的丢失，拓展信息获取的广度。第二，可以通过对比不同渠道的信息，提升信息获得的准确度，从而提升中介活动的效率。第三，在现今技术日新月异的背景下，单一企业独自维持多重技术的开发优势将十分困难，互补性资产将成为提升研发效率的重要内容。当科技中介处于网络中心时，供需双方相关信息的汇集将为互补性资产的交换和配置提供快速而准确的媒介对接。第四，资源在网络中传递时，会被所经过的节点处理、过滤，因此容易受到节点能力的局限性而被限制。相对于普通企业与研究院所，科技中介更专精于信息资源的传播，具有较高的信息加工与处理能力，所以，处于网络中心的科技中介比同处于网络中心的企业等其他类型节点更有助于产业集群资源的优化及配置。因此，提出以下假设：

H2a：科技中介的中心度对产业集群绩效有正向影响。

（二）科技中介的结构洞与产业集群绩效

产业集群中的任何企业均无法与其他所有节点都发生联系，因此，结构洞普遍存在于集群网络之中。科技中介占据的结构洞越多，说明其连接不同个体的"黏合"作用越明显，为相对细碎化的网络提供了较多资源交流渠道，从而有益于集群创新活动。此外，由于企业之间的联系存在成本，侧重于维持与科技中介的联系（在网络上体现为中介机构占据结构洞）能够帮助企业剔除冗余联系，减少不必要的关系投入。另外，占据结构洞的节点能够获得多层面的非重复信息流，从而保持和控制信息优势，这将有利于科技中介更多地触及异质性信息，从中筛选整合，提升中介的效率，进而促进集群创新资源的有效分配。

但有学者认为，在网络中，如果存在人为占据第三者的优势地位而努力维持结构洞，甚至阻挠另外两者直接联系的情况，将会对整体产生较大的负面作用。因此，盛亚将结构洞分为两类：一类是自益型结构洞，即结构洞占据者为了自身利益而维持的结构洞；另一类是公益型结构洞，即为了促进网络中某些不可能发生直接联系的节点之间的资源流动而建立的结构洞。

因为相互之间缺乏联系或联系较少往往会引起节点之间存在异质性，所以自益型结构洞通常形成产生于较强异质性的节点之间，并且节点之间的异质性也是结构洞占据者维持结构洞操纵资源流向的重要原因之一。虽然自益型结构洞存在以利己为目的的维持行为，但鉴于节点间本身缺乏必要的联系，所以，这种维持行为一定程度上改善了网络的联结关系，优化了节点之间资源配置，使节点双方通过中介均获得了异质性资源，从而取得互补性资产。共益型结构洞设立的初衷是促进多方合作共赢，实现原本没有联系的节点之间的资源流动。因此，结构洞的自益或者共益属性并不会改变科技中介对于集群创新绩效的正面影响。因此，本章提出以下假设：

H2b：科技中介所占据的结构洞数目对产业集群绩效有正向影响。

五　网络位置的调节作用

科技中介三大类功能固然为产业集群提供了降低交易成本、加速技术扩散的渠道，但具体作用效果还依赖科技中介的网络位置。首先，位于网络中心的科技中介，拥有更为丰富的信息获得渠道，从而使与之相连的企业所能拓展的创新搜索范围也相应增加。其次，不同种类的企业优势资源更容易在网络中心汇聚，经过结构洞占据者的非冗余筛选，将形成价值更高的信息池,进一步降低企业的信息获得成本,提升信息交流效率。再次,占据结构洞有利于科技中介更方便地查明交易双方的资质,从而更有利于降低信息的非对称性,实现公平技术交易。最后,较高的中心度也使中介机构掌握更多信息,在寻找潜在交易对象、控制交易风险等方面均更具优势。因此,提出以下假设:

H3a:科技中介的中心度对其搜寻认知功能的发挥有正向调节作用。

H3b:科技中介的中心度对其交流吸收功能的发挥有正向调节作用。

H3c:科技中介的中心度对其商业化功能的发挥有正向调节作用。

H4a:科技中介占据的结构洞丰富程度对其搜寻认知功能的发挥有正向调节作用。

H4b:科技中介占据的结构洞丰富程度对其交流吸收功能的发挥有正向调节作用。

H4c:科技中介占据的结构洞丰富程度对其商业化功能的发挥有正向调节作用。

综上所述,构建分析概念框架模型,如图45-1所示,并通过下一节实证分析和检验概念模型与假设。

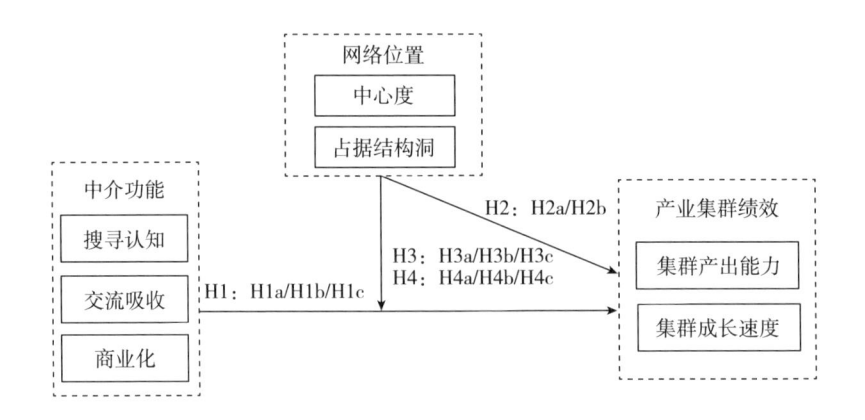

图45-1 研究概念框架

第三节 浙江产业集群实证分析

一 调研样本

依托浙江省经信委的研究项目"浙江省省级转型升级示范区试点块状产业标准化工作情况调查"所取得的调查结果，选取数据相对完整的32个产业集群进行研究。除保证数据可获性和准确性外，主要基于以下考虑：①入选浙江省"省级块状经济向现代产业集群转型升级示范区"的产业集群均具有历史悠久、产业基础良好、创新能力较强、产业链较为完善、龙头企业带动性好、品牌综合优势明显的特点，是浙江省众多产业集群的典型代表。②示范区集群内公共服务平台初具规模，中介机构及行业组织在规划制定、行业自律、信息交流、标准制定、应对壁垒、沟通政企等方面均发挥了一定的作用①，能够为本研究提供丰富的分析对象。③32个示范区集群涵盖浙江省制造业主导地位的机械、化工、纺织和消费四大行业，突出浙江经济的特色，能起到较好的表征作用。

二 数据来源

本研究数据来源分为三个方面：关于产业集群的规模来自"浙江省省级转型升级示范区试点块状产业标准化工作情况调查"的汇总数据，各集群销售额、利润则来自浙江省经信委的官方统计；集群内各科技中介的功能来自在2010年3月到2012年12月期间进行的问卷调查，累计发放问卷480份，回收问卷287份，回收率为59.79%，其中有效问卷253份，样本企业分布及特征见表45-2。关于科技中介网络位置的数据来自在2009年10月到2013年6月对样本集群中知名企事业单位的资料及访谈调查，共计3162家。

---

① 浙江省经济和信息化委员会办公室：《关于开展省级块状经济向现代产业集群转型升级示范区试点和工业行业龙头骨干企业增补申报工作的通知》（浙转升办〔2013〕13号）。

表 45-2　　　　　　　　　　　样本单位描述性统计

集群	所属行业	集群初步形成时间	功能调查有效问卷数	网络位置调查单位数
桐乡濮院秀洲洪合针织	纺织	1980—1989 年	7	65
绍兴纺织	纺织	1980—1989 年	10	209
嵊州领带	纺织	1980—1989 年	10	119
兰溪棉纺织	纺织	1990—1999 年	6	75
诸暨大唐袜业	纺织	1990—1999 年	11	140
富阳造纸	化工	1980—1989 年	9	35
衢州氟硅	化工	2000 年后	5	77
建德精细化工	化工	1990—1999 年	7	32
嘉兴港区化工新材料	化工	2000 年后	5	21
台州医药化工	化工	1980—1989 年	7	121
杭州装备制造	机械	1979 年前	9	79
乐清工业电气	机械	1980—1989 年	9	83
瑞安汽摩配	机械	1980—1989 年	9	77
永嘉泵阀	机械	1980—1989 年	7	65
长兴蓄电池	机械	1990—1999 年	8	42
新昌轴承	机械	1980—1989 年	9	172
东阳磁性电子材料	机械	1990—1999 年	8	84
永康五金	机械	1980—1989 年	7	68
舟山船舶修造	机械	2000 年后	4	77
黄岩模具	机械	1980—1989 年	10	260
温岭泵业	机械	1990—1999 年	7	189
龙泉汽车空调零部件	机械	2000 年后	8	86
遂昌金属制品	机械	2000 年后	8	29
慈溪家电	机械	1990—1999 年	9	72
温州鞋业	消费品	1980—1989 年	8	37
安吉椅业	消费品	1980—1989 年	7	75
南浔木地板	消费品	1990—1999 年	8	126
海宁皮革制品	消费品	1980—1989 年	8	173
义乌饰品	消费品	1990—1999 年	11	96
江山木业加工	消费品	1990—1999 年	6	99

续表

集群	所属行业	集群初步形成时间	功能调查有效问卷数	网络位置调查单位数
舟山海洋生物与海产品深加工	消费品	1980—1989 年	8	136
临海休闲用品	消费品	2000 年后	8	143
合计	—	—	253	3162

三 浙江产业集群内中介功能的测度

参考西顿和科德·海伊斯的研究，采用10个测量条目的语义差别李克特五级量表（见表45-3），邀请调查对象依据自身观察对所在集群内科技中介的搜寻认知、交流吸收、商业化的功能发挥程度进行评判，分别得到样本集群科技中介三类功能变量的赋值。运用主成分方法，特征根大于1.0分析量表的构建效度，搜寻认知4个项目、交流吸收4个项目和商业化3个项目分别组成三个因子，与原构思符合；通过计算Cronbach内部一致性系数（α系数）分别为0.72、0.81、0.78，说明量表是可靠有效的。

表45-3　　　　　　　　中介功能的测量条目

主要功能	测量条目
搜寻认知功能	科技中介能够对技术发展趋势评估、技术路径规划提供完整而翔实的信息
	科技中介能够及时掌握技术提供与需求双方信息，并积极帮助接洽
	科技中介能够有针对性地提供合适信息，对于冗余信息予以过滤
交流吸收功能	科技中介能够整合来自多方的技术，对于交叉领域有较高的兴趣
	科技中介能够准确而及时地提供技术或者产品的测试服务
	科技中介能够为集群企业培训具有较强上岗能力的员工
	科技中介能够主导制定标准化文件，积极沟通企业，促进标准联盟形成
	科技中介积极从事专利注册及保护工作，能够为知识产权调查提供强力的支持
商业化功能	科技中介能够为集群单位寻找潜在投资者，为企业提供合适的包装方案
	科技中介能够帮助企业制订营销计划、拓展新市场，从而促进销量增长
	科技中介能够对新技术应用绩效或新产品市场反应提供准确的测算评价

四 浙江产业集群内的网络位置测度

为了剖析不同产业集群网络的结构属性,将问题进行简化,参考池仁勇的思路,从集群中选择若干知名企业(依据资料完备程度,不同集群存在一定差异,具体数据见表 45-2)进行资料分析和调查研究,其余众多小企业以小企业群为节点代替。然后通过在 2009 年 10 月至 2013 年 6 月对所选择企业的逐个调查,根据每家企业介绍的资料进行归纳,认为两个组织之间存在技术合作、供销联系、产权关联、信息交流等活动就在相应关系矩阵中赋值为 1,否则为 0。借助 UCINET6.237 自动生成网络图,确定网络结构。典型结构(依据科技中介中心度及占据结构洞情况选取)如图 45-2 所示,由于篇幅限制,其他不做赘述。

(一)科技中介中心度

中心度一般包含度数中心度、接近中心度和中介中心度三个指标,考虑样本集群网络中的非完全相连性,接近中心度丧失实际意义。同时,根据 Bonacich 的研究,与网络中联结较少的行动者联结度越高,网络地位及依赖程度也就越高,所以将 Bonacich 点中心度作为中心度的考量指标之一,通过对科技中介节点的度数中心度、中介中心度和 Bonacich 点中心度抽取公因子来表征科技中介中心度系数(总解释变量为 80.32%),取样本集群中所涉及科技中介中心度系数的均值作为集群科技中介中心度的赋值。

(二)结构洞

伯特的结构洞指标一般从有效规模、效率、限制度、等级度四个方面来衡量,目前在学术界较为常用的是用限制度来表示节点占据结构洞的情况。限制度主要描述节点在网络中运用结构洞的能力,限制度越高,能力越弱。考虑到限制度最大值为 1,为计量方便,将 1 与节点限制度之差用来表征科技中介占据结构洞程度系数,取样本集群中所涉及科技中介结构洞系数的均值作为集群科技中介结构洞的赋值。

五 浙江产业集群的绩效测度

绩效是对工作结果的一种表示,因此,产业集群绩效可以被界定为产业集群在生产发展过程中由于生产经营活动以及集群专业化特征、规模优势和成本优势所获收益的状态和水平。参考安德烈斯等的观点,可

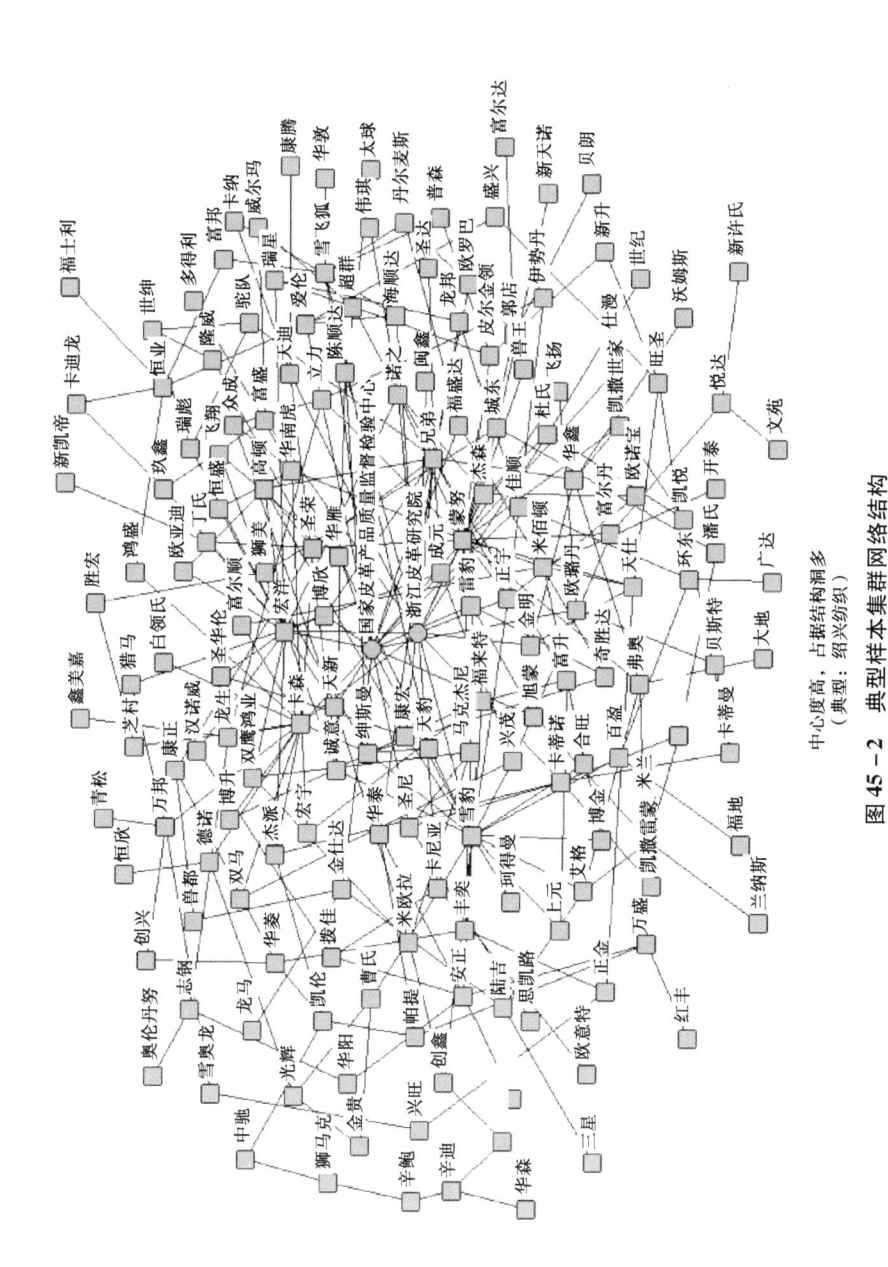

第四十五章 | 科技中介功能与产业集群绩效的实证研究

中心度度高，占据结构洞多
（典型：绍兴纺织）

图 45-2 典型样本集群网络结构

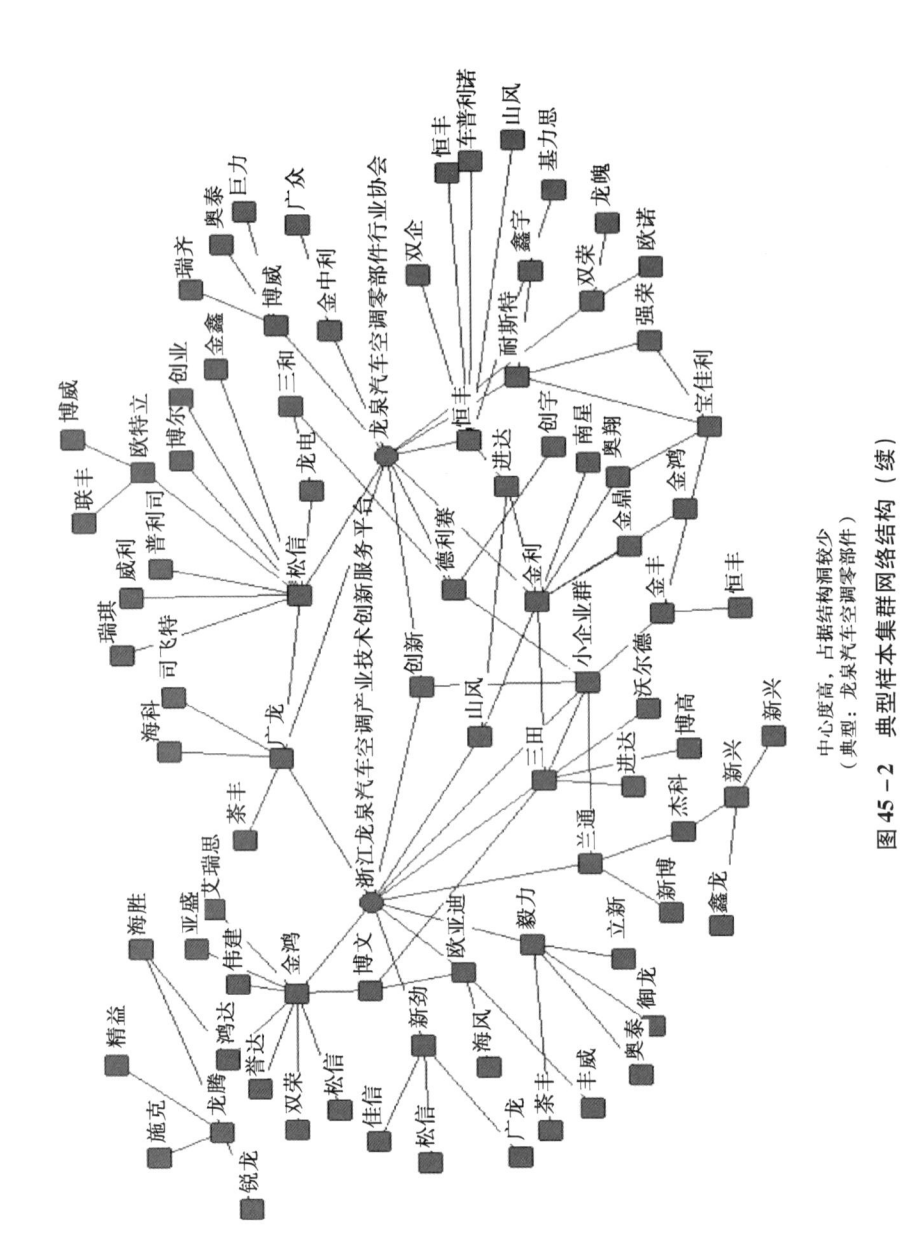

图 45-2 典型样本集群网络结构（续）
（典型：龙泉汽车空调零部件）
中心度高，占据结构洞较少

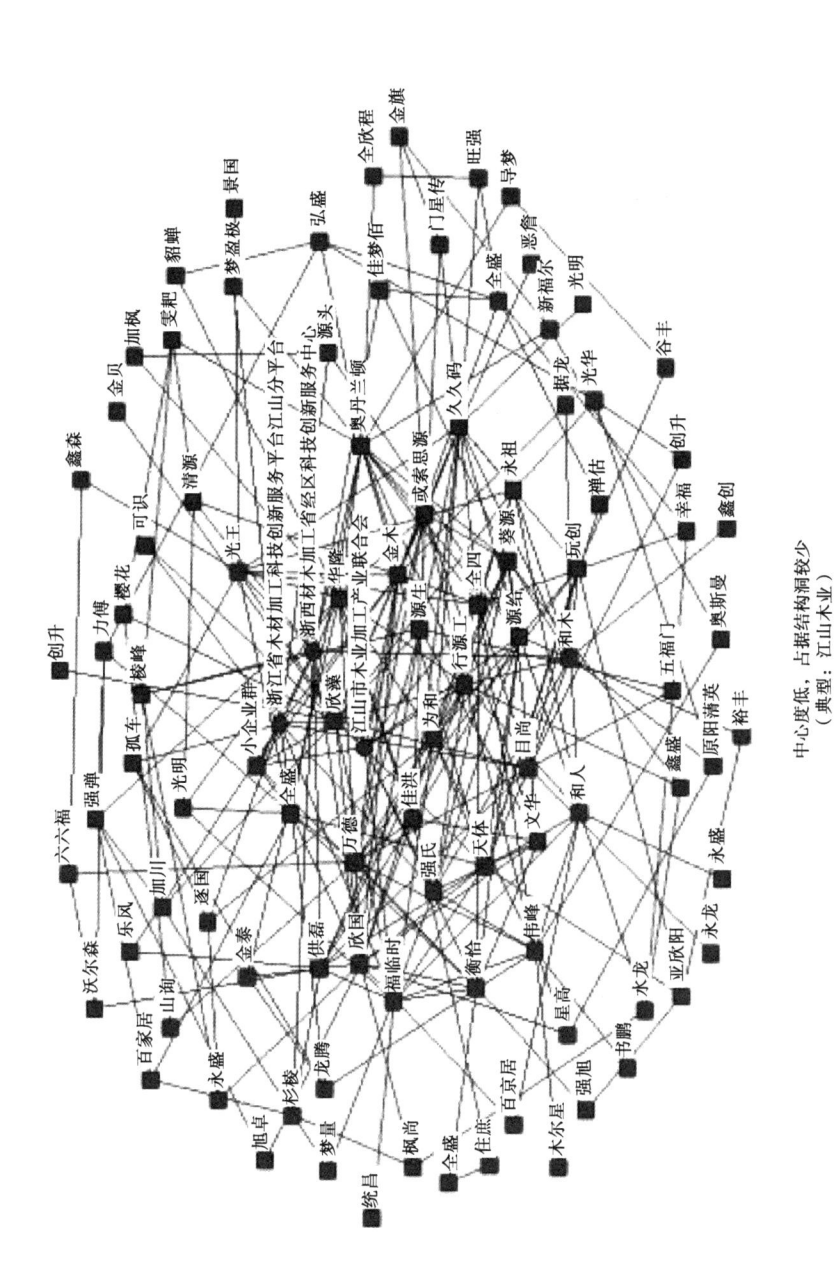

第四十五章 | 科技中介功能与产业集群绩效的实证研究

图 45-2 典型样本集群网络结构（续）
（中心度低，占据结构洞较少）
（典型：江山木业）

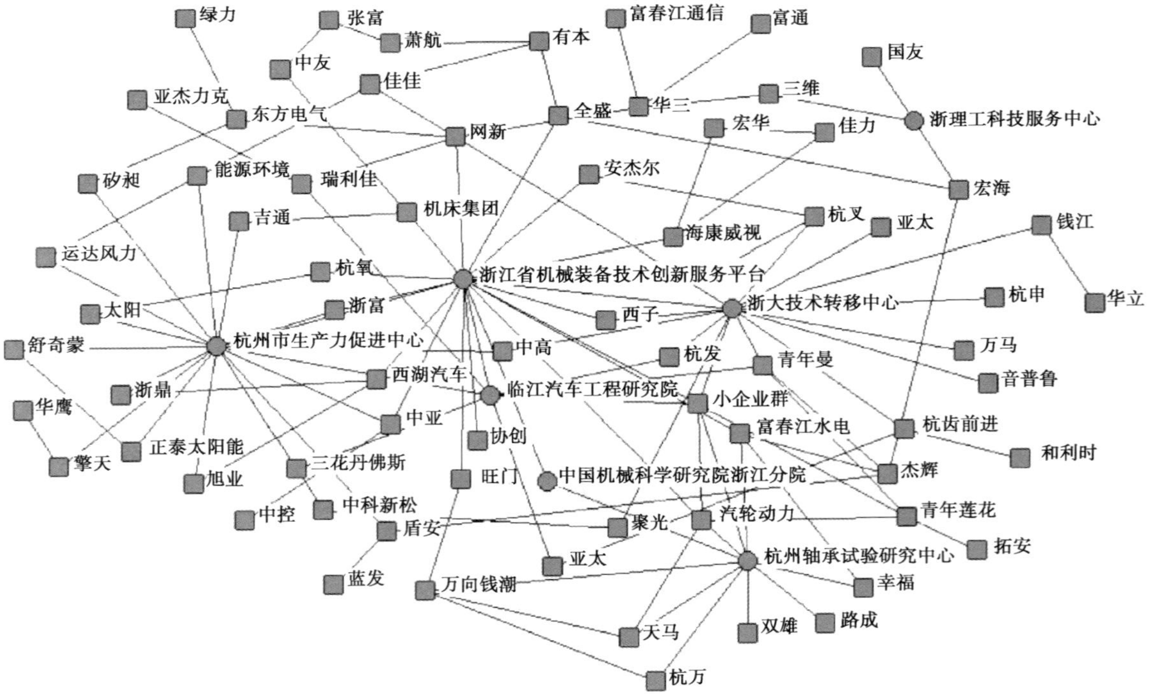

中心度低，占据结构洞较多
（典型：杭州装备制造）

图 45-2　典型样本集群网络结构（续）

以通过集群产出能力和集群成长速度两个方面衡量集群的绩效。集群产出能力是指集群产生商品并以此获利的水平，用样本集群的平均利润率[①]表征；集群成长速度是指集群发展的动态情况，用样本集群的年均销售额增长率和年均利润增长率共同表征。依据笔者所掌握的统计数据，通过对样本集群2008—2011年的年平均利润率、销售额和利润年均增长率经标准化后抽取公因子来表征产业集群绩效（总解释变量为84.24%）。

六　其他控制变量的测度

（一）集群规模

有学者认为，规模越大，可利用的财力和物力越多，越有可能获取更多的收益。因此，规模是影响行为主体绩效的重要组织特征。但因研究角度及关注点的关系，本研究将其作为控制变量处理。按照学术界的普遍做法，用"浙江省省级转型升级示范区试点块状产业标准化工作情况调查"中集群企业数量的自然对数值作为集群规模的赋值，并把1%和99%分位点以外的离群值做缩尾处理。

（二）集群年龄

组织存在越久，其越可能积累资源，因而更具有创新产出的能力。集群中企业的根植性往往与集群发展历史存在正向联系。换言之，集群历史越长，群内企业的稳定性越高，存在长期合作的可能性也相应增加。而长期合作能够增加网络行动者之间的信任度和承诺度，强化网络联结进而促进产业集群绩效。按集群初步形成的时间将样本集群分为四个阶段，具体而言，以1代表1980年以前，2代表1980—1989年，3代表1990—1999年，4代表2000年后，样本情况见表45-2。

第四节　实证结果的讨论

本章模型主要变量的描述性统计及相关系数表明（见表45-4），集群绩效、网络位置与中介功能等变量之间大多存在相关性，说明中介功能对集群绩效产生影响，并且网络位置可能会起到调节作用。为了进

[①] 集群内企业利润总额和销售总额的比值。

一步分析集群绩效的因果关系,构建集群绩效的多因素回归模型,结果如表45-5所示。

表45-4　　　变量描述性统计及相关系数矩阵(N=32)

变量	均值	标准差	1	2	3	4	5	6	7	8
1. 绩效因子	10.282	8.573	1							
2. 集群规模	1.32	1.297	0.236*	1						
3. 集群年龄	2.661	0.802	0.121	0.492**	1					
4. 搜寻认知	4.133	1.286	0.542**	0.133	0.092	1				
5. 交流吸收	3.644	1.458	0.583*	0.123	0.045	0	1			
6. 商业化	2.697	2.123	0.632***	0.082	0.124	0	0	1		
7. 中心度	18.243	8.364	0.384*	0.231**	0.133	0.782*	0.382**	0.122	1	
8. 结构洞	0.783	0.434	0.245*	0.112	0.161	0.591*	0.473*	0.632*	0.673**	1

注:*代表 $p<0.1$;**代表 $p<0.05$;***代表 $p<0.01$。

表45-5　　　产业集群绩效的多因素回归结果(N=32)

变量	M1	M2	M3	M4a	M4b	M4c	M5a	M5b	M5c
集群规模	0.235*	0.226*	0.214**	0.208*	0.197**	0.210*	0.228*	0.232**	0.219*
集群年龄	0.021	0.043	-0.032	0.034	0.014	0.024	-0.013	0.041	0.033
搜寻认知		0.272*	0.233*	0.225*	0.247*	0.252*	0.238*	0.292*	0.283**
交流吸收		0.182**	0.178**	0.193*	0.212***	0.221**	0.168*	0.172*	0.192*
商业化		0.221**	0.223*	0.231***	0.242*	0.233*	0.212*	0.207*	0.211*
中心度			0.132*	0.143***	0.122*	0.113*	0.138*	0.129*	0.142*
结构洞			0.232*	0.226*	0.231*	0.216*	0.204*	0.192***	0.235*
搜寻认知×中心度				0.102*					
交流吸收×中心度					0.113**				
商业化×中心度						0.092			
搜寻认知×结构洞							0.134**		
交流吸收×结构洞								0.121*	
商业化×结构洞									0.082
调整的 R^2	0.282	0.491	0.664	0.672	0.683	0.665	0.676	0.677	0.669

注:*代表 $p<0.1$;**代表 $p<0.05$;***代表 $p<0.01$。

模型M1是集群绩效对控制变量的回归。模型M2引入三个表征中介机构功能的自变量,结果显示,模型的解释度有显著提高(α=

0.209);表明搜寻认知、交流吸收、商业化均能够对产业集群绩效产生显著的正向影响,科技中介功能的发挥及完善对产业集群绩效能够产生积极作用,支持了 H1a、H1b 和 H1c。

模型 M3 为主效应模型,进一步增加了中心度和结构洞两个调节变量,模型的解释力度有所提高($\alpha = 0.153$),说明中心度对产业集群绩效的正向作用显著,从而支持了 H2a;结构洞对产业集群绩效的正向作用显著,从而支持了 H2b。

把交互项逐个放入主效应模型以后得到模型 M4a 至模型 M5c。模型 M4a 至模型 M4c 验证中心度对自变量的调节效应,结果表明中心度显著正向调节搜寻认知和交流吸收功能与产业集群绩效的关系,从而支持了 H3a 和 H3b;但是,中心度调节商业化功能与产业集群绩效的关系不显著,H3c 没有得到支持。模型 M5a 至模型 M5c 验证了结构洞对自变量的调节效应,结果表明,结构洞显著正向调节搜寻认知和交流吸收功能与产业集群绩效的关系,从而支持了 H4a 和 H4b;但是结构洞调节商业化功能与产业集群绩效的关系不显著,H4c 没有得到支持。

综合以上实证检验表明,关于科技中介功能和网络位置对产业集群绩效存在正向作用的假设均得到了支持,在网络位置对中介功能调节作用的检验中,对搜寻认知功能和交流吸收功能的调节作用也得到支持,而对商业化功能的调节作用不显著。根据 Polanyi 的研究,经济活动嵌入社会关系,科技中介帮助企业扩展搜寻范围、提升认知质量、促进相互交流、加速知识吸收等活动必须依靠丰富的网络资源予以保障。但寻找投资、新产品评估等与商业化相关活动更为关注行动效率及速度,当存在更为便捷的固定平台时,行动者就会暂时脱离自身所处网络而直接向平台寻找资源。在对集群进行调研的过程中发现,浙江省依托主要集群,围绕各核心产业成立了由科技部门牵头,科研部门、高等院校和龙头企业共同发起的重大科技创新平台,其主要功能是促进产学研的一体化,充当技术交流、交易的重要中介,从而使企业在商业化行为中呈现出了一定的"脱嵌性"。

图 45-3 更为直观地表明了中介功能、网络位置和产业集群绩效之间的关系。高中心度意味着科技中介掌握着更多的信息源,因而对搜寻认知和交流吸收功能能够起到较好的促进作用;低中心度的科技中介在

发挥搜寻认知、交流吸收功能方面的效率相对就会有所下降。同样，占据较多结构洞的科技中介掌握大量的独特资源，其更容易促进企业对创新资源的搜寻认知及交流吸收；而占据结构洞较少的科技中介往往无法达到连接的作用，甚至在一定程度上表明企业已越过科技中介而直接联系，搜寻认知及交流吸收的功能自然受到抑制。

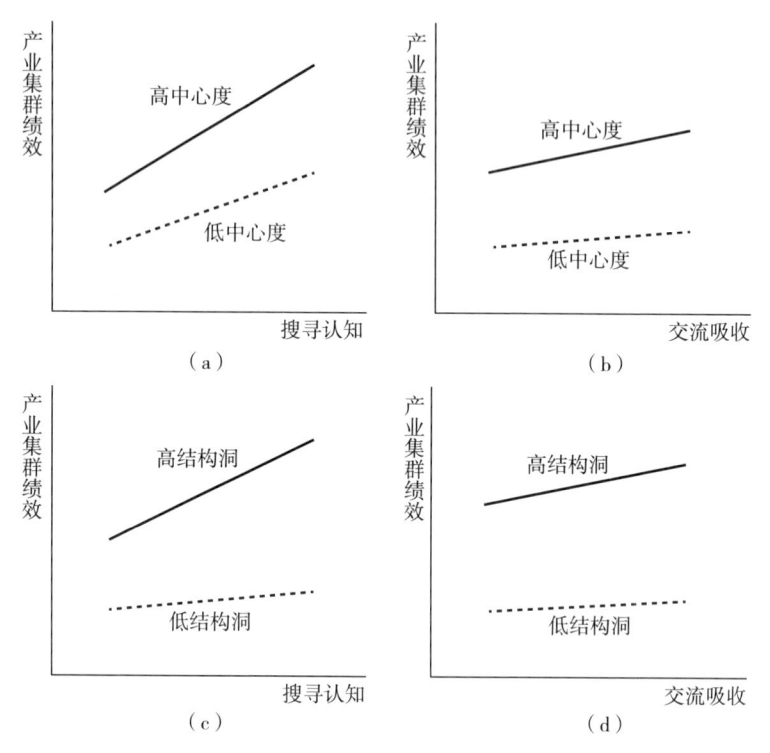

图 45-3 网络位置对中介功能的调节作用

第五节 结论与政策启示

本章以 32 个浙江省典型产业集群为样本，应用社会网络分析工具及回归模型就科技中介功能和网络位置对产业集群绩效的影响机制进行实证研究，结果认为，科技中介的功能对产业集群绩效存在正向作用，但是科技中介在不同网络位置对产业集群绩效产生的影响存在差异。具体而言，当科技中介中心度及占据结构洞均较高时，将增加搜寻认知和交流吸收功能对产业集群绩效的促进作用；反之，将削弱搜寻认知和交流吸收功能的促进作用。这进一步证实了 Koka、Zaheer、钱锡红等学者对于网络位置作用机制的研究结果，同时也表明网络位置除直接影响节点的绩效之外，也能借助影响节点网络功能对整体网络绩效产生作用，但当节点在某些条件下具备一定的脱嵌性时，网络位置的作用将会受到削弱。

本章的理论贡献体现在以下几个方面：①本章从网络理论的角度探讨了中心度、结构洞等位置变量对科技中介功能发挥的影响，学术界目前此方面研究仍较为缺乏，本研究内容为研究科技中介提供了一种新的思路。②将网络位置与科技中介各功能的交互作用纳入产业集群绩效的影响函数，说明网络位置对科技中介搜寻认知和交流吸收等功能的调节作用机理，是对主流集群绩效模型的有益补充，深化了科技中介对集群绩效作用过程的理解。③本章的实证数据及结论能够进一步丰富现有产业集群相关研究的经验证据。

实践方面，本章对相关政府管理部门提供了一些有益的政策启示。首先，研究进一步证实，科技中介功能的发挥能够促进产业集群绩效的提升，揭示了科技中介与集群发展的因果关系，因此，政府政策应该进一步鼓励与扶持科技中介在产业集群中的发展。其次，产业集群绩效除了受科技中介功能发挥的影响外，还受到科技中介网络位置的影响，因此，在规划科技中介发展时，既要鼓励现有科技中介做大做强，提升自身的网络地位，发挥规模效益；又要在建立新的科技中介时考虑集群的现实情况，选取关键节点进行联系。特别是在建立创新服务平台等公益型科技中介时，应该邀请集群中关键节点（如大企业）参与共建，能够起到事半功倍的效果。

本研究目前还存在以下局限：首先，集群样本均来自浙江，并且只有 32 个，有待进一步推广补充更大容量的样本，从而对现有理论体系进行进一步的验证和完善。其次，对于样本集群中网络位置变量的赋值是基于对集群内知名企业资料的查阅及调研，节点相互联结带有一定的主观性，有待规范以提升结论的客观性。最后，研究本身为截面数据的相关分析，还可以做纵向研究，对作用机理做进一步的揭示。

第四十六章

区域品牌对企业绩效影响的实证研究

第一节 引言

中国虽然被称为"世界工厂",但大多数制造业企业只负责中间的加工制造环节,利润来源是微薄的加工费,国外的跨国公司依靠核心技术和品牌赚取了大部分的利润,中国企业位于国际分工产业链和价值链的末端。因此,中国制造业企业极力打造强势的区域品牌,以提升品牌价值。区域品牌为区域内的企业搭建了区域形象平台,提升了区域内产品和服务的品牌形象价值。那么,区域品牌是否影响区域内企业经营绩效?如何影响等理论问题需要探讨,本章通过"浙江制造"区域品牌的实证分析,利用结构方程等数学模型,解释区域品牌对企业经营绩效作用机理,为区域品牌管理和企业经营提供理论支撑。

第二节 理论梳理

一 区域品牌概述

区域品牌的概念最早是由 Kevin Lane Keller 教授提出的,当地理位置像产品或服务那样品牌化时,品牌名称通常就成为这个地区的实际名称。Aaker 和 Keller(1998)等认为,地理位置类似于服务或者产品一样品牌化时,通常品牌名称代表了这个地区的实际名称,并且产生与此相关的联想。Kotler(2003)等同样认为区域也可以同服务或者产品一样品牌化,当目标消费者在心里创造了对一个地区的适当联想时,产生了区域品牌，进而创造了消费者选择在该地区进行消费的机会。Kavaratzis（2005）则根据 Aaker 的品牌定义来界定区域品牌的含义，认为区域品牌是功能、情感、关系和战略要素共同作用于公众的大脑而形成的一系列独特联想的多维组合。Allen（2007）根据公司品牌的定义（公司组织框架下的产品或服务品牌），将区域品牌定义为政治/地理框架下的产品或服务品牌。

国内专家学者对区域品牌的定义概括起来有以下几种观点：①基于区域的角度。贾爱萍（2004）认为，区域品牌是地方经济社会发展一定阶段的必然产物，是形成以生产区位地址为名的品牌，在一个行政（地理）区域范围内形成的规模较大、市场占有率较高、生产力较强和具有一定影响力的产业产品。②基于产业集群的角度。洪文生（2005）认为，区域品牌是产业集群发展成熟的必然产物，是集群企业集体行为的综合体现，代表着一个产业集群产品的主体和形象。③基于地理品牌或地域性特产角度。如董兵兵等（2005）认为，区域传统产业、地方名特产品、地域文化或景观都是区域品牌的载体。因此，区域品牌可以具有极高的美誉度和商业价值。④基于行政区划的角度。张挺等（2005）认为，区域品牌是区域营销的重要内容，是受众对一个区域（包括城市、地区、国家在内）的核心价值与特征的认知，是一个区域与受众关系的载体。

综合国内外学者的观点，本章认为，区域品牌具有区域性和品牌的两重属性，是指在一定区域内具有一定规模形成知名度较高的产品竞争力较强、市场占有率高的以区域著称的综合品牌。

二 区域品牌研究综述

国外学者关于"区域品牌"的研究角度大多集中在原产地品牌、城市品牌、国家品牌、目的地品牌等方面，还有学者从其他角度如社会学及人类学展开探究。城市品牌化的提法出自 Keller（1998）。Keller 在其著作中指出，"像产品和人一样，地理位置或空间区域也可以成为品牌，即城市可以被品牌化"。在区域品牌化研究中，目的地品牌化研究无论是在理论方面还是实践方面都比较丰富。Dinnie（2004）探讨了影响目的地形象的因素，包括目的地的产品、旅游、体育盛会等。关于集群品牌化的定义及其理论框架，国外很少有学者进行系统的研究。Rosenfeld（2002）认为，实施基于产业集群的区域品牌化战略是欠发达国家提升竞争力的一种方法。

国内关于区域品牌的研究集中于区域品牌内涵和概念、形成机理、区域品牌建设机制等方面。①区域品牌的形成、培育建设。夏曾玉（2003）研究了温州区域品牌建设的相关问题；孙丽辉（2004）较为系统地阐述了区域名牌与名牌群落效应及其与产业集群之间的互动效应机制。②区域对经济发展作用。涂山峰、曹休宁等（2005）运用外生经济增长模型，探讨了区域品牌对促进经济发展的作用；王秀海（2008）从区域品牌理论与影响区域经济发展的因素分析入手，重点分析了区域品牌对区域经济发展的带动机制。③以具体的区域品牌为例，研究区域品牌竞争力的提升路径。周云峰（2010）运用层次分析和模糊数学方法评测黑龙江省绿色食品区域品牌竞争力，提出了黑龙江省绿色食品区域品牌建设与竞争力提升的相应对策。

综上所述，关于区域品牌的研究呈现细分化、多角度趋势。但是总体来看，目前关于区域品牌的研究，理论研究还停留在形成机制以及发展模式等的研究，现有文献多通过理论探讨和案例分析等定性研究方法进行分析，定量研究较少，对区域品牌对企业经营绩效的影响机制研究则相当有限。因此，本章将在以往研究的基础上，结合"浙江制造"这一区域品牌，科学合理地构建区域品牌评价指标体系，以便对区域品牌的发展和企业的经营提供新的思路和方法。

表46-1 相关研究文献梳理

学者	影响	角度	观点	方法
Iverse 和 Hem（2008）	正向	区域品牌伞	良好的区域品牌形象对产业内企业品牌的积极作用	定性分析
Bruw 和 Johnso（2010）	正向	联合品牌	消费者利用区域信息线索和形象对产品质量联想	实证研究
凌娜（2015）	正向	资源效率与制度合法性	区域品牌化建设的合法性压力对企业行为产生积极影响	实证研究
刘方媛（2016）	正向	企业品牌战略体系	良好的发展环境、增长价值的平台、可持续发展的保障	定性分析
Cabral（2001，2008）	负向	区域品牌伞	成本增加、个别降低产品质量造成道德风险	定性分析

续表

学者	影响	角度	观点	方法
袁宇（2009）	负向	"公地悲剧"	产权不清晰，管理者缺位	案例研究
牛永革（2011）	不确定	原产地效应	一般性产业集群品牌存在负向效应，特殊性产业集群品牌存在正向效应	实证研究

资料来源：课题组根据相关文献整理而得到。

第三节 研究方法与研究假设

一 指标体系构建

根据浙江制造区域品牌现状，构建适合浙江制造品牌评价指标体系，考虑"A+B"标准，选择全面反映企业加入"浙江制造"后竞争力提升的指标，因此不仅反映企业品牌战略实施情况，还反映企业加入浙江制造区域品牌建设后，品牌创新能力、市场能力改变对企业绩效的影响。

二 区域品牌

根据以上指标体系建立原则，本章从区域品牌战略实施能力、区域品牌创新能力、区域品牌市场能力这三个方面构建区域品牌评价指标体系，并研究它们对企业绩效的影响机理。

表46-2　　　　　　　　区域品牌评价指标

一级指标	二级指标	指标变量表示
区域品牌战略实施能力	企业内部建立标准体系情况	X_1
	企业从事标准化工作专职/兼职人数	X_2
	标准对浙江企业适用性	X_3
区域品牌创新能力	标准及专利支出	X_4
	技术改进投入	X_5
区域品牌市场能力	产品质量	X_6
	行业良性发展	X_7
	浙江制造产品议价能力	X_8
	产业协同能力	X_9

（一）区域品牌战略实施能力

区域品牌的形成与发展离不开集群企业的贡献。企业在区域品牌建设中，一方面可以通过加强自有品牌的建设，形成强势企业品牌，这既有助于集群网络关系信任培育，又可能直接将其转化为区域品牌；另一方面，区域品牌建设对区域内企业有一定的要求，由此形成优质企业品牌的加入进而推动区域品牌的发展，形成区域品牌为企业品牌背书的良性循环，从而实现企业品牌与区域品牌相互促进、互相借势、共同发展的共赢局面。

本研究采用企业内部建立标准体系情况、企业从事标准化工作人员比例、标准对浙江企业适用性这三个指标。

（二）区域品牌创新能力

区域品牌创新以产品创新为基础，技术创新为支撑，管理创新为保障，可以迎合市场需要，为消费者提供价值增值，从而促进消费者忠诚，绑定消费者；另外，通过创新，也使区域品牌结构升级，向更高层次发展。

本研究采用标准及专利支出和技术改进投入这两个指标。

（三）区域品牌市场能力

品牌的市场力是指品牌在市场上与竞争品牌相比较而产生的品牌超值创利能力，是品牌竞争力外在的、显性的表现。具体来讲，市场是品牌系统赖以生存的根本，竞争力是各品牌元素的基本方面。市场的占有状况是衡量品牌竞争力的基本方面，市场能力是品牌能力的基本表现形式。

研究采用产品质量、行业良性发展、浙江制造产品议价能力和产业协同能力这四个指标衡量。

三 企业绩效

企业绩效是指一定经营期间的企业经营效益和经营者业绩。理解和评价企业绩效，不仅要重视其在一定经营期限内所取得的销售收入、利润等财务收益，更要关注体现企业发展能力和持续竞争优势的成长性绩效。

营利性绩效是企业在过去一段时期内经营效率与经营成果在财务指标上的体现，主要包括主营业务收入、主营业务利润率、总资产周转率等，主要反映企业目前的经营状况和盈利能力。

成长性绩效是指企业立足于现有发展状况及其对自身内外资源的利用程度而体现在发展潜力和增长能力方面的经营业绩，主要反映企业的持续竞争能力，如企业具有一定的信誉度和知名度，也会长期带动企业绩效的提升。

本章设计的企业绩效描述指标主要包括盈利性指标和成长性指标两个方面，选取对应变量如表46-3所示。

表46-3　　　　　　　　　　企业绩效评价指标

营利性绩效	ROS 销售利润率	Y_1
	ROA 资产报酬率	Y_2
成长性绩效	知名度	Y_3

四　控制变量

为了排除其他因素的干扰，本章构建了包含企业规模、成长阶段和企业年限的控制指标。

企业规模对创新具有不同的影响。有学者认为，大企业更倾向于创新，因为它们有更多的力量和手段开发新产品或新技术，而另有学者认为，小企业更倾向于创新，因为它们更为灵活，富有创业精神。Arundel等（1995）认为，小企业和大企业在选择专利作为保护机制方面存在显著区别。

不同成长阶段的企业社会关系网络、战略目标、经营理念不同，企业资源整合和优化利用不同，尤其对于制造业来说，初创阶段生产技术的不完善造成资源不能最优化利用等因素影响企业绩效。

随着企业年龄的增大，历时越长，组织的惰性就可能越大，对路径依赖性越强，更容易滋生满足感，企业年龄会影响知识的探索和开发。

因此本章控制变量选取企业规模、成长阶段和企业年龄，分别用C1、C2和C3表示。

五　研究假设

H1：区域品牌战略实施能力对企业绩效有正向影响。

区域品牌的标准化是实施"浙江制造"品牌战略的核心。区域品牌战略实施对加入品牌建设的企业的产品质量、生产销售管理服务以及人员培训等全方位进行标准化评价。资源的最优化利用、企业通过浙江制造标准化认证、国际标准权威认证能提升企业的国际竞争力。

H2：区域品牌创新能力对企业绩效有正向影响。

创新能力是品牌的核心能力，影响着企业的产品和服务在市场中的竞争力，进而影响着企业绩效。技术创新能力强的企业往往能比其他企业更快地研发出新专利和新产品，为企业带来一定的垄断权，使企业拥有一定的定价优势。企业通过研发、引进技术来改变原有的生产工艺进而减少原材料的投入，从而降低成本、提高劳动生产效率，最终提高企业绩效。

H3：区域品牌市场能力对企业绩效有正向影响。

市场需求是品牌的外部驱动力，消费者及其他外部相关利益者的需求决定了品牌的价值之所在。品牌拥有者及运营者应当能够敏锐地感知来自市场的信息及资讯，采取手段或调整策略，以持续保持品牌价值的市场占有率及品牌的产业协同性。

H4：企业规模对企业绩效有正向影响。

制造业的企业由于技术含量低，随着规模的扩大可能带来相应的规模经济。

H5：企业成长阶段对企业绩效有正向影响。

不同成长阶段的企业发展计划随着企业战略变化而做出不断调整，不同的发展战略对企业的利润来源和成本控制有影响，成熟阶段企业竞争力较大。

H6：企业年龄对企业绩效有正向影响。

成立年限久的企业拥有一定的市场占有率，掌握行业的核心技术，更容易获取有利的资源。

六　模型建立

在本章实证研究区域品牌对企业绩效的作用关系时，鉴于区域品牌和企业绩效无法用一个可观测的指标来描述，涉及的变量主观性较强，并且相互关系比较复杂，本章采用结构方程的方法来研究潜变量（区域品牌和企业绩效）之间的关系模型。

依据所提出的假设，区域品牌对集群内企业绩效影响的结构方程模型可以用包含测量方程组和结构方程组的解析式来表示。其中，F1 表示区域品牌，F2 表示控制变量，F3 表示企业绩效，具体对应的模型通径如图 46-1 所示。

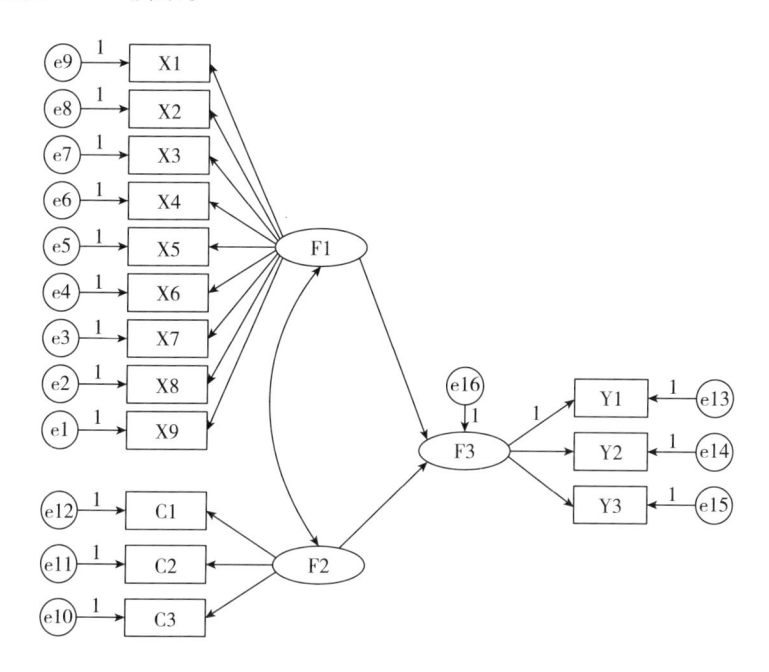

图 46-1　区域品牌对企业绩效的结构方程模型通径

第四节　实证分析

一　数据的获取和处理

课题组通过对 160 余家参与"浙江制造"标准制定的企业和 34 家"浙江制造"标准实施企业进行问卷调研和实地考察，共收回 170 份问卷，剔除残缺值和异常值之后，最终得到有效问卷 135 份。

数据处理包括以下方面：由于各一级指标下的二级指标存在共线性，因此一是对描述区域品牌的指标进行主成分回归，第一个主成分为区域品牌战略实施能力指标 XX1，第二个主成分为区域品牌创新能力指标 XX2，第三个主成分为区域品牌市场能力指标 XX3；二是对表述区域品牌的控制变量以及企业绩效指标数据进行标准正态化处理。

二 信度与效度分析

调查问卷的有效性和科学性是进行抽样调查分析的前提,一般评价调查问卷是否具有稳定性和可靠性需要进行信度和效度两个方面的分析。

信度表示测量工具的一致性和稳定性。为了确保问卷的质量,数据分析前一般采用指标克朗巴赫所创造的 α 一致性系数检验。研究表明,系数越大,可信度越高,测度变量的克朗巴赫 α 一致性系数最小接受值为 0.7。通过 SPSS20.0 软件对样本研究问卷数据的分析,各测度方面和总体克朗巴赫 α 系数均大于 0.8,都满足要求,因此,这表明本研究的问卷整体可信度较高。

表 46-4　　　　　　　　　　变量的信度检验结果

变量	测量题项数	组内 Cronbach's α	整体 Cronbach's α
区域品牌战略实施能力	3	0.890	
区域品牌创新能力	2	0.948	0.961
区域品牌市场能力	4	0.914	

在选取变量的测量指标时,参考了国内外学者的研究成果,很大程度上保证了测量的内容效度。另外,通过 SPSS22.0 软件进行效度分析,采用因子分析法检验所有变量的建构效度,分析结果如表 46-5 所示,可以观察除了区域品牌创新能力外,其他潜变量和整体 KMO 值都大于 0.6,Bartlett 球体检验的显著性水平 Sig. 值都小于 0.000,适合进一步分析,由于区域品牌创新能力只有两个变量,因此 KMO 值效度体现效果不理想,但是其累计方差贡献率达到了 80% 以上,进一步进行验证性因子分析,发现各测量变量的荷载系数都达到了显著水平,范围均符合基本标准,因此该问卷的效度通过了检验。

问卷通过了信度和效度的检验,表明此研究获得的问卷调查数据拥有较好的稳定性和有效性,可以进行下一步的模型分析。

表46-5　　　　　　　　变量的效度检验结果

一级指标	二级指标	因子提取量	KMO 和 Bartlett 值	整体 KMO 值
区域品牌战略实施能力	企业标准化认证情况	0.776	0.666	0.867
	企业标准化工作人员比例	0.788		
	标准对浙江企业适用性	0.911		
区域品牌创新能力	标准及专利支出	0.969	0.500	
	研发人员占比	0.969		
区域品牌市场能力	产品质量	0.804	0.799	
	行业良性发展	0.816		
	浙江制造产品议价能力	0.723		
	产业协同能力	0.874		

三　模型构建及修正

（一）原始模型结果

将处理之后的数据代入模型中，得到原始模型通径，具体如图46-2所示，运行 AMOS 软件可以得到的结果如表46-6、表46-7所示。从表46-7可以看出，控制指标 C1、C2 对企业绩效的估计值不显著，即该指标不能作为企业绩效的描述指标，且很可能对模型的拟合效果产生很大影响，因此需要删除这两条路径。根据模型拟合指标发现模型需要进行进一步的拟合和修正。

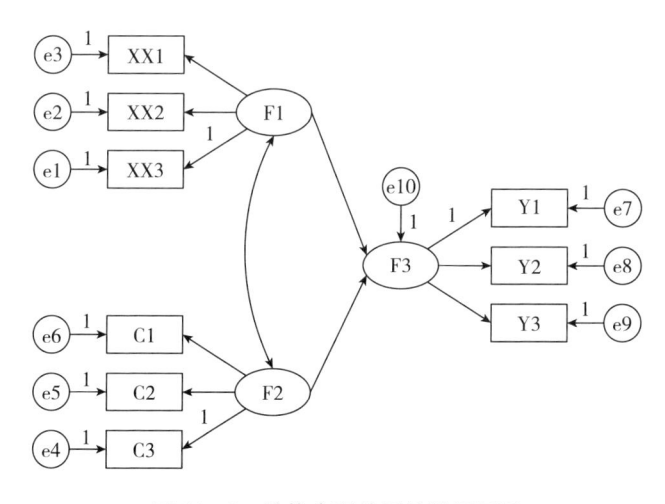

图46-2　结构方程的原始结果通径

表46-6　　　　　　　　　　　模型拟合指标

卡方与自由度的比值	P值	NFI	RMR
2.286	0.000	0.960	0.031

表46-7　　　　　　　　　模型方程系数和显著性检验

	估计值	标准差	概率值
$F_3 <---F_1$	0.916	0.028	***
$F_3 <---F_2$	-0.107	0.124	0.205
$XX_3 <---F_1$	0.957	—	—
$XX_2 <---F_1$	0.938	0.041	***
$XX_1 <---F_1$	0.984	0.034	***
$Y_1 <---F_3$	0.968	—	—
$Y_2 <---F_3$	0.971	0.057	***
$Y_3 <---F_3$	0.949	0.069	***
$C_3 <---F_2$	0.299	—	—
$C_2 <---F_2$	0.651	1.531	0.156
$C_1 <---F_2$	-0.175	0.474	0.216

注：＊＊＊为在置信度为0.01下的显著。

(二) 模型修正

最终根据AMOS20.0中的修正指数，对模型经过反复拟合和多次修正，得到拟合理论与数据的区域品牌对企业绩效影响因素路径图及标准化路径系数，具体如图46-3所示。模型的修正主要包括三个步骤：第一步，剔除C2、C3指标；第二步，剔除控制指标的剩余变量C1；第三步，根据MI修正指数继续修改模型，检验模型的拟合结果，最终发现：基于浙江制造区域品牌对企业绩效的影响主要受到区域品牌战略实施水平、区域品牌创新能力和区域品牌市场能力的影响，与企业规模、成长阶段和企业年限没有很大关系。经过不断地修复过程，得到的模型通径如图46-3所示。

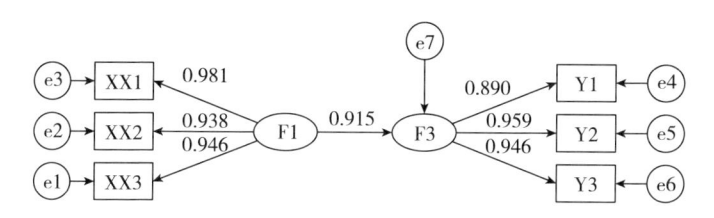

图 46-3 结构方程实证模型最终通径

（三）模型拟合度检验

模型拟合度检验是通过相关拟合度指标来验证模型是否符合标准，运用统计软件 AMOS22.0 以极大似然法对 SEM 模型进行了估计，卡方值为 9.103，选取 χ^2/DF 和以下绝对适配度指标：NFI（规准拟合指数）、GFI（良性适配指数）、CFI（比较适配指数）、RMR（均方根差）和 RMSEA（近似误差均方根）。适配指数均在最优拟合标准内，说明模型具有较好的拟合度。总体上看，模型和样本数据的拟合度较好，模型构建得比较理想。

表 46-8　　　　　　　　模型方程拟合的显著性检验

指标	DF	χ^2	χ^2/DF	P	NFI	GFI	CFI	RMR	RMSEA
指标解释	自由度	卡方	卡方与自由度的比值	概率值	规范拟合指数	良性适配指数	比较适配指数	均方根差	近似均方根差
最优波动范围	—	—	<2	>0.05	>0.9	>0.9	>0.9	<0.035	<0.08
指标值	7	9.103	1.300	0.245	0.993	0.978	0.998	0.006	0.047

结构方程实证模型的最终解析式如下：

$XX_1 = 0.981F_1$

$XX_2 = 0.938F_1$

$XX_3 = 0.961F_1$

$Y_1 = 0.890F_3$

$Y_2 = 0.959F_3$

$Y_3 = 0.946F_3$

$F_3 = 0.915F_1$

表46-9　　　　　　　　模型方程系数的显著性检验

	估计值	标准差	概率值
$F_3 <---F_1$	0.915	0.026	***
$XX_3 <---F_1$	0.961	—	—
$XX_2 <---F_1$	0.938	0.040	***
$XX_1 <---F_1$	0.981	0.033	***
$Y_1 <---F_3$	0.890	—	—
$Y_2 <---F_3$	0.959	0.067	***
$Y_3 <---F_3$	0.946	0.077	***

注：*** 为在置信度为0.01下显著。

四　结果分析

由表46-9可知，所有路径系数都达到了0.01的显著性水平，证明所有路径都通过了显著性检验。结合表46-8，证明研究H1、H2、H3都得到了验证，H4、H5和H6则被拒绝。

第一，从模型中区域品牌战略实施水平、区域品牌市场能力和区域品牌创新能力对区域品牌的影响路径系数可以看出，区域品牌标准化战略、区域品牌创新能力和区域品牌市场能力对企业绩效有显著影响。

第二，控制因素不能完全反映企业绩效的水平，这是由于浙江制造这一区域品牌成立时间短，目前"浙江制造"标准的实施企业主要是行业龙头、标杆企业、技术领先者、质量和品牌引领者，一些企业是国际行业标准的起草者，企业规模、成长阶段和企业年龄差异性不是特别明显，随着后续越来越多企业的加入，这些方面的差异会凸显出来。

第五节　结论与建议

本章以结构方程模型为主要工具，构建区域品牌对企业绩效的影响模型，并选取"浙江制造"区域品牌进行实证分析。验证了企业规模、成长阶段和企业性质这些控制指标实际上对区域内企业绩效影响不大；影响企业经营绩效的因素按重要性从大到小排列为区域品牌标准化战略、区域品牌市场能力和区域品牌创新能力。本章提出以下建议。

一 推动区域品牌战略实施

加大"浙江制造"区域品牌的宣传推广，呼吁更多企业加入，提高企业标准认证的积极性。标准化战略作为区域品牌的核心要求，标准创新、标准的制定要融合国际先进技术，释放创新驱动潜能，要代表浙江最先进制造，有效带动标准、产品、工艺、技术及产业的进步，增强浙江制造区域品牌竞争实力。

二 提高区域品牌创新能力

加强技术和产品的创新服务和专业服务建设，鼓励开展不同类型企业之间的技术协作和技术共享，推动技术创新成果的转化效率和产业化效果，进一步激发企业技术创新潜能，不断增加产品品牌科技元素，提升产品品牌档次，打造高端化的产品品牌。

三 增强区域品牌市场能力

实施企业应主动建立互利共赢的供应商合作关系，处于产业链上下游的浙江企业都必须提高其生产技术水平，与"浙江制造"要求相适应，对产业链上下游产业产生巨大的连带效应，优化、规范整个产业链。完善市场监督机制，造就产品的卓越品质，增强企业市场话语权，赢得市场竞争的议价优势，以高标准应对贸易壁垒，推动浙江产品走出去，增强产品的影响力，这样才能打破限制浙江制造走向国际进程中面临的以技术标准为核心的技术壁垒。

第四十七章

企业内外部社会资本与技术创新关系实证研究

第一节 研究背景

大量的企业创新实践已经表明,企业内部的技术创新活动由于受到资金紧张、研发惯性以及技术锁定等因素的影响,迫使企业必须更加重视在技术创新活动过程中的合作与协调,即通过企业外部研发资源与技术的获取来提升技术创新的产出效益。在当前市场不确定性日益增加的情况下,加强企业在技术创新过程中的合作是企业维持技术创新产出效益的重要措施之一。而产业技术发展趋势的多样化以及各种产品市场需求的差异性,则为企业技术创新目标确定、技术创新活动规划提供了丰富的信息,这些信息的获取与企业所嵌入的网络高度相关。近年来,大量研究均证实了企业网络内部成员间的连接关系对于以技术创新为核心的企业能力培养与提升的重要促进作用。

一般来说,网络内部紧密的连接关系有利于市场、技术、信息等资源在不同企业间的高效流动,知识来源的多元化能够有效地推动企业创新活动。但也有研究表明,网络内部企业间知识的高效分享与交流过程需要借助网络中企业社会资本的推动,具体表现为企业间高水平信任关系的建立、经营理念的高度一致以及高效的关系互动等促进企业间的经验分享、认知学习以及价值传递等知识交流活动的实现。然而,以往的研究在分析社会资本在网络关系与创新活动中所起到的作用时,主要从企业所处网络位置所形成的结构优势、网络嵌入性资源以及企业自身的资源获取能力等角度展开的，并未形成系统的网络社会资本分析框架。

事实上，对于处于特定网络范式中的企业来说，企业社会资本在企业技术创新活动中的作用主要体现在企业自身资源获取能力与网络嵌入性资源两个方面，企业资源获取能力往往是企业内生性的社会资本，而嵌入网络中的各种形式的资源则是企业外部社会资本。单从外部社会资本视角分析通常不能很好地解释处于同一网络范式中的企业在技术创新活动产出方面所表现出的差异，而从企业内部社会资本的角度去分析则能够较好地弥补上述研究的不足。那么，网络中的企业内外部社会资本具体包括哪些内容？其与企业网络关系强度及技术创新活动又有何关系？其在企业网络关系与技术创新之间到底起着怎样的中介作用？这些问题都有待回答。基于此，本章拟通过对社会资本理论的系统回顾，梳理出网络中企业内部社会资本的内涵，并以此构建中国企业网络关系、内外部社会资本与技术创新之间的理论模型，并以珠三角地区高新技术企业为研究对象进行实证分析。

第二节　社会资本对技术创新的影响机理

一　网络中内外部社会资本的划分

社会资本最早是作为制度经济学研究领域中的社会嵌入机制而引起学者注意的。20世纪七八十年代，法国社会学家鲍迪欧（Bourdieu）将局限于经济学领域的社会资本引入社会学其他领域的研究中，此时的社会资本范畴涵盖了人力资本、文化资本以及政治资本等诸多资本形态。在鲍迪欧的研究基础上，科尔曼（Coleman）正式提出了社会资本的概念，他将社会资本定义为嵌入在具有紧密连接关系及行为规范的社会网络中的各种资源的总称。然而，这种资源说由于无法解释网络中行为主体资源获取与创新行为的低效率而遭到了学者们的质疑。此时，以波特（Porter）为代表的学者提出了以资源获取能力为核心的社会资本内涵，即行为主体通过网络关系获取稀缺资源的能力。但这种观点的不足之处也是显而易见的，因为处于社会网络中的行为主体的资源获取能力不仅受到自身状态的影响，而且与其所处的网络结构、网络关系中的位置密切相关。正是基于以上考虑，以伯特为主要代表的学者提出了社会资本网络化的观点，它们将伴随网络关系而形成的成员间信任、规范等作为社会资本的累积源泉，其中，尤以"结构洞"理论最为经典。

通过对社会资本理论发展脉络的梳理，我们不难发现，鲍迪欧和科尔曼将社会资本当作一种嵌入制度网络中的资源，本质上是一种外部社会资本。这种社会资本是网络内部普遍存在的，主要以基础知识、行为规范和价值理念等形式存在的嵌入性资源。对于网络内部成员来说，这种资源获取较为容易而且方便，但其缺点也非常明显，即资源的同质性容易导致成员间信息交流的重复和冗余。以波特为代表的社会资本能力规则强调社会资本是一种网络成员从网络中获取资源的能力，因此，网络成员状态（如学习动机、学习能力）的不同导致彼此之间资源获取效率的差异。由于学习能力视角的社会资本更重视网络成员能动性在资源获取中的作用，因此，本章将其视为内部社会资本。而以波特为代表的社会资本网络化观点则是影响最大、最受关注的一种观点。波特等不仅充分认识到社会网络作为一种资源承载对象的重要性，同时也对网络中企业所处的网络状态进行了分析，并将企业网络位置、关系结构等纳入企业资源获取的禀赋之中。因此，在波特等的社会资本网络化研究中，其实已经涵盖了企业的内外部社会资本两个方面。但遗憾的是，他们并未在其相关研究中进行详细的阐述与梳理。根据上述理论分析，本章将网络中企业的内外部社会资本进行了梳理，如图47-1所示。

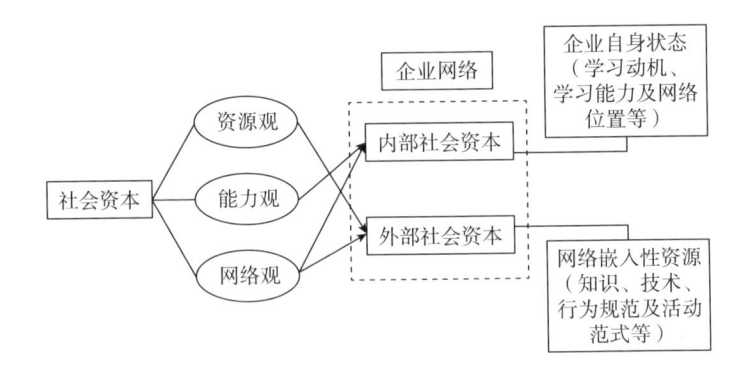

图47-1 内外部社会资本的划分

二 网络关系与技术创新

网络关系是各种行为主体之间在资源交换、信息传递活动过程中建立的各种关系的总和,这种关系通常是介于市场与内部组织之间的一种混合交易模式。处于网络中的企业通过网络关系形成专业化分工、资源互补的合作关系,进而实现获取资源、改善竞争地位的目标。由于网络关系能够较好地反映企业之间的技术合作以及知识交流的特征与状态,因此,一直在企业技术创新活动中扮演着重要角色。学者关于网络关系对于技术创新的影响主要是从关系持久度、关系质量和关系强度三个维度展开分析。

一般来说,长时间的合作关系能够提升企业间的关系质量及互动频率,进而促进双方的资源分享效率。在较早的网络关系研究中,格拉诺特(Granovetter)、厄齐(Uzzi)等分别从弱连接与强连接的角度分析网络关系强度对企业工艺流程创新的影响。总体来看,持弱连接优势论的学者大多认为,企业之间保持较弱的连接关系可以传递稀缺的知识,同时避免知识冗余,从而具有更高的知识传递效率。而持强连接的学者则认为,企业之间的频繁来往有利于网络中知识的扩散与共享,并且在当前外部不确定性逐渐增加的背景下企业之间关系的维护成本也较低。随着网络关系理论研究的不断深入,也有学者从企业间的合作模式及关系类型视角对企业创新行为进行了分析,如汤姆林森(Tomlinson)通过对英国五大制造业基地企业的实证研究发现,网络中企业之间的水平连接关系与垂直连接关系均对企业创新产生显著的影响。邬爱其则进一步总结了企业之间长期合作关系能够促进信息共享、沟通合作以及降低冲突概率,进而维持企业技术创新持续进行。基于此,本章提出假设:

H1:网络关系对企业技术创新具有显著的正向影响。

三 网络关系与内外部社会资本

(一)网络关系与内部社会资本

通过内部社会资本,企业可以拓宽与其他行为主体间的交流渠道,增加获取稀缺性资源的机会,因此,网络中的企业内部社会资本也被称为桥梁(Bridging)式的社会资本。在网络中,企业的网络位置对于企业获取网络资源的影响非常明显,例如,处于结构洞位置的企业在资源交易过程中往往具有优势。此外,企业网络中的连接关系不仅为企业构建最优合作模式提供了条件，也能够促进企业学习能力的培养。通过增强网络关系，还可以提高企业之间的忠诚度和责任感，从而减少资源交易过程中的不确定性。因此，本章提出假设：

H2：网络关系对内部社会资本产生显著的正向影响。

（二）网络关系与外部社会资本

外部社会资本是企业利用嵌入性资源及网络关系所取得的资源总和。外部社会资本的获取必然要以网络关系为基础，而外部社会资本的价值也需要通过网络关系来实现，因此，网络关系对企业外部社会资本的获取和利用具有重要影响。罗兰和戈兰尔（Roland and Goran）指出，在复杂的网络环境中，企业通过良好的网络关系获取必需的知识，并将其进一步整合成高附加值的社会资本。从组织层面看，外部社会资本的获取深受组织内部网络的关系特征、关系状态以及合作模式的影响。杰夫里承等（Jeffrey et al.）指出，企业通过网络关系可以将员工认知、制度完善以及利益分配等异质性资源要素整合起来，形成企业重要的社会资本。基于上述分析，本章提出假设：

H3：网络关系对外部社会资本产生显著的正向影响。

四 内外部社会资本与技术创新

（一）内部社会资本与技术创新

网络中企业内部社会资本主要通过企业获取资源的能力与企业在网络中的地位来反映。由于难以准确地把握技术发展趋势，企业的创新过程往往充满了不确定性，这就需要企业通过不断地获取外部信息以维持企业技术创新活动与市场导向的一致性，而企业是否能够有效地获取自身技术创新活动中的关键的外部资源则取决于企业学习能力、关系维护以及网络位置等。研究表明，具有丰富内部社会资本的企业，其利用网络中各种连接关系的能力也越强。而对于网络中各种关系模式的充分、合理利用，意味着企业能够获得合作伙伴的高度信任，进而提高嵌入网络中隐性知识的转移效率，促进企业产品创新的成功。此外，企业所处的网络位置在企业获取网络资源过程中也起到非常重要的作用，如结构洞位置的企业往往在信息交流、知识获取上具有显著优势。因此，本章提出假设：

H4：内部社会资本对企业技术创新产生显著的正向影响。

(二) 外部社会资本与技术创新

企业外部社会资本对于技术创新的促进作用主要体现在企业对于网络中嵌入性资源的有效利用方面。科尔曼指出，社会资本最主要的功能在于通过网络的紧密连接关系，网络成员可以得到及时、必要的信息资源，进而改善自身拥有信息的质量。外部社会资本存在于企业自身以外的所有其他网络成员及其所构建的网络之中，因此，为了推动企业技术创新活动的展开，企业需要与网络中其他成员进行互动，获取更为广泛的外部知识以维持创新活动的高效率。网络中高速流动的知识与持续累积的创新资源是企业技术创新合作开展的重要基础之一，为了达到外部社会资本的高效利用，企业必然会不断提升自身的学习能力，提高组织学习的欲望，从而促进企业技术合作效率的提升。基于上述分析，本章提出假设：

H5：外部社会资本对企业技术创新产生显著的正向影响。

通过上述理论分析可以发现，网络中的社会资本主要划分为内部社会资本与外部社会资本，而网络关系中的网络关系持久度、关系质量和关系强度则以内外部社会资本为中介，对企业产品创新与工艺创新产生影响，基于此，我们构建了本章的理论模型，如图47-2所示。

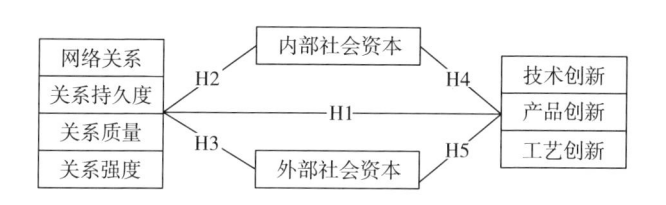

图47-2 本章实证研究模型

第三节 实证研究方案

考虑到本研究中变量之间存在的潜在的复杂因果关系，我们将采用结构方程模式来对上述各变量之间的关系进行验证。结构方程模式是一种采用实证数据来验证理论模型的统计方法，它融合了因素分析和路径分析两种统计技术，是当代社会科学量化研究中应用普遍的统计方法之一。通过结构方程模式不仅能够对数据的测量误差进行评估，还可以分析潜在变量之间的结构关系。

一　样本获取

本章以珠三角地区四个产业园区的 916 家民营企业为调查对象，主要通过邮寄调查问卷和电子邮件两种方式进行问卷调查。本次调查共发放问卷 1000 份，收回问卷 482 份，其中填答不全的问卷 24 份，本次调查的有效问卷 458 份，有效回收率为 45.8%。调查时间为 2010 年 9—12 月。本章主要使用频数分配等方法对样本的基本特性进行统计分析，包括企业对新产品的研发投入和与同行相比的规模等，具体如表 47-1 所示。

表 47-1　　　　　　　　企业规模和研发投入分布

基本特性	类别	企业数量	百分比（%）	累积百分比（%）
企业规模	大规模	120	26.2	26.2
	中等规模	293	64	90.2
	小规模	43	9.4	99.6
	未填答	2	0.4	100
研发投入	0—6.9%	256	55.9	55.9
	6.9% 以上	184	40.2	96.1
	未填答	18	3.9	100

注：在本章中，我们以员工数量作为企业规模划分标准，其中，小于 10 人的为小规模企业，人数在 10—30 的为中等规模企业，而人数大于 30 的则为大规模企业。

二　变量测度

本章所使用的测量条目主要来自发表在国内外顶级期刊上的文献中应用较为成熟的量表。其中，关于网络关系的测量，在当前的主流测量量表中主要划分为关系持久度、关系质量和关系强度三个维度，本章主要参考了谢洪明等、Caner 和张世勋的研究成果。关于内部社会资本的测量，我们主要依据关键词"企业学习动机、学习能力"等进行文献搜索，在获得了相关文献后进行了整理、分析，最终主要借鉴了谢洪明等、Gómez、Lorente 和 Cabrera 等的研究成果。而外部社会资本的测量，同样通过搜索关键词"网络资源、网络知识"等进行文献搜索、整理和分析，在参考了 Gnyawai、Madhavan 和谢洪明等的研究成果后形成测量问卷。而对于技术创新主要考虑工艺创新与产品创新两个维度，并参考了谢洪明等的研究成果。本章采用李克特 7 点打分法，总共采用了 22 个问题条目分别对上述变量进行测度。

三 样本信效度

本章以 Cronbach's α 和因素分析累计解释量来检验各变量的信度，经检验，各个指标都在可接受的范围之内，并且各变量的问题条目体现出较高的内部一致性，问卷具有较高的信度。而关于效度检验，由于本章的测量条目主要来自过去学者使用过的有效问卷，而且通过了相关专家的认定，所以，本问卷具有可靠的内容效度，但为了保险起见以及考虑文化等因素的影响和本土适用性问题，本章仍以验证性因素分析来验证各量表的建构效度，各项指标如表 47 - 2 所示。

表 47 - 2　　　　　　变量的信度和效度

变量	因素	Cronbach's α	因素分析累计解释量	GFI	CFI	RMR	RMSEA	x^2/DF
网络关系	关系持久度	0.70	0.43	0.98	0.955	0.068	0.065	1.04
	关系质量	0.69	0.41					
	关系强度	0.8	0.52					
社会资本	内部社会资本	0.77	0.49	0.977	0.966	0.023	0.076	1.9
	外部社会资本	0.75	0.43					
技术创新	产品创新	0.87	0.57	0.932	0.94	0.029	0.091	2.03
	工艺创新	0.81	0.73					

第四节　珠三角地区企业实证分析

一　计量模型

本章采用辛格等（Singh et al.）使用的研究方法，通过建立"网络关系—技术创新"直接关系模型和"网络关系—内外部社会资本—技术创新"中间变量模型,并对两个模型的显著性差异进行分析来检验中间变量的中介作用。此外,在对中间变量模型进行分析时,还加入了企业规模和研发投入两个控制变量。控制变量的具体划分标准为在舍去未填规模的企业之后,将样本企业分为大规模企业(120家)、中等规模企业(293家)和小规模企业(43家);在舍去未填研发投入的企业之后,将样本企业研发投入分为0—6.9%和6.9%以上两大类型。最后,运用结构方程模式来检验变量间的影响关系。

二 模型检验

在模型检验中,我们首先对直接关系模型进行了分析,其次在直接关系模型中加入了内外部社会资本变量后分析了中间变量模型检验结果,最后,分别以企业规模和研发投入作为控制变量加入中间变量模型中进行了实证检验,检验结果如表47-3所示。

表47-3 各模型检验结果

假设路径	直接关系 Model 1	中间变量 Model 2	控制变量(企业规模) Model 3			控制变量(研发投入) Model 4	
			大规模	中规模	小规模	研发投入 0—6.9%	研发投入 6.9%以上
WLGX→JSCX(H1)	0.630***	0.237**	0.237**	0.275**	0.119*	0.206**	0.298**
WLGX→NBSC(H2)		0.265**	0.104	0.188*	0.290**	0.169*	0.203**
WLGX→WBSC(H3)		0.238**	0.347***	0.189*	0.069	0.275**	0.213**
NBSC→JSCX(H4)		0.314***	0.213**	0.201**	0.193*	0.101	0.211**
WBSC→JSCX(H5)		0.196**	0.231**	0.123*	0.042	0.201**	0.209**

续表

假设路径	直接关系 Model 1	中间变量 Model 2	控制变量（企业规模） Model 3			控制变量（研发投入） Model 4	
			大规模	中规模	小规模	研发投入 0—6.9%	研发投入 6.9%以上
各模型的拟合度指标							
χ^2	286.164	433.481	959.019			666.24	
d.f	101	204	612			408	
χ^2/DF	2.83	2.12	1.57			1.63	
GFI	0.925	0.92	0.849			0.879	
CFI	0.93	0.932	0.898			0.921	
RMSEA	0.063	0.05	0.035			0.038	

注：路径系数为标准化值；＊＊＊表示 p<0.001，＊＊表示 p<0.01，＊表示 p<0.05；WLGX 表示网络关系；NBSC 表示内部社会资本；WBSC 表示外部社会资本；JSCX 表示技术创新。

从表47-3中可以看出，各模型的拟合度指标中，χ^2/DF（标准卡方值）最大值为2.83，小于3；GFI最小值为0.849，略小于0.90；CFI最小值为0.898，略小于0.90；RMSEA最大值为0.063，略大于0.06，从整体上看，本研究中的各模型的拟合度较好，模型的整体适配度指标都在可接受的范围，可以对假设进行进一步的检验。在Model 1中，网络关系对技术创新具有显著的正向影响（路径系数为0.63，p值小于0.001），H1获得实证支持；在Model 2中，网络关系对于技术创新与内外部社会资本均产生显著正向影响（路径系数分别为0.237、0.265和0.238，p值均小于0.01），H1、H2和H3都获得实证支持，同时，内外部社会资本对技术创新也产生显著的正向影响（路径系数分别为0.314和0.196，p值分别小于0.001和0.01），H4和H5也得到实证支持。在Model 3中，规模较大的企业中的网络关系对于内部社会资本的影响作用不再显著（路径系数为0.104，p值大于0.05）；而在小规模企业中，网络关系对外部社会资本的影响作用不再显著（路径系数为0.069，p值大于0.05），同时，外部社会资本对于技术创新的影响作用不再显著（路径系数为 0.042，p 值大于 0.05）。Model 4 中企业研发投入小于 6.9% 的情况下，内部社会资本对于技术创新的影响作用不再显著（路径系数为 0.101，p 值大于 0.05）。

第五节　结论与政策启示

本章以企业网络关系为基础，探讨了网络中企业内部社会资本与外部社会资本的内涵与功能，并以此为基础构建了理论模型进行了实证分析，主要结论如下：

第一，网络关系对企业技术创新具有显著影响，并且内外部社会资本在网络关系与企业技术创新之间起着中介作用。对有志于通过加强企业与其他组织机构间合作来提高技术创新绩效的企业来说，一方面，需要构建长远的企业网络关系合作发展战略，通过与网络内部其他成员、研究所等构建长期、稳定的合作关系，提升彼此的信任水平，强化合作机制以提升技术创新效率。另一方面，在动态的产业网络集聚情况下，企业也需要不断地培养自身的网络关系适应能力和学习能力，既要充分重视网络嵌入性资源的发掘与利用，同时在资源获取导向上也要能够从大量、复杂的网络资源中甄别出附加值高的资源，实现资源获取的"专与精"，即高效获取对企业非常重要的稀缺性、战略性资源。

第二，大规模企业中网络关系对于内部社会资本没有显著的影响。规模较大的企业往往处于网络的中心位置，扮演着资源交易掮客的角色，其对于网络内部知识的流通具有主导作用，因此，大规模企业并不强调通过网络关系来积累内部社会资本。在小规模企业中，外部社会资本在网络关系与技术创新之间没有中介作用。我们认为，小规模企业在网络中通常没有区位优势，并且其对网络关系的影响程度也非常有限，因此，小规模企业很难改变其在合作中处于被动地位的局面，从而影响其技术创新活动。此外，在研发投入小于 6.9% 的企业中，内部社会资本对于技术创新也不再产生显著的影响。研发投入小的企业以小规模企业居多，由于小规模企业自身实力的局限，与其他组织开展合作的资本较少，从而获得稀缺性资源的概率较小，其技术创新活动的效益也较低。

本章在以下两方面进行了创新。一方面，本章将企业网络关系中的社会资本进行了梳理与整合，将网络中的社会资本划分为内部社会资本与外部社会资本两大类，强调企业通过对网络资源的选择性发掘与利用来促进企业技术创新。另一方面，为了进一步探究网络中不同地位的企业利用社会资本进行技术创新活动可能产生的差异，本章通过控制企业规模和研发投入两个变量进行了比较分析。相关研究结果表明，网络中不同规模和研发投入下的企业在利用社会资本进行技术创新活动所产生的创新效果确实存在较大的差异。这说明，本章的研究结论不仅具有丰富的理论意义，而且对于指导企业制订富有针对性的技术创新活动方案也具有深刻的参考价值。

第四十八章

企业家社会资本与创业绩效的实证研究

学界在企业家社会资本对企业绩效的影响方向及作用效果上意见不一。大部分学者认为，企业家社会资本作为嵌入在其社会网络中的一种微观构造，企业家可以通过其社会资本获得新的信息、知识、技术及政策支持等，给企业带来竞争优势，提升企业绩效。但也有学者指出，构建和维护社会资本需要成本投入，社会资本过高会使企业家局限在某个联系紧密的圈子里而与市场信息隔绝，甚至有研究指出，社会资本与知识创造、创新和绩效等之间是负相关关系，也可能是非线性关系。

正是如此相互矛盾的研究结论，学者们开始提出，社会资本对企业的效用价值需要关注其他组织行为因素的权变影响，如环境不确定性、组织动态能力等。当企业家通过其社会资本获取到新的市场资源、信息资源和政策支持后，需要企业有较强的吸收整合能力，将外在的资源转化为企业所用，通过创新产品、流程再造或更新服务等，不断提升企业绩效。因此，本研究引入吸收能力变量考察其对企业家社会资本与企业绩效之间的影响，利用中国139家创业板上市公司数据，实证分析企业家社会资本在什么情况下，以何种程度、什么方式对组织绩效发挥作用，不同企业吸收能力情境下这种影响的大小如何。

第一节 理论概念界定

一 企业家社会资本

国外研究中极少直接使用企业家社会资本概念，更多用企业家社会关系网络，如 Brüderl 等将企业家社会资本等同于个体社会网络的特定构型。在国内，大体分"网络结构说"和"资源相关说"两类。前者如惠朝旭认为，企业家社会资本是以企业家个人依附为主要特征，是以企业家个体为中心节点的网络体系、社会声望和信任的总和。后者如石秀印认为，企业家作为企业与社会环境的关键节点，必须有能力为企业获取所需资源，包括行政与法律、生产与经营、管理与经营、精神与文化四种资源。耿新等将其定义为"存在于由个人拥有的关系网络中，通过这些关系网络获得的，并从这些关系网络中衍生出来的现实和潜在的资源总和"。

在企业家社会资本的测量维度上，Westlund 根据对企业家的有效性分为促进性社会资本、约束性社会资本以及不直接与企业家精神相联系的社会资本三类；Nahapiet 等认为，社会资本包括结构、认知和关系三个维度。在国内，边燕杰等从横向、纵向和社会关系等角度测量了企业家的社会资本；杨鹏鹏等学者按照企业所需资源的类型将社会资本分成企业家政府社会资本、市场社会资本、技术社会资本等。

我们认为，企业是一个资源的集合体，企业家构建、运营和维护社会网络的目的在于通过对其社会网络的利用来获得企业经营所必需的各种资源。根据社会资源理论，从功效主义角度出发，认为企业家社会资本是其所构建的社会网络并通过社会网络获取的各种企业所需的现实资源。借鉴前人研究成果，将企业家社会资本概念化为三个维度，即企业家（与供应商、客户和合作伙伴等）的市场社会资本、企业家（与政府部门、事业单位等）的制度社会资本、企业家（与银行、风投等）的金融社会资本。

二 企业吸收能力

自 Cohen 等正式提出基于评估、应用和消化的吸收能力概念以来，相继有 Kim 的学习和解决问题能力论，Zahra 的消化、转化和应用能力论等关于吸收能力的定义。国内学者关于吸收能力影响因素的研究较多，刘常勇等认为吸收能力主要受到先验知识存量和内涵、研发投入强度、学习强度与学习方法以及组织学习机制的影响；刘顺忠认为，知识的累积性、差异性、重叠性、可辨别性对吸收能力有影响；吴晓波等则从更为综合的视角分析了影响企业技术吸收能力的因素。因对象和重点的不同,学者对吸收能力的测量从定性和定量两个方面进行,定性问卷包括关于调整、应用和生产能力的问卷等;关于理解、消化和应用合作伙伴知识能力的问卷;关于知识获取、更新、转移和应用的问卷。定量数据包括研发支出、研发强度、员工中专业技术人员比例等。

我们认为,吸收能力是企业将企业家利用其社会资本获取的资源内部化的关键因素,建立在企业先前的知识储备和经验基础之上,具有累积性和路径依赖性等特点,既受企业人力资本基础、员工知识基础等静态因素影响,同时也受企业研发投入、内部培训、员工主动性的调动发挥等动态环境的影响,可从企业人力资本、研发投入和员工激励等角度进行考察。

三 企业绩效

企业绩效的不断提升是企业家投身企业经营的目标和不懈追求。在目前的实证研究中,多仅考虑社会资本对财务绩效或创新绩效之一的影响,而将两者同时进行研究的较少。本章认为,企业家在经营企业时,不光着眼于企业当前的绩效(财务绩效)以满足员工、股东和社会的当前利益,也必须考虑企业未来的发展和进步,通过不断提供新产品和新技术(创新绩效)扩充社会未来福祉。因此,本研究将同时考察社会资本对财务绩效和创新绩效的作用机理,以及不同程度的吸收能力对其作用方向和程度的影响。

第二节 研究假设

一 企业家市场社会资本与企业绩效

企业家市场社会资本主要指企业家与其市场主体(供应商、客户、合作伙伴等)通过社会网络关系所获得的各种资源支持。企业之间基于信任而建立起的长期合作关系有各种各样的表现形式,如及时生产体系、业务流程外包等,这些有助于企业降低交易成本、降低信息搜索成本、克服环境不确定性、提高经营稳定性。

社会资本理论认为,供应商可以提供具有战略意义的重要信息,从而有利于形成长期的合作伙伴关系。企业家与供应商或战略合作伙伴建立的合作或联盟关系有利于企业获得相关的市场知识,帮助企业识别和开发更多的市场机会、带来更多的外部互补性资源。而且，信任关系可有效降低合作中冲突发生的概率，促进信息与知识分享、资源共享等，从而促进相互间的组织学习。Morgan 指出，相互间信任程度越高，合作关系各方销售额增长越快。在客户关系方面，企业家与客户的互动承诺与相互信任能降低服务失败对客户购买意愿的不利影响，有效降低其负面效应，有助于销售额的提升和业绩的改善。

类似的，企业家与各市场主体间的良好关系有助于其产品开发、技术创新等能力提升。让供应商介入新产品开发进程，可协助企业发现新产品开发中的各种潜在问题，减少新产品开发的时间与成本；Yli 指出，与供应商的网络关系能够促进知识的创造、获取和利用；和供应商的良性合作和依此建立起的关系可以有助于企业创新。在客户/用户创新上，Hippel 指出，企业根据用户的大致需求提出一种原型样品，用户则借助"用户创意工具箱"意想自己确实需要的这种产品，两者相结合，促进了创新。Faems 等发现，与顾客之间的合作与产品创新绩效正相关。由此提出以下假设：

H1a：企业家市场社会资本对企业财务绩效有显著的正向影响。

H1b：企业家市场社会资本对企业创新绩效有显著的正向影响。

二 企业家制度社会资本与企业绩效

企业家制度社会资本主要指企业家与各级政府部门及其他代行行政管理职权的事业单位通过社会网络关系所获得的各种资源支持。与政府及相关部门保持良好的互动关系既可以尽量避免政府"有形的手"对企业经营的干扰；也有利于企业在无形市场竞争中获得与其他企业相比更多的政策、信息和资金等关键资源的支持。

尽管以市场手段实现资源的有效配置是奋斗目标，但在转型经济中，政府依然是各种资源的最大拥有者，通过制定规章制度、行业和产业发展规划等，调整税收、利率、汇率等工具，通过信息引导、政策扶植、资金支持等手段调配资源禀赋的配置。而企业家的政治关系是企业家的政治资本的反映，是社会资本的形式之一。Faccio 发现，当 IMF 或者世界银行提供金融援助时，有政治联系的公司将获得更多援助。巫景飞等指出，企业高管的政治网络能为企业带来发展所需的各种重要资源与条件，为企业突破各种行业或地区性壁垒提供便利。罗党论等的研究也表明，民营企业采取政治策略能有效帮助其进入政府管制行业，进而提高企业经济绩效，促进企业发展。

在企业技术创新上，政府既可通过直接的研发专项资助给予资金支持，也可利用减免税收、政府采购等方式给予政策支持，还可通过技术信息、市场信息的提供和发布为新创企业获取新技术、新知识以及新技术的快速商业化提供了有力支持，进而促进企业创新。当然，与政府关系越好，获得各种支持的力度、频次和规模越大。由此提出以下假设：

H2a：企业家制度社会资本对企业财务绩效有显著的正向影响。

H2b：企业家制度社会资本对企业创新绩效有显著的正向影响。

三 企业家金融社会资本与企业绩效

企业家金融社会资本主要指企业家与银行、风投等融资机构通过社会网络关系所获得的各种资源支持。企业家在企业经营发展的各个环节，在企业生命周期的各个阶段，无论是发展阶段的开拓新市场、开发新产品、推广新业务，还是在困难时期的资产重组、人员安置等，都需要金融信贷的有力支持。

国外学者研究证明，无论是银行主导型的日本、德国，还是证券主导型的美英国家，银行都是企业债务融资的主要来源，融资问题是仅次于经济衰退等外部环境造成美国中小企业破产的第二大原因。在经济快速发展的中国，企业资金永远都处于短缺状况。信贷需求多而可贷总额少的长期矛盾，以及部分银行推行的信贷"个人责任"使信贷员在向企业放贷时因风险和收益不对称而缺乏积极性的现实，使"贷款难、难贷款"的呼声不绝于耳。在贷款需求旺盛而信贷供给不足的情况下，企业家与融资机构的良好关系显得尤为重要。Houston 等对美国企业的研究发现，只要企业融资需求适中，与银行间经常性沟通等密切关系有助于企业向银行顺利融资。Chakravarty 等指出，与银行间的良好合作有助于企业向外界传递关于其信誉与投资项目盈利性等信息。银行贷款的及时足额到位也有利于企业正常的经营发展和新业务、新产品的开发。由此提出以下假设：

H3a：企业家金融社会资本对企业财务绩效有显著的正向影响。

H3b：企业家金融社会资本对企业创新绩效有显著的正向影响。

四 企业吸收能力与企业绩效

吸收能力是企业将外部知识、信息、技术等内部化的重要途径，受先验知识和经验的影响，具累积性和路径依赖性。企业对来自市场主体（供应商、客户、合作伙伴）等知识和信息的吸收整合，有利于企业战略的及时调整、供应链的逐步完善、客户关系的精致管理，从而改善企业当期绩效。钱锡红等研究发现，企业的知识获取、消化、转换和应用能力能有效推动绩效提升，能力越强，收益越大。企业对来自外部对新产品的期望、对老旧产品的抱怨、对技术进步的渴求等的充分理解和吸收，能够提高创新速度、创新频率及创新强度。同时，企业创新产生的知识又会成为企业吸收能力的一部分，吸收能力会影响知识在组织间的转移和溢出效应。研究发现，跨国公司将研发任务分配给子公司的目的不仅是创造新技术知识，而且希望获得来自竞争对手的外部知识溢出，以提高公司财务和创新绩效。吸收能力是将知识转变成有形产品的关键因素。由此提出以下假设：

H4a：企业吸收能力对企业财务绩效有显著的正向影响。

H4b：企业吸收能力对企业创新绩效有显著的正向影响。

五 吸收能力对企业家社会资本和企业绩效的调节作用

企业家社会资本与资源获取和应用密切相关，可帮助企业通过产品/服务/过程创新获得竞争优势。个人有价值的社会关系使企业可通过获取、组合和剥离资源来适应变化的外部环境。资源镶嵌于社会资本之中，吸收能力对企业所获得的外部资源尤为重要，吸收能力还会影响知识在组织间的转移和知识溢出效应。戴勇等的问卷统计结果表明，社会资本和吸收能力分别对企业创新绩效存在显著正向影响。Zahra 等对创新绩效的研究证实了吸收能力的调节效应，验证了吸收能力对技术创新的间接影响大于直接影响。Ulrich 通过问卷调查对 175 家企业吸收能力的研究发现，探索式、转换式和开发式学习过程间的互补性对企业创新和绩效有显著的积极影响。

我们认为，企业既是资源的集合体，也是不断学习进步的组织。企业家的各种社会资本有利于企业更快更多地获取信息、技术、资金等资源和优惠政策，而企业自身吸收能力的高低能影响企业对这些外来资源和支持的整合、吸纳及利用的程度和效率，决定企业是否能通过产品/

服务/过程创新满足市场需求，并最终影响企业绩效。由此提出以下假设：

H5a：相对于低水平的吸收能力，高水平的吸收能力更能提高企业家市场社会资本对企业财务绩效的影响程度。

H5b：相对于低水平的吸收能力，高水平的吸收能力更能提高企业家制度社会资本对企业财务绩效的影响程度。

H5c：相对于低水平的吸收能力，高水平的吸收能力更能提高企业家金融社会资本对企业财务绩效的影响程度。

H6a：相对于低水平的吸收能力，高水平的吸收能力更能提高企业家市场社会资本对企业创新绩效的影响程度。

H6b：相对于低水平的吸收能力，高水平的吸收能力更能提高企业家制度社会资本对企业创新绩效的影响程度。

H6c：相对于低水平的吸收能力，高水平的吸收能力更能提高企业家金融社会资本对企业创新绩效的影响程度。

第三节　研究设计

一　样本选取和数据收集

考虑到数据的可获性和客观性，选取截至2012年在深交所创业板挂牌的上市公司共153家为研究样本。上市公司除公司董事会、监事会等内控机制外，更需接受证监会、深交所、股东和社会大众的质询和监督，较其他数据更具客观性和准确性。剔除关键数据缺失的样本后，最终获得的样本数为139个。数据主要取自各上市公司在深交所网站上公布的2011年和2012年的年报，除个别数据外，均采用2012年年报数据。企业家社会资本、企业吸收能力及企业绩效的数据由年报中直接获得或计算得到。

二　变量测度

（一）企业家社会资本的测度

社会资本是企业家所构建的社会网络并通过社会网络获取的各种企业所需的关键资源，主要包括市场、制度和金融三类。参考前人的研究成果，并结合数据的可获性，测度如下：首先，市场社会资本：表征企业家从市场获得资源和支持的便利，用前五名供应商合计采购金额占年度采购总额比例和前五名客户合计销售金额占年度销售总额比例测度；其次，制度社会资本：表征企业家与政府机关的密切程度，用政府补助占企业营收比例测度；最后，金融社会资本：表征企业家从银行等信贷机构获取金融资源的能力，用 2012 年银行授信额度总额占公司 2011 年年末总资产比例测度。

（二）吸收能力的测度

囿于研究所需数据的可获性，参考前人研究及本章分析，本研究选择人力资本、研发投入和员工激励三个维度测量企业吸收能力。首先，人力资本：用本科以上员工占全体员工比例测度；其次，研发投入：用当年研发经费占当年利润总额比例测度；最后，员工激励：用企业支出的教育及工会经费占员工薪酬比例测度。

三　企业绩效的测量

选择加权平均净资产收益率（ROE）度量财务绩效，用 2012 年新增专利数测度创新绩效。ROE 反映公司运作效率，是企业当年收益情况的指标。新增专利反映了以科技企业为主体的创业板公司创新能力，表征企业潜在的长远收益。两者共同表征企业的绩效状况。

四　控制变量

参照以往研究，选择企业规模和所在区域为控制变量。企业规模用 2012 年年底企业总资产，为避免数据过大带来的冲击，取其自然对数。所在区域按中国社科院发布的《中国省域经济竞争力发展报告（2009—2010）》，将上海、北京、江苏、广东、浙江、天津、山东、辽宁、福建、内蒙古视为发达地区，编码为 1，其他编码为 0。

第四节　数据分析与结果

一　样本描述性统计

从统计结果看，139 家创业板上市公司前五名供应商合计采购金额占年度采购总额比例均值为 33.16%，前五名客户合计销售金额占年度销售总额比例均值为 39.48%，每家公司平均从政府获得的补助为 0.10 亿元，银行给予公司的授信额均值为 1.58 亿元；本科以上学历员工占全体员工比例均值为35.18%；公司投入的研发经费平均达3530.18万元，占利润总额的54.10%；用于职工教育和工会活动等员工激励的经费平均为113.71万元，占员工薪酬的1.24%；公司2012年年末的平均资产规模达14.51亿元，其中71.94%的公司创立于经济发达地区；加权平均净资产收益率均值为7.56%，每家公司2012年平均新增专利19.93项。

二 变量的相关分析结果

因各测度变量数据单位不一致，在相关关系分析和假设检验前，对采集的变量数据进行min—max标准化。同时，将市场社会资本和吸收能力变量进行了单一化处理（取该变量所有维度的均值作为该变量的值）。从表48-1各变量的相关系数矩阵结果可知：企业家市场社会资本与财务绩效（$r=0.197$，$p<0.05$）、创新绩效（$r=0.162$，$p<0.10$）显著正相关；企业吸收能力与财务绩效（$r=0.254$，$p<0.01$）、创新绩效（$r=0.187$，$p<0.05$）显著正相关；同时，市场社会资本与制度社会资本之间有显著的负相关关系（$r=-0.205$，$p<0.05$）。

表48-1　　　　　各变量的均值、方差和相关关系

变量	平均值	标准差	1	2	3	4	5	6	7	8
1. 企业规模	0.708	0.123	1.000							
2. 所在区域	0.719	0.451	0.071	1.000						
3. 市场资本	0.597	0.162	0.122	-0.119	1.000					
4. 制度资本	0.786	0.223	-0.055	-0.029	-0.205**	1.000				
5. 金融资本	0.863	0.196	0.002	0.016	0.113	-0.104	1.000			
6. 吸收能力	0.798	0.128	-0.006	-0.112	-0.004	0.366*	-0.072	1.000		
7. 财务绩效	0.234	0.198	0.185**	0.036	0.197**	0.047	0.096	0.254***	1.000	
8. 创新绩效	0.192	0.299	-0.018	-0.089	0.162*	0.018	0.100	0.187**	0.023	1.000

注：$n=139$，***表示$p<0.01$，**表示$p<0.05$，*表示$p<0.10$，双尾检验。

三 多元线性回归结果

用SPSS17.0的多层回归分析法进行假设检验。首先引入控制变量（企业规模和所在区域），其次是自变量（企业家市场、制度、金融社

会资本），再引入调节变量（吸收能力），最后引入自变量与调节变量的交互项。为避免加入交互项后带来的多重共线性问题，分别对自变量与调节变量进行了中心化处理，然后再计算其交互项。在对结果的分析中，对调节效应的检验并不需要主效应是显著的，如方程中交互项对因变量的回归系数显著则调节效应得到支持。

为确定回归分析模型能进行假设检验，使用方差膨胀因子（VIF）指数来衡量多重共线性问题，用 Durbin—Watson 值来检测序列相关问题，用残差散点图来检测异方差问题。结果表明，各模型的 VIF 值均小于 2，可判定解释变量间不存在多重共线性问题；各模型的 D.W. 值介于 1.6—1.8，不存在序列相关问题；残差散点图发现残差随机分布，没有明显的变化趋势，不存在异方差问题。因此，可以对模型进行假设检验。对财务绩效的回归结果见表 48-2 中 M1—M4，对创新绩效的回归结果见 M5—M8。

表 48-2　　企业绩效的层级回归模型分析结果

变量	财务绩效				创新绩效			
	M1	M2	M3	M4	M5	M6	M7	M8
控制变量								
企业规模	0.183**	0.163*	0.160*	0.163*	-0.012	-0.030	-0.033	-0.037
所在区域	0.023	0.049	0.075	0.083	-0.088	-0.067	-0.049	-0.062
自变量								
市场资本		0.195**	0.178**	0.194**		0.160*	0.147*	0.124
制度资本		0.106	0.006	-0.011		0.057	-0.016	0.004
金融资本		0.084	0.094	0.108		0.089	0.096	0.074
调节变量 吸收能力			0.268***	0.218**			0.194**	0.269***
交互项								
市场资本× 吸收能力				0.149*				0.238**
制度资本× 吸收能力				-0.163				0.239**
金融资本× 吸收能力				-0.003				0.004

续表

变量	财务绩效				创新绩效			
	M1	M2	M3	M4	M5	M6	M7	M8
R^2	0.035	0.084	0.145	0.170	0.008	0.042	0.074	0.134
F值	2.450*	2.426**	3.724***	2.932***	0.548	1.176	1.767	2.213**
ΔR^2	0.035	0.049	0.110	0.135	0.008	0.034	0.066	0.126
ΔF	2.450*	2.361*	4.244***	2.998***	0.548	1.590	2.366*	2.676**

注：n=139，***表示$p<0.01$，**表示$p<0.05$，*表示$p<0.10$。

主效应：从回归结果可知，企业家市场社会资本对企业财务绩效（M2，r=0.195，$p<0.05$）和创新绩效（M6，r=0.160，$p<0.10$）有显著的正向影响，H1a和H1b成立；企业家制度社会资本对企业财务绩效（M2，r=0.106，$p>0.10$）和创新绩效（M6，r=0.057，$p>0.10$）有正向影响，但不显著，H2a和H2b部分成立；企业家金融社会资本对企业财务绩效（M2，r=0.084，$p>0.10$）和创新绩效（M6，r=0.089，$p>0.10$）有正向影响，但不显著，H3a和H3b部分成立；企业吸收能力对企业财务绩效（M3，r=0.268，$p<0.01$）和创新绩效（M7，r=0.194，$p<0.05$）有显著的正向影响，H4a和H4b成立。

调节效应：M4和M8对吸收能力的调节效应进行了检验。结果表明：企业吸收能力能正向调节企业家市场社会资本与企业财务绩效间的关系（M4，r=0.149，$p<0.10$），也能正向调节企业家市场社会资本与企业创新绩效间的关系（M8，r=0.238，$p<0.05$），对企业家制度社会资本与企业创新绩效间的关系也起正向调节作用（M8，r=0.239，$p<0.05$）；其他的调节效应未检出。假设H5a、H6a、H6b成立，H5b、H5c、H6c不成立。

为进一步验证H5a、H6a、H6b，根据Aiken、West及Cohen等所述的方法，不考虑控制变量，分别以高吸收能力（高于平均值一个标准差）和低吸收能力（低于平均值一个标准差）两种情况作调节效应图，以更清晰地阐明吸收能力的调节作用。

图48-1和图48-2分别显示了企业吸收能力对企业家市场社会资本与企业财务绩效和创新绩效的调节作用（吸收能力对企业家制度社

会资本与创新绩效的调节作用图与市场社会资本与创新绩效的调节作用图形态类似)。从图 48-1、图 48-2 中我们可以看出,高企业吸收能力的这条线比低企业吸收能力的这条线更加陡直。这表明,在企业家市场社会资本从最低值到最高值的变化过程中,企业财务绩效和创新绩效在企业吸收能力高的水平上比在吸收能力低的水平上增长得更快,H5a、H6a、H6b 得以最终支持。

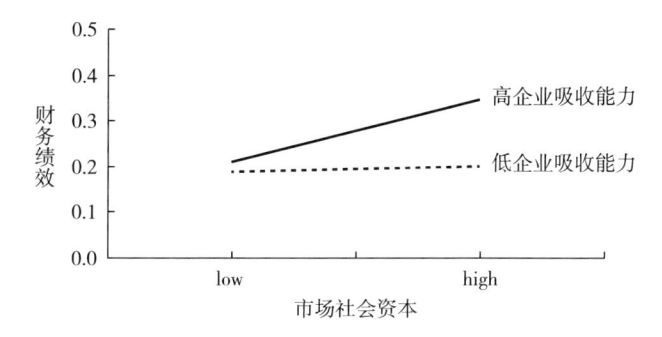

图 48-1 吸收能力对市场资本与财务绩效的调节效应

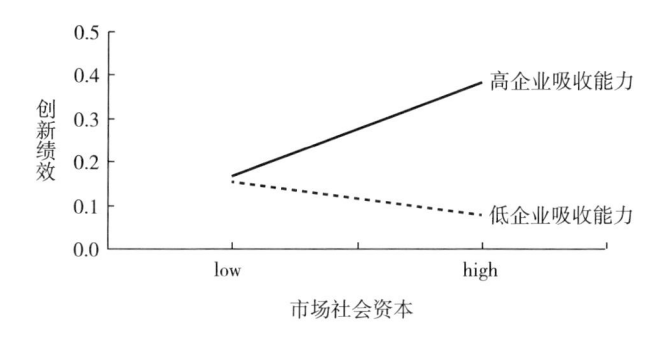

图 48-2 吸收能力对市场资本与创新绩效的调节效应

第五节 研究结论与展望

基于社会资本理论,本研究利用中国创业板上市公司的数据实证分析了企业家社会资本和企业绩效的内在关系。更进一步地,本章引入企业吸收能力这一情境因素，对社会资本在什么情况下、以何种程度和何种方式对企业绩效发挥作用进行了初步探讨。研究发现，企业家社会资本与企业绩效之间的关系，会因不同的企业吸收能力高低，表现出不同的影响程度。具体地，企业家市场社会资本对企业财务绩效和创新绩效有显著的正相关关系，企业吸收能力与企业财务绩效和创新绩效显著正相关。企业吸收能力能正向调节企业家市场社会资本与企业财务绩效和创新绩效的关系，也能正向调节企业家制度社会资本与企业创新绩效的关系。这些结论给我们解决企业家社会资本对企业绩效影响的"黑箱"问题提供了新的思路。

未来的研究方向主要包括：一是吸收能力对企业家社会资本的不同维度与企业绩效关系的研究。学界对社会资本的定义尚未达成共识，对社会资本的构成维度也各执一词。本章从资源论的角度出发测度社会资本，分析社会资本和企业绩效的关系，难免管中窥豹。后续研究可以尝试从网络论、规则规范信任论等不同角度，进一步验证吸收能力在社会资本不同维度与企业绩效的作用上的影响机理。二是吸收能力的不同测量维度对企业家社会资本与企业绩效的作用机制。囿于数据可获性和时间精力所限，本章在测度吸收能力时仅选择定量数据进行测量，未来可尝试进一步结合定性问卷数据进行更深入研究。三是囿于时间和精力所限，本章选择创业板上市公司为样本对象，但中国创业板开市时间不长，上市公司数量较少且上市时间不长，导致样本容量较小，虽能满足本研究所需，但难以从更大的范围、更多的层次（如分行业、地区、所有权）进行更深入的分析，后续研究可利用其他调研对象，利用更长时间、更大跨度的时间序列数据或面板数据进行进一步的验证。

第四十九章

银行业结构影响中小企业信贷能力实证研究

中小企业既缺少不动产抵押物，又缺少稳定性结构数据，所以，银行对中小企业惜贷是出于自己风险规避。但是，另一种观点认为，对中小企业惜贷的真正原因是银行出于银行成本收益考虑，由于中小企业贷款小而分散，大银行的贷款审批程序复杂而僵化，贷款项目监管费用高，息差收益小，造成银行资产收益率下降，导致商业银行喜"大"厌"小"。所以，中小企业融资难现象不是企业自身经营问题，而是由于现有商业银行结构不合理，缺少服务中小企业的专业银行。目前大多数学者认同的"市场集中度"假说认为银行业结构越分散，竞争越大，中小企业获取贷款的可能性越高。这一观点的主要依据在于中小银行比大银行更倾向于向中小企业提供贷款。

但也有许多研究表明，大银行也有相当多的中小企业贷款业务，而且随着征信体系、担保体系等的不断完善，政府监管不断规范，商业信用环境不断优化，大银行向中小企业提供贷款意愿会增加。因此，银行业结构会不会影响中小企业信贷能力，商业信用环境能否起到调节作用等，不仅是重要理论"黑箱"，更是现实问题。本章根据企业和区域样本数据，采用分层线性模型进行实证研究，从理论上揭示银行业结构与中小企业授信的作用机理，为解决中小企业融资难问题提供理论启示。

第一节 文献回顾与研究假设

一 银行业结构与中小企业信贷能力

银行业结构，也称银行业市场集中度，反映银行业市场竞争与差异性。具体而言，集中程度高说明少数几家大银行占有市场主要份额，市场竞争格局没有形成，中小银行生存与发展环境受到挤压。中小银行为什么更愿意服务中小企业呢？中小银行的资本金很小，它们的负债与资产规模受到限制，所以，中小银行授信能力无法满足大型客户的资金需求。中小企业正是它们的服务对象，它们也不得不在市场差异化竞争中寻找自己的目标客户和市场定位。

因此，第一种观点认为，分散的银行业结构会提高中小企业信贷能力。该观点的主要依据在于分散的银行业结构会存在更多中小银行，而中小银行更有利于中小企业获得信贷融资。首先，中小银行服务半径较小，是区域性商业银行，因此，对中小企业的接触和了解机会更多，非结构性征信费用低并及时，有利于缓解银行与中小企业之间的信息不对称问题，增加了银行对中小企业授信服务的意愿。其次，从银行自身结构来看，中小银行层级较少，信息传递较为方便，决策程序简便。而大银行层级较多，决策程序复杂，它们的信贷决策只能依赖企业的财务报表，不动产等硬信息。中小企业恰恰缺乏"硬信息"，难以满足大银行的贷款标准。而中小银行可以凭借其地域优势获得更多诸如企业主道德、员工满意度等"软信息"，并利用其较少的层级结构分析判断"软信息"，从而准确服务中小企业客户。因此，中小银行和中小企业存在天然的匹配性，中小银行更愿意向中小企业发放"关系型贷款"，从而提高了中小企业信贷融资能力。同时，分散的银行业结构提高了银行间竞争程度，降低银行收益期望，减少单个项目授信额度并提高贷款发放频率，因此增加中小企业获取信贷的机会和能力。相反，垄断程度很高的银行业则会提高放贷门槛，使中小企业无缘获得贷款。

第二种观点则认为，集中的银行业结构妨碍中小企业信贷。因为非结构与关系型征信是中小企业"软信息"的主要来源，因而，关系型贷款成为银行对中小企业贷款的主要方式。当银行业集中度高，尤其是垄断的银行业中，大型银行严格决策程序和风控制度不允许"软信息"在决策中发挥作用，关系型信贷也被制度排除。因此，"软信息"无法弥补"硬信息"，中小企业信息不对称问题无法顺利解决。使具有成长性、发展潜力的无抵押小微企业无法获取信贷，加剧中小企业的贷款难问题。研究发现大银行利用规模、网点、科技和人才优势，挤占中小银行发展空间，从而减少中小银行的客户，降低中小银行服务中小企业的能力。基于以上讨论，提出以下假设：

H1：分散的银行业结构有利于提高中小企业信贷能力。

二 企业规模与企业信贷能力

现有文献普遍认为，企业规模是影响银行贷款决策的重要因素。根据资本结构破产观，中小企业由于自身规模较小，不具备充足的资源和财力，经营方式单一，发展不稳定，因此相较于大企业，往往有较大的破产可能性。一般而言，大企业具有较长经营历史和市场网络拓展能力，拥有丰富人才资源和较为稳固的资金链，有效分散了风险；财务报表较为规范，信息披露较为及时、真实，企业经营受投资者和社会大众监督，信息比较充分；不动产等抵押充足，审计成本较低，经营比较稳定，事后监督和违约风险也远小于小微企业。相反，中小微企业则因缺乏抵押品，经营业绩不稳定，信息不充分，信用评级低等原因，获取信贷能力比较低。

综上所述，本章提出以下假设：

H2：企业规模与企业信贷能力之间存在正相关关系。

H3：分散的银行业结构会减弱企业规模对企业信贷能力的影响。

三 商业信用环境与企业信贷能力

中小企业信贷难除了自身问题与银行规模歧视以外，还受到信用环境影响。银行为规避风险，将企业信用状况及评级作为信贷决策重要因素。良好的信用环境可以降低企业的逆向选择和道德风险，督促企业遵守行为规范。同时，信用环境也反映了企业遵纪守法，拥有良好行为道德规范。因此，良好信用环境会激发银行授信意愿，降低监督成本和违约概率。信用环境主要包括信用市场工具投放、企业信用管理、征信系统、政府信用监管、失信违约成本等。如果有良好的信用环境，企业信用信息透明，社会监督与舆论氛围良好，失信成本高，更加有利于银行对企业信用能力、违约风险的合理判断，也会提高大银行向中小企业发放贷款的意愿，从而减轻银行业结构对企业信贷能力的影响。因此，我们提出以下假设：

H4a：良好的商业信用环境能减弱银行业结构对企业信贷能力的影响。

H4b：良好的商业信用环境能减弱企业规模对企业信贷能力的影响。

为了更清晰地展现研究脉络，本章对上述假设进行了简单梳理，形成如图49-1所示的理论分析框架。

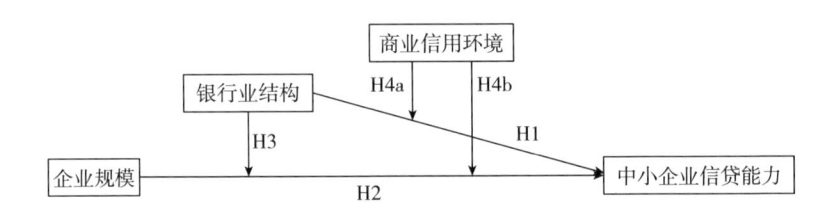

图49-1 理论分析框架

第二节 数据和方法

一 样本选取研究方法

以中国31个省份为样本，各银行的贷款余额数据来自中国金融年鉴及各银行年报。区域其他数据源于国家统计年鉴、省区市金融报告等，由于西藏数据缺失，不纳入研究样本。最终本研究得到30个省份在2013—2017年共150组数据。

企业数据来源于Wind数据库2013—2017年中小企业板。本章对样本企业各项指标进行会计规范性审查，剔除了明显不符合会计原则的数据，如总资产、负债等为负值，固定资产大于总资产的样本，共得到4500组数据。

由于本研究使用企业和区域两个层面的样本，为典型的跨层研究，为了消除区域之间和不同层次样本的误差，本章利用HLM软件构建分层线性回归模型。

二 核心变量选取与说明

（一）企业信贷能力

企业信贷能力，是指获取企业银行授信的额度，反映了企业信用和企业经营状况。根据国内文献的普遍观点，本章选择（负债—应付账款）/总资产作为企业信贷能力评价指标。

（二）银行业结构

银行业结构，是指银行业集中度，可以由赫芬达尔—赫希曼（HHI）指数衡量，反映银行业市场竞争程度。HHI指数越大，银行越集中，行业竞争越小。HHI指数计算公式为：

$$HHI = \sum_{i=1}^{n} (x_i/X)^2$$

式中，n 为某区域银行数量，x_i 是某区域中第 i 家银行的贷款额，X 为区域银行信贷总额。

本章主要计算工商银行、中国银行、建设银行、农业银行、交通银行、民生银行、招商银行、浦发银行、兴业银行、中信银行、邮政储蓄银行、光大银行12家商业银行所占市场份额，反映银行业的赫芬达尔—赫希曼指数。

（三）商业信用环境

商业信用环境是反映企业信用状况的中观指标。本章参考《中国城市商业信用环境指数蓝皮书》中区域信用环境指数（CEI），该指数度量中国城市的商业信用环境优劣程度，一定程度上反映出中国城市信用体系功能完备程度和运行效果。

（四）企业规模

企业规模是指企业生产经营规模，通常以职工人数、总资产、销售收入等指标衡量，本章采用企业总资产指标。

（五）其他变量

企业信贷规模变动可能受宏观经济形势、市场波动等因素影响，因此，本章选取GDP增长率、市场化程度、金融相关率等作为区域层面控制变量。同时选取行业、年龄、有形资产比率、盈利能力等作为企业层面控制变量。具体变量汇总如表49-1所示。

表 49 - 1　　　　　　　　　变量选取与说明

变量名称	符号	变量定义
区域层面		
银行业结构	HHI	银行业市场竞争程度
企业信贷能力	CREDIT	(负债—应付账款)/总资产
区域信用环境	CI	区域信用环境指数
GDP 增速	GDPG	相应省份的 GDP 增速
市场化程度	MARKET	参考樊纲等编制的《中国分省份市场化指数报告》中的市场化指数
金融相关率	FIR	金融机构存贷款余额/GDP
企业层面		
规模	SIZE	企业总资产对数
行业	INDU	虚拟变量，如该企业为制造业记为 1，否则记为 0
有形资产比率	TANGI	固定资产/总资产
资产收益率	ROA	净利润/总资产
年龄	AGE	企业自成立至年末所经历的年度数

第三节　实证结果与分析

一　变量描述性统计

本章首先采用 SPSS 对数据进行处理，表 49 - 2 提供了企业层面和区域层面的变量描述性统计。从企业层面看，75% 的样本企业为制造业，企业平均年龄为 16.53，总体上较为年轻。经营时间最短的企业仅 1 年，最长的企业已有 62 年，时间跨度较大。样本企业的规模与信贷能力也有较大差距。

从区域层面看，各地区的 HHI 指数差距较大，最大值是最小值的 2.6 倍，说明各省份银行业竞争程度差异较大。同时，金融相关率、市场化程度等指数各省市差异较大，充分体现了中国各省份金融、商业发展的不平衡。

表49-2　　　　　　　　变量描述型统计分析

变量	个案数	最小值	最大值	平均值	标准差
企业层变量					
INDU	4500	0.00	1.00	0.75	0.43
AGE	4500	1.00	62.00	16.53	5.53
SIZE	4500	16.98	25.98	21.64	1.02
TANGI	4500	0.00	0.95	0.22	0.14
ROA	4500	-39.92	60.80	5.79	6.70
区域层变量					
HHI	150	0.11	0.29	0.14	0.03
CI	150	65.92	90.63	71.74	4.83
GDPG	150	-0.22	0.19	0.08	0.05
MARKET	150	2.53	9.97	6.60	1.88
FIR	150	0.35	3.80	1.56	0.73
ROA	4500	-39.92	60.80	5.79	6.70
CREDIT	4500	0.67	98.20	36.92	18.53

二　变量的相关性检验

企业层变量由于同时存在连续型变量和等级变量，所以选择斯皮尔曼相关性系数。区域层变量均为连续型变量，因此选择皮尔森相关性系数。结果如表49-3和表49-4所示。企业层变量中，相关性最大的行业和固定资产比重之间的相关性为0.23，所有变量间相关系数均小于0.6。区域层面变量中，相关性最小的为0.01，相关性最大的为0.52，各变量间相关性均小于0.6，说明变量之间不存在多重共线性问题。

表49-3　　　　　　企业层面变量的相关性检验

	INDU	TANGI	ROA	AGE	SIZE
INDU	1				
TANGI	0.23	1			
ROA	0.04	-0.15	1		
AGE	-0.03	-0.05	-0.10	1	
SIZE	-0.13	-0.06	-0.20	0.17	1

表 49-4　　　　　　　区域层面变量的相关性检验

	GDPGR	CI	MARKET	FIR	HHI
GDPGR	1				
CI	0.21	1			
MARKET	0.11	0.40	1		
FIR	-0.36	-0.52	-0.02	1	
HHI	-0.06	-0.01	-0.30	-0.24	1

三　模型设定与实证结果分析

（一）分层线性模型

综上所述，本章选择分层线性模型，其中层-1反映企业层特征，层-2反映区域层特征。层-1回归模型截距与自变量系数受层-2影响，构建模型分别如下：

层-1结构模型：

$$CREDIT_{ij} = \beta_{0j} + \beta_{1j}(SIZE)_{ij} + \beta_{2j}(AGE)_{ij} + \beta_{3j}(INDU)_{ij} + \beta_{4j}(TANGI)_{ij} + \beta_{5j}(ROA)_{ij} \quad (49-1)$$

层-2结构模型：

$$\beta_{0j} = \gamma_{00} + \mu_{0j}, \mu_{0j} \sim N(0, \tau_{00})$$
$$\beta_{1j} = \gamma_{10} + \mu_{1j}, \mu_{1j} \sim N(0, \tau_{10})$$
$$\beta_{2j} = \gamma_{20} + \mu_{2j}, \mu_{2j} \sim N(0, \tau_{20})$$
$$\beta_{3j} = \gamma_{30} + \mu_{3j}, \mu_{3j} \sim N(0, \tau_{30})$$
$$\beta_{4j} = \gamma_{40} + \mu_{4j}, \mu_{4j} \sim N(0, \tau_{40})$$
$$\beta_{5j} = \gamma_{50} + \mu_{5j}, \mu_{5j} \sim N(0, \tau_{50}) \quad (49-2)$$

对上述模型进行运算，结果如表49-5所示，层-1固定效应结果显示，企业信贷能力受到企业规模、企业年龄、行业、有形资产比率、资产收益率等变量的显著影响。企业规模与企业信贷能力之间存在显著正相关关系，H2成立。但是，行业变量系数为负值，说明制造业信贷能力低于非制造业，反映了实体经济贷款难问题比较严重。

层-2随机效应结果显示，模型（49-1）中企业层面自变量的系数受到区域层面模型（49-2）的影响，其中，变量SIZE、TANGI、ROA的斜率项在模型（49-2）中的p检验值均小于0.05，具有显著的统计学意义,说明这三个变量的系数受区域的显著影响,因此,将它们确定为随机变量。而 INDU 和 AGE 的斜率项在模型(49-2)中的 p 值均大于 0.05,不具有统计学意义上的显著意义,说明模型中行业和企业年龄两个自变量不受区域层面的显著影响,因此,将它们确定为固定变量。

表 49-5　　　　　　随机系数模型参数估计与检验结果

固定效应		
截距,β_{0j}	γ_{00}	-0.0473**
SIZE 斜率,β_{1j}	γ_{10}	0.3930***
AGE 斜率,β_{2j}	γ_{20}	-0.1077***
INDU 斜率,β_{3j}	γ_{30}	-0.1114***
TANGI 斜率,β_{4j}	γ_{40}	0.0902***
ROA 斜率,β_{5j}	γ_{50}	-0.2227***
随机效应		
截距,μ_{0j}	τ_{00}	0.1317***
SIZE 斜率,μ_{1j}	τ_{10}	0.0823***
AGE 斜率,μ_{2j}	τ_{20}	0.0754
INDU 斜率,μ_{3j}	τ_{30}	0.0306
TANGI 斜率,μ_{4j}	τ_{40}	0.0529***
ROA 斜率,μ_{5j}	τ_{50}	0.0881***

注:***代表 $p<0.01$,**表示 $p<0.05$,*代表 $p<0.1$。

(二)跨层交互模型

根据上文分析可知随机效应变量为 SIZE、TANGI、ROA,固定效应变量为 INDU、AGE,为了进一步分析区域层变量对企业层自变量的系数影响情况,研究区域层变量 HHI 和 CI 的影响,逐步引入区域层变量,并且专门针对企业规模变量(SIZE)受区域层次影响程度进行分析,本章进一步改进模型如下:

层-1 模型:

$$CREDIT_{ij} = \beta_{0j} + \beta_{1j}(SIZE)_{ij} + \beta_{2j}(AGE)_{ij} + \beta_{3j}(INDU)_{ij} + \beta_{4j}(TANGI)_{ij} + \beta_{5j}(ROA)_{ij}$$

层-2模型：

$$\beta_{0j} = \gamma_{00} + \sum_{s=1}^{s} \gamma_{0s} W_{sj} + \mu_{0j}, \mu_{0j} \sim N(0, \tau_{00})$$

$$\beta_{1j} = \gamma_{10} + \sum_{s=1}^{s} \gamma_{1s} W_{sj} + \mu_{1j}, \mu_{1j} \sim N(0, \tau_{10})$$

$$\beta_{2j} = \gamma_{20} + \mu_{2j}, \mu_{2j} \sim N(0, \tau_{20})$$

$$\beta_{3j} = \gamma_{30} + \mu_{3j}, \mu_{3j} \sim N(0, \tau_{30})$$

$$\beta_{4j} = \gamma_{40} + \mu_{4j}, \mu_{4j} \sim N(0, \tau_{40})$$

$$\beta_{5j} = \gamma_{50} + \mu_{5j}, \mu_{5j} \sim N(0, \tau_{50})$$

其中，W_{sj}代表层-2自变量。对上述模型进行运算，结果如表49-6所示。

表49-6　　　　　　　跨层交互模型参数估计与检验结果

		（1）	（2）	（3）	（4）
固定效应					
截距，β_{0j}	γ_{00}	0.4381***	1.5327***	1.2541***	1.1050***
HHI	γ_{01}	-1.5453**	-1.7333***	-1.364**	-1.4122**
CI	γ_{02}		-0.0149***	-0.0122***	-0.0097**
HHI×CI	γ_{03}		-0.0637***		
GDPG	γ_{04}	1.3515***	1.3541***	1.2857***	1.2224**
MARKET	γ_{05}	-0.0295***	-0.0194***	-0.0136	-0.0183
FIR	γ_{06}	-0.1007***	-0.1495***	-0.1451***	-0.1421
SIZE斜率，β_{1j}	γ_{10}	0.3914***	0.3894***	0.4106***	
SIZE×HHI	γ_{11}			0.0812***	
SIZE斜率，β_{1j}	γ_{10}				0.3928***
SIZE×CI	γ_{12}				-0.0185
AGE斜率，β_{2j}	γ_{20}	-0.0751***	-0.0767**	-0.0767***	-0.0754***
INDU斜率，β_{3j}	γ_{30}	-0.1123***	-0.1158***	0.0829***	-0.0114***
TANGI斜率，β_{4j}	γ_{40}	0.0899***	0.0855***	0.0829***	0.0842***
ROA斜率，β_{5j}	γ_{50}	-0.2363***	-0.2328***	-0.2313***	-0.2334***

续表

		(1)	(2)	(3)	(4)
随机效应					
截距，μ_{0j}	τ_{00}	0.1312***	0.1234***	0.1208***	0.1247***
SIZE 斜率，μ_{1j}	τ_{10}	0.0753**	0.0757**	0.0780**	0.0765**
TANGI 斜率，μ_{4j}	τ_{40}	0.0666**	0.0604**	0.0613**	0.0600**
ROA 斜率，μ_{5j}	τ_{50}	0.0956***	0.0939***	0.0930***	0.0957***

注：***代表 $p<0.01$，**表示 $p<0.05$，*代表 $p<0.10$。

表49-6中模型（1）和模型（2）结果表明，银行业结构、GDP增速、区域信用环境、金融相关率等区域变量对企业信贷能力有显著影响。其中，HHI变量对企业信贷能力产生负向显著影响，说明银行业集中度越高，企业信贷能力越低，假设H1得到验证。良好的商业信用环境能减轻银行业结构对企业信贷能力的影响（HHI和CI交互项为负），H4a得到验证。

表49-6中模型（3）和模型（4）结果表明，分散的银行业结构能降低企业规模对企业信贷能力的影响（SIZE和HHI交互项为正），H3得到验证。但SIZE和CI交互项不显著，说明商业信用环境对企业规模和企业信贷能力之间的关系无显著影响。H4b未通过检验。

经过上述分析，本章研究假设验证结果如表49-7所示。

表49-7　　　　　　　　实证研究结果汇总

假设		检验结果
H1	分散的银行业结构有利于提高中小企业信贷能力	通过
H2	企业规模与企业信贷能力之间存在正相关关系	通过
H3	分散的银行业结构会减弱企业规模对企业信贷能力的影响	通过
H4a	良好的商业信用环境能减弱银行业结构对企业信贷能力的影响	通过
H4b	良好的商业信用环境能减弱企业规模对企业信贷能力的影响	未通过

四　稳健性检验

由于银行业结构和企业信贷能力之间可能存在逆向因果关系，即企业信贷能力发展可能产生更多信贷需求，从而推动中小银行的产生与发展，使银行业结构更加分散。另外，商业信用环境主要由本年年末数据计算得出，可能存在滞后效应，即对以后几年企业信贷能力产生影响。为了排除可能的影响，本章将银行业结构与商业信用环境的一期滞后项作为解释变量重新进行分析，模型结果汇总如表49-8所示。

表49-8　　　　　　　　　稳健性检验

		(1)	(2)	(3)	(4)
固定效应					
截距，β_{0j}	γ_{00}	0.3308*	1.5209***	1.3054***	1.1062***
GDPGR	γ_{01}	1.3647	1.4574	1.2489	1.3807
MARKET	γ_{02}	-0.0180	-0.0039	-0.0011	-0.0035
FIR	γ_{03}	-0.1228***	-0.1782***	-0.1733***	-0.1747***
HHI	γ_{04}	-1.1761**	-1.2788**	-0.8827*	-0.9714**
CI	γ_{05}		-0.0167***	-0.0151***	-0.0112***
HHI×CI	γ_{06}		-0.0477**		
SIZE 斜率，β_{1j}	γ_{10}	0.4177***	0.4168***	0.4384***	
HHI×SIZE	γ_{11}			0.0864***	
SIZE 斜率，β_{1j}	γ_{10}				0.4215***
CI×SIZE	γ_{12}				-0.0280**
INDU 斜率，β_{2j}	γ_{20}	-0.1035***	-0.1077***	-0.1088***	-0.1057***
AGE 斜率，β_{3j}	γ_{30}	-0.0700***	-0.07111***	-0.0716***	-0.0701***
TANGI 斜率，β_{4j}	γ_{40}	0.0778***	0.0712***	0.08681***	0.0709***
ROA 斜率，β_{5j}	γ_{50}	-0.2421***	-0.2379***	-0.2378***	-0.2385***
随机效应					
截距，μ_{0j}	τ_{00}	0.1175***	0.1063***	0.1043***	0.1081***
SIZE 斜率，μ_{1j}	τ_{10}	0.0834**	0.0855**	0.0893**	0.0861**
TANGI 斜率，μ_{2j}	τ_{40}	0.0736*	0.0637*	0.0654*	0.0660*
ROA 斜率，μ_{3j}	τ_{50}	0.1121**	0.1124**	0.113	0.1142**

注：***代表 $p<0.01$，**表示 $p<0.05$，*代表 $p<0.10$。

模型（1）加入了企业层变量、区域控制变量及区域层自变量

HHI，验证了企业规模与银行业结构对企业信贷能力的影响，结果显示，企业规模对企业信贷能力有显著的正向影响（系数为0.4177，且在99%水平上显著），即企业规模越大，企业信贷能力越强，H2得到再次验证。HHI对企业信贷能力具有显著的负向影响（系数为-1.1761，且在95%水平上显著），即银行业结构越分散，企业信贷能力越强，假设H1得到再次验证。

模型（2）进一步加入商业信用环境及其与银行业结构的交互变量，探讨商业信用环境对银行业结构与企业信贷能力间关系的调节作用。结果显示银行业结构、商业信用环境及其交互项都在统计学水平上显著，且交互项系数为负，说明良好商业信用环境缓解了银行业结构对企业信贷能力的影响，H4a再次得到验证。

模型（3）和模型（4）加入企业规模及分别与HHI和CI的交互项，探讨银行业结构与商业信用环境对企业规模和企业信贷能力的调节作用。结果显示，HHI指数加剧了企业规模对企业信贷能力的影响（交互项系数为0.0864，且在99%水平上显著），说明分散的银行结构能降低企业规模对企业信贷能力的影响，假设H4a通过验证。同时，商业信用环境也能缓解企业规模对企业信贷能力的影响（交互项系数为-0.0280，且在95%水平上显著），原本未通过的假设H4b在考虑滞后效应后通过了验证，表明商业信用环境对企业规模和企业信贷能力存在滞后的调节作用。

第四节 结论与建议

一 结论与理论意义

中小企业信贷能力除了受自身条件影响之外，还受到银行业结构、商业信用环境等因素的影响。本书采用分层线性模型的分析方法，模型同时考虑企业自身经营状况变量与银行业结构、商业信用环境等区域层变量，从而能够分离出中小企业融资难是否受银行业结构、商业信用环境等因素影响。模型分析结果表明，企业规模与企业信贷能力之间有显著的正向关系，企业规模越大，信贷能力越强。分散的银行业结构有利于提高中小企业信贷能力。也就是说，银行业竞争程度越高，中小银行越发达，越有利于解决中小企业融资问题。同时，良好的商业信用环境下，金融基础设施与征信系统较为完善、政府监管严格规范、失信违约成本较大等因素都会提高银行信贷意愿。换句话说，商业信用等中观环境会减少中小企业信贷能力对银行业结构依赖。

本章从两个层面找到了中小微企业融资难的理论根据。也就是说，企业经营层面和银行金融业竞争结构和商业信用环境等微、中观层面变量，拓展了中小企业信用领域的理论视野，丰富了中小微企业信用理论体系。

二 现实与政策意义

本章研究结论充分说明了中国中小微企业融资难问题的根源在于现有银行业竞争结构与金融体系。现有银行业集中度太高，国有银行网络结构很密集，再加上现代金融体制和门槛，使中小银行的诞生和发展受到诸多阻力，不利于解决中小企业融资问题。尽管政府对国有商业银行服务小微企业的政策等进行监管，但是鉴于银行营利属性和风险规避偏好，它们往往采取"资金池"绑小成大和"担保贷款"风险转嫁等方式回避中小微企业。因此，根本上解决中小微企业融资难问题，必须改善金融体制，降低金融业切入门槛，大力发展服务社区、服务小微企业的中小银行。

第五十章

小微企业融资议价能力实证研究

第一节 引言

融资困境一直制约着中国小微企业的成长与发展，成为中国经济发展和社会进步的重要"瓶颈"。尤其在中国以银行业为主导的金融体系下，银行贷款在全部资金供给中占比超过85%，而企业债券融资和股权融资仅占10%和5%左右。《小微金融发展报告2014》显示，74%的小微企业首选向银行贷款；《2013年小微企业融资发展报告：中国现状及亚洲实践》显示，在争取外部融资时寻找资金来源的优先顺序方面，有66.7%的小微企业主将向银行贷款排在了第一位。但银行面向小微企业的资金投放比例较低。截至2015年12月末，全国小微企业贷款余额23.46万亿元，仅占全部贷款余额的23.9%，小微企业融资问题突出。国内外学者也对小微企业融资困境的成因给予关注，并尝试探讨其解决机制。各级政府、部门也出台盘活存量、用好增量、定向降准、定向再贷款、非对称降息等一系列针对性措施，但现状依旧不容乐观。

与此同时，中国人民银行于2013年7月全面放开金融机构贷款利率管制，小微企业与金融机构之间的利率协商空间加大；国务院也在多地部署开展金融改革创新试点，提升金融服务实体经济能力，而利率市场化与区域金融改革创新试点是否缓解了小微企业的融资困境，小微企业是否具有较强的议价能力来争取自己的利益等问题有待考察。因此，在当前环境下，分析小微企业的融资议价能力问题显得尤为迫切，具有重要的现实意义。

企业贷款利率在相同的政策背景下可能会因为交易双方议价能力的不同而存在差异，通常认为，在相同的信用级别下议价能力较强的借款者更易获得较好的贷款项目。但中国小微企业信用评价机制并不完善，如果对同一贷款项目某些企业获得的融资成本更低，即最终的贷款定价更接近于借款人的事前出价而不是银行的事前出价，则说明该企业具有更强的贷款议价能力。事实上，中国的银行在信贷市场中具有较强的支配力，卖方优势明显，贷款利率比基准上浮的贷款占总贷款比重一直维持在70%左右，76%的中小企业在获得贷款时，利率都是上浮的。林洲钰和林汉川认为，可以构建中小企业融资集群来增强企业对外融资的议价能力，进而缓解中小企业融资难问题。银企关系是小微企业提高融资议价能力的另一条路径，银行与小企业之间的长期合作关系既可以为银行带来"关系租金"，也在一定程度上降低了贷款利率。寻求政治关系对缓解小微企业的资金困境也具有积极作用，银行对拥有"政治关系"的小微企业存在差别贷款行为。

随着2013年7月人民银行全面放开金融机构贷款利率管制，意味着商业银行不再享有官方规定的价格和利差，银行自主经营权得以落实，可以综合考虑信用风险等因素合理定价。利率市场化下，贷款利率实际上是银企双方之间讨价还价的结果，讨价还价能力的强弱直接决定了一方所占据的额外剩余，最终贷款利率就越符合一方的利益。银行市场格局发生变化，多地开展金融改革创新试点，使我们对小微企业的议价能力存在期许。那么在这场决定利率的博弈中，小微企业是否具备较强的议价能力来争取自己的利益？

但至少存在两个特征性事实，也让我们对小微企业的融资议价能力深感忧虑：一是中国贷款市场存在明显的卖方优势，小微企业融资替代品不足，缺少金融选择权，加上监管部门对信贷规模和贷存比等指标的严格控制，信贷仍然属于稀缺资源。二是小微企业自身客观上具有点多、面广、分散、涉及行业多、多头开户等特点，这种天然弱点具有的高风险与银行追求"低风险、高效益"的经营目标矛盾，使小微企业在博弈过程中相对于银行议价能力较弱。

本章将分别从理论与实证检验两个层面来研究上述问题，与既有的文献相比，本章具有以下创新点：①过往的研究多集中于融资难的原因及影响因素的静态分析,本章基于银企博弈过程研究议价能力对融资价格的影响。②基于双边随机前沿分析法考察了企业个体特征、利率市场化以及区域金融改革创新试点等因素对企业融资议价能力的影响。后文结构安排如下:第二节构建了测度小微企业融资议价能力的模型;第三节介绍数据与指标;第四节呈现实证分析的结果;第五节是全文的结论与相关建议。

第二节 小微企业融资议价能力测度模型

通过以上文献回顾可以发现,银企双方的议价能力决定了融资谈判中的主动权。假设银企双方就一笔贷款展开谈判,其中小微企业所愿意接受的最高融资价格为 $\overline{P}$,银行所可能接受的最低价格为 $\underline{P}$,$[\underline{P},\overline{P}]$ 则构成了最终融资成交价格的区间,以 η 来衡量银行在谈判过程中的议价能力,因此融资谈判的最终定价 P 可表述为如下形式:

$$P = \underline{P} + \eta \overline{P} - \underline{P} \quad P = \underline{P} + \eta(\overline{P} - \underline{P}) \tag{50-1}$$

其中,$\eta(\overline{P} - \underline{P})$ 反映了在融资谈判中银行所获得的剩余,η 的取值范围为 $0 \leqslant \eta \leqslant 1$。

为了在模型中同时体现银行和小微企业在谈判过程中的议价能力,需要对式 (50-1) 进一步分解。首先给定交易条件 x 的"公允价格":$\mu(x) = E(\theta \mid x)$,并满足 $\underline{P} \leqslant \mu(x) \leqslant \overline{P}$。因此,$[\overline{P} - \mu(x)]$ 代表着融资谈判过程中小微企业的预期剩余,$[\mu(x) - \underline{P}]$ 代表银行的预期剩余。议价能力的强弱直接决定了一方所占据的额外剩余,最终融资价格就越符合一方的利益。以"公允价格"为基准,我们将式 (50-1) 分解为:

$$P = \mu(x) + \eta[\overline{P} - \mu(x)] - (1 - \eta)[\mu(x) - \underline{P}] \tag{50-2}$$

分解式 (50-2) 由三个部分构成:第一部分为给定交易特征 x 下的公允价格 $\mu(x)$;第二部分 $\eta[\overline{P} - \mu(x)]$ 体现了银行凭借其议价能力所获得的剩余;第三部分 $(1 - \eta)[\mu(x) - \underline{P}]$ 是小微企业所获得的剩余。净剩余 $\{\eta[\overline{P} - \mu(x)] - (1 - \eta)[\mu(x) - \underline{P}]\}$ 可以描述融资定价过程中

议价能力的综合效应。由于每笔交易都围绕公允价格上下浮动，银行的议价能力因素对最终融资价格具有正效应，小微企业议价能力因素具有负效应，即议价能力对融资价格形成的影响是双边的，因此式（50-2）融资价格模型可以简写为：

$$P_i = \mu(x_i) + \xi_i, \quad \xi_i = \omega_i - u_i + v_i \qquad (50-3)$$

式中，$\mu(x_i) = x'_i\beta$，β 是待估计的系数向量，x_i 包括企业基本特征、融资迫切程度、融资担保以及其他方面的特征因素。$\omega_i = \eta_i[\overline{P}_i - \mu(x_i)] \geq 0$；$u_i = (1-\eta_i)[\mu(x_i) - \underline{P}_i] \geq 0$；$v_i$ 为一般意义上的随机干扰项。这是一个典型的双边随机前沿模型。银行可以通过攫取小微企业的预期剩余来上浮贷款利率，这可以通过 ω_i 描述，小微企业也可以获得一部分银行剩余来压低贷款利率，u_i 可以体现。而这部分攫取的剩余取决于银企双方的议价能力 η、小微企业预期剩余 $\overline{P} - \mu(x)$ 和银行预期剩余 $\mu(x) - \underline{P}$。

为同时测度 β 参数和银企双方攫取的剩余，我们采用最大似然估计方法（MLE）来估计模型。设定干扰项 ω_i 和 u_i 服从指数分布，$\omega_i \sim (\sigma_\omega, \sigma_\omega^2)$，$u_i \sim (\sigma_u, \sigma_u^2)$，干扰项 v_i 服从正态分布，$v_i \sim (\sigma_v, \sigma_v^2)$。同时假设 ω_i、u_i 和 v_i 之间彼此独立，且均独立于个体特征。对于包含 n 个观测值的样本而言，对数似然函数可以表述为：

$$\ln L(X;\theta) = -n\ln(\sigma_u + \sigma_\omega) + \sum_{i=1}^{n} \ln[e^{a_i}\varphi(c_i) + e^{b_i}\varphi(h_i)] \qquad (50-4)$$

其中，$\theta = [\beta, \sigma_v, \sigma_u, \sigma_\omega]'$，$a_i = \dfrac{\sigma_\omega^2}{2\sigma_u^2} + \dfrac{\xi_i}{\sigma_u}$，$b_i = \dfrac{\sigma_\omega^2}{2\sigma_u^2} - \dfrac{\xi_i}{\sigma_\omega}$，$h_i = \dfrac{\xi_i}{\sigma_v} - \dfrac{\sigma_v}{\sigma_\omega}$，$c_i = -\dfrac{\xi_i}{\sigma_v} - \dfrac{\sigma_v}{\sigma_u}$。通过对数似然函数的最大化，可获得所有参数的极大似然估计值；进而可以求出 u_i 和 ω_i 的条件期望值。

$$E(1 - e^{-u_i} | \xi_i) = 1 - \dfrac{\lambda}{1+\lambda} \dfrac{[\varphi(h_i) + \exp(a_i - b_i)\exp(\sigma_v^2/2 - \sigma_v c_i)\varphi(c_i - \sigma_v)]}{\varphi(h_i) + \exp(a_i - b_i)\varphi(c_i)} \qquad (50-5)$$

$$E(1 - e^{-w_i} | \xi_i) = 1 - \dfrac{\lambda}{1+\lambda} \dfrac{[\varphi(c_i) + \exp(b_i - a_i)\exp(\sigma_v^2/2 - \sigma_v h_i)\varphi(h_i - \sigma_v)]}{\exp(b_i - a_i)[\varphi(h_i) + \exp(a_i - b_i)\varphi(c_i)]} \qquad (50-6)$$

第三节 数据与指标

一 数据来源

本章数据来源于浙江省小微企业培育监测数据平台。该平台从2010年开始,每月对约2万余家企业进行定期持续地在线监测跟踪调查,主要内容包括企业基本信息、企业主要财务指标、工业企业产销状况、主要产品销售状况、企业景气监测及融资等专题问卷调查等,由此相应构建了企业基础数据库、企业财务数据库、企业产品数据库、企业景气数据库及融资等专题调研五大数据库。为测度小微企业的融资议价能力,并考察利率市场化以及地区金融改革创新试点成效,我们选取2012—2015年每年12月小微企业景气监测问卷数据[①],这也构成了本章实证分析的原始样本。删除部分无借款企业,同时删除部分其他变量观察值缺失的样本,最终得到25000多份观察值,分布特征如表50-1所示。

表50-1　　　　　　样本分布状况（N=25059）

		观测样本	占比(%)	是否担保(%) 是	是否担保(%) 否	是否出口(%) 是	是否出口(%) 否	是否私营(%) 是	是否私营(%) 否
地区分布	杭州	2506	10.00	3.52	6.48	3.23	6.77	8.13	1.87
	湖州	2784	11.11	4.57	6.54	4.01	7.10	8.23	2.88
	嘉兴	1130	4.51	1.52	2.98	1.30	3.21	3.83	0.68
	金华	2969	11.85	4.09	7.76	4.05	7.80	10.04	1.81
	丽水	2025	8.08	3.11	4.98	3.02	5.06	7.16	0.93
	宁波	4485	17.9	5.70	12.20	5.51	12.38	15.06	2.84
	绍兴	2082	8.31	2.98	5.33	2.24	6.07	6.81	1.50
	台州	2325	9.28	3.17	6.11	3.23	6.05	6.19	3.07
	温州	1331	5.31	2.26	3.04	1.93	3.37	4.24	1.07
	舟山	428	1.71	0.66	1.05	0.64	1.07	1.36	0.35
	衢州	2994	11.95	4.30	7.65	4.18	7.78	10.39	1.56

---

① 2012年开始,数据库对调查问卷进行了修改,为保证测度的一致性,本章选取2012—2015年的数据。

续表

		观测样本	占比（%）	是否担保（%）		是否出口（%）		是否私营（%）	
				是	否	是	否	是	否
时间分布	2012年	4857	19.38	3.83	7.16	3.87	7.12	7.55	3.44
	2013年	5674	22.64	8.15	14.44	7.55	15.04	19.12	3.48
	2014年	5871	23.42	9.54	16.02	8.35	17.22	21.44	4.13
	2015年	8657	34.54	14.36	26.5	13.57	27.28	33.33	7.51
合计		25059	100	35.88	64.12	33.34	66.66	81.44	18.56

二 变量指标的选取

在融资价格的衡量上，我们选取"企业监测问卷——企业基本信息"中"财务费用"与"年末借款余额"的比值，该指标在很大程度上衡量了企业融资的价格。[①]

另外，我们选取以下企业特征变量，以衡量融资的"公允价格"：

（1）融资迫切程度。我们采用"企业监测问卷——企业景气状况调查"中问题14"流动资金是否充裕"获取的企业流动资金情况描述企业的融资迫切程度，该项指标数值越大，表示融资行为越紧迫。

（2）融资期望。每个小微企业对能否筹集到资金的期望不尽相同。前文提到当企业获得其他企业或者担保机构提供的融资担保时，对于与银行融资谈判中的成功期望就会提高。所以这里选取"企业监测问卷——企业景气状况调查"中问题25"其他企业向本企业贷款提供担保情况"来表示小微企业的融资期望。

（3）其他变量。本章考虑了小微企业自身条件对融资的影响，包括企业规模、企业所有制、出口、年龄、企业所处地区等因素。表50-2为上述变量的界定方法和描述性统计。

[①] 在严格意义上，这里的价格应该精确到企业从银行获得一定贷款所支出的费用，包括利息及其他费用，但受限于问卷设定问题无法获得该指标。

表 50-2　　　　　　　　　变量的界定与描述性统计

变量	名称	界定	平均值	最大值	最小值	标准差
融资价格	Price	财务费用/年末借款余额	8.4807	51.394	1.1154	6.2065
融资迫切程度	Liguicap	流动资金充裕、稍显不足、严重不足分别赋值1、2和3	1.8089	3	1	0.5547
融资期望	Guara	贷款有担保为1，否则为0	0.1849	1	0	0.4797
企业规模	Scale	中型企业为1，小微企业为0	0.1053	1	0	0.3070
所有制	Prive	所有制为私营为1，否则为0	0.8142	1	0	0.3889
出口	Exp	企业经营出口为1，否则为0	0.3335	1	0	0.4715
年龄	Regtime	2016年减去注册年份	12.467	36	2	5.6928
行业	Ind	属于管制行业为1，否则为0	0.1849	1	0	0.3883
地区	Region	浙江11个地级市	—	—	—	—
时间	Year	2012—2015年	—	—	—	—

第四节　实证结果分析

一　模型估计与分析

基于上述小微企业融资议价机制及议价能力测度模型，我们对银企双方在融资谈判过程中的议价能力进行分析。这里我们采用双边随机前沿方法进行估计，并于表50-3给出基本回归结果。

表 50-3　　　　　　　　　银企议价能力效应模型估计

	OLS	MLE0	MLE1	MLE2	MLE3
Liguicap	0.269* (-1.668)	0.256* (-1.677)	0.105* (-1.69)	0.074* (-1.64)	0.074* (-1.626)
Prive	0.054** (-2.534)	0.04* (-1.683)	0.07* (-1.685)	0.061* (-1.696)	0.076* (-1.738)
Regtime	-0.012* (-1.760)	-0.011* (-1.727)	0.007* (-1.689)	0.008 (-1.243)	0.007 (-0.985)
Scale	-0.808*** (-2.775)	-0.752*** (-2.731)	-0.188*** (-2.662)	-0.134* (-1.903)	-0.127* (-1.959)

续表

	OLS	MLE0	MLE1	MLE2	MLE3
Exp	-0.378** (-1.992)	-0.352* (-1.957)	-0.204** (-2.544)	-0.211*** (-2.615)	-0.220** (-2.575)
Guara				0.233*** (-2.897)	0.237*** (-2.953)
Ind					0.071* (1.663)
Constant	8.311*** (-19.586)	8.248*** (-20.495)	5.580*** (-30.078)	5.546*** (-30.077)	5.644*** (-26.376)
Area-dum	—	—	—	—	控制
Year-dum	—	—	—	—	控制
adj-R^2	0.235	—	—	—	—
Log-likelihood		-15717.976	-13313.283	-13309.145	-13305.273
LR (chi2)	—	—	4809.385	4817.660	4825.405
p-value			0.000	0.000	0.000
N	25059	25059	25059	25059	25059

注：括号中的数值为 t 统计量。*、**、*** 分别代表 10%、5%、1% 的显著性水平。

在表 50-3 中，模型 OLS 是采用最小二乘法估计的结果，其余模型是双边随机前沿下 MLE 估计的结果，其中模型 MLE0 是 "$\ln\sigma_u = \ln\sigma_w = 0$" 条件下的估计结果。模型 MLE2 和 MLE3 中分别增加担保情况和行业管制影响，并控制地区因素，发现模型的拟合效果得到改善，本章后续分析与测度以模型 MLE3 为准。估计结果显示：融资需求越迫切和属于管制行业的企业更可能接受较高的上浮贷款利率；私营企业也属于融资议价的弱势群体；另外，融资担保与贷款利率正相关，这也更为符合道德风险理论；而规模相对较大且开展出口业务的企业则更倾向于相对较低的融资价格。

二 银企双方融资议价能力的方差分解

在银企双方的融资谈判中，小微企业的议价能力高低以及对最终融资价格的影响程度有多大，我们进行了方差分解。表 50-4 显示，银企双方的议价能力对融资价格的形成具有相当重要的影响，其中，银行相对于小微企业具有更强的议价能力，这将导致银企议价能力对于融资价格形成的综合影响为正，$E(w-u) = \sigma_u - \sigma_w = 2.7630$，表明综合而言，讨价还价将形成一个相对于基准价格更高的价格。

同时，融资价格无法解释部分总方差（$\sigma_\nu^2 + \sigma_u^2 + \sigma_\omega^2$）为19.9301，这其中99.75%由银企双方议价能力所贡献；而在议价能力对价格的总影响中，银行相对于小微企业几乎处于一个绝对的优势地位，达到89.39%；小微企业的议价能力因素仅为10.61%。这表明，虽然在融资谈判过程中，小微企业具有一定的议价能力，但是融资价格的形成更取决于银行。

表50-4　银企双方议价能力因素对融资价格浮动的影响

	变量含义	符号	系数
扰动项	随机误差项	σ_ν	0.2237
	银行议价能力	σ_u	4.2155
	小微企业议价能力	σ_ω	1.4525
方差分解	随机项总方差	$\sigma_\nu^2 + \sigma_u^2 + \sigma_\omega^2$	19.9301
	总方差中议价能力因素影响比重	$(\sigma_u^2 + \sigma_\omega^2) / (\sigma_\nu^2 + \sigma_u^2 + \sigma_\omega^2)$	99.75%
	银行议价能力影响比重	$(\sigma_u^2) / (\sigma_u^2 + \sigma_\omega^2)$	89.39%
	小微企业议价能力影响比重	$(\sigma_\omega^2) / (\sigma_u^2 + \sigma_\omega^2)$	10.61%

为了分析特定"小微企业—银行"在讨价还价中各自所掠取的剩余以及净剩余，我们进一步对银企双方做了单边效应估计。因此，我们需要估算银企双方在融资谈判过程中各自所获得的剩余，即$E(u|\xi)$和$E(w|\xi)$，其含义是银企双方的议价能力使公允价格$x_i'\hat{\beta}$变动的百分比。

表50-5呈现了针对全样本的估计结果。平均而言，在小微企业向银行贷款时，银行可以凭借其议价能力将贷款价格提升到高于公允价格79.06%，而小微企业则仅能使融资价格降低59.45%。因此，由于银企双方议价能力的差异，最终的贷款价格比公允价格高出了19.61%；也就是说，小微企业在贷款时需要多支付19.61%的成本。

表50-5　　议价中"小微企业—银行"获得的总剩余

	变量	平均值（%）	标准差（%）
银行	$\hat{E}(1-e^{-w}\mid\xi)$	79.06	19.11
小微企业	$\hat{E}(1-e^{-u}\mid\xi)$	59.45	14.59
银企议价差别	$\hat{E}(e^{-u}-e^{-w}\mid\xi)$	19.61	31.37

三 利率市场化改革背景下的议价剩余分配

在利率市场化条件下，银企双方在融资谈判中具有更大的议价空间。早在1993年，中国就提出"逐步形成以中央银行利率为基础的市场利率体系"，1996年，放开银行间同业拆借市场利率，利率市场化改革稳步推进。2004年金融机构贷款利率上限放开，2012年起贷款利率下限逐步下浮，到2013年7月，贷款利率管制完全放开。那么，银企之间的议价能力是否随着利率市场化改革而有所改善呢？为此，我们分年度统计了银企议价差别的分布特征（见表50-6）。但结果并不尽如人意，2012—2015年"小微企业—银行"议价净剩余有"逐年递减"趋势，但几乎都位于19.5%以上，这意味着利率市场化改革对提高小微企业的相对议价能力并不明显。因此，诸多学者也认为，单纯依靠利率市场化改革无法解决小微企业融资难问题，需要进一步深化金融改革，强化金融服务体系建设，拓宽小微企业融资渠道。

表50-6　　"小微企业—银行"净剩余的年度分布特征

		变量	平均值（%）	标准差（%）
2012年	银行	$\hat{E}(1-e^{-w}\mid\xi)$	79.27	19.07
	小微企业	$\hat{E}(1-e^{-u}\mid\xi)$	59.36	14.53
	银企议价差别	$\hat{E}(e^{-u}-e^{-w}\mid\xi)$	19.91	31.28
2013年	银行	$\hat{E}(1-e^{-w}\mid\xi)$	79.10	19.07
	小微企业	$\hat{E}(1-e^{-u}\mid\xi)$	59.38	14.53
	银企议价差别	$\hat{E}(e^{-u}-e^{-w}\mid\xi)$	19.71	31.27
2014年	银行	$\hat{E}(1-e^{-w}\mid\xi)$	79.09	19.10
	小微企业	$\hat{E}(1-e^{-u}\mid\xi)$	59.44	14.59
	银企议价差别	$\hat{E}(e^{-u}-e^{-w}\mid\xi)$	19.65	31.36

续表

	变量	平均值（%）	标准差（%）
2015年	银行	$\hat{E}(1-e^{-w}\mid\xi)$	78.98	19.41
	小微企业	$\hat{E}(1-e^{-u}\mid\xi)$	59.47	14.59
	银企议价差别	$\hat{E}(e^{-u}-e^{-w}\mid\xi)$	19.51	31.66

浙江是全国区域金融改革创新最活跃的地区，先后六地开展金融改革创新试点。2011年，国务院批准义乌国际贸易改革，中国人民银行同意义乌进行金融领域改革以匹配贸易改革；同年，丽水成为全国首个经央行批准的农村金融改革试点地区；2012年国务院正式确立温州设立金融改革试验区；2014年，杭州启动财富管理中心建设，宁波成为全国首个保监会、浙江省人民政府和宁波市共建的保险综合示范区；2015年，国务院决定建设浙江省台州市小微企业金融服务改革创新试验区，这也是浙江第二个国家级金融改革示范区。那么，浙江各地的金融改革成效如何？是否在一定程度上缓解了小微企业的融资困境？因此，我们以2015年为样本，进一步对金融改革地区进行分组统计和分析银企融资议价剩余分布特征。

从表50-7的估计结果来看，2015年，金融改革地区小微企业相对具备更强的议价能力，银行的议价能力也相对偏弱。因此，在金融改革地区小微企业通过议价能力获得了相对更多的剩余，同时银行相对于其他地区获得了相对更少的剩余。这意味着，在金融改革地区，小微企业的议价能力有所提升，在融资谈判中实现了"自保"效果，同时银行对小微企业实施了让利降息策略，但银行"主导"最终融资价格的状况并没有发生根本改变。

表50-7　金融改革对"小微企业—银行"获得剩余的效应

	变量	平均值（%）	标准差（%）
非金融改革地区	银行	$\hat{E}(1-e^{-w}\mid\xi)$	79.15	19.18
	小微企业	$\hat{E}(1-e^{-u}\mid\xi)$	59.36	14.49
	银企议价差别	$\hat{E}(e^{-u}-e^{-w}\mid\xi)$	19.79	31.31

续表

	变量		平均值（%）	标准差（%）
金融改革地区	银行	$\hat{E}(1-e^{-w}\mid\xi)$	79.01	19.08
	小微企业	$\hat{E}(1-e^{-u}\mid\xi)$	60.19	14.65
	银企议价差别	$\hat{E}(e^{-u}-e^{-w}\mid\xi)$	18.82	31.40

第五节　结论与政策建议

本章构建了一个小微企业融资议价能力测度模型，基于浙江小微企业的微观数据，对信贷市场上银企双方的议价能力及其对最终融资价格的影响效应进行了实证测度。实证检验结果如下。

（1）在利率市场化条件下，银企双方的议价能力对最终融资价格的形成具有重要影响，而银行相对于小微企业具有更强的议价能力。银企议价能力对于融资价格形成的综合影响为正2.7630，讨价还价将形成一个相对于基准价格更高的价格。其中，银行凭借其议价能力将贷款价格提升到高于公允价格79.06%，而小微企业则仅能使融资价格降低59.45%。这两种相反的作用，使最终的贷款价格比公允价格高出了19.61%。

（2）2012—2015年，"小微企业—银行"议价净剩余有逐年递减趋势，但融资价格几乎都高于公允价格19.5%以上。这说明利率市场化改革并没有提高小微企业的相对议价能力。而聚焦浙江区域金融改革创新试点，我们发现，在金融改革地区，小微企业的议价能力有所提升，在融资谈判中实现了"自保"效果，同时银行对小微企业实施了让利降息策略，但银行"主导"最终融资价格状况并没有发生根本改变。

因此，要提高小微企业的融资议价能力，缓解其融资困境，应注意以下问题：

首先，本章认为单纯依靠利率市场化改革，通过市场调节无法解决小微企业融资问题，政府需进一步建立多层次、多元化的小微企业金融服务体系。鼓励商业银行加大对小微企业的支持力度，建立低门槛、广覆盖、普惠制、可持续的小微企业贷款投放机制；加快构建完善的小微企业征信体系，缓解"小微企业—银行"间的信息不对称；充分发挥600亿国家中小企业发展基金的积极作用，以市场化机制撬动社会资本，支持小微企业发展。

其次，政府应通过积极引导小微企业股改、鼓励金融机构创新融资产品、引入各类股权投资基金、开展互联网众筹融资试点、设立转贷基金、鼓励动产融资等方式，全方位拓宽小微企业融资渠道，增加小微企业融资选择。

最后，应总结浙江金融改革创新"先行先试"经验，逐步"差异化"推广。浙江六地金融改革创新各具特色，温州金融综合改革、义乌贸易金融创新、丽水农村金融改革和台州小微企业金融服务改革等在不同领域进行了多元化改革探索，成效显著。

第五十一章

征信要素赋能中小微企业信用实证研究

第一节 引言

融资难一直是阻碍中小微企业健康发展的顽石，尽管政府已经通过扶持政策在融资方式、融资渠道等方面进行改善，但是中小微企业授信等级依然不高，整体依然处于信用弱能的位置，融资依然较为困难。传统征信要素主要指的是企业的财务指标，尤其是流动比率、速动比率等偿债指标，此外还有以实物资产为代表的担保品。非传统征信要素指一些非财务要素，主要包括企业家特质、企业创新能力和企业文化等内容（潘家芹，2013；左锐等，2015）。银行、第三方评级机构在进行信用评级、授信时往往还是采用传统征信要素。但对于财务制度不完善、抵押品较少的中小微企业来说，传统征信要素并不能客观衡量它们的信用能力（周鸿卫等，2012；吴晶妹，2018）。

本章通过定量分析，探索哪些要素能够客观、真实地反映中小微企业的信用能力，并且考虑了信用环境这一客观因素的影响，为中小微企业的信用评估因素这一领域做了相应的贡献。同时，针对研究结果提出建议，为中小微企业的信用赋能提供新的思路和意见参考，从而为整个征信体系的建设做出贡献。

第二节 文献综述与研究假设

一 征信要素与中小微企业信用赋能

赋能即赋予能力和力量（许志强等，2018）。信用赋能，即出于经济体的承诺，形成对这个经济体未来的预期，增加信用能力（谭剑等，2019）。企业征信要素，即企业信用评估要素，是衡量企业信用能力的指标。采集合理的征信要素，能够科学地评估一个企业的信用水平，从而赋予其客观信用能力。关于中小微企业信用评价要素，国内外学者早有所研究，最早的指标包括公司概况、具体财务指标。但是，中小微企业信用评估要素应该更具有灵活性，此外还应该考虑素质要素、创新要素、行业情况等（赵绍光，2005；秦璐璐，2011）。

二 传统征信要素与中小微企业信用赋能

传统信用要素主要指传统财务指标，具体关注企业的偿债能力、运营能力、盈利能力和抵押品状况的指标（管晓永等，2009；熊海斌等，2013）。此外，有实证研究表明，企业市场地位与企业商业信用呈正相关关系（邬丹、王莹，2013），与银行信贷融资可获性呈正相关（邬丹、罗焰，2014）。综上所述，我们提出以下假设：

H1：企业经营业绩对中小微企业信用赋能有正向影响。

H2：企业市场能力对中小微企业信用赋能有正向影响。

三 非传统征信要素与中小微企业信用赋能

非传统征信要素主要包括创新能力、企业家特质、企业声誉等与有形资产无关的要素，虽然，这些要素不能在结构化数据中反映出来，但是对企业信用能力是有重要影响的。主要有以下三个方面。

（一）创新能力与中小微企业信用赋能

学者们在进行科技型中小企业的信用能力的研究时，基本都将以研发投入为主要刻画量的创新能力状况纳入考量范围（郭矜，2016；同勤学等，2017）。除了科技型企业外，创新能力对传统产业中小企业信用能力的影响也是至关重要的（夏立明等，2015；王威，2018）。综上所述，我们提出以下假设：

H3：企业创新能力对中小微企业信用赋能有正向影响。

（二）企业家特质与中小微企业信用赋能

企业家特质，通常指的是企业家的教育背景、个人能力、社会关系等极富有个人色彩的因素。企业家的个人特质，会影响企业的信用能力，国内外学者都对此有了一定程度的研究（周中胜等，2010；Sarah Drakopoulou Dodd，2016）。学术界普遍认为，企业家是企业发展的灵魂人物，企业家的教育背景、爱好习惯等影响了企业发展前景，也影响了企业信用能力（王帆等，2015；张玉娟，2019）。而中小微企业规模小，人数少，尤其在发展初期，更加依靠了企业创始人的特质。综上所述，我们提出以下假设：

H4：企业家特质对中小微企业信用赋能有正向影响。

（三）企业声誉与中小微企业信用赋能

企业声誉，并没有一个标准化的定论。有学者将企业声誉定性为狭义概念上利益相关者对企业的综合评价（张娇梅，2016）。一般认为，企业声誉是企业因业务往来活动而形成的"口碑"，包括广义利益相关者对企业的感知和评价。企业声誉对企业信贷可获性和融资能力都有一定程度的影响，已有学者对此进行了研究。企业声誉能够降低信息不对称程度，从而降低交易成本（樊勇、赵金梅，2018），降低企业道德风险（黄大明，2012），与企业融资能力呈现显著正相关关系（陈雪梅，2018）。综上所述，我们提出：

假设 H5：企业声誉对中小微企业信用赋能有正向影响。

四 信用环境与中小微企业信用赋能

信用环境与企业信用赋能。信用环境是中小微企业健康发展的摇篮，是中小微企业扎根发展的土壤，良好的信用环境对中小微企业信用能力的提升有着潜移默化的作用。一些学者从整体进行研究，指出企业所处的信用环境通过影响银行对区域的信用评价间接影响其对中小企业提供信贷支持的意愿（胡国晖等，2018）。此外，制度也是信用环境关键的一环。社会惩罚机制的缺位导致中小企业不够重视自身的信誉，从而信用能力低下（马一宁等，2016）。与大企业相比，恶劣的信用制度环境对中小企业的银行信贷的负面影响更大（钱先航等，2013）。市场金融环境同样会影响中小微企业的信用能力，金融生态环境较好的地区，企业商业信用融资有所上升（杨毅、唐彩霞，2019）。综上所述，我们提出以下假设：

H6：信用环境在征信要素与中小微企业信用赋能的关系中有正向调节作用。

本章研究模型如图 51-1 所示。

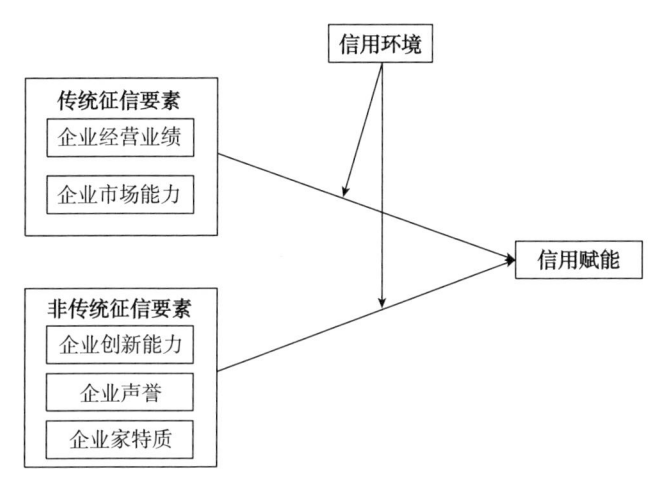

图 51-1　本章研究模型

第三节　研究设计

一　研究对象和数据收集

本研究通过问卷调查的方法收集研究数据，利用中小微企业数据库，对浙江省内企业采用线上发放调研问卷的形式，回收问卷 1097 份，按照以下原则对样本进行筛选：①剔除数据有缺失的样本；②剔除规模属于"大企业"的样本。最终得到有效样本为 1061 份，样本有效率为 96.72%。对样本的基本情况进行梳理后，我们可以发现，样本企业所属行业还是以传统行业为主，其中工业企业的占比达到了 19.51%，而成立 3—10 年和 10 年以上的企业数量占比达到了 80% 以上，可见所选取的样本多为进入成熟期的企业，而关于资金需求，样本企业大多选择了"一般"或"较紧张"，这说明所选取样本企业大多都有资金需求，符合研究目的。

表 51-1　　　　　　　　　样本基本情况

类型	具体类别	样本量	样本占比
企业所属行业	农林牧渔业	7	0.66%
	工业	207	19.51%
	建筑	56	5.28%
	批发和零售	202	19.04%
	交通运输业	22	2.07%
	住宿餐饮	10	0.94%
	信息传输	25	2.36%
	仓储	4	0.38%
	邮政	1	0.09%
	物业管理	7	0.66%
	租赁和商业服务	44	4.15%
	房地产开发经营	15	1.41%
	软件和信息技术服务	211	19.89%
	其他	250	23.56%
企业规模	微型企业	343	32.33%
	小型企业	511	48.16%
	中型企业	207	19.51%
企业成立时间	1 年以内	56	5.28%
	1—3 年	138	13.00%
	3—10 年	443	41.75%
	10 年以上	424	39.96%
公司当前资金状况	资金紧张	37	3.49%
	资金较紧张	170	16.02%
	一般	718	67.67%
	资金比较富裕	119	11.22%
	资金富裕	17	1.60%

二　变量定义

企业信用赋能，即企业信用能力，具体采用问卷中"过去一年银行对企业的授信额度"这一题项。解释变量采用企业经营业绩、企业市场地位、企业创新、企业家特质和企业声誉这五个指标。其中，企业经营业绩是选取企业上年营业收入这一指标,并进行取对数处理。企业市场地位选取企业省内、国内市场占有率的平均数。企业创新能力选取企业近三年的创新绩效,并采用李克特五级量表,主要有"新产品/新服务质量提升"等问项。企业家特质采用企业家最高学历和企业家兴趣爱好这两个问项。企业声誉选用企业在客户、供应商、消费者中的信用情况这一问项。调节变量信用环境主要包括信用融资环境、法治环境、市场信息环境等 7 个方面评价,同样采用了李克特五级量表。为了消除一些重要外生变量的影响,借鉴现有文献,根据研究需要,将企业规模、行业性质和企业年龄作为控制变量(陈英梅等,2014)。从企业自身层面看,企业规模、行业性质都是影响企业信用能力的重要因素,并且企业持续经营时间越长,意味着企业的成熟度越高,那么企业的信用能力可能也越好。

表 51-2 变量定义

变量	变量名称	变量符号	变量计量
被解释变量	企业信用能力	ABILITY	上年银行授信额度
解释变量	企业经营业绩	PERFOR	上年营业收入取对数
	企业市场地位	MARKET	省内、国内市场占有率的平均数
	企业家特质	TRAIT	企业家学历与兴趣爱好
	企业创新绩效	INNOV	企业新产品/服务的质量、开发周期等题项
	企业声誉	REP	企业客户、供应商、消费者中的口碑
调节变量	信用环境	ENVIR	信用融资环境、法制环境等方面的环境评分
控制变量	企业年龄	AGE	企业成立时间
	行业性质	INDU	技术密集型企业赋值1,其余企业赋值0
	企业规模	SIZE	微企业赋值1,小企业赋值2,中企业赋值3

第四节 实证检验分析

一 信效度分析

在对数据进行统计分析之前,为保证问卷的可信度,我们运用 SPSS20.0 软件对问卷进行了信度与效度检验。主要通过探索性因子分析和Cronbach's α系数来检验企业创新能力、企业家特质、信用环境和企业声誉测量条款的内部一致性信度。经测量，企业创新能力、企业家特质、企业信用环境和企业声誉量表测项的Cronbach's α系数依次为0.769、0.744、0.881和0.894，符合Cronbach's α系数最低0.6的标准，表明问卷所收集的数据具有较高的可信度，如表51-3所示。同时效度分析结果表明，四个变量的KMO值依次为0.856、0.764、0.896和0.743，适宜做因子分析。经过因子分析后这四项都可以提取成一个因子，其对量表测项的方差解释率分别达到62.54%、28.85%、58.54%和82.59%，表明这四者的量表测项具有较高的内部一致性和结构效度，可以用量表测项得分的算术平均值来表示。

表51-3　　　　　　　　　　　信度分析

变量	Cronbach's α
企业创新能力	0.769
企业家特质	0.744
企业信用环境	0.881
企业声誉	0.894

二　描述性分析

信用能力的均值为5.042，中位数为5，这表明样本企业的银行授信额度平均在5000万元以下。信用环境的均值为3.296，即样本企业对宏观整体信用环境的评价为中等。企业声誉的标准差较大，这意味着大部分被调查企业对自身声誉评价分数与该均值差异较大。

表51-4　　　　　　　　　　　描述性统计

变量	N	均值	中位数	极大值	极小值	标准差
ABILITY	1061	5.042	5.000	50.000	0.000	6.811
PERFOR	1061	6.561	6.910	20.030	0.000	2.458
MARKET	1061	0.402	0.400	1.200	0.100	0.247
INNOV	1061	3.535	3.500	5.000	1.000	0.915
TRAIT	1061	3.019	3.070	5.000	1.000	0.546

续表

变量	N	均值	中位数	极大值	极小值	标准差
REP	1061	3.714	3.670	5.000	1.000	1.031
ENVIR	1061	3.296	3.290	5.000	1.000	0.761
AGE	1061	3.164	3.000	4.000	1.000	0.845
INDU	1061	0.222	0.000	1.000	0.000	0.416
SIZE	1061	1.872	2.000	3.000	1.000	0.709

三 相关性分析

本章运用 Pearson 检验对主要变量进行相关性分析。其中，企业经营业绩、企业市场地位与企业信用能力相关，相关系数分别为 0.289、0.218，且在 1% 的水平（双侧）上显著相关。企业声誉与信用能力呈负相关关系，相关系数为 -0.168，在 1% 的水平上显著相关。而企业创新能力、企业家特质、信用环境与信用能力都未有显著相关关系。此外，被解释变量与解释变量和控制变量之间、解释变量与解释变量和控制变量之间以及控制变量之间的相关系数均小于 0.8，表明本章建立的回归模型不存在严重的多重共线性（见表 51-5）。

表 51-5　　　　　　　　　　Pearson 相关系数矩阵

变量	ABILITY	PERFORM	MARKET	INNOV	REP	TRAIT	ENVIR	INDU	AGE	SIZE
ABILITY	1									
PERFORM	0.289**	1								
MAEKRT	0.218**	0.255**	1							
INNOV	-0.034	0.002	0.025	1						
REP	-0.168**	-0.063*	-0.111**	0.582**	1					
TRAIT	0.025	0.077*	0.165**	0.329**	0.395**	1				
ENVIR	-0.042	0.018	0.157**	0.628**	0.545**	0.438**	1			
INDU	0.053	0.035	0.178**	0.074*	-0.015	0.139**	0.033	1		
AGE	0.074*	0.389**	0.019	-0.104**	-0.011	-0.006	-0.088**	-0.064*	1	
SIZE	0.215**	0.153**	0.069*	-0.183**	-0.185**	-0.014	-0.123**	-0.182**	0.153**	1

注：** 在 0.01 的水平（双侧）上显著相关，* 在 0.05 的水平（双侧）上显著相关。

四 回归分析

企业经营业绩（β = 0.243，p < 0.01）和企业市场能力（β = 0.135，p < 0.01）都对企业信用能力呈显著正向影响，企业创新能力（β = 0.108，p < 0.01）、企业行业性质（β = 0.069，P < 0.05）对企业信用能力有较为显著的正向影响，但企业声誉（β = -0.231，p < 0.01）对企业信用能力有显著负向影响。根据模型，企业市场能力（β = -0.335，p < 0.01）、企业创新能力（β = -0.27，p < 0.1）和企业家特质（β = -0.318，p < 0.1）与信用环境的交互项为显著，而企业家特质、企业创新能力与信用环境的交互项为弱显著，并且三者系数都为负项。当将传统征信与非传统征信要素综合考虑时，传统征信要素中，企业经营业绩和企业市场能力对企业信用能力依然呈现显著正向影响；而非传统征信要素中，企业家特质对企业信用能力的影响变得不显著，创新能力对企业信用能力的影响显著性下降，企业声誉对企业信用能力依然是显著负向影响，并且仅有市场能力与信用环境的交互项显著（见表51-6、表51-7）。

表51-6　　　　　　　　　　回归结果1

	因变量：ABILITY						
	(1)	(2)	(3)	(4)	(5)	(6)	(7)
INDU	0.051 * (1.734)	0.072 ** (2.362)	0.050 * (1.704)	0.048 (1.623)	0.070 ** (2.298)	0.069 ** (2.269)	0.072 ** (2.367)
AGE	-0.048 (-1.530)	0.058 * (1.918)	-0.05 (-1.592)	-0.054 * (-1.708)	0.055 * (1.836)	0.055 * (1.832)	0.058 * (1.925)
SIZE	0.185 *** (6.246)	0.200 *** (6.426)	0.177 *** (5.939)	0.177 *** (5.939)	0.203 *** (6.528)	0.200 *** (6.449)	0.200 *** (6.415)
PERFORM	0.243 *** (7.509)		0.357 *** (3.133)	0.242 *** (7.506)			
MARKET	0.135 *** (4.473)		0.145 *** (4.743)	0.446 *** (3.283)			
INNOV		0.108 *** (2.931)			0.245 *** (2.628)	0.100 ** (2.422)	0.103 ** (2.478)

续表

	因变量：ABILITY						
	（1）	（2）	（3）	（4）	（5）	（6）	（7）
REP		-0.220***			-0.231***	-0.232***	-0.214**
		(-5.758)			(-5.858)	(-5.877)	(-2.143)
ENVIR			0.013	0.040	1.682*	0.226*	0.021
			(0.181)	(0.789)	(-1.697)	(1.692)	(0.213)
PERFORM × ENVIR				-0.136			
				(-1.029)			
MARKET × ENVIR					-0.335**		
					(-2.283)		
INNOV × ENVIR						-0.270*	
						(-1.697)	
TRAIT × ENVIR							-0.318*
							(-1.676)
REP × ENVIR							-0.015
							(-0.092)
R^2	0.139	0.086	0.142	0.146	0.089	0.089	0.086
调整 R^2	0.135	0.081	0.136	0.140	0.082	0.082	0.079
F	33.948***	16.548***	24.931***	25.622***	12.795***	12.785***	12.402***

注：***、**、*分别表示在1%、5%、10%的水平上显著；括号内为T值。

表51-7　　回归结果2

	因变量：ABILITY					
	（8）	（9）	（10）	（11）	（12）	（13）
INDU	0.042	0.040	0.038	0.039	0.037	0.040
	(1.396)	(1.351)	(1.274)	(1.316)	(1.249)	(1.335)
AGE	-0.036	-0.036	-0.039	-0.038	-0.040	-0.037
	(-1.153)	(-1.150)	(-1.243)	(-1.215)	(-1.258)	(-1.177)
SIZE	0.168***	0.167***	0.167***	0.169***	0.168***	0.168***
	(5.584)	(5.55)	(5.554)	(5.607)	(5.595)	(5.569)
PERFORM	0.234***	0.315***	0.232***	0.233***	0.232***	0.234***
	(7.254)	(2.765)	(7.202)	(7.193)	(7.205)	(7.258)

续表

	因变量：ABILITY					
	（8）	（9）	（10）	（11）	（12）	（13）
MARKET	0.116***	0.123***	0.403***	0.120***	0.122***	0.124***
	(3.803)	(3.921)	(2.966)	(3.811)	(3.895)	(3.948)
INNOV	0.072**	0.085**	0.086**	0.144	0.084**	0.090**
	(2.019)	(2.133)	(2.179)	(1.597)	(2.112)	(-2.246)
TRAIT	0.024	0.029	0.03	0.028	0.169*	0.032
	(0.731)	(0.875)	-0.911	(0.846)	(1.674)	(0.956)
REP	-0.161***	-0.151***	-0.149***	-0.157***	-0.161***	-0.215??
	(-4.280)	(-3.878)	(-3.839)	(-3.998)	(-4.109)	(-2.228)
ENVIR		0.014	0.05	0.032	0.145	-0.096
		(0.187)	(0.896)	(0.321)	(1.125)	(-0.983)
PERFORM × ENVIR		-0.097				
		(-0.739)				
MARKET × ENVIR			-0.311**			
			(-2.127)			
INNOV × ENVIR				-0.110		
				(-0.712)		
TRAIT × ENVIR					-0.267	
					(-1.459)	
REP × ENVIR						0.108
						(0.702)
R^2	0.154	0.155	0.158	0.158	0.156	0.155
调整 R^2	0.147	0.147	0.150	0.157	0.148	0.147
F	23.905***	19.235***	19.706***	19.231***	19.422	19.229***

注：***、**、*分别表示在1%、5%、10%的水平上显著；括号内为T值。

第五节 研究结论与启示

通过上述实证分析，本章可以得出以下结论：

（1）企业经营业绩和企业市场能力都对中小微企业信用赋能有着

显著的正向影响,即传统征信要素依然是中小微企业信用评估较为核心的要素。创新能力和企业家特质对中小微企业信用赋能有显著的正向影响。企业声誉并没有对中小微企业信用赋能有正向影响,反而存在显著负面影响的可能,这可能是被调查样本企业声誉一般原因造成。

(2)信用环境在征信要素对中小微企业信用赋能的调节作用不尽相同。在企业经营业绩、企业市场能力对中小微企业信用赋能的影响过程中,信用环境有显著的调节作用,但是作用是负向的。同时信用环境对创新能力和企业家特质有较显著的负向调节作用,而对声誉不明显。说明信用环境这一客观层面因素对中小微企业信用的调节作用非常复杂,仅有的因素还不能充分反映。

(3)当同时考虑传统征信要素和非传统征信要素时,传统征信要素对中小微企业信用赋能的正向影响更为显著。企业创新能力和企业声誉仍对中小微企业信用赋能有较为显著的影响,但信用环境的调节作用大大削弱。说明不管在何情况下,企业创新能力对中小微企业信用赋能都非常重要。

基于以上研究结论,本章对实践有以下两点启示:

(1)在考虑对中小微企业信用赋能的时候,传统征信要素依然占有一定的地位,但是企业声誉、企业创新能力等非传统征信要素也应当予以重视与考量。

(2)政府应当营造更为良好的信用环境,从法制机制、信用中介建设、公共征信体系建设等方面入手,政府应当发挥引导者的角色作用,同时还应当加强信用教育,宣传诚信理念。行业协会和其他民间组织也应当积极参与其中,发挥自我监督的作用,形成良性循环。

第五十二章

软硬信息对中小企业信用影响的实证研究

第一节 引言

中小企业缺乏抵押和稳定财务数据等问题往往得不到银行等金融机构的授信,从而造成中小企业融资难等普遍问题。实际上,银企之间存在信息不对称,中小企业由于内部财务制度不健全,难以保证其财务报表上的结构信息客观反映实际经营状况,中小企业信用风险的关联性大打折扣。然而,一些非结构性软信息与中小企业日常生产经营活动密切相关,能够间接反映其生产经营状况和信用风险。因此,如果商业银行对中小微企业信用评估时考虑到软信息,那么,中小微企业信用能力将会大幅度提升,具有潜在成长性的中小企业就会得到银行授信,实现银行和中小企业"双赢"。本章将从理论探讨中小企业软信息(非结构性信息)对信用风险的影响,为商业银行信用政策提供理论依据。

第二节 文献综述

近年来,软信息问题逐渐引起国内外学者研究的注意,但至今学术界尚未对软信息形成一个统一的定义。Grunert、Norden 和 Weber 认为,软信息指非财务因素的定性化信息,尤其是管理技术评价,区别于结构化的财务数据信息。硬信息也即结构化、程序化的数据,按照一定法律程序获取,并通过审计等,具有法律约束力和可追溯性。林毅夫指出,"硬信息"通常指报表、有形的抵押品和法律形式的担保合同;"软信息"通常是难以量化的信息、无形资产和非法律形式的约束,如人与人之间的血缘关系和贸易关系、借款人的工作能力、借款人的经验和信誉、关联博弈等。硬信息和软信息分别与财务信息与非财务信息等价。大多数文献都认为,企业软信息的范畴涵盖企业家品德、能力,企业生产经营诚信,市场信誉,内部控制,产品市场占有率等私有信息,这些信息通常难以被直接量化,只能在有限的范围内被关系密切的信贷市场参与者所了解。

综合来看,软信息大致具有以下基本特征:①难以进行量化,只能进行定性分析;②一般不具有法律约束力;③可比性较差;④不易观测、收集和证实;⑤获取渠道有限,获取成本较高。因此,商业银行往往以硬信息作为信用风险评估的依据。对于软信息的获取,银行主要通过银企间长期业务往来及合作,即通过银企关系渠道积累软信息。

实践中,银行运用软信息形成了一类特殊的信贷技术——关系型信贷技术,以区别于传统的基于财务信息的交易型信贷技术。关系型信贷是金融中介在长期和多渠道接触借款企业而积累的专有性信息基础上,进行贷款决策的一种信贷方式,其中的专有性信息即指软信息。而围绕软信息和关系型信贷技术在学术研究上逐渐形成了关系型信贷理论。另一方面,银行运用获取的软信息和硬信息对贷款企业进行内部信用评级,并根据信用评级结果做出放贷决策。实证研究发现,信贷员和负责审批贷款的分行行长在一起工作的时间越长,两者信息交流越好,内部信用评级对信贷项目违约的预测作用越准确。

基于软信息的关系型信贷理论有助于解释信息不对称条件下中小企业信贷配给等一系列问题。研究显示,密切的银企关系有助于增加中小企业的贷款可获性和贷款数额,以及降低贷款成本,而且通过银企关系渠道获得的软信息还有助于识别贷款违约风险。

一些研究表明,软信息不仅对中小企业破产预测具有重要意义,而且对中小企业的贷款违约预测也具有重要作用;包含非财务变量或软信息变量的模型对中小企业破产预测或贷款违约预测的准确性,显著高于只包含财务变量的模型。不仅如此,最近的研究还发现,银行的关系信息（软信息）对大企业的贷款违约预测同样具有显著作用。例如，Chang 等使用国内银行的数据研究发现，在大企业和工业企业的贷款违约预测上，银行的关系信息对企业财务信息（硬信息）具有替代性，其替代程度取决于银企借贷关系的深度，借贷关系越深入，银行关系信息对财务信息的替代效应越显著。

因此，本章采用 Logistic 模型，从非上市中小企业的硬信息和软信息两个方面来研究企业信用风险的状况，力图解决以下三个问题：①非上市中小企业的软信息是否可以用来预测其信用风险的状况？②非上市中小企业的硬信息和软信息对其信用风险的预测作用如何？哪一类信息对于非上市中小企业的信用风险的预测更有价值？两类信息之间是否存在替代或者互补关系？③在现阶段，取得银行授信额度的非上市中小企业的特征如何？我们期望本研究有助于深化对中小企业软信息价值的理解，同时也为商业银行开展中小企业信贷业务提供一定的帮助。

第三节　样本及变量选择

一　研究样本与数据收集

本章对浙江省中小企业主和高层管理人员进行问卷调查，以收集数据，累计发放问卷 1097 份，实际收回 1097 份，删除一些缺失值或填写明显呈规律性和逻辑矛盾的无效问卷，最终有效问卷为 749 份，有效问卷回收率为 68.28%。样本企业规模、年龄、行业等情况如表 52 - 1 所示。

表 52 - 1　　　　　　　　样本企业基本情况

企业特征	统计项目	数量
企业年龄	<5 年	179
	5—10 年	270
	11—20 年	242
	>20 年	58
企业规模	中型企业	125
	小型企业	357
	微型企业	267

续表

企业特征	统计项目	数量
所属行业	第一产业	3
	第二产业	191
	第三产业	555

二 变量定义

综合国内外最新理论观点，本章从企业主要财务指标衡量硬信息，从企业主受教育程度、兴趣爱好、社交情况、社会责任、守信情况等方面反映企业主软信息，从企业口碑、守信、人员流动等反映企业软信息。被解释变量分别采用信用风险和银行授信额度，并通过硬信息和软信息变量数据进行标准化处理，形成指数。调节变量选取银企关系作为代理变量，控制变量选择所处行业、企业规模、企业年龄等，如表52－2所示。

表52－2　　　　　　　　变量定义

类型	名称	说明
被解释变量	信用风险	虚拟变量，公司3—5年内有无违约等法律纠纷
	授信额度	公司最近一年获得的银行贷款的授信额度
解释变量	销售收入	企业上一年度所取得的销售收入
	资产负债率	企业最近一年的资产负债率
	流动资产负债率	企业最近一年的流动资产负债率
	税前利润率	企业最近三年的平均销售收入增长率
	企业家软信息综合指数	企业家的受教育程度、兴趣爱好、社交情况、慈善程度、守信情况等多项综合加权得分
	企业软信息综合指数	企业的口碑、企业的守信情况、企业内部风控、人员流动率、客户变动率、企业产品市场占有率等多项综合加权得分
控制变量	所处行业	哑变量，企业处于第一产业、第二产业、第三产业
	企业规模	哑变量，企业是中型企业、小型企业、微型企业
	企业年龄	企业成立至今的时间
调节变量	银企关系	企业与银行关系的亲密程度

三 同源方法偏差

由于在调研过程中问卷由单一个体填写,因而容易存在同源偏差问题,故需要对数据进行同源性偏差分析。我们采取 Harman 单因子分析法对回收的数据进行检验,以避免同源性问题带来的影响。首先将所有变量的所有条目进行探索性因子分析,我们得到多个特征值大于 1 的因子,其中首因子贡献率小于 50% 的方差,且自变量和因变量都载荷到了不同的因子上,因此,本次调研的数据同源性偏差问题并不严重,对后续研究影响不大,调研数据可靠。

四 相关性分析

本章对企业信息综合指数、企业家软信息综合指数、企业软信息综合指数、信用风险 4 个变量的数据进行相关性分析。主要变量间的最大相关系数值为 0.529,表明变量之间不存在高度相关性。信用风险与企业硬信息综合指数的相关系数为负但不显著,而与企业家软信息综合指数、企业软信息综合指数的相关系数为负并且在 p 值小于 0.01 下显著,初步表明对于非上市中小企业而言,企业的信用风险与企业的硬信息相关性不强,而与企业家的软信息、企业的软信息呈负相关,即企业主与企业的软信息质量越高,非上市中小企业的信用风险就越小。

五 信效度检验

本章对企业家软信息与企业软信息这两个变量进行信、效度分析。结果表明,变量对应的 Cronbach'α 值均大于 0.8,表明问卷具有较高的内部一致性。变量对应的 KMO 值均大于 0.78,Bartlett 球形检验的显著性均为 0.000,表明问卷的效度检验较好。

第四节 实证分析

一 Logistic 回归结果及讨论

我们将企业硬信息综合指数、企业家软信息综合指数、企业软信息综合指数、银企关系对信用风险预测的 Logistic 逐步回归结果与拟合优度报告在表 52-3 中。

表52-3　　　　　软硬信息综合指数的 Logistic 回归结果

变量	信用风险				
	模型1	模型2	模型3	模型4	模型5
企业硬信息综合指数	-0.032 (0.028)			0.034 (0.039)	0.002 (0.045)
企业家软信息综合指数		-0.108*** (0.023)		0.121*** (0.034)	0.109*** (0.037)
企业软信息综合指数			-0.286*** (0.025)	-0.349*** (0.031)	-0.370*** (0.034)
企业硬信息综合指数× 银企关系					-0.188*** (0.047)
企业家软信息综合指数× 银企关系					-0.023 (0.044)
企业软信息综合指数× 银企关系					-0.041 (0.034)
企业年龄	0.054*** (0.014)	0.053*** (0.014)	0.056*** (0.017)	0.058*** (0.018)	0.060*** (0.018)
企业规模	控制	控制	控制	控制	控制
所处行业	控制	控制	控制	控制	控制
常数项	-1.526*** (0.200)	-1.492*** (0.198)	-0.286*** (0.025)	-1.770*** (0.256)	-1.696*** (0.261)
Pseudo-R^2	0.111	0.136	0.332	0.346	0.366
Chi-square	11.269 (0.187)	8.136 (0.420)	13.532 (0.095)	5.668 (0.684)	6.567 (0.584)
样本数量	749	749	749	749	749

注：Chi-square 括号内为显著性，其他括号内为标准误，* 表示 $p<0.1$、** 表示 $p<0.05$、*** 表示 $p<0.01$。

如表52-3所示，从各个模型回归结果的 Pseudo-R^2 值来看，模型5的解释力度最大，模型4次之。Pseudo-R^2 值从一定程度上说明了，综合考虑企业软硬信息的模型对于预测非上市中小企业的信用风险的效果更好。然而，R^2 作为拟合优度更多地出现在线性回归模型中，本章采用 Pseudo-R^2 值来解释各个模型的拟合优度只能从一定程度上说明问题。因此，本章对表52-3中五个模型进行Hosmer和Lemeshow Test的卡方值与显著性分析。结果表明，各个模型的卡方值均较小且显著性均大于0.05，表明模型拟合优度可以接受。

在表52-3模型1中，企业硬信息综合指数对于企业信用风险的回归系数不显著，从一定程度上说明对于非上市中小企业来说，单纯硬信息指标不能有效预测其信用风险。模型2、模型3、模型4是在考虑了更多软信息的基础上得到的回归结果，其中企业家软信息综合指数与企业软信息综合指数的系数为负且在p值小于0.01下显著，说明企业家软信息综合指数与企业软信息综合指数的质量越高，对非上市中小企业的信用风险的预测就越准确。

在模型5中，考虑银企关系对于银行预测非上市中小企业信用风险的结果显示，硬信息综合指数与银企关系的交互项系数为负且在p值小于0.01的情况下显著，说明虽然非上市中小企业的财务制度不健全，难以受到外界的客观约束，无法提供高质量的财务报表，但是随着企业与银行的关系逐渐加深，银行对于企业的硬信息的质量（如财务报表的数据）的可参考性就增强，能够预测企业的信用风险情况。

二 进一步讨论

下面进一步讨论哪些软硬信息指标对于非上市中小企业信用风险具有显著的预测作用。本章将软硬信息的指标对于信用风险的逐步回归模型汇报在表52-4中。

表52-4　　　　　软硬信息具体指标Logistic回归结果

变量	信用风险				
	模型6	模型7	模型8	模型9	模型10
销售收入	0.485*** (0.093)				0.878*** (0.146)
资产负债率	0.481*** (0.133)				0.349* (0.194)
流动资产负债率	-0.292** (-0.147)				-0.266 (0.197)
销售收入增长率	-0.255* (0.138)				0.288 (0.209)

续表

变量	信用风险				
	模型6	模型7	模型8	模型9	模型10
税前利润增长率	-0.555*** (0.158)				-0.618*** (0.231)
企业家学历		-0.594*** (0.107)		-0.741*** (0.143)	-0.805*** (0.169)
文化体育爱好		-0.544*** (0.156)		-0.076 (0.196)	-0.155 (0.214)
不良爱好		0.442*** (0.133)		0.537*** (0.182)	0.477** (0.208)
社交活动		0.385*** (0.131)		1.129*** (0.173)	1.167*** (0.192)
社会责任		-0.311*** (0.118)		0.071 (0.159)	0.210 (0.181)
守信		-0.470*** (0.120)		0.086 (0.159)	0.161 (0.176)
市场形象			-1.094*** (0.219)	-1.904*** (0.283)	-2.038*** (0.314)
企业内控			-0.977*** (0.230)	-1.330*** (0.280)	-1.441*** (0.308)
员工流动率			-0.420*** (0.142)	-0.243 (0.137)	-0.219 (0.178)
客户变动率			-0.124 (0.131)	-0.110 (0.169)	-0.140 (0.172)
市场占有率			-0.710*** (0.134)	-0.879*** (0.168)	-1.131*** (0.219)
企业年龄	0.035** (0.015)	0.046*** (0.015)	0.053*** (0.018)	0.051** (0.020)	0.031 (0.022)
企业规模	控制	控制	控制	控制	控制
所处行业	控制	控制	控制	控制	控制
常数项	-1.570*** (0.219)	-1.690*** (0.221)	-1.776*** (0.252)	-2.193*** (0.315)	-2.225*** (0.351)

续表

变量	信用风险				
	模型6	模型7	模型8	模型9	模型10
Pseudo-R²	0.191	0.233	0.343	0.435	0.476
Chi-square	5.847 (0.664)	9.489 (0.303)	6.526 (0.589)	7.987 (0.435)	7.532 (0.480)
样本数量	749	749	749	749	749

注：Chi-square 括号内为显著性，其余括号内为标准误，* 表示 $p<0.1$，** 表示 $p<0.05$、*** 表示 $p<0.01$。

在表52-4中，模型6—模型10的Chi-square与显著性表明，模型的拟合优度均可以接受。从各模型的Pseudo-R²值来看，模型10的Pseudo-R²值最大，表明模型10拟合程度最好，模型9次之。这也从一定程度上说明了银行预测非上市中小企业的信用风险时综合考虑企业和企业家软信息的必要性。以下对各模型的回归结果进行讨论。

（一）基于企业硬信息的模型分析

模型6的回归结果显示，销售收入、资产负债率、流动资产负债率、销售收入增长率、税前利润增长率对非上市中小企业信用风险具有显著影响。其中，销售收入与资产负债率对信用风险具有显著正向影响，流动资产负债率、销售收入增长率、税前利润增长率对信用风险具有显著负向影响。非上市中小企业的销售收入一般多以商业信用的形式呈现，销售收入越高，说明应收账款越多，存在坏账的概率就越大，企业现金流可能受到影响，从而增大了信用风险。资产负债率是非上市中小企业总负债除以总资产的比率，代表着使用财务杠杆的能力，资产负债率越高，说明企业财务杠杆越大，从而企业信用风险越大。流动资产负债率、销售收入增长率、税前利润增长率从一定程度上反映了企业的成长性与净现金流量，从而表明企业经营风险越小，信用风险越低。

（二）基于企业家软信息的模型分析

模型7的回归结果显示，非上市中小企业家的软信息特征对企业具有重要影响。企业家的学历对于企业信用风险具有显著负向影响，说明学历越高的企业家所经营管理的企业的信用风险越低。企业家的文化体育爱好，如喜欢看书、打高尔夫球等对企业信用风险具有显著负向影响。企业家的不良爱好，如酗酒、赌博等对于企业信用风险具有显著正向影响。富有社会责任感、热衷于公益慈善事业与言出必行的企业家，会给企业形成一个好的榜样，形成好的企业文化，企业的信用风险就越低。

（三）基于企业软信息的模型分析

模型8的回归结果显示，企业层面的软信息对企业信用风险有显著影响。非上市中小企业在市场上的口碑形象对企业信用风险有显著负向影响，企业在客户、供应商、消费者、业界的信用和口碑越好，反映了企业整体的实力较强，经营风险较低，从而企业的信用风险也较低。企业内部控制制度越完善，其信用风险也越低。另外，产品的市场占有率和员工流动率对企业信用风险也具有负向影响。

（四）基于企业家软信息与企业软信息的模型分析

模型9结果与模型7、模型8基本一致，模型7和模型8中显著的变量在模型9中依然有较大部分保持显著，并且变量的系数方向未发生改变，说明软信息对企业信用风险具有较强解释能力。

（五）基于企业软硬信息与企业家软信息的模型分析

模型10综合了模型6与模型9的回归结果。在10%的显著性水平上，销售收入、资产负债率、税前利润增长率、企业家学历、不良爱好、社交活动和企业的市场形象、市场占有率和内部控制这些变量依然显著，且变量系数符号未发生改变。在模型10中，包含3个硬信息指标与8个软信息指标，这表明，在同时考虑硬信息指标与软信息指标对非上市中小企业信用风险进行预测时，软信息指标的重要性可能大于硬信息指标。

三 软硬信息对于信用风险的预测能力

为了进一步分析硬信息指标与软信息指标对企业信用风险的预测能力，本章采用Logistic回归模型预测企业信用风险，本章将结果汇报在表52-5中。

表52-5是用模型1—模型10来预测样本中无信用风险的企业（561家）与有信用风险的企业（188家）的准确率情况。结果表明，同时包含软硬信息变量的模型4准确率最高，达86.1%。仅包含软信息

表 52-5　　各模型对信用风险预测能力

模型	状态	无信用风险	有信用风险
模型 1	无信用风险	94.7%（531）	5.3%（30）
	有信用风险	79.3%（149）	20.7%（39）
	准确率	76.1%	
模型 2	无信用风险	94.1%（528）	5.9%（33）
	有信用风险	78.2%（147）	21.8%（41）
	准确率	76.0%	
模型 3	无信用风险	93.8%（526）	6.2%（35）
	有信用风险	42.6%（80）	57.4%（108）
	准确率	84.6%	
模型 4	无信用风险	94.1%（528）	5.9%（33）
	有信用风险	37.2%（71）	62.8%（117）
	准确率	86.1%	
模型 5	无信用风险	94.1%（528）	5.9%（33）
	有信用风险	38.3%（72）	61.7%（116）
	准确率	86.0%	
模型 6	无信用风险	93.6%（525）	6.4%（36）
	有信用风险	66.5%（125）	33.5%（63）
	准确率	78.5%	
模型 7	无信用风险	93.0%（522）	7.0%（39）
	有信用风险	50.5%（95）	49.5%（93）
	准确率	82.1%	
模型 8	无信用风险	93.0%（522）	7.0%（39）
	有信用风险	38.8%（73）	61.2%（115）
	准确率	85.0%	
模型 9	无信用风险	93.8%（526）	6.2%（35）
	有信用风险	29.3%（55）	70.7%（133）
	准确率	88%	
模型 10	无信用风险	95.0%（533）	5.0%（28）
	有信用风险	22.9%（43）	77.1%（145）
	准确率	90.5%	

注：括号内数字为样本数。

的模型 3 准确率高于仅包含硬信息的模型 1。以二级指标进行回归的模型 6—模型 10 中，同时包含软硬信息二级指标的准确率高，达 90.5%。但仅包含软信息二级指标的模型 7、模型 8、模型 9 的准确率均高于仅包含硬信息具体指标的模型 6。这意味着，对于非上市中小企业信用风险预测而言，软硬信息具有互补作用，应当综合考虑软硬信息对其影响。同时，相比于硬信息，软信息中所包含的有价值的信息可能更多，软信息对硬信息具有替代作用。本章认为可能的原因有两点。首先，正如前文所述，非上市中小企业财务制度不健全且缺乏外部有效的监督机制，企业为了能够更好地获得银行贷款，可能会对企业部分财务信息进行粉饰，从而导致了硬信息数据的失真。银行如果仅仅凭着这些失真的硬信息对企业的信用风险进行评估，极有可能会低估信用风险。其次，非上市中小企业的软信息虽然不一定与财务状况有直接关联，但是与企业生产经营活动密切相关，因而对企业的信用风险具有较强的判别能力。

四 稳健性检验

为了保证结果的稳健，本章进行了如下稳健性检验：①在市场上，中型企业经营状况一般较好，提供的硬信息指标失真的可能性较小，银行对于财务数据的可参考性就比较强，因此本章考虑剔除中型企业，以微型企业与小型企业为研究样本，进行稳健性检验，结果表明自变量的显著性与符号没有发生根本变化。②剔除变量两端5%的极端值。考虑回归结论有可能受到样本极端值的影响，我们在回归前将样本两端5%的极端值剔除，回归结果仍然保持稳健。

五 企业授信额度与软硬信息的匹配

为了进一步分析现阶段银行对于非上市中小企业的授信情况是否充分考虑到软信息的影响，根据问卷调研的结果，我们将企业上一年度从银行获得的授信额度分为低额度授信与高额度授信，并且用授信额度作为因变量代替信用风险，重复表 52-4 模型分析，结果汇报在表 52-6 中。

在表 52-6 中，模型 11—模型 15 结果的 $Pseudo-R^2$ 值都较小，其中仅关注企业软信息的模型 13 的 $Pseudo-R^2$ 值为 0.046，表明现阶段银行对于中小企业授信时，并没有充分考虑到软信息的影响。同时，企业的市场形象、内部控制、市场占有率等对信用风险具有较强解释力的指标,与授信额度的回归结果在统计学上均不显著,表明银行在对中小企业授信时,并没有参考这些指标,这很可能造成信用好的企业得不到授信,信用不好的企业反而得到授信。

表52-6 授信额度与软硬信息回归结果

变量	授信额度					
	模型11	模型12	模型13	模型14	模型15
销售收入	0.251 (0.182)				0.330 (0.208)
资产负债率	0.060 (0.227)				0.134 (0.262)
流动资产负债率	0.733*** (0.218)				0.545** (0.249)
销售收入增长率	-0.318 (0.235)				-0.102 (0.269)
税前利润增长率	0.051 (0.231)				0.210 (0.258)
企业家学历		0.511** (0.198)		0.553*** (0.143)	0.501** (0.212)
文化体育爱好		-0.450 (0.288)		-0.302 (0.316)	-0.410 (0.321)
不良爱好		1.072*** (0.276)		1.185*** (0.312)	1.060*** (0.208)
社交活动		-0.700*** (0.229)		-0.565** (0.252)	-0.503** (0.271)
社会责任		0.439** (0.229)		0.491* (0.250)	0.415 (0.254)
守信		-0.115 (0.223)		-0.049 (0.238)	-0.082 (0.257)
市场形象			-0.568 (0.390)	-0.874* (0.488)	-0.882* (0.524)

续表

变量	授信额度					
	模型 11	模型 12	模型 13	模型 14	模型 15
企业内控			-0.202 (0.389)	-1.151 (0.453)	0.382 (0.487)
员工流动率			0.103 (0.623)	-0.220 (0.247)	0.296 (0.250)
客户变动率			-0.511** (0.226)	-0.310 (0.245)	-0.126 (0.263)
市场占有率			0.140 (0.253)	0.171 (0.281)	-0.181 (0.353)
企业年龄	0.002 (0.030)	0.002 (0.030)	-0.018 (0.029)	-0.005 (0.031)	0.005 (0.032)
企业规模	控制	控制	控制	控制	控制
所处行业	控制	控制	控制	控制	控制
常数项	-4.883*** (0.777)	-5.296 (0.805)	-4.762*** (0.764)	-5.317*** (0.817)	-5.432*** (0.864)
Pseudo-R^2	0.058	0.073	0.046	0.080	0.094
Chi-square	3.100 (0.928)	4.946 (0.763)	5.911 (0.657)	3.423 (0.905)	2.644 (0.955)
样本数量	749	749	749	749	749

注：Chi-square 括号内为显著性，其余括号内为标准误，* 表示 $p<0.1$，** 表示 $p<0.05$、*** 表示 $p<0.01$。

第五节 结论与讨论

本章以 749 家非上市中小企业问卷数据为样本，基于硬信息与软信息的角度考察了中小企业信用风险的影响因素，通过 Logistic 回归建立了信用风险预测模型，最后对现阶段中小企业授信额度与软硬信息指数进行了分析，通过这些定量分析，得出如下几个重要结论。

首先，硬信息与软信息对预测非上市中小企业信用风险具有重要作用。一方面，非上市中小企业硬信息指标中销售收入、资产负债率、税前利润增长等对信用风险具有显著影响。另一方面，软信息指标中企业家层面特征与企业层面特征对信用风险也具有重要影响，尤其是企业家学历、企业市场占有率、市场形象、内控等变量对信用风险影响很大。同时，非上市中小企业银企关系越亲密，越有助于帮助银行识别企业的硬信息指标特征。

其次，基于软信息建立的信用风险模型，其预测效果总体上高于基于硬信息建立的模型。这表明，在预测非上市中小企业信用风险的问题上，软信息比硬信息具有更重要的作用，并且对硬信息具有替代性。另外，同时使用硬信息与软信息指标建立的信用风险模型比仅以硬信息或仅以软信息指标建立的模型具有更高的判别能力和预测能力，表明软信息对硬信息同时也具有互补性。

最后，银行作为中小企业信贷提供者，直面的问题是如何准确评估企业信用风险，较好把握中小微企业违约风险，如果仅仅依据中小微企业财务数据等硬信息，很可能会导致信用风险评估失真，造成的结果是信用好的企业得不到授信，信用差的企业反而得到授信。

第五十三章

企业商业信用融资对研发投入影响的实证研究

第一节 引言

研究与开发（R&D）活动是技术创新的核心步骤，同时也是提高企业核心竞争优势的关键，在推动产业转型升级和经济结构调整中起着决定性作用，得到了世界各国的高度重视。企业要想在市场获得强大的竞争力，研发支出是必不可少的。企业获得研发投入的途径包括政府资助和企业自筹，企业自筹的融资手段主要包括银行贷款和商业信用。相对于银行借款，商业信用的门槛较低，可以说，企业与任何客户和供应商的交易中都不可避免地产生应收款项，大中小微型企业甚至个体工商户都能相对容易地获取。目前，政府资助和银行贷款对研发投入的研究经过了许多学者的研究，已有了较成熟的研究成果，但商业信用对研发投入的研究却比较缺乏。

商业信用是企业在购买商品时延期付款而占用其他企业资金的行为，相当于卖方为买方提供短期融资。其使用动机主要可以从供给与需求两个方面进行分析：第一类为以市场需求角度出发的替代性融资理论，部分企业因具有较高的融资约束，难以从银行取得贷款，因此转而寻求供应商的商业信用支持。第二类是从供给角度出发的经营性动机理论，认为供应商为客户提供商业信用融资可以降低其交易成本，同时提升其市场竞争力。

早在中世纪的欧洲，商业信用就已经存在了，并且经过了数百年的发展成为一种普遍使用的短期融资方式。作为企业缓解融资约束的临时性手段，商业信用因其低成本、无抵押及债务期限灵活等特点在国内得到了广泛的应用。它能为企业提供短期资金来源，缓解企业的融资约束，促进企业科技创新投资。但同时，利用商业信用过多又会为企业带来偿债压力，企业需要保持充足的流动性以随时偿付到期债务，这就会挤压研发活动可用的现金储备，不利于企业研发投入的增加。因此，商业信用对企业研发投入具有多方面影响。

此外，企业是具有生命状态的组织，从出生到成熟所面临的市场环境都是不同的，这也会导致它们对研发投入会采取不同的策略，但以往的文献大多都停留在静态层面研究商业信用对研发投入的影响，忽略了企业处于生命周期不同阶段对商业信用融资的需求程度并不相同，从而影响其研发投入的变化幅度也会有所差距。

目前涉及商业信用融资对企业研发投入的影响研究较少。因此，本章在国内外学者研究的基础上，以中国上市公司2014—2017年面板数据为研究样本，考察商业信用获取对不同生命周期阶段上市公司企业研发投入的影响。

第二节 理论分析与研究假设

企业研发投入是一项长期投资，作为企业投资中的特殊一类，与其他投资相比，具有风险大、成本高、回收周期长等特点。因此，研发投入往往会遇到融资约束的问题。根据信贷配给理论，许多企业难以获得信贷支持，不得不在专业金融机构之外寻求资金来源，一些与银行没有关联的企业以及面临银根紧缩的小企业会更多地寻求商业信用的帮助。商业信用作为一种在尚不完善的金融体系下存在的重要替代性融资方式，有助于缓解创新投资的融资约束，进而增加研发投入。石晓军等研究结果显示在中国背景下，商业信用能显著缓解公司的融资约束。周雪峰发现商业信用能够发挥融资功能，通过缓解融资约束实现中国企业投资增长，缓解上市公司投资不足的问题。从过度投资和投资不足方面，刘娥平经过实证研究发现，商业信用融资对这两种非效率投资行为具有双向治理功能。黄兴孪研究发现在货币紧缩期，商业信用使用较多的公司投资增长较快。商业信用作为一种重要的非正式外部融资渠道，可以为企业提供短期资金，缓解了企业的融资约束，使企业增加研发投入（见表53－1）。

表53－1　　　　　　　　　商业信用观点梳理

作者	观点
魏群、勒署畅（2018）	商业信用能够缓解创新融资约束，促进企业科技创新投资，这一现象在国有企业与货币紧缩时期更加明显
吴祖光、安佩（2019）	企业获得的商业信用越多，越不利于提高研发投入强度，这种抑制作用在民营企业中更明显
黄兴孪、邓路、曲悠（2016）	在货币政策紧缩期，使用商业信用较多的公司投资增长更快
胡海青、崔杰、张道宏（2015）	利用商业信用融资可以缓解资金约束，提高科技型中小企业R&D投资力度，保证技术创新所需资金投入
魏群（2017）	在不同负债来源中，商业信用对投资过度的抑制作用最强。同时，这种抑制现象在成长期的企业中最为显著
胡建雄、邵志翔、易志高（2015）	通过聚类分析，证实了债务异质性的存在性，商业信用作为一种短期负债，能够约束企业的过度投资行为
刘慧芬（2017）	通过引入前大供应商占比这一工具变量，发现在行业竞争中处于较高市场地位的企业，其商业信用获取对技术创新的作用更明显
刘娥平、关静怡（2016）	商业信用不仅能抑制过度投资，还能缓解投资不足，从而对非效率投资问题发挥双向治理作用

资料来源：课题组检索文献数据库整理。

但在另一方面，商业信用的使用也会对企业的研发投入产生一定的抑制作用。吴祖光通过实证研究得出商业信用的使用会增加企业的负债压力，从而降低企业的研发投入，并且相对于国有企业，非国有企业的商业信用融资会对企业的研发投入产生更大的抑制作用。王鲁平发现，商业信用总体上与投资支出负相关，且在高成长性的公司中商业信用与投资的负相关程度更强。商业信用融资需要企业短期内偿还，增加了企业风险。在决策者风险偏好既定的情况下，融资风险可能导致企业减少其他高风险活动（如研发活动）。另外，商业信用融资是一种非正式融资，受债务人声誉等因素的影响较大。若企业未能按期偿还融资资金，自身信誉质量会受损。利用商业信用多的企业需要保持充足的流动性以随时偿付到期债务，但这就会挤压研发活动可用的现金储备，不利于企业研发投入的增加。

综上所述，我们可以看出商业信用对企业的研发投入具有多方面的影响。在初始阶段，商业信用融资可以通过缓解企业融资约束，增加企业现金流的方式来提升企业的研发投入力度。但随着商业信用使用的不断增加，企业的偿债压力不断地加大，逐渐对研发投入产生了挤出效应，降低了企业研发投入力度。因此，提出如下假设：

H1：商业信用融资程度对企业研发投入具有倒"U"形作用。

在20世纪50年代中期，Haire提出了企业生命周期理论。其认为，企业如同自然界的生命一样会经历出生、成长、成熟再到衰退死亡。处于不同阶段的企业面临其发展的不同问题。国内外学者对企业生命周期阶段的划分标准并没有形成定论，有基于管理模式、组织结构、决策机制的划分方法，在实证研究中，学者较多采用企业财务特征或者现金流组合情况作为划分标准。本章引用熊和平的现金流组合法，将企业的生命周期阶段划分为初创期、成长期、成熟期和衰退期。不同生命周期阶段的企业在投资决策方面具有较大差异，李云鹤发现中国上市公司的过度投资行为会随企业生命周期呈现出先降后升的变化趋势，同时，这种差异在不同的阶段会有显著的区别。赵蒲发现，上市公司的资本结构在企业生命周期不同阶段具有显著差异，处于成长期的上市公司保持较低的财务杠杆，处于衰退期的上市公司具有较高的财务杠杆。另外，在战略部署层面，Koh等通过研究发现，在面临财务衰退时，不同生命周期阶段的企业具有不同偏好的应对方法，成长期企业往往会采取雇员调整策略，成熟期企业则会更偏向于资金重组策略。

初创期的企业缺乏资金来源，比较重视短期收益，而研发投入作为一项长期投资，具有很大的风险性。因此，在获得商业信用融资时，初创期企业相较于成长期与成熟期的企业，投入的研发资金会相对较少，随着商业信用融资的增加，偿债压力并不会对本就不多的研发投入资金产生较大的"挤出效应"。成长期与成熟期的企业相对于初创期企业具备了资金基础。此时，企业考虑的是如何在市场中获得更大的竞争力与更长远的发展，长远发展目标与研发投入的特性相匹配。因此，成长期与成熟期的企业在获得商业信用融资时会积极地进行研发投入。与初创期企业相比，成长期与成熟期企业拥有更理性的发展规划，大量的负债所引起的偿债压力会对企业产生较不利的影响，伴随商业信用融资程度的不断增加，成长期与成熟期企业会适当减少研发投入资金来缓解当前的困境，为后续的发展做出更好的铺垫。衰退期的企业面临市场份额的减少与核心竞争力的削弱，会产生较大的紧迫感，而解决这种困境最有效的路径就是通过创新来提升自己的市场竞争力。所以，衰退期企业在进行商业信用融资时会大力投入研发资金。当商业信用融资不断增加时，不同于成长期与成熟期企业，衰退期企业并不会对研发投入资金进行显著地削减。研发创新是其改变现状的关键点，企业会存在较大研发投入意向和较弱的研发削减意向。因此，提出如下假设：

H2：相对于初创期与衰退期企业，成长期与成熟期企业商业信用融资对企业研发投入具有更强的倒"U"形作用。

第三节 研究设计

一 数据来源

本章使用的变量数据来自CSMAR数据库，以2014—2017年中国深沪两市非金融业的A股、创业板、中小板上市公司为样本选取范围，再剔除ST类公司、数据缺失的公司，得到观测值1781个。

二 变量定义

（一）研发投入强度

研发投入作为被解释变量，借鉴解维敏和方红星的方法，用当期的研发费用除以期末总资产来度量。

（二）商业信用融资强度

学界一般使用应付账款除以总资产或应付账款除以销售收入度量商业信用融资强度。本章参照陆正飞和杨德明的做法，采用（应付账款+应付票据+预收账款）/总资产来衡量商业信用融资使用程度。

（三）企业生命周期阶段

本章引用熊和平的方法，根据企业现金流组合法将企业划分为四个阶段，分别为初创期、成长期、成熟期和衰退期。具体划分方法如表53-2所示。

表53-2　　　　　现金流组合法划分企业生命周期

类别	初创期	成长期	成熟期	衰退期
经营现金净流量	-	+	+	不确定
投资现金净流量	-	-	-	不确定
筹资现金净流量	+	+	-	不确定

（四）控制变量

根据以往的研究显示，企业研发投入除了受商业信用融资的影响之外，还受到企业规模、企业年龄、资本密度、资产负债率等的影响，因此，将它们选取为控制变量（见表53-3）。

表53-3　　　　　　　　变量说明

类型	变量	表示	定义
因变量	研发投入强度	RD	研发费用/总资产
自变量	商业信用融资	TC	（应付账款+应付票据+预收账款）/总资产
	商业信用融资平方	TC^2	商业信用融资的平方
控制变量	企业规模	Size	企业总资产的自然对数
	企业年龄	Age	企业上市年数和1之和的自然对数
	资本密度	Capital	固定资产/总资产
	总资产收益率	ROA	净利润/总资产
	股权集中度	ShareC	排名前五位股东的持股比例之和
	资产负债率	Level	总负债/总资产

三　模型设定

本章构建模型（1）验证研究假设：

$$RD = \alpha_0 + \alpha_1 TC + \alpha_2 TC^2 + \alpha_3 Size + \alpha_4 Age + \alpha_5 Capital +$$

$\alpha_6 ROA + \alpha_7 ShareC + \alpha_8 Level + \varepsilon$

在模型（1）中，RD 表示研发投入强度，TC 表示企业获得的商业信用融资程度，TC^2 表示商业信用融资程度的平方，ε 为随机干扰项。

第四节　实证分析

一　描述性统计

表 53-4 根据上述生命周期分类方法对样本企业划分为初创期、成长期、成熟期与衰退期。我们可以从表 53-4 中发现，在样本企业中，成长期和成熟期企业合在一起占了 68.9%，初创期与衰退期企业各占 15% 左右，与中国的实际情况比较相符。

表 53-4　　　　　　　　样本企业生命周期划分结果

生命周期	企业数量（家）	占比（%）
初创期	259	14.5
成长期	682	38.3
成熟期	544	30.6
衰退期	296	16.6
合计	1781	100

主要的变量描述性统计如表 53-5 所示，研发投入的最大值为 0.5818，最小值为 0，说明企业之间的研发投入差距比较大。研发投入的均值和中位数分别为 0.0217 和 0.0182，说明部分企业研发投入水平较高。商业信用的最大值为 0.7119，最小值为 0，说明企业之间的商业信用融资情况差距较大。

表 53-5　　　　　　　　　变量的描述性统计

变量代码	均值	标准差	最小值	最大值	中位数
RD	0.0217	0.0213	0.0000	0.5818	0.0182
TC	0.1731	0.1142	0.0000	0.7119	0.1457
TC2	0.0430	0.0592	0.0000	0.5067	0.0212

续表

变量代码	均值	标准差	最小值	最大值	中位数
Size	22.2633	1.1563	19.0327	26.2371	22.1206
Level	0.4363	0.2028	0.0188	2.3940	0.4291
ROA	0.0713	0.9382	-2.5551	32.4079	0.0311
Age	6.7660	7.0323	0.0000	37.0000	3.0910
Capital	0.2142	0.1483	0.0016	0.8206	0.1823
ShareC	0.3143	0.1744	0.0090	0.8315	0.2888

二 相关性分析

主要变量相关性分析如表53-6所示，商业信用融资与研发支出强度显著正相关。表明在初始阶段，研发投入强度会随着商业信用融资的增加而提高。相关性分析结果也显示，企业资产负债率与企业研发投入显著负相关，企业资本密度与企业研发投入负相关。

表53-6　　　　　　　　变量相关性分析

变量	1	2	3	4	5	6	7	8	9
RD	1								
TC	0.110**	1							
TC^2	0.093**	0.944**	1						
Size	-0.151**	0.218**	0.206**	1					
Level	-0.138**	0.544**	0.478**	0.469**	1				
ROA	-0.013	-0.016	-0.014	-0.077**	-0.022	1			
Age	-0.004	0.122**	0.127**	0.212**	0.205**	0.027	1		
Capital	-0.099**	-0.140**	-0.176**	0.048*	0.124**	-0.035	0.021	1	
ShareC	0.056*	0.240**	0.242**	0.159**	0.192**	-0.004	0.107**	0.105**	1

注：*表示在0.1水平上显著，**表示在0.05水平上显著，***表示在0.01水平上显著。

三 回归结果分析

在控制其他相关因素后对模型1进行回归，结果如表53-7所示。从表53-7可以看出，商业信用融资程度的回归系数在5%的统计水平上显著为正，说明在初始阶段，企业研发投入随着商业信用融资的增加而增加。商业信用融资使企业能够延期付款，缓解了企业的融资约束，进而提高了企业的研发投入。商业信用融资程度的平方的回归系数在5%的统计水平上显著为负，说明随着商业信用融资程度的加深，企业面临的偿债压力越来越大，开始逐渐减少研发投入来应付即将到期的债务。从分析结果上可以看出，商业信用融资程度与研发投入呈倒"U"形关系，实证结果支持H1。

表53-7　　　　　　　　商业信用融资与研发投入回归结果

变量	研发投入	
	模型1	模型2
TC	0.256***	0.451***
TC²	-0.169**	-0.245***
Age		0.028
Size		-0.133***
Capital		-0.081***
Level		-0.209***
ROA		-0.023
ShareC		
R²	0.013	0.094
ΔR²	0.013	0.082
F值	16.731***	39.012***

注：*、**、***分别表示在0.1、0.05、0.01水平上显著。

从表53-8可以看出，在各个不同的生命周期阶段，商业信用融资对企业研发投入的影响程度会产生一些差别。商业信用融资与成长期和成熟期企业研发投入呈较强的倒"U"形关系，与初创期企业研发投入呈线性正相关关系，与衰退期企业研发投入呈较弱的倒"U"形关系，与假设H2相符。但商业信用融资与初创期企业研发投入强度在10%的水平上显著相关，影响系数为0.159，与假设中初创企业商业信用融资程度与研发投入没有显著关系这一想法不同，经过分析，可能是因为部分初创期企业已有较好的发展理念，愿意支持研发项目的开展。因此，在获得商业信用融资时会对研发项目进行适当的投入。回归结果验证了H2。

表53-8 不同生命周期下企业商业信用融资与研发投入的回归结果

变量	初创期 Model1	初创期 Model2	成长期 Model1	成长期 Model2	成熟期 Model1	成熟期 Model2	衰退期 Model1	衰退期 Model2
Size	-0.184**	-0.178*	-0.094*	-0.079	-0.077	-0.082	-0.158*	-0.174**
Age	0.105	0.102	-0.034	-0.010	0.040	0.044	0.107	0.108
Level	-0.314**	-0.321**	-0.204***	-0.238***	-0.242***	-0.263***	-0.201**	-0.175*
ROA	-0.097	-0.100	0.052	0.047	0.013	0.010	-0.046	-0.048
Capital	-0.044	-0.049	-0.043	-0.071	-0.150**	-0.159***	-0.051	-0.039
ShareC	0.163**	0.169**	0.064	0.077*	0.122**	0.130**	-0.076	-0.085
TC	0.159*	0.307	0.206***	0.755***	0.178**	0.511***	0.336***	-0.038
TC^2		-0.155		-0.578***		-0.343**		0.383*
R^2	0.138	0.140	0.080	0.116	0.110	0.123	0.110	0.123
ΔR^2	0.016	0.002	0.026	0.036	0.016	0.013	0.071	0.014
F值	5.733***	5.094***	8.365***	11.029***	9.443***	9.332***	5.069***	5.048***

注：*、**、***分别表示在0.1、0.05、0.01水平上显著。

四 稳健性检验

在上述研究中，商业信用的计算方法为（应付账款+应付票据+预收账款）/总资产，但部分国外关于商业信用的计量会采取应付账款/总资产的方式，为了验证研究结论的稳健性，本章用应付账款与总资产的比值作为商业信用融资的替代变量。另外，还通过员工总数的自然对数代替企业总资产的自然对数代表企业规模，对以上模型进行回归，回归结果也基本一致，支持了H1与H2。说明本章的研究结论的稳健性。

表53-9 稳健性检验结果

变量	初创期 Model1	初创期 Model2	成长期 Model1	成长期 Model2	成熟期 Model1	成熟期 Model2	衰退期 Model1	衰退期 Model2
Size	-0.053	-0.053	0.183***	0.165***	0.165**	0.160**	-0.060	-0.059
Age	0.094	0.093	-0.058	-0.034	-0.010	-0.006	0.091	0.090
Level	-0.361***	-0.361***	-0.304***	-0.316***	-0.295***	-0.309***	-0.242**	-0.225**

续表

变量	初创期 Model1	初创期 Model2	成长期 Model1	成长期 Model2	成熟期 Model1	成熟期 Model2	衰退期 Model1	衰退期 Model2
ROA	-0.137	-0.138	0.028	0.029	-0.001	-0.009	-0.027	-0.026
Capital	-0.030	-0.027	-0.083	-0.099	-0.183***	-0.203	-0.030	-0.018
ShareC	0.177**	0.164**	0.046	0.049	0.078	0.073	-0.068	-0.076
TC_1	0.154*	0.119	0.210***	0.546***	0.132**	0.483***	0.350***	0.038
TC_1^2		0.038		-0.362***		-0.367**		-0.320
R^2	0.113	0.113	0.101	0.120	0.122	0.136	0.092	0.102
ΔR^2	0.019	0.000	0.032	0.019	0.012	0.014	0.077	0.010
F值	4.551***	3.976***	10.795***	11.478***	10.610***	10.499***	4.174***	4.065***

注：*、**、***分别表示在0.1、0.05、0.01水平上显著。

第五节 研究结论与政策建议

一 研究结论

商业信用融资作为中国企业重要的融资方式之一，其对企业研发投资的影响机制具有多方面的作用。经过本章的实证研究，得出了企业商业信用融资与企业研发投入具有倒"U"形的关系。在融资初期，企业的融资约束得到缓解，进而会增加其研发投资来提升其创新绩效，但随着商业信用融资程度的加深，企业面临的偿债压力也会随之增加，企业会对研发支出进行削减来缓冲偿债压力。

同时，不同生命周期阶段的企业对商业信用融资与研发投入的关系具有不同程度的反应。相比于初创期与衰退期企业，成长期与成熟期企业的研发投入会随着商业信用融资程度的变化产生较大的改变。初创期企业因其特性，需求的是短期收益。因此，研发投入并不会随着商业信用融资程度的变化而产生较大的反应。成长期企业与成熟期企业具有较好的发展规划，会随着商业信用融资的变化对研发投入进行调整来适应当前的发展情况。而衰退期企业需要通过研发投入提升创新绩效，进而提升自己的市场竞争力来改变现状。因此，它会产生较强的研发投入意愿与较弱的研发削减意愿。本章通过企业生命周期视角来对商业信用融资与研发投入的关系进行进一步分析，丰富了不同生命周期阶段企业通过商业信用融资增加研发投入的相关研究，为企业通过商业信用融资来改变研发投入提供了理论依据。

二 政策建议

根据本章的研究结论，可以提出以下几点建议：

（1）企业应根据自身所处的不同生命周期阶段来合理地使用商业信用融资。初创期企业相较于其他生命周期阶段的企业具有更弱的研发投入意向，并不适合通过商业信用融资来提升其研发投入程度。而成长期与成熟期企业具有较强的研发投入意向，能更合理地对商业信用融资进行调配。因此它们比较适合通过商业信用融资来增加其研发投入力度。

（2）商业信用融资的增加会使企业获得更大的偿债压力，缩减研发支出。因此，我们可以通过改善金融市场来降低企业融资成本，以此来缓解企业的偿债压力，进而尽量避免因偿债压力而缩减较多的研发投入。另外，完善金融市场可以降低交易双方的信息不对称性，能帮助企业获得更多的商业信用，从而进一步提升企业的研发投入。

第五十四章

担保与小微企业融资关系的实证研究

近年来，越来越多的研究发现，外部融资的获得对促进企业的发展和再投资具有重要影响。而小微企业作为一个最具市场活力，在研发创新、吸收就业人口、弥补市场空缺等众多领域都有表现突出的群体，却因资金链问题备受困扰。在自有资金不足的情况下，企业需要借助外部资金来支持企业的正常运营，而70%以上的小微企业仍将银行作为融资首选。银行追求"低风险、高收益"的特点无法满足小微企业复杂的需求，两者因信息不对称而产生的不信任关系，增加了商业银行信贷配给的可能性，这成为企业融资过程中遇到的最高门槛和制约的首要因素，而担保被认为是一种有效机制，能够降低信贷风险，在一定程度上能保障信贷合约的履行。

金融实践中，为了确保自身利益的实现和防范企业的违约风险，银行普遍要求借款企业提供担保条件，比如不动产抵押、股权质押等，并在合同中明确担保违约责任。但小微企业大多属于刚起步，是有效可抵押实物缺乏的群体，所以国内学者经过深入研究后提出应引入第三方担保以缓解小企业融资问题。信用担保作为一种将声誉证明与资产责任保证结合在一起的中介活动，其目的是担保人通过对被担保人品德和能力的考察，从而以自身的信用来提高被担保人的资信等级，使有潜力却缺乏信用能力的企业获得贷款。但也有学者认为担保并不能解决小微企业融资问题，担保机构的介入，使新的逆向选择产生，即借款企业对担保机构以及担保机构对银行的逆向选择。理想情况下，我们认为担保机构提供担保是基于其对借款企业的了解之上，所以对于借款企业和担保机构间的逆向选择可忽略，但现实情况是借款企业由此产生的担保费用也会在一定程度上增加企业负担，影响中小企业对第三方担保的需求。另一方面，担保机构也有风险偏好，当银行贷款利率提高，担保高风险企业的担保机构留下，担保低风险企业的机构退出，担保贷款流向高风险企业直接导致银行期望收益下降，贷款供应也相应地减少。基于这个角度，探究担保能否有效解决所有企业还是只能解决一部分特定企业融资问题值得进一步探讨。

针对这一问题，本章拟从以下几方面进行研究。首先，从整体来看，企业拥有担保资源是否可以有效促进融资的获得。接下来，具体分析获得担保贷款企业与无法通过担保获得贷款企业之间存在的区别，以及何种企业才更易获得担保贷款，担保贷款的影响因素有哪些。本章旨在更全面分析小微企业最主要的融资模式，探究其主要作用对象，引导更多元化的融资渠道，以期为解决小微企业融资困难提供理论价值。

第一节　文献回顾

借款企业的信息是银行信贷决策的重要依据。银企双方间的信息不对称使担保这种借贷方式被众多正式金融机构采纳。已有诸多文献研究了担保对逆向选择和道德风险发生的影响。Stiglitz 和 Weiss（1981）最先提出了信贷配给中存在的逆向选择现象，并提出在信贷合同中引用担保可以缓解信息不对称。担保具有传递借款企业质量的作用，在理性信号传递环境当中，担保可以提高银行对预期收益的评估能力，银行通常用该信号甄别借款者风险类型，即低风险借款者更愿意选择提供担保或者能够得到第三方担保资产规模较小或抵押品价值小于银行硬性要求的中小企业是信贷配给主要排挤对象。

Menkhoff 等（2012）利用新兴国家的数据，认为寻求第三方担保是一种替代实体抵押物的重要融资形式，有利于解决小企业缺乏抵押物的短板。引入信用担保会使无政府干预募集资金失败的项目得到资金支援，并有助于信贷市场效率的进一步恢复。另外，第三方担保也可以作为一种激励机制以降低企业的道德风险。担保有利于降低道德风险，担保的介入使第三方与银行共同监督，规范借款公司行为使其更好地代表银行利益。Pozzolo（2002，2004）通过比较抵押与第三方担保作用的不同，指出第三方担保主要针对高风险借款企业，用来缓解其事后道德风险；而抵押主要赋予贷款银行优先受偿权，在道德风险激励方面作用甚微。此外，还有众多学者更通过实证数据证明了担保对缓解小企业融资困境的积极作用。

但是，一些学者提出担保并不能解决企业融资问题。首先，他们认为担保机构的设立反而会带来高昂成本，同时担保机构相较于银行在信贷评估等方面不具有比较优势，担保计划不会带来额外的信贷增加。付俊文和赵红（2004）指出，保证人与借款企业之间也存在信息不对称，保证人通常会收取高保费，而这间接导致企业借款成本的增加，加剧逆向选择。张卓琳（2005）、杨胜刚和胡海波（2006）借助数理模型对信用担保机构的风险控制手段进行了分析研究。结果显示，比例担保和反担保将对中小企业融资市场上的逆向选择和道德风险产生完全不同的影响。当中小企业提供的反担保价值大于利息时，担保机构介入会产生积极影响；而中小企业反担保不足则会加剧道德风险和逆向选择问题，反而降低小企业融资效率。

其次，过度依赖担保将严重影响市场有效性。Meza（2002）从两方面批判担保带来的危害。其一，懒银行现象。银行生产信息的功能优势被削减，仅依赖担保来贷款；其二，逆向选择问题愈加严重，即有担保的企业也有可能是高风险企业，而银行却无法甄别，从而加重对低质量借款企业的过度投资。张晓玫、宋卓霖（2016）利用某银行2010—2013年非上市中小微企业的贷款数据，发现与抵押担保相比，保证担保对象大都为高风险企业。第三方担保并未解决信息不对称，反而使逆向选择和道德风险问题加重。

综观现有文献对第三方担保的研究可以发现，第三方担保在一定程度上会缓解小微企业由于信息不对称而出现的融资"瓶颈"，但随之而来的可能是加剧的逆向选择现象。小微企业因信息不透明被排挤在信贷门槛之外，其希望借助第三方担保获得信用增级，但担保机构严格的筛选和风险评估程序以及要求的担保费用，会使小规模企业产生危机感，降低担保需求。另外，当银行要求高利率时，低风险企业的担保机构退出,使担保贷款流向高风险企业或项目,增加了担保风险,更甚者会威胁银行贷款收回和担保机构的存活。所以在这样一种融资情境下,本章认为担保只能解决一部分企业的融资问题,并不能解决所有企业融资难题。有关担保与小微企业融资观点陈述见表 54-1。本章将研究浙江省小微企业担保资源对融资的影响,通过建立模型来分析影响企业融资的各种因素,并进一步分析担保贷款的影响因素以及担保对何种企业会促进融资的解决。本研究样本为浙江省小微企业监测样本。

表 54-1　　　　　　　　担保与小微企业融资观点陈述

作者	观点
Menkhoff 等（2012）	担保作为替代抵押物的融资新形式,有助于企业资金获得,并进一步促使信贷市场的恢复
Aghion 和 Bolton（1992）	担保有利于降低道德风险,担保的介入使第三方与银行共同监督,规范借款公司行为使其更好地代表银行利益
Pozzolo（2002,2004）	第三方担保主要针对高风险借款企业,用来缓解其事后道德风险
Cowling（2010）; Riding 等（2007）	使用微观数据的实证研究,发现信用担保对小企业信贷可用性具有积极影响
付俊文和赵红（2004）	保证人与借款企业之间的信息不对称使保证人通常会收取高保费,而这间接导致企业借款成本的增加,加剧逆向选择
张卓琳（2005）; 杨胜刚和胡海波（2006）	担保对信贷获得的影响取决于借款企业提供的反担保价值
Meza（2002）; 张晓玫、宋卓霖（2016）	过度依赖担保会带来懒银行现象以及加剧逆向选择现象; 保证担保贷款面向高风险企业,加剧逆向选择和道德风险

资料来源:课题组根据检索文献数据库整理而得。

第二节　研究设计

一　数据来源

本章研究数据全部来源于浙江省小微企业培育监测数据平台。该平台自 2010 年开始运行,分别从企业基本信息、主要产品的销售情况、主要财务指标以及企业融资担保问卷调查等方面每月定期对企业进行持续监测追踪调查。为了分析担保对小微企业融资的影响，本章选取了2012—2016年每年12月末小微企业景气监测问卷调查表数据，并与财务指标数据与企业基本信息数据库进行相应匹配，由此构成了本章的实证研究初始研究样本。删除掉部分无融资需求企业，同时也剔除部分数据缺失样本，最终得到7968份样本。

二　变量选取

（一）信贷可获性

本章采用信贷可获性（CREDIT）来衡量融资难，对于信贷可获性，目前学术界普遍存在两种测量方法：第一种是用财务指标对信贷可获性进行间接衡量，比如银行贷款率（Petersen和Rajan，1994；钟丹，2012）；第二种是以二元变量来表示企业的信贷可获性，如Cole（1998）曾用"企业申请的贷款是否被银行所接受"来直接衡量信贷可获性。何韧（2012）根据ICS调查数据将企业有融资需求但无法取得银行贷款赋值为0，企业报告能够获得贷款的取值为1。本章将借鉴何韧的做法，即用二元变量来表示企业的信贷可获性。根据小微企业的调查问卷，当企业存在融资需求却无法取得银行贷款时赋值0；反之则为1。

（二）担保关系变量

我们采用问卷获取担保变量（CREGUA）数值，问卷问题是"其他企业是否为本企业提供贷款担保"获取企业的担保情况变量，当其他企业没有提供相关担保时，取值为0，当其他企业提供少量、一般或者较多担保时，赋值为1。

（三）其他变量

本章还拟设定以下其他变量：①企业特征变量。企业所有制（STATE），若为私营企业则取值为1，否则0；企业年龄（AGE），反映该企业自建立时至受调查时的年限。按2011年版国民经济行业分类标准对企业所处行业（IND）进行分类。②财务与风险变量。包括资产对数（LNASSET）、营业利润率（PROFITR）和流动资金充裕程度（LIQUIDITY）。当企业具备较高盈利水平会降低企业的信贷风险，增加企业的贷款可获性。同时，当企业流动资金较充裕时显示企业维持正常良好的日常经营,具有较强偿债能力,能对信贷可获性产生正向影响。各变量及其界定如表54-2所示。

表54-2　　　　　　　　各变量及其界定

变量	代码	界定
信贷可获性	CREDIT	企业有融资需求但没有银行贷款时取值为0,否则为1
担保关系	CREGUA	其他企业为本企业提供贷款担保,有则赋值1,否则为0
资产对数	LNASSET	取该企业的资产对数
所有制	STATE	私营企业取值1,否则为0
企业年龄	AGE	取企业受调查年份减去注册年份
企业行业	IND	按照2011年版国民经济行业分类标准分别进行赋值
营业利润率	PROFITR	企业利润/营业收入
流动资金	LIQUIDITY	流动严重不足、稍显不足、资金充裕分别赋值1、2和3

三　数据的描述统计和相关分析

本章一共选取了7968份样本进行统计分析。全样本企业的信贷可获性均值为0.83,表明所选取样本企业能够获得贷款的可能性还是较高的。在担保关系变量方面,担保均值为0.23,样本企业能够获得担保的占少数,第三方担保在小企业融资方面仍然属于稀缺资源;此外,在企业特征方面,样本企业平均年龄为13年左右,但是最高值达60年,标准差较大,表明样本企业的年龄存在较大差别;各企业的资产对数变量也存在较大差距,标准差为1.3169;对于企业所有制方面,大多数样本企业为私营企业;流动资金方面的均值为2.25,侧面反映样本企业具有较充裕流动资金维持日常经营活动的开展。

我们还分别运用Pearson相关系数和Spearman秩相关系数分析了各主要变量之间的相关系数,发现两组变量系数还是比较相近的,且大部分系数都处于-0.2—0.2,各变量之间的相关系数较小。相较其他变量,LNASSET变量与CREGUA变量之间存在较强相关性,表明流动资金充裕的企业,更能获得第三方提供的担保。

我们再根据企业的平均就业人数将样本企业划分为A组(员工人

数≤120）和 B 组（员工人数 >120）。通过两组样本的均值差异 T 检验发现，针对被解释变量 CREDIT，两组均值比率分别为 81% 和 93%，这种差异在 5% 水平上高度显著，侧面表明随着企业规模的增加，银行信贷可获性呈现明显的上升趋势。而解释变量 CREGUA 在两组的均值分别为 21% 和 31%，后者比前者高出 10%，此差异在 5% 水平上显著，则大规模企业更易获得担保。控制变量中，AGE 变量、LIQUIDITY 变量和 LNASSET 变量也在 5% 水平上显著差异。而 STATE 和 PROFITR 并不存在显著差异。为节省篇幅，上述三张表格在此省略。

第三节 担保关系与企业信贷可获性实证研究

本章构建以下 Logistic 回归模型，运用 SPSS 软件来对小微企业信贷可获性进行研究分析。

$$\text{Logit}(CREDIT) = \alpha + \beta_1 CREGUA_j + \sum \gamma_n Controlvarables_j + \varepsilon_j \tag{54-1}$$

式（54-1）中被解释变量 CREDIT 是指企业信贷可获性的二元变量，解释变量为担保关系，并包括前面提到的一些控制变量。

一 全样本分析

基于全样本数据的实证分析结果，通过严格的回归分析来检验借款企业拥有担保资源是否对企业信贷可获性具有显著影响。结果如表54-3所示，模型 1 和模型 2 均显示担保关系（CREGUA）与信贷可获性（CREDIT）在 1% 的水平上显著为正。在模型 2 中我们加入控制变量，CREGUA 变量的系数仍然显著为正，这说明在控制了影响贷款可获性的其他因素后，担保关系（CREDUA）仍然对小微企业获得银行贷款具有显著的促进作用。本章认为，这是浙江省小微企业在银行融资过程中的一种实践反映，小微企业作为缺少可抵押实物的群体而被排除在信贷范围之外，但是拥有第三方担保会在一定程度上分散银行的风险，况且愿意为小微企业提供贷款的企业一定是建立在其对借款公司的了解之上，所以担保这种中介工具正逐渐发挥其在小微企业融资中的重要作用，可以帮助企业克服银行严苛的贷款条件，并获得更多的资金。

表54-3 担保与信贷可获性

变量	全样本		按规模分组（员工人数）	
	MODEL1	MODEL2	MODEL3	MODEL4
CONSTANT	1.434***	36.84	65.424	-49.409
CREGUA	1.042***	0.834***	0.900***	0.433*
STATE		-0.253	-0.140	-1.438
AGE		0.012**	0.013**	0.001
PROFITR		0.273	0.215	0.307
LIQUIDITY		0.345***	0.374***	0.092
INASSET		0.515***	0.518***	0.316***
IND		控制	控制	控制
YEAR		控制	控制	控制
R^2	0.032	0.120	—	—
N	7968	7968	6439	1529

注：***在0.01水平上显著，**在0.05水平上显著，*在0.1水平上显著。

在控制变量方面，我们发现成立较早、资产规模较大以及具有充裕流动资金的企业更易获得银行贷款。但私营企业相较于其他所有制企业，难获得银行贷款，这说明银行仍旧存在所有制歧视问题，但这种影响并不显著，这也侧面反映了在小微企业信贷中，若企业能够拥有较强盈利能力和管理水平仍旧能够吸引到更多的银行资金支持。

二　子样本的估计结果分析

从按人员人数角度分组的子样本来看，担保关系对企业信贷可获性的检验结果与全样本基本保持一致。但在人数规模较大企业中，担保作用显著性变弱。担保关系对人数规模较小企业信贷获得的作用更明显。

第四节　担保对不同企业的融资影响研究

一　有担保资源的企业分样本分析

上节证明了担保能促进企业获得信贷支持，这一节将更深入探讨具备哪些条件特征的企业在获得担保支持下，最终能取得银行信贷。本章选取拥有担保资源的1818家样本公司，分成通过担保能够获得融资的1677家企业（A组）与通过担保不能获得融资的141家企业（B组）

两组，借助一些企业财务指标，作比较分析，分析担保到底能够解决哪一类企业的融资问题。

从表54-4可得，首先，从盈利能力来看，A组样本企业营业利润率均值为0.057，高出B组企业0.048，且A组企业销售收入均值为146485.09，约为B组样本企业的2.4倍，说明能获得最后银行贷款的企业大都具备良好的经营效率，有稳定的利润来源，盈利能力较强。

表54-4　　　通过担保获得融资与通过担保不能获得融资两组的指标均值比较

指标（均值）	A组	B组
企业年龄	13.09	10.52
资产对数	10.61	9.85
营业利润率	0.057	0.009
销售收入	146485.09	61317.50
资产负债率	0.66	0.76
员工	147.94	161.40
固定资产	12879.92	2873.46
样本量	1677	141

其次，从规模上来讲，A组企业年龄与资产均值都大于B组企业，表明A组相对规模较大，存续时间更长。除此之外，我们还可以看到两组资产负债率相差不大，但A组的固定资产均值却远大于B组企业，表明A组企业生产能力和规模都优于B组，所以我们可以分样本讨论得出，第三方担保贷款主要面向具备一定规模、有良好稳定经营能力的企业，这也侧面反映了引入第三方担保机构可以降低信息不对称，减少信贷中的逆向选择问题。

二　第三方担保贷款影响因素分析

进一步对样本进行第三方担保贷款影响因素回归分析。将获得贷款企业分为第三方担保贷款和无担保贷款。获得第三方担保贷款的样本企业为"担保关系变量=1且信贷可获性=1"的全部企业，剩下的"担保关系=0且信贷可获性=1"的企业则获得无担保贷款，共获样本量为6643家企业。构建模型进一步探究担保贷款的影响因素。

$$Logit\ (Lguarantee) = \beta_0 + \beta_1 PROFITR + \beta_2 LEV + \beta_3 LIQUIDITY + \beta_4 LIQUIDITY + \beta_5 INASSET + \beta_6 State + \beta_7 JJFZ + \beta_8 Year + \beta_9 IND \quad (54-2)$$

被解释变量为虚拟变量,若贷款属于第三方担保贷款则该变量取1,否则取0。首先,银行会根据企业财务状况对企业信用风险进行评估。本章具体采用销售增长率(SaleGR)、营业利润率(PROFITR)、资产负债率(LEV)以及流动资金是否充裕(LIQUIDITY)四个财务指标来衡量。除此之外,模型2还考虑了企业资产规模、所有制等有可能对信用风险造成影响的因素以及地区经济发展水平(JJFZ,取各地区人均GDP排序,低于中位数则取值为1,否则0)、年度(Year)和行业(IND)等变量。

总共6643家样本中,担保贷款和无担保贷款分别有4762家和1393家,可以发现第三方担保贷款在小微企业贷款中被广泛运用。

从表54-5的回归表中,我们可以看出销售增长率、资产规模和流动资产充裕都与担保贷款存在显著正向关系,这也说明了低风险企业比高风险企业更容易获得第三方担保贷款。销售增长好、资产规模相对较大以及强偿债能力较强的企业更易获得第三方担保贷款。第三方担保会促进这部分企业融资。第三方担保可以降低银企间信息不对称,减少逆向选择问题。

表54-5　　　　　　　　第三方担保贷款的影响因素研究

变量	全样本
SaleGR	0.782***
PROFITR	0.380
LEV	-0.837***
LIQUIDITY	1.485***
INASSET	0.404***
State	0.350
JJFZ	-0.292***
Year	控制
IND	控制
R^2	0.176
N	6643

注:***在0.01水平上显著,**在0.05水平上显著,*在0.1水平上显著。

第五节 结论与建议

本章基于 2012—2016 年浙江省小微企业监测平台数据，实证分析了浙江省小微企业获得担保能否缓解融资难，并且探究了担保贷款的影响因素，进一步发现第三方担保介入，并不能解决所有企业融资难问题，其主要面向一部分特定企业。得到以下主要结论：首先，小微企业拥有第三方担保资源会促进企业融资难问题的解决。但是，第三方担保贷款主要面向的是具备一定规模、有良好稳定的营运能力的企业，这也从侧面反映了第三方担保能够降低信贷市场的信息不对称，减少逆向选择问题。

本章的研究结果意味着，现实中第三方担保机构能够更好地为小微企业提供融资服务，降低银企之间的信息不对称。担保介入可以更好助力小微企业融资，实现担保方、小微企业和银行三方的共赢，但在实现三方共同发展下仍然存在以下几点需要注意：首先，从理论上来讲，担保能发挥作用的前提是担保方相较银行在企业信息收集归纳整理方面具备比较优势，担保方更了解企业真实情况和未来发展前景，因此担保公司更应重视对员工的专业能力培养以及公司的风险管理能力，提高自身的核心竞争能力。二是小微企业也要加强自身信用建设。信用担保并没有改变借款企业的信用水平，只是将担保方的信用资源借给借款企业，将风险转移给担保人。新经济常态下小微企业更要将自身塑造成有高信誉、有发展前景的创新型企业。最后，切实保障担保机构开展的有利条件。第三方担保涉及多方利益，政府应该提供尽可能的政策倾斜，支持和帮助担保机构的顺利施行。除此之外，政府应密切关注担保企业的经营情况，严禁违规行为，并逐步建立健全风险补偿机制，提升其风险防范能力，所以促进金融市场发展，加强法律以及政府对担保方的保护，有效发展担保行业将对小微企业的成长和发展具有重要意义。

参考文献

[1] Alberti, F., "The Governance of Industrial Districts: A Theoretical Footing Proposal", *Liuc Papers*, 2001 (82): 1-31.

[2] Allen, George, "Place Branding: New Tools for Economic Development", *Design Management Review*, 2010, 18 (2): 60-68.

[3] Aokang Group (n. d.), Introduction to Aokang's Brands, Retrieved January 12, 2011, from http://en.aokang.com/brand.aspx? tid = 29.

[4] Arundel, A., Van de Paal, G., Soete, L., "Innovation Strategies of Europe's Largest Industrial Firms: Results of the PACE Survey for Information Sources, Publicresearch, Protection of Innovations and Government Programmes", In: MERIT, M., 1995.

[5] Bain, J., *Barriers to New Competition*, Cambridge, MA: Harvard University Press, 1956.

[6] Barkema, H. G., Bell, J. H. J., Pennings, J. M., "Foreign Entry, Cultural Barriers, and Learning", *Strategic Management Journal*, 1996, 17 (2): 151-166.

[7] Bessant, J., Rush, H., "Building Bridges for Innovation: The Role of Consultants in Technology Transfer", *Research Policy*, 1995, 24 (3): 97-114.

[8] Buckley, P. J., Casson, M., *The Future of the Multinational Enterprises*, London, UK: Macmillan, 1976.

[9] Buckley, P. J., Clegg, J. L., Adam, R. C., Hinrich, V., Rhodes,

M., Zheng, P., "Explaining China's Outward FDI: An Institutional Perspective", in K. P. Sauvant (ed.), *The Rise of Transnational Corporations from Emerging Markets: Threat or Opportunity?* Cheltenham, UK: Edward Elgar, 2008.

[10] Buckley, P. J., Clegg, L. J., Cross, A. R., Liu, X., Voss, H., Zheng, P., "The Determinants of Chinese Outward Foreign Direct Investment", *Journal of International Business Studies*, 2007 (38): 499.

[11] Buckley, P. J., Cross, A. R., Tan, H., Xin, L., Voss, H., "Historic and Emergent Trends in Chinese Outward Direct Investment", *Management International Review*, 2008, 48 (6): 715.

[12] Burke, W. W., Litwin, G. H., "A Causal Model of Organizational Performance and Change", *Journal of Management*, 1992, 18 (3): 523 – 545.

[13] Burt, R. S., *Structural Holes: The Social Structure of Competition*, Cambridge, MA: Harvard University Press, 1992.

[14] Büschgens, T., Bausch, A., Balkin, D. B., "Organizational Culture and Innovation: A Meta - Analytic Review", *Journal of Product Innovation Management*, 2013, 30 (4): 763 – 781.

[15] Cai, K. G., "Outward Foreign Direct Investment: A Novel Dimension of China's Integration into the Regional and Global Economy", *China Quarterly*, 1999 (160): 856.

[16] Caner, T., "Geographical Clusters, Alliance Network Structure and Innovation in the US Biopharmaceutical Industry", Unpublished Doctoral Dissertation Paper of University of Pittsburgh, 2007.

[17] Chang, C., Liao, G., Yu, X., et al., "Information from Relationship Lending: Evidence from Loan Defaults in China", *Journal of Money, Credit and Banking*, 2014, 46 (6): 1225 – 1257.

[18] Child, J., Rodrigues, S. B., "The Internationalization of Chinese Firms: A Case for Theoretical Extension?", *Management and Organization Review*, 2005, 1 (3): 381 – 410.

[19] Coleman, J., "Social Capital in the Creation of Human Capital", *American Journal of Sociology*, 1988 (94): 95 – 120.

[20] Covin, J. G., Slevin, D. P., "A Conceptual Model of Entrepreneurship as Firm Behavior", *Entrepreneurship Theory and Practice*, 1991, 16 (1): 7 – 25.

[21] Cowling, M., "The Role of Loan Guarantee Schemes in Alleviating Credit Rationing in the UK", *Journal of Financial Stability*, 2010, 6 (1): 36 – 44.

[22] Cui, L., Jiang, F., "FDI Entry Mode Choice of Chinese Firms: A Strategic Behavior Perspective", *Journal of World Business*, 2009 (44): 434.

[23] Cui, L., Jiang, F., "State Ownership Effect on Firms' FDI Ownership Decisions Under Institutional Pressure: A Study of Chinese Outward – investing Firms", *Journal of International Business Studies*, 2012 (43): 264 – 284.

[24] Deng Chao, Ao Hong, Hu Wei, Wang Xiang, "Research on Loan Pricing of Small Enterprises Based on Relationship Lending from Big Bank to Small Firms", *Economic Research Journal*, 2010 (2): 83 – 95.

[25] Deng, P., "Why do Chinese Firms Tend to Acquire Strategic Assets in International Expansion?", *Journal of World Business*, 2009, 44 (1): 74.

[26] Deng, P., "What Determines Performance of Cross – border M&As by Chinese Companies? An Absorptive Capacity Perspective", *Thunderbird International Business Review*, 2010 (52): 509 – 524.

[27] Dunning, J. H., "Trade Location of Economic Activity and the Multinational Enterprise: A Search for an Eclectic Approach", in B. Ohlin, P. O. Hesselborn, P. J. Wiskman (eds.), *The International Allocation of Economic Activity*, London, UK: MacMillan, 1977.

[28] Dunning, J. H., "The Eclectic (OLI) Paradigm of International

Production: Past, Present and Future", *International Journal of the Economics of Business*, 2001, 8 (2): 173 – 190.

[29] Dunning, J. H., "Comment on Dragon Multinationals: New Players in the 21st Century Globalisation", *Asia Pacific Journal of Management*, 2006, 23 (2): 139 – 141.

[30] Eggers, J. P., Kaplan, S., "Cognition and Renewal: Comparing CEO and Organizational Effects on Incumbent Adaptation to Technical Change", *Organization Science*, 2009, 20 (2): 461 – 477.

[31] Engelstoft, S., Butler, C. J., Smith, I., Winther, L., "Industrial Clusters in Denmark: Theory and Empirical Evidence", *Regional Science*, 2006, 85 (1): 73 – 97.

[32] Fuxing Group, About Fuxing Group [OL], Retrieved January 2, 2012, from http://www.fuxingcn.com/net.asp, 2012.

[33] Gilbert, B. A., Mcdougall, P. P., Audretsch, D. B., "Clusters, Knowledge Spillovers and New Venture Performance: An Empirical Examination", *Journal of Business Venturing*, 2008, 23 (4): 405 – 422.

[34] Gómez, P. J., Lorente, J. C., Cabrera, R. V. "Organizational Learning Capability: A Proposal of Measurement", *Journal of Business Research*, 2005, 58 (6): 715 – 725.

[35] Grabher, G., Ibert, O., "Bad Company? The Ambiguity of Personal Knowledge Networks", *Journal of Economic Geography*, 2006, 6 (3): 251 – 271.

[36] Granovetter, M., "The Strength of Weak Tie", *American Journal of Sociology*, 1973 (78): 1360 – 1380.

[37] Hambrick, D. C., "Some Tests of the Effectiveness and Functional Attributes of Miles and Snow's Strategic Types", *Academy of Management journal*, 1983, 26 (1): 5 – 26.

[38] Hang, Y., Zhou, J., A Study on 'Baotuan' Internationalization Strategy of Small and Medium – sized Private Enterprises in Zhejiang, China, Paper Presented at the 2011 International Conference on Elec-

tronics, Communications and Control (ICECC), Ningbo, China, 2011.

[39] Hargadon, A., Sutton, R. I., "Technology Brokering and Innovation in a Product Development Firm", *Administrative Science Quarterly*, 1997, 42 (9): 716 – 749.

[40] Hymer, S. H., *International Operation of National Firms: A Study of Direct Foreign Investment*, Cambridge, MA: MIT Press, 1976.

[41] Jack Holding Group, About Jack Holding Group, Retrieved April 2, 2012, from http://www.jackgroup.com.cn/, 2012.

[42] Jeffrey P. Carpenter, Amrita G. Daniere, Lois M. Takahashi, "Cooperation, Trust, and Social Capital in Southeast Asian Urban Slums", *Journal of Economic Behavior & Organization*, 2004, 55 (4): 533 – 551.

[43] Jennifer Convertibles, FORM 8 – K, Retrieved January 2, 2011, 2012, from http://investors.jenniferfurniture.com/pics/userpics/File/201102 – 15%208K%20Confirmation%20Order.pdf.

[44] Jens Grunert, Lars Norden, "Bargaining Power and Information in SME Lending", *Neurology*, 2012, 39 (2): 401 – 417.

[45] Jeremy Greenwood, Boyan Jovanovic, Financial Development, "Growth and the Distribution of Income", *Political Economy*, 1990 (98): 1076 – 1107.

[46] Jin, Hehui, Qian, Yingyi, "Public Versus Private Ownership of Firms: Evidence from Rural China", *Economics*, 1998 (113): 773 – 808.

[47] Joyson acquired Germany Preh, Retrieved April 2, 2012, from http://info.carec.hc360.com/2011/11/160828278232.shtml, 2011.

[48] Kaplinsky, R., Morris, M., "Chinese FDI in Sub – Saharan Africa: Engaging with Large Dragons", *European Journal of Development Research*, 2009, 21 (4): 551 – 569.

[49] Koh, S., Durand, R. B., Dai, L., Chang, M., "Financial Distress: Lifecycle and Corporate Restructuring", *Journal of Corporate*

Finance, 2015, 33（3）: 19 –33.

[50] Kok – Yee, Ng, Chua, R. Y. J. , "Do I Contribute More When I Trust More? Differential Effects of Cognition – and Affect – based Trust", *Management and Organization Review*, 2006, 2（1）: 43 –66.

[51] Koka, B. R. , Prescott, J. E. , "Designing Alliance Networks: The Influence of Network Position, Environmental Change, and Strategy on Firm Performance", *Strategic Management Journal*, 2008, 29（6）: 639 –661.

[52] Kornai, J. , "The Place of the Soft Budget Constraint Syndrome in Economic Theory", *Journal of Comparative Economics*, 1998, 26（1）: 11 –17.

[53] Kotler, P. , Gertner, D. , "Country as Brand, Product, and Beyond: A Place Marketing and Brand Management Perspective", *Journal of Brand Management*, 2002, 9（4）: 249 –261.

[54] Krugman, P. , "Increasing Returns and Economic Geography", *Journal of Political Economy*, 1991, 99（3）: 483 –499.

[55] Lau, C. M. , Bruton, G. D. , "FDI in China: What We Know and What We Need to Study Next", *Academy of Management Perspectives*, 2008, 22（4）: 30 –44.

[56] Luo, Y. , Tung, R. L. , "International Expansion of Emerging Market Enterprises: A Springboard Perspective", *Journal of International Business Studies*, 2007（38）: 481 –498.

[57] Mathews, J. A. , "Dragon Multinationals: New Players in 21st Century Globalization", *Asia Pacific Journal of Management*, 2006, 23, 5 –27.

[58] Meyer, K. E. , Estrin, S. , Bhaumik, S. K. , Peng, M. W. , "Institutions, Resources, and Entry Strategies in Emerging Economies", *Strategic Management Journal*, 2009（30）: 61 –80.

[59] Meza, D. D. , "Overlending?", The Economic Journal, 2002, 112（477）: F17 –F31.

[60] Miles, M. B. , Huberman, A. M. , *Qualitative Data Analysis: An*

[61] Ministry of Commerce, Interim Provisions of the Notice on the Small and Medium – sized Enterprise Standard, *Retrieved January* 10, 2010, from http: //www. law – lib. com/law/law_ view. asp? id = 42891, 2003.

[62] Moon, H. C., Roehl, T. W., "Unconventional Foreign Direct Investment and the Imbalance Theory", *International Business Review*, 2001, 10: 197 – 215.

[63] Morck, R., Yeung, B., Zhao, M., "Perspectives on China's Outward Foreign Direct Investment", *Journal of International Business Studies*, 2008, 39: 337 – 350.

[64] Moschieri, C., "The Implementation and Structuring of Divestitures: The Unit's Perspective", Strategic Management Journal, 2011, 32 (4): 368 – 401.

[65] Peng, M. W., Wang, D. Y., Jiang, Y., "An Institution – based View of International Business Strategy: A Focus on Emerging Economies", Journal of International Business Studies, 2008 (39): 920 – 936.

[66] Polanyi, K., *The Great Transformation: The Political and Economic Origins of Our time*, Boston, MA: Beaeon Press, 1944: 272.

[67] Porter, M. E., "Clusters and the New Economics of Competition", *Harvard Business Review*, 1998, 76 (6): 77 – 90.

[68] Pozzolo, Alberto F., "Secured Lending and Borrowers' Riskiness", SSRN Working Paper, 2002.

[69] Pozzolo, Alberto F., "The Role of Guarantees in Bank Lending", Bank of Italy Working Paper, 2004.

[70] Qian, J. Q., Strahan, P. E., Yang, Z., "The Impact of Incentives and Communication Costs on Information Production and Use: Evidence from Bank Lending", *The Journal of Finance*, 2015, 70 (4): 1457 – 1493.

[71] Robert, E., Lucas, Jr., "Making a Miracle", *Econometrica*,

1993, 61 (2): 251-272.

[72] Roberto, E., Aldo, G. Mireille, M., "Factors Affecting University-Industry R&D Projects: The Importance of Searching Screening and Signaling", *Research Policy*, 2006, 35 (2): 309-323.

[73] Roland, B., Goran, R., "The Importance of Intellectual Capital Reporting: Evidence and Implications", *Journal of Intellectual Capital*, 2007, 8 (1): 7-51.

[74] Rozelle Scott, "Rural Industrialization and Increasing Inequality: Emerging Patterns in China's Reforming Economy", *Journal of Comparative Economics*, 1994 (19): 362-391.

[75] Rugman, A. M., "New Theories of the Multinational Enterprise: An Assessment of Internalization Theory", *Bulletin of Economic Research*, 1986, 38 (2): 101-101.

[76] Rui, H., Yip, G., "Foreign Acquisitions by Chinese Firms: A Strategic Intent Perspective", *Journal of World Business*, 2008, 43 (2): 213.

[77] Sauvant, K., "New Sources of FDI: The BRICs Outward FDI from Brazil, Russia, India and China", *Journal of World Investment and Trade*, 2005 (6): 639-709.

[78] Schumpeter, J. A., "The Theory of Economic Development: An Inquiry into Profits, Capital, Credit, Interest, and the Business Cycle", Transaction Publishers, 1934.

[79] Shaver, J. M., Flyer, F., "Agglomeration Economies, Firm Heterogeneity, and Foreign Direct Investment in the United States", *Strategic Management Journal*, 2000, 21 (12): 1175-1193.

[80] Shaver, J. M., Flyer, F., "Agglomeration Economies, Firm Heterogeneity, and Foreign Direct Investment in the United States", *Strategic Management Journal*, 2000, 21 (12): 1175-1193.

[81] Shorrocks, A. F., "The Class of Additively Decomposable Inequality Measures", *Econometrica*, 1980 (48): 613-626.

[82] Singh, J., Goolsby, J. R., Rhoads, G. K., "Behavioral Andpsy-

chological Consequences of Boundary Spanningburnout for Customer Service Representatives", *Journal of Marketing Research*, 1994 (31): 558 – 569.

[83] Stam, E., Wennberg, K., "The Roles of R&D in New Firm Growth", *Small Business Economics*, 2009, 33 (1): 77 – 89.

[84] Stein, J. C., "Information Production and Capital Allocation: Decentralized Versus Hierarchical Firms", *Journal of Finance*, 2002, 57 (5): 1891 – 1921.

[85] Stiglitz, J. E., Weiss, A., "Credit Rationing in Markets with Imperfect Information", *American Economic Review*, 1981 (71): 393 – 410.

[86] Sutherland, D., Ning, L., "Exploring 'Onward – Journey' ODI Strategies in China's Private Sector Businesses", *Journal of Chinese Economic and Business Studies*, 2011, 9 (1): 43 – 65.

[87] Tan, J. et al., "At the Center of the Action: Innovation and Technology Strategy Research in the Small Business Setting", *Journal of Small Business Management*, 2009, 47 (3): 233 – 262.

[88] Teece, D. J., "Technology Transfer by Multinational Firms: The Resource Cost of Transferring Technological Know – How", *The Economic Journal*, 1977: 242 – 261.

[89] The World Bank, "Remittances, Households, and Poverty", Global Economic Prospects 2006: Economic Implications of Remittances and Migration, 2006.

[90] Thomas, A. S., Litschert, R. J., Ramaswamy, K., "The Performance Impact of Strategy – manager Coalignment: An Empirical Examination", *Strategic Management Journal*, 1991, 12 (7): 509 – 522.

[91] Tippmann, Christina, and Jean Louis Charles Racine, The National Quality Infrastructure: A Tool for Competitiveness, Trade, and Social Well – being, 2013.

[92] Turpin, T., Garrett – Jones, S., Rankin, N., "Bricoleurs and Boundary Riders: Managing Basic Research and Innovation Knowl-

edge Networks", *R&D Management*, 1996, 26 (3): 267-282.

[93] Uzzi, B., "Social Structure and Competition in Inter-firm Networks: The Paradox of Embeddedness", *Administrative Science Quarterly*, 1997, 42 (1): 35-67.

[94] Visser, E. J., Boschma, R. A., "Learning in Districts: Novelty and Lock-in in a Regional Context", *European Planning Studies*, 2004, 12 (6): 793-808.

[95] Visser, E. J., Langen, P., "The Importance and Quality of Governance in the Chilean Wine Industry", *GeoJournal*, 2006, 65 (3): 177-197.

[96] Volberda, H. W., Foss, N. J., Lyles, M. A., "Absorbing the Concept of Absorptive Capacity: How to Realize Its Potential in the Organization Field", *Organisation Science*, 2010, 21 (4): 931-951.

[97] Voss, H., Buckley, P. J., Cross, A. R., "The Impact of Home Country Institutional Effects on the Internationalization Strategy of Chinese Firms", *Multinational Business Review*, 2010, 18 (3): 25-48.

[98] Wang, C., Hong, J., Kafouros, M., Wright, M., "Exploring the Role of Government Involvement in Outward FDI from Emerging Economies", *Journal of International Business Studies*, 2012, 43 (7): 655-676.

[99] Wang, H., "Processed Trade, Labor Cost and Peasant-workers' Employment: The Effect of New Labor Law and Subprime Lending Crisis on China's Processed Export", *Journal of World Economy Study*, 2009 (1): 15-20.

[100] Wang, J., Wu, J., Yao, X., The Expansion of Textile and Clothing Firms of China to Asian Least Developed Countries: The Case of Cambodia, Retrieved January 11, 2011, from http://artnet.unescap.org/pub/wp6008.pdf, 2008.

[101] Westhead, P. et al., "Decisions, Actions, and Performance: Do Novice, Serial, and Portfolio Entrepreneurs Differ?", *Journal of Small Business Management*, 2005, 43 (4): 393-417.

[102] Witt, S. F., Witt, C. A., "Forecasting Tourism Demand: A Review of Empirical Research", *International Journal of Forecasting*, 1995, 11 (11): 447 –475.

[103] Wolpert, J. D., "Breaking out of the Innovation Box", *Harvard Business Review*, 2002, 80 (8): 77 –83.

[104] Wu Cisheng, Song Meng, "Research on the Synergy Model Between Knowledge Capital and Regional Economic Developent", Proceeding of International Conference on Mangement and Service Science, Beijing, 2010: 664 –671.

[105] Yan, D., Hong, J., Ren, B., "Determinants of Outward Foreign direct Investment by Chinese Enterprises: An Empirical Study from Institutional Perspective", *Nankai Business Review*, 2010, 1 (3): 237 –253.

[106] Yin, R. K., Case Study Research: Design and Methods, Thousand Oaks, CA: Sage., 2003.

[107] Yiu, D. W., Lau, C., Bruton, G. D., "International Venturing by Emerging Economy Firms: The Effects of Firm Capabilities, Home Country Networks, and Corporate Entrepreneurship", *Journal of International Business Studies*, 2007, 38 (4): 519 –540.

[108] Zaheer, A., Bell, G. G., "Benefiting from Network Position: Firm Capabilities, Structural Holes, and Performance", *Strategic Management Journal*, 2005: 26 (9): 809 –825.

[109] Zahra, S. A., "Environment, Corporate Entrepreneurship, and Financial Performance: A Taxonomic Approach", *Journal of Business venturing*, 1993, 8 (4): 319 –340.

[110] Zhang, G., On the Development and Evolution of Chinese Fundamental Policies on Outward Direct Investment, Retrieved September 7, 2009, from http://www.caitec.org.cn/c/cn/news/2009 – 08/10/ news_ 1554. html, 2009.

[111] Zhang, Y., Li, H. Y., Shoonhoven, C. B., "Inter – Community Relationships and Community Growth in China's High Technology In-

dustries 1988 – 2000", *Strategic Management Journal*, 2009, 30 (7): 163–183.

[112] Zhejiang Bureau of Statistics, Employment Number by Ownership, Retrieved January 12, 2011, from http://tjj.zj.gov.cn/col/col47/index.html, 2011.

[113] Zhejiang Provincial Bureau of Commerce, Report of Crossborder M&A by Firms in Zhejiang Province, Retrieved January 2, 2012, from http://www.zcom.gov.cn/zcom/gjhz/jwtz/T307337.shtml, 2011.

[114] Zhejiang Provincial Development and Reform Commission, Approval for the Application of Chunhe Potash Resources Co.'s Acquisition of Canadian Mag Industries Corp, Retrieved from http://fgw.zj.gov.cn/, 2011.

[115] Zipf, G. K., "The P1/P2/D Hypothesis: On the Intercity Movement of Persons", *American Sociological Review*, 1946, 11 (6): 677–686.

[116] 奥地利研究发展促进局网站（EB/OL），http://www.ffginc.com/，2011年2月4日。

[117] 白俊红、蒋伏心：《协同创新、空间关联与区域创新绩效》，《经济研究》2015年第7期。

[118] 白俊红、王钺：《研发要素的区际流动是否促进了创新效率的提升》，《中国科技论坛》2015年第12期。

[119] 包群、邵敏、L. G. Song：《地理集聚、行业集中与中国企业出口模式的差异性》，《管理世界》2012年第9期。

[120] 鲍新中、李晓非：《基于时序数据的高技术企业成长性分析》，《科学学研究》2010年第2期。

[121] 才国伟、钱金保：《解释空间相关的来源：理论模型和经验验证》，《经济学（季刊）》2013年第12卷第3期。

[122] 蔡昉、都阳、王美艳：《中国劳动力市场转型与发育》，商务印书馆2015年版。

[123] 蔡昉：《刘易斯转折点》，社会科学文献出版社2008年版。

[124] 蔡虹、吴凯、蒋仁爱：《中国最优知识产权保护强度的实证研究》，《科学学研究》2014 年第 32 卷第 9 期。

[125] 蔡宁、吴结兵：《企业集群的竞争优势：资源的结构性整合》，《中国工业经济》2002 年第 7 期。

[126] 蔡千姿、蔡旻翰：《台湾育成中心发展经验与展望——15 年阶段转型分析》，《科技管理学刊》2010 年第 15 期。

[127] 蔡荣江：《我国深入拓展智能制造技术应用路径的对策建议》，《知识经济》2018 年第 2 期。

[128] 蔡淑梨：《从经营机制与功能检视台湾创新育成中心的运营成效与适切性》，《商管科技（季刊）》2000 年第 4 期。

[129] 曹利民：《政府组织促进区域创新体系构建的体制机制研究》，博士学位论文，复旦大学，2008 年。

[130] 曾国屏、苟尤钊、刘磊：《从"创新系统"到"创新生态系统"》，《科学学研究》2013 年第 31 卷第 1 期。

[131] 曾亿武、邱东茂、沈逸婷等：《淘宝村形成过程研究——以东风村和军埔村为例》，《经济地理》2015 年第 12 期。

[132] 陈畴镛、夏文青、王雷：《企业同质化对产业集群技术创新的影响与对策》，《科技进步与对策》2010 年第 3 期。

[133] 陈菲琼、任森：《创新资源集聚的主导因素研究：以浙江为例》，《科研管理》2011 年第 1 期。

[134] 陈光、张超：《生产性服务业对制造业效率的影响研究——基于全国面板数据的实证分析》，《经济问题探索》2014 年第 2 期。

[135] 陈国亮、陈建军：《产业关联、空间地理与二三产业共同集聚——来自中国 212 个城市的经验考察》，《管理世界》2012 年第 4 期。

[136] 陈海涛、于晓宇：《机会开发模式、战略导向与高科技新创企业绩效》，《科研管理》2012 年第 12 期。

[137] 陈佳贵、郭朝先：《构筑我国小企业金融支持体系的思考》，《财贸经济》1999 年第 5 期。

[138] 陈建军、陈菁菁：《生产性服务业与制造业的协同定位研究——以浙江省 69 个城市和地区为例》，《中国工业经济》2011 年第

6 期。

[139] 陈劲、吴波:《开放式创新下企业开放度与外部关键资源获取》,《科研管理》2012 年第 9 期。

[140] 陈菁菁:《空间视角下的生产性服务业与制造业的协调发展研究》,博士学位论文,浙江大学,2011 年。

[141] 陈乐香:《论发展中小企业与缩减收入差距》,《湖北社会科学》2009 年第 6 期。

[142] 陈明璋:《台湾中小企业发展论文集》,(台北)联经事业出版有限公司 1994 年版。

[143] 陈蓉:《电子商务生态链优化研究》,博士学位论文,华中师范大学,2013 年。

[144] 陈收、施秀搏、吴世园:《互补资源与创新资源协同对企业绩效的影响——环境动态性的调节作用》,《系统工程》2015 年第 3 卷第 1 期。

[145] 陈晓峰:《生产性服务业与制造业互动融合:特征分析、程度测算及对策设计——基于南通投入产出表的实证分析》,《华东经济管理》2012 年第 12 期。

[146] 陈晓红、马鸿烈:《中小企业技术创新对成长性影响——科技型企业不同于非科技型企业?》,《科学学研究》2012 年第 30 卷第 11 期。

[147] 陈晓红、彭子晟、韩文强:《中小企业技术创新与成长性的关系研究——基于我国沪深中小上市公司的实证分析》,《科学学研究》2008 年第 5 期。

[148] 陈晓红、王傅强:《中小企业发展、城市化与城乡收入差距》,《第三届(2008)中国管理学年会论文集》,2008 年 8 月。

[149] 陈晓华、黄先海、刘慧:《中国出口技术结构演进的机理与实证研究》,《管理世界》2011 年第 3 期。

[150] 陈晓阳:《浙江中小企业技术创新动力障碍的实证研究》,《中国高新技术企业》2007 年第 11 期。

[151] 陈振明:《公共政策分析》,人民出版社 2002 年版。

[152] 程聪、谢洪明:《集群企业社会网络嵌入与关系绩效研究:基于

关系张力的视角》,《南开管理评论》2012 年第 15 期。

［153］程贵孙、芮明杰:《战略性新兴产业理论研究新进展》,《商业经济与管理》2013 年第 8 期。

［154］程宏伟、张永海、常勇:《公司 R&D 投入与业绩相关性的实证研究》,《科学管理研究》2006 年第 6 期。

［155］程虹、刘三江、罗连发:《中国企业转型升级的基本状况与路径选择——基于 570 家企业 4794 名员工入企调查数据的分析》,《管理世界》2016 年第 2 期。

［156］程郁、韩俊、罗丹:《供给配给与需求压抑交互影响下的正规信贷约束:来自 1874 户农户金融需求行为考察》,《世界经济》2009 年第 5 期。

［157］池仁勇、李瑜娟、刘娟芳:《基于多维评价指标体系的集群品牌发展驱动模式研究——对浙江集群品牌的经验分析》,《科技进步与对策》2014 年第 19 期。

［158］池仁勇、林汉川、蓝庆新等:《中国中小微企业转型升级与景气动态的调研报告》,中国社会科学出版社 2016 年版。

［159］池仁勇、林汉川等:《转型期我国中小企业发展的若干问题研究》,中国社会科学出版社 2012 年版。

［160］池仁勇、金陈飞:《海峡两岸中小企业发展比较研究》,《台湾研究》2011 年第 4 期。

［161］池仁勇、刘道学、林汉川、秦志辉等:《中国中小企业景气指数研究报告 (2013)》,中国社会科学出版社 2013 年版。

［162］池仁勇、刘道学、林汉川、秦志辉等:《中国中小企业景气指数研究报告 (2014)》,中国社会科学出版社 2014 年版。

［163］池仁勇、刘道学、林汉川、秦志辉等:《中国中小企业景气指数研究报告 (2015)》,中国社会科学出版社 2015 年版。

［164］池仁勇、刘道学、林汉川、秦志辉等:《中国中小企业景气指数研究报告 (2016)》,中国社会科学出版社 2016 年版。

［165］池仁勇、刘道学、林汉川、秦志辉等:《中国中小企业景气指数研究报告 (2017)》,中国社会科学出版社 2017 年版。

［166］池仁勇、刘道学、林汉川、秦志辉等:《中国中小企业景气指数

研究报告（2018）》，中国社会科学出版社 2018 年版。

［167］池仁勇、刘道学、林汉川、秦志辉等：《中国中小企业景气指数研究报告（2019）》，中国社会科学出版社 2019 年版。

［168］池仁勇、谢洪明、程聪等：《中国中小企业景气指数研究报告》（2011 年），经济科学出版社 2011 年版。

［169］池仁勇、张济波：《区域创新与区域经济发展的相关性与时滞性：基于浙江省的实证研究》，《科学进步与对策》2007 年第 12 期。

［170］池仁勇、周丽莎、张化尧：《企业外部技术联系渠道与技术创新绩效的关系》，《技术经济》2011 年第 10 期。

［171］池仁勇：《区域中小企业创新网络的结点联结及其效率评价研究》，《管理世界》2007 年第 1 期。

［172］池仁勇：《区域中小企业创新网络形成、结构属性与功能提升：浙江省实证考察》，《管理世界》2005 年第 10 期。

［173］迟健：《浙江省创新资源集聚持续发展机制研究》，博士学位论文，浙江大学，2008 年。

［174］崔峰、包娟：《浙江省旅游产业关联与产业波及效应分析》，《旅游学刊》2010 年第 3 期。

［175］戴翔、金碚：《产品内分工、制度质量与出口技术复杂度》，《经济研究》2014 年第 7 期。

［176］戴翔：《服务出口复杂度是否影响服务出口增长？》，《经济学动态》2015 年第 9 期。

［177］戴翔：《中国服务贸易出口技术复杂度变迁及国际比较》，《中国软科学》2012 年第 2 期。

［178］单玉丽：《台湾经济 60 年》，知识产权出版社 2010 年版。

［179］邓超、敖宏、胡威、王翔：《基于关系型贷款的大银行对小企业的贷款定价研究》，《经济研究》2010 年第 2 期。

［180］邓曲恒：《城镇居民与流动人口的收入差异——基于 Oaxaca - Blinder 和 Quantile 方法的分解》，《中国人口科学》2007 年第 2 期。

［181］丁宝军、朱桂龙：《基于知识结构的 R&D 投入与技术创新绩效

关系的实证分析》,《科学学与科学技术管理》2008 年第 9 期。

[182] 丁大尉、李正风、胡明艳:《新兴技术发展的潜在风险及技术治理问题研究》,《中国软科学》2013 年第 6 期。

[183] 董保宝、葛宝山、王侃:《资源整合过程、动态能力与竞争优势:机理与路径》,《管理世界》2011 年第 3 期。

[184] 董俊武、黄江圳、陈震红:《动态能力演化的知识模型与一个中国企业的案例分析》,《管理世界》2004 年第 4 期。

[185] 豆建民、刘叶:《生产性服务业与制造业协同集聚是否能促进经济增长——基于中国 285 个地级市的面板数据》,《现代财经》(天津财经大学学报) 2016 年第 4 期。

[186] 段姝:《银行市场结构与中小企业信贷业务绩效相关性研究综述》,《财会月刊》2010 年第 7 期。

[187] 樊纲、王小鲁、朱恒鹏:《中国市场化指数——各地区市场化相对进程 2011 年报告》,经济科学出版社 2011 年版。

[188] 樊纲、王小鲁、张立文、朱恒鹏:《中国各地区市场化相对进程报告》,《经济研究》2003 年第 3 期。

[189] 樊纲:《中国市场化指数》,社会科学文献出版社 2004 年版。

[190] 方远平、谢蔓:《创新要素的空间分布及其对区域创新产出的影响——基于中国省域的 ESDA – GWR 分析》,《经济地理》2012 年第 9 期。

[191] 付俊文、赵红:《上市公司不规范担保的成因及对策》,《财会月刊》2004 年第 6 期。

[192] 傅秀美:《区域创新资源集聚的演化机理研究》,博士学位论文,浙江大学,2010 年。

[193] 高峰、刘志彪:《产业协同集聚:长三角经验及对京津唐产业发展战略的启示》,《河北学刊》2008 年第 1 期。

[194] 高桂珍、王树田:《我国银行市场集中度与中小企业融资困境探析》,《金融纵横》2005 年第 10 期。

[195] 高觉民、李晓慧:《生产性服务业与制造业的互动机理:理论与实证》,《中国工业经济》2011 年第 6 期。

[196] 高孟立:《生产性服务业集聚效应对制造业效率的影响研究——

基于面板数据的实证分析》，《科技与经济》2016 年第 2 期。

[197] 耿怀欣、陈雅兰：《福建创新型企业集聚技术创新要素的评估研究》，《科技管理研究》2012 年第 12 期。

[198] 顾颖、岳永、房路生：《中小企业发展与行业收入差距——基于政治经济学视角的实证分析》，《管理世界》2007 年第 1 期。

[199] 管晓永、宋新伟：《企业信用能力评价指标相关性问题实证研究》，《征信》2009 年第 4 期。

[200] 郭承龙：《农村电子商务模式探析——基于淘宝村的调研》，《经济体制改革》2015 年第 5 期。

[201] 郭矜：《科技型中小企业信用评估指标体系的构建》，《财会月刊》2016 年第 14 期。

[202] 郭晶：《FDI 对高技术产业出口复杂度的影响》，《管理世界》2010 年第 7 期。

[203] 郭克锋：《区域品牌可持续发展能力的评价研究——以菏泽牡丹为例》，《中国商贸》2015 年第 1 期。

[204] 郭岚、农卫东、张祥建：《现代生产性服务业的集群化发展模式与形成机理——基于伦敦和纽约的比较》，《经济理论与经济管理》2010 年第 10 期。

[205] 郭磊：《基于产业关联视角的中国工业行业技术创新效率研究》，博士学位论文，中国科学技术大学，2013 年。

[206] 郭秋梅：《我国知识产权能力建设的几个基本问题》，《科技与法律》2008 年第 5 期。

[207] 国家工商总局：《党的十八大以来全国企业发展分析》（2012 年 9 月—2017 年 9 月），http：//www.saic.gov.cn/sj/tjsj/201710/t20171026_269949.html，2017 年 10 月 2 日。

[208] 国家统计局、科学技术部：《中国科技统计年鉴》，中国统计出版社 2004—2015 年各年版。

[209] 国家统计局：《中国统计年鉴》，中国统计出版社 2004—2015 年各年版。

[210] 哈罗德·D. 拉斯韦尔：《权力与社会：一项政治研究的框架》，王菲易译，上海世纪出版集团 2012 年版。

[211] 何庆丰、陈武、王学军：《直接人力资本投入、R&D 投入与创新绩效的关系——基于中国科技活动面板数据的实证研究》，《技术经济》2009 年第 4 期。

[212] 贺灵、单泪源、邱建华：《创新网络要素及其协同对科技创新绩效的影响研究》，《管理评论》2012 年第 8 期。

[213] 贺涛：《台湾经济发展轨迹》，中国经济出版社 2009 年版。

[214] 洪铅财、赖杉桂：《营运效率绩效加入育成中心绩效模式可行性的研究——资料包络分析法的应用》，《中小企业发展（季刊）》2008 年第 8 期。

[215] 洪铅财、张文龙：《创新育成中心进驻户类型与培育服务需求关系探讨—进驻户观点》，《中华管理学报》2002 年第 2 期。

[216] 洪文生：《区域品牌建设的途径》，《发展研究》2005 年第 3 期。

[217] 胡鞍钢、王亚华：《中国国情分析框架：五大资本及动态变化（1980—2003）》，《管理世界》2005 年第 11 期。

[218] 胡岗岚、卢向华、黄丽华：《电子商务生态系统及其协调机制研究——以阿里巴巴集团为例》，《软科学》2009 年第 9 期。

[219] 胡卉然、朱舒依、李硕等：《关于淘宝村网商发展策略的研究——以中国"网店第一村"浙江义乌青岩刘村为例》，《中国市场》2015 年第 45 期。

[220] 胡俊：《生产性服务业集聚对制造业生产效率的影响研究》，博士学位论文，南京财经大学，2016 年。

[221] 胡义东、仲伟俊：《高新技术企业技术创新绩效影响因素的实证研究》，《中国科技论坛》2011 年第 4 期。

[222] 化祥雨、杨志民、叶娅芬：《金融空间联系与经济增长关系》，《经济地理》2016 年第 3 期。

[223] 黄海霞、张治河：《基于 DEA 模型的我国战略性新兴产业科技资源配置效率研究》，《中国软科学》2015 年第 1 期。

[224] 黄海霞、张治河：《中国战略性新兴产业的技术创新效率——基于 DEA – Malmquist 指数模型》，《技术经济》2015 年第 1 期。

[225] 黄鲁成：《区域技术创新生态系统的制约因子与应变策略》，《科学学与科学技术管理》2006 年第 27 卷第 11 期。

[226] 黄鲁成：《区域技术创新系统研究：生态学的思考》，《科学学研究》2003年第2期。

[227] 黄群慧、贺俊：《"第三次工业革命"与中国经济发展战略调整——技术经济范式转变的视角》，《中国工业经济》2013年第1期。

[228] 黄兴李、邓路、曲悠：《货币政策、商业信用与公司投资行为》，《会计研究》2016年第2期。

[229] 霍明：《复杂动态环境下企业IT能力、组织变革与绩效的关系研究》，博士学位论文，天津大学，2012年。

[230] 吉亚辉、甘丽娟：《生产性服务业集聚与经济增长的空间计量分析》，《工业技术经济》2015年第7期。

[231] 贾爱萍：《中小企业集群区域品牌建设初探》，《北方经贸》2004年第3期。

[232] 贾根良：《演化经济学：21世纪经济学的主旋律》，《天津商学院学报》2005年第2期。

[233] 贾建锋、唐贵瑶、李俊鹏等：《高管胜任特征与战略导向的匹配对企业绩效的影响》，《管理世界》2015年第2期。

[234] 贾建锋、闫佳祺、王男：《高管胜任特征与企业文化的匹配对企业绩效的影响》，《管理评论》2016年第7期。

[235] 简尚文：《创新育成中心服务网络及其绩效之评估》，"国立"交通大学经营管理所，1999年。

[236] 简新华、向琳：《新型工业化道路的特点和优越性》，《管理世界》2003年第7期。

[237] 江飞涛、武鹏、李晓萍：《中国工业经济增长动力机制转换》，《中国工业经济》2014年第5期。

[238] 江诗松、龚丽敏、魏江：《转型经济中后发企业的创新能力追赶路径：国有企业和民营企业的双城故事》，《管理世界》2011年第12期。

[239] 江伟、李斌：《制度环境、国有产权与银行差别贷款》，《金融研究》2006年第11期。

[240] 蒋天颖、谢敏、刘刚：《基于引力模型的区域创新产出空间联系

研究——以浙江省为例》，《地理科学》2014 年第 34 期。

［241］ 解维敏、方红星：《金融发展、融资约束与企业研发投入》，《金融研究》2011 年第 5 期。

［242］ 解学梅：《中小企业协同创新网络与创新绩效的实证研究》，《管理科学学报》2010 年第 8 期。

［243］ 金碚：《工业的使命和价值——中国产业转型升级的理论逻辑》，《中国工业经济》2014 年第 9 期。

［244］ 金玲玲、朱元倩、巴曙松：《利率市场化对商业银行影响的国际经验及启示》，《农村金融研究》2012 年第 1 期。

［245］ 克莱门斯·萨内特拉、罗西奥·M. 马班：《解决全球质量问题的终极答案》，中国质检出版社 2015 年版。

［246］ 孔德兰：《中小企业资本结构与融资策略探析——基于浙江省中小企业的调查》，《财务与会计》2007 年第 15 期。

［247］ 黎绮雯、何秀青、林欣吾：《从双边市场观点看政府辅助育成中心的政策方向》，《中小企业发展（季刊）》2010 年第 20 期。

［248］ 李柏洲、孙立梅：《创新系统中科技中介组织的角色定位研究》，《科学学与科学技术管理》2010 年第 9 期。

［249］ 李晨：《高技术产业研发投入对技术创新绩效的影响研究》，硕士学位论文，浙江大学，2009 年。

［250］ 李峰、Shujie Yao：《三方博弈框架下差别化贷款利率模型——以小微企业为例》，《系统工程》2015 年第 1 期。

［251］ 李广子、熊德华、刘力：《中小银行发展如何影响中小企业融资？——兼析产生影响的多重中介效应》，《金融研究》2016 年第 12 期。

［252］ 李海舰：《关于高技术产业化问题的几点认识》，《中国工业经济》2000 年第 10 期。

［253］ 李恒毅、宋娟：《新技术创新生态系统资源整合及其演化关系的案例研究》，《中国软科学》2014 年第 6 期。

［254］ 李红锦、李胜会：《战略性新兴产业创新效率评价研究——LED 产业的实证分析》，《中央财经大学学报》2013 年第 4 期。

［255］ 李金华：《中国战略性新兴产业发展的若干思辨》，《财经问题研

究》2011 年第 5 期。

[256] 李梁坚、陈美先：《中小企业选择育成中心之关键因素及未来推动策略之研究》，《中小企业发展（季刊）》2010 年第 11 期。

[257] 李隆生、冯国豪、谢先锋：《知识经济的催化剂——创新育成中心》，《育达研究业刊》2001 年第 2 期。

[258] 李鹏：《产业不同阶段的创新要素企业集聚研究》，博士学位论文，大连理工大学，2009 年。

[259] 李强、王士君、梅林：《长春市中心城区大型超市空间演变过程及机理研究》，《地理科学》2013 年第 5 期。

[260] 李蓉、萧延高、王晓明：《全球化背景下我国企业的自主知识产权能力建构分析》，《电子科技大学学报》（社会科学版）2007 年第 1 期。

[261] 李涛：《浙江战略性新兴产业发展的主要制约与破解之策》，《统计科学与实践》2015 年第 2 期。

[262] 李薇薇：《中国企业模仿创新中的专利权属制度研究》，《中国软科学》2011 年第 1 期。

[263] 李伟、谢雪凯：《企业知识产权能力的内涵和外延》，《科技管理研究》2010 年第 21 期。

[264] 李文元：《科技中介机构功能完善和体系构建研究》，博士学位论文，江苏大学，2008 年。

[265] 李小静、孙文泽：《政府干预、所有权对战略性新兴产业自主创新效率的影响》，《河北经贸大学学报》2015 年第 3 期。

[266] 李杨、杨思群：《银行与中小企业融资问题研究》，《上海金融》2001 年第 10 期。

[267] 李煜华、胡运权、孙凯：《产业集群规模与集群效应的关联性分析》，《研究与发展管理》2007 年第 2 期。

[268] 李云鹤、李湛：《管理者代理行为、公司过度投资与公司治理——基于企业生命周期视角的实证研究》，《管理评论》2012 年第 7 期。

[269] 李志赟：《银行结构与中小企业融资》，《经济研究》2002 年第 6 期。

[270] 李自如、黄教文：《台湾中小企业创业决策关键因素》，《中南工业大学学报》2002年第2期。

[271] 李宗哲：《台湾中小企业辅导政策之演变与评估》，《金融研究》2001年第4期。

[272] 梁笛：《银行资产规模与中小企业信贷——大银行和小银行比较优势研究》，《东南亚研究》2007年第3期。

[273] 廖丽、程虹：《法律与标准的契合模式研究——基于硬法与软法的视角及中国实践》，《中国软科学》2013年第7期。

[274] 林汉川、夏敏仁、何杰等：《中小企业发展中所面临的问题——北京、辽宁、江苏、浙江、湖北、广东、云南问卷调查报告》，《中国社会科学》2003年第2期。

[275] 林慧岳、未晓霞、庞增霞：《我国技术哲学文化转向的实证研究——"三大期刊"与"两大中心"技术文化类论文分析》，《自然辩证法通讯》2012年第6期。

[276] 林竞君：《嵌入性、社会网络与产业集群——一个新经济社会学的视角》，《经济经纬》2004年第5期。

[277] 林毅夫、孙希芳：《银行业结构与经济增长》，《经济研究》2008年第9期。

[278] 林毅夫、李永军：《中小金融机构发展与中小企业融资》，《经济研究》2001年第1期。

[279] 林毅夫：《发展战略、自生能力和经济收敛》，《经济学期刊》2002年第1期。

[280] 林洲钰、林汉川：《中小企业融资集群的自组织演进研究——以中小企业集合债组织为例》，《中国工业经济》2009年第9期。

[281] 刘道学、池仁勇、金陈飞等：《创新引领中小实体经济转型升级——2017年中国中小企业景气指数研究报告综述》，《浙江经济》2017年第21期。

[282] 刘道学、池仁勇、金陈飞：《对标东京湾区，迎接大湾区时代》，《社会科学报》2018年8月2日第2版。

[283] 刘道学、池仁勇、金陈飞：《景气指数：中小企业领域一项开拓性基础研究——中国中小企业景气指数研究综述（2011—

2017）》，《浙江工业大学学报》（社会科学版）2018 年第 17 卷第 2 期。

［284］ 刘道学、池仁勇、王飞绒等：《中国中小企业景气指数研究报告 2012》，经济科学出版社 2012 年版。

［285］ 刘道学：《深耕细作中小企业领域前沿理论、基础研究与现实应用——评〈转型期我国中小企业发展的若干问题研究〉》，《浙江工业大学学报》（社会科学版）2018 年第 1 期。

［286］ 刘娥平、关静怡：《商业信用对企业非效率投资的双向治理》，《管理科学》2016 年第 29 卷第 6 期。

［287］ 刘锋等：《对科技中介几个基本问题的研究——基于技术创新的分析和认识》，《科学学与科学技术管理》2004 年第 4 期。

［288］ 刘虹：《廖施市场区位论评述》，《地域研究与开发》1988 年第 3 期。

［289］ 刘晖、刘轶、芳乔晗等：《我国战略性新兴产业技术创新效率研究》，《系统工程理论与实践》2015 年第 35 卷第 9 期。

［290］ 刘慧芬：《商业信用、市场地位与技术创新——来自制造业上市公司的证据》，《经济问题》2017 年第 4 期。

［291］ 刘继兵、王定超、夏玲：《政府补助对战略性新兴产业创新效率影响研究》，《科技进步与对策》2014 年第 23 期。

［292］ 刘军：《整体网分析讲义》，格致出版社 2009 年版。

［293］ 刘起运：《关于投入产出系数结构分析方法的研究》，《统计研究》2002 年第 2 期。

［294］ 刘书瀚、席芳沁、刘立霞：《价值链下我国生产性服务业对制造业升级影响的实证分析》，《天津商业大学学报》2013 年第 2 期。

［295］ 刘湘勤、龙海雯：《银行结构、信用环境与中小企业发展：基于中国跨省数据的实证分析》，《西北大学学报》（哲学社会科学版）2007 年第 37 卷第 6 卷。

［296］ 刘小鲁：《知识产权保护、自主研发比重与后发国家的技术进步》，《管理世界》2011 年第 10 期。

［297］ 刘艳：《中国战略性新兴产业集聚度变动的实证研究》，《上海经济研究》2013 年第 2 期。

[298] 刘洋、魏江、江诗松:《后发企业如何进行创新追赶?——研发网络边界拓展的视角》,《管理世界》2013年第3期。

[299] 刘友金、罗发友:《企业技术创新集群行为的行为生态学研究——一个分析框架的提出与构思》,《中国软科学》2004年第1期。

[300] 刘元芳、陈衍泰、余建星:《中国企业技术联盟中创新网络与创新绩效的关系分析》,《科学学与科学技术管理》2006年第8期。

[301] 刘云、叶选挺、杨芳娟等:《中国国家创新体系国际化政策概念、分类及演进特征——基于政策文本的量化分析》,《管理世界》2014年第12期。

[302] 柳经纬:《标准与法律的融合》,《政法论坛》2016年第6期。

[303] 龙静、陈传明:《服务性中介的权力依赖对中小企业创新的影响:基于社会网络的视角》,《科研管理》2013年第31期。

[304] 卢洪友、连玉君、卢盛峰:《中国医疗服务市场中的信息不对称程度测算》,《经济研究》2011年第4期。

[305] 卢谢峰、韩立敏:《中介变量、调节变量与协变量——概念、统计检验及其比较》,《心理科学》2007年第4期。

[306] 鲁丹、肖华荣:《银行市场竞争结构、信息生产和中小企业融资》,《金融研究》2008年第5期。

[307] 陆国庆:《战略性新兴产业创新的绩效研究——基于中小板上市公司的实证分析》,《南京大学学报》(哲学·人文科学·社会科学版)2011年第4期。

[308] 陆铭、陈钊:《城市化、城市倾向的经济政策与城乡收入差距》,《经济研究》2004年第6期。

[309] 陆益龙:《户口还起作用吗——户籍制度与社会分层和流动》,《中国社会科学》2008年第1期。

[310] 陆正飞、杨德明:《商业信用:替代性融资,还是买方市场?》,《管理世界》2011年第4期。

[311] 路甬祥:《经济危机往往催生重大科技创新》,《当代经济》2009年第4期。

[312] 罗家德:《社会网络分析讲义》,社会科学文献出版社2005

年版。

［313］罗肖肖：《面向产学研合作的大学工业技术研究院研究》，博士学位论文，浙江大学，2010年。

［314］吕宏芬、俞涔：《浙江省基础研究20年投入产出情况分析》，《科技管理研究》2009年第7期。

［315］吕拉昌、梁政骥、黄茹：《中国主要城市间的创新联系研究》，《地理科学》2015年第35卷第1期。

［316］吕岩威、孙慧：《中国战略性新兴产业统计分类与发展绩效跟踪》，《开发研究》2013年第2期。

［317］吕岩威、孙慧：《中国战略性新兴产业技术效率及其影响因素研究——基于18个行业大类面板数据的分析》，《科学学与科技管理》2013年第11期。

［318］吕一博、苏敬勤：《企业网络与中小企业成长的关系研究》，《科研管理》2010年第31期。

［319］马春芳：《中小企业政策体系国际比较研究》，硕士学位论文，黑龙江大学，2003年。

［320］毛荐其、刘娜、陈雷：《基于技术生态的技术自组织演化机理研究》，《科学学研究》2011年第6期。

［321］孟凡生、于建雅：《新能源装备制造企业智造化发展影响因素研究》，《科技进步与对策》2017年第7期。

［322］孟韬：《企业品牌网络关系与产业集群》，《东北财经大学学报》2006年第2期。

［323］米雯静、任海云：《研发投入内部要素协同匹配对绩效的影响》，《科技管理研究》2015年第12期。

［324］民建中央专题调研组报告：《后危机时代中小企业转型与创新的调查与建议》，2010年12月。

［325］牛方曲、刘卫东：《中国区域科技创新资源分布及其与经济发展水平协同测度》，《地理科学进展》2012年第2期。

［326］潘家芹：《基于FUZZY-AHP的中小企业非财务综合评价模型构建——基于银行信用评级的视角》，《财会通讯》2013年第17期。

[327] 潘松挺：《网络关系强度与技术创新模式的耦合及其协同演化》，博士学位论文，浙江大学，2009年。

[328] 潘文卿：《中国的区域关联与经济增长的空间溢出效应经济研究》，《经济研究》2012年第1期。

[329] 潘昱婷、吴慈生：《经济增长要素的协同效应研究述评》，《北方民族大学学报》2016年第2期。

[330] 彭记生：《论技术创新网络中的中介组织》，《自然辩证法研究》2000年第16期。

[331] 彭磊：《均衡信贷配给、信用担保与中小企业融资》，《当代财经》2003年第8期。

[332] 彭瑜：《中小型企业如何迈向智能制造》，《智慧工厂》2016年第5期。

[333] 平新乔、杨慕云：《信贷市场信息不对称的实证研究——来自中国国有商业银行的证据》，《金融研究》2009年第3期。

[334] 齐振宏：《企业组织变革研究》，博士学位论文，华中农业大学，2002年。

[335] 钱锡红、杨永福、徐万里：《企业网络位置、吸收能力与创新绩效》，《管理世界》2010年第5期。

[336] 乔威威、罗鄂湘、钱省三：《基于DEA的企业技术创新效率研究——以上海战略性新兴产业为例》，《技术创新与管理》2014年第6期。

[337] 秦璐璐：《中小高新企业融资信用评价要素研究》，《现代商业》2011年第30期。

[338] 秦书生：《技术创新系统复杂性与自组织》，《系统科学学报》2004年第2期。

[339] 丘海雄、徐建牛：《产业集群技术创新中的地方政府行为》，《管理世界》2004年第10期。

[340] 邱皓政：《量化研究与统计分析》，重庆大学出版社2009年版。

[341] 冉光和、汤芳桦：《中国非正规金融发展与城乡居民收入差距——基于省级动态面板数据模型的实证研究》，《经济问题探索》2012年第1期。

[342] 任兵、区玉辉、彭维刚：《连锁董事、区域企业间连锁董事网与区域经济发展》，《管理世界》2004年第3期。

[343] 任海云：《R&D投入与企业绩效关系的调节变量综述》，《科技进步与对策》2011年第3期。

[344] 任海云：《公司治理对R&D投入与企业绩效关系调节效应研究》，《管理科学》2011年第10期。

[345] 任森：《浙江省创新资源集聚发展模式和主导因素研究》，博士学位论文，浙江大学，2008年。

[346] 荣刚、李纯、胡晓帆等：《小微企业贷款议价能力研究——基于利率市场化和企业信息效应视角》，《华北金融》2015年第7期。

[347] 申韬：《国外软信息研究金融文献综述》，《学术论坛》2013年第10期。

[348] 沈洪明：《转型经济条件下民营中小企业融资和企业信用》，《管理世界》2006年第10期。

[349] 盛亚、范栋梁：《结构洞分类理论及其在创新网络中的应用》，《科学学研究》2009年第9期。

[350] 施鹏丽、韩福荣：《品牌竞争力的DNA模型解析》，《北京工业大学学报》（社会科学版）2008年第1期。

[351] 石晓军、张顺明：《商业信用、融资约束及效率影响》，《经济研究》2010年第1期。

[352] 史清华、晋洪涛、卓建伟：《征地一定降低农民收入吗：上海7村调查——兼论现行征地制度的缺陷与改革》，《管理世界》2011年第3期。

[353] 寿志钢、杨立华、苏晨汀：《基于网络的组织间信任研究：中小企业的社会资本与银行信任》，《中国工业经济》2011年第9期。

[354] 宋宝香、彭纪生：《外部技术获取模式与技术能力的关系：技术学习过程的中介作用》，《管理学报》2010年第10期。

[355] 宋河发、李玉光、曲婉：《知识产权能力测度指标体系与方法及实证研究——以某国立科研机构为例》，《科学学研究》2013年第12期。

[356] 宋志霞、刘雪玲：《国外中小企业政策比较及借鉴》，《商业时代

理论》2005 年第 21 期。

[357] 孙东升：《中小企业融资障碍及解决对策》，《经济体制改革》2000 年第 2 期。

[358] 孙鸿烈：《中国资源科学百科全书》，中国大百科全书出版社 2000 年版。

[359] 孙丽辉、史晓飞：《地方产业集群与区位名牌簇群互动效应机理探析》，《市场营销导刊》2004 年第 1 期。

[360] 孙早、宋炜：《企业 R&D 投入对产业创新绩效的影响——来自中国制造业的经验证据》，《数量经济技术经济研究》2012 年第 4 期。

[361] 台湾经济部门中小企业处：《中小企业创新育成中心未来发展方向》，2008 年。

[362] 谭剑、王彦博：《基于能量经济视角的信用赋能初探》，《银行家》2019 年第 6 期。

[363] 汤临佳、池仁勇：《产业集群结构、适应能力与升级路径研究》，《科研管理》2012 年第 1 期。

[364] 唐根年、管志伟、秦辉：《过度集聚、效率损失与生产要素合理配置研究》，《经济学家》2009 年第 11 期。

[365] 唐立新、杨叔子、林奕鸿：《先进制造技术与系统 第二讲 智能制造——21 世纪的制造技术》，《机械与电子》1996 年第 2 期。

[366] 田文斌：《大力扶持创办中小企业以创业促就业保增收》，《中国乡镇企业》2009 年第 11 期。

[367] 同勤学、张丹、余剑：《科技型中小企业信用评估指标体系的构建》，《经济研究导刊》2017 年第 31 期。

[368] 涂山峰、曹休宁：《基于产业集群的区域品牌与区域经济增长》，《中国软科学》2005 年第 12 期。

[369] 万勇：《创新要素、空间格局与经济增长》，《社会科学》2014 年第 10 期。

[370] 汪芳：《高技术产业关联理论与实践》，科学出版社 2013 年版。

[371] 王东静、张祥建：《利率市场化、企业融资与金融机构信贷行为研究》，《世界经济》2007 年第 2 期。

[372] 王发明、毛荐其：《基于技术进步的产业技术协同演化机制研究》，《科研管理》2010年第6期。

[373] 王飞绒、池仁勇：《发达国家与发展中国家创业环境比较研究》，《外国经济与管理》2005年第11期。

[374] 王光伟：《利率市场化条件下的我国商业银行风险管理》，博士学位论文，中国社会科学院研究生院，2015年。

[375] 王鲁平、毛伟平：《银行借款、商业信用与公司投资行为》，《西安交通大学学报》（社会科学版）2009年第1期。

[376] 王美艳：《城市劳动力市场上的就业机会与工资差异——外来劳动力就业与报酬研究》，《中国社会科学》2005年第5期。

[377] 王森：《战略性新兴产业研发效率的实证分析——基于不同所有制企业的比较》，《生产力研究》2014年第10期。

[378] 王锁柱、李怀祖：《硬信息与软信息的内涵及其关系研究》，《情报杂志》2004年第4期。

[379] 王涛、罗仲伟：《社会网络演化与内创企业嵌入——基于动态边界二元距离的视角》，《中国工业经济》2011年第12期。

[380] 王霄、张捷：《银行信贷配给与中小企业贷款——一个内生化抵押品和企业规模的理论模型》，《经济研究》2003年第7期。

[381] 王秀海：《区域品牌带动区域经济发展的机制研究》，博士学位论文，兰州大学，2007年。

[382] 王雪莉：《战略人力资源管理模型》，《中外企业文化》2003年第5期。

[383] 王瑛：《基于产业集群新理论的淘宝村同质化竞争研究》，博士学位论文，南京大学，2016年。

[384] 王永进、盛丹、施炳展等：《基础设施如何提升了出口技术复杂度？》，《经济研究》2010年第7期。

[385] 王子敏：《中国城市化与城乡收入差距关系再检验》，《经济地理》2011年第8期。

[386] 魏浩、赵春明：《对外贸易对中国城乡收入差距影响的实证分析》，《财贸经济》2012年第1期。

[387] 魏江、张妍、龚丽敏：《基于战略导向的企业产品创新绩效研

711

究——研发网络的视角》,《科学学研究》2014 年第 10 期。

[388] 魏江、叶波:《企业集群的创新集成:集群学习与挤压效应》,《中国软科学》2002 年第 12 期。

[389] 魏群、靳曙畅:《货币政策、商业信用与科技创新投资》,《科技进步与对策》2018 年第 35 卷第 11 期。

[390] 魏源迁:《智能制造的发展趋势与前景》,《航天工艺》1995 年第 1 期。

[391] 温忠麟、侯杰泰、张雷:《调节效应与中介效应的比较和应用》,《心理学报》2005 年第 37 期。

[392] 邬爱其:《集群企业网络化成长机制研究——对浙江三个产业集群的实证研究》,博士学位论文,浙江大学,2004 年。

[393] 邬丹、罗焰:《市场地位对企业商业信用和银行信贷融资可获性的影响检验》,《商业时代》2014 年第 35 期。

[394] 邬丹、王莹:《企业市场地位与其经营性融资关系的实证研究》,《商业时代》2013 年第 35 期。

[395] 吴宝、李正卫、池仁勇:《社会资本、融资结网与企业间风险传染——浙江案例研究》,《社会学研究》2011 年第 3 期。

[396] 吴福象、王新新:《行业集中度、规模差异与创新绩效——基于 GVC 模式下要素集聚对战略性新兴产业绩效影响的实证分析》,《上海经济研究》2011 年第 7 期。

[397] 吴航:《武汉"中国光谷"高新技术企业创新投入与创新绩效关系研究》,硕士学位论文,中国地质大学,2010 年。

[398] 吴洁:《中小企业关系型贷款:银行组织结构视角的分析》,《财经问题研究》2006 年第 5 期。

[399] 吴金希、于永达:《浅议管理学中的案例研究方法》,《科学学研究》2004 年第 12 期。

[400] 吴晶妹:《2018 年展望:征信面临突破》,《征信》2018 年第 1 期。

[401] 吴娜琳:《特色农业产业区的形成过程与机制研究》,博士学位论文,河南大学,2014 年。

[402] 吴伟萍:《国外科技中介组织的成功管理经验及对中国的启示》,

《科技管理研究》2003年第5期。

［403］吴晓波、陈小玲、李璟琰：《战略导向、创新模式对企业绩效的影响机制研究》，《科学学研究》2015年第1期。

［404］吴祖光、安佩：《商业信用融资对企业研发投入强度的影响——来自创业板上市公司的经验证据》，《科技进步与对策》2019年第6期。

［405］伍先福、杨永德：《生产性服务业与制造业协同集聚提升了城镇化水平吗》，《财经科学》2016年第11期。

［406］夏曾玉、谢健：《区域品牌建设探讨——温州案例研究》，《中国工业经济》2003年第10期。

［407］夏立明、迟媛：《电子商务平台下供应链中小企业信用评价指标体系构建》，《商业经济研究》2015年第14期。

［408］向永辉、曹旭华：《创新绩效角度的战略性新兴产业发展实证研究——以新能源产业为例》，《商业经济与管理》2014年第3期。

［409］肖兴志、谢理：《中国战略性新兴产业创新效率的实证分析》，《经济管理》2011年第11期。

［410］肖延高：《基于竞争优势的企业知识产权能力研究》，博士学位论文，电子科技大学，2009年。

［411］萧全政：《台湾地区中小企业发展的政治经济分析》，《第一届中小企业发展学术研讨会论文集》，台湾经济部门，1994年。

［412］谢安田：《企业研究方法》，《超星电子图书》1980年第2期。

［413］谢洪明、陈盈、程聪：《网络密度、知识流入对企业管理创新的影响》，《科学学研究》2011年第29期。

［414］谢洪明、张霞蓉、程聪、陈盈：《网络关系强度、企业学习能力对技术创新的影响研究》，《科研管理》2012年第2期。

［415］谢洪明、赵丽、程聪：《网络密度、学习能力与技术创新的关系研究》，《科学学与科学技术管理》2011年第10期。

［416］辛翔飞、秦富、王秀清：《中西部地区农户收入及其差异的影响因素分析》，《中国农村经济》2008年第2期。

［417］熊海斌、杨帆：《湖南省中小企业信用影响因素分析——基于结构方程模型的实证研究》，《中南大学学报》（社会科学版）2013

年第 5 期。

[418] 熊和平、杨伊君、周靓：《政府补助对不同生命周期企业 R&D 的影响》，《科学学与科学技术管理》2016 年第 37 卷第 9 期。

[419] 徐冠华：《加强科技资源研究，促进科技资源共享》，《中国科技资源导刊》2008 年第 3 期。

[420] 徐盛华：《企业科技创新的投入与产出关联度实证分析》，《科技管理研究》2005 年第 11 期。

[421] 徐维祥、齐昕、刘程军等：《企业创新的空间差异及影响因素研究——以浙江省为例》，《经济地理》2015 年第 35 卷第 12 期。

[422] 许庆瑞、吴志岩、陈力田：《转型经济中企业自主创新能力演化路径及驱动因素分析——海尔集团 1984—2013 年的纵向案例研究》，《管理世界》2013 年第 4 期。

[423] 许庆瑞、蒋键、郑刚：《各创新要素全面协同程度与企业特质的关系实证研究》，《研究与发展管理》2005 年第 3 期。

[424] 许志强、刘彤、万春梅：《赋能与嬗变：新兴科技驱动与媒体创新发展》，《电视研究》2018 年第 5 期。

[425] 杨晨、周海林：《创新要素向企业集聚的机理初探》，《科技进步与对策》2009 年第 17 期。

[426] 杨建君、马婷：《不同维度信任对企业技术创新活动的影响》，《科学学研究》2009 年第 3 期。

[427] 杨俊龙：《我国中小企业融资问题新探》，《经济问题探索》2003 年第 3 期。

[428] 杨娜娜：《高新技术产业技术创新效率测度与分析》，博士学位论文，暨南大学，2013 年。

[429] 杨胜刚、胡海波：《不对称信息下的中小企业信用担保问题研究》，《金融研究》2006 年第 1 期。

[430] 杨叔子、丁洪：《智能制造技术与智能制造系统的发展与研究》，《中国机械工程》1992 年第 2 期。

[431] 杨英光：《"权变"理论与企业管理》，《经济与管理》1994 年第 2 期。

[432] 杨志民、化祥雨、邵云海等：《外商直接投资空间联系研究——

以浙江省为例》，《经济地理》2013 年第 11 卷第 21 期。
[433] 姚洪心、王喜意：《劳动力流动、教育水平、扶贫政策与农村收入差距——一个基于 Multinomial Logit 模型的微观实证研究》，《管理世界》2009 年第 9 期。
[434] 姚利民、饶艳：《中国知识产权保护的水平测量和地区差异》，《国际贸易问题》2009 年第 1 期。
[435] 叶小岭、叶瑞刚、张颖超：《区域企业集聚科技创新要素水平及集聚效益评价研究》，《科技管理研究》2012 年第 15 期。
[436] 易开刚、孙漪：《民营制造企业"低端锁定"突破机理与路径——基于智能制造视角》，《科技进步与对策》2014 年第 6 期。
[437] 阴芳子：《区域品牌建设的影响因素研究——基于传统服装产业集群的调查》，博士学位论文，安徽大学，2012 年。
[438] 余江、方新：《高技术企业比较优势与竞争优势的转化：技术战略视角》，《科研管理》2005 年第 4 期。
[439] 余向华、陈雪娟：《中国劳动力市场的户籍分割效应及其变迁——工资差异与机会差异双重视角下的实证研究》，《经济研究》2012 年第 12 期。
[440] 余泳泽：《创新要素集聚、政府支持与科技创新效率——基于省域数据的空间面板计量分析》，《经济评论》2011 年第 2 期。
[441] 袁建中：《绩效评估模式规划计划期末报告》，经济部中小企业处，2001 年。
[442] 袁建中：《中国中小型企业创新育成中心的规划》，《规划学报》1994 年第 22 期。
[443] 袁增霆、蔡真、王旭祥：《中国小企业融资难问题的成因及对策——基于省级区域调查问卷的分析》，《经济学家》2010 年第 8 期。
[444] 袁志刚、余宇新：《经济全球化动力机制的演变、趋势与中国应对》，《学术月刊》2013 年第 5 期。
[445] 原毅军、孙晓华、柏丹：《我国软件企业智力资本价值创造潜力的评估》，《中国工业经济》2005 年第 3 期。
[446] 韵江、马文甲、陈丽：《开放度与网络能力对创新绩效的交互影

［447］詹姆斯·安德森：《公共决策》，华夏出版社1990年版。

［448］张方华、陶静媛：《企业内部要素协同与创新绩效的关系研究》，《科研管理》2016年第37卷第2期。

［449］张嘉欣、千庆兰、陈颖彪等：《空间生产视角下广州里仁洞淘宝村的空间变迁》，《经济地理》2016年第1期。

［450］张杰、高德步、夏胤磊：《专利能否促进中国经济增长——基于中国专利资助政策视角的一个解释》，《中国工业经济》2016年第1期。

［451］张金马：《政策科学导论》，中国人民大学出版社1992年版。

［452］张婧、段艳玲：《市场导向对创新类型和产品创新绩效的影响》，《科研管理》2011年第5期。

［453］张龙耀、吴婷婷：《银行规模与银企融资关系——基于苏南县域中小企业的实证研究》，《经济理论与经济管理》2009年第8卷。

［454］张米尔、田丹：《基于利基策略的企业核心技术能力形成研究》，《科学学研究》2005年第3期。

［455］张米尔、田丹：《从引进到集成：技术能力成长路径转变研究——"天花板"效应与中国企业的应对策略》，《公共管理学报》2008年第1期。

［456］张明明、李霞、孟凡生：《我国新能源装备企业智化发展创新能力评价》，《哈尔滨工业大学学报》2019年第11期。

［457］张胜涛、杨建梅、邓恢华：《集群与品牌整合策略的实证研究——狮岭皮具产业》，《南方经济》2005年第7期。

［458］张世勋：《产业集群内厂商之网络关系对其竞争力影响之研究——新竹科学园区之实证》，硕士学位论文，朝阳科技大学，2002年。

［459］张挺、苏勇、张焕勇等：《论区域品牌的营销》，《管理现代化》2005年第6期。

［460］张小蒂、王中兴：《中国R&D投入与高技术产业研发产出的相关性分析》，《科学学研究》2008年第6期。

［461］张晓玫、宋卓霖：《保证担保、抵押担保与贷款风险缓释机制探

究——来自非上市中小微企业的证据》,《金融研究》2016年第1期。

[462] 张学勇、周礼、赵玉林:《技术水平与盈利能力——来自浙江民营企业的证据》,《科研管理》2009年第6期。

[463] 张炎兴、赵秀芳:《地方企业集群制度变迁的演化论解释——以浙江模式为例》,《学术月刊》2005年第6期。

[464] 张义博、刘文忻:《人口流动、财政支出结构与城乡收入差距》,《中国农村经济》2012年第1期。

[465] 张雨、戴翔:《什么影响了服务出口复杂度——基于全球112个经济体的实证研究》,《国际贸易问题》2015年第7期。

[466] 张雨、戴翔:《FDI、制度质量与服务出口复杂度》,《财贸研究》2017年第7期。

[467] 张玉利、陈立新:《中小企业创业的核心要素与创业环境分析》,《经济界》2004年第3期。

[468] 张震宇:《开放式创新环境下中小企业创新特征与实践》,《科学学研究》2008年第S2期。

[469] 张治河、冯陈澄、李斌等:《科技投入对国家创新能力的提升机制研究》,《科研管理》2014年第4期。

[470] 张卓琳:《中小企业信用担保机构有效运行模式研究》,博士学位论文,中南大学,2005年。

[471] 赵东霞、韩增林、赵彪:《东北地区城市经济联系的空间格局及其演化》,《地理科学》2016年第36期。

[472] 赵陆:《浙江省创新资源集聚网络知识溢出机制研究》,博士学位论文,浙江大学,2008年。

[473] 赵蒲、孙爱英:《资本结构与产业生命周期:基于中国上市公司的实证研究》,《管理工程学报》2005年第3期。

[474] 赵绍光:《中小企业信用评估指标体系的研究》,《长春师范大学学报》2005年第24卷第2期。

[475] 赵珍、池仁勇:《剖析"浙江现象"的创业环境》,《科技进步与对策》2003年第8期。

[476] 郑美群:《基于智力资本的高技术企业绩效形成机理研究》,博

士学位论文，吉林大学，2006 年。

［477］浙江省地方志办公室：《浙江年鉴》，浙江年鉴社 2010 年版。

［478］中国商业信用环境指数课题组：《中国城市商业信用环境指数（CEI）蓝皮书》，北京燕山出版社 2015 年版。

［479］中国中小企业年鉴编委会编：《中国中小企业年鉴》，经济科学出版社 2006—2010 年版。

［480］周鸿卫、王晶：《中小企业信贷可得性的影响因素》，《金融论坛》2012 年第 17 卷第 4 期。

［481］周济：《智能制造——〈中国制造 2025〉的主攻方向》，《中国机械工程》2015 年第 17 期。

［482］周晶、何锦义：《战略性新兴产业统计标准研究》，《统计研究》2011 年第 10 期。

［483］周密、孙浬阳：《专利权转移、空间网络与京津冀协同创新研究》，《科学学研究》2016 年第 11 期。

［484］周青、陈畴镛：《中国区域技术创新生态系统适宜度的实证研究》，《科学学研究》2008 年第 1 期。

［485］周雪峰、兰艳泽：《债务融资对非效率投资行为的影响作用——基于中国民营上市公司的实证研究》，《暨南学报》（哲学社会科学版）2011 年第 3 期。

［486］周云峰：《黑龙江省绿色食品区域品牌竞争力提升研究》，博士学位论文，东北林业大学，2010 年。

［487］朱迪·埃斯特琳：《美国创新在衰退？》，机械工业出版社 2010 年版。

［488］朱方长：《技术生态对技术创新的作用机制研究》，《科研管理》2005 年第 4 期。

［489］朱卫平、陈林：《产业升级的内涵与模式研究——以广东产业升级为例》，《经济学家》2011 年第 2 期。

［490］祝树金、戢璇、傅晓岚：《出口品技术水平的决定性因素：来自跨国面板数据的证据》，《世界经济》2010 年第 4 期。

［491］左锐、刘哲：《基于 AHP 法的中小企业信用评级指标体系构建》，《财会通讯》2015 年第 11 期。